Thomas Fuchs/Birgit Staude (Hg.)
August Leskien: Tagebücher 1892–1916

THELEM

Bausteine aus dem Institut für
Sächsische Geschichte und Volkskunde
Kleine Schriften zur sächsischen
Geschichte und Volkskunde

Herausgegeben von Enno Bünz,
Winfried Müller, Martina Schattkowsky
und Ira Spieker

Bd. 36

Thomas Fuchs/Birgit Staude (Hg.)

August Leskien

Tagebücher 1892–1916

THELEM
Dresden 2016

Der Druck dieses Buches wurde gefördert durch:

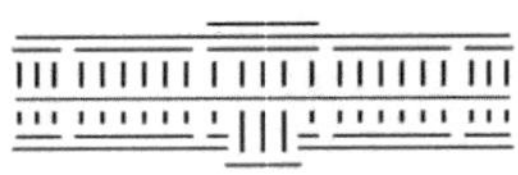

Förderverein Bibliotheca Albertina e. V.

Redaktion: Thomas Fuchs/Birgit Staude
Satz: Thomas Fuchs

Bibliografische Information der Deutschen Nationalbibliothek
Die Deutsche Nationalbibliothek verzeichnet diese Publikation in der Deutschen Nationalbibliografie; detaillierte bibliografische Daten sind im Internet über http://dnb.d-nb.de abrufbar.

Bibliographic information published by the Deutsche Nationalbibliothek
The Deutsche Nationalbibliothek lists this publication in the Deutsche Nationalbibliografie; detailed bibliographic data are available in the Internet at http://dnb.d-nb.de.

ISBN 978-3-945363-48-5

Eckhard Richter & Co. OHG
Bergstr. 70 | D-01069 Dresden
Tel.: 0351/4 72 14 63 | Fax: 0351/4 72 14 65
http://www.web-univerlag.de
Thelem ist ein Imprint von w.e.b.

Umschlagabbildung: Universitätsbibliothek, NL 348, Porträt und Tagebuch August Leskiens
Gesamtherstellung: w.e.b.
Made in Germany.

Inhalt

	Vorwort	**7**
1	**Einleitung**	**9**
2	**August Leskien: Tagebücher 1892 – 1916**	**23**
3	**Anhang**	**333**
3.1	Abbildungen	333
3.2	Abkürzungen	333
3.3	Ungedruckte Quellen	335
3.4	Gedruckte Quellen und Literatur	336
3.5	Personenregister	341

Vorwort

Vor 100 Jahren am 20. September 1916 verstarb in Leipzig Johann Heinrich August Leskien. August Leskien gehörte in der Zeit des Kaiserreichs zu den prägenden Gestalten der Universität Leipzig. Sein Name wird in einem Atemzug mit Wissenschaftlern wie Karl Bücher, Paul Flechsig, Karl Lamprecht, Wilhelm Ostwald oder Wilhelm Wundt genannt, die der Universität Leipzig in jener Zeit Weltgeltung verschafften. Im Gegensatz aber zu den Genannten ist sein Nachlass nicht erhalten. Umso wichtiger sind seine Tagebücher, die 2012 der Universitätsbibliothek Leipzig als Schenkung übergeben wurden und somit nach menschlichem Ermessen für die Zukunft erhalten bleiben. Mit der vorliegenden Edition wird diese für die Wissenschafts-, aber auch Bürgertumsgeschichte Leipzigs eindrückliche Quelle allgemein zugänglich gemacht. Die Tagebücher blieben in der Familie seines Sohnes, des Augenarztes Friedrich Leskien, erhalten. Neben den Tagebüchern gingen aus dieser Überlieferung weitere Unterlagen als Schenkung an die Universitätsbibliothek: Lebensdokumente August Leskiens, Unterlagen des norwegischen Mathematikers Sophus Lie, dessen Tochter Marie Lie mit Leskiens Sohn Friedrich verheiratet war, sowie Briefe des Mathematikers Otto Hölder, dessen Sohn Ernst Hölder – ebenfalls Mathematiker – 1936 Ragna Leskien, eine Tochter von Friedrich Leskien und Marie Lie, heiratete. Als Ernst und Ragna Hölder 1958 unter politischem Druck Leipzig verließen, sorgten sie für die Rettung dieser Dokumente vor Beschlagnahmung oder eventueller Vernichtung. Dafür dankt die Tochter und Mitherausgeberin Birgit Staude ihren Eltern ausdrücklich. Nun sind die Dokumente in ein anderes Leipzig zurückgekehrt.

August Leskien spielte und spielt eine wichtige Rolle bei der wissenschaftshistorischen Selbstvergewisserung der Universität Leipzig im Allgemeinen und der Slawistik als Wissenschaftsfach im Besonderen. Er war der erste Sprachwissenschaftler, der in Deutschland eine ordentliche Professur für Slawistik innehatte. Deshalb wird er mit gewissem Recht als einer der Gründungsväter einer modernen Slawistik und vergleichenden Sprachwissenschaft angesehen. Insbesondere als akademischer Lehrer hat er auf eine ganze Wissenschaftlergeneration in diesen Fächern prägend gewirkt.

Die Publikation der Tagebücher August Leskiens konnte nur durch die Unterstützung verschiedener Personen und Institutionen realisiert werden. An erster Stelle gilt unser Dank Prof. Dr. Ludwig Stockinger und dem Förderverein Bibliotheca Albertina e.V. für ihre finanzielle Unterstützung, die die Drucklegung des Buches möglich machte. Der Direktor der Universitätsbibliothek, Prof. Dr. Ulrich Johannes Schneider, hat dankenswerter Weise unser Vorhaben unterstützt und die Druckkostenförderung vermittelt. Herbert

Oberseider in München und Dr. Dietmar Streitberg in Hamburg stellten uns Fotografien und Briefabschriften August Leskiens zur Verfügung. Bei der Lesung griechischer Textstellen halfen Dr. Rudolf Ohlig und Dr. Michael Wegner in Mannheim. Bei der Übersetzung griechischer Texte wurden wir von Dr. Friederike Berger vom Handschriftenzentrum der Universitätsbibliothek unterstützt. Ihnen allen danken wir.

Zu Dank verpflichtet sind wir Prof. Dr. Enno Bünz sowie den entsprechenden Gremien des Instituts für Sächsische Geschichte und Volkskunde e. V. in Dresden für die Aufnahme des Buches in die Publikationsreihe des Instituts. Von Institutsseite wurden wir bei der Drucklegung von Nadine Kulbe und PD Dr. Ira Spieker betreut, wofür wir Ihnen danken.

Laudenbach/Leipzig, im Sommer 2016 — Thomas Fuchs, Birgit Staude

Einleitung

Zur Biographie August Leskiens

Das Jahr 1900 lud viele Zeitgenossen dazu ein, auf ein vergangenes Jahrhundert zurückzuschauen, das alle Bereiche des menschlichen Lebens in geradezu revolutionärer Weise verändert hatte. Im Gegensatz aber zu früheren Zeiten wurde das anbrechende neue Jahrhundert nicht in negativen oder apokalyptischen Sprachbildern in religiöser Weise gedeutet, sondern in geradezu euphorischer säkularer Weise als Zukunft ungebremsten Fortschritts und Menschheitsglücks begrüßt. Zu seinem Amtsantritt als Rektor der Universität Leipzig am 31. Oktober 1900 rekapitulierte der Mediziner Paul Zweifel die Fortschritte der Menschheit in den vergangenen 100 Jahren:

> *Es geht ein Jahrhundert zur Neige, welches für die ganze Welt, insbesondere jedoch für Deutschland unvergleichlich denkwürdig und nach schweren Schicksalsschlägen und inneren Zuckungen schließlich reich gesegnet war.* [...] *Um die eindrucksvollsten Aenderungen der Weltphysiognomie kurz zu nennen, können wir das ablaufende Jahrhundert als das Zeitalter des Dampfes und der Electricität bezeichnen* [...]. *Ueberblicken wir schließlich, welchen Einfluss die Naturwissenschaften und die Medicin auf die allgemeine Cultur geübt haben, so ist derselbe augenscheinlich grossartig, denn sie haben die Welt umgestaltet und haben, was noch vor 100 Jahren als ein phantastischer Traum gegolten hätte, zur Wahrheit gemacht.* [...] *Die Weltseuchen, diese Würgeengel des Menschengeschlechts, welche jedesmal, wenn sie auftraten, die Länder entvölkerten, haben ihren Schrecken verloren, trotzdem der riesige Verkehr die Gefahr der Uebertragung vergrössert.*[1]

Unübersehbar waren die Fortschritte auch in Leipzig, die Ausdehnung der Stadt, die gewaltige Bevölkerungszunahme, von 107.000 Einwohnern im Jahr 1870 bis 456.000 im Jahr des Rektorats von Zweifel, die Industrialisierung, der Aufschwung von Handel, Gewerbe und Wissenschaft. Gerade der wissenschaftliche oder allgemein der Bildungssektor hatte einen bis dahin unerreichten gesellschaftlichen Stellenwert erreicht.[2] Die vollständige Alphabetisierung der Gesellschaft über alle Standesgrenzen hinweg, der Ausbau der höheren Bildungseinrichtungen, insbesondere der Universitäten und Hochschulen, sowie der Aufstieg neuer Wissenschaften wie der neusprachigen Philologien, der Sozialwissenschaften, der Technikfächer und Naturwissenschaften kennzeichneten die Wissenschaftsexpansion des Kaiserreichs. Die

---

1 Die Leipziger Rektoratsreden, S. 749-768, hier S. 766.

2 FUCHS, Stadt und Bürgertum, S. 36-42.

erhebliche Ausdehnung des Bildungs- und Wissenschaftssektors öffnete für einige Jahrzehnte Aufstiegskanäle für nichtbürgerliche Sozialgruppen, die ihnen vorher und danach mehr oder weniger verschlossen blieben. In gewisser Weise weichte die Expansion des akademischen Sektors für eine gewisse Zeit das Bildungsprivileg des Bürgertums auf. Einer der bekanntesten wissenschaftlichen homines novi der Leipziger Universität war Karl Bücher, einer der berühmtesten und einflussreichsten Wissenschaftler seiner Zeit, dessen Vater als Bürstenmachermeister im hessischen Kirberg gelebt hatte.

Auch der am 8. Juli 1840 in Kiel geborene Johann Heinrich August Leskien entstammte einer kleinbürgerlichen Handwerkerfamilie. Eindrucksvoll schilderte Leskien in seinen Jugenderinnerungen seine Kindheit und Schulzeit.[3] In seinen Erinnerungen, die Leskien für seine Kinder verfasst hatte, blickte er ganz ohne Groll auf sein vergangenes, mittlerweile so fernes Leben zurück, beschrieb die Enge, die Existenznöte, die Strenge des Vaters, die liebevolle Mutter, die große Verwandtschaft, aber auch die Gewaltkultur innerhalb der jungen Handwerkergesellen. Er beschrieb diese Welt für seine Kinder als eine Welt, die diese nie kennenlernen würden. Er wollte ihnen sein Gefühl der Dankbarkeit für den am eigenen Leib erlebten sozialen Aufstieg vermitteln, aber auch seinen Stolz über das Erreichte. Immer wieder thematisierte Leskien die strenge Scheidung zwischen den Handwerkerfamilien und dem städtischen Bürgertum. Nur durch Bildung, in Leskiens Fall durch seine herausragenden Schulleistungen, konnte er in seiner Jugendzeit zu einem Grenzgänger zwischen beiden Welten werden. Der entscheidende Schritt aus der Handwerkerschicht heraus gelang mit dem Besuch des Gymnasiums in Kiel. Aber auch nach dem Abitur erhielt Leskien erst durch energische Intervention von zwei Lehrern, die ihn förderten, von seinem Vater die Erlaubnis zum Studium.

1860 nahm Leskien das Studium der Klassischen Philologie in Kiel bei Georg Curtius auf. Ihm folgte er 1862 an die Leipziger Universität, wo er 1864 das Staatsexamen ablegte und promovierte. Nach dem Studium unterrichtete er bis 1866 an der Leipziger Thomasschule Latein und Griechisch.[4]

Noch in seiner Leipziger Studienzeit lernte Leskien die Familien Brockhaus, Geibel und Bräuer kennen. Diese Bekanntschaften waren für seinen weiteren Lebensweg außerordentlich bedeutend. Heinrich Eduard Brockhaus hatte am 14. September 1854 in Budapest Maria Emilia »Milly« Weisz geheiratet.[5] Milly Brockhaus hatte drei Schwestern. Leonore Weisz ehelichte den Leipziger Buchhändler Carl Geibel, Fanny Weisz heiratete einen nicht näher

---

3 LESKIEN, Meine Jugendzeit.

4 Aus der Vielzahl der biographischen Publikationen zu Leskien genügt hier: POHL, Leskien, S. 329-330.

5 GEBHARDT, Geschichte, S. 372.

bekannten von Daniel und Luise Weisz schließlich Joseph Bräuer.[6] In vielfältiger Weise waren die Familien Geibel und Brockhaus verwandtschaftlich und unternehmerisch verbunden. Sie gehörten zu den reichsten und einflussreichsten Familien des Leipziger Wirtschaftsbürgertums.

Mit Milly Brockhaus, Leonore Geibel und Luise Bräuer pflegte Leskien bis zu deren Lebensende eine enge Freundschaft. Leskien betreute seit dem Herbst 1862 Lajos Bräuer, Sohn von Luise Bräuer, als Hauslehrer und Mentor in Leipzig. Luise Bräuer war wohl 1862 nach dem vermutlich schon Jahre zurückliegenden Tod ihres Mannes von Budapest nach Leipzig umgezogen. Nach seiner eigenen Einschätzung gelang Leskien das Unterfangen, den jungen Mann auf den rechten Weg zurückzuführen, nur bedingt.[7] Die Bekanntschaft mit der Familie Bräuer erweiterte den Gesichtskreis Leskiens und brachte ihn erstmals mit slawischen Sprachen in Berührung. Mit den Bräuers unternahm er Reisen nach Ungarn zu den Verwandten der Familie.

Während seines Leipziger Studiums und seiner Tätigkeit als Lehrer an der Thomasschule wohnte Leskien bei Luise Bräuer in der Querstraße I 10.[8] Die

---

6 Bei dem bei GEBHARDT, Geschichte, S. 372, nur als *Professor Bräuer* bezeichneten Mediziner dürfte es sich um Dr. Joseph Bräuer handeln, praktischer Arzt in Pest und Extraordinarius für Pädiatrie und Gynäkologie an der Universität Pest, vgl. Medicinische Jahrbücher 23 (1837), S. 175, mit der Nachricht über die Berufung zum Extraordinarius. Wahrscheinlich ist Joseph Bräuer 1850 verstorben, vgl. WBIS. 1863 wird die verwitwete Luise Bräuer erstmals im LAB aufgeführt. Sie ist wohl 1862 von Pest zu ihren Schwestern nach Leipzig umgezogen.

7 UBL, NL 348/2, August Leskien an Marie Pauline Judeich, Jena, 9. Juli 1866 (Abschrift).

8 LAB 1865. Leskien an Hugo Schuchardt, Leipzig, 18. Februar 1896, EICHLER/SCHRÖTER, Briefe August Leskiens, S. 87-88. In einem Brief an Georg Curtius berichtete Leskien ausführlich über seine Verbindung zu den Familien Bräuer und Geibel, Jena, 20. März 1867, SCHRÖTER, 30 Leskien-Briefe, S. 369-370: *Von dem Tag an, wo ich im Herbst 1862 ins Haus der Frau Bräuer kam, bin ich von ihr wie ein Kind der Familie behandelt worden, und bald nicht bloß von ihr, sondern auch von dem Brockhaus'schen und dem Geibel'schen Hause, und ich kann mit vollem Recht ohne jede Uebertreibung sagen, daß die beiden Jahre, die ich dort verlebt habe, die glücklichsten und heitersten meines Lebens gewesen sind* [...]. *Als mein damaliger Zögling* [Lajos Bräuer], *Ostern 1864, die Schule verließ und vom Hause fortkam, hätte ich in andern Verhältnissen auch gehen müssen; ich hatte mich damals aber zu Examen gemeldet und die Frau Bräuer sagte mir: Sie bleiben im Hause, bis Sie mit allem fertig sind, und alles, was Ihnen etwa die Examina kosten, zahle ich. Das Sommersemester 64 ging darüber hin, und als ich am Anfang der Ferien nach Hause reiste, unentschlossen, ob ich in der Heimath bleiben solle oder nicht, sagte dieselbe Frau zu mir: Ich weiß, daß Sie gern in die academische Laufbahn hineinmöchten; bleiben Sie in Ihrer Heimath, so schneiden Sie sich das ab; kommen Sie wieder nach Leipzig, so steht es nur bei Ihnen, zu irgend einer Zeit den Entschluß zu fassen, Privatdocent zu werden u. sind dann unserer Hülfe sicher. Ich kam also zurück und wieder bei meiner Rückkehr, als ich keine Stelle hatte und vom Stundengeben und Schreiben leben mußte, überließ mir Frau Bräuer einen Theil ihrer Wohnung, den sie früher vermiethet hatte; und ich wohnte da bis zum folgenden Ostern, wo ich die Stelle an der Thomasschule bekam* [...]. *Sobald ich es einmal geäußert hatte, wie schwer es mir wurde, den Plan einer academischen Carriere aufzugeben, wurde mir von mehreren Mitgliedern der Familie gesagt: Sie sollen sich mit dem Gedanken nicht*

Anstellung Leskiens als Hauslehrer in den Familien Bräuer und Geibel und die finanzielle Unterstützung durch Johann Weisz ermöglichte es ihm, den Lehrerberuf aufzugeben und sich seiner akademischen Karriere zu widmen.

> *Lieber Herr Dr.* [Weisz]. *Als Sie vor reichlich einem Jahr in Leipzig waren, kamen Sie an einem Morgen zu mir und boten mir Ihre Hülfe an, damit ich einigermaßen sorgenlos mich auf meine Habilitation vorbereiten und dieselbe schneller ins Werk setzen könne. Ich lehnte Ihr Anerbieten damals ab, weil ich es für meine Pflicht hielt, erst zu versuchen, wie weit es mir gelingen würde, auch wenn ich meine ganze äußere Existenz dem Erwerb durch eigne Arbeit verdanke, den Plan einer akademischen Carriere durchzuführen. Ich hoffte eben bei der Lehrerstelle, die ich hier bekleide, so viel Zeit für eigne Arbeit übrig zu haben, um wenigstens in einigen Jahren am Ziel zu sein. Jetzt nachdem ich es ein Jahr lang versucht habe, sehe ich, wie sehr ich mich verrechnet habe. Meine Lehrerstelle ernährt nicht ihren Mann, und ich war also gezwungen, einen großen Theil meiner noch übrigen Zeit auf Privatstunden und andre Nebenarbeiten zu verwenden. Das Resultat war, daß ich der Erreichung meines eigentlichen Lebenszieles fast gar keine Zeit widmen konnte. Zu der Einsicht, daß es auf diesem Wege entweder gar nicht gehe oder doch eine lange Reihe von Jahren dazu erforderlich sei, kam ich bereits am Anfang dieses Winters. Ich traute mir damals die Kraft zu, daß ich den Gedanken an eine Universitätslaufbahn ganz aufgeben und als Gymnasiallehrer zufrieden sein könnte. Aber je mehr ich mich in die Schulthätigkeit einzuleben versuche, desto verleideter wird sie mir und desto fester hänge ich an dem andern Gedanken; mit dem ich [mich] seit meinem ersten Studienjahr vertraut gemacht hatte; und ich weiß es gewiß, daß ich Schulmann nie mit Befriedigung sein würde. So mußte ich endlich zu dem Entschluß kommen, die Schule aufzugeben, und nur auf das eine loszuarbeiten. Ich sagte Ihnen, als Sie mir Ihr freundliches Anerbieten machten, daß ich mich an Sie wenden würde, wenn ich in den Fall käme Geld zu brauchen. Jetzt ist dieser Fall eingetreten, und ich bitte Sie jetzt um das, was Sie mir damals ungebeten geben wollten. Ich hätte den Schritt vielleicht eher gethan, mit dem Gedanken habe ich mich schon sehr lange getragen, wenn ich es hätte leichter gerechtfertigt finden können für ein Ziel andrer Hülfe in Anspruch zu nehmen, dessen Erreichung sich jahrelang hinausschieben kann und das vielleicht nicht einmal erreicht wird. Aber alles treibt mich dazu wenigstens den Versuch zu machen. Dazu kommt, daß meine hiesigen Freunde, Ihre Nichten und*

---

quälen, mögen Sie selbst auch zweifeln, ob Sie zum Docenten taugen, Sie sollen den Versuch machen, und damit Sie das thun können, ohne alle äußeren Sorgen, garantieren wir Ihnen auf wie lange Zeit Sie wollen eine Summe, die Sie selbst bestimmen mögen, und die Sie nicht knapp messen sollen. So kann ich sagen, daß ich diesen Leuten nicht bloß das meiste von dem verdanke, was mir die letzten 5 Jahre des Lebens angenehm gemacht hat, sondern daß ich ihnen auch noch für die Sicherung meiner Zukunft auf Jahre hinaus verpflichtet bin. Da kam im letzten Sommer die Bitte der Frau Geibel, ihren Sohn [Adolf Geibel] *zu mir zu nehmen.*

> *Dr. Brockh*[aus] *mir dringend dazu rathen und den Schritt, mich an Sie zu wenden billigen. Ich will Ihnen nicht verhehlen, daß Frau Bräuer und Dr. B*[rockhaus] *mir ihre Hülfe angeboten haben, aber ich richte meine Bitte am liebsten an Sie, weil Sie der erste waren, der mir entgegen kam und weil ich glaube, daß Sie für eine Lage wie die meinige, das beste Verständnis haben. Mein Plan ist ein folgender, ich möchte Ostern meine hiesige Stelle aufgeben, und dann auf ein halbes, vielleicht ganzes Jahr nach Jena gehen, um dort bei Schleicher namentlich slavische Sprachen zu lernen, die ich gebrauche, um weiter gehende grammatische Vorlesungen zu halten. Dann räth mir Professor Curtius mich in Göttingen niederzulassen, doch will ich darüber noch keine Entscheidung treffen, da es mir natürlich am liebsten wäre, in Leipzig Privatdocent zu sein. Wie lange nun meine Privatdocenthur dauern wird, darüber, das wissen Sie ja, lassen sich gar keine Bestimmungen treffen, ich muß rechnen auf 4–5 Jahre. Was ich in der Zeit gebrauchen werde, wüßte ich selbst kaum zu sagen, da ich eine wenn auch nicht große Summe auf eigenen Erwerb rechnen kann; dazu kommt, daß ich durch einen günstigen Zufall im Stande bin, von meinem Leipziger Verdienst so viel zu erübrigen, daß ich ein Semester in Jena davon leben kann. Meine Bitte geht also vorläufig dahin, daß Sie mir so viel leihen, daß ich von nächstem Michaelis an mich ohne viele Mühe ein Jahr lang erhalten kann. Dann hoffe ich einigermaßen voraussehen zu können, wie die ganze Sache ablaufen, und wie viel Zeit etwa bis zur Erlangung einer Professur vergehen wird. Sie kennen jetzt meinen Wunsch, und ich will nur noch hinzufügen, daß Sie mich durch die Erfüllung desselben zu einem glücklicheren Menschen machen werden, als ich es seit langer Zeit gewesen bin.*[9]

Nicht nur sein finanzielles, sondern auch sein privates Glück machte Leskien durch die Bekanntschaft mit den Familien Bräuer, Brockhaus und Geibel. Hier lernte er seine Frau aus der Familie Brockhaus kennen. Am 15. April 1871 heiratete Leskien Marie Elisabeth »Lisbeth« Judeich. Ihre Mutter Marie Pauline Judeich war eine Tochter von Heinrich und Therese Pauline Brockhaus. In einem Brief vom Juni 1870 erwähnte Leskien beiläufig, dass er seine Braut seit *ziemlich acht Jahren* kenne.[10] Er hatte sie also unmittelbar, nachdem er in Leipzig sein Studium aufgenommen hatte, kennengelernt. Über Jahre hinweg führte er eine Korrespondenz mit Marie Pauline Judeich und hielt den Kontakt mit der Familie Judeich in Dresden.[11] In diesen Briefen scheint im-

9 UBL, NL 348/2 Briefkonzept August Leskiens an Johann Weisz, Anfang des Jahres 1866.

10 Niedersächsische Staats- und Universitätsbibliothek Göttingen, F. Frensdorff I Briefe 247-252: Schreiben mit gedrucktem Briefkopf: *Elisabeth Judeich Prof. August Leskien Verlobte. Dresden und Leipzig, Juni 1870.*

11 Die Briefe sind in Privatbesitz. Eine Edition ist in der Zeitschrift »Leipziger Stadtgeschichte« 2016 vorgesehen.

mer wieder die ablehnende Haltung von Heinrich Brockhaus gegenüber der Verbindung Leskiens mit Lisbeth Judeich durch.[12] Erst seine Anstellung als Professor in Leipzig mit einem entsprechenden Gehalt machte die Heirat möglich. Aus der Ehe gingen sechs Kinder hervor: Gertrud, Albert, Friedrich, Ilse, Ernst und Elfriede.

Die Familie Leskien:

Johann Heinrich August Leskien (1840–1916) ∞ Marie Elisabeth Judeich (1851–1908)

1. Gertrud Magdalena Leskien (1874–1942) ∞ Wilhelm August Streitberg (1864–1925)
   a. Gerhart Gustav August Otto Streitberg (1905–2001)
   b. Hildegard Wilhelmine Elisabeth Streitberg (1906–2004)
   c. Helga Elisabeth Streitberg (1908–2007)
2. Albert Heinrich Wilhelm Leskien (1875–1927)
3. Friedrich Walter Leskien (1877–1949) ∞ Marie Sophie Lie (1877–1957)
   a. Ragna Elisabeth Leskien (1908–2007)
   b. Hans Peter Leskien (1912–1985)
4. Ilse Maria Leskien (1879–1934)
5. Ernst August Leskien (1882–1942) ∞ Marie Kuns (1891–1942)
6. Anna Elfriede Leskien (1892–1981)

Durch seine Heirat in die Familie Brockhaus-Judeich machte Leskien seinen sozialen Aufstieg perfekt. Er gehörte nun zum Umfeld der führenden Leipziger Familien. Auch ökonomisch war die Heirat bedeutsam. Die Familie Leskien pflegte ein großbürgerliches Leben und unterhielt neben ihrer repräsentativen Stadtwohnung in der Stephanstraße in Leipzig eine Villa in Dresden aus dem Judeichschen Familienbesitz, die als Feriendomizil genutzt wurde. Von den Ausgaben der Familie Leskien wurde nur ein Drittel mit dem Professorengehalt Leskiens beglichen. Ein weiteres Drittel verdiente er als Chefredakteur bei Brockhaus, das dritte Drittel kam aus dem Erbe seiner

12 UBL, NL 348/2, August Leskien an Marie Pauline Judeich, Leipzig, 31. Dezember 1869 (Abschrift): *Wenn ich trotzdem Ihrem Vater im Engadin gesagt habe, meine Aussichten in der Universitätscarriere seien gut, so war das die stricteste Wahrheit, nur freilich relativ zu nehmen. Für mich sind sehr gute Aussichten schon die, wenn ich in 2 – 3 Jahren eine Stellung mit 800 – 1000 Cr.* [Courantmark] *Gehalt habe. – Daß das sehr wenig ist, weiß ich natürlich wohl, ich weiß aber auch, daß man selbst in jetziger Zeit mit wenigem auskommen kann, wenn man will. Freilich gehört dazu eine große Ausdauer, ein nicht geringer Muth und vor allem eine entschiedene, klar erkannte Liebe. Ob Lisbeth die zu mir hat, weiß ich nicht. Ich kann daher nur wiederholen, was ich ja auch schon im Engadin Ihnen zugegeben habe, daß sie sich als völlig frei ansehen dürfe, wenn sie es kann. Meine ganze Lage giebt mir kein Recht, weitere Ansprüche zu machen, und insofern theile ich Ihres Vaters Auffassung der Sache sogleich, etwas anderes ist die Frage, nach der sittlichen Befugniß, an ein Mädchen die Frage zu richten, ob sie mich lieben und einmal mein Leben zu theilen sich entschließen könne. Die Frage darf man selbst dann stellen, wenn man weiß, daß dies Leben kein nach dem gewöhnlichen Maßstab begehrenswerthes, ja vielleicht recht schweres ist.*

Frau.[13] Die finanzielle Verbindung zur Familie Brockhaus ging so weit, dass noch Gerhart Streitberg, ein Enkel August und Lisbeth Leskiens, von Mony Brockhaus testamentarisch bedacht wurde.[14]

Abb. 1: Das Hochzeitsbild von August und Elisabeth Leskien, 1870. Quelle: Privatbesitz, Herbert Oberseider.

13 Leskien an Johannes Schmidt, Leipzig, 24. Februar 1898, ZEIL, Leskiens Wahl, S. 250: *Meine Verhältnisse sind so, daß ich seit einer ganzen Reihe von Jahren genöthigt bin, einen großen Theil meiner Zeit dem außerberuflichen Erwerbe zu widmen. Ich kann mit meiner Universitätseinnahme nicht zur Hälfte auskommen. Es ist das nicht meine Schuld: ich habe nacheinander von meinen sechs Kindern drei schwer krank gehabt.*

14 UBL, NL 245/Bro/Bro/1, Albert Eduard Brockhaus an Wilhelm Streitberg, Leipzig, 6. Februar 1918: Albert Brockhaus übersandte 500 Mark für Gerhart Streitberg aus der Hinterlassenschaft seiner Frau Mony.

In gewisser Weise repräsentierte August Leskien die für Leipzig spezifische Vermischung von Wirtschaftsbürgertum und Bildungsbürgertum. Das Zensuswahlrecht zementierte zwar die politische Aufgliederung des Bürgertums, aber auf der sozialen Ebene konnten sich Wirtschaftsbürgertum und Bildungsbürgertum bis zum Konnubium vermischen. In politischer Hinsicht stand Leskien Albert Eduard Brockhaus nahe. Wie dieser gehörte er den Nationalliberalen an und war auch für einige Jahre als Stadtrat tätig. In seinen Tagebüchern reflektierte Leskien immer wieder über diese reichen Familien und die Verbindung seiner Familie mit denselben.

Leskien setzte seine Studien seit Ostern 1866 in Jena fort, um bei August Schleicher vergleichende indogermanische Sprachwissenschaft zu studieren. Er habilitierte sich 1867 in Göttingen mit einer Schrift über Futur und Aorist bei Homer.[15] Nach erfolgreich durchgeführtem Habilitationsverfahren wurde Leskien zum Privatdozenten ernannt. Es folgte 1869 die Berufung zum Extraordinarius an der Universität Jena für *vergleichende Sprachkunde und Sanskrit.* 1870 schließlich wurde er auf die Professur für Slavistik an der Universität Leipzig berufen und 1876 zum ordentlichen Professor ernannt. In Leipzig war die erste slawistische Professur auf Drängen der sorbischen Minderheit der Lausitz eingerichtet worden.[16] Auf die slawischen Sprachen war Leskien durch seinen Lehrer Schleicher hingewiesen worden.

Neben seiner Tätigkeit als Hochschullehrer arbeitete Leskien von 1882 bis 1889 für F. A. Brockhaus als Redakteur des Großprojekts »Ersch und Grubersche Enzyklopädie«. 1889–1911 übernahm er die Chefredaktion der 14. Auflage des Konversationslexikons.[17]

In vielfältiger Weise wirkte Leskien auf die Ausbildung der Slawistik als Universitätsfach in Deutschland und darüber hinaus. Eine Vielzahl von Wissenschaftlern der nachfolgenden Generation berief sich auf Leskien als Lehrer. In den Nachrufen von Karl Brugmann und Wilhelm Streitberg wurde Leskien als einer der herausragenden Gelehrten seiner Zeit gewürdigt. Leskien selbst sah sich anders: fleißig, sprachbegabt, aber nicht genial im Hegelschen Sinne. Er bedauerte immer wieder, dass er nicht ausreichend wissenschaftlich arbeite. Seine Tagebücher zeugen von seinen Selbstzweifeln, von seiner wissenschaftlichen Arbeit und seinen Verbindungen in der wissenschaftlichen Welt.

---

15 LESKIEN, Die Formen des Futurums.

16 EICHLER, August Leskiens Wirken, S. 168-191.

17 Zu Leskien als Redakteur bei Brockhaus: BROCKHAUS, Die Firma F. A. Brockhaus, S. 301, 306, 359, 363.

Der Nachlass August Leskiens

Die Tagebücher August Leskiens haben ihre Bedeutung als Dokumente für die Bürgertums- und Universitätsgeschichte Leipzigs. Da der Nachlass als verloren gelten muss, sind sie auch für Leben und Werk Leskiens zentrale Quellen. Seinen Nachlass sowie die finanziellen Angelegenheiten regelte Leskien in seinem Testament vom 27. Januar 1912.[18] Als Alleinerben setzte er seine Kinder ein. Daneben äußerte er noch einige Wünsche: Dem Rektorat solle mitgeteilt werden, *daß das übliche Grabgeleit ohne Beteiligung von Studentenverbindungen mit ihren Fahnen und dem ganzen Brimborium stattfinde*, und: *An meinem Sarge sollen keine Kollegen oder Schüler sprechen, sondern nur der Geistliche.* Die sächsischen Orden seien an die Ordenskanzlei in Dresden zurückzuschicken. Die Möbel seines Haushaltes, die sein Vater selbst gebaut hatte, sollten Elfriede und Ilse erhalten. Seinen wissenschaftlichen Nachlass und seine Bibliothek regelte er folgendermaßen: Falls die Kinder Bücher aus seiner Bibliothek entnehmen möchten, sollten sie diese durch einen Antiquar schätzen lassen und den Wert untereinander ausgleichen. Die restlichen Bücher sollten verkauft werden. Die Verhandlungen mit dem Antiquar solle Wilhelm Streitberg führen. Die Bibliothek wurde schließlich an die Universitätsbibliothek Leipzig verkauft und hier eingearbeitet. Dubletten wurden von der Universitätsbibliothek weiterverkauft. Interessant sind seine Ausführungen zu seinem Briefwechsel. Die Masse der an ihn gerichteten Briefe sei nicht geordnet. Die Briefe seiner Frau und seiner Kinder an ihn wurden davon getrennt aufbewahrt. Die Kinder, die ihre Briefe zurückhaben möchten, sollten diese entnehmen. *Alle anderen Briefe können ohne weiteres vernichtet werden, es sei denn, daß Streitberg ein Interesse daran hat, sie durchzusehen und etwaige Briefe von Gelehrten an sich zu nehmen.* Von dem privaten Briefwechsel sind nur die Briefe Leskiens an seine Schwiegermutter Marie Pauline Judeich und wenige weitere Stücke in der Familie erhalten. Auch zu den Tagebüchern finden sich Regelungen: *Die von mir, sehr unregelmäßig, geführten Tagebücher soll Ilse erhalten, ebenso die von mir niedergeschriebene Geschichte meiner Jugend.* Die Jugenderinnerungen wurden wohl in den 1930er Jahren in einem Privatdruck publiziert. Die Tagebücher gingen nach dem Tode Ilse Leskiens, die keine Kinder hatte, in den Besitz des Familienzweiges Friedrich Leskien über. Aus diesem Eigentum wurden die Tagebücher 2012 der Universitätsbibliothek Leipzig geschenkt. August Leskien vermachte die Tagebücher wahrscheinlich Ilse, weil sie den gemeinsamen Haushalt führte. Sie stand ihm deshalb am nächsten.

---

18 Staatsarchiv Leipzig, 25821: Amtsgericht Leipzig, Testament und Testamentseröffnung von August Leskien.

Zum Verbleib des wissenschaftlichen Nachlasses liegen einige verstreute Nachrichten vor: Sicher ist, dass Leskiens Schwiegersohn Wilhelm Streitberg den Nachlass übernommen hatte, wie es im Testament vorgesehen war. Am 5. November 1916 schrieb Maximilian Lambertz an Streitberg. Danach habe Streitberg ihn gebeten, *die albanischen lexikalischen Sammlungen* [des] *verewigten Schwiegervaters zu bearbeiten.*[19] In der Fachwelt war es allgemein bekannt, dass Streitberg den Nachlass verwahrte. Artur Byhan richtete an ihn eine Anfrage: *Ich erfuhr, daß Sie den Nachlaß von Herrn G. R.* [Geheimrat] *Leskien geordnet haben und vielleicht über den Verbleib eines Ms. Auskunft geben könnten, das ich vor etwa 5–6 Jahren übersandte.*[20] Im Nachlass von Georg Curtius in der Universitätsbibliothek Leipzig[21] findet sich ein Umschlag mit Briefen Schleichers an Leskien.[22] Der Umschlag ist ein wiederverwendeter Briefumschlag mit der Adresse Streitbergs, auf den dieser eigenhändig schrieb: *A. Schleicher - Leskiens Briefe.* Neben den Briefen findet sich auch ein Manuskript Schleichers, das mit Sicherheit Leskien von seinem Lehrer erhalten hatte. Die Briefe kamen mit der Briefsammlung Streitbergs in die Universitätsbibliothek und wurden aus unbekannten Gründen dem Nachlass von Curtius zugeordnet. Streitberg schrieb in seinem Nachruf auf Leskien, dass er Briefe Schleichers an Leskien und Leskiens an Curtius besitze.[23]

Der eigene Briefnachlass Streitbergs gelangte 1932, also erst einige Jahre nach seinem Tod, in die Universitätsbibliothek. Seine Witwe Gertrud gab den Nachlass wahrscheinlich an die Bibliothek, da sie in diesem Jahr umzog. Zu diesem Zeitpunkt scheint der Nachlass Leskiens schon nicht mehr vorgelegen zu haben. Nur der genannte Briefwechsel mit Schleicher und Curtius blieb erhalten und kam mit Streitbergs Briefen in die Universitätsbibliothek. Offensichtlich vernichtete Streitberg den wissenschaftlichen Briefwechsel Leskiens gemäß den testamentarischen Bestimmungen und hielt wohl aus Pietätsgründen nur den Briefwechsel mit Leskiens akademischen Lehrern Curtius und Schleicher für erhaltenswert.

Eingearbeitet wurde der Nachlass Streitbergs erst in den Jahren unmittelbar nach 1970.[24] Dabei wurde die jetzige Ordnung hergestellt, ein Verzeichnis der Briefschreiber angelegt, die Briefe in einen Autographenzettelkatalog

---

19 UBL, NL 245/L/La/14, Mauer bei Wien, 5. November 1916.

20 UBL, NL 245/Bro/Bur/25, Hamburg, 3. Juli 1919. Das in dem Brief genannte Manuskript blieb erhalten und befindet sich heute in Privatbesitz.

21 UBL, NL 224.

22 UBL, NL 224:1.

23 STREITBERG, Leskien, S. 233.

24 In der Universitätsbibliothek wurde eine Nachlass-Signatur chronologisch vergeben. 1970 wurde unter der Signatur NL 243 der Nachlass von Theodor Weicher eingearbeitet. Die Signatur NL 245 für den Briefwechsel von Curtius weist also auf eine Einarbeitung kurz nach 1970 hin.

eingetragen und die Briefe Curtius-Schleicher-Leskien in den Nachlass von Curtius eingearbeitet.

Von den Manuskripten Leskiens blieben nur einige wenige Stücke erhalten, die in seiner Bibliothek standen und mit den Büchern in die Universitätsbibliothek gelangten. Sie wurden in die Handschriftensammlung der Nullgruppe eingestellt:[25]

Ms 0745: Abschrift Leskiens aus dem Manuskript Hs IV.a.33, Bl. 338-383, der Südslawischen Akademie in Zagreb mit altkroatischen Dramen, angefertigt im Oktober 1888.

Ms 0751: Proben der slowenischen Mundart von Köstenberg-Kärnten mit Übersetzungen, geschrieben im späten 19. Jahrhundert von August Leskien.

Ms 0754: Literatur und Quellen zur Geschichte dalmatinischer Orte und zu den dort gesprochenen Dialekten von Leskiens Hand aus den Jahren um 1900.

Ms 0770: Russische Dialektologie. Von August Leskien angefertigtes Literaturverzeichnis zu den Themen Großrussisch, Kleinrussisch, Weißrussisch und Geschichte der russischen Sprache aus der Zeit um 1900.

Ms 0771: August Leskien: Konzept einer Vorlesung zur Nestorchronik. Die jüngsten von Leskien vermerkten Literaturangaben stammen aus den ersten Jahren des 20. Jahrhunderts. Angebunden: S. 107-110: Brief von Eugen Mogk an Leskien, Leipzig, 5. Dezember 1886.

Ms 0772: August Leskien: Nomocanon. Vermisst, wohl kriegsbedingter Verlust.

Ms 0773: August Leskien: Litauische Eigennamen aus dem Kirchspiel Wilkirchen. Vermisst, wohl kriegsbedingter Verlust.

Ms 01289: Verzeichnis der Quellen zum Ober- und Niedersorbischen aus der Zeit von Leskiens Sprachaufenthalten in der Lausitz 1881.

Die Tagebücher August Leskiens

Leskien schrieb seine Aufzeichnungen in sieben Notizbücher. Die Niederschrift erfolgte dabei nicht täglich, sondern in unregelmäßigen Abständen aus seiner Erinnerung.

NL 348/1/1
Tagebuch 1: 1892
Notizbuch, 15,7 x 9,5, Pappeinband mit Leinengewebe bezogen, Kanten mit Leder umgeschlagen.
Bl. I, 48 Bl. [Bl. 39r-48v: leer], Bl. II.

---

25 Die Handschriften sind nachgewiesen in: DÖRING, Die neuzeitlichen Handschriften.

(Vorderer Einband:) Stempel *A. Leskien* und hsl. *1892.*
(Vorderer Spiegel:) hsl. *22521 A.*
(Bl. Ir:) Stempel *A. Leskien.*
(Hinterer Spiegel:) Aufkleber *207.* sowie die Werbemarke *F. G. Mylius Leipzig Markt 13 Papier u. Comptoir-Utensil.* mit dem hsl. Preis *1.50.*

NL 348/1/2
Tagebuch 2: 1893–1895
Notizbuch, 18 x 12,3 cm, Schnitt rot eingefärbt, Pappeinband mit schwarzem Kunstleder bezogen.
66 Bl. [Bl. 62v-66v: leer].
(Bl. Ir:) Stempel *A. Leskien* und hsl. von Leskien *1893 1894 1895.*

NL 348/1/3
Tagebuch 3: 1896–1897
Notizbuch, 21 x 13,3 cm, Schnitt rot eingefärbt, Pappeinband mit schwarzem Kunstleder bezogen.
58 Bl. [Bl. 46v-58v: leer].

NL 348/1/4
Tagebuch 4: 1898
Notizbuch, 18,2 x 12,2 cm, Schnitt rot eingefärbt, Pappeinband mit schwarzem Kunstleder bezogen.
Bl. I, 48 Bl. [Bl. 45v-48v: leer], Bl. II fehlt.
(Bl. Ir:) hsl. von Leskien *1898.*

NL 348/1/5
Tagebuch 5: 1899–1903
Notizbuch, 18 x 11,9 cm, Schnitt rot eingefärbt, Pappeinband mit schwarzem Kunstleder bezogen.
Bl. I, 93 Bl., Bl. II.
(Bl. Ir:) hsl. von Leskien *1899–1903.*

NL 348/1/6
Tagebuch 6: 1903–1910
Notizbuch, 18 x 11,9 cm, Schnitt rot eingefärbt, Pappeinband mit schwarzem Kunstleder bezogen.
Bl. I, 96 Bl. [Bl. 91v-96v: leer], Bl. II
(Bl. Ir:) hsl. von Leskien *1903–1910.*

NL 348/1/7
Tagebuch 7: 1911–1916
Notizbuch, 20,3 x 13,8 cm, schwarz marmorierter Schnitt, Pappeinband mit braunem Buntpapier kaschiert, Rücken und Ecken mit Leinen verstärkt.
144 Bl. [Bl. 56r-144r: leer]
(Vorderer Einband:) Aufgeklebtes Titelschild und hsl. von Leskien *1911 –.*
(Hinterer Einband:) Aufkleber, von unbekannter Hand: *Grossvater Leskien Tagebücher.*
(Vorderer Spiegel:) Werbemarke: *Ferd. Flinsch G.m.b.H. Leipzig Augustusplatz zu Petersstr. 11* und hsl. *1.-.*

Den Tagebüchern beigefügt sind unter der Signatur NL 348/2 kopierte Unterlagen aus dem Besitz der Familien Leskien-Streitberg: Stammbäume der Familien Brockhaus, Geibel, Judeich, Leskien und Streitberg; Judeich, Walter: Familie Judeich, Jena, masch., 1937; Abschriften von Briefen August Leskiens an Marie Pauline Judeich, 1865–1878; Streitberg, Gerald: Familiengeschichte Streitberg, Asperg, masch., 1986 (Auszüge); Leskien, August: Meine Jugendzeit, Privatdruck o.J. (Kopie).
Unter der Signatur NL 348/3 liegen Originaldokumente zu August Leskien und seiner Familie meist biographischen Charakters. Alle Dokumente aus dem Bestand NL 348 sind in der »Kalliope Verbunddatenbank« erschlossen.[26]

Einrichtung der Edition

Der Text des Tagebuches ist ohne Kürzungen wiedergegeben. Die eingeklebten oder einliegenden Beilagen sind in den Anmerkungen nachgewiesen. Ebenso finden sich die Sacherläuterungen, sofern sie für das Textverständnis notwendig sind, in den Fußnoten. Hier werden auch die Bücher nachgewiesen, die von Leskien gelesen wurden. Wenn diese Bücher noch im Bestand der Universitätsbibliothek vorhanden sind, wurden sie mit den entsprechenden exemplarspezifischen Merkmalen aufgezählt. Aus Platzgründen wurden die genannten Personen nicht im Fußnotenapparat näher erläutert, sondern sind in einem Personenregister mit den biographischen Grunddaten und entsprechenden Literaturnachweisen aufgelistet. Dabei wurden auch genealogische Internetquellen aufgenommen, deren Vertrauenswürdigkeit nicht gesichert ist und die wahrscheinlich auch nicht stabil in der Zukunft zur Verfügung stehen werden. Allerdings verfügen die Verfasser genealogischer Zusammenstellungen häufig über Informationen, die nicht öffentlich zugänglich sind. Unter Berücksichtigung dieser Probleme scheint es dennoch sinnvoll, solche Informationen zu übernehmen. Die von Leskien erwähnten Literaturhinweise sind in den Anmerkungen nachgewiesen.

26 http://kalliope.staatsbibliothek-berlin.de/.

August Leskien

Tagebücher

1892 – 1916

Tagebuch 1892

[UBL, NL 348/1/1, Bl. 1r-48v]

30. Januar: Senatssitzung: nachher vertrauliche Besprechung über den Universitätsbau[1]. [Adolf] Wach regt an, auf den alten Plan der Verlegung (in die Nähe der neuen Bibliothek[2]) zurückzukommen. Das allerdings das einzig Vernünftige. | Der 14. Bogen von Konversations-Lexikon[3] II beendet, damit A fertig. In Folge des Streikes[4] kann nun nicht weiter umbrochen werden. | Im Preußischen Landtag die Verhandlungen über das Volksschulgesetz[5], es kommen dabei die wunderlichen Meinungen über Bekämpfung der Sozialdem.[okratie] zu Tage.

31. Januar, Sonntag: Morgens 11–1½ vertrauliche Besprechung der Senatsmitglieder über die Universitätsbaufrage: es bleibt dabei, daß man an dem Umbau festhalten wolle; der ausschlagende, richtige Grund ist, daß es die letzte Zeit sei, wo eine größere Geldbewilligung sicher sei, später eine, sei es für Umbau oder für Verlegung, sehr zweifelhaft. – [Felix] Birch-Hirschfeld gab eine sehr gute klare Auseinandersetzung über die Stimmung der Kammern[6]. | Nachmittags Lamprecht aufgesucht, um über sein Manuskript (Ostdeutschland)[7] zu sprechen; verfehlt. War bei [Karl] Brugmann; der an der Declination und Conjugation seines Grundrisses[8] arbeitet, mit erstaunlichem Scharfsinn, es ist aber bei allen sonstigen Unterschieden der beiden Männer, die Schleichersche[9] Art, ich möchte sagen: eine Formenbefriedigung, die von den inneren Triebfedern der Entwicklung absieht. Freilich wer kann die jetzt kennen. | Die Lesung von Volkelts »Vorträgen zur Einführung in die Philosophie der Gegenwart« (1892)[10] beendet. In Schopenhauer geblättert. | Abends bei uns

---

1 Neubau des Augusteum am Augustusplatz.

2 Bibliotheca Albertina in der Beethovenstraße.

3 Brockhaus' Konversations-Lexikon, Bd. 2: Astrachan-Bilk, 14., vollst. neubearb. Aufl., Leipzig [u.a.] 1892.

4 Buchdruckerstreik 1891/92.

5 Entwurf eines Volksschulgesetzes (15. Januar 1892), in: HUBER/HUBER, Staat und Kirche, Nr. 52. S. 126-130.

6 Felix Birch-Hirschfeld war Mitglied der 1. Ständekammer; zu den politischen Entscheidungsprozessen beim Neubau des Augusteum siehe: GUL 5, S. 213-233.

7 Wahrscheinlich ist ein Band gemeint von: LAMPRECHT, Karl, Deutsche Geschichte, Bd. 1-5, Berlin 1891–1895.

8 BRUGMANN, Karl, Grundriß der vergleichenden Grammatik der indogermanischen Sprachen, Bd. 2. Wortbildungslehre (Stammbildungs- und Flexionslehre), Teil: 3. Indices [zu 1/2], Straßburg 1893.

9 Gemeint ist August Schleicher.

10 VOLKELT, Johannes, Vorträge zur Einführung in die Philosophie der Gegenwart: gehalten zu Frankfurt a./M. im Februar und März 1891, München 1892.

zum Musicieren der junge Kuttner und Ostermeyer[11]. | Abends ich einige Stunden bei [Otto von] Böhtlingk.

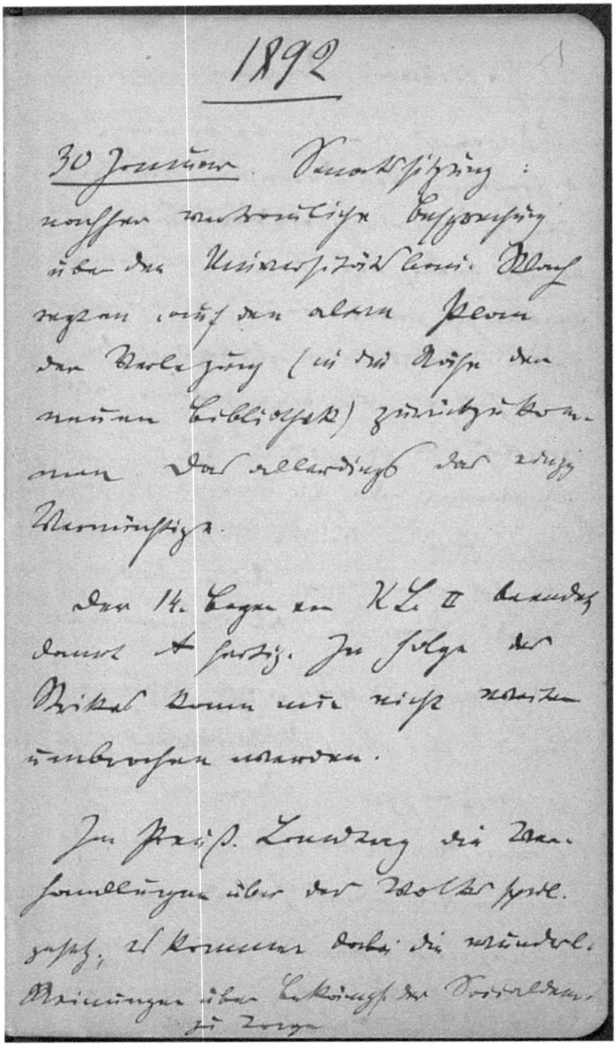

1892

Abb. 2: Der Beginn der Tagebücher August Leskiens. Quelle: UBL, NL 348/1/1, Bl. 1r.

1. Februar 1892, Montag: Zu Ende durchgesehen Majkov, Zaklinanija[12];

11 Kuttner ist aufgrund der Häufigkeit der Namensform nicht identifizierbar; Ostermeyer weder im LAB noch in der MUL 1892 identifizierbar. Auch in den Schulprogrammen der Nicolai- und der Thomasschule lassen sich die beiden Personen nicht nachweisen.

12 MAJKOV, Leonid N., Velikorusskie zaklinanija, Sankt Petersburg 1869.

Krauss, Sreća[13]; Euchologion[14] für den nächsten Sonnabend zu haltenden Vortrag[15].

2. Februar 1892, Dienstag: Abends mit Frau [Leonore] Geibel und Onkel Johann [Weisz], der seit 8 Tagen in Leipzig, bei Alberts[16]. | Fortgearbeitet an den Beschwörungsformeln: das Thema zu weitläufig für den Vortrag.

3. Februar, Mittwoch 1892: Ausarbeitung des Vortrags über slavische Zauberformeln angefangen: wesentlich Übersetzungen der russischen Zaklinanija von Majkov[17]. | Abends Einzug des Prinzen Friedrich August mit seiner Frau [Luise]: große Illumination, allgemeiner riesiger Fackelzug der Studenten; ich mit Ernst [Leskien] abends zum Ansehen.

4. Februar 1892, Donnerstag: Den Vortrag über Zauberformeln beendet: ich darf mich auf solche Arbeiten lange Zeit nicht einlassen wegen Lexikon u.a. | Abends mit Lisbeth [Leskien] bei [Otto von] Böhtlingks.

5. Februar 1892, Freitag: Wieder angefangen, am Vokalismus für die slavische Grammatik[18] zu arbeiten. | Ein bulgarischer Zuhörer [Nikolaus] Viskovski kommt, um eine Promotionsarbeit zu besprechen, will das bulgarische Verbum bearbeiten (historisch und dialektisch).

6. Februar 1892 Sonnabend: Von der Akademie den 1. Teil des neuen russischen Wörterbuchs[19] erhalten. | Der Beteiligung am Empfange des Königs [Albert von Sachsen] in der Bibliothek trotz [Emil von] Friedbergs Karte ausgewichen[20]. | Abends Vortrag im Deutschen Abend[21]. | Seit einigen Tagen daran gegangen, mich etwas ins Türkische einzuarbeiten.

7. Februar 1892 Sonntag: Angefangen Salter, Die Religion der Moral[22], zu lesen. »Eine Handlung ermangelt in der Tat der Eigenschaft des Moralischen, wenn sie sich nicht alle Einsicht und Erkenntnis, durch welche sie geleitet werden

---

13 KRAUSS, Friedrich S., Sreća: Glück und Schicksal im Volksglauben der Südslaven, in: Mitteilungen der Anthropologischen Gesellschaft in Wien 16 (1886), S. 102-162.

14 Liturgische Bücher der Ostkirchen.

15 Siehe den Eintrag vom 6. Februar 1892.

16 Albert und Marie »Mony« Brockhaus.

17 Siehe den Eintrag vom 1. Februar 1892.

18 LESKIEN, August, Grammatik der altbulgarischen (altkirchenslavischen) Sprache, Heidelberg 1909.

19 Slovar' russkago jazyka, Imperatorskaja Akademija Nauk/Otdelenie Russkago Jazyka i Slovesnosti – Akademija Nauk SSSR/Postojannaja Slovarnaja Komissija, Sankt Petersburg 1891–1937.

20 König Albert von Sachsen besuchte an diesem Tag die Universitätsbibliothek, siehe den ausführlichen Bericht: 6. Beilage zum Leipziger Tageblatt und Anzeiger Nr. 68, Sonntag, 7. Februar 1892, S. 874.

21 Siehe den Eintrag vom 2. Dezember 1893.

22 SALTER, William Mackintire, Die Religion der Moral: Vorträge, gehalten in der Gesellschaft für Moralische Kultur in Chicago, Leipzig/Berlin 1885, das folgende Zitat S. 67.

könnte, zu Nutzen macht«. | Etwas Türkisch getrieben. | Briefe der letzten Woche abgemacht. | Abends Meisters[23] bei uns.
8. Februar Montag 1892: Nachmittags Sitzung der Senatscommission für Besetzung der durch [Ludolf] Krehls Pensionierung erledigten Oberbibliothekarstelle[24]: die Commission einigt sich auf den Vorschlag: 1) [Karl] Dziatzko (Göttingen), 2) [Oskar von] Gebhardt (Berlin); 3) [Karl] Boysen. | Abends Kränzchen bei [Albert] Socin[25].
9. Februar 1892 Dienstag: Abends bei [Otto von] Böhtlingk.
10. Februar 1892, Mittwoch: Abends Gesellschaft bei Rudolfs[26], die gewöhnliche Mache. | Gertrud [Leskien] zu einer jungen Gesellschaft bei Brugmanns[27]. | Mit [Anton] Weddige und [Ferdinand] Zirkel über das preußische Volksschulgesetz[28] gesprochen: es ist unmöglich, sich selbst mit diesen Katholiken zu verständigen.
11. Februar, Donnerstag, 1892: Anfang der zusammengeschossenen B-Fahne des K. L. [Konversationslexikons].
12. Februar, Freitag 1892: Abends bei uns Dr. [Alfred] Hettner und das Meistersche Ehepaar[29]. Gespräche über Socialdemokratie und Volksschulgesetz[30]. | Senatssitzung: Bericht des Ausschusses für die Bibliothekarsstelle: der Vorschlag: [Karl] Dziatzko, [Oscar von] Gebhardt, [Karl] Boysen wird einstimmig angenommen[31].
13. Februar 1892 Sonnabend: Die Recension Bezzenbergers über meine litauische Nominalbildung in der Berliner Literaturzeitung[32] gelesen. Er hat Recht,

23 Richard und Klothilde Meister.

24 An der Universitätsbibliothek.

25 Das *Kränzchen* ist zu unterscheiden vom *Griechischen Kränzchen* [siehe den Eintrag vom 13. Januar 1895], vgl. BECKMANN, Johannes Wislicenus, S. 4892: *Zu einem regelmäßigen näheren Verkehr mit Collegen hatte er* [Johannes Wislicenus] *Gelegenheit im ›Kränzchen‹. Dasselbe ist 1874 durch His, Braune, Peschel, Bruhns, Blomeyer und Zirkel gegeründet worden, umfasst nur eine begrenzte Anzahl Mitglieder und hält im Winter und Sommer alle 14 Tage Zusammenkünfte abends 8–11 Uhr in den Wohnungen ab. Für dasselbe ist charakteristisch, dass die Art der Bewirthung und sogar das Trinkgeld für die Bedienung festgelegt sind, damit die Einfachheit aufrecht erhalten bleibe. Zur Zeit von Wislicenus gehörten zum Kränzchen: Binding, Boehm, Bruns, Chun, His, Leskien, Adolf Mayer, Pfeffer, Sievers, Wiedemann, Wundt und Zirkel.*

26 Rudolf und Louisa Brockhaus.

27 Karl und Valeska Brugmann.

28 Siehe den Eintrag vom 30. Januar 1892.

29 Richard und Klothilde Meister.

30 Siehe den Eintrag vom 30. Januar 1892.

31 Siehe den Eintrag vom 8. Februar 1892.

32 LESKIEN, August, Die Bildung der Nomina im Litauischen, in: Abhandlungen der philologisch-historischen Classe der Königlich Sächsischen Gesellschaft der Wissenschaften

daß solche Bücher keinen Anspruch auf wissenschaftlich hohe Schätzung haben. Bedachte mich, ob ich wegen des hämischen Tones an ihn schreiben sollte, habe es gelassen, weil wenig Wahrscheinlichkeit besteht, den Ton zu bessern. Seine Gereiztheit kann ich ihm, als von mir verschuldet, auch weiter nicht verdenken. | Perwolf Slavjani, ich vzaimnyja otnošenija[33] angeschafft, zu benutzen zu einem gelegentlichen Vortrag über Panslawismus.

14. Februar 1892, Sonntag: Vortrag Heinrichs [Brockhaus] im Kunstverein[34] über die sixtin.[ische] Kapelle. | Salter weiter gelesen[35].

15. Februar 1892, Montag: Eugen Richters Büchelchen über den socialdemokratischen Staat[36] gelesen. | Die ersten zwei Bogen B des Lexikons zum Umbrechen fertig gemacht. | Vortrag auf Montag den 29. Februar im anthrop.[ologischen] Verein[37] zugesagt.

16. Februar 1892 Dienstag: Abends bei [Otto von] Böhtlingk mit [Richard] Meister zusammen.

17. Februar 1892, Mittwoch: Die Arbeit an der slavischen Grammatik[38] geht etwas langsam, weil die Wortsucherei zu viel Zeit wegnimmt. | Whitney's Schrift gegen Müllers Lectures[39] gelesen, trifft den Nagel auf den Kopf über das seichte Geschwätz.

18. Februar 1892 Donnerstag.

19. Februar Freitag 1892: Sitzung der Jablonoviana[40]: [Wilhelm] Maurenbrecher als Ersatz für [Georg] Voigt gewählt; ich sprach für [Karl] Lamprecht. Die Wahl an [Friedrich] Zarnckes Stelle wurde aufgeschoben, die Stelle für [Eduard] Sievers offengehalten. Ich wurde für das laufende Jahr Sekretär. Befürworte den Austausch an die Maćica serska[41].

20. Februar 1892 Sonnabend: Abends Vortrag von [Karl] Lamprecht im Deut-

---

12 (1891), Nr. 3, S. 151-618. Die Rezension Adalbert Bezzenbergers erschien in: Deutsche Litteraturzeitung 13, 6 (Berlin 6.2.1892), Sp. 184-186.

33 PERWOLF, Josef, Slavjani, ich vzaimnyja otnošenija, 3 Bde., Warschau 1886–1893.

34 Leipziger Kunstverein, gegründet 1837.

35 Siehe den Eintrag vom 7. Februar 1892.

36 RICHTER, Eugen, Sozialdemokratische Zukunftsbilder: frei nach Bebel, Berlin 1891.

37 Verein für Anthropologie zu Leipzig, Societas Anthropologica, Anthropologische Gesellschaft, gegründet 1802 in Leipzig.

38 Zur Vorbereitung der Vorlesung, vgl. den Eintrag vom 4. März 1892.

39 WHITNEY, William Dwight, Max Müller and the science of language: a criticism, New York 1892.

40 Societas Jablonoviana/Jablonowskische Gesellschaft der Wissenschaften, 1769 von dem polnischen Adligen Józef Aleksander Fürst Jabłonowski (1711–1777) gegründet, vgl.: SCHWABE, Die Fürstlich Jablonowski'sche Gesellschaft.

41 Maćica Serbska (Serska), 1847 in Bautzen gegründete wissenschaftliche Gesellschaft der Sorben.

schen Abend über Periodisierung der deutschen Geschichte[42], er teilt in | symbolische, | typische, | conventionelle, | individualistische, | subjectivistische Periode, wesentlich auf Grund der Kunstgeschichte u. andren geistigen Lebens.
21. Februar 1892 Sonntag: Morgens im Geschäft[43] gearbeitet. | Um 4 Diner im Kaufm.[ännischen] Verein[44] (Stiftungsfest).
22. Februar 1892, Montag: Albert [Leskien], der schon gestern Kopfschmerz und Röte zeigte, bekommt Scharlachfieber.[45]
24. Februar 92, Mittwoch: Mama[46] geht mit Ilse und Ernst [Leskien] nach Dresden. | Ich abends bei [Otto von] Böhtlingk.
25. Februar 92 Donnerstag: Es geht Albert [Leskien] normal. | Starke Arbeit mit dem [Konversations-]Lexikon, die ersten Bogen von B sind umbrochen.
26. Februar 92 Freitag: Alberts [Leskien] Befinden geht sehr gut weiter.
Sonnabend 27. Februar 1892: Nachmittags 4 Uhr Bibliothekscommission zum letzten Male unter [Ludolf] Krehl: [Joseph] Förstemann interimistisch mit der Bibliotheksleitung betraut (der Senat hat vom Ministerium die Anzeige erhalten, daß auf die Berufungen wegen der Finanzen in dieser Finanzperiode nicht eingegangen werden könne), Krehl teilt mit, daß der neue Bibliotheksetat einfach unter den Tisch gefallen sei; es bleibt also alles beim Alten. | Nachher Fakultätssitzung: Antrag von [Johannes] Overbeck, den Modus der Ernennung von Extraordinarien zu ändern: Commission dafür gewählt[47].

42 Lamprechts eigene Periodisierung der Geschichte ist Grundlage seiner ab 1891 erscheinenden »Deutschen Geschichte«.

43 Gemeint ist der Verlag F. A. Brockhaus.

44 Der Kaufmännische Verein in Leipzig (Gesellschaftshaus in der Schulstraße) wurde 1858 gegründet.

45 Karl Brugmann an Wilhelm Streitberg, Leipzig, 26. März 1892, UBL, NL 245/Brugmann/78: *Leskien wird in der nächsten Zeit jedenfalls nicht verreisen, da sein ältester Junge Scharlach hat. Aus diesem Grund habe ich ihn auch lange nicht gesehen, da für Familienväter sich der Verkehr der Ansteckung wegen verbietet.*

46 Marie Pauline Judeich.

47 UAL, Phil.Fak. A 03/30:06, Protokoll der Philosophischen Fakultät, S. 135-136. Overbeck stellte den Antrag, das bisherige Verfahren der Bewerbung der Privatdozenten für eine außerordentliche Professur zu ändern. In Zukunft sollten nicht mehr die Privatdozenten den Antrag auf eine Ernennung stellen, sondern nur noch die Fakultät durch einen Initiativantrag. Als Gründe wurden genannt: Es falle der Fakultät gegenüber dem Ministerium zu, Anträge abzulehnen. Nach der Ernennung folgten rasch Gehaltsforderungen. Die Anzahl der außerordentlichen Professoren wachse unverhältnismäßig gegenüber den ordentlichen. »Schließlich soll die Ernennung zum a.o. Prof. eine Auszeichnung und nicht ein Ersitzen durch Jahre sein«. Die anschließende Diskussion endete mit Berufung einer Kommission, gegen die sich Leskien ausgesprochen hatte. Der Kommission gehörten an: Overbeck, Lipsius, Wundt, Heinze, Leuckart, Wislicenus.

28. Februar, Sonntag 1892: Den Vortrag für die anthrop.[ologische] Gesellschaft[48] ausgearbeitet.
29. Februar 1892, Montag: Abends Vortrag über »Völkerverschiebungen auf der nördlichen Balkanhalbinsel« (Bulgarien) gehalten[49]. Nachher mit Emil Schmidt und [Friedrich] Ratzel im Kaufmännischen Verein zusammen.
1. März 1892, Dienstag: Besuch von [Asmus] Sörensen aus Chemnitz, der eine Anzahl Bücher (Sammlung serbischer Volkslieder) mitnimmt. | Mit [Oskar] Wiedemann gesprochen, dem von Vandenhoeck und Ruprecht[50] angetragen, eine Vergleichende Grammatik des Slawischen und Litauischen zu schreiben[51]. Er will meinen Rat, ich rate ihm zu.
2. März 1892 Mittwoch: Die Übungen[52] geschlossen. – Die Lexikonarbeit nimmt fast unüberwindlich zu, ich komme nicht vor 8 abends heraus. | Abends bei [Otto von] Böhtlingk ([Oskar] Wiedemann da). – Eduard [Brockhaus] gesprochen: Milly [Emilia Brockhaus] geht aufwärts.
3. März 1892, Donnerstag: Eine der törichten Zukunftsbroschüren gelesen, die einander in schnellem Laufe ablösen. Im allgemeinen sieht man daraus die ungeheure Verstimmung, und das nach 20 Jahren des Reiches[53].
4. März 1892, Freitag: Die Vorlesung[54] geschlossen. Das Russische mußte fortbleiben, sonst alle Sprachen behandelt, wenn auch zum Teil nur kurz. Abends bei [Otto von] Böhtlingk.
5. März 1892, Sonnabend: Albert B.[rockhaus] teilt mir mit, daß er am 6. oder 7. nach Italien geht. | Ich abends allein bei Frau [Leonore] Geibel und Onkel Johann [Weisz].
6. März 1892 Sonntag: Morgens im Geschäft[55]. | Franzos, Judith Trachtenberg[56] fertig gelesen. | Nachmittags wieder angefangen, Neubulgarisch zu sammeln.

---

48 Siehe den Eintrag vom 15. Februar 1892.

49 Vgl. die Mitteilung im Correspondenz-Blatt der deutschen Gesellschaft für Anthropologie, Ethnologie und Urgeschichte 17, Nr. 4 (1886), S. 28, die von einem Vortrag Leskiens über »Ältere und neuere Völkerverschiebungen auf der Balkanhalbinsel« in einer Sitzung der Anthropologischen Gesellschaft zu Leipzig am 27. Februar 1886 berichtet. Möglicherweise basierte Leskiens Vortrag von 1892 zum Teil auf dem Vortrag von 1886. Eine Publikation des Vortrags von 1892 ließ sich nicht nachweisen.

50 Verlagsbuchhandlung Vandenhoeck & Ruprecht in Göttingen.

51 Erschienen ist: WIEDEMANN, Oskar, Handbuch der litauischen Sprache: Grammatik, Texte, Wörterbuch, Straßburg 1897.

52 WS 1891: Übungen im Erklären altslavischer Texte, vgl. HistVV.

53 Bezogen auf die Gründung des Deutschen Reiches 1871.

54 WS 1891: Vergleichende Grammatik der slavischen Sprachen, vgl. HistVV.

55 Gemeint ist der Verlag F. A. Brockhaus.

56 FRANZOS, Karl Emil, Judith Trachtenberg, seit 1891 in einer Vielzahl von Ausgaben.

7. März 1892 Montag: Albert B.[rockhaus] schreibt, daß er nach 8–14 Tagen abreisen werde, bis dahin wird wohl Band 2 fertig sein.
8. März Dienstag 1892: Mit Albert [Brockhaus] über den 3. Band [Konversations-]Lexikon gesprochen: er muß 1. Juli erscheinen.
9. März, Mittwoch 1892: Abends angefangen, den Kindern »Ut mine Stromtid«[57] vorzulesen, dann noch eine Stunde bei [Otto von] Böhtlingk, wo [Reinhold von] Stackelberg und [Oskar] Wiedemann. B.[öhtlingk] wird merklich und wie mir vorkommt, beschleunigt älter.
10. März Donnerstag 1892: Seit einigen Tagen abends den Kindern Stromtid vorgelesen[58]. | An Jagić geschrieben wegen der indiskreten Veröffentlichungen aus [Franz von] Miklosich Briefwechsel im »Archiv«[59], den Brief aber noch nicht abgeschickt.
12. März 1892, Sonnabend: Den Brief an [Vatroslav] Jagić abgeschickt. | Amaliens[60] Trauung in der Nikolaikirche. | Abends Geographischer Verein[61]: Vortrag von Drygalski über seine Reise in Westgrönland[62]; sehr gut – dann von einem Dr. [Kurt] Hassert über Montenegro[63]: nichtssagend. Nachher zum Abendessen da geblieben.
13. März Sonntag, 1892: Morgens mit Friedrich [Leskien] 3 Stunden spazieren durch den tiefen Schnee über die Felder dem Napoleonstein zu, dann über Connewitz und die Linie[64] zurück.

57 REUTER, Fritz, Ut mine Stromtid, seit 1862 in einer Vielzahl von Ausgaben.

58 Siehe den Eintrag zum 9. März 1892.

59 JAGIĆ, Vatroslav, Materialien zur Geschichte der slavischen Philologie. 10. Miklosich's Briefe an den Herausgeber dieser Zeitschrift, in: Archiv für slavische Philologie 14 (1891), S. 300-320, (1892), S. 452-462.

60 1. Beilage zum Leipziger Tageblatt und Anzeiger Nr. 43, Sonnabend, 19. März 1892 (Morgenausgabe): Vom 11.–17. März 1892 heirateten in der Nikolaikirche folgende Frauen, die gemeint sein könnten: *C. F. Berger, Polizei-Schutzmann hier, mit A., geb. Rößler. E. O. Eckardt, Kaufmann aus Olbernhau, mit A., geb. Görner. A. H. Söllner, Bureauvorsteher hier, mit A. R., verw. gew. Heinrichs, geb. Ritter. H. R. Hucke, Buchhändler hier, mit M. A., geb. Kindler.* Amalie war wahrscheinlich im Haushalt der Leskiens beschäftigt, vgl. UBL, NL 348/2, August Leskien an Marie Pauline Judeich, Reudnitz, den 30. April 1871 (Abschrift).

61 Geographische Gesellschaft zu Leipzig, gegründet 1861 als Verein der Freunde der Erdkunde zu Leipzig.

62 Die von der Gesellschaft für Erdkunde zu Berlin veranstalteten und von Erich von Drygalski geleiteten Expeditionen fanden 1891 und 1892–1893 statt, vgl.: DRYGALSKI, Erich von, Grönland-Expedition der Gesellschaft für Erdkunde zu Berlin 1891–1893, 2 Bde., Berlin 1897.

63 HASSERT, Kurt, Reise durch Montenegro nebst Bemerkungen über Land und Leute, Wien [u.a.] 1893.

64 Napoleonstein, zum Gedenken an die Völkerschlacht bei Leipzig (1813) 1857 enthüllt, von hier aus (südöstlich von Leipzig) beobachtete Napoleon die Schlacht. Connewitz,

14. März Montag 1892: Mit Albert Brockhaus gesprochen und ihm geschrieben über meine etwaigen Aufgaben des [Konversations-]Lexikons – es muß eben doch versucht werden, es durchzuführen. | Abends Gertrud, Lisbeth [Leskien] und ich bei Frau [Leonore] Geibel.
15. März Dienstag 1892: Brief von [Vatroslav] Jagić erhalten über meine Beschwerde, etwas gewunden; aber ich will nur eine Warnung für die Zukunft erlassen haben und für mich ist die Sache damit aus. | Abends bei [Otto von] Böhtlingk.
16. März, Mittwoch 1892: An [Vatroslav] Jagić Antwort geschickt. | Alberts [Leskien] Befinden nicht gut; er hat Milzanschwellung.
19. März, 1892 Sonnabend: Der zweite Band [Konversations-]Lexikon in Fahnen fertig. | [Peter von] Bradke aus Gießen bei [Otto von] Böhtlingk, ich abends auch da; Böhtlingk ist nicht munter: das Alter kommt jetzt zusehends. | Vorher war [Otto] Bremer bei mir, um mir seine getäuschten Erwartungen in Halle zu erzählen[65]. Ich habe ihm geraten, sich nicht umzuhabilitieren, sondern zu bleiben.
20. März 1892 Sonntag: Abends [Peter von] Bradke bei mir.
21. März 1892, Montag: Bei Albert [Leskien] haben sich auch Nierenerscheinungen gezeigt: er liegt vorläufig noch fest.
22. März 1892, Dienstag: Albert morgens wieder gebadet; ziemlich schwer, da er noch Rheumatismus in den Gelenken hat. | Heinrich Brockhaus nach Heidelberg gefahren.
24. März, Donnerstag 1892: Besuch von [Karl] Krumbacher München, der eben den Kontrakt mit Teubner über seine byzantinische Zeitschrift abgeschlossen hatte[66]. Er war abends noch bei uns, dazu kam [Reinhold von] Stackelberg.
25. März, Freitag 1892: Abends bei [Otto von] Böhtlingk, wo auch [Ernst] Windisch war. Böhtlingk kommt zu viel auf die Max-Müller-Geschichte[67] zurück; man merkt auch daran sein Altsein.
26. März 1892, Sonnabend: Die umbrechbaren Fahnen des [Konversations-] Lexikons (-238) erledigt.
27. März 1892, Sonntag: Abends bei [Otto von] Böhtlingk.
29. März 1892, Dienstag: Im Geschäft[68] Besuch vom Ägyptologen [Georg]

---

südlich von Leipzig gelegenes Dorf, 1891 nach Leipzig eingemeindet. Die *Linie* ist ein Weg durch den Auenwald im Leipziger Süden.

65 Bremer wurde, obwohl 1888 habilitiert, erst 1899 zum Extraordinarius ernannt.

66 Die von Krumbacher begründete »Byzantinische Zeitschrift« erschien erstmals 1892 im Verlag B. G. Teubner.

67 Siehe den Eintrag vom 17. Februar 1892.

68 Gemeint ist der Verlag F. A. Brockhaus.

Steindorff aus Berlin. | Albert [Leskien] liegt noch immer fest mit schwerem Rheumatismus.
30. März 1892, Mittwoch: In den letzten Tagen Raabes Hungerpastor[69] gelesen.
31. März – 4. April 1892: Die größte Sorge erlebt: Albert [Leskien] hat nach dem Gelenkrheumatismus Herzbeutelentzündung und schwebt in Lebensgefahr. – Bis heute keine Hoffnung. – [Heinrich] Curschmann zugezogen. | Albert Brockhaus Sonnabendabend nach Meran abgereist. | 2. Band des [Konversations-]Lexikons am 2. April fertig geworden.
5. April, Dienstag 1892: Albert [Leskien] von [Heinrich] Curschmann zum dritten Male untersucht: keine Besserung; große Atemnot.
6. April 1892, Mittwoch: Die Nacht von Dienstag auf Mittwoch ruhiger.
7. April 1892: Untersuchung der Ärzte giebt nur das Ergebnis, daß keine Verschlimmerung eingetreten. Die letzte Nacht recht viel Schlaf; der heutige Tag ruhiger. Hoffnung noch immer nicht sicher.
8. April 1892, Freitag: Untersuchung [Heinrich] Curschmanns bringt nur das gleiche Resultat, daß ein Stillstand der Entzündung eingetreten: Rückgang noch nicht da. Tag ruhig.
9. und 10. April 1892: Zustand Alberts [Leskien] unverändert, am Sonntag das Allgemeinbefinden etwas gehoben.
11. April 92, Montag: Das Allgemeinbefinden gesunken; große Depression. Der Herd der Krankheit unverändert, [Heinrich] Curschmann äußert, daß die Gefahr immer noch vorhanden.
12. April 92, Dienstag: Allgemeinbefinden besser, [Heinrich] Curschmann findet zum ersten Mal einen kleinen Fortschritt.
13. April 92, Mittwoch: [Heinrich] Curschmann meint, das Exsudat[70] sei ein wenig zurückgegangen. Alberts [Leskien] subjektives Befinden leidlich.
13.–16. April: Alberts [Leskien] Befinden bessert sich allmählich; am Ostersonntag 17. April erklärt [Heinrich] Curschmann, die Gefahr könne als überwunden angesehen werden. – Friedrich [Leskien] Sonn. [Sonnabend oder Sonntag] nach Dresden.
18. April 1892, Montag: Das schönste Osterwetter, milde; aber seit Wochen kein Regen, der Pflanzenwuchs dürftig.
19. April, Dienstag 1892: [Heinrich] Curschmann erklärt, daß Albert [Leskien] in diesem Semester nicht in die Akademie[71] eintreten dürfe. – Er will erst Ende der Woche wieder nachsehen.
20.–22. April 1892: Alberts [Leskien] Befinden geht allmählich aufwärts.
23. April 1892, Sonnabend: Ich erhalte überflüssigerweise einen königlich säch-

69 RAABE, Wilhelm, Der Hungerpastor, seit 1863 in einer Vielzahl von Ausgaben.
70 Medizinischer Fachbegriff für meist entzündliche Absonderungen.
71 Dresdner Kunstakademie, 1764 gegründet.

sischen Orden[72]. | Abends Sitzung der Gesellschaft der Wissenschaften: Vorträge von [Ernst] Windisch, [Wilhelm] Hankel, [Theodor] Schreiber, [Heinrich] Bruns[73]. Nachher Besprechung über die Afrikaunternehmung [Hans] Gruner[74]. – Die letzte Ferienwoche nichts gearbeitet außer am [Konversations-]Lexicon. – Einige Sachen von [Wilhelm] Raabe gelesen.
24. April 1892, Sonntag: Abends bei [Otto von] Böhtlingk.
25. April 1892, Montag: Kränzchen[75] bei [Wilhelm Friedrich] Pfeffer.
26. April: Vorlesungen[76] angefangen.
27. April 1892: Der Tag, an dem ich mich vor 25 Jahren in Göttingen habilitierte[77]: Grüße von [Wilhelm] Streitberg (mit Brief und Widmungsschrift), von [Victor] Michels, Besuche von Verschiedenen. – Abends bei [Otto von] Böhtlingk. | Alberts [Leskien] Befinden sehr langsam etwas gehoben. | Ernst [Leskien] auf Gymnasium[78] gekommen am 27. April.
28. April, Donnerstag 1892: Seit einigen Tagen abends wieder das Neubulgarische vorgenommen. Mit den Aufzeichnungen ist durchweg nichts anzufangen. | Von [Carl Wilhelm] Whistling im Tageblatt mein Name in Verbindung mit dem Conversationslexikon genannt[79]; unerfreulich. – [Christian] Braune † am 29. April.

---

72 Leskien erhielt das Ritterkreuz 1. Klasse am 21. April 1892, vgl. 1. Beilage zum Leipziger Tageblatt und Anzeiger Nr. 206, Sonnabend, 23. April 1892 (Morgen-Ausgabe), S. 2803, wahrscheinlich aus Anlass der fünfundzwanzigjährigen Wiederkehr seiner Habilitation; vgl. Karl Brugmann an Wilhelm Streitberg, Leipzig, 21. April 1892, UBL, NL 245/Brugmann/80: *Soeben komme ich von Leskien, dem ich zum Jubiläum gratulierte. Er hat sich augenscheinlich über ihre Festsendung sehr gefreut. Seinem Albert geht es besser. Weitere Veranstaltungen zu dem Jubiläum haben wir mit Rücksicht auf die Krankheit Alberts unterlassen.*

73 Königlich Sächsische Gesellschaft der Wissenschaften, gegründet 1846 in Leipzig, seit 1919 Sächsische Akademie der Wissenschaften zu Leipzig; SCHREIBER, Theodor, Die Fundberichte des Pier Leone Ghezzi, in: Berichte über die Verhandlungen der Königlich Sächsischen Gesellschaft der Wissenschaften zu Leipzig. Philologisch-historische Classe 44 (1892), S. 105-156. Die anderen Vorträge wurden in den »Berichten« nicht publiziert.

74 1892 wurde Gruner von der Reichsregierung beauftragt, den Militärposten Misahöhe in der Kolonie Togo zu einer Wissenschaftsstation zu entwickeln, vgl.: GRUNER, Vormarsch zum Niger.

75 Siehe den Eintrag vom 8. Februar 1892.

76 SS 1892: Vergleichende Grammatik des Großrussischen, Weißrussischen, Kleinrussischen und ihrer Mundarten; Grammatik der litauischen Sprache, vgl. HistVV.

77 Leskiens Habilitationsschrift: Die Formen des Futurums und zusammengesetzten Aorists mit σσ in den Homerischen Gedichten, in: Studien zur griechischen und lateinischen Grammatik, hrsg. von Georg Curtius, 2. Bd., 2. Heft, Leipzig 1869, S. 65-124.

78 Nikolaischule.

79 2. Beilage zu Leipziger Tageblatt und Anzeiger Nr. 215, Donnerstag, 28. April 1892, mit einem Bericht über die Auslieferung des 2. Bandes der 14. Auflage des Konversations-Lexikons. *Daß an die Spitze der Redaction seit December v. J. Prof. Dr. Leskien von der hiesigen*

30. April, Sonnabend 1892: Bronisch Doktorexamen[80]. | Abends bei [Otto von] Böhtlingk.
1. Mai, Sonntag 1892: Eintritt sehr schlechten und kalten, nassen Wetters: der socialdemokratische Feiertag ganz ruhig vorübergegangen.[81] Sitzung der Bibliothekscommission, [Emil von] Friedberg ist Vorsitzender; allerlei Beschlüsse gefaßt, die zu nichts führen werden. Das Budget (Bücheranschaffung) jetzt circa 40 000 Mark.
2. Mai 1892, Montag: Begräbnis [Christian] Braunes.
3. Mai, Dienstag 1892: Abends kamen unaufgefordert Meisters[82] zu uns: die einzigen, die es tun. | [Hermann] Brunnhofer bei Albert Brockhaus gesehen.
4. Mai, Mittwoch 1892: Die litauischen Übungen[83] angefangen. Jacobys kleines Buch als Grundlage genommen[84].
7. Mai Sonnabend 1892: Lisbeth [Leskien] zu Mamas[85] Geburtstag nach Dresden. Albert [Leskien] im Laufe der vergangenen Woche allmählich kräftiger geworden. – Gertrud [Leskien] und ich abends mit Onkel Johann [Weisz], Tante [Leonore] Geibel, Mathilde [Geibel], Heinrich [Brockhaus], Eduard [Brockhaus], Fritz [Friedrich Brockhaus], [Joseph] Bielefeld bei Alberts[86].
8. Mai 1892, Sonntag: Mit Ilse und Ernst [Leskien] am Morgen weiter Spaziergang über Napoleonstein[87] an Probstheida und Liebertwolkwitz und Zuckelhausen vorüber nach Zweinaundorf, über Anger[88] zurück. Lisbeth [Leskien] von Dresden zurück.
10. Mai Dienstag 1892.
11. Mai, Mittwoch 1892: Senatssitzung: Anträge der Bibliothekscommission in

---

Universität getreten ist, verdient wohl besonderer Erwähnung, weil darin dann doch eine neue Bürgschaft des gediegenen Charakters des Werkes liegt.

80 BRONISCH, Gotthelf, Die oskischen i- und e-Vocale: eine statistisch-descriptive und sprachgeschichtlich-vergleichende Untersuchung, Leipzig, Univ., Diss., 1892.

81 Bl. 26v: Zeitungsausschnitt eingeklebt: »Deutsches Reich«, Berlin, 6. Mai 1892, Bericht über Kundgebungen der Sozialdemokraten am 1. Mai aus einer ungenannten Zeitung.

82 Richard und Klothilde Meister.

83 SS 1892: Übungen im Lesen litauischer Texte, vgl. HistVV.

84 JACOBY, Rudolf, Litauische Chrestomathie zum Schulgebrauch, Leipzig 1880.

85 Marie Pauline Judeich.

86 Albert und Marie »Mony« Brockhaus.

87 Siehe den Eintrag vom 13. März 1892.

88 Südöstlich von Leipzig beginnender Weg um Leipzig gegen den Uhrzeigersinn nach Nordosten: Probstheida (1910 nach Leipzig eingemeindet), Liebertwolkwitz (1999 nach Leipzig eingemeindet), Zuckelhausen (1934 Zusammenschluss mit Holzhausen, 1999 nach Leipzig eingemeindet), Zweinaundorf (1934 nach Mölkau eingemeindet, 1999 nach Leipzig), Anger im Osten von Leipzig (1883 Zusammenschluss zu Anger-Crottendorf, 1889 nach Leipzig eingemeindet).

Bezug auf die Lesehalle[89] – Verteilung der Räume im Trierschen Institut[90].
9. Mai Montag 1892.
14. Mai Sonnabend 1892: Abends in einer Gesellschaft bei [Wilhelm] Ostwald: lange Esserei.
15. Mai, Sonntag 1892: Plan mit [Friedrich] Ratzel etc. nach Merseburg zu gehen, durch Regen vereitelt.
16. Mai 1892, Montag: Große Messgesellschaft[91] bei Eduard [Brockhaus].
18. Mai 1892, Mittwoch: Fakultätssitzung: Beschluß über die Beförderung zum Extraordinarius: 4 Jahre warten statt 3. – Über Verschärfung der Promotionsbedingungen[92].
19. Mai 1892, Donnerstag: Nachmittags Kassenprüfung der Jablonoviana[93] bei [Ferdinand] Zirkel. – Abends zu C. Geibels[94] 50jährigem Geburtstag bei ihm in größerer Gesellschaft, darunter die Frau [Isa]Bella Eckardt, die seit vielen Jahren nicht gesehen.
23. Mai 1892, Montag: Die Diakonissin entlassen[95], Albert [Leskien] nach einem vollen Vierteljahr Bettliegens zum ersten Mal aus dem Bette aufs Sofa.
24. Mai, Dienstag 1892: Albert [Leskien] zum ersten Mal ins Freie auf den Balkon – Gertrud [Leskien] nach fast 14tägigem Liegen wieder aufgestanden.

---

89 Die Akademische Lesehalle (Leipzig) in der Universitätsstraße. UAL, Rep. I/XVI/II/A 16, S. 63: Es ging um das Verhältnis von Lesehalle und Universitätsbibliothek. Die Zeitschriften sollten nach Ablauf der Auslage an die Universitätsbibliothek abgegeben werden. Weiterhin soll im Zusammenhang mit dem Neudruck der Bibliotheksordnung eine Aufforderung an den Lehrkörper der Universität gerichtet werden, ihre Anschaffungswünsche vor der Sitzung der Bibliothekskommission einzureichen.

90 Triersches Institut, zur Leipziger Universität gehörende Schule für Hebammen, allmählicher Ausbau zur Frauenklinik, 1892 Einzug in ein neues Gebäude, seitdem mit dem Namen Universitätsfrauenklinik, vgl. GUL 5, S. 632, 647-648.

91 Anlässlich der Leipziger Buchmesse.

92 UAL, Phil.Fak. A 03/30:06, S. 141-142: Der Dekan berichtete über die Kommission zur Frage der Ernennung der Extraordinarien: Die Bestimmungen zur Ernennung zum außerordentlichen Professor vom 14. Februar 1877 seien ausreichend. Empfohlen wurde eine Änderung, dass die Privatdozenten erst nach acht Semestern ernannt werden dürfen. Die Kommission äußerte den dringenden Wunsch, die bestehenden Voraussetzungen für eine Ernennung streng anzuwenden. Zur Frage der Promotionsbedingungen berichtete der Procancellar, dass 40 von 160 Bewerbungen um die Promotion Bedingungen des Regulativs nicht erfüllt hätten. Es solle eine strengere Praxis eingeführt werden. Die Änderungen wurden nicht in das gedruckte Regulativ aufgenommen, sondern blieben Internum der Fakultät: Die Bewerber müssen ein Zeugnis eines Fakultätsmitgliedes einreichen, das die wissenschaftliche Befähigung zur Promotion bestätigt. Die schriftliche Arbeit muss mindestens die Zensur 2a haben.

93 Siehe den Eintrag vom 19. Februar 1892.

94 Gemeint ist Stephan Franz Carl Geibel.

95 Wahrscheinlich eine Pflegerin für Albert Leskien.

25. Mai, Mittwoch: Albert [Leskien] wieder auf dem Balkon. Ich abends in einer der üblichen Gesellschaften bei [Wilhelm] Wundt.
26. Mai 1892 Donnerstag: Raabes Horacker[96] gelesen. | Gestern Sudermanns Jolanthe[97] gelesen: töricht und widerwärtig. Nachricht vom Tode Caviezels[98] erhalten, der 17. Mai gestorben ist.
28. Mai 1892 Sonnabend: Sitzung der Gesellschaft: [Eduard] Sievers, [Friedrich] Kluge, [Rudolph] Sohm vorgeschlagen.[99]
4. Juni 1892, Sonnabend: Besuch von [Ernst W.] Enking und [August] Stolley, die zum Lehrertag nach Halle[100] deputiert sind. Sie bleiben auch.
5. Juni, den ersten Pfingsttag.
6. Juni 1892 Montag: Nachricht von Pfarrer Böttchers[101] Tode erhalten.
8. Juni 1892, Mittwoch: Abends bei [Otto von] Böhtlingk mit [Hermann] Brunnhofer zusammen gewesen.
10. Juni 1892, Freitag: Mit Ernst, Ilse, Friedrich [Leskien], Nikolai [Böhtlingk] Tour nach dem Rochlitzer Berg[102] und so weiter.
11. Juni 1892, Sonnabend: Abends zur Feier von [Otto von] Böhtlingks Geburtstag, dort wir, [Eduard] Sievers, Brugmanns[103] und Meisters[104]. – Von [Karl] Brugmann erfahren, daß er auf seine Bitte ans Ministerium 1500 Mark Gehaltszulage erhalten hat. Er steht sich also auf 7500 Mark. Ich bin 22 Jahre hier und habe 6600 Mark. Die vor wenigen Jahren herberufenen weit jüngeren Leute haben alle viel mehr als ich[105].
13. Juni Montag 1892: Sitzung der Gesellschaft der Wissenschaften[106]: [Eduard] Sievers, [Friedrich] Kluge, [Rudolph] Sohm als Mitglieder aufgenommen.
16. Juni 1892, Donnerstag: Zur Audienz nach Dresden. Nachmittags bei Mama[107]: Gertrud und die beiden Brockhausschen Mädchen[108] gesehen.

---

96 RAABE, Wilhelm, Horacker, 2. unveränd. Aufl., Berlin 1877.
97 SUDERMANN, Hermann, Jolanthes Hochzeit, seit 1892 in vielen Auflagen.
98 Wahrscheinlich Gian Caviezel (1826–1892), der Beiträge zum Rätoromanischen publizierte, vgl. Societad Retorumantscha SRR. Register da las Annalas (www.annalas.ch).
99 Siehe den Eintrag vom 23. April 1892.
100 IX. Deutscher Lehrertag zu Halle, Pfingsten 1892, in: Pädagogische Reform 16 (1892), Nr. 22.
101 Aufgrund der Häufigkeit des Namens nicht zu ermitteln.
102 Rochlitzer Berg, 353 m, über Rochlitz.
103 Karl und Valeska Brugmann.
104 Richard und Klothilde Meister.
105 Zu den Gehaltssteigerungen an der Universität nach 1871 und der Spreizung der Professorengehälter siehe: GUL 2, S. 673-684.
106 Siehe den Eintrag vom 23. April 1892.
107 Marie Pauline Judeich.
108 Wahrscheinlich die Schwestern Marie und Elfriede »Ella« Brockhaus, Töchter von Nathanael Brockhaus, die ungefähr im Alter von Gertrud Leskien waren.

18. Juni 1892, Sonnabend: Fakultätssitzung: Dr. Fränkel[109] meldet seine Habilitation an.
19. Juni 1892, Sonntag: Kösener Zusammenkunft[110]. War nicht in der rechten Stimmung, weil es Albert [Leskien] wieder nicht gut ging. Es sind jetzt 17 Wochen, daß er liegt.
21. Juni 1892, Dienstag: [Heinrich] Curschmann da: Albert [Leskien] hat einen Rückfall, doch versichert Curschmann, er werde ihn in einigen Tagen überwunden haben. – Von [Ernst] Kuhn die Nachricht, daß seine Tochter Clara an Herzlähmung gestorben. – Besuch von [Felix] Solmsen.
24. Juni 1892, Freitag: [Louis] Sommerlatte gestorben. – Albert [Leskien] liegt seit 8 Tagen wieder andauernd zu Bett, es war ein Rückfall.[111] – Abends bei Dr. [Richard] Meister gewesen.
25. Juni 92, Sonnabend: Ausflug des Professorenvereins[112] nach Altenburg; wir gehen nicht mit. – In der letzten Woche gelesen: Ribbeck, Geschichte der römischen Dichtung III[113]; Pypin, Istorija russkoj ėtnografii I[114].
26. Juni 92, Sonntag: Tour mit [Friedrich] Ratzel etc.: Universitätsholz, Lindhardt, Naunhof[115].

---

109 UAL, Phil.Fak. A 03/30:06, S. 144: Der Fakultät lag der Antrag von Dr. Ludwig Fränkel vor, sich für vergleichende Literaturgeschichte mit besonderer Berücksichtigung auf neuere deutsche und neuere englische Literatur oder, sollte dies nicht genehmigt werden, für neuere germanische Literatur zu habilitieren. Leskien und Sievers äußerten Bedenken gegen diese Beschränkung, da das *Romanische* mit einbegriffen sein müsse. Dem Kandidaten wurde mitgeteilt, dass nur die Habilitation für *vergleichende neuere Literaturgeschichte*, in der das *Romanische* mit eingeschlossen sein müsse, möglich sei. Fränkel verfolgte daraufhin seine Habilitationspläne in Leipzig nicht weiter, sondern habilitierte sich an der Technischen Hochschule in Stuttgart mit der Studie: Shakespeare und das Tagelied: ein Beitrag zur vergleichenden Litteraturgeschichte der germanischen Völker, Hannover 1893, Zugl.: Stuttgart, Techn. Hochsch., Habil.-Schr., 1893.

110 Bei der *Kösener Zusammenkunft* trafen sich Professoren aus Leipzig, Halle und Jena in Kösen an der Saale (heute Ortsteil von Naumburg).

111 Karl Brugmann an Wilhelm Streitberg, UBL, NL 245/Brugmann/84: Leipzig, 28. Juni 1892: *Albert Leskien ist leider immer noch recht krank. Er darf noch mit keinem Fuß auftreten und wird täglich vom Bett auf die Veranda getragen. Recht traurig!*

112 Der *Professorenverein* entstand spätestens 1865 und diente dem gesellschaftlichen Austausch der Profssoren und ihrer Familien. Zwei bis drei Veranstaltungen fanden pro Semester statt, die als Familienabende, Herrengesellschaften, Bälle oder gesellige Ausflüge organisiert wurden, vgl.: GUL 2, S. 693-697.

113 RIBBECK, Otto, Geschichte der Römischen Dichtung, 3 Bde., Stuttgart 1887–1892.

114 PYPIN, Aleksandr Nikolajewitsch, Istorija russkoj ėtnografii, 4 Bde., St. Petersburg 1890–1892.

115 Universitätsholz, ehemals im Besitz der Leipziger Universität befindlicher Teil des Oberholzes (Waldgebiet bei Leipzig), auch Bezeichnung für das gesamte Oberholz. Lindhardt, Ort bei Leipzig, seit 1936 zur Stadt Naunhof, die südöstlich an Leipzig angrenzt.

27. Juni 1892 Montag: Gespräch mit [Oskar] Wiedemann: entlasse ihn aus dem [Konversations-]Lexikon.[116] [Otto von] Böhtlingk sucht ihn zu bewegen, nach Dorpat zurückzukehren: er will in Deutschland bleiben. – [Reinhold von] Stackelberg abends bei uns mit [Dimitar] Matov; Stackelberg geht nach Moskau ans Lazarevsche Institut[117].

28. Juni 1892, Mittwoch: Fakultätssitzung.

29. Juni 1892, Donnerstag: Albert [Leskien] nach seinem Rückfall zum ersten Mal wieder vom Bett auf die Chaiselongue[118].

3. Juli 1892, Sonntag: Mit [Friedrich] Ratzel, [Eugen] Mogk und anderen Tour nach Hubertusburg[119] – Oschatz. | Die Bismarckaffäre[120] in Gange: Zeitungs-

---

116 Karl Brugmann an Wilhelm Streitberg, Leipzig, 13. Juli 1892, UBL, NL 245/Brugmann/86: *Albert Leskien ist immer noch an den Lehnstuhl gebannt. Vor einigen Tagen machte er zum ersten Male, von Curschmann gehalten, einen Gehversuch – drei Schritte, die gar nicht gelingen wollten. Hoffentlich geht es bald besser damit. Es scheint nun doch, daß im Anfang August die Übersiedlung nach Dresden (in die Villa seiner Großmutter) vor sich gehen darf.* [...] *Ein sonderbarer Kauz ist Wiedemann. Leskien und Böhtlingk sind sehr schlecht auf ihn zu sprechen. Er sitzt pecuniär ganz auf dem Trockenen, und statt zu arbeiten, um nicht anderen zur Last zu fallen, sitzt er da, wartend, ob ihm nicht eine gebratene Taube in den Mund fliege. Allerdings ist ihm letzteres schon insofern geglückt, als ihm einer so viel Geld gepumpt hat (kein Hiesiger), daß er bis zum nächsten Frühjahr davon leben kann. Eine Stellung in Moskau, in der er sich als Lehrer eine gesicherte Existenz gründen könnte, hat er abgelehnt, weil er sich zum Lehrer nicht eigne – in Wahrheit, wie es scheint, weil er sich für zu gut zu solchem Berufe dünkt. Jedenfalls sind seine Anschauungen von den Pflichten, die er gegen die Welt und die Welt ihm gegenüber hat, höchst verschroben. Diese Mittheilungen über W. vertraulich!*

117 Lasarew-Institut für orientalische Sprachen, 1815–1921 in Moskau, Schwerpunkt war die armenische Sprache.

118 Vgl. auch den Eintrag vom 27. Juni 1892.

119 Schloss Hubertusburg, seit 1721 erbaut, Königlich Sächsische Jagdresidenz in der Nähe von Oschatz. Friedrich Ratzel an Eugen Mogk, Leipzig, 1. Juli 1892, UBL, ASL 1978: *Verehrter Herr College! Betheiligen Sie sich vielleicht an einem Ausflug nächsten Sonntag, der über Dornreichenbach (Dresd. Bahnhof 7.25) nach Hubertusburg, Colberg, Oschatz führt? Rückfahrt 7.32 oder 8.31 Abds. Mit Gruß Ratzel.*

120 Bl. 32-33 mit mehreren Zeitungsausschnitten zur Bismarck-Affäre: »Berlin, 7. Juli. Tel. Der ›Reichs=Anzeiger‹ schreibt: Folgende Schriftstücke sind uns zur Veröffentlichung zugegangen« mit dem Abdruck kaiserlicher Depeschen zur Affäre; »Eine süddeutsche Stimme für Bismarck«, hsl. von Leskien: M. AZ. [Münchner Abendzeitung] 12. Juli 1912; Allgemeine Zeitung Morgenblatt, München, Freitag 15. Juli 1892: »Ein Anruf an des Kaisers Herz«; Allgemeine Zeitung Abendblatt, München, Montag 1. August 1892: »Fürst Bismarck in Jena«; Allgemeine Zeitung Morgenblatt, München, Dienstag 26. Juli 1892: »Fürst Bismarcks jüngste Kissinger Rede«. Auf die kritische Einmischung Otto von Bismarcks in die Politik nach seiner Entlassung 1890 als Reichskanzler kam es zu einer Verstimmung mit der kasierlichen Regierung, die im Erlass Wilhelms II. gipfelte, der es dem deutschen Botschafter in Wien Prinz Heinrich VII. Reuß untersagte, an den Hochzeitsfeierlichkeiten von Herbert von Bismarck teilzunehmen. Es entbrannte eine hitzige Diskussion in der Öffentlichkeit. 1894 kam es zur offiziellen Versöhnung zwischen Bismarck und dem Kaiser in Berlin.

streit; Blamage vom Kaiser [Wilhelm II.] und Reichskanzler [Leo von Caprivi] bis zu den Freisinnigen[121].

4. Juli, Montag: Kränzchen bei [Wilhelm] His[122].

6. Juli Mittwoch: Fakultätssitzung wegen der Dummheit des Saalbaus im Fakultätsgebäude[123]. – Mit [Ernst] Windisch zufällig gesprochen: er hat dem Rektor[124] von der willkürlichen Auswahl der Gehaltserhöhungen erzählt; dieser will Näheres untersuchen und weiteres unternehmen.

7. Juli Donnerstag 1892: Nach Monaten abends [Robert] Scholvin wieder einmal bei uns.

8. Juli Freitag 1892: Zum ersten Male seit Jahren von Milly [Emilia Brockhaus] Brief erhalten. Abends [Richard] Meister.

9. Juli 1892 Sonnabend.

9.–16. Juli 1892: Alberts [Leskien] Befinden besser, allmählicher Fortschritt im Gehen.

31. Juli Sonntag, 1892: Die beiden letzten Wochen Alberts [Leskien] Befinden stetig in die Höhe gegangen, letzten Freitag verordnete [Heinrich] Curschmann, daß er heute in den Garten solle, Ende der ersten Augustwoche nach Dresden. | Am 30. die Vorlesungen geschlossen.

1. August 1892: Albert [Leskien] zum ersten Male im Garten. | Abends Kränzchen[125] bei [Gustav] Wiedemann.

4. August Donnerstag 1892: Tätigkeit am [Konversations-]Lexikon für die Ferien geschlossen.

8. August – 24. August 1892: Mit Friedrich [Leskien] in Gersfeld in der Röhn.

25. August – 5. September: Mit Lisbeth und Albert [Leskien] in Dresden.

6. September 1892: Tätigkeit am [Konversations-]Lexikon wieder aufgenommen.

7. September – 11. September 1892: Nur nachmittags ins Geschäft[126], morgens sprachwissenschaftliche Literatur; die neueren Abhandlungen.

5.–17. September 1892: Die bisher lange versäumte sprachwissenschaftliche Literatur und das Archiv [für slavische Philologie] nachgelesen.

13. September Dienstag 1892: Mama[127] von ihrer Tiroler Reise eingetroffen, reist am 17. weiter nach Dresden.

---

121 Deutsche Freisinnige Partei.

122 Siehe den Eintrag vom 8. Februar 1892.

123 UAL, Phil.Fak. A 03/30:06, S. 148: Einziger Tagesordnungspunkt war die Einrichtung des Fakultäts-Sitzungszimmers im Roten Colleg, vgl.: GUL 5, S. 668.

124 Justus Hermann Lipsius.

125 Siehe den Eintrag vom 8. Februar 1892.

126 F. A. Brockhaus.

127 Marie Pauline Judeich.

21. September Mittwoch: Nachts ¾1 Uhr das kleine Mädchen[128] geboren.
23. September Freitag: Ilse, Ernst, Friedrich [Leskien] nach Dresden.
1. October, 1892 Sonnabend: Ich nach Dresden auf 2 Tage, am 3. October mit den Kindern[129] zurück gekommen.
8. October Sonntag 1892: Von [Vatroslav] Jagić im Laufe der Woche die Mitteilung erhalten, daß er einen Grundriß der slavischen Philologie plane. Ich lehne meine Beteiligung daran ab.[130]
15. October 1892, Sonnabend: Die ganze Woche nicht wohl gewesen: Art Influenza.
22. und 23. October 1892: In Dresden, um Alberts [Leskien] Akademieangelegenheiten[131] zu ordnen.
24. October 1892: An Breitkopf und Härtel geschrieben um Aufhebung des Contraktes über die slavische Grammatik[132].
26. October 92: Von [Oskar von] Hase Antwort, daß er auf meinen Vorschlag nicht eingehen will; es bleibt also nichts übrig, als die Last weiter zu tragen[133].
30. Oktober 92 Sonntag: Die Kleine[134] gewogen: 8 Pfund und 220 Gramm, durchschnittliche Zunahme 225 Gramm die Woche.
1892: Alle Vorlesungen[135] des Semesters zu Stande gekommen.
2. November 1892: Aufforderung von [Julius] Gensel, mich wieder in die Candidatenliste der Stadtverordneten für die diesjährige Wahl aufnehmen zu lassen[136] – lehne es ab.
Woche vom 6.–12. November: [Wilhelm] Maurenbrecher gestorben. – Albert [Leskien] Montag den 6. in die Dresdner [Kunst-]Akademie eingetreten. | 2.

---

128 Elfriede Leskien.

129 Siehe den Eintrag vom 23. September 1892.

130 Jagić plante einen Grundriss bzw. die Enzyklopädie (Ėnciklopedija slavjanskoj filologii [=Enzyklopädie der slawischen Philologie], 1909–1929, unvollendet, unter der redaktionellen Leitung von Vatroslav Jagić). Seit dieser Planungszeit tauschten sich Jagić und Leskien zu diesem Thema aus, wobei Leskien zwischen Absage einer Beteiligung und Zusage schwankte. Leskien meinte mit dem Arbeitstitel *Grundriß* die erwähnte *Ėnciklopedija*.

131 Siehe den Eintrag vom 19. April 1892.

132 Siehe den Eintrag vom 5. Februar 1892. Allerdings erschien die Grammatik 1909 nicht bei Breitkopf & Härtel.

133 Oskar von Hase war Geschäftsführer von Breitkopf & Härtel und lehnte das Ansinnen Leskiens um Aufhebung des Verlagsvertrages ab, vgl. den vorhergehenden Eintrag.

134 Elfriede Leskien.

135 WS 1892: Grammatik der altbulgarischen (altkirchenslavischen) Sprache; Historische Grammatik der serbokroatischen Sprache; Erklärung von Gundulić Osman mit literargeschichtlicher Einleitung, vgl. HistVV.

136 Leskien war 1889–1891 Mitglied der Stadtverordnetenversammlung, vgl.: EICHLER, Leskiens Wirken, hier S. 187.

Teil (B) der Untersuchungen über serbische Quantität[137] druckfertig gemacht. *13.–17. November*: Doch noch weiter gearbeitet an der Abhandlung[138], um noch den Teil über die Suffixe hinzuzufügen. | Diplom von der Bayrischen Akademie als auswärtiges Mitglied[139] erhalten. | [Karl] Lamprecht zum Mitgliede der Jablonoviana[140] gewählt. | Trete aus dem Vergnügungsvorstand des Professorenvereins[141] aus. | Paulsens Einleitung in die Philosophie[142] angefangen. | Einen neuen (II.) Band von Seidel[143] gelesen.

26. November, 1892: Fakultätssitzung: historische Professur[144]. [Albert] Socins Antrag auf Erneuerung des Antrags der ägyptologischen Professur – [Karl] Brugmann für die ostasiatische: ich dagegen: werde in die Commission wieder gewählt[145].

30. November 92 Mittwoch: Fakultätssitzung: als Nachfolger [Wilhelm] Maurenbrechers dem Ministerium vorgeschlagen: [Max] Lehmann; [Reinhold] Koser – [Max] Lenz, den [Justus Hermann] Lipsius an erster Stelle haben wollte, mit großer Majorität abgelehnt. | Abends mit [Emil] Milan bei [Felix] Liebeskind.

1. Dezember: Der letzte Bogen von B 5 des [Konversations-]Lexikons aus meinen Händen fertig. [Emil] Milan abends bei uns.

2. Dezember: [Emil] Milan trägt Haushofers Fahana[146] und Seidels Anfang von Leberecht Hühnchen[147] im Kaufmännischen Verein[148] vor. Wir alle dort.

---

137 LESKIEN, August, Untersuchungen über die Quantität und Betonung in den slavischen Sprachen. I. Die Quantität im Serbischen. B. Das Verhältnis von Betonung und Quantität in den zweisilbigen primären Nomina. C. Das Verhältnis von Betonung und Quantität in den stammbildenden Suffixen mehrsilbiger Nomina, in: Abhandlungen der philologisch-historischen Klasse der Königlich Sächsischen Gesellschaft der Wissenschaften 13 (1893), S. 527-610.

138 Siehe den vorhergehenden Eintrag.

139 Bayerische Akademie der Wissenschaften, 1759 in München gegründet.

140 Siehe den Eintrag vom 19. Februar 1892.

141 Siehe den Eintrag vom 25. Juni 1892.

142 PAULSEN, Friedrich, Einleitung in die Philosophie, Berlin 1892.

143 SEIDEL, Heinrich, Gesammelte Schriften, Bd. 2.: Vorstadtgeschichten, Leipzig 1892.

144 Nachfolge von Wilhelm Maurenbrecher, UAL, Phil.Fak. A 03/30:06, S. 161: Die Kommission schlug auf Platz eins Max Lehmann und auf zwei Reinhold Koser vor.

145 Siehe den Eintrag vom 25. Januar 1893. UAL, Phil.Fak. A 03/30:06, S. 162: Socin betonte die Bedeutung der ägyptologischen Professur, allerdings wurde der genaue Wortlaut des Antrages im Protokoll nicht genannt. Brugmann wollte die Besetzung der ägyptologischen Professur mit der Besetzung einer Professur für die Geschichte der ostasiatischen Sprachen verstanden wissen. Leskien sprach sich für die ägyptologische und gegen die ostasiatische Professur aus. Offensichtlich drehte sich die Diskussion um die Frage, welcher Besetzung Priorität einzuräumen sei.

146 Gemeint ist das Kapitel »Fahana« in: HAUSHOFER, Die Verbannten, S. 119-152.

147 SEIDEL, Heinrich, Leberecht Hühnchen, seit 1882 in mehreren Ausgaben.

148 Siehe den Eintrag vom 21. Februar 1892.

Nachher ich mit ihm, [Heinrich] Seidel, [Felix] Liebeskind noch zusammen. *3. Dezember*: Professorium[149]: mit uns Mama[150], Tante Helene [Vieweg]. Vortrag von [Karl] Bücher über die Entstehung der Zeitungen[151].

Abb. 3: Das *Geschäft*, Betriebsgelände von F. A. Brockhaus, 1905. Quelle: BROCKHAUS, Die Firma F. A. Brockhaus, S. 60, Tafel.

149 Vortrag und geselliges Zusammensein mit Musik, Tanz usw. für Professoren und ihre Familien und einige geladene Gäste, anderer Name für den Professorenverein, vgl.: GUL 2, S. 693.

150 Marie Pauline Judeich.

151 Die Anfänge des Zeitungswesens, in: BÜCHER, Die Entstehung der Volkswirtschaft, S. 169-208: *Vortrag, gehalten im Professoren-Verein zu Leipzig am 3. Dezember 1892.*

Tagebuch 1893

[UBL, NL 348/1/2, Bl. 1r-20v]

Donnerstag, 12. Januar: Albert [Leskien] wieder nach Dresden zurückgereist. Er sieht prächtig aus, wie ganz erholt von seiner Krankheit, ist sehr eifrig mit Zeichnen und Malen. Was er mir gezeigt hat oder hier arbeitete, macht mir immer noch nicht den Eindruck, daß ein größeres Talent in ihm steckt. | Freitag, 13. Januar. | Ball bei Rudolfs[1].

Sonntag, 15. Januar: Den Bericht über [Wilhelm] Grube (Wiederholung des Fakultätsantrags vom 28. Dezember 1889) an den Dekan[2] geschickt[3]. | Die Lexikonarbeit hat in der vergangenen Woche wieder stramm angefangen, ich hatte daneben die Korrekturen der Abhandlung über serbischen Accent B.[4] Die weitere Arbeit an den Serbischen Accenten wird etwas ins Stocken geraten: es sind namentlich beim Verbum unklare Verhältnisse. Ich benutze die freiere Zeit, um für die syntaktische Vorlesung im Sommer 93[5] Dispositionen und Vorarbeiten zu machen.

Dienstag, 17. Januar: Schülerball der Nikolaischule, wir mit Gertrud [Leskien] dort.

Mittwoch, 18. Januar: Senatssitzung, dann Fakultätssitzung. Rüge des Dekans über einen Brief, der hinter dem Rücken der Fakultät über die Berufungsangelegenheit Lehmann – Lenz (Verdacht auf M - i[6]), dann Frage der Honorarprofessur des Dr. [Oscar von] Gebhardt.[7] | Von [Otto] Ribbeck erfahren, daß

---

1 Heinrich Rudolf Brockhaus und Louisa Brockhaus.

2 Carl Bruhns.

3 Siehe den Eintrag vom 6.–12. November 1892. UAL, Phil.Fak. A 03/30:06, S. 87: Der Antrag sah vor, die ägyptologische Professur mit Steindorff und die ostasiatische mit Grube zu besetzen.

4 LESKIEN, August, Untersuchungen über Quantität und Betonung in den slavischen Sprachen. I. Die Quantität im Serbischen. B. Das Verhältnis von Betonung und Quantität in den zweisilbigen primären Nomina. C. Das Verhältnis von Betonung und Quantität in den stammbildenden Suffixen mehrsilbiger Nomina, in: Abhandlungen der philosophisch-historischen Klasse der königlich sächsischen Akademie der Wissenschaften 13 (1893), S. 527-610.

5 SS 1893: Vergleichende Syntax der slavischen Sprachen, vgl. HistVV.

6 Gemeint ist das Minderheitenvotum, also Justus Hermann Lipsius.

7 Siehe die Einträge vom 26. und 30. November 1892. UAL, Phil.Fak. A 03/30:06, S. 165: Lamprecht hatte dem Dekan Carl Bruns von einem Schreiben des Ministeriums Kenntnis gegeben, in dem die These geäußert wurde, dass Lenz insbesondere in Bezug auf die Vortragsweise Lehmann überlegen sei. Auch die Annahme, dass Lenz nicht kommen werde, sei wohl nicht zutreffend. Der Antrag der Fakultät sei am 5. Dezember im Ministerium eingegangen. Dies mache es wahrscheinlich, dass ein Mitglied der Fakultät versucht habe, den Beschluss der Fakultät als verfehlt hinzustellen. Der Dekan stellte fest, dass in Berufungsfragen die Minorität nicht mundtot gemacht werde. Der legale Weg

am 29. Januar die Vertreter der Berliner, Wiener, Göttinger, Münchener Akademie mit unsrer Gesellschaft in Leipzig zusammenkommen, um die gemeinsamen Unternehmungen zu beraten[8].

Donnerstag, 19. Januar: Gertrud [Leskien] zum Ball bei Hase's[9]; ich abends bei [Otto von] Böhtlingk.

Freitag, 20. Januar: Einige Novellen von der [Maria] Janiček gelesen; unerfreulich. | Einige Tage vorher mit A.[lbert] B.[rockhaus] über die Erbschaftsverhältnisse des Feldgrundstücks [in Dresden] gesprochen: Versuch soll gemacht werden, daß es mit Verzicht aller andren auf uns allein kommt[10]. | Anzeige vom Tode der Frau [Amalia Karolina] Kluge erhalten Sonnabend, 21. Januar.

Mittwoch, 25. Januar: Fakultätssitzung: [Otto] Ribbeck macht den Versuch, die Aufnahme der Dekanserklärung vom 18. Januar ins Protokoll wieder rückgängig zu machen[11]. Auf eine Ausführung von mir beschließt die Fakultät, indem sie die Erklärung in vollem Umfange zu der ihrigen macht, daß sie im Protokoll bleiben soll. – Die ägyptische Professur ([Georg] Steindorf[f], [Alfred] Wiedemann) und die ostasiatische ([Wilhelm] Grube) beschlossen.[12]

Sonnabend, 28. Januar: Die ganze Woche etwas unwohl, durch Spazierengehen wieder erholt. – Abends bei [Johannes] Wislicenus.

Sonntag, 29. Januar: Versammlung der Delegierten der Akademien von Wien, Berlin, München, Göttingen, Leipzig zur Beratung eines Cartells der wissenschaftlichen Gesellschaft: Plan einer großen internationalen Vereinigung[13].

---

der Minorität sei das Separatvotum. Das Ansehen der Fakultät im Ministerium beruhe allein auf dem Vertrauen, dass die Anträge der Fakultät nach bestem Wissen und Gewissen gemacht werden. Deshalb verdiene dieses Verhalten die schärfste Rüge.

8 Königlich Preußische Akademie der Wissenschaften, gegründet 1700 in Berlin. Kaiserliche Akademie der Wissenschaften, gegründet 1847 in Wien. Königliche Gesellschaft der Wissenschaften zu Göttingen, gegründet 1751. Bayerische Akademie der Wissenschaften, 1759 in München gegründet.

9 Johanna und Oskar von Hase.

10 Zu dem Dresdner Grundstück, das sich zwischen Angelikastraße, Bautzner Straße, Fischhausstraße und (der zu Leskiens Zeit gebauten) Judeichstraße befand, siehe den Eintrag vom 23. September 1899.

11 UAL, Phil.Fak. A 03/30:06, S. 170: Gemeint ist die Rüge des Dekans gegen Unbekannt wegen des Schreibens gegen die Berufung von Lehmann, vgl. den Eintrag vom 18. Januar 1893. Der Dekan bestätigte, dass er die Rüge nur *hypothetisch* ausgesprochen habe, und Leskien meinte, in der Sitzung habe niemand Einspruch erhoben. Deshalb wurde beschlossen, die Rüge im Protokoll stehen zu lassen.

12 Berufen wurde 1893 Georg Steindorff zum außerordentlichen Professor für Ägyptologie, die ostasiatische Professur blieb bis 1912 unbesetzt, vgl. STANGE, Grube, S. 175-176. UAL, Phil.Fak. A 03/30:06, S. 171: Die Kommission hatte gegen ein Minderheitenvotum Steindorff auf Platz eins gesetzt und Wiedemann auf Platz zwei. Die Fakultät schloss sich dem Mehrheitsvotum an.

13 Begründung der Zusammenarbeit der deutschen Akademien der Wissenschaften 1893 in

Aus Berlin [Theodor] Mommsen da, den ich zum ersten Mal gesehen habe. Ich wurde zum Protokollführer ernannt. Nachmittags von 4 – 7 Nachbesprechung. Abends Essen im Hôtel de Prusse[14].

Sonnabend, 4. Februar: Classensitzung der Gesellschaft der Wissenschaften: Verteilung des Härtelstipendiums[15], einen Teil erhält [Albert] Thumb. Vortrag von Lipsius über Demosthenesüberlieferung[16]: diese Dinge sind eine Wildegansjagd.

Donnerstag, 9. Februar: Mit den [Konversations-]Lexikonfahnen für Band 6 meinesteils fertig geworden.

Sonnabend, 11. Februar: Gesammtsitzung der Gesellschaft der Wissenschaften: Beschluß über den Statutenentwurf des Cartells der Gelehrten Gesellschaften[17]. Nach einigen Nörgeleien von [Sophus] Lie einstimmig angenommen. | Im Lauf der Woche wieder eifriger gesammelt zu der Sommervorlesung über slawische Syntax: aus der Daničić-Vukschen Bibelübersetzung[18]. | Im Laufe der beiden letzten Wochen mit [Ernst] Ehlers Briefe gewechselt über H.[einrich] Brockhaus' Nennung auf der Vorschlagsliste für die Göttinger kunsthistorische Professur.

Sonnabend, 25. Februar: Fakultätssitzung: die Regierung will nicht recht eingehen auf die Wiederbesetzung der ägyptischen und ostasiatischen Professur, verweist nur darauf, daß dergleichen Spezialitäten in Berlin ihren Platz hätten. Fakultät will dagegen im Prinzip vorgehen. Kommission gewählt zur Abfassung dieses Protestes[19].

Leipzig unter dem Namen »Kartell«, seit 1999 Union der deutschen Akademien der Wissenschaften. Eine Darstellung der Leipziger Verhandlungen findet sich in: HUBER, Geschichte der Gründung, S. 149-150.

14 Hôtel de Prusse, 1805–1915 Name eines Hotels in Leipzig, 1881–1883 Neubau, seit 1905 Preußischer Hof, Roßplatz 7/Kurprinzstraße 2.

15 Nähere Informationen über dieses Stipendium sind nicht bekannt, da das Akademiearchiv im Zweiten Weltkrieg vernichtet wurde. Im Leipziger Stiftungshandbuch sowie in den Akten des Universitätsarchivs wird das Stipendium nicht erwähnt.

16 LIPSIUS, Justus Hermann, Zur Textgeschichte des Demosthenes, in: Berichte über die Verhandlungen der Königlich Sächsischen Gesellschaft der Wissenschaften zu Leipzig. Philologisch-historische Classe 45 (1893), S. 1-23.

17 Siehe den Eintrag vom 29. Januar 1893.

18 Đuro Daničić übersetzte 1865 das Alte Testament, Vuk Karadžić 1847 das Neue Testament ins Serbische (=Daničić-Vuksche Bibelübersetzung). DANIČIĆ, Đuro/KARADŽIĆ, Vuk, Sveto pismo Staroga i Novoga zavjeta, Pest 1868.

19 UAL, Phil.Fak. A 03/30:06, S. 172: Das Ministerium teilte mit, dass im Etat keine Mittel für diese beiden Professuren vorgesehen seien. Es erscheine dem Ministerium fraglich, ob für die Vertretung solcher Spezialfächer an der Universität Leipzig neben Berlin zu sorgen sei, das viel bedeutendere Bildungsmittel habe. Das Ministerium wolle aber die beiden Professuren in Erwägung ziehen. Einhellig war die Fakultät der Meinung, gegen

28. Februar, Dienstag: Vorlesungen geschlossen.
2. März, Donnerstag: nach Dresden gefahren, Albert [Leskien] zu besuchen, bis Montag 6. März geblieben. Albert gesund, sehr eifrig im Zeichnen; viel mit ihm ernsteres gesprochen. | In den letzten Wochen den Plan einer slavischen Chrestomathie[20] für Vorlesungen gefaßt und zum Teil die Einzelausführung begonnen. In den ersten Märztagen der 6. Band des [Konversations-]Lexikons fertig geworden.
6. März, Montag: Von Dresden zurück. Abends Kränzchen[21] bei [Albert] Socin. | Einiges aus Dahns »Erinnerungen«[22] gelesen. Eine Selbstbespiegelung sondergleichen.
7. März, Dienstag: Abends bei [Otto von] Böhtlingk. Teilt mir mit, daß [Oskar] Wiedemann die Ablieferung seines litauischen Handbüchleins an Trübner[23] im Sommer 92 versprochen habe, bis jetzt aber nichts erfolgt sei[24]. | Brugmann reist nach Griechenland auf Albrechtstipendium[25]. Vorwand: die Sache für ihn wissenschaftlich ganz überflüssig.
8. März, Mittwoch: Besuch von [Heinrich] Horn aus Schleswig auf einige Stunden.
11. März, Sonnabend: Jahressitzung der fürstl. Jablonowskischen Gesellschaft. Angefangen die Bogen von Delbrücks Syntax[26] zu lesen.
12. März, Sonntag: Abends [Alfred] Hettner und [Oswald] Külpe bei uns: die

---

den prinzipiellen Strandpunkt des Ministeriums und für die Professuren zu protestieren, wobei betont wurde, dass die ägyptologische wichtig für andere Gebiete und die Ausstattung dafür gering sei.

20 Von Leskien nicht verwirklicht. Eine »Slavische Chrestomathie« erschien 1902 von Erich Berneker.

21 Siehe den Eintrag vom 8. Februar 1892.

22 DAHN, Felix, Erinnerungen, 5 Bde., Leipzig 1890–1895.

23 Wissenschaftsverlag Karl J. Trübner in Straßburg.

24 WIEDEMANN, Oskar, Handbuch der litauischen Sprache: Grammatik, Texte, Wörterbuch, Straßburg 1897.

25 Wilhelm Eduard Albrecht war seit 1840 Professor in Leipzig. Mit seinem Vermögen, das laut Testament zum Teil der Universität Leipzig zufiel, wurde die Albrechtstiftung errichtet, aus der die Albrechtstipendien vergeben wurden, siehe Revidirtes Statut der Albrecht-Stiftung vom 14. Juni 1883, vgl.: GUL 2, S. 800. Mit einem weiteren Vermögensteil gründete Albrecht eine Stiftung bei der Stadt zur Unterstützung armer Leipziger, vgl.: GEFFKEN/TYKOCINSKI, Stiftungsbuch, S. 502-504. Karl Brugmann an Wilhelm Streitberg, Leipzig, 27. Februar 1893, UBL, NL 245/Brugmann/110: *Ich habe das Stipendium erhalten und reise in etwa acht Tagen; als Gefährten hab ich Holger Pedersen. Schade, dass Sie nicht mitkommen.* Ein kurzer Bericht Brugmanns über seine Reise in: Aus Karl Brugmanns Jugenderinnerungen, eingel. und mit Anm. vers. von Rüdiger Schmitt, hg. von Rüdiger Schmitt und Gerhard Brugmann, Wien 2009, S. 92-95.

26 DELBRÜCK, Berthold, Vergleichende Syntax der indogermanischen Sprachen, 3 Bde., Straßburg 1893–1900.

Privatdozenten haben eine Petition an die Fakultät vor, den bisherigen Modus der Bewerbung um außerordentliche Professur zu ändern[27]; die Fakultät soll die Initiative ergreifen.
14. März, Dienstag: Abends bei uns Credners[28], Pfeffers[29], Wundts[30], Birch-Hirschfelds[31], Heinrich [Brockhaus], [Wilhelm] Streitberg. Dieser auf einige Tage in Leipzig.
18. März, Sonnabend: Die ganze Woche unwohl gewesen: Rheumatismus, Fieber, nichts getan, [Konversations-]Lexikon alles liegenlassen.
21. März, Dienstag: Abends bei uns Heinrici's[32], Sievers'[33], Feddersens[34], [Wilhelm] Streitberg. | Gelesen Paulsen, Einleitung in die Philosophie[35].
24. März, Freitag: Albert [Leskien] von Dresden auf die Ferien gekommen. Mit ihm viel spazieren gegangen. Mir notwendig, um mein unbehagliches Empfinden und Befinden los zu werden.
Vom 28. März – 3. April: mache ich mich vom [Konversations-]Lexikon frei, tue die ganze Woche nichts als einiges Lesen; Touren mit den Knaben[36]. Am 3., am Ostermontag, nach Frohburg, von da über Gnandstein, Kohren, Streitwald nach Frohburg[37] zurück.
4. – 9. April 1893: Immer noch nicht wohl und zur Arbeit unfähig, auch mit den Augen nicht gut dran. | 9. geht Albert nach Dresden zurück, mit ihm Gertrud auf einige Tage zur Großmama[38]. Ilse [Leskien] war von dort am 7. April Freitag zurückgekehrt. | [Peter von] Bradke vom 8. – 12. April bei [Otto von] Böhtlingk zum Besuche: einen Abend bei uns.
10. April: Onkel Johannes [Weisz] 79jähriger Geburtstag: mit den Geibels[39]

27 Offensichtlich hatte Leskien von den beiden Privatdozenten von der Petition erfahren.

28 Hermann und Marie Credner.

29 Henriette und Wilhelm Pfeffer.

30 Sophie und Wilhelm Wundt.

31 Adolf und Luise Birch-Hirschfeld.

32 Georg und Paula Heinrici.

33 Alice und Eduard Sievers.

34 Berend Wilhelm und Helga Feddersen.

35 Siehe den Eintrag vom 13.–17. November 1892.

36 Albert, Friedrich, Ernst Leskien.

37 Frohburg (Stadt, etwa 35 km südlich von Leipzig), Gnandstein (Dorf südlich von Frohburg, seit 1996 zu Kohren-Sahlis), Kohren (kleine Stadt östlich von Gnandstein, 1934 mit dem südlich von Kohren gelegenen Rittergut Sahlis zu Kohren-Sahlis zusammengeschlossen), Streitwald (Gemeinde östlich von Frohburg, seit 1973 zu Frohburg).

38 Marie Pauline Judeich.

39 Gemeint sind v. a. Leonore Geibel, die Nichte von Johann Weisz, und deren Sohn Stephan Franz Carl Geibel mit seiner Frau Mathilde.

zusammen in der Harmonie[40] gefeiert. Im [Konversations-]Lexikon hat das Umbrechen zum 7. Band angefangen. | Die Woche vom 4. – 10. April hingebracht mit Lesen von allerlei philosophischen Dingen, unter anderem Plato; auch die folgenden Tage nicht wohl, so müde, daß zu aller Arbeit unfähig; nur englische Romane gelesen, meist dumme Dinge.

15. April: Anfang der G-Fahnen des [Konversations-]Lexikons.

20. – 23. April (Donnerstag – Sonntag): in Dresden bei Albert [Leskien], mit ihm einige Touren gemacht bei herrlichem Frühjahrswetter: Donnerstag in die Heide[41], Sonnabend nach der Edlen Krone[42], Sonntag morgen über Hirsch, Schönfeld nach Pillnitz[43], mit Dampfer zurück. – Mamas[44] Forderung nach mehr Kostgeld für Albert!!

27. April, Donnerstag: Vorlesungen angefangen: Syntax 5, Litauisch[45] 8 Zuhörer.

29. April, Sonnabend: Abend bei Kirchners[46].

30. April – 7. Mai: die Woche halb wohl und nicht recht arbeitsfähig; quäle mich schon seit Wochen mit allerlei kleinen Beschwerden herum. – Gelesen einen langweiligen Roman »Schulter an Schulter« von Heiberg[47], Völderndorff's »Harmlose Plaudereien eines alten Münchners«[48]. | Am 7. Mai Lisbeth [Leskien] zum Geburtstag ihrer Mutter[49] nach Dresden. | Alberts[50] gehen morgen nach [Isle of] Wight bis Ende Juni. | Von Frau Mathilde [Geibel] ein Buch mitgenommen: Sybillinus, »An der Schwelle des 20. Jahrhunderts«, 1892[51], ist Max Müller gewidmet; in der Widmung steht »mit ächt deutscher

---

40 Gesellschaft Harmonie, 1776 gegründeter Verein der Leipziger Bürger, das Gesellschaftshaus der Harmonie (1887 erbaut) befand sich am Roßplatz.

41 Dresdner Heide, im Wesentlichen nordöstlich der Dresdner Innenstadt gelegenes Waldgebiet.

42 Edle Krone, seit 1862 mit der Eisenbahn zu erreichende Siedlung südwestlich von Dresden, südlich von Tharandt.

43 Das ursprüngliche Gut »Weißer Hirsch« bei Dresden entwickelte sich etwa ab 1867 zum Kur- und Villenort, seit 1921 östlicher Teil von Dresden. Nahebei Schönfeld mit Schloss im Stil der Renaissance. Pillnitz, südöstlich der Dresdner Innenstadt, an der Elbe gelegen, Schloss aus dem 18. Jahrhundert mit Park.

44 Marie Pauline Judeich.

45 SS 1893: Grammatik der litauischen Sprache, vgl. HistVV.

46 Marie und Wilhelm Kirchner.

47 HEIBERG, Hermann, Schulter an Schulter: Roman, Leipzig 1889.

48 VÖLDERNDORFF UND WARADEIN, Otto von, Harmlose Plaudereien eines alten Münchners, München 1892.

49 Marie Pauline Judeich.

50 Albert und Marie »Mony« Brockhaus.

51 SIBYLLINUS, David, An der Schwelle des zwanzigsten Jahrhunderts: eine Familienchronik, Leipzig 1892.

Gelehrsamkeit haben Sie die Grundsteine zur vergleichenden Sprachforschung und Religionsgeschichte gelegt«. Mundus vult decipi et deceptus est. Es ist dem Charlatan wirklich gelungen. | 7. Mai Steueracclamation abgeschickt. | Angefangen Nippold, Geschichte des Katholizismus[52], zu lesen.

8. Mai, Montag: Aus der Münchner A. Z.[53] 1893 N° 124 (Beilagen 104).

Contra Volapuc[54]

Ne tu succumbe ei, lingua Latina

Quis fastum feret arrogantiamque | Linguae, quam generavit invenustam | Non natura sedars? Et aemulari | Audet haec informis et haud Sonora | Lingua cum lingua Latii canora, | Quam suam dudum vocat omnis ora. | Hoc sermone cafeque saccharumque | Mercari poteris theamve nigram, | Hoc cantare nequis. Fugit Camo[e]na | Hos sonos. Excelsus ab his abhorret | Versus et sublime loquens poesis. | His preces effundere cor piorum | Non potest. Hac voce nequit sacerdos | Sursum corda vocare stans ad aras. | Hanc deum laudans chorus angelorum | Respuit. Coelestis enim chori dux, | Qui patris solio propinquus adstat, | Nuper talia fatus esse fertur: | »Malo discere Finnicam Czechicamve | Linguam, discere Chottottiorum | Sermonem Volapucicâque loquelâ!« | Et plausum chorus omnis huic dedisse. | Dum tamen coelum nequit occupare, | Hic sermo sibi vindicare terras | Nititur jactatque suos triumphos. | His opponere fluctibus decebit | Aggerem. Surgatis, opem feratis | Vos, quisquis lituum gerit mitramque; | Este sermoni veteri columnae, | Undis eripiatis innocentem, | Alto surgere, non mori merentem. | Ne nox edoceant novi magistri | In scholae scanino pueros sedentes | »Panem des hodie quotidianum | Nobis« ex Volapucico libello | Neve sub linguae Volapuc amictu | Dicendum sit abhine »Ave Maria« | Et mergantur aquis preces latinae. | Vos rogo, vos, qui cathedras tenetis, | Quorum vox cupidam docet juventam; | Est penes vos arbitrium, sed altum. | Dum vos negligitis sonos latinos, | Isthaec barbaries magis turnebit: | A vobis ea nutrietur ipsis. | Si marmor prope Mincii fluenta | Ponet Mantua eras su Maroni, | Tullio si Roma memor columnam | In foro tollet capitoliove, | Si diem Germania saecularem | Keplero statuet, Copernicove | Urbs maternal, Polonicum Thorunum, | Et viri cunctis venient ab oris: | His coram Volapucice decebit | Debitas illis memorare laudes? | Fas erit? Divi, procul absit omen! | Hoc nefas avertite, Di deaeque! | Neu dediscite vos sonum latinum, | Vos, fervens juvenum cohors, studentes! | Ne vestrum Volapucice canatis | »Hespero fulgente« vel illud unquam | Mutetur juvenile »Gaudeamus«.| Et cum funebre fratris ad sepul-

52 NIPPOLD, Friedrich, Geschichte des Katholizismus seit der Restauration des Papstthums, 3., umgearb. Aufl., Berlin 1889.

53 Allgemeine Zeitung, seit 1882 in München herausgegeben.

54 Volapük, von Johann Martin Schleyer 1879/1880 geschaffene »Weltsprache«.

crum | Nocte sub taedis tacitas per auras | Carmen vos canitis Valeque frater | Dicitis, tibi terra levis sit! Et nunc | Pax tibi! Ne barbarus ille sermo | Unquam talia sacra verba tangat. | Neu relinquatur generosa lingua | Inter pocula vestra, cum fideles [ritui] | Ritui Noctem trahitis canendo. | En surgit senior, videsne? Circa | Pectus sericeos gerens colores, | Dum comae cerevisiola premuntur, | Et gravi vultu juvenile sceptrum | Sumit et sua regna, »silentium« que | Imperat. »Surgat«, jubet, ecce, cantus! | Con tumax si tu fueris jubenti, | »Pro poena« bibe. Vos videt vagary | Et vos »ad loca« vestra convocabit. | Nox exercitium vetus bibendi | Imponet »Salamandricas« que leges. | Exercens sua regna, sic latinis | Suetos imperiis domat sodalls. | Sunt haec parva quidem sed alsque fuco, | Sunt oblatus honor latinitati. | O vetus semperque recens loquela | Vive, ne tu cede nimis. Virebis | Intermencia magna nationum | Auctor Alandarum.

13. Mai Sonnabend: Spaziergang mit [Georg] Rietschel, [Max] Lehmann, [Wilhelm] Arndt über Machern[55] nach Naunhof. | Von [Hermann] Hirt den Gedanken bekommen, die ganz gleichen Worte des Litauischen und Serbischen zusammenzustellen – dabei weiter wieder nachgedacht, ob ich nicht ein litauisches Wörterbuch[56] machen sollte. | Nippolds Geschichte des Katholizismus im 19. Jahrhundert[57] gelesen.

14. Mai Sonntag: Das bekannte Bockfrühstück[58] bei [Johannes] Wislicenus.

14. – 21. Mai: die Woche litauisch zum Wörterbuche gelesen, sonst viel, zu viel abends aus: Montag Kränzchen[59] bei [Gustav] Wiedemann, Dienstag bei Brugmanns[60] mit Meisters[61]; Mittwoch Gesellschaft bei [Wilhelm] Ostwald, mit Ärger über den dummen Luxus nach Hause gekommen. | Mittwoch Fakultätssitzung, wo die Privatdozentenpetition wegen Veränderung des Ernennungsmodus[62]. In die Kommission auf meinen Vorschlag [Justus Hermann]

---

55 Machern, östlich von Leipzig gelegener Ort (Schloss Machern).

56 1916 beendete Leskien die Arbeit am »Litauischen Lesebuch. Mit Grammatik und Wörterbuch« (erschienen 1919).

57 Siehe den Eintrag vom 30. April – 7. Mai 1893.

58 BECKMANN, Wislicenus, S. 4892: *Am Himmelfahrtstage jeden Jahres und an den beiden folgenden Pfingsttagen erschloss sich das Haus Wislicenus weiteren Kreisen. Verwandte, Collegen und Bekannte wurden zum Bockfrühstück eingeladen, zu welchem Wislicenus den Stoff* [gemeint ist Bockbier] *direct aus dem Münchener Hofbräuhaus erhielt. Diese ungezwungene Festlichkeit hat sich allmählich zu einer Tradition an der Universität ausgebildet. Gewöhnlich wurde an drei Tagen Bockbier mit Würstchen credenzt, an Herren im Erdgeschoss und an befreundete Damen bei seiner Tochter Emilie im Obergeschoss. Bei solchen Gelegenheiten konnte man wahrnehmen, welche innerliche Freude es Wislicenus bereitete, den Wirth zu machen.*

59 Siehe den Eintrag vom 8. Februar 1892.

60 Karl und Valeska Brugmann.

61 Klothilde und Richard Meister.

62 UAL, Phil.Fak. A 03/30:06, S. 177: Die Privatdozenten beantragten, das Verfahren zur

Lipsius, nicht [Otto] Ribbeck gewählt: dieser beleidigt. | Freitag. Ilse nach Dresden; Albert [Leskien] abends zu uns von Dresden. | Ersten Pfingsttag mit allen Kindern[63] bei Frau Leonore [Geibel] zu Mittag.

24. Mai Mittwoch: Albert [Leskien] nach Dresden zurück, gestern Onkel Johann [Weisz] abgereist. Sieht fast so aus, als hätte man ihn das letzte Mal gesehen.

25. – 28. Mai: Zum litauischen Wörterbuche weiter gelesen. Ich muß dies oder etwas ähnliches machen. Neben dem [Konversations-]Lexikon und den Arbeiten für die Vorlesungen kann ich zusammenhängend konstruktive Arbeiten nicht machen. | Gelesen Hoensbroech über seinen Austritt aus dem Jesuitenorden[64]; eigentlich eine unbedeutende Schrift; ferner Dumreicher, Südostdeutsche Betrachtungen[65]. | 28. Mai, den großen Festzug der 450jährigen Feier des Leipziger Schützenbundes[66] vom Comtoir[67] aus angesehen.

30. Mai – 3. Juni: Angefangen zu lesen Hatch, Griechentum und Christentum[68].

4. Juni: Fußtour mit [Friedrich] Ratzel, Schulz[69], Heinrich [Brockhaus], [Wilhelm] Arndt von Altenburg nach Frohburg: Rüdigsdorf, Sahlis[70].

8. Juni: Albert [Leskien] kommt abends zu seinem Geburtstage, bleibt bis Sonntagabend (10. Juni) – Seine Unzufriedenheit mit der Dresdener Akademie, Wunsch in das Atelier eines Malers zu kommen oder vielleicht Ostern nach München: ich stelle ihm vor, zunächst den Winter ruhig auszuharren. | In den letzten Tagen Stifters »Nachsommer« I[71] gelesen.

15. Juni: Reichstagswahl: Stichwahl nötig zwischen Hasse und Pinkau (Sozialdemokrat)[72].

Ernennung zum außerordentlichen Professor dahingehend zu ändern, dass den Privatdozenten das Bewerbungsgesuch erlassen werde. Der Dekan schlug vor, den Privatdozenten mitzuteilen, dass das bisherige Verfahren beibehalten werden soll. In der Diskussion setzten sich Wislicenus, Ribbeck, Lie und Wundt dafür ein, die Bitte der Privatdozenten zu berücksichtigen. Aus diesem Grund wurde eine Kommission eingesetzt.

63 Albert, Elfriede, Ernst, Friedrich, Gertrud, Ilse Leskien.

64 HOENSBROECH, Paul von, Mein Austritt aus dem Jesuitenorden, Berlin 1893.

65 DUMREICHER, Armand von, Südostdeutsche Betrachtungen, Leipzig 1893.

66 Leipziger Schützengesellschaft, gestiftet 1443 als Gesellschaft S. Sebastians.

67 Vermutlich ein Gebäude von F. A. Brockhaus.

68 HATCH, Edwin, Griechentum und Christentum: zwölf Hibbertvorlesungen über den Einfluss griechischer Ideen und Gebräuche auf die christliche Kirche, Freiburg 1892.

69 Unklar, vielleicht Karl Schulz.

70 Rüdigsdorf, 1895 mit Neuhof zu Rüdigsdorf-Neuhof vereinigt, seit 1950 Teil von Kohren-Sahlis. Sahlis, 1934 mit Kohren zu Kohren-Sahlis vereinigt.

71 STIFTER, Adalbert, Der Nachsommer, Pesth 1857.

72 Nachdem eine Heeresvorlage der Regierung vom Reichstag abgelehnt worden war,

17. Juni: Die Lektüre von Juszkevicz Svotbinė rėda[73] für Wörterbuch beendet.
18. Juni: Gelesen in Heiberg, Et Liv gjenoplevet[74], darin S. 207 (II. Band), eine Äußerung von Heiberg auf die Frage: Hvem er Pøbel? »Kun den hører til Pøbel[en], som er uden Nationalfølelse, som ikke er fastgroet med sine fineste Rødder til den Plet af Jord, hvorpaa Forsynet satte ham«.
26. Juni Montag: Abends bei Meisters[75] mit dem neuen reformierten Prediger [Paul] Mehlhorn zusammen.
27. Juni Dienstag: Abends bei Heinrici's[76] mit Bethe's[77], nachher im Garten. | Im Lauf der Woche der 7. Band des [Konversations-]Lexikons ausgedruckt.
1. Juli Sonnabend: Professorenausflug nach Hermannsbad[78].
8. Juli: an meinem Geburtstage Albert [Leskien] hier, blieb noch den Sonntag. [Heinrich] Curschmann untersucht ihn: Kaltbaden und Schwimmen, Turnen, Tanzen bleibt ihm verboten; dienen wird er nicht können.
11. Juli Dienstag: Fakultätssitzung: Zur pädagogischen Professur vorgeschlagen [Richard] Richter und [Friedrich] Paulsen. [Karl] Brugmann wird Dekan, [Curt] Wachsmuth Prokanzler.
14. Juli Freitag: Abends mit Alberts[79] und Bindings[80] bei Carl Geibels[81].
15. Juli Sonnabend: Kegelei bei [Adolph] Mayer in Abtnaundorf[82].
24. Juli: Brief an Pastor [August] Bielenstein.
31. August – 7. September: Sommerreise: Rhön, Rothenburg, Nürnberg, München.
8. – 24. September: [Konversations-]Lexikon wieder begonnen: 8. Band abgeschlossen 22. September – für mich besonders für das Litauische Wörterbuch: Juszkevicz [Juška] Dainos, angefangen die dreibändige Sammlung[83]. Daneben gelesen Novaković Prvi osnovi slovenske

---

wurde dieser am 6. Mai 1893 aufgelöst. Nach der Wahl am 15. Juni 1893 wurde mit der Mehrheit der Deutschkonservativen, Freikonservativen und Nationalliberalen die Vorlage angenommen. Der Nationalliberale Ernst Hasse setzte sich bei der Stichwahl in Leipzig-Stadt gegen den Sozialdemokraten Karl Pinkau durch.

73 JUŠKA, Antanas, Svotbinė rėda veluňyčiu lietuviu, Kasan 1880.

74 HEIBERG, Johanne Luise, Et Liv gjenoplevet i Erindringen, 4 Bde., Kopenhagen 1891–1892.

75 Klothilde und Richard Meister.

76 Georg und Paula Heinrici.

77 Erich und Margarethe Bethe.

78 Herrmannsbad in Lausigk (seit 1913 Bad Lausick, südlich von Grimma), eine seit 1821 bestehende Kureinrichtung.

79 Albert und Marie »Mony« Brockhaus.

80 Karl und Marie Binding.

81 Stephan Franz Carl und Mathilde Geibel.

82 Abtnaundorf (Dorf und Gut nordöstlich von Leipzig) wurde 1930 Teil von Leipzig.

83 JUŠKA, Antanas, Liėtuviškos dajnos, 3 Bde., Kasan 1880–1882.

književnosti[84], Krumbachers Griechische Reise[85] u. Kleinigkeiten. | Am 23. Ernst [Leskien] mit Geibels[86] nach Friedrichroda[87], Friedrich [Leskien] nach Dresden.

– *16. Oktober*: für das lit. Wörterbuch die Juszkeviczschen Bände[88] beendet, Brugmann-Leskien[89] begonnen. Vorgelesen: Erckmann-Chatrian, Freund Fritz[90]. | Am 15. Oktober Ingeborg Kjaer [Wenck] wiedergesehen nach circa 30 Jahren. | Milly [Emilia Brockhaus] auf ihrer Durchreise nach Heidelberg (von Dresden) auf dem Geschäftshofe[91] gesprochen.

16. Oktober und 17.: Lisbeth in Dresden (Konrads [Judeich] Geburtstag), um Albert [Leskien] in seiner neuen Wohnung einzurichten, wohin er am 17. übersiedelte. | Ärger über die Reklamenwirtschaft für das K.[onversations] L.[exikon] - Schwierigkeiten mit dem Artikel Homöopathie – die Reklame bei M.[92] freilich noch viel ärger. | Grete Brockhaus bei uns zu Besuch, muß am 20. wieder fort, weil [Georg] Kohl in Marburg krank geworden. | Am 17. (Dienstag) Walter [Judeich] auf der Durchreise nach Marburg hier. | Am 20. bei Feddersens[93] zu Mittag mit Wundts[94], [Oswald] Külpe, der Frau Wenck (Ingeborg Kjaer).

21. Oktober, Sonnabend: Mit [Georg] Heinrici einen zweistündigen Spaziergang gemacht, mir ganz anregend, da ich ihm Theologia herausfrage, aber der Mann ist schwer aus dem Reden von sich selbst herauszubringen. Zufällig

84 NOVAKOVIĆ, Stojan, Prvi osnovi slovenske književnosti među balkanskim slovenima: legenda o Vladimiru i Kosari, Beograd 1893.

85 KRUMBACHER, Karl, Griechische Reise: Blätter aus dem Tagebuche einer Reise in Griechenland und in der Türkei, Berlin 1886.

86 Stephan Franz Carl und Mathilde Geibel.

87 In der Nähe von Friedrichroda liegt der Ort Schnepfenthal (seit 1950 zu Waltershausen) mit der Salzmannschule (1784 als Erziehungsanstalt gegründet). Hier wurden auch die Brüder Stephan Franz Carl (in den Jahren 1855–1858) und Paul (in den Jahren 1855–1862) Geibel erzogen, die der Schule verbunden blieben. Die Familie Geibel hatte in Friedrichroda ein Haus.

88 Siehe den Eintrag vom 8.–24. September 1893.

89 BRUGMANN, Karl/LESKIEN, August, Litauische Volkslieder und Märchen: aus dem preußischen und russischen Litauen, Straßburg 1882.

90 ERCKMANN, Emile/CHATRIAN, Alexandre, Freund Fritz: Erzählung, aus d. Franz. übers. von M. Bergmann, Leipzig [1893].

91 Auf dem Gelände von F. A. Brockhaus.

92 *M.* bzw. *Meyer* steht für den Verlag Bibliographisches Institut, der 1826 gegründet wurde, seit 1874 in Leipzig angesiedelt war und mit der Herausgabe von »Meyers Konversations-Lexikon« dem Brockhaus-Verlag Konkurrenz machte.

93 Berend Wilhelm und Helga Feddersen.

94 Sophie und Wilhelm Wundt.

gefunden, daß er mit Walter Chalybäus eng befreundet ist und Heinrich Chalybäus gut kennt. | [Felix] Solmsen zur Habilitation gratuliert[95].
22. Oktober, Sonntag: Brief an Albert [Leskien]. In der leidigen fraubergerschen Promotionsangelegenheit[96] einen Brief von Frauberger selbst erhalten.
25. Oktober, Mittwoch: Fakultätssitzung, der Fall [Heinrich] Frauberger dahin entschieden, daß man den Fakultäten eine mildernde Nacherklärung[97] schicken will.
26. Oktober, Donnerstag: Abends bei uns Holzens[98] und Hempels[99].
27. Oktober, Freitag: Spielhagens »Finder und Erfinder« (Erinnerungen aus meinem Leben)[100] angefangen. I S. 98 »in allen andern (geistigen Sphären außer der Poesie) gibt es gewisse Arbeiten und Verrichtungen, die getan und gut getan sein wollen und deshalb den ehren, der sie tut, mögen dabei auch manchmal an die Hände größere Ansprüche gemacht werden als an den

95 Habilitationsschrift: SOLMSEN, Felix, Studien zur lateinischen Lautgeschichte, Straßburg 1894. Die Aufsätze I, II und III,1 nebst den Excursen lagen der Philosophischen Fakultät der Universität Bonn als Habilitationsschrift vor.

96 UAL, Phil.Fak.Prom.9453: Promotionsakte Heinrich Frauberger aus Oberndorf, Direktor des Kunstgewerbemuseums in Düsseldorf. Frauberger beantragte am 21. April 1893 seine Promotion mit der Studie: Die Geschichte des Fächers: Studie; zwei Hefte, Leipzig 1878. In seinem Gutachten vom 25. Juli 1893 erhob Heinrich Brockhaus Plagiatsvorwürfe und beantragte die Ablehnung der Promotion. Nach einem umfangreichen Briefwechsel und der Rechtfertigung Fraubergers, dass ihm die Einreichung der Arbeit in Leipzig empfohlen worden sei (siehe die folgende Anm.), reichte er eine zweite Studie ein: Antike und frühmittelalterliche Fussbekleidungen aus Achmim-Panopolis: mit 97 Textillustrationen und 25 Tafeln, Düsseldorf [1896]. Nach den Gutachten von Johannes Overbeck, der die Studie *eine durchaus dilletantische Arbeit* genannt hatte, und Curt Wachsmuths lehnte die Fakultät am 18. Juni 1894 auch die zweite Promotionsschrift ab.

97 UAL, Phil.Fak.Prom.9453: Das erste Zirkular, 5. August 1893: Nicht nur habe Frauberger entgegen seiner eidesstattlichen Versicherung von Blondel, Histoire des éventails, abgeschrieben, sondern auch noch mit den schlimmsten Missverständnissen, *die auf den Bildungsgrad des Verfassers ein sehr bedenkliches Licht werfen. Wir haben unter diesen Umständen nicht nur die Promotion versagt, sondern halten es auch für unsere Pflicht, die Schwesterfacultäten vor diesem Bewerber zu warnen.* Das zweite, ebenfalls gedruckte Zirkular, vom 5. August 1893 benannte zwar ebenfalls den Plagiatsvorwurf, milderte diesen aber dahingehend ab, dass ein vor der Einreichung der Bewerbung verstorbener Ordinarius der Fakultät Frauberger die Einreichung der Schrift mit der Bemerkung empfohlen habe, dass er sie gut kenne. *Da dieser Umstand bei der Beurtheilung der Handlungsweise des Herrn Frauberger mit in Betracht zu ziehen ist, so verfehlt die hiesige Facultät nicht, hiervon Mittheilung zu machen.* Dieser Ordinarius war Hubert Janitschek.

98 Georg und Susanne Holz.

99 Adele und Rudolph Hempel.

100 SPIELHAGEN, Friedrich, Finder und Erfinder: Erinnerungen aus meinem Leben, 2 Bde., Leipzig 1890.

Kopf«. | Abends bei [Georg] Heinrici: mit Pastor [Bruno] Hartung, [Caspar René] Gregory u. a.
28. Oktober, Sonnabend: Albert [Leskien] kommt zum Besuch von Dresden. Abends bei [Otto von] Böhtlingk.
29. Oktober, Sonntag: Im Kunstverein[101] u. a. ein Porträt von E.[rnst] Curtius (Maler [Reinhold] Lepsius), ganz die weltabwesende Art des Mannes getroffen. Wenn man ihn so schwärmerisch sitzen sieht, möchte man ihn für einen großen Dichter oder großen Forscher halten, er ist aber weder das eine noch das andere. | Spielhagens Biographie[102] beendet – Obrutschew Briefe aus Sibirien[103] flüchtig durchblättert.
30. Oktober: Abends angefangen, die eben erwähnten Briefe vorzulesen.
31. Oktober, Dienstag: Rektoratswechsel: während der Rede fortgegangen, da kein Sitz frei war und ich hätte die ganze Zeit stehen müssen[104].
4. November, Sonnabend: Gestern Albert [Leskien] wieder nach Dresden zurück – Abends 100. Sitzung des »Deutschen Abends« mit Essen[105]. Die Vorlesung über Syntax[106] habe ich doch wieder aufnehmen müssen, da einige Zuhörer vom vorigen Semester es wünschten.
5. November, Sonntag: Mit Ilse und Ernst [Leskien] Spaziergang im Rosental[107].
6. November, Montag: Kommissionssitzung wegen der assyriologischen Professur: geeinigt auf [Heinrich] Zimmern in erster Linie, daneben [Carl] Bezold genannt.
10. November, Freitag: In den letzten Tagen Schönbachs »Lesen und Bildung«[108] in einer neuen Auflage gelesen. Sehr schön, wenn man sich in beschaulicher Ruhe so bilden kann, oder der Beruf so viel Zeit übrig läßt. | Gelesen 2. Teil von Spielhagens »Finder und Erfinder«[109] (seine Autobiographie bis zur Vollendung der »Problematischen Naturen«[110]). | Gearbeit[et] für [Oscar von] Gebhardt an der slavischen Version der Pioniusakten. Wüster

---

101 Leipziger Kunstverein, gegründet 1837. Auf seine Initiative ging die Eröffnung des Museums der bildenden Künste 1848 zurück, vgl. Jahresbericht des Leipziger Kunstvereins 1f. (1837f.).

102 Siehe den Eintrag vom 27. Oktober 1893.

103 OBRUČEV, Vladimir A., Sibirische Briefe, Leipzig 1894.

104 Das Amt des Rektors ging von Theodor Brieger auf Johannes Wislicenus über; Wislicenus hielt den Vortrag »Die Chemie und das Problem von Materie«, in: Die Leipziger Rektoratsreden, S. 573-588.

105 Siehe den Eintrag vom 2. Dezember 1893.

106 Vergleichende Syntax der slavischen Sprachen, vgl. HistVV (SS 1893).

107 Rosental, Parkanlage in Leipzig, die zum Auenwald nördlich der Stadt gehört.

108 SCHÖNBACH, Anton E., Über Lesen und Bildung: Umschau und Ratschläge, Graz 1888, weitere Auflagen.

109 Siehe den Eintrag vom 27. Oktober 1893.

110 SPIELHAGEN, Friedrich, Problematische Naturen: Roman, 4 Bde., Berlin 1861.

Text und dummer Übersetzer.[111] Seufzen über das Elend der altkirchenslawischen Literatur. Von Bulitsch sein Buch erhalten Cerkovnoslavjanskie Ėlementy[112].
11. November, Sonnabend: Langes Abendessen bei Credners[113], in der üblichen Art. Ich allein da, weil L.[isbeth Leskien] bei der Erkältung der Mädchen[114] das Haus nicht allein lassen wollte. – Lange mit [Victor] Gardthausen über die Bibliotheksverhältnisse gesprochen.
12. November, Sonntag: Nachmittags Besuch von [Albert] Socin: teilt mir einen Brief von [Paul] Haupt mit, der sich um die assyriologische Professur bewirbt. Rate ihm, die Sache auf seine eigene Verantwortung abzulegen, die Kommission hat entschieden, ein Extraordinariat kann es nur werden (Haupt will nur Ordinariat annehmen), der Gehalt kann für Haupt nicht reichen; man kann bei [Ludolf] Krehls Lebzeiten und eben nach [Friedrich] Delitzsch' Weggang, den man nicht zum Ordinarius gemacht hat, keinen ernennen.
19. November, Sonntag:[115] Die halbe Woche für [Oscar von] Gebhardt an der Übersetzung der Pioniusakten gearbeitet[116], so daß mit anderen Dingen ins Gedränge gekommen. | Am 18.[117] Fakultätssitzung wegen der historischen Professur: Vorgeschlagen von der Kommission: [Hans] Delbrück, [Reinhold] Koser, [Erich] Marcks; gegen den letzteren von der Minorität der K.[ommission] [Max] Lenz aufgestellt.[118] Dazu ein Ordinariat für historische Hilfswissenschaften in Aussicht genommen.

---

111 GEBHARDT, Oscar von, Das Martyrium des heil. Pionius. Aus dem Cod. Ven. Marc. CCCLIX zum ersten Male herausgegeben, in: Archiv für slavische Philologie 18 (1896), S. 156-171.

112 BULIČ, Sergej K., Cerkovnoslavjanskie ėlementy v sovremennom i narodnom russkom jazyke, St. Petersburg 1893.

113 Hermann und Marie Credner.

114 Gertrud und Ilse Leskien.

115 Von Leskien fälschlich *18. November, Sonntag* eingetragen.

116 Siehe den Eintrag vom 10. November 1893.

117 Von Leskien fälschlich *17.* eingetragen.

118 UAL, Phil.Fak. A 03/30:06, S. 195: Karl Lamprecht trug das Kommissionsvotum vor, nach dem Delbrück vor Koser gesetzt wurde, *weil ihm eine vorurteilslose Behandlung der Geschichte eher zugetraut wird.* Der Reihung Delbrück vor Koser stimmten alle Kommissionsmitglieder zu, während für Marcks an dritter Stelle nur fünf Mitglieder votierten. Weiterhin votierte die Kommission für die Einrichtung einer Professur für Historische Hilfswissenschaften, um die mittelalterliche Geschichte zu entlasten. Im Verlauf der Sitzung stimmten Lipsius und Bücher für Lenz gegen Marcks. Nach einer Debatte über die *Lehrtüchtigkeit* von Lenz stellte Leskien den Antrag, die Diskussion zu schließen. Die Fakultät lehnte den Vorschlag ab, Marcks auf den dritten Platz zu setzen.

20. November, Montag:[119] Tanz bei uns, meine Zuhörer, die Geibelschen Knaben[120].
21. November, Dienstag:[121] Zu Ende gelesen Heiberg Et liv gjenoplevet i Erindringen[122].
22. November, Mittwoch:[123] Dr. [Alfred] Hettner sagt sich an, Meisters[124] kommen, auch Dr. [Otto] Bremer, der einige Wochen in Leipzig verbringt vor seiner Reise nach Westfriesland. In den letzten Tagen nach Unterbrechung durch andere Arbeiten wieder das Lesen für litauisches Wörterbuch angefangen.
26. November, Sonntag: Gestern beim Dozentenabend, einer der Versuche, eine regelmäßige Zusammenkunft der Dozenten ins Werk zu setzen, diesmal von den jüngeren Leuten ausgegangen[125]. Wird wohl auch nicht gelingen. – Am Sonnabend Fakultätssitzung: für die historische Professur [Reinhold] Koser, [Hans] Delbrück vorgeschlagen ([Erich] Marcks, [Max] Lenz abgelehnt); für die assyriologische [Heinrich] Zimmern und [Carl] Bezold. – Historische Hilfswissenschaft soll Ordinariat bekommen.[126] | Im [Konversations-]Lexikon kein guter Stand, wir erreichen mit Band 9 kaum die Grenze der 13. Auflage, haben also sehr an Raum verloren. | A. Müllers Biographie von Socin[127] gelesen, doch im Ganzen ein trauriges Leben; immer die unverwüstliche Identität der Gelehrten solcher weitabliegenden Fächer; und wie wenige kommen ohne größeres eignes Vermögen zu einer befriedigenden Ausnutzung ihrer Kraft. Die von Deliagre geliehenen Briefe Hiltys[128] an ihn gelesen.
29. November, Mittwoch: Ball in großer Gesellschaft bei C. Geibels[129]. Am letzten Montag wir zu A.[dolf] Geibels zum Geburtstag seiner Mutter[130] geladen.

---

119 Von Leskien fälschlich *19. November, Montag* eingetragen.

120 Hellmuth, Friedrich Karl und Otto Karl Geibel.

121 Von Leskien fälschlich *20. November, Dienstag* eingetragen.

122 Siehe den Eintrag vom 18. Juni 1893.

123 Von Leskien fälschlich *21. November, Mittwoch* eingetragen.

124 Klothilde und Richard Meister.

125 Wahrscheinlich eine Veranstaltung des Professorenvereins.

126 Siehe den Eintrag vom 19. November 1893.

127 Albert Socins Nekrolog auf den Orientalisten August Müller in: Orientalische Bibliographie 6 (1893), S. 312-320.

128 Gemeint sind Albert oder Gustav de Liagre, die wie Leskien den Nationalliberalen zuzurechnen sind und zusammen mit Albert Brockhaus Mitglieder im »Comité für die Stadtverordnetenwahl der ersten Abtheilung« waren, vgl. den Eintrag vom 6. Dezember 1896. Carl Hilty äußerte sich in seinen Briefen in literarischer Form zu Gegenwartsfragen, vgl. beispielsweise: HILTY, Carl, Briefe, Leipzig/Frauenfeld 1914. Der Verbleib der genannten Briefe ist unbekannt.

129 Gemeint ist Stephan Franz Carl Geibel.

130 Leonore Geibel.

1. Dezember, Freitag: Abends allein bei Meisters[131].
2. Dezember, Sonnabend: Deutscher Abend. Vortrag von [Adolf] Birch-Hirschfeld über den deutschen Ursprung der altfranzösischen Epik[132]; daran knüpfte sich eine lange Debatte.
10. Dezember, Sonntag: Die Woche wie gewöhnlich gearbeitet. Gelesen Schubin: Torschlußpanik (dumme und alberne Gesellschaft)[133]; Jentsch, Weder Kommunismus noch Kapitalismus[134]. – Bei der Arbeit am C.[onversations] L.[exikon] meine eigenen Gedanken gehabt über das ganze Getriebe und die Personen, auch A.[lbert Brockhaus]. – Vorlesungen für Sommer 94[135] festgesetzt.
12. Dezember 93, Dienstag: Nachricht, daß [Georg von der] Gabelentz gestorben. Memento mori.
13. Dezember 93, Mittwoch: Fakultätssitzung: Der Dekan[136] teilt mit, daß [Reinhold] Koser die Berufung abgelehnt hat; große Verlegenheit – Bericht der Kommission über die philosoph. pädag. Professur. [Johannes] Volkelt von der Kommission vorgeschlagen, findet viel Widerspruch.[137]
14. Dezember, Donnerstag: Abends bei Albert Brockhaus, L.[isbeth Leskien] und ich allein mit der Frau [Leonore] Geibel.
15. Dezember, Freitag: Abends bei Büchers[138] in größerer Gesellschaft.

---

131 Klothilde und Richard Meister.

132 UBL, NL 249/1/A/9: Lithographisch vervielfältigtes Rundschreiben, November 1884: *Es ist der Gedanke angeregt worden, daß die in Leipzig wohnenden Freunde der deutschen Philologie durch regelmäßige Zusammenkünfte an einem – Deutschen Abende – Gelegenheit zu wissenschaftlichem Gedankenaustausch und persönlicher Annäherung geboten werden möge.* Genannt werden elf Mitglieder sowie 22 Personen, an die Einladungen zur Teilnahme gesandt wurden, unter ihnen auch Leskien. Im Abstand von zwei bis drei Wochen sollten am Samstagabend Versammlungen mit Vortrag gehalten werden. Erster Sekretär des Deutschen Abends war Ernst Elster, der die treibende Kraft bei der Organisation der Deutschen Abende war, vgl. die Korrespondenz Elsters mit Eduard Zarncke, UBL, NL 249, und Eugen Mogk, UBL, NL 246 (entsprechende Nachweise in der Kalliope-Datenbank). Nach dem Weggang Elsters aus Leipzig 1895 scheinen die Abende nicht mehr stattgefunden zu haben. Der Verein besaß kein Publikationsorgan und hatte einen eher privaten Charakter. Die Veranstaltungen wurden auch nicht in den Leipziger Tageszeitungen angekündigt.

133 KIRSCHNER, Lola, Thorschlußpanik: Erzählung von Ossip Schubin [d.i. Lola Kirschner], 4. Aufl., Dresden/Leipzig 1892.

134 JENTSCH, Karl, Weder Kommunismus noch Kapitalismus: ein Vorschlag zur Lösung der europäischen Frage, Leipzig 1893.

135 Historische Grammatik der serbokroatischen Sprache; Grammatik der litauischen Sprache; Slavische Dialektologie (ethnographische und literarische Übersicht), vgl. HistVV.

136 Karl Brugmann.

137 UAL, Phil.Fak. A 03/30:06, S. 200: Auf den Kommissionsbericht folgte eine lange Debatte. Hauptargument gegen Volkelt war der Hinweis, dass er zu wenig Pädagoge sei.

138 Emilie und Karl Bücher.

16. Dezember, Sonnabend: Fakultätssitzung, Abstimmung über [Johannes] Volkelt: 10 Stimmen dafür, 10 dagegen; der Dekan entscheidet zu Gunsten von [Johannes] Volkelt. – Für die historische Professur [Erich] Marcks vorgeschlagen, findet viel Widerspruch. Eine Anzahl anderer Namen genannt, darunter der Katholik [Karl Theodor von] Heigel[139].
20. Dezember, Mittwoch: in der Nacht Frau [Mathilde] Baumgarten gestorben, wahrscheinlich an Influenza, nur zwei Tage krank. Auch eine von den Stillen im Lande, die jährlich ein Vermögen in Wohltaten weggegeben hat.
Donnerstag, 21. Dezember: Fakultätssitzung zur Abstimmung über die Historikervorschläge: es kommen auf die Liste [Friedrich von] Bezold, [Erich] Marcks, [Conrad] Varrentrapp – nach langer Herumrederei.[140] – [Eugen] Mogk's Beförderung zum Extraordinarius angenommen.
Freitag, 22. Dezember: Begräbnis der [Mathilde] Baumgarten.
23. Dezember, Sonnabend: Morgens Albert [Leskien] von Dresden gekommen. – Mit dem [Konversations-]Lexikon bis auf den letzten Bogen von Band 9 fertig geworden. – Conrad, Mama[141] kommen.
Sonnabend, 30. Dezember: Den letzten Bogen von [Konversations-]Lexikon IX aus der Korrektur; vom 10. die ersten 18 kombinierten Fahnen bereits erledigt.

139 UAL, Phil.Fak. A 03/30:06, S. 202: Heigel wurde wegen seiner katholischen Konfession abgelehnt.

140 UAL, Phil.Fak. A 03/30:06, S. 202: Die Kommission hatte Marcks auf Platz eins vorgeschlagen.

141 Konrad und Marie Pauline Judeich.

Tagebuch 1894

[UBL, NL 348/1/2, Bl. 21r-37v]

13. Januar 1894, Sonnabend: Die ersten Wochen des Jahres unbefriedigend verlebt: nicht ganz wohl, Rheumatismus. Der Überschlag über das verlaufene Jahr ist nicht günstig ausgefallen: wirtschaftlich nicht, wir verbrauchen zu viel; wissenschaftlich nicht, das Konversationslexikon raubt mir allen wissenschaftlichen Sinn; ich habe mich zurückgezogen auf die Sammelarbeit für ein lit.[auisches] Wörterbuch. Die Sprachwissenschaft mit ihren Problemen ist mir verleidet: ich kann den Wert der Einzelarbeit nicht mehr empfinden. Das gesellige Leben gestaltet sich nicht erfreulich: an den »Gesellschaften« hat man alle Lust verloren, einen freundschaftlichen Umgang kann man nicht herbeischaffen. Es bleibt als Resultat die Sehnsucht nach etwas Ruhigerem, Besserem, Nützlicherem, und keine Hoffnung, es zu finden. | Gelesen: Sommer, Elsässer Geschichten[1]. Angefangen: Nathusius Die Mitarbeit der Kirche an der Lösung der sozialen Frage I.[2] | Versuch von heute, folgende Zeiteinteilung einzuhalten bis zum Anfang der Osterferien: | Montag – Freitag: 9 – 12 Lexikon, 12 – 1 Vorlesungen, 3 – 5 Lexikon; nachmittags 5 – 8 Litauisches Wörterbuch; abends Vorlesen. – Sonnabend: 9 – 12 Lexikon, nachmittags Arbeit für die syntaktische Vorlesung; Sonntags Correspondenz. | Für die Osterferien den Plan gemacht, die Fortsetzung der serbischen Betonungsverhältnisse zu schreiben[3]. | 13. Januar, Professorenball[4] – fast ohne Professoren.

14. Januar: Nachricht erhalten, daß [Erich] Marcks nach Leipzig berufen ist. Ich hatte in der Fakultät dagegen gestimmt, vielleicht mit Unrecht, mir wäre [Friedrich von] Bezold lieber gewesen[5]; für meiste Geschichte ist M.[arcks] zu jung.

16. Januar: Schülerball der Nikolaischule, zum ersten Male Friedrich [Leskien] mit dort.

18. Januar, Donnerstag: Abends bei uns Heinricis mit ihren Kindern und Meis-

---

1 SOMMER, Wilhelm, Elsässische Geschichten, 2 Bde., Basel 1892.

2 NATHUSIUS, Martin von, Die Mitarbeit der Kirche an der Lösung der sozialen Frage, Teil 1-3, Leipzig 1893–1895.

3 Abhandlungen Leskiens zu Betonung und Quantität in den slawischen Sprachen zwischen 1899 und 1902, siehe auch den Eintrag vom 9. Januar 1897; Untersuchungen über Betonungs- und Quantitätsverhältnisse in den slavischen Sprachen, in: Archiv für slavische Philologie 21 (1899), S. 321-398; Untersuchungen über Betonungs- und Quantitätsverhältnisse in den slavischen Sprachen, in: Archiv für slavische Philologie 24 (1902), S. 104-137.

4 Der Professorenball war eine Veranstaltung des Professorenvereins, siehe den Eintrag vom 25. Juni 1892.

5 In der Fakultätssitzung vom 21. Dezember 1893 hatte sich Leskien für Bezold ausgesprochen, siehe den Eintrag vom 21. Dezember 1893.

ters[6]. | Die Woche angefangen Döllinger, Beiträge zur Sektengeschichte des Mittelalters[7] zu lesen, um eine Vorstellung von den Lehren der Katharer[8] aus den Urkunden zu erhalten.

20. Januar, Sonnabend: Abends bei Krehl's[9] mit [Oscar von] Gebhardt.

21. – 28. Januar 94: Bismarcks Versöhnung mit dem Kaiser; am 26. B.[ismarck] in Berlin[10]. | Die Woche viele Schwierigkeiten mit dem 10. Band [Konversations-]Lexikon. | 24. Donnerstag: Abends bei uns Ad.[olf] Geibels, [Friedrich] Ratzel, Büchers[11], Ostwalds[12]. | 27. Januar: Mama[13] nach Dresden zurück.

Den ganzen Februar nichts aufgeschrieben, mancherlei äußere und innere Störungen.

3. März, Sonnabend 94: Brief an [Wilhelm] Streitberg wegen der »Glottogonie«[14], Schuchardts Schrift über »Weltsprachen«[15] gelesen.

4. März 94, Sonntag: Am Morgen drei Stunden mit Friedrich [Leskien] spaziert durch den Wald nach Ehrenberg[16].

11. März 94, Sonntag: Ilses [Leskien] Konfirmation, dazu hier: Mama[17], Tante Therese [Judeich], Albert [Brockhaus].

14. März, Mittwoch, 94: Im Tageblatt die lahme Erklärung der Juristenfakultät über ihre Doktorfabrik gegen den Angriff des Hallensers [Robert] Friedberg im preuß. Abgeordnetenhause am 7. März.[18]

15. März, Donnerstag, 94: Sitzung der Jablonowskischen Gesellschaft.

---

6 Georg und Paula Heinrici. Die Heinricischen Kinder aus zwei Ehen: Dorothea, verh. Wiedemann (geb. 1874), Carl (1876–1944), Maria, verh. Geißler (geb. 1879), Ernst (geb. 1881), Ellen (geb. 1891). Klothilde und Richard Meister.

7 DÖLLINGER, Ignaz von, Beiträge zur Sektengeschichte des Mittelalters, 2 Bde., München 1890.

8 Mittelalterliche häretische Bewegung in Südfrankreich.

9 Ludolf und Julie Krehl.

10 Siehe den Eintrag vom 3. Juli 1892.

11 Emilie und Karl Bücher.

12 Helene und Wilhelm Ostwald.

13 Marie Pauline Judeich.

14 Ursprung der Sprache.

15 SCHUCHARDT, Hugo, Weltsprache und Weltsprachen: an Gustav Meyer, Straßburg 1894.

16 Ehrenberg, seit 1839 Böhlitz-Ehrenberg, ländliche Gemeinde westlich von Leipzig, in der ab Ende des 19. Jahrhunderts Industrie angesiedelt wurde, seit 1999 Teil von Leipzig. Zu Böhlitz-Ehrenberg gehört das ehemalige Herrenhaus bzw. Gutshaus von Barneck (1786).

17 Marie Pauline Judeich.

18 Bl. 24r: Zeitungsartikel: Anlagen: 1. Erklärung, Leipzig, den 12. März 1894, unterzeichnet von der Juristenfakultät; 2. Erklärung, Leipzig, den 17. März 1894, unterzeichnet von der Juristenfakultät. Beide Erklärungen richten sich gegen Vorwürfe Friedbergs, die Promotion wäre in Leipzig zu einfach.

18. März, Sonntag: Albert [Leskien] auf die Ferien gekommen. | In der letzten Woche viel unwohl, gelesen Gervinus Leben[19], Luthardt Erinnerungen[20]. | Ferner Characteristics from the writings of Newman[21], mit Abscheu vor dem Jesuitentum[22]; das heißt dem innern des Mannes. Beendet: Biedermanns Geschichte der 30 Jahre von 1840–70[23].
20. März, Dienstag: Tour mit Albert [Leskien] über die Parthedörfer[24] nach Taucha[25], mit der Bahn zurück.
22. März, Donnerstag: Tour mit Albert [Leskien] nach Knauthain[26].
23. März, Freitag: Tour mit Albert [Leskien] über Thonberg, Holzhausen, Beucha[27]. | Brief von [Otto] Bremer, daß seine Aussichten auf Professur in Halle gescheitert; darauf geantwortet am | 24. Sonnabend. Im Laufe der Woche die Lektüre von Dawatku kninga[28] für das litauische Wörterbuch beendet. | Ilse und Ernst [Leskien] am Donnerstag nach Dresden. – Tour nach Dürnberg[29].
25., Ostersonntag: Tou[30]
28. März 94: Nachricht vom Tode Friedrich Judeichs erhalten.

---

19 GERVINUS, Georg Gottfried, Leben: von ihm selbst 1860, Leipzig 1893.

20 LUTHARDT, Christoph Ernst, Erinnerungen aus vergangenen Tagen, Leipzig 1889.

21 LILLY, William Samuel, Characteristics from the writings of John Henry Newman: being selections personal, historical, philosophical, and religious, from his various works, 9. Aufl., London 1890.

22 John Henry Newman (1801–1890), anglikanischer Pfarrer, konvertierte 1845 zum Katholizismus, seit 1879 Kardinal, vgl. ULRICH, Jörg, John Henry Newman, in: BBKL 17, Sp. 1007-1037.

23 BIEDERMANN, Carl, Deutschland im achtzehnten Jahrhundert, 4 Bde., Leipzig 1867–1880.

24 Zu den Parthedörfern gehörten Plösen, Cleuden, Neutzsch (sowie die Kirche Hohen Thekla). Sie wurden 1889 unter dem Namen Thekla zusammengeschlossen und kamen 1930 als nordöstliche Stadtteile zu Leipzig.

25 Taucha, kleine Stadt nordöstlich von Leipzig, die ab 1874 durch die Eilenburger Eisenbahn mit Leipzig verbunden war.

26 Knauthain, südlich von Leipzig gelegener Ort, der 1936 zu Leipzig kam.

27 Thonberg, seit 1890 südöstlicher Teil von Leipzig, 1839 Gründung einer Irren-, Heil- und Pflegeanstalt, die 1888 an das Johannishospital überging und 1920 geschlossen wurde; Holzhausen, südöstlich von Leipzig gelegene Gemeinde, seit 1999 zu Leipzig; Beucha, Gemeinde östlich von Leipzig, seit 1999 zu Brandis.

28 VALANČIUS, Motiejus, Dawatku kninga arba istatimas ir małdas isirasziusiuju i tretii zokana S. Prąnciszkaus, Wilniuje 1864. Das Exemplar UBL, Prakt.Theol.1152-vi, stammt aus Leskiens Besitz, mit Exlibris, Stempel *A. Leskien* und Zugangsnummer *'18 L 1638*. Leskien trug mit Bleistift an den Textrand im gesamten Buch eine Zeilennummerierung ein.

29 Gemeint ist wohl der Badeort Dürrenberg an der Saale, südwestlich von Leipzig.

30 Von Leskien nicht weiter ausgeführt.

29. – 31.: Historikertag in Leipzig[31]: Arthur Böhtlingk hier, wir mit ihm und Frau[32] einen Abend bei [Otto von] Böhtlingk.
1. April 1894, Sonntag: Lisbeth, Albert [Leskien], ich zum Begräbnis in Tharandt[33]; abends zurück.
8. April, Sonntag: Die Woche [Peter von] Bradke bei Böhtlingks[34] zum Besuche, ich zweimal mit ihm dort.
11. April, Mittwoch, 94: [Oskar] Wiedemanns Mutter[35] schreibt mir über die Hartnäckigkeit ihres Sohnes, nicht nach Dorpat zurückkehren zu wollen; ich gehe zu ihm, lasse ihm 60 Mark; am nächsten Tage kommt er, um weiter Geld zu leihen; ich schlage es ihm ab, um ihn so zu zwingen, nach Hause zu gehen. Er hat es aber doch, wie mir [Otto von] Böhtlingk, der bei ihm war, sagt, aufgetrieben, und wird nun so weiterdämmern. Der Mutter auf ihren Brief geantwortet; nach seinem Besuche auch meine scharfe Auseinandersetzung mit ihm berichtet: geschlossen, daß ich ihn seinem Schicksal überlassen müßte[36]. – Es ist die alte Geschichte, daß ein Mensch sein Leben verkehrt einrichtet und nun erwartet, die anderen müßten ihm durchhelfen.
13. April, Freitag: Abends [Karl] Krumbacher aus München bei uns, dazu Heinrich [Brockhaus] und Prof. [Wolfgang] von Öttingen aus Düsseldorf. | Gelesen die Woche verschiedenes Kleinere, angefangen: Wunderlich, Deutscher Satzbau[37]. | Von Milly [Emilia Brockhaus] durch Eduard [Brockhaus] eine Einladung an Albert [Leskien], sie in den Pfingstferien in Heidelberg zu besuchen. Ich habe eher abgewinkt.
21. April, Sonnabend, 94: Albert [Leskien] hat die Einladung nach Heidelberg abgelehnt; ich habe ihm dann noch meinen inneren Grund nachträglich geschrieben. | [Felix] Solmsen, der die ganzen Osterferien hier war, abgereist. Dann kam [Wilhelm] Streitberg, war einige Abende bei uns. Wieder Freude an dem feinen, wissenschaftlichen, gebildeten Wesen und dem edlen Charakter, aber glücklich ist er in der Fachwissensch.[aft] nicht. | Brief von Wiedemanns Mutter[38], der zweite; definitiv beantwortet. | Am Freitagabend [Otto] Bremer, der wieder nach Halle zurückgeht, schwer, aber es ist wichtig. Gespräch mit ihm über die slavische Grammatik; bringt mich zum Entschlusse, Jagić zu schreiben; es muß doch einmal ein Ende bringen. | Gelesen:

---

31 Bericht über die zweite Versammlung deutscher Historiker 29. März bis 1. April 1894 in Leipzig, Leipzig 1894.
32 Nathalie Böhtlingk.
33 Begräbnis von Friedrich Judeich.
34 Anna und Otto von Böhtlingk.
35 Emilie Wiedemann.
36 Siehe den Eintrag vom 27. Juni 1892.
37 WUNDERLICH, Hermann, Der deutsche Satzbau, Stuttgart 1892.
38 Emilie Wiedemann.

Fortsetzung des Litauischen, einiges Serbische, Charlotte Niese, Aus dänischer Zeit (II)[39]. I Sonnabend Abend & Freitag Math.[ilde] Geibel bei uns, die von Bernhard Bräuers[40] Fahrten berichtete: es ist eben ein degenerierter Mensch, Hülfe aussichtslos. I Heute Marie Brockhaus von Dortmund zum Besuch gekommen.
29. April, Sonntag: Am Donnerstag den 26. angefangen zu lesen: Serbisch und Litauisch[41]; Besuch befriedigend. I Heute einen Brief von [Felix] Solmsen mit seinem mir gewidmeten Buche[42] zum 25jährigen Professorjubiläum. Ich fühle bei all diesen Dingen nur die Beschämung; in diesem Falle auch den Verdruß, daß meine 25jährige Professorenschaft ausposaunt wird. Wenn man doch einmal ganz im Verborgenen bliebe.
5. Mai, Sonnabend, 1894: Von der Frau [Emilie] Wiedemann im Laufe der Woche wieder einen Brief über ihren Sohn[43] erhalten, hoffnungslose Sache. I Am Montag, dem 30. April, Kränzchen[44] bei [Ferdinand] Zirkel; mit [Karl] Binding über die heillose juristische Doktorfrage[45] gesprochen; die Juristen scheinen freilich zu meinen, sie wären vollkommen im Recht. Ich brachte die Sache noch auf einen anderen Punkt durch die Frage, wie weit auch in der philosophischen Fakultät die Mitglieder es moralisch rechtfertigen können, daß sie die Promotionsgulden, die nicht als Entgelt für Arbeit verwendet sind, unter sich aufteilen, während sie bei dem Promotionsverfahren gar nichts geleistet haben. Die ganze Sache ist eben faul von einem Ende bis zum anderen. I Brief von [Wilhelm] Streitberg. I Am Sonnabend 5. hält [Erich] Marcks seine Antrittsvorlesung über »Bismarck und Gerlach«[46]. Walter [Judeich] von Marburg auf der Durchreise. I Am Freitag, 4. Mai, Marie Brockhaus und Gertrud [Leskien] nach Dresden gereist. I Für das litauische Wörterbuch das Durchlesen des Kurschatschen Deutsch-litauisch[47] angefangen.
Sonnabend, 19. Mai 94: Vom 12. Mai über die Pfingsttage bis Donnerstag in

---

39 NIESE, Charlotte, Aus dänischer Zeit, 2 Bde., Leipzig 1892–1894.

40 Ferenz Bernhard Lajas Bräuer, den Leskien in den frühen 1860er Jahren als Mentor betreute, vgl. Einleitung.

41 SS 1894: Historische Grammatik der serbokroatischen Sprache; Erklärung altserbischer Texte; Grammatik der litauischen Sprache; Slavische Dialektologie (ethnographische und literarische Übersicht), vgl. HistVV.

42 Siehe den Eintrag vom 21. Oktober 1893.

43 Oskar Wiedemann.

44 Siehe den Eintrag vom 8. Februar 1892.

45 Siehe den Eintrag vom 14. März 1894.

46 Eine Vorarbeit zur großen Bismarck-Biographie: MARCKS, Erich, Bismarck, Teil 1: Bismarcks Jugend: 1815 – 1848, Stuttgart 1909; MARCKS, Erich, Otto von Bismarck: ein Lebensbild, Stuttgart 1915.

47 KURSCHAT, Friedrich, Wörterbuch der littauischen Sprache, 2 Bde., Halle 1870–1874.

Dresden; die Kinder bleiben bis zum 19., L.[isbeth] mit Ilse [Leskien] und der Kleinen[48] noch die nächste Woche. In Dresden Touren. Moritzburg[49], Seifersdorf[50] (durch die Heide[51]). Viel mit Albert [Leskien] gesprochen: ich lasse ihm in Bezug auf die Akademie ganz freie Hand. | Bei der [Luise] Bräuer: sie eröffnet mir, daß Dr. [Sigbert] Ganser Bernhard Bräuer für geistig anormal erklärt hat und seine Entmündigung wünscht. Hätte ich das gewußt, hätte ich natürlich den Rat nicht gegeben, es noch einmal in Darmstadt mit ihm zu versuchen. | Onkel Johann [Weisz] hat sich der Voroperation für die Staroperation hier bei [Hubert] Sattler unterzogen; geht in der Zwischenzeit nach Schmiedeberg[52] mit der Bräuer. | Gelesen: Spisi Vuka Stef. Kar. I[53]. Ausgezeichnet – Lindaus Roman »Hängendes Moos«[54] – Quatsch – Briegers Rede über die Entfremdung von der Kirche[55].

Sonntag, 27. Mai 94: Lisbeth mit Gertrud, Ilse, Elfriede [Leskien] am Freitag von Dresden zurück. Am Sonnabendabend Familienzusammenkunft bei Arnolds[56]. | Am selben Tage Fakultätssitzung: ein Gegenstand die Professur für historische Hülfswissenschaften. Heuchelei an allen Enden und überschlaue Diplomatie.[57] | Albert [Brockhaus] gab mir die Woche Arnolds Bro-

---

48 Elfriede Leskien.

49 Moritzburg, nordwestlich von der Dresdner Innenstadt gelegenes barockes Jagdschloss (Vorgängerbau 16., heutiger Bau 18. Jahrhundert).

50 Seifersdorf, nördlich von Dresden, Schloss (um 1530, 1818–1826 neugotische Umgestaltung), Schlosspark.

51 Siehe den Eintrag vom 20. – 23. April 1893.

52 Mehrdeutig: 1. südlich von Dresden gelegener Ort; 2. Gemeinde im böhmischen Erzgebirge; 3. Ort im Riesengebirge; 4. Heilbad in der Dübener Heide nordöstlich von Leipzig.

53 KARADŽIĆ, Vuk Stefanović, Skupljeni gramatički i polemički spisi Vuka Stef. Karadžića, Knjiga prva, Beograd 1894. Das Exemplar UBL, Gr.lg.rec.30531, stammt aus Leskiens Besitz, mit Stempel *A. Leskien*, Exlibris und Zugangsnummer *'17 L 468*.

54 LINDAU, Paul, Hängendes Moos: Roman, Breslau 1893.

55 BRIEGER, Theodor, Die fortschreitende Entfremdung von der Kirche im Lichte der Geschichte: Akademische Rede, Leipzig 1894. Rede zur Feier des Geburtstages von König Albert von Sachsen am 23. April 1894 in der Aula der Universität.

56 Arnold und Helene »Hella« Pauline Brockhaus.

57 UAL, Phil.Fak. A 03/30:06, S. 217: Im Protokoll der Fakultätssitzung wird der Vorschlag des Ministeriums erwähnt, die außerordentliche Professur für Hilfswissenschaften in ein Ordinariat zu verwandeln und mit dem bisherigen Stelleninhaber Arndt zu besetzen. Danach folgte eine Wortmeldung Lamprechts, der die Einrichtung des Ordinariats in Verbindung mit der Errichtung einer Prüfungskommission für das preußische Archivwesen in Marburg und die darauf folgende Notwendigkeit, in Leipzig eine Professur für Historische Hilfswissenschaften zu errichten, brachte, worüber er mit dem Minister persönlich verhandelt habe.

chure: Das Leben Deutschlands[58]. Es ist ganz offenbar, daß er geisteskrank ist. Ich über Gegenwart und Vergangenheit in sehr gedrückter Stimmung. Was ist nur aus der Familie B.[rockhaus] geworden: | A.[lbert], der normale, hat ein Leben voll gewaltiger Arbeit vor sich, um das Geschäft auf einen dauerbaren Stand zu bringen; H.[einrich] ein verkümmernder Gelehrter; Arn.[old] geisteskrank; Fr.[anz Brockhaus] nur halb normal; bleibt Fri.[tz Brockhaus] als unbeschriebenes Blatt für die Zukunft; Mi.[lly] [Emilia Brockhaus] unrettbar.

Abb. 4: Albert Eduard Brockhaus, der August Leskien stark beeinflusste, um 1890. Quelle: BROCKHAUS, Die Firma F. A. Brockhaus, S. 92, Tafel.

3. Juni 94, Sonntag: Am Mittwoch Fakultätssitzung wegen der Professur für geschichtliche Hülfswissenschaften. Das Ministerium will einfach [Wilhelm]

58 Die Broschüre konnte nicht nachgewiesen werden, auch nicht im Brockhaus-Archiv, vgl.: Staatsarchiv Leipzig, Bestand 21083 F. A. Brockhaus, Leipzig.

Arndt ernennen und macht damit der Komödie ein vernünftiges Ende. Sonnabend die weitere Sitzung in der Angelegenheit: die Kommission und die Fakultät stimmen in der ersten Lesung zu.[59] | Freitag: Abend bei Bonorand[60]. | Montag: Diezfeier des neuphilologischen Vereins, Rede von [Adolf] Birch Hirschfeld und einigen Studenten[61]. Die Studenten machen einen netten Eindruck. | Ich die ganze Woche an heilloser Müdigkeit leidend. | [Richard] Pischel hat auf Brief von [Otto] Ribbeck seine Replik gegen [Otto von] Böhtlingk zurückgezogen: damit ist hoffentlich die leidige Angelegenheit[62] zu Ende. Sie hätte ganz unterbleiben können, wenn Böhtlingk vornehm genug gewesen wäre, die Sticheleien von Pischel zu ignorieren, was er hätte können und sollen. | Am Sonnabend 2. Juni Gertrud [Leskien] abgereist, um mit der Großmama[63] auf 4 Wochen in Marienbad zu sein.

Sonntag 10. Juni 94: [Wilhelm] Roschers Tod und Begräbnis. Sonnabend Fakultätssitzung, in der nun endlich die Komödie mit der Professur für historische Hülfswissenschaften ihr Ende gefunden hat: [Wilhelm] Arndt ist zum Ordinarius geworden.[64] | Am Freitagabend bei Meisters[65]. Denselben Abend kommt Albert [Leskien] zu seinem Geburtstag. Mit ihm die Akademieangelegenheit besprochen: er gibt schon jetzt den Akademieunterricht in Dresden auf, in Hinblick auf München. Es bleibt nur die Empfindung des Unbehagens, ob das Verfahren richtig ist, allein bei meinem gänzlichen Mangel an Urteil über Künstlerlaufbahn und der Unmöglichkeit, ein Urteil zu erlangen, bin ich machtlos und muß ihn gehen lassen. | Im Lauf der Woche mancher Ärger am [Konversations-]Lexikon. Ich die ganze Zeit müde und innerlich – Ja, es ist eben nichts mit beiden Dingen.

Sonnabend, 17 Juni 94: Die ganz Woche out of tune: es ist ein ärgerlicher Zustand: jede Kleinigkeit, Ärger am [Konversations-]Lexikon, wird schwer genommen, an der Arbeit keine Freude. | Albert [Leskien] hat die Akademie in

---

59 Siehe den Eintrag vom 27. Mai 1894.

60 Café Bonorand im Leipziger Rosental, vgl. Wikipedia.

61 Neuphilologischer Verein, gegründet 1878 in Leipzig, seit 1879 Akademischer Verein für Neuere Philologie Leipzig, seit 1895 Akademischer Neuphilologischer Verein Leipzig, 1909–1919 Neuphilologische Verbindung Leipzig; vgl. zu den Diezfeiern anlässlich des 100. Geburtstages von Friedrich Diez: Chronique, in: Romania 23 (1894), S. 289-294.

62 In der Zeitschrift der Deutschen Morgenländischen Gesellschaft geführte Auseinandersetzung zwischen Otto von Böhtlingk und Richard Pischel, vgl.: BÖHTLINGK, Der Ziegenbock und das Messer, S. 604-606, sowie PISCHEL, Der Bock und das Messer, S. 497-500, vgl. dazu: WINDISCH, Geschichte der Sanskrit-Philologie, S. 246.

63 Marie Pauline Judeich.

64 Siehe den Eintrag vom 27. Mai 1894.

65 Klothilde und Richard Meister.

Dresden aufgegeben; ich habe kein sicheres Gefühl, daß ich recht gehandelt habe, zuzustimmen, allein – | Heute Brief von [Oskar] Wiedemann's Mutter[66], immer das alte Elend, ich weiß nicht, was ich mit dem Menschen anfangen soll. | Angefangen zu lesen Heavenly twins von S. Grand[67].

13. Juli 94, Freitag: Einige Wochen nichts aufgeschrieben wegen allgemeiner Verstimmung. In diese hinein fiel am 4. Juli der 25te Jahrestag meiner Professur (Berufung nach Jena)[68]. Morgens erschienen [Karl] Brugmann, [Eduard] Sievers, [Ernst] Windisch, [Johannes] Baunack, [Eugen] Mogk, [Hermann] Hirt und überreichten mir einen mir gewidmeten Band mit 49 Abhandlungen von Schülern und Freunden[69]. Am Tage eine Menge Briefe und Telegramme. Abends mit einigen Freunden beim Bier zusammen. Das der äußere Verlauf. | Es wird mir immer merkwürdiger, daß so viele Menschen meines Unterrichts dankbar gedenken sollen und Freunde Anregungen von mir gewonnen haben wollen. Ich muß ihre dahin gehenden Äußerungen als aufrichtig betrachten. Ich provoziere sie nicht, und was sollte sie dazu veranlassen? Dennoch liegt eine Täuschung dabei vor, und ich wollte, das ganze wäre unterblieben; ich habe nie zu den die Wissenschaft fördernden Menschen gehört, habe in den letzten 10 Jahren auch kaum wichtig weiter gearbeitet, und verdiene die Ehrung nicht. Daß ich mit meinen Zuhörern gut Freund bin, jungen Leuten entgegen komme und ein leidlich guter Dozent bin, ist richtig, aber das gibt keinen Anspruch auf eine solche Hervorhebung, wie sie mir damit zuteil geworden ist. | Am 8., meinem Geburtstag abends Meisters[70], [Karl] Brugmann, [Otto] Bremer, Heinrich [Brockhaus] bei uns. Albert [Leskien] zu dem Tage hier. | Heute das übliche Kegelfest bei [Adolph] Mayer Abtnaundorf. | Gertrud [Leskien] am 6. zurück von Marienbad, am 7. mit uns auf dem Professorium[71] in Grimma.

---

66 Emilie Wiedemann.

67 GRAND, Sarah, The heavenly twins, London 1894.

68 Karl Brugmann an Wilhelm Streitberg, Leipzig, 7. Juli 1894, UBL, NL 245/Brugmann/157: *Am Mittwoch früh 9 Uhr gingen Sievers, Windisch, Hirt, Mogk, Meister u. ich als Deputation zu Leskien u. ich überreichte nach einem kurzen Speech die Schrift. Wir machten dann nur aus, daß wir uns am Abend nach dem Abendbrot in der Stadt Hamburg zusammenfinden wollten. Dazu kamen noch einige jüngere Bekannte von Leskien, auch Bremer aus Halle. Dabei hielt Meister eine kleine Pauke, dann Leskien eine, worin er, wie das ja Jubelgreise zu tun pflegen, aus alten Zeiten erzählte. Sie sehen, ›Feier‹ war sehr wenig großartig, aber jedenfalls im Sinne von Leskien, was die Quantität betrifft. Von Schuchardts Torheit hab ich zu Leskien nur ganz kurz gesprochen. Er war durch Sie natürlich auch frappiert.*

69 Indogermanische Forschungen 4 (1894), mit der Widmung *August Leskien zum 4. Juli 1894, dem Tage seines 25jährigen Professor-Jubiläums von seinen Schülern und Freunden*, die ihn mit 49 Abhandlungen ehrten.

70 Klothilde und Richard Meister.

71 Siehe den Eintrag vom 3. Dezember 1892.

1. August – 8. September 1894: in Gersfeld zum Teil mit den Kindern[72], zum Teil mit Lisbeth [Leskien].
22. – 29. September 1894: Bei uns Elsa Judeich zum Besuch.
30. September bis 7. Oktober: Albert [Leskien] zu Hause, reist am 7. Oktober nach München. Vor 32 Jahren ungefähr um dieselbe Zeit stand mein Vater[73] am Bahnhof in Kiel und sah mich abfahren.
14. Oktober: Im Laufe der vergangenen Woche von Albert [Leskien] die Nachricht, daß ihm von der Teilnahme an der Aufnahmeprüfung[74] abgeraten ist. Auf meine weitere Frage weshalb, die Antwort, seine technische Fertigkeit sei nicht hoch genug. – Er geht nun in eine Privatakademie zu [Friedrich] Fehr und soll Weihnachten noch einmal Arbeiten vorlegen, um dann vielleicht in die Akademie aufgenommen zu werden[75]. Er selbst gesteht in seinem Briefe zu, daß seine technische Fertigkeit in Dresden stets mangelhaft gewesen sei. – Leider bestärkt mich das in meinem Mißtrauen gegen die ganze Sache. | Ich überarbeitet, habe keine Freude an meiner Tätigkeit, verachte die Lexikonarbeit und habe doch nicht die Kraft, mich davon loszumachen. Komme müde von einem zum anderen und leiste in keinem was ordentliches. | Ilse [Leskien] seit Michaelis aus der Baurschen Schule[76] genommen. | Für das litauische Wörterbuch die Durchlesung von Kurschats deutsch-litauischem Teil[77] gestern beendet.
21. Oktober 94: Fortsetzung der Lektüre für litauisches Wörterbuch (Bretkuns Postille[78], aus der Bibliothek Chylinskische Bibel[79]). Gelesen: einiges Sprachwissenschaftliches, Anfang von Stirner, Der Einzige[80], und Tolstoj, Carstvo božie vnutri vas[81]. Der Mann hat vollkommen recht: alle unsere sozialen Verhältnisse, unser Recht in den Staaten und zwischen den Staaten ist völlig verwerflich, wenn man die Bergpredigt[82] (und die ist für ihn das einzige) buchstäblich anwendet und für absolut gültig hält. Wunderbarer Gegensatz in der

---

72 Albert, Elfriede, Ernst, Friedrich, Gertrud, Ilse Leskien.

73 August Wilhelm Leskien.

74 An der Königlichen Akademie der Bildenden Künste (gegründet 1808) in München.

75 Friedrich Fehr betrieb eine private Malschule in München.

76 Baur'sche höhere Mädchenschule in Leipzig, 1879 gegründet.

77 Siehe den Eintrag vom 5. Mai 1894.

78 BRETKUN, Jan, Postilla: tatai esti Trumpas ir Prastas Ischguldimas Euangeliu, Königsberg 1591.

79 CHYLIŃSKI, Samuel Bogusław, An account of the translation of the Bible into the Lithvanian tongve, into which language the Scriptures were as yet never translated: with a copy of the testimoniall given to the translator, Oxford 1659.

80 STIRNER, Max, Der Einzige und sein Eigenthum, Leipzig 1845.

81 TOLSTOJ, Lev Nikolaevič, Carstvo božie vnutri vas: christianstvo ne kak mističeskoe učenie, a kak novoe žizneponimanie, Teil 1-2, Berlin 1894.

82 Matthäus 5-7.

Zeit: Nietzsches Anfang der absoluten Egoisten, Tolstoj Negierung alles Egoismus; der eine vergißt, daß der Mensch nicht bloß Naturmensch ist, der andre, daß er doch immer zu einem Teil Naturmensch bleiben muß; aber Tolstoj wird am letzten Ende recht behalten; die Entwicklung geht nicht nach dem Egoismus des Kraftmenschen hin. | Gertrud [Leskien] hat diese Woche die Vorbereitung für Kindergärtnerin und Erzieherin begonnen. | Brief von Albert [Leskien], mit neuer Erkenntnis, daß ihm eigentlich noch alles fehlt. | Die Beteiligung an [Vatroslav] Jagić's Grundriß definitiv abgelehnt[83]. | Heinrich verlobt sich mit der Brüxner[84] (gestern die Nachricht von Frau [Leonore] Geibel erhalten).

28. Oktober 94: Große Treiberei, um mit dem 12. Lexikonbande rechtzeitig fertig zu werden. | Gelesen Riehl: Religiöse Studien eines Laien[85]. Vorlesungen[86] begonnen Donnerstag.

11. November 1894: Sorge um Gertruds [Leskien] Zustand: Depression, sie glaubt, nicht denken, nicht begreifen zu können, und von dem Unterricht haben wir sie wieder fast ganz befreit. Es kommt dazu noch eine ernste Sache, ihre Neigung zu W.[ilhelm Streitberg], mir eine besonders schmerzliche Sorge; da es eine hoffnungslose und überdies nicht zu wünschende Sache ist. | Gelesen: Ganghofer »Der Besondere«[87], nichts bedeutendes. Gestern mit [Richard] Meister und [Georg] Heinrici Plutarch: Warum die Pythia nicht in Versen redet[88], beendet. Beschlossen: De genio Socratis[89] zu lesen. | Die ganze Zeit stark erkältet. Vorgestern den letzten Bogen vom 12. Band [Konversations-]Lexikon zur Stenotypie gegeben. | Mit Albert Br.[ockhaus] über Heinrichs [Brockhaus] Verhältnisse gesprochen.

18. November 94: Heinrich [Brockhaus] einige Male bei mir über seine Geldverhältnisse gesprochen: die Sache so geordnet, daß er von seinen Eltern[90] den nötigen Zufluß erhält. Anfang März will er heiraten. | Am letzten Dienstag Weigands, Hirts, Meisters[91] bei uns; wir am Freitag bei Alberts[92] mit Hei-

---

83 Siehe den Eintrag vom 8. Oktober 1892.

84 Heinrich und Elisabeth Brockhaus.

85 RIEHL, Wilhelm Heinrich, Religiöse Studien eines Weltkindes, Stuttgart 1894.

86 WS 1894: Ausgewählte Abschnitte aus der Syntax der slavischen Sprachen; Grammatik der altbulgarischen (altkirchenslavischen) Sprache; Uebungen im Lesen litauischer Texte; Uebungen im Lesen altslavischer Texte, vgl. HistVV.

87 GANGHOFER, Ludwig, Der Besondere: eine Hochlandsgeschichte, Wien 1893.

88 PLUTARCH, De Pythiae oraculis.

89 PLUTARCH, De genio Socratis.

90 Eduard und Emilia »Milly« Brockhaus.

91 Helene und Gustav Weigand. Hermann und Margarethe Hirt. Klothilde und Richard Meister.

92 Albert und Marie »Mony« Brockhaus.

nemanns[93] und Carls[94]. | Am Donnerstag Milly [Emilia Brockhaus] von Dresden gekommen, will einige Tage in Leipzig bleiben. | Gelesen: Naudé's Erwiderung auf Lehmanns Schmähungen[95]; angefangen Band 2 von Nathusius: Mitarbeit der Kirche an der Lösung der sozialen Frage[96]. | Die Sache wegen Gertrud [Leskien] bleibt dieselbe.

Sonntag, 24. November 94: Gertruds [Leskien] Trübsinn nimmt nicht ab; ich habe jetzt die Furcht, daß sich der Zustand noch verschlimmert. Was soll bei dem Zusammensein Weihnachten getan werden? | Für litauisches Wörterbuch Willents Episteln und Enchiridion[97] beendet. | Gelesen: Hilty, Lesen und Reden[98]; ausgezeichnet. – Angefangen, Niese, Homerische Poesie[99]. | Im [Konversations-]Lexikon das Fahnencombinieren für Band 13 begonnen, damit die Sisyphosarbeit des Streichens. | Dr. [Asmus] Sörensen war hier, möchte sich habilitieren, aber dabei in Chemnitz bleiben. | Gestern in der Graeca Plutarch, De genio Socratis[100] begonnen. Die Zeit wird wohl nie kommen, wo die Arbeitshetze bei mir einmal aufhört und ein menschliches Leben beginnt. | Am Mittwoch Milly [Emilia Brockhaus] gesprochen (am Donnerstag ging sie wieder nach Heidelberg).

Sonntag, 1. Dezember 94: Gelesen: Ihering, Vorgeschichte der Indogermanen[101], geistreiches, aber ganz ins Blaue konstruiertes Ding; Niese, Homerische Poesie[102]; vorzüglich, nur hat er vom Wesen einer epischen Volkspoesie keine Ahnung und kann daher auch keine Verbindung zwischen einer solchen und den homerischen Gedichten finden. | Am Mittwoch bei Rudolphs[103] in einer größeren Gesellschaft: schrecklich; ebenso Freitag bei Credners[104]. | Von Albert [Leskien] Brief, daß er nicht auf die Akademie gehen, sondern bei

---

93 Hedwig und Karl Heinemann.

94 Gemeint sind Mathilde und Stephan Franz Carl Geibel.

95 NAUDÉ, Albert, Erklärung, in: Deutsche Litteraturzeitung 1894, Nr. 46, Sp. 1467-1470, als Antwort auf LEHMANN, Max, Friedrich der Große und der Ursprung des siebenjährigen Krieges, Leipzig 1894, der Naudé scharf wegen seiner These, dass Friedrich der Große 1756 einen planvollen Angriffskrieg geführt habe, angegriffen hatte, vgl. MARCKS, Naudé, S. 592-597.

96 Siehe den Eintrag vom 13. Januar 1894.

97 Bartholomäus Willent's litauische Übersetzung des Luther'schen Enchiridions und der Episteln und Evangelien, nebst den Varianten der von Lazarus Sengstock besorgten Ausgabe dieser Schriften, mit einer Einl. hg. von Fritz Bechtel, Göttingen 1882.

98 HILTY, Carl, Lesen und Reden, Frauenfeld 1895.

99 NIESE, Benedictus, Die Entwicklung der Homerischen Poesie, Berlin 1882.

100 Siehe den Eintrag vom 11. November 1894.

101 JHERING, Rudolf von, Vorgeschichte der Indoeuropäer, Leipzig 1894.

102 Siehe den Eintrag vom 24. November 1894.

103 Rudolf und Louisa Brockhaus.

104 Hermann und Marie Credner.

[Friedrich] Fehr[105] bleiben will; ich habe ihm früher zustimmend geschrieben. | Zum Litauischen Wörterbuch Dauksza und Katechismus Ledesmas[106] angefangen. | [Otto] Ribbeck gesagt, daß ich nicht wieder zum stellvertretenden Sekretär unserer Klasse[107] gewählt sein mag. Bei den Kollegen für [Ernst] Windischs Wahl agitiert.

Dienstag, 11. Dezember 94: Am vorigen Donnerstag Gertruds [Leskien] Zustand so verschlimmert, daß zu [Paul Julius] Möbius gegangen: er konstatiert hypochondrische Verstimmung mit Angstanfällen, teilweiser innerer Unklarheit; empfiehlt Unterbringung in einer Nervenheilanstalt, empfiehlt die von [Hugo] Schütz bei Gaschwitz[108]. Wir konstatieren, daß dort die Kühnel[109], sie deswegen dorthin nicht kann. Lasse auch Albert Brockhaus an [Max] Dinkler schreiben wegen einer Anstalt in Thüringen. Inzwischen liegt Gertrud seit Freitag zu Bett wegen der P.[eriode], das bekommt ihr gut, sie wird ruhiger. Lisbeth [Leskien] berichtet gestern an Möbius, der anordnet, sie solle noch zu Bett bleiben. Vielleicht dann nach Dresden, wohin wir für den Fall alle zu Weihnachten gehen. | Ich kann wenig tun bei der Sorge. | Gelesen: Steinen, Unter den Naturvölkern Brasiliens[110]. | Am Sonnabend die Wahl in der Gesellschaft der Wissenschaft. Ich hatte vorher [Otto] Ribbeck eine Absage geschrieben: [Ernst] Windisch ist gewählt[111].

31. Dezember 94: Gertrud [Leskien] am Mittwoch vor Weihnachten nach Dresden zur Mama[112] geschickt, mit Ilsen [Leskien]. – Wir alle am Tage vom Weihnachtsabend nach Dresden. Viel in der Heide[113] herumgegangen. Gertrud ist körperlich wohler, aber geistig wohl wenig gesünder. Wir beschließen, sie bei der Mama vorläufig zu lassen.

---

105 Siehe den Eintrag vom 14. Oktober 1894.

106 LEDISMA, Jacobus, Litovskij katichizis N. Daukši: po izdaniju 1595 goda, Sanktpeterburg 1886. Das Exemplar UBL, Prakt.Theol.924-sf, stammt aus Leskiens Besitz, mit Stempel *A. Leskien*, Exlibris und Zugangsnummer *'19 L 1669*.

107 Philologisch-historische Klasse der Sächsischen Gesellschaft der Wissenschaften; siehe den Eintrag vom 23. April 1892.

108 Heilanstalt für Nerven- und Gemütskranke Hartheck bei Gaschwitz, geleitet von Hugo Schütz, südlich von Leipzig, vgl.: SCHÜTZ, Hartheck.

109 Der Zusammenhang ist unklar. Vielleicht war Frau Kühnel eine Bekannte der Leskiens.

110 STEINEN, Karl von den, Unter den Naturvölkern Zentral-Brasiliens: Reiseschilderung und Ergebnisse der zweiten Schingú-Expedition; 1887 – 1888, Berlin 1894.

111 Siehe den Eintrag vom 1. Dezember 1894.

112 Marie Pauline Judeich.

113 Siehe den Eintrag vom 20. – 23. April 1893.

Tagebuch 1895

[UBL, NL 348/1/2, Bl. 37v-62r]

6. Januar 95: Am 3. Januar von Dresden zurückgekommen. Walter [Judeich] am 4. von Dresden, wohnt bei [Erich] Marcks. 5. Sonnabend. Deutscher Abend. Vortrag [Georg] Holz: Entstehung der Sigfridsage. Deutung aus rein historischen Ereignissen[1]. | Angelesen: Roscher, Geistliche Gedanken eines Nationalökonomen: ein dummes Buch[2]. Aber auch charakteristisch für die Rückkehr der Zeit zu religiösen Interessen. - 5. Band von Treitschke[3] angefangen.

13. Januar 95: Albert [Leskien] bleibt die letzte Woche noch da wegen seiner Militärangelegenheiten: kommt frei als dauernd untauglich. Das Curschmannsche Zeugnis bei der Gelegenheit gelesen: ich sage mir, wer weiß, wie lange dies Leben währt, laß ihn in seiner Idealität gehen. Bei der Beobachtung der letzten 14 Tage habe ich mich manchmal gefragt: ist er ganz ohne Belastung: das Sonderlingswesen und die Neigung zum Einsiedlerischen ist bedenklich - Er reist heute in aller Früh nach München ab. | An [Wilhelm] Streitberg absichtlich offen über G.[ertrud Leskien] geschrieben; seine Antwort zeigt, daß irgend etwas von seiner Seite nicht vorliegt. | Von [Otto] Bremer Nachricht, daß er mit [Friedrich] Althoff sprechen und sich wahrscheinlich nach Kiel umhabilitieren wird. | An Lisbeths [Leskien] Geburtstag Alberts[4] und Heinrich [Brockhaus] abends bei uns. | [Wilhelm] Arndt am Mittwoch gestorben, wird heute begraben; 56 Jahre alt; die Reihe kommt an uns. | Heute Geschäftsdiner bei Rudolf sen. [Brockhaus] | Die ganze Woche nichts gelesen; nur [Konversations-]Lexikon, Colleg, Litauisch-Wörterbuch. | Das griechische Kränzchen[5] gestern bei uns.

20. Januar 95, Sonntag: Die letzte Woche ziemlich verstimmt beim Nachdenken, was hätte sein sollen und nicht gewesen ist, wie es hätte kommen müssen und nicht gekommen ist. Suche es abzuschütteln. Wenn ich nur eine wirkliche Freude an meiner Arbeit haben könnte. | Die Mama[6] schreibt beruhigendes über Gertrud [Leskien], mir ist es noch nicht sicher; auch fällt mir auf, daß sie auf meinen Brief nicht antwortet. | In den letzten Tagen der Woche ernstlich angefangen polnisch zu lesen; war zu lange vernachlässigt. Sonst

---

1 Siehe den Eintrag vom 2. Dezember 1893.

2 ROSCHER, Wilhelm, Geistliche Gedanken eines National-Oekonomen, Dresden 1895.

3 TREITSCHKE, Heinrich von, Deutsche Geschichte im neunzehnten Jahrhundert, Bd. 5, Leipzig 1894.

4 Albert und Marie »Mony« Brockhaus.

5 Griechisches Kränzchen oder griechischer Abend: gemeinsame Lektüre griechischer Texte mit wechselnder Besetzung, gegründet von Leskien, Georg Heinrici und Richard Meister.

6 Marie Pauline Judeich.

ein Stück [Heinrich von] Treitschke und allerlei. | Am Dienstagabend wir mit Meisters[7] und Brugmanns[8] bei Böhtlingks[9]. Ich merke jetzt sein Altsein an dem Nichtloskönnen von der Pischelschen Sache[10].

1. Februar 1895, Freitag: Die Woche sehr unruhig. Vorigen Sonntag Verlobungsdiner für Heinrich [Brockhaus] bei Eduard [Brockhaus]; Donnerstag bei Rudolf [Brockhaus]. | Am Mittwochabend Vortrag in der Philologischen Gesellschaft über Kunst- und Mischdialekte in der (serbischen) Volkspoesie[11]; Donnerstagabend bei [Otto von] Böhtlingk, um ihm noch einiges in seiner Polemik gegen [Richard] Pischel auszureden: mißlingt. | Heutmorgen besorgniserregender Brief von Mama[12] über Gertrud [Leskien]; Mittags Depesche, daß Lisbeth [Leskien] gleich hinkommen soll, reist 1°57' ab. | Dienstagabend Gäste bei uns: Feddersens[13], [Wilhelm] Ostwald, Wollners[14], Frau [Anna] Böhtlingk. | Gelesen einen Theil von Buhls Geschichte der Völker Israels[15]; dann einige Abhandlungen von Kuenen[16]. | Heutabend Telegramm von Lisbeth über Gertrud. Zustand unverändert nur große Mattigkeit durch Nichtschlafen: will morgen oder Sonntag mit ihr herkommen.

3. Februar, Sonntag 1895: Gesternabend Gertrud und Lisbeth [Leskien] zurück. Gertruds Anblick und Wesen giebt den Eindruck einer ausgebildeten Hypochondrie. Ich habe an [Adolph] Seeligmüller nach Halle, Lisbeth an [Hermann] Bauke[17] geschrieben.

10. Februar Sonntag, 1895: Donnerstag mit Gertrud [Leskien] bei [Adolph] Seeligmüller in Halle, bestimmt Unterbringung in einer Heilanstalt. An [Hermann] Bauke in Sonneberg geschrieben: er nimmt die Behandlung an. - Gertrud hat nach wie vor die melancholischen Anfälle, in der Regel zweimal am Tage. Ilse [Leskien] ist auf ihren kranken Arm gefallen und hat wieder Schmerzen. | Ernst [Leskien] war wegen starker Erkältung einige Tage zu Bette und die ganze Woche nicht in der Schule. | Ich versuche vergeblich,

---

7 Klothilde und Richard Meister.

8 Karl und Valeska Brugmann.

9 Anna und Otto von Böhtlingk.

10 Siehe den Eintrag vom 3. Juni 1894.

11 Siehe den Eintrag vom 3. Juni 1894.

12 Marie Pauline Judeich.

13 Berend Wilhelm und Helga Feddersen.

14 Marie und Wilhelm Wollner.

15 BUHL, Frants Peder William, Det israelitiske folks historie, København 1893.

16 KUENEN, Abraham, Gesammelte Abhandlungen zur biblischen Wissenschaft, Freiburg i. Br./Leipzig 1894.

17 Dr. Hermann Bauke leitete seit 1891 die Wasserheilanstalt Dr. Richter in Sonneberg, in der er seit 1887 als Arzt tätig war, vgl.: MÜLLER, Geschichte des Medizinalwesens, S. 62. Bauke hatte 1887 in Göttingen promoviert: BAUKE, Hermann, Ein Fall von Trophoneurose der Haut, Göttingen, Univ., Diss., 1887.

meiner trüben Stimmung über Gertrud Herr zu werden; was soll in Zukunft werden? Auch die äußeren Sorgen drücken mich: wenn Gertrud lange außen bleiben muß, werden die Kosten einige Tausend Mark betragen. | Gelesen: (Hermann) Gunkel, Schöpfung und Chaos in Urzeit und Endzeit[18]. - Kluge, Studentensprache[19]. - Buhls Geschichte Israels beendet[20]. - Sonst nur [Konversations-]Lexikon und litauisches Wörterbuch gearbeitet.
16. Februar 1895. Sonnabend: Gertrud [Leskien] konnte ihres Unwohlseins halber nicht reisen, lag auch einige Tage zu Bett. Stimmung dieselbe. | Brief von [Otto] Bremer: in Kiel werden ihm Schwierigkeiten gemacht[21]. | Für litauisches Wörterbuch beendet Jassykiewicz[22], angefangen Szyrwid, Punktai[23]. | Einen Band [Peter] Rosegger gelesen.
24. Februar 95. Sonntag: Am Donnerstag Lisbeth mit Gertrud [Leskien] nach Sonneberg, am Freitag Abend kommt sie zurück. Bericht günstig. | Ich erkältet; bleibe zu Hause. Gelesen allerlei russische Belletristik aus Vestnik Evropy[24], namentlich Boborykin, Pereval[25]. | 13. Band [Konversations-]Lexikon fertig geworden.
3. März 1895 Sonntag: Von Gertrud [Leskien] nur die Nachricht, daß sie sich in Sonneberg einzuleben scheint. | Am 28. Februar die Vorlesungen geschlossen. | Gelesen allerlei Kroatisches, versucht, eine philologische Arbeit neben dem Litauischen Wörterbuch zu machen. | Heinrich Brockhaus' Hochzeit am 2. März. | [Felix] Solmsen hat seinen Besuch für heute angesagt, war da, reist nach Moskau. | In das griechische Kränzchen Vogt[26] aufgenommen[27].
14. März. Donnerstag: Szyrwid Punktay für litauisches Wörterbuch beendet[28]. Am Sonnabend 9. März nach Dresden gefahren, bis Mittwoch den 13. geblie-

---

18 GUNKEL, Hermann, Schöpfung und Chaos in Urzeit und Endzeit: eine religionsgeschichtliche Untersuchung über Gen 1 und Ap Joh 12, Göttingen 1895.

19 KLUGE, Friedrich, Deutsche Studentensprache, Straßburg 1895.

20 Siehe den Eintrag vom 1. Februar 1895.

21 Wahrscheinlich ist damit der Versuch Bremers gemeint, sich von Halle nach Kiel umzuhabilitieren, vgl. den Eintrag vom 13. Januar 1895.

22 JASIKEVIČIUS, Rapolas, Pamokslaj pagal Ewangelios szwentos žodžiu ant wisu nedielu par metus surasziti par kunegu Rapolu Jassykiewicze domininkonu. D. 1, Wilniuje 1855, bis 1859 folgten zwei weitere Predigtsammlungen. Das Exemplar UBL, Pred.1268-gi:1, stammt aus Leskiens Besitz, mit Zugangsnummer *'19 L 1650*. Leskien hat eine Zeilennummerierung im Text hinzugefügt.

23 ŠIRVYDAS, Konstantinas, Szyrwid's Punkty Kazań (Punktay Sakimu) vom Jahre 1629, mit einer grammatischen Einl. hrsg. von Richard Garbe, Göttingen 1884.

24 Vestnik Evropy, Westnik Jewropy (Europäischer Bote), russische Zeitschrift mit monatlicher Erscheinungsweise, 1866-1918.

25 BOBORYKIN, Petr D., Pereval, St. Petersburg 1894.

26 Gemeint ist Moritz Voigt.

27 Siehe den Eintrag vom 13. Januar 1895.

28 Siehe den Eintrag vom 16. Februar 1895.

ben. Viel spaziert, Frau [Luise] Bräuer besucht (auch Lajos [Bräuer] gesehen, traurige Ruine). | Von Dr. [Hermann] Bauke Bericht über Gertrud [Leskien], nicht günstig, die melancholischen Anfälle wiederholt.
17. März Sonntag: Sehr ungünstiger Bericht von [Hermann] Bauke: der Versuch gegen das Leben wiederholt: er hat barmherzige Schwester zur beständigen Überwachung angenommen. | Mit Friedrich [Leskien] unzufrieden, aber ich bin selbst schuld; ich habe keinen festen Willen den Exzessen gegenüber. | Gelesen in der letzten Zeit: Wellhausen, Israelitische und jüdische Geschichte[29]; Harnack, Dogmengeschichte[30] (angefangen). Für das litauische Wörterbuch Szyrwid, Dictionarium[31] begonnen. | Am Sonnabendabend Gesellschaft bei Hases[32], schöner Gesang der Frau [Pauline] Metzler-Löwy.
Das älteste römische Symbol (siehe Harnack. Dogmengeschichte I,131).
Πιστεύω εἰς θεὸν πατέρα παντοκράτορα.
Καὶ εἰς Χριστὸν Ἰησοῦν, υἱὸν αὐτοῦ τὸν μονογενῆ, τὸν κύριον ἡμῶν, τὸν γεννηθέντα ἐκ πνεύματος ἁγίου, καὶ Μαρίας τῆς παρθένου, τὸν ἐπὶ Ποντίου Πιλάτου, σταυρωθέντα, καὶ ταφέντα, τῇ τρίτῃ ἡμέρᾳ ἀναστάντα ἐκ νεκρῶν, ἀναβάντα εἰς τοὺς οὐρανούς, καθήμενον ἐν δεξιᾷ τοῦ πατρὸς, ὅθεν ἔρχεται κρῖναι ζῶντας καὶ νεκρούς.
Καὶ εἰς Πνεῦμα ἅγιον, ἁγίαν ἐκκλησίαν, ἄφεσιν ἁμαρτιῶν, σαρκὸς ἀνάστασιν. Αμήν[33]
24. März 95. Sonntag: Freitag den 22. Nachricht von neuem Selbstmordversuch Gertruds [Leskien] aus Sonneberg erhalten, mit der Aufforderung, sie von dort wegzunehmen. Sofort hingefahren. Gestern Sonnabend 23. kam ich mit ihr an, sie ist ausgesprochen wahnsinnig und gleich gestern unmittelbar vom Bahnhof nach Thonberg gebracht.
31. März 95. Sonntag: Die Woche in stiller Verzweiflung vergangen. Keine weitere Nachricht, als daß die Aufregung sich ein wenig gelegt hat.
6. April 95. Sonnabend: Am Freitag ich selbst draußen in Thonberg, den Direktor[34] gesprochen. Der Zustand ist beruhigend, das körperliche Befinden gut. Die Kratzwunden in Heilung; sonst mast.[urbiert], Frage, ob dazu früher Neigung; mir ganz unglaublich; aber schrecklich. Allgemeine Aussicht auf mögliche Herstellung. | [Otto] Bremer mehrmals da. | [Wilhelm] Streitberg zum Be-

29 WELLHAUSEN, Julius, Israelitische und Jüdische Geschichte, Berlin 1894.

30 HARNACK, Adolf von, Lehrbuch der Dogmengeschichte, 3 Bde., Tübingen 1886-1890; Leskien zitiert aus der 2. verbesserten und vermehrten Ausgabe des 1. Bandes 1888.

31 ŠIRVYDAS, Konstantinas, Dictionarium trium linguarum, Quinta ed. recogn. et aucta, Vilnae 1713. Das Exemplar UBL, Ling.74-u, stammt aus Leskiens Bibliothek, mit Exlibris und Zugangsnummer *'18 L 1182*. Am Ende ist ein kleiner Zettel eingeklebt mit einer hsl. Notiz Leskiens: *Enthält ungefähr 16670 Stichwörter.*

32 Johanna und Oskar von Hase.

33 Der griechische Text enthält das altrömische christliche Glaubensbekenntnis.

34 Julius Lochner.

suche in Leipzig. | Bogen und Fahnen für [Konversations-]Lexikon Band 14 angefangen. | Gelesen: Oldenberg, Religion des Veda[35]. | Roswadowsky[36] verabschiedet sich, um nach Greifswald zu [Heinrich] Zimmer des Keltischen wegen zu gehen. | Friedrich [Leskien] erhält als Schulprämie Lübkes Kunstgeschichte[37].

14. April 95. Ostersonntag: Am Gründonnerstag Albert [Leskien] von München gekommen. Bringt eine Anzahl Köpfe und Aktzeichnungen. Der Fortschritt scheint ersichtlich. | Ebenfalls am Gründonnerstag Friedrich, Ilse, Ernst [Leskien] nach Dresden auf den übrigen Teil der Ferien. Lisbeth [Leskien] und ich wollen nicht gehen. | Von Gertrud [Leskien] immer dieselben Nachrichten. | [Wilhelm] Streitberg noch hier, bleibt bis Dienstag nach Ostern. [Peter von] Bradke bei Böhtlingks[38] zum Besuch. Heinrich Brockhaus und Frau[39] am Dienstag vor Ostern heimgekehrt.

21. April Sonntag, 1895: Von Gertrud [Leskien], deren Geburtstag am 17. war, einige Zeilen; die Nachrichten über sie immer gleichbleibend. Albert fährt Donnerstag nach Dresden, kam Sonnabend mit Friedrich und Ernst [Leskien] zurück, geht heutabend wieder nach München. Friedrich leidet wieder an Rheumatismus wie vor einem Vierteljahr. Ich lebe so hin, ohne Mut und Frische, kann mich zu einer ordentlichen Arbeit nicht aufraffen und komm immer mehr zurück; müßte ganze Lebensweise ändern. | Den Garten in Ordnung gebracht, ich fast die ganze Zeit außer der Geschäftszeit dort mit der Kleinen[40].

28. April 95 Sonntag: Donnerstag den 25. Vorlesungen[41] angefangen.

19. Mai 95 Sonntag: Von 6. – 7. Mai Mama[42] hier auf der Reise nach Dortmund zur Hochzeit von Marie Brockhaus, geht von da nach Detmold, Hannover und Berlin - !!! | Von Gertrud [Leskien] keine anderen Berichte als bisher. | Die Lexikonarbeit tötend, kann zu keiner anderen Stimmung kommen.

4. Juni Dienstag 95: Am Freitag gingen Friedrich und Ernst [Leskien] nach Dresden, am Sonnabend vor Pfingsten ich mit den übrigen. Ich war nur die beiden Pfingsttage da; es war genug; ich kann die Anbetung des Mammons, der Vornehmheit und der Titel dort fast nicht mehr ertragen. | Heute in

---

35 OLDENBERG, Hermann, Die Religion des Veda, Berlin 1894.

36 Jan Michał Rozwadowski.

37 LÜBKE, Wilhelm, Grundriss der Kunstgeschichte: zwei Bände; mit Titelbild, Portrait des Verfassers und 706 Holzschnitt-Illustrationen, 11., durchges. Aufl., Stuttgart 1892.

38 Anna und Otto von Böhtlingk.

39 Elisabeth Brockhaus.

40 Elfriede Leskien.

41 SS 1895: Vergleichende Grammatik der slavischen Sprachen; Erklärung altkroatischer Dramen mit literargeschichtlicher Einleitung, vgl. HistVV.

42 Marie Pauline Judeich.

Thonberg; die Nachrichten gut: der Direktor[43] stellt eine Heilung als fast sicher hin.

8. Juni 95. Sonnabend: Bei [Otto von] Böhtlingk die beiden Enkel Henri und Renée (Tochter und Sohn von Paul Böhtlingk) zum Besuch mit Arthur B.[öhtlingk], der einen todmacht mit seiner Obser-Geschichte[44]. Schade um den Fanatismus, der besser anders angewandt wäre. | Die ganze Woche mit trübsinnigen Gedanken herumgeschlagen, wie es mit der Tätigkeit am [Konversations-]Lexikon weiter gehen soll, d. h., wie ich als Mensch dabei weiter bestehen kann. | Von [Hermann] Hirt heute sein Buch »Der indogermanische Accent«[45] mit Widmung an mich geschenkt erhalten. Beneidenswert, wer noch so etwas machen kann. | Einige Male abends bei [Otto von] Böhtlingk gewesen, nicht sehr erfreulich: die weniger guten Seiten kommen jetzt im hohen Alter zum Vorschein, mehr als früher. | Gestern Friedrich und Ilse von Dresden zurück, heute Lisbeth mit Ernst [Leskien] und dem Baby[46]. | Gelesen einige englische Schmarren und Seeck, Geschichte des Untergangs der antiken Welt Band 1[47].

16. Juni, Sonntag, 1895: Am Dienstag zum ersten Mal Gertrud von Lisbeth [Leskien] besucht; Nachricht, daß ein ganz entschiedener Fortschritt. Gestern war ich selbst draußen, ging eine halbe Stunde mit ihr im Garten der Anstalt spazieren; sie war wie früher; vielleicht etwas exzentrisch nach der entgegengesetzten Seite, redete namentlich viel und rasch. Aussicht auf Genesung jetzt sicher. | Eduard und Rudolf Brockhaus treten am 15. Juli auch formell aus der Firma aus. | Am 12. hatte [Erich] Berneker sein mündliches Doktorexamen; in allen Fächern die eins. | Am 11. war [Otto von] Böhtlingks 80jähriger Geburtstag[48]; [Berthold] Delbrück von Jena hier, auch [Carl] Cappeller. Alles zusammengenommen, trotz aller Erfolge, Ehren und Auszeichnungen kein erfreulicher Lebensabschluß, weil Pessimismus. | Ilse [Leskien] Erlaubnis gegeben, vier Wochen mit ihrer Großmutter[49] in die Schweiz zu gehen, ohne

43 Julius Lochner.

44 Karl Obser und Böhtlingk lieferten sich seit 1894 eine heftige publizistische Debatte über die unbewiesene These Böhtlingks, dass Napoleon für den Rastatter Gesandtenmord 1799 verantwortlich gewesen sei. Die Auseinandersetzung endete schließlich vor dem Karlsruher Schöffengericht, das Böhtlingk am 20. Februar 1895 zu einer Geldstrafe wegen Beleidigung verurteilte, vgl. BRÜNING, Rainer, Obser, Karl, in: BadBiog.

45 HIRT, Hermann, Der indogermanische Akzent: ein Handbuch, Straßburg 1895.

46 Elfriede Leskien.

47 SEECK, Otto, Geschichte des Untergangs der antiken Welt, Bd. 1, Berlin 1895.

48 Karl Brugmann an Wilhelm Streitberg, Leipzig, 16. Juni 1895, UBL, NL 245/Brugmann/181: *Bei Böhtlingks war gar nichts los. Wir kamen am Morgen wie gewöhnlich zum Gratulieren hin und sassen dann am Abend (auch Delbrück u. Capeller aus Jena) bei Böhtlingks bis 11 Uhr. Nur die Giessener Facultät, deren Ehrendoktor B. ist, sandte ein Gratulationsdiplom.*

49 Marie Pauline Judeich.

Freude an solchem Zusammenleben mit ihr, allein es wäre unmöglich auszuweichen. | Kann mich nicht aufraffen zu einer anhaltenden, fruchtbringenden Tätigkeit. | Heute Brief von Albert [Leskien], der mit dem sichersten Vertrauen in seine Zukunft blickt. Das habe ich auch seiner Zeit getan und doch - | Gelesen: Cauer, Grundlage der Homerkritik[50]; Hirts Accent flüchtig[51]; einige Novellen; die meiste Zeit außer dem Geschäft[52] im Garten vertrödelt. | Heute Besuch von Dr. Buchholz und Frau[53], geb. His.

24. Juni 1895. Montag: Am Montag dem 17. Kränzchen[54] bei [Wilhelm] Wundt; die Rede kam auf die Rektoratswahl dieses Jahres; ich lehne von neuem eine Kandidatur ab, und zwar mit voller Überzeugung; versuche hier wie vorher schon bei anderen Kollegen für [Ernst] Windisch zu agitieren. | Am 18. zum ersten Mal bei Gertrud [Leskien], eine halbe Stunde; wenn noch ein Grund zur Besorgnis, ist es eine etwas zu große Lebendigkeit; das fand ich auch heute, wo ich mit Ilse [Leskien] draußen war. | Angefangen allerlei Griechisches zu lesen: Homer, Lukian. Außerdem Stern, Deutsche Nationallitteratur von Goethes Tode[55]; anfangen: Gutsche und Schultze, Deutsche Geschichte bis zu den Carolingern.[56] | Heute durch [Otto von] Böhtlingk den Tod [Rudolf von] Roths erfahren; wieder einer der Großen dahingegangen.

29. Juni 1895. Sonnabend: Am Dienstag mit Ilse bei Gertrud [Leskien]; ganz befriedigend, auch nach der Nachricht, die gestern Lisbeth [Leskien] von da brachte[57]. | Gutsche und Schultze weiter, in den Hauptabschnitten zu Ende gelesen[58]: angezogen namentlich von der Entwicklung des Germanentums im 4. Jahrhundert. - Fortsetzung der Iliaslektüre. - Vom [Konversations-]Lexikon Band 14 ausgedruckt. | Mittwoch höchst lächerliche Senatssitzung wegen des Wachschen Antrags auf Anschaffung von Talaren: fällt im Plenum durch[59]. | Donnerstag Fakultätssitzung: [Jakob] Bächtolds Berufung beschlossen. | Ich werde wieder darauf angeredet, daß man mich dieses Jahr zum Rektor wählen

50 CAUER, Paul, Grundfragen der Homerkritik, Leipzig 1895.

51 Siehe den Eintrag vom 8. Juni 1895.

52 F. A. Brockhaus.

53 Gustav und Elisabeth Buchholz.

54 Siehe den Eintrag vom 8. Februar 1892.

55 STERN, Adolf, Die deutsche Nationallitteratur: vom Tode Goethes bis zur Gegenwart, 2., vermehrte Aufl., Marburg 1890.

56 GUTSCHE, Oskar/SCHULTZE, Walther, Deutsche Geschichte von der Urzeit bis zu den Carolingern, 2 Bde., Stuttgart 1894-1896.

57 Karl Brugmann an Wilhelm Streitberg, Leipzig, 3. Juli 1895, UBL, NL 245/Brugmann/183: *Bei G. Lesk. geht es jetzt stetig besser.*

58 Siehe den Eintrag vom 24. Juni 1895.

59 UAL, Rep. I/XVI/II/A 16, S. 25: Die Senatsmitglieder konnten sich nicht zu einer Entscheidung durchringen und verwiesen deshalb die Frage nach Anschaffung einer *Professorenamtstracht* an das Plenum.

wolle, lehne ab und fahre fort, für [Ernst] Windisch zu agitieren. | Im letzten Jahrgang des Goethejahrbuchs Spielhagens Vortrag über Goethe und die epische Poesie[60]; mehr eine oratio pro domo. Morgen die Kösener Zusammenkunft[61].

7. Juli 1895. Sonntag: Vorigen Sonntag Kösen: mit [Friedrich] Ratzel etc. in der Früh gefahren, von Naumburg zu Fuß; bei Tisch neben [Franz] Praetorius, auf der anderen Seite [Otto] Bremer; der mir etwas weniger zugesagt hat als früher; er wird [...]; scheint in Halle vereinsamt. [Richard] Pischel war auch da, hat sehr gealtert. | Nachrichten über den Ersatz von [Rudolf von] Roth gehört: [Berthold] Delbrück will von Jena nicht fort und tut recht daran. Bei [Otto von] Böhtlingk von [Albert] Socin gehört, daß Pischel die meisten Aussichten habe[62]. Das hält Böhtlingk für eine Pietätlosigkeit gegen Roth; immer der alte Gegensatz zwischen jüngerer und älterer Welt. Ich komme mir nächstens als der einzige vor, der sich klar sagt, daß es nicht anders sein kann. | Am Freitag Fakultätssitzung: die alte Schmarsowsche Geschichte[63]; Wahl Ratzels zum Prokanzellar, [Wilhelm] Pfeffers zum Dekan; bei der Neuwahl der Senatsmitglieder erkläre ich, nicht mehr zu wollen: [Curt] Wachsmuth wird gewählt. Nun bin ich all die Anhängsel los. | Die Leute können nicht begreifen, daß ich nicht Rektor werden will. [Ernst] Windisch, für den ich stark agitiere, ist natürlich zur Annahme bereit. Glückliche Leute mit ihrem Selbstvertrauen. | Gestern das Brockhaussche Sommerfest[64], über 1200 Per-

---

60 SPIELHAGEN, Friedrich, Die epische Poesie und Goethe: Festvortrag gehalten in der 10. Generalversammlung der Goethe-Gesellschaft in Weimar am 8. Juni 1895, in: Goethe-Jahrbuch 16 (1895), S. 1*-29*.

61 Siehe den Eintrag vom 19. Juni 1892 sowie den folgenden Eintrag vom 7. Juli 1895.

62 Auf die Nachfolge Roths als Professor für indische Sprachen an der Universität Tübingen. Karl Brugmann an Wilhelm Streitberg, Leipzig, 8. Juli 1895, UBL, NL 245/Brugmann/185: *Um nun auch bei Roth zu bleiben, so hat dieser sich Delbrück als Nachfolger gewünscht. Ich dachte gleich, nachdem ich R's Tod erfahren, auch an Sie und sprach deswegen schon neulich mit Böhtlingk über die Angelegenheit. Dieser sagt, Delbrück würden die Tübinger sehr gern nehmen, Delbr. habe aber sofort nach R's Tod nach Tübingen Bescheid gegeben, daß sie von ihm absehen sollten, denn er werde den Posten in Jena nicht aufgeben. Dies bedauere ich sehr, denn wenn Jena frei geworden wäre, wäre Ihnen vielleicht zu helfen gewesen. Jetzt will man in Tübingen einen reinen Sankritisten haben u. am meisten Aussichten sollen Pischel und Oldenburg haben.* [...] *Leskien geht im Herbst nach München, Albert aufzusuchen, und ich habe ihm gestern ans Herz gelegt, daß er in München versuchen solle, die Gemüter für die Gründung eines Extraordinariats u. für die Besetzung desselben mit Ihnen zu erwärmen.*

63 UAL, Phil.Fak. A 03/30:06, S. 220, 5. Juli 1895: Kommissionsbericht über die Räume des Instituts, gemeint ist das Kunsthistorische Institut in Florenz, dessen Gründung von Schmarsow betrieben wurde.

64 Seit den 1850er-Jahren fand jährlich das Sommerfest des Brockhaus-Verlages statt. Durch gemeinsames Feiern wurde die Bindung zwischen Unternehmern und Belegschaft gefestigt, was dem gemeinsamen Arbeiten zugute kam, vgl.: KEIDERLING, Betriebsfeiern.

sonen; ich mit Ilse [Leskien] da. | Gelesen die Woche: Heer, Im Deutschen Reich[65] (Reiseeindrücke eines Schweizers, der Deutschland günstig gesinnt ist, aber doch sehr oberflächliches Zeug); Schiemann, Hehn[66]. | Käthe Naumann[67], unsre Wirtstochter, hat sich mit einem Hauptmann verlobt!

14. Juli 95 Sonntag: Am letzten Montag, meinem Geburtstag, mit Gertrud [Leskien] Spazierfahrt über Connewitz, Gautzsch, Lauer[68], Knauthain, Linie zurück nach Thonberg; sie sehr heiter und fast normal. Am Abend vorher bei uns Brugmanns[69] und Meisters[70], sehr lustig; um halb zehn kam noch [Otto von] Böhtlingk, zum ersten Mal nach mehreren Jahren, herüber, dann auch die Frau[71]. Am Montagmorgen brachte Friedrich [Leskien] mit seinem Lehrer ein Cellioständchen. | Im Lauf der Woche wieder allerlei Gerede über meine Weigerung, Rektor zu werden. Vortreffliche Leute, aber alle können sie nicht begreifen, daß man ohne Not nichts übernehmen will, wozu man sich nicht geeignet hält. | Für das litauische Wörterbuch den ersten Band der Auszra[72] angefangen. Gelesen einmal wieder Soll und Haben[73]; Eduard Meyer Die wirtschaftliche Entwicklung des Altertums[74]. | Gestern lange mit Frau [Leonore] Geibel gesprochen; wenig erfreuliche Dinge, das sonderbare Benehmen von Heinrich und Frau[75] gegen sie; es sind eben alles starre Menschen, ohne innere Kraft und engherzig. Man muß sich auf die Länge von ihnen allen isolieren. | Guten Ausspruch von Bamberger gelesen: »Ein gut Teil stets vorrätiger Beredsamkeit beruht auf der Selbsttäuschung, daß nötig sei etwas zu sagen, was zu sagen überflüssig ist«[76]. – S.[iehe] [Oskar von] Hase. | Sonnabendabend bei [Adolph] Mayer in Abtnaundorf.

---

65 HEER, Jakob Christoph, Im Deutschen Reich: Reisebilder, Zürich 1895.

66 SCHIEMANN, Theodor, Victor Hehn: ein Lebensbild, Stuttgart 1894.

67 Käthe Naumann (Verlobung 1895), Tochter des Hauswirts von Leskiens. Die Familie Leskien lebte ab 1883 in Leipzig in der Stephanstraße 10^{III}, Teil des Doppelhauses Stephanstraße 10-12, das 1882/83 als Stadtpalais für die Druckereibesitzer und Verleger Constantin Georg Naumann und Ernst Theodor Naumann gebaut worden war.

68 Spazierfahrt durch den Süden Leipzigs bzw. durch die südliche Umgebung: Connewitz (seit 1891 zu Leipzig), Gautzsch (seit 1934 Markkleeberg), Gut Lauer (Abriss 1987; 1875 zu Gautzsch, 1920 zu Knauthain, 1936 zu Leipzig).

69 Karl und Valeska Brugmann.

70 Klothilde und Richard Meister.

71 Anna Böhtlingk.

72 Auszra (Aušra = Morgenröte), erste Zeitung/Zeitschrift in litauischer Sprache, herausgegeben in Ragnit (Neman) und Tilsit (Sowetsk) in den Jahren 1883-1886.

73 FREYTAG, Gustav, Soll und Haben, eine Vielzahl von Ausgaben seit 1855.

74 MEYER, Eduard, Die wirtschaftliche Entwickelung des Altertums: ein Vortrag, gehalten auf der dritten Versammlung Deutscher Historiker in Frankfurt a. M. am 20. April 1895, Jena 1895.

75 Heinrich und Elisabeth Brockhaus.

76 BAMBERGER, Ludwig, Charakteristiken, Berlin 1894, S. 222.

21. Juli 95 Sonntag: Im Laufe der Woche wenig erlebt: nochmals die Drängelei wegen der Rektoratswahl[77] abgewiesen. | Am Mittwochabend bei uns Studenten und junge Doktoren: [Franz] Krček, [Erich] Berneker, [Eduard] Schweizer, [Fritz] Friedrich, [Otto] Proksch, Kuttner[78] und ein Banater Serbe [Stanoje] Stanojević, der eine Empfehlung von [Vatroslav] Jagić gebracht hatte. | Am Freitagabend wir bei Alberts[79] zur Aalsuppe; im ganzen ist auch das kein erquicklicher Umgang; die Lebensanschauungen gehen zu weit auseinander. | Am Sonnabend mit Gertrud [Leskien] Ausflug ins Oberholz. Es geht ihr immer besser. | Gelesen namentlich, Biedermann 18. Jahrhundert[80], ganz belehrend, aber mehr auch nicht. Am Sonnabend Friedrich [Leskien] mit Victor Hase und einem Dumas[81] nach Kufstein abgefahren.
28. Juli 95 Sonntag: Die Bretkunsche Handschrift aus Königsberg[82] erhalten und angefangen zu lesen. | Allerlei Agitationen wegen der Rektoratswahl: [Ernst] Windisch, [Curt] Wachsmuth, [Heinrich] Bruns sind Kandidaten. | Am Sonnabend Fakultätssitzung wegen [Hermann] Credners Ordinariat: törichte Rede von [Ferdinand] Zirkel, große Prinzipien, dahinter der Egoismus und Schofelei und Gemeinheit.[83] | Biedermanns Geschichte des 18.

---

77 Siehe den Eintrag vom 24. Juni 1895.

78 Nicht ermittelt, vgl. den Eintrag vom 31. Januar 1892.

79 Albert und Marie »Mony« Brockhaus.

80 BIEDERMANN, Karl, Deutschland im 18. Jahrhundert, 4 Bde., Leipzig 1854-1880.

81 In LAB 1895 ist Carl Dumas, praktischer Arzt und Geburtshelfer, genannt, vielleicht der Vater des hier genannten Dumas. Gemeint ist wahrscheinlich der Medizinstudent Wilhelm Dumas. Carl Dumas war ein alter Freund Leskiens, vgl. UBL, NL 245/Sa/Schu/10, Hugo Schuchardt an Wilhelm Streitberg, Graz, 3. Oktober 1922: *Auch mir ist die Erinnerung an Ihren lieben Schwiegervater jüngst in besonderer Weise lebendig geworden. Mein erstes Leipziger Jahr 1870/71 (als Privatdozent) war auch sein erstes (als Extraordinarius). Wir wurden beide Mitglieder einer Tischgesellschaft beim Restaurator Hahn (zum Palmenbaum? - Beköstigung ziemlich das was man hierzulande Schlangenfraß nennt), die außer uns aus einem Mineralogen, Zoologen, Geologen, Nationalökonomen, Physiker, zwei Ärzten (Dumas, Schwiegervater von Credé* [tatsächlich war Credé mit Cecilie von Cebrow verheiratet], *und Blass, leben sie etwa noch?) und einem Buchhändler (Köhler) bestand, wenn ich niemanden vergessen habe.*

82 Die Handschrift der Bibelübersetzung von Johannes Bretke, vollendet 1590, wurde in der UB Königsberg aufbewahrt. Sie befindet sich heute im Geheimen Staatsarchiv Preußischer Kulturbesitz, vgl. LESKIEN, Bibelübersetzungen, S. 113. Ein Faksimile der Handschrift: Biblia, tatai esti wissas schwentas raschtas, lietuwischkai perguldītas: [Faksimiledrucke der Bretkeschen Handschrift] Die Bibel, das ist die ganze Heilige Schrift litauisch übersetzt, 5 Bde., Paderborn [u.a.] 1996–2013.

83 UAL, Phil.Fak. A 03/30:06, S. 262: Die Kommission hatte sich einstimmig für die Ernennung ausgesprochen. Ferdinand Zirkel meldete sich und erklärte sein Verhalten in der Kommission, dass er grundsätzlich gegen eine Ernennung zum Ordinarius sei, wenn nicht ein Ordinariat bestehe oder dadurch begründet werden solle, da dies nicht *opportun* sei. In der Kommission habe er nur nicht dagegen gestimmt, da er sich nicht dem Ver-

Jahrhunderts 1. Band[84] zu Ende gelesen. | Für das litauische Wörterbuch bei der Auszra[85].

3. August Sonnabend: Am 31. Juli Rektoratswahl: [Ernst] Windisch gewählt. | Am 1. August die Vorlesungen geschlossen; am 2. nimmt [Erich] Berneker Abschied; auch so ein Getreuer. | Heute ich bei Gertrud [Leskien] lange zum Besuch, fand sie sehr munter. | Heinrichs [Brockhaus] Frau[86] hat f. c.[87] gemacht, vor etwa 14 Tagen. | Gelesen: einzelne dänische Erzählungen von [Steen Steensen] Blicher; in Nietzsche hineingeguckt. | Friedrich [Leskien] von Tirol noch nicht zurück. | [Johannes] Wislicenus erzählt mir, daß [Ferdinand] Zirkel [Hermann] Credner schon im vorigen Jahre beim Minister [Paul von Seydewitz] schlecht gemacht habe. Jesuiterei und Heuchelei! | Berneker nimmt Abschied; auch einer von den Getreuen.

11. August 95 Sonntag: Sonntagnachmittag den 3. August Friedrich [Leskien] von seiner Tiroler Tour zurückgekommen; am nächsten Morgen nach Jena zu Hases[88] gefahren. | Dienstag Lisbeth mit Gertrud [Leskien] und Brugmanns[89] in Rötha[90]. | Sonnabend Lisbeth mit Ernst, Elfriede [Leskien], Nikolai [Böhtlingk] nach Dresden. | Die ganze Woche wenig getan außer [Konversations-] Lexikon. Gelesen Morier, Adventures of Hajji Baba und »Hadschi-Baba in England«[91]; amusanter Schelmenroman mit großer Kenntnis orientalischer Sitten geschrieben. | [Heinrich von] Treitschkes patriotische Rede zur 25jährigen Erinnerung von 1870 an der Berliner Universität[92]: vortreffliche Gesinnung, aber die Phrasen verbrauchen sich. | Das Gerücht geht, [Richard] Pischel habe den Ruf nach Tübingen erhalten und unterhandle noch. Die Auffassung, daß damit eine Impietät gegen [Rudolf von] Roth begangen wurde, ist sehr verbreitet[93], ich kann sie auch in gewissem Grade teilen. Doch wird sich die Universität immer besser stehen, wenn man in solchen Fällen nicht zu pietätvoll ist. | Ich gestern auf 8 Tage zu [Otto von] Böhtlingk

---

dacht aussetzen wollte, als habe er persönliche oder wissenschaftliche Einwände gegen Credner. Die Fakultät schloss sich der Kommission gegen zwei Stimmen an.

84 Siehe den Eintrag vom 21. Juli 1895.

85 Siehe den Eintrag vom 14. Juli 1895.

86 Elisabeth Brockhaus.

87 Fausse couche = Abtreibung, Schwangerschaftsabbruch.

88 In Jena besaß die Familie Hase eine großzügige Villa, das sogenannte »Berghaus« am Philosophenweg, siehe: HASE, Unsre Hauschronik, S. 317, mit Abbildung der Villa.

89 Karl und Valeska Brugmann.

90 Rötha, südlich von Leipzig gelegene Stadt.

91 MORIER, James Justinian, The adventures of Hajji Baba of Ispahan, 3 Bde., London 1824.

92 TREITSCHKE, Heinrich von, Zum Gedächtnis des grossen Krieges: Rede bei der Kriegs-Erinnerungsfeier der Königlichen Friedrich-Wilhelms-Universität zu Berlin am 19. Juli 1895, Berlin 1895.

93 Siehe den Eintrag vom 7. Juli 1895.

gezogen, weil auch die Mädchen[94] fort sind. | Von Albert [Leskien] eine Photographie der Fehrschule[95] erhalten mit [Friedrich] Fehr darauf. Nach Alberts Brief ist der Mann um Mitte der 30er. Was wird aus dem ganzen Streben des Jungen werden?
17. August 1895 Sonnabend: Heute bringe ich Gertrud [Leskien] von Thonberg nach Dresden. Damit ist also eine traurige Zeit abgeschlossen; daß sie nicht wiederkomme, besteht keine Sicherheit. | Die ganze Woche unwohl gewesen an Magenkatarrh, wenig gegessen und heruntergekommen; keine weitere Arbeit getan als am [Konversations-]Lexikon (15. Band abgeschlossen) und gelesen Mahaffy, Greek life and thought[96]. | Viele Gedanken über die Zukunft, die Tätigkeit am Lexikon voran; der Unsegen mir deutlich genug, aber was hilft es, solange die Rückkehr zur Hälfte der Ausgaben nicht möglich ist.
Montag 19. August 1895: Gestern in Dresden verlebt; Gertrud [Leskien] müde. Am Abend kamen Großmama[97] und Ilse [Leskien] zurück, am Sonnabend Friedrich von Jena nach Dresden; da auch Walther [Judeich] mit seiner Mutter[98] kam, waren bis auf Albert [Leskien] alle beisammen. Ich heut morgen nach Leipzig zurück. | Vorige Woche starb die junge [Else] Hartlaub, geb. Ehlers, auf Helgoland.
Sonntag 25. August 95: Der Hexenschuß, den ich mir am Sonnabend den 17. zugezogen hatte, wurde so schlimm, daß ich den größten Teil dieser Woche liegen mußte und auch jetzt noch weder recht gehen noch sitzen kann, doch ist es seit gestern weniger schlimm. Meine Absicht, gestern und heute in Dresden zuzubringen, dadurch verhindert. | Von Gertrud [Leskien] andauernd gute Nachricht, geht mit der Mutter[99] 29. August nach der Rosenburg[100]. | Habe die Woche, da ich nicht arbeiten konnte, eine Menge Sachen gelesen: Grosse, Die Anfänge der Kunst[101]; Weigand, Aromunen (2. Band)[102]; Lagarde, Deutsche Schriften[103]: er, der die Widersprüche in Kirche, Staat, sozialem Leben so scharf aufdeckt, steckt doch selber voll von Widersprü-

---

94 Wahrscheinlich sind die Hausmädchen und nicht die Töchter Leskiens gemeint.

95 Siehe den Eintrag vom 14. Oktober 1894.

96 MAHAFFY, John P., Greek Life and Thought: from the Age of Alexander to the Roman Conquest, London 1887.

97 Marie Pauline Judeich.

98 Marie Pauline Judeich.

99 Elisabeth »Lisbeth« Leskien.

100 Gemeint ist die sogenannte Rosenburg (eigentlich Burg Graupen, tschechisch: Hrad Krupka) in Graupen/Krupka, einer Stadt im nordböhmischen Erzgebirge, etwa 65 km südlich von Dresden.

101 GROSSE, Ernst, Die Anfänge der Kunst, Freiburg i. Br./Leipzig 1894.

102 WEIGAND, Gustav, Die Aromunen, 2 Bde., Leipzig 1894–1895.

103 LAGARDE, Paul de, Deutsche Schriften, Gesammtausgabe letzter Hand, 4. Abdr., Göttingen 1892.

chen; eine Anzahl terenzischer[104] Stücke: sind im Grunde recht öde und geben von der entsprechenden griechischen Komödie keinen günstigen Eindruck; Mahaffy, Greek life and thought[105] noch den letzten Abschnitt beendet: ganz annehmbare Lektüre, obwohl auch dieser Engländer wie viele, allerlei mit großer Wichtigkeit vorbringt, was in Deutschland längst selbstverständlich ist. | Mancherlei überlegt: Vergangenheits- und Zukunftsgedanken, beide nicht erfreulich.

Sonnabend 31. August 95: Am Anfang der Woche noch ziemlich unbeweglich nach dem Hexenschuß; dazu im Ganzen müde und schlaff. Friedrich [Leskien] auch zur Zeit zu Bett wegen Magen- und Darmgeschichten. | Am Donnerstag Gertrud und Lisbeth [Leskien] von Dresden nach der Rosenburg[106]; Ilse [Leskien] und die Kleine[107] am Freitag von Dresden zurück. | Die Woche fast nichts gearbeitet, allerlei gelesen: Epiktet, Cicero, De natura deorum, Lukrez, und etwas wieder angefangen fürs litauische Wörterbuch zu lesen; erst seit 2 Tagen wieder ins Geschäft gegangen, wo der 16. Band ziemlich rasch vorschreitet. | Beim Klassikerlesen diese Woche mir vorgenommen, das fortzusetzen; es bleibt doch immer das beste. Man müßte nur anständige Ausgaben für erwachsene nicht philologische Leser machen; die Schulausgaben mit ihrem überflüssigen Notenkram sind dazu nichts wert.

Sonnabend 7. September 95: Von Lisbeth und Gertrud [Leskien] die besten Nachrichten. | Langer Brief von [Felix] Solmsen, der wieder aus Rußland zurück, aus Schneidemühl[108]. | Die ersten drei Tage am litauischen Wörterbuch gearbeitet; dann für [Wilhelm] Streitberg Thomsens Berøringer[109] angefangen; wird mir jetzt schwer, wissenschaftliche Detailuntersuchungen zu lesen. | Gelesen nur einige Gesänge der Ilias, weil meist durch die Hitze (seit 8 Tagen ist es ungewöhnlich heiß) zu müde. | Albert Brockhaus am Donnerstag zurück. Milly [Emilia Brockhaus] am selben Tag durchgekommen nach Dresden. Sie hat A.[lbert Brockhaus] gesagt, daß sie nie wieder in das Haus zurückwolle. Das ist sicher das einzig richtige. | Arthur Böhtlingks Schrift über seine Streitigkeiten gelesen[110]: [Friedrich von] Weech und so weiter sind Schurken, so viel ist klar. Sein Urteil über [Heinrich von] Sybel ist aber zu scharf. | Meine Rückenschmerzen noch nicht ganz vergangen; länge-

---

104 Gemeint ist der römische Dichter Publius Terentius Afer.

105 Siehe den Eintrag vom 17. August 1895.

106 Siehe den vorhergehenden Eintrag.

107 Elfriede Leskien.

108 Schneidemühl, pommersche Stadt (heute Piła, im Nordwesten Polens).

109 THOMSEN, Vilhelm, Berøringer mellem de finske og de baltiske (litauisk-lettiske) Sprog, Kopenhagen 1890.

110 BÖHTLINGK, Arthur, Der Rastatter Gesandtenmord vor dem Karlsruher Schöffengericht: eine aktenmäßige Darstellung, Heidelberg 1895.

res Sitzen noch schmerzhaft[111]. Vom [Konversations-]Lexikon: angefangen das Umbrechen von Band 16 am Freitag.
Sonntag 15. September 95: Lisbeth und Gertrud [Leskien] am Freitag von der Rosenburg nach Dresden; Gertrud bleibt noch dort, Lisbeth kam gestern zurück. | Einen Abend bei [Otto von] Böhtlingk; er wird jetzt doch wenn auch für sein Alter von 80 nicht geistesschwach, im Gegenteil bleibt er merkwürdig stark, aber starr, so daß es nicht mehr zu einer rechten Unterhaltung kommt. | Mittwochabend allein bei Carl Geibels[112]; ohne rechte Erquickung. | Einige Male an der Bretkunschen Handschrift[113] gearbeitet, aber teils läßt mir das [Konversations-]Lexikon keine längere Zeit übrig, teils kann ich nicht lange sitzen. | Gelesen: der »Büttnerbauer«[114]; die Einleitung von Meyer, Urkunden der Athosklöster[115]; ein Stück von Lindner, Geschichte des deutschen Volkes[116]. Es ist immer noch nicht *das* Buch. | Den Rest für Gertruds [Leskien] Aufenthalt in Thonberg bezahlt. Ihre Krankheitszeit hat im Ganzen reichlich 2000 Mark gekostet. | Eduard [Brockhaus] im Lauf der Woche gesprochen: Millys [Emilia Brockhaus] Zustand scheint nun wie er ist, ständig zu bleiben; sie ist seit 8 Tagen auf den Berg[117].
22. Sept. Sonntag 95: Am Freitag Gertrud [Leskien] zurückgekommen. | Walter [Judeich] auf der Durchreise zur Kölner Versammlung[118] hier. | 2. Band Auszra[119] für Wörterbuch beendet. Infandum[120]. | Gelesen allerlei: Gerade, Meine Erlebnisse als Dorfpastor[121]; Klaić, Geschichte Bosniens[122]. | Mit Albert [Brockhaus] über Arnold [Brockhaus] gesprochen. Hoffnungslos. Das proton

---

111 Karl Brugmann an Wilhelm Streitberg, Leipzig, 14. September 1895, UBL, NL 245/Brugmann/190: *Auch Leskien klagt: er hat sich im Rücken vor 2 ½ Wochen etwa etwas verrenkt (Art Hexenschuß) u. kann damit nicht zurecht kommen. Seiner Gertrud geht es vorzüglich. Sie ist zur Zeit noch mit ihrer Mutter in Sommerfrische im Erzgebirge auf der böhmischen Seite.*

112 Gemeint sind Mathilde und Stephan Franz Carl Geibel.

113 Siehe den Eintrag vom 28. Juli 1895.

114 POLENZ, Wilhelm von, Der Büttnerbauer: Roman, Berlin 1895.

115 MEYER, Philipp, Die Haupturkunden für die Geschichte der Athosklöster, Leipzig 1894.

116 LINDNER, Theodor, Geschichte des deutschen Volkes, 2 Bde., Stuttgart 1894.

117 Der »Berg« war ab 1847 der Dresdner bzw. Loschwitzer Wohnsitz von Heinrich Brockhaus (1804–1874) auf einem Elbhang oberhalb des alten Wasserwerks »Saloppe«, Sommersitz der Familie Brockhaus mit Park. Die Berg-Villa wurde immer an den ältesten Sohn vererbt, so an Eduard, Albert und Hans Brockhaus.

118 Gemeint ist die 43. Versammlung Deutscher Philologen und Schulmänner in Köln am 25. September 1895; vgl. Festschrift zur 43. Versammlung Deutscher Philologen und Schulmänner, Bonn 1895.

119 Siehe den Eintrag vom 14. Juli 1895.

120 Unsagbar.

121 GERADE, Paul, Meine Erlebnisse und Beobachtungen als Dorfpastor (1883–1893): eine Handreichung für Kandidaten und junge Geistliche, Magdeburg 1895.

122 KLAIĆ, Vjekoslav, Geschichte Bosniens von den ältesten Zeiten bis zum Verfalle des Königreiches, Leipzig 1885.

pseudos[123] ist aber doch, daß es alles lieblose Menschen sind; es ist kein Saft in ihnen. Das ganze Geschlecht ist verfehlt.

6. October 95 Sonntag: Am Dienstag und Mittwoch die Jubelfeier der Deutschmorgenl. Gesellschaft[124] mitgemacht als Gast [Albert] Socins, manche Leute gesehen: [Georg] Bühler, [Julius] Jolly, [Ernst] Kuhn u. a. | Kuhn Mittwochabend mit Heinrichs[125] und Albert [Brockhaus] bei uns. | Hetze im [Konversations-]Lexikon, um diesen Monat fertig zu werden. | Gelesen fast nichts, weil viel spazieren gegangen, mit Gertrud. | Ernst [Leskien] hat seine Geigenstunden begonnen.

13. Oktober Sonntag 95: Besuch von [Otto] Bremer (Professur in Jena?). | Für das litauische Wörterbuch 3. Band Auszra[126] beendet; sonst fast nichts getan. | Gesternabend mit Gertrud [Leskien] bei Feddersens[127], wo Frau Kjär [Ingeborg Wenck].

20. Oktober Sonntag, 1895: Am Montag Fritz Brockhaus in Jena gestorben, Schlaganfall. | Den letzten Band der Auszra[128] beendet; angefangen Kurschats neues Testament[129] für die Accente auszuziehen. | Gesternabend die Graeca[130] mit Plutarch wieder begonnen. | [Otto von] Böhtlingk unwohl an Rheumatismus, sehr ungeduldig.

27. Oktober 95: Am Donnerstag die Vorlesungen angefangen: litauische Grammatik mit 4, slawische Syntax[131] mit 5 Zuhörern. Wenn die ganze Dummheit nur aufhörte. | Gestern kam [Hugo] Schuchardt, bleibt heute hier. | Letzte combinierte Fahne [Konversations-]Lexikon am Mittwoch erledigt. | Gesternabend bei Arnolds[132]: trauriger Anblick.

3. November 95 Sonntag: 31. Oktober Rektoratswechsel[133]. Windisch sehr am Platze. | Mit [Konversations-]Lexikon fast fertig geworden. | Schmidts Buch über Nasalis sonans[134] erhalten. | Heute Besuch von [Wassil] Stojanow aus Sofia, der zum Abend bleibt.

---

123 Proton Pseudos, erste Lüge, falsche Voraussetzung, die falsche Schlussfolgerungen nach sich zieht.

124 Deutsche Morgenländische Gesellschaft, 1845 in Leipzig gegründet.

125 Heinrich und Elisabeth Brockhaus.

126 Siehe den Eintrag vom 14. Juli 1895.

127 Berend Wilhelm und Helga Feddersen.

128 Siehe den Eintrag vom 14. Juli 1895.

129 KURSCHAT, Friedrich, Naujasis Testamentas musû Wiêszpatiês ir Iszganytojo Jezaus Kristaus į lietuviszkąję kalbą iszwerstas, Halle 1865. Das Exemplar UBL, Biblia.1610:1865, stammt aus dem Besitz Leskiens, mit Exlibris und *'17 L 231*.

130 Gemeint ist das griechische Kränzchen, siehe den Eintrag vom 13. Januar 1895.

131 WS 1895: Grammatik der litauischen Sprache; Syntax der slavischen Sprachen.

132 Arnold Eduard und Helene »Hella« Pauline Brockhaus.

133 Rektoratswechsel von Paul Flechsig 1894/1895 zu Ernst Windisch 1895/1896.

134 SCHMIDT, Johannes, Kritik der Sonantentheorie: eine sprachwissenschaftliche Untersuchung, Weimar 1895.

10. November 95 Sonntag: Letzte Lexikonarbeit für den 16. Band erledigt. | Angefangen für litauisches Wörterbuch: Dowkont: Būdas[135].
17. November 95. Sonntag: Am Mittwoch bei uns das Heinricische Brautpaar[136] mit den Eltern[137], [Richard] Meister und Eduard [Brockhaus] mit Fritz [Friedrich Brockhaus]. | Halbe Geschäftsferien gemacht; die Zeit benutzt zum litauischen Wörterbuch und zu Albanesisch. | Vorige Woche [Johannes] Overbeck gestorben, anfangs dieser Woche begraben. | Besuch von [Otto] Bremer am Freitag: ihm geraten auf [Georg] Wenkers Angriff zu antworten[138]. | Am Freitag soll Milly [Emilia Brockhaus] angekommen sein.
24. November 95: Am Dienstag nachmittag auf kurze Zeit Milly [Emilia Brockhaus] gesehen; keine eigentliche Änderung wahrgenommen. | Mittwochnachmittag bei Frau Leonore [Geibel], im Auftrage von Milly sprach sie über Heinrich und Else [Elisabeth Brockhaus]: ich habe dringend abgeraten, daß [Adolf] Brüxner an Heinrich schreiben solle. | Die Kinder erlassen ihre Tanzeinladungen für nächsten Sonnabend[139]. | Viel Albanesisch getrieben und die Sache im Wesentlichen bemeistert; sonst etwas unwohl gewesen. | Sonnabend Besprechung mit Albert [Brockhaus] über den Supplementband; muß also Montag wieder in gewohnter Weise mit dem Lexikon anfangen.
1. Dezember Sonntag 1895: Wieder Albanesisch eifrig getrieben und gut vorwärts gekommen: die Sache ist zu bewältigen. | Arbeit an dem Supplementband des Lexikons begonnen mit Disponieren der Arbeiten. | Sonnabend bei uns Tanz: Friedrich und Ilse [Leskien] mit ihren Tanzstundenfreunden.
8. Dezember Sonntag 95: Streitberg Buch: Urgermanisch[140] erhalten; ausgezeichnet gemacht. | Die halbe Woche albanesisch gearbeitet; es macht mir Vergnügen. Wenn das [Konversations-]Lexikon nicht wäre, wie gute Arbeiten ließen sich machen. Aber so! | Mit Albert [Brockhaus] über Friedrichs [Leskien] Militärpläne gesprochen. | Angefangen zu lesen Robertson Smith, The religion of the Semites[141]. | Zu oft aus diese Woche. | Gestern Fakultätssitzung

135 DAUKANTAS, Simonas, Būdas senovės lietuvių, kalnėnų ir žemaičių, Petersburg 1845. Das Exemplar UBL, Hist.Ross.544-va, aus der Bibliothek Leskiens mit Exlibris und Zugangsnummer *'18 L 1620*. Vorbesitzer war *A. Baronowsky*, wahrscheinlich Antoni Baranowski. Das Buch enthält rote Unterstreichungen und am Rand eine hsl. Zeilennummerierung, die Leskien als Referenzierungsmöglichkeit einfügte.

136 Dorothea und Otto Wiedeburg.

137 Georg und Paula Heinrici.

138 BREMER, Otto, Beiträge zur Geographie der deutschen Mundarten in Form einer Kritik von Wenkers Sprachatlas des deutschen Reichs, Leipzig 1895.

139 Siehe den Eintrag vom 1. Dezember 1895.

140 STREITBERG, Wilhelm, Urgermanische Grammatik: Einführung in das vergleichende Studium der altgermanischen Dialekte, Heidelberg 1896.

141 SMITH, William Robertson, Lectures on the religion of the Semites, New ed. rev., London 1894.

wegen der archäologischen Professur: vorgeschlagen [Adolf] Furtwängler, Löschke[142], [Franz] Studniczka - [Theodor] Schreiber als erbärmlicher Anfang[143]. Das ist ein Unrecht, lieber gar nicht. - Am Abend bei Feddersens[144] mit Buhls[145], einem jungen schweizer Cellisten Hagen[146]; am Freitagabend zum ersten Mal bei Buhls.

21. Dezember Sonnabend 95: Am 10. Dezember der letzte (16.) Band Lexikon ausgegeben. Am Abend bei Albert [Brockhaus] eine kleine Feier deswegen. | Von Albert 30 Flaschen Champagner geschenkt erhalten: mit zweifelhaftem Vergnügen empfangen.

Am 13. Dezember Clara Bräuer[147] hier, um mit mir über ihren Joseph [Bräuer] zu sprechen: ist von der Schule gejagt. Es ist mit dem entarteten Geschlecht nichts anzufangen; ich konnte ihr auch keinen Rat geben.

17. Dezember große Abendgesellschaft bei Rudolfs[148].

19. Dezember wir bei Wollners[149].

Die letzten 14 Tage nichts als albanesisch getrieben; ziemlich geläufig geworden.

---

142 Georg Loeschcke.

143 UAL, Phil.Fak. A 03/30:06, S. 272: Der Kommissionsbericht wurde mit einer kleinen, nicht genannten, Änderung bezüglich der Lehrbefähigung von Studniczka angenommen. Der Dekan wurde beauftragt, an den Minister zu schreiben und darauf hinzuweisen, dass für die Berufung Furtwänglers besondere Anstrengungen zu machen seien. Mit dem *Unrecht* im folgenden Satz ist wohl das Schreiben an das Ministerium gemeint. Den Ruf erhielt Studniczka und nicht Furtwängler.

144 Berend Wilhelm und Helga Feddersen.

145 Frants und Frieda Buhl.

146 Nicht ermittelt.

147 Clara Bräuer und ihr Sohn Joseph könnten Tochter und Enkel von Luise Bräuer sein, wahrscheinlich sind sie aber Ehefrau und Sohn von Ferenz Bernhard Lajas Bräuer, siehe den Eintrag vom 16. März 1897, in dem die Familie von Lajas/Lajos erwähnt wird. Leskien bezeichnete häufig verheiratete Frauen mit ihrem Mädchennamen.

148 Rudolf und Louisa Brockhaus.

149 Marie und Wilhelm Wollner.

Tagebuch 1896

[UBL, NL 348/1/3, Bl. 1r-22r]

3. Januar 1896: Vom 23. Dezember bis 2. Januar 96 in Dresden mit allen Meinigen. Walter [Judeich] auch da. | Albert [Leskien] war am 22. Dezember von München gekommen: viel über ihn nachgedacht: grüblerische, wissenschaftliche Natur und langsam. Was wird daraus werden? | Friedrich [Leskien] will die Ingenieurlaufbahn einschlagen. | In Dresden unbehaglich.
3. Januar 1896: Am 2. Abends von Dresden zurückgekehrt.
11. Januar 1896: Lisbeths Geburtstag. Albert [Leskien] noch hier, geht am nächsten Morgen nach München zurück. Abends Albert mit Frau[1] und Schwägerin[2] bei uns. | Die Zeit seit Neujahr ziemlich unwohl von dauernder Müdigkeit: wenig getan, albanesisch fortgelesen. | Viel an Albert [Leskien] gedacht: sein langsames zu gründlich-diftelndes Wesen macht mir für sein Fortkommen Sorge. | Friedrich [Leskien] hat beschlossen, Bauingenieur zu werden; ein rechtes Herz kann ich zu der Wahl nicht fassen, aber er hat keine ausgesprochene Vorliebe für einen Beruf.
19. Januar 96: An der Feier, der 25.jährigen, des deutschen Reichs nicht teilgenommen: am 17. war großer gemeinsamer Studentenkommers[3], am 18. und 19. städtische und Vereinsfeiern (nebenstehender Ausschnitt des Kaisers Botschaft[4]). | In der Woche wieder mit der Sammlung zum litauischen Wörterbuch angefangen, daneben das Albanesische fortgesetzt.
26. Januar 96 Sonntag: Die Woche ohne besondere Erlebnisse verbracht. Gelesen Massow, Revolution oder Reform[5]. Mit Unlust an den Vorbereitungen zum Supplement des [Konversations-]Lexikons gearbeitet. | Heute das übliche Geschäftsdiner.
1. Februar 96 Sonntag: Die Woche viel Geselligkeit: Montag Kränzchen[6] bei [Albert] Socin, Mittwoch bei uns, Freitag bei [Karl] Bücher, Sonnabend bei [Erich] Marcks mit Gertrud und Ilse [Leskien]: Tanz. Dort auch [Emil] Strohal, der ein ganzes System künftiger Gestaltungen Österreichs vortrug: sehr schön, aber eitel phantastisch. Diese Juristen haben eine merkwürdige Fähigkeit, aus einigen schlechten Prämissen die wunderbarsten Systeme zu errich-

1 Albert und Marie »Mony« Brockhaus.

2 Wahrscheinlich die von GEBHARDT, Geschichte, S. 541 und 542, erwähnte und in Heidelberg wohnhafte Anna M. Witt.

3 Feier der Studenten.

4 Bl. 3r: Anlage (Zeitungsausschnitt) mit dem Text der Thronrede Wilhelms II. vom 18. Januar 1896, vgl.: OBST, Die politischen Reden, S. 142-145.

5 MASSOW, Conrad von, Reform oder Revolution, Berlin 1894.

6 Siehe den Eintrag vom 8. Februar 1892.

ten, siehe [Rudolf von] Jhering. | Gelesen: Bernhardi, Aus dem Leben[7] Band 5. Im Litauischen das Settegastsche und Dowkontsche Bienenbuch[8] angefangen; im Albanesischen die Pedersenschen Texte[9]. | Muß meine Tageseinteilung wieder ändern: auch Nachmittag wieder ins Geschäft[10] gehen. | Gelesen Massow, Reform oder Revolution[11].

2. Februar 1896 Sonntag: Fertig geworden mit dem Lesen des Settegastschen und Dowkontschen Bienenbuches für das litauische Wörterbuch. Die albanesischen Texte Pedersens[12] begonnen. Golthers Handbuch der germanischen Mythologie[13] zum Teil gelesen. | Bewegung in Sachsen wegen der Änderung des Wahlgesetzes[14]: ich wie manche andre erbittert darüber[15]. Im Reichstag Sohms »Commers«rede[16]. | Am Freitag [Berthold] Delbrück von Jena hier, abends bei ihm mit [Otto von] Böhtlingk, mancherlei über den jüngsten Stand der Sprachwissenschaft ([Wilhelm] Streitberg - [Hermann] Hirt) geredet. | Friedrich [Leskien] am Freitag in Dresden wegen seiner Militärangelegenheit: ist genommen. | Zum Teil wieder nachmittags ins Geschäft gegangen, nicht zum Vorteil der ganzen Stimmung. Auf der Bibliothek wieder mit dem Bretkunschen Codex[17] begonnen. | Fortgefahren Massow[18] zu lesen. Zur Illustrierung dessen, was er über fehlende Volksliteratur sagt, folgender Zeitungsausschnitt lehrreich.[19]

16. Februar 96 Sonntag: Verschiedene Lituanica. Bezzenbergers Forschungen

---

7 Aus dem Leben Theodor von Bernhardis, Bd. 5: Der Streit um die Elbherzogthümer: Tagebuchblätter aus den Jahren 1863–1864, Leipzig 1895.

8 Für die Lektüre von Daniel Gottlieb Settegast, Bienencatechismus, griff Leskien auf eine Handschrift der UB Königsberg zurück, da er den Druck von 1795 nicht erlangen konnte, vgl. LESKIEN, August, Litauisches ůksauti, in: Indogermanische Forschungen 32 (1913), S. 205-208, hier S. 205-206; zu Szymon Dowkont (Simanas Daukantas) siehe den Eintrag vom 10. November 1895.

9 PEDERSEN, Holger, Albanesische Texte: mit Glossar, Leipzig 1895.

10 F. A. Brockhaus.

11 Siehe den Eintrag vom 26. Januar 1896.

12 Siehe den vorhergehenden Eintrag.

13 GOLTHER, Wolfgang, Handbuch der germanischen Mythologie, Leipzig 1895.

14 1896 wurde in Sachsen das Dreiklassenwahlrecht eingeführt, das die Sozialdemokraten benachteiligte.

15 Bl. 6v: Anlage (Einblattdruck): Allerdurchlauchtigster, großmächtigster König! Allergnädigster König und Herr, vorgedruckte Unterschriftenliste gegen die Änderung des Wahlrechts.

16 Siehe den Eintrag vom 23. Februar 1896.

17 Gemeint ist die Universitätsbibliothek, wohin die Handschrift aus Königsberg ausgeliehen worden war, vgl. den Eintrag vom 28. Juli 1895.

18 Siehe den Eintrag vom 26. Januar 1896

19 Bl. 4r: Anlage (Zeitungsausschnitt): Etwas von der socialdemokratischen Preßthätigkeit, 1895.

beendet, Niezabitawski[20] und Apžvalga[21] angefangen. | Massows Buch beendet[22]. | Am Donnerstag Beginn von Friedrichs [Leskien] schriftlichem Abiturientenexamen. | Von Albert [Leskien] Brief, daß er den jungen [Richard] Delbrück in München nicht aufsuchen will. Ich fürchte, daß die Vermeidung alles Umganges ein pathologischer Zug ist. - Ilses [Leskien] Arm wieder weniger gut, war bei [Paul Julius] Möbius, der nichts bestimmtes aussagt. | Heutzumittag großes Familientreffen bei Eduard [Brockhaus].

23. Februar 96. Sonntag: Dienstag Gesellschaft bei uns: Pfeffers[23], [Alphonse] van Daell, [Erich] Marcks, Dr. [Nils] Flensburg. | Am Mittwoch von [Moritz] Voigt eingeladen. Keine Versammlung zur Besprechung weiterer Schritte in der Angelegenheit des Wahlgesetzes. S.[iehe] die folgenden Beilagen:[24] | Am Sonnabend Professorium[25]; Elsa Judeich dazu hier, mit uns der junge [Paul] van Daell und [Johan] Huizinga. [Adolf] Wach hielt einen unbedeutenden Vortrag über Morus Utopia und Bellamy[26]. | Die ganze Woche wenig geleistet aus allgemeiner Verstimmung. | Ilse [Leskien] war mit ihrem Arm bei [Paul Julius] Möbius, der auch nur weiter auf die Zukunft vertröstet. | Heute das mißlungene Bild der Mama[27] aufgehängt; ich sprach unnötigerweise meinen Ärger darüber aus und verstimmte L.[isbeth Leskien]. Es war unrecht, da es nicht ihre Schuld ist und sie doch nicht anders kann als es aufhängen. | Von Albert [Leskien] einen, den gewöhnlichen Sonntagsbrief, wie immer ganz inhaltslos. Es ist doch sonderbar, daß man seinem Vater nichts anderes zu schreiben hat. Gut daß ich mir vor Jahren gesagt habe, man dürfe von seinen erwachsenen Kindern solche Aussprüche nicht machen und es Milly [Emilia Brockhaus] oft gepredigt habe. Sie hat es nie überwinden können, obgleich sie doch wirkliche Briefe von ihren Söhnen bekam; ich werde mich leichter damit abfinden.

1. März, Sonntag, 1896: Am Donnerstag die Vorlesungen geschlossen: wenig Befriedigung daran in diesem Semester. | Gelesen Gebhardt, Glaube und Sitte

---

20 Kajetonas Rokas Nezabitauskis-Zabitis oder Kiprijonas Juozapas Nezabitauskis-Zabitis.

21 Apžvalga (deutsch: Übersicht, Überblick): Žemaičių ir Lietuvos apžvalga, katholische litauische Zeitschrift, gegründet 1890 in Tilsit, erschien bis 1896.

22 Siehe den Eintrag vom 26. Januar 1896.

23 Henriette und Wilhelm Pfeffer.

24 Bl. 5r: Anlage (Druck, 2 Bl.): Die Aenderung des Landtagswahlrechts in Sachsen von Rudolph Sohm, der gegen die Wahlrechtsänderung eintrat; Bl. 6v: Anlage (Druck, 1 Bl.): Allerdurchlauchtigster, großmächtigster König! Allergnädigster König und Herr!

25 Siehe den Eintrag vom 3. Dezember 1892.

26 Eine Veranstaltung des Professorenvereins, vgl. den Eintrag vom 25. Juni 1892. Gemeint sind die von Thomas Morus verfasste Sozialutopie »Utopia« sowie der amerikanische Science-fiction-Autor Edward Bellamy.

27 Marie Pauline Judeich.

des Landvolkes[28]. | Žiemos wakaro adynēlē[29] zu Ende gelesen; angefangen Mielckes Wörterbuch[30] auszuziehen. | Gestern Fakultätssitzung über die Änderung des Promotionsregulativs: immer die alte Geschichte, eine ganz verfehlte Einrichtung irgendwie einzurenken. [Georg] Witkowski und [Georg] Holz zu Extraordinarien vorgeschlagen.

8. März Sonntag 1896: Die ganze Woche ziemlich unwohl, Herzklopfen u.s.w.; liegt mit daran, daß ich mich nicht entschließen kann, die ganze Lebensweise zu ändern, Rauchen aufzugeben. | Gelesen: Pöhlmanns Abhandlungen zur alten Geschichte[31]; ziemliches Stück Herodot und sonst allerlei. | Mielckes Wörterbuch[32] im litauischen Teil beendet. | Friedrichs Abiturientenexamen am Freitag beendet: Zensur 2. | Von Albert [Leskien] gehört, daß Joseph Bräuer, der von der Schule gejagt war, auf einem Wörmannschen Schiff[33] nach Afrika geht, als Schiffsjunge wies scheint. Das mir der dritte Mißlungene[34].

23. März Montag 1896: Am 15. März der Polterabend bei [Georg] Heinrici[35], am 17. Dienstag die Hochzeit ([Ernst] Dryander aus Berlin traute). | Sonst von der Woche nichts zu berichten: viel unwohl. | Habe heute die Bretkunsche Handschrift nach Königsberg zurückgehen lassen[36], unbeendigt. | Heute Besuch von [Berthold] Delbrück, der mit seinem Sohn[37] von Jena nach Dresden durchreist.

28. März. Sonnabend 1896: Am Mittwoch den 26. März Friedrich [Leskien] nach Dresden abgereist, dort zunächst Wohnung zu suchen, dann am 1. April einzutreten. Weniger über sein Fortgehen bewegt als ich gedacht; ihm ist es wohl auch nicht schwer geworden. Mache an mir die Erfahrung, daß ich eigentlich über die Zukunft der Söhne recht sorglos bin; es liegt wohl darin, daß ich nicht das Zeug habe Leute zu beeinflussen und selber ohne alle Hülfe

---

28 GEBHARDT, Hermann, Zur bäuerlichen Glaubens- und Sittenlehre: erweiterter Konferenzvortrag, Gotha 1885.

29 JANKUS, Martynas, Žiemos wakaro adynēlē. Broliams Lietuwininkams ant naudos ir pamokslo, Tilsit 1885.

30 MIELCKE, Christian Gottlieb, Littauisch-deutsches und Deutsch-littauisches Wörter-Buch, Königsberg 1800.

31 PÖHLMANN, Robert von, Aus Altertum und Gegenwart. Gesammelte Abhandlungen, München 1895.

32 Siehe den Eintrag vom 1. März 1896.

33 Woermann-Linie: 1885 von dem Kaufmann und Politiker Adolph Woermann in Hamburg als »Reederei Afrikanische Dampfschiffs-Actiengesellschaft Woermann-Linie« gegründet.

34 Anspielung auf Adolf Geibel und Lajos Bräuer.

35 Anlässlich der Hochzeit von Georg Heinricis Tochter Dorothea mit Otto Wiedeburg.

36 Siehe den Eintrag vom 28. Juli 1895.

37 Richard Delbrück.

war. | Die ganze Woche sonst mit Nichtstun verbracht, weil über alle Maßen müde und auch von Rheumatismus geplagt, Schulterschmerzen. Dabei allerlei gelesen. | Jireček, Die Heerstraße von Belgrad nach Konstantinopel[38]. | Haushofer, Der moderne Sozialismus[39]. | Valera, Pepita Jiménez[40] (vorzüglich, nur der Schluß nicht entsprechend) und allerlei Kleinigkeiten.

5. April 1896 Ostersonntag: fürs litauische Wörterbuch den Mielcke[41] fast beendet. Gelesen einen Roman: »So wachsen deiner Seele Flügel« (von Bernhardine Schulze-Smidt)[42], scheint auf Lussinpiccolo[43] zu spielen; etwas à la Ossip Schubin[44] - bei mir erwachte eine mächtige Sehnsucht nach der Adria. Wann komme ich und ob je wieder hin. | Das Haus voll von Vorbereitungen zur silbernen Hochzeit[45]. | Fürs [Konversations-]Lexikon alles Material zum Supplementband durchgesehen. | Gestern griechischer Abend bei Heinricis[46].

12. April Sonntag 1896: Die Woche mit Schmerzen im Arm und Unbehagen verbracht, aus dem Geschäft bis Freitag fortgeblieben. Nichts gearbeitet, allerlei gelesen, namentlich Eicken, Mittelalterliche Weltanschauung[47]. | Besuch von [Asmus] Sörensen am Freitag. | Albert [Leskien] kommt heutabend.

14. April Dienstag 1896: Am 12. April abends Albert [Leskien] von München gekommen; heute länger mit ihm gesprochen; er will nun auch die Fehrschule[48] verlassen und ganz auf eigne Hand sich weiter bilden. Das Bedenkliche ihm vorgestellt; ihn werde ich nicht überzeugen und ich werde ihn gehen lassen müssen, bin aber in schwerer Sorge, daß er zu keinem glücklichen Ende gelangen wird. | Gesternabend bei Albert Brockhaus mit [August] Miaskowski und [Erich] Marcks; im ganzen unbehaglich.

23. April Donnerstag 1896: 15. April Feier unserer silbernen Hochzeit. | Mir von [F. A.] Brockhaus mein Lexikongehalt auf 10000 M. erhöht. | Friedrich [Leskien] überraschend abends erschienen, mit Hans Judeich. | 21. und 22.

---

38 JIREČEK, Konstantin, Die Heerstrasse von Belgrad nach Constantinopel und die Balkanpässe: eine historisch-geographische Studie, Prag 1877.

39 HAUSHOFER, Max, Der moderne Sozialismus, Leipzig 1896.

40 VALERA, Juan, Pepita Jiménez, 8 ed., Madrid 1884.

41 Siehe den Eintrag vom 1. März 1896.

42 SCHULZE-SMIDT, Bernhardine, So wachsen deiner Seele Flügel!, 2 Bde., Stuttgart [u.a.] 1895.

43 Lussinpiccolo, italienische Bezeichnung für die kroatische Hafenstadt Mali Lošinj auf der Insel Lošinj (im südlichen Mali Lošinj/Klein-Lošinj genannten Teil).

44 Ossip Schubin war das Pseudonym für die Schriftstellerin Lola Kirschner. Ihre Romane schilderten das gesellschaftliche Leben ihrer Zeit.

45 August Leskien und Elisabeth Judeich heirateten am 15. April 1871 in Dresden.

46 Georg und Paula Heinrici. Siehe den Eintrag vom 13. Januar 1895.

47 EICKEN, Heinrich von, Geschichte und System der mittelalterlichen Weltanschauung, Stuttgart 1887.

48 Siehe den Eintrag vom 14. Oktober 1894.

April Besuch von Marg. von Lossow[49]. | Gelesen: Serbocroatia für Kolleg. | Theile von Mommsens Römischer Geschichte Band 5[50]; Greek world under Roman sway von Mahaffy[51]. | Besuch von [Wilhelm] Streitberg vom 13. – 20. April. | Albert [Leskien] brachte sein Selbstportrait mit. Er war überarbeitet, erholt sich aber jetzt. | Ich habe die ganze Zeit an einer Nervengeschichte im linken Arm gelitten; oft sehr unbequem. Viel spazierengegangen mit Albert.

3. Mai Sonntag 1896: Die Vorlesungen: Altbulgarische Grammatik (mit 8 Zuhörern), Geschichte der serbischen Sprache (mit 5)[52] am 28. April angefangen, zum ersten Mal im neuen Universitätsgebäude (Johanneum)[53]. Seit dem 27. April wieder die regelmäßige Arbeit aufgenommen: Albanesisch, Litauisches Wörterbuch, Kolleg, [Konversations-]Lexikon. Mein Arm scheint sich zu bessern, bin nur sonst nie ganz frisch. | Albert [Leskien] blieb noch die Woche hier, geht morgen wieder nach München; ein schwerer Entschluß von meiner Seite, ihn ganz allein weiter arbeiten zu lassen, wie er jetzt tun will: wahrscheinlich auch verkehrt, aber ich bin außer Stande etwas zu raten oder zu befehlen, da ich den Beruf nicht beurteilen kann. | Am Freitagabend alle bei Frau L.[eonore] Geibel; Eduard [Brockhaus] auch da; Milly [Emilia Brockhaus] kommt heute von Heidelberg, geht morgen nach Dresden. | Angefangen zu lesen: Alfieri Vita[54].

10. Mai Sonntag 1896: Lisbeth und Gertrud [Leskien] zu Mamas[55] Geburtstag nach Dresden, kamen Freitag zurück. Ich die ganze Woche an Husten und Schnupfen leidend. | Beendigt für litauisches Wörterbuch Miežinys, Žodynas[56], angefangen das NT von 1701[57]. | Gelesen: Achelis, Moderne Völkerkunde (Stuttgart 1896)[58], angefangen Hoernes, Urgeschichte[59]. | Wegen [Her-

49 Vielleicht Margarethe von Lossow.

50 MOMMSEN, Theodor, Römische Geschichte, Bd. 5: Die Provinzen von Caesar bis Diocletian, Berlin/Leipzig 1885, eine Vielzahl von Ausgaben.

51 MAHAFFY, John P., The Greek World under Roman Sway, from Polybius to Plutarch, London/New York 1890.

52 SS 1896: Grammatik der altbulgarischen (altkirchenslavischen) Sprache; Historische Grammatik der serbokroatischen Sprache, vgl. HistVV.

53 Johanneum, Ende des 19. Jahrhunderts als Teil der Leipziger Universität fertiggestellt.

54 ALFIERI, Vittorio, Vita di Vittorio Alfieri da Asti, scritta da esso, 2 Bde., Florenz 1804.

55 Marie Pauline Judeich.

56 MIEŽINIS, Mikolas, Lietuviszkai-latviszkai-lenkiszkai-rusiszkas Žodynas, Tilžėje 1894. Das Exemplar UBL, Gr.lg.rec.4971, stammt aus der Bibliothek Leskiens, mit Exlibris und Zugangsnummer *'19 L 1646*.

57 Novum Testamentum Lithuanicum magno studio in idioma Lithuanicum versum, atque genio loquendi Lithuanorum in Regno Prussiae ac in Magno Ducatu Lithuaniae accommodatum, Königsberg 1701.

58 ACHELIS, Thomas, Moderne Völkerkunde, deren Entwicklung und Aufgaben, Stuttgart 1896.

mann] Hirts etwaiger Anstellung am Völkermuseum[60] mit [Friedrich] Ratzel und Emil Schmidt gesprochen. Bei Hirt auch die Unbefriedigung mit der Sprachwissenschaft wie bei [Wilhelm] Streitberg: der Drang nach Beschäftigung am Leben. | Albert [Leskien] schreibt heute, daß er ein Atelier gefunden: 25 Mark monatlich, unmöbliert. | Milly [Emilia Brockhaus] am letzten Montag durchgekommen: nach Dresden. | Gestern Spaziergang mit Kollegen über Ehrenberg, Barneck. | Im Sprechzimmer einmal Gespräch mit [Adolf] Wach über die Reden von [Rudolph] Sohm und [Max] Lorenz: seine ganze innere Brutalität kam dabei zum Vorschein: Sozialdemokratie soll mit Flinten und Kanonen niedergeschlagen werden. | In der lateinischen Anthologie gelesen:
Omnia tempus edax depascitur, omnia carpit,
Omnia sede movet, nil sinit esse diu.
Flumina deficiunt, profugum mare litora siccant,
Subsidunt montes et iuga celsa ruunt.
Quid tam parva loquor? Moles pulcherrima caeli
Ardebit flammis tota repente suis.
Omnia mors poscit. Lex est, non poena, perire:
Hic aliquo mundus tempore nullus erit.[61]

17. Mai Sonntag, 1896: Albert [Leskien] schreibt, er habe zu malen angefangen: alles ohne Unterricht. Am 1. Juli bezieht er sein Atelier. | Gelesen: Fortsetzung von Hoernes, Urgeschichte[62]; geblättert in Hopkins' Werk über die Religionen Indiens[63]. | Referat über die Arbeiten der beiden Gabelentze[64] und [August] Schleichers für das Jubiläum der Gesellschaft der W.[issenschaften] gemacht[65].

31. Mai Sonntag 1896: Eben vor Pfingsten die Nachricht von Albert [Leskien], er sei doch noch an den Folgen von Überarbeitung krank, Kopfschmerz und Benommenheit: der Arzt schicke ihn daher auf 4 Wochen nach Mittenwald. Dorthin ist er unmittelbar vor Pfingsten gegangen. Wir andern am Freitag vor Pfingsten, das auf den 24. Mai fiel, nach Dresden, von dort gestern zurückgekehrt; auch Nikolaj Böhtlingk war mit. Friedrich [Leskien] öfter gesehen, der mit seinem Militärdienst zurecht kommt; einigemale in der Heide[66] gewesen;

59 HOERNES, Moritz, Urgeschichte der Menschheit, Stuttgart 1895.

60 Museum für Völkerkunde zu Leipzig, gegründet 1869, seit 1895 im alten Grassimuseum am Königsplatz (heute Wilhelm-Leuschner-Platz).

61 Epigramm »De qualitate temporis« von Seneca d. J.

62 Siehe den Eintrag vom 10. Mai 1896.

63 HOPKINS, Edward Washburn, Religions of India, Boston [u.a.] 1895.

64 Georg und Hans Conon von der Gabelentz.

65 Die Sächsische Gesellschaft der Wissenschaften wurde am 1. Juli 1846 gegründet. Das Referat Leskiens blieb ungedruckt.

66 Siehe den Eintrag vom 20. – 23. April 1893.

dann unwohl, durch Überanstrengung, und keine rechte Erfolge von der Zeit gehabt. | Drei Mal Milly [Emilia Brockhaus] gesehen, zweimal mit ihr länger spazierengegangen. Hoffnungslose Sache: sie kann sich in die veränderten Menschen nicht mehr finden, nicht in Albert noch Fritz [Brockhaus] noch andere; und die Kraft reicht nicht mehr, die veränderte Welt in sich aufzunehmen, die geistige Tätigkeit ist aber noch so lebendig, daß sie auch nicht resignieren und alles ihr nicht konforme von sich als gleichgiltig abwehren kann. Alles abgesehen von der Erkrankung der Nerven.

6. Juni Sonnabend 1896: Vorlesungen am Dienstag wieder begonnen; sonst die ganze Woche zu keiner Sammlung gekommen. Heute zu Mittag Besuch von Consul [Emil] Oberg aus Belgrad. Gearbeitet am litauischen Wörterbuch und ziemlich viel Albanesisch. | [Karl] Brugmann will im August nach Amerika zur Jubelfeier der Princeton University. Sonderbar, daß ein deutscher Professor sich dort mag ausstellen und von den Amerikanern freihalten lassen.[67] | 7. Juni: Brief von Heinrich Brockhaus aus Territet[68], wegen der ihm angebotenen Stelle als Leiter eines kunsthistorischen Instituts in Florenz: zugeraten.

14. Juni Sonntag 1896: Von Albert [Leskien] die Nachricht aus Mittenwald, daß er sich durch Überanstrengung im Gehen verdorben hatte; jetzt wieder wohl sei. Beständige Sorge um ihn. - Am 11. an Böhtlingks Geburtstag abends dort mit Brugmanns[69]; bei diesen gestern Abend mit [Joseph von] Zahn aus Graz zusammen. | Die Woche sonst nur albanesisch gearbeitet; gelesen: Göhre, Evangelisch-soziale Bewegung[70]. | Gestern nachmittag Spaziergang mit [Friedrich] Ratzel, [Albert] Hauck, [Georg] Heinrici und einem Dr. Hofmann[71] aus New York nach Barneck. | Brief von Heinrich Brockhaus, dem die Direktorstelle an dem zu gründenden kunsthistorischen Institut in Florenz angeboten ist: ich rate ihm zur Annahme. | Albert Brockhaus am Freitag nach Paris; geht von da nach [Isle of] Wight. | Ilses [Leskien] Arm hat sich wieder verschlimmert: [Heinrich] Curschmann hat Badekur in Pyrmont, später Kur bei Ramdohr[72] angeraten. | Gertrud [Leskien] gestern auf einem großen Ball bei Credners[73].

---

67 Ein Bericht Brugmanns von seiner USA-Reise, die vom 24. September bis zum 6. November 1896 dauerte, in: SCHMITT, Aus Karl Brugmanns Jugenderinnerungen, S. 95-97.

68 Territet, Dorf in der Schweiz (Kanton Waadt), gehört zu Montreux.

69 Karl und Valeska Brugmann.

70 GÖHRE, Paul, Die evangelisch-soziale Bewegung: ihre Geschichte und ihre Ziele, Leipzig 1896.

71 Vielleicht Emil F. Hofmann, geb. 1865 in Chemnitz, Herkunftsort New York, 1897 Immatrikulation in Leipzig (Cameralia), UAL, Rektor M 46.

72 Hermann August Ramdohr war Inhaber und Leiter einer Anstalt für Heilgymnastik und Massage (Medico-mechanisches Zander-Institut) in Leipzig.

73 Hermann und Marie Credner.

20. Juni, Sonntag, 1896: Die ganze Woche nur albanesisch gearbeitet; mit dem Gefühl der Übermüdung; vermehrt durch Geselligkeit. Dienstagabend bei uns [Joseph von] Zahn aus Graz und Büchers[74], Mittwochabend wir bei Hirts[75], Donnerstagmittag bei Ardennes[76]. Ich beschließe am Freitag, das Rauchen und die Spirituosen aufzugeben; in der Meinung daß mein nicht normales Befinden daher komme. Vielleicht. | Von Albert [Leskien] die Nachricht am Donnerstag und Freitag, daß er immer noch an Rheumatismen leide. | Brief von Heinrich [Brockhaus], daß er die Florentiner Stelle[77] angenommen hat. | Gelesen das Leben der George Eliot von Conrad[78]. | Morgen reisen Lisbeth und Ilse [Leskien] nach Pyrmont. | Einen Brief von Dr. Rich.[ard] Loewe, der ein Zeugnis über wissenschaftliche Befähigung von mir haben will, abgelehnt. Es ist eine der jüdischen Unverschämtheiten. | Ich muß versuchen wieder gesund oder wenigstens gesünder zu werden, um den Widersprüchen, in denen ich lebe, gewachsen zu sein.
27. Juni 1896, Sonnabend: Karte von Albert [Leskien] im Lauf der Woche, er sei wieder bei normalem Puls und Herzschlag. | Dienstag Sitzung einer kleinen Versammlung ([Friedrich] Ratzel, [Johannes] Volkelt, [Karl] Binding, [Jakob] Wychgram, [Karl] Lamprecht, [Karl] Bücher, [Julius] Gensel, Landgerichtsdirektor [Georg Theodor] Hofmann, Dir. [Otto Wilhelm] Beyer); ich von Ratzel eingeladen: Plan einer Ausdehnung des Hochschulunterrichts in die andern Stände; zunächst Vorträge, nicht Kursen, sondern einzelne. Der Versuch soll im nächsten Winter gemacht werden. Ein Ausschuß niedergesetzt (Ratzel, [Johannes] Wislicenus, Volkelt, Beyer).[79] | In Folge davon gelesen: Reyer, Handbuch des Volksbildungswesens (Stuttgart 1896)[80]. Außerdem angefangen Jentsch, Volkswirtschaftslehre[81]. | Lisbeth mit Ilse [Leskien] am vergangenen Montag nach Pyrmont abgereist. | Ich die ganze Woche wenig wohl: auf Rat des Arztes alles Rauchen, alle Spirituosen, Kaffee und Tee aufgegeben. Fast nichts gearbeitet. | Am Mittwochabend Gertrud [Leskien] und

---

74 Karl und Emilie Bücher.

75 Hermann und Margarethe Hirt.

76 Gemeint sind wahrscheinlich Johanne Wilhelmine von Ardenne und ihre Tochter Maria Franziska, verh. Zahn.

77 Siehe den Eintrag vom 6. Juni 1896.

78 CONRAD, Hermann, George Eliot: ihr Leben und Schaffen dargestellt nach ihren Briefen und Tagebüchern, Berlin 1887.

79 Gemeint sind die Hochschulvorträge für Jedermann, vgl. den Eintrag vom 9. Januar 1897.

80 REYER, Eduard, Handbuch des Volksbildungswesens, Stuttgart 1896.

81 JENTSCH, Karl, Grundbegriffe und Grundsätze der Volkswirtschaft: eine populäre Volkswirtschaftslehre, Leipzig 1895.

ich bei Wollners[82], allein; am Freitagabend bei Heinricis mit Buhls und Wiedeburgs[83].

12. Juli Sonntag, 1896: Am 29. Juni die Nachricht erhalten, daß Albert [Leskien] mit Herzkrankheit in das Krankenhaus in Mittenwald gegangen sei; ich sofort 10°42' über München hingereist, 30. Juni Dienstag am Mittag angelangt. Fand ihn außer Gefahr, aber recht schwach. An Reise nicht zu denken; ich blieb bis Donnerstag den 9. Juli da. Lisbeth [Leskien] war am Dienstag den 7. gekommen; meinen Geburtstag verlebten wir in Mittenwald zusammen. In München machte ich die Atelierverhältnisse ab und kam Donnerstag-Freitag nachts heim. | In Mittenwald war ich die ganze Zeit unwohl und bin auch noch nicht wieder frisch. | Heute Nachricht, daß Alberts Genesung rascher fortschreitet: er ist schon im Garten gewesen. | Hier nichts besonderes: eine Menge Briefe zu meinem Geburtstage wieder vorgefunden; heute alles beantwortet.

25. Juli Sonnabend. 1896: Von Mittenwald über Albert [Leskien] im ganzen gute Nachrichten; Lisbeth [Leskien] ist am Donnerstag mit ihm nach Garmisch hinunter gefahren, gestern nach München, ist heute auf der Reise nach Dresden. Dorthin gehe ich heutmittag. | Ich lasse mich von [Heinrich] Curschmann untersuchen, der versichert mir fehle nichts; ich sei nur nervös, abgearbeitet und müsse 6 Wochen ins Hochgebirge: Engadin, darüber mit Heinrich Brockhaus, der mit Frau[84] dort ist, correspondiert. | Ernst [Leskien] geht am Anfang seiner Ferien 17. Juli nach Dresden. Ilse von Pyrmont zurück am 20., geht mit der Kleinen[85] am 22. nach Dresden. Gertrud [Leskien] und ich allein hier. | Heute Rektoratswahl: Kandidaten: [Emil von] Friedberg und [Adolf] Wach. | Beendet für Litauisches Wörterbuch das neue Testament von 1701[86]; sonst nichts getan, viel müde gewesen.

Dienstag, 28. Juli 96: Albert [Leskien] letzten Freitag in Dresden angekommen, hatte die Reise gut überstanden; ist matt und abgemagert; jetzt in Dresden den ganzen Tag im Garten. | Ich am Montagabend zurück. | [Emil von] Friedberg ist Rektor geworden mit 58 von 78 Stimmen. | An Heinrich [Brockhaus] heute geschrieben, daß ich nicht ins Engadin komme. Auf [Friedrich] Ratzels Rat Pettneu[87] ins Auge gefaßt.

Sonnabend. 1. August 1896: Gestern die Vorlesungen geschlossen. Am Donnerstag Fakultätssitzung: Antrag [Hermann] Hirt zum Extraordinarius zu

---

82 Wilhelm und Marie Wollner.

83 Georg und Paula Heinrici, Frants und Frieda Buhl, Dorothea und Otto Wiedeburg.

84 Elisabeth Brockhaus.

85 Elfriede Leskien.

86 Siehe den Eintrag vom 10. Mai 1896.

87 Pettneu am Arlberg, Gemeinde in Tirol, Österreich.

befördern. Heute will Lisbeth [Leskien] von Dresden auf einen halben Tag herkommen, morgen wir alle nach Dresden, ich von da weiter ins Gebirge. Telegramm von Milly [Emilia Brockhaus], ich möge doch ins Engadin kommen.
1896 vom 1. – 6. August in Dresden.
6. August: abgereist nach Pettneu, dort gewesen bis 3. September (inzwischen 2 Tage am Achensee). | Vom 4. – 12. September mit Frau [Luise] Bräuer in Heiden[88]. Reise über Lindau - München, am 13. September in Dresden angekommen, dort geblieben bis 17. September, abends in Leipzig angekommen mit Albert und Gertrud [Leskien]. | Arnold Brockhaus in der Irrenklinik. Heinrichs [Brockhaus] Übersiedelung nach Florenz entschieden.
Sonnabend, 26. September 96: Vorbereitungen zu den Semesterarbeiten gemacht. - Albert [Leskien] noch immer schwach, leidet wiederholt an Rheumatismus. - [Karl] Brugmann nach Amerika - Besuch von [Jooseppi Julius] Mikkola - Ilse [Leskien] liegt noch an ihrer Blinddarmaffäre. - Längerer Besuch von [Wilhelm] Streitberg - Mittagsbesuch von [Hugo] Schuchardt. | Gelesen: Teile von Baechtolds Kellerbiographie[89]; Kellers 7 Legenden[90]; Sinngedicht[91].
Dienstag, 6. Oktober 96: Von Sonnabend bis Montag in Jena: bei Krehls[92]. Mit [Erich] Berneker zusammen: er vom Militär frei, wird im Winter in Leipzig sein, hat die Absicht, sich in Breslau zu habilitieren. In Jena [Rudolf] Gädechens getroffen. | Heinrich geht erst nach einem Jahre nach Florenz, in diesem Winter erst mit der Frau[93] nach Davos. | Ilse [Leskien] liegt noch immer mit ihrer Blinddarmgeschichte.
Sonntag 11. Oktober 96: Die Woche wenig gearbeitet. [Heinrich] Curschmann untersuchte Albert [Leskien], findet keine Verschlimmerung des Herzfehlers gegenüber dem Anfang des Jahres, nur ihn im ganzen herabgekommen: giebt allgemeine Verhaltungsmaßregeln zur Stärkung; im Frühjahr werde man über eine Kur in Nauheim oder einen Aufenthalt im Süden beschließen können. C.[urschmann] untersucht auch Ilse [Leskien], die eigentliche Krankheit ist vorüber, nur noch Schonung notwendig. | Albert Brockhaus nach Christiania[94], schließt mit Nansen über die Herausgabe seines Nordpolarwerks ab[95]. |

88 Heiden, Appenzeller Gemeinde in der Schweiz über dem Bodensee.
89 BÄCHTOLD, Jakob, Gottfried Kellers Leben: seine Briefe und Tagebücher, 3 Bde., Berlin 1894–1897.
90 KELLER, Gottfried, Sieben Legenden, in einer Vielzahl von Ausgaben seit 1872.
91 KELLER, Gottfried, Das Sinngedicht, in einer Vielzahl von Ausgaben seit 1881.
92 Ludolf und Maria von Krehl.
93 Heinrich und Elisabeth Brockhaus.
94 Oslo.
95 NANSEN, Fridtjof, In Nacht und Eis: die norwegische Polarexpedition 1893 – 1896, 3 Bde., Leipzig 1897–1898.

Heinrich Brockhaus geht erst übers Jahr nach Florenz, zunächst mit seiner Frau[96] nach Davos. | Gelesen: einen Band von Fielding, Tom Jones[97]; Abhandlungen aus Hildebrand[98], Zeiten und Völker[99]; Brückner, Geschichte Rußlands[100]. | Nicht wohl, durch eigene Schuld. | Heute mit der Kleinen[101] in der Linie.

Sonnabend. 17. Oktober 96: Allerlei hin und her gearbeitet. Gelesen Balfour, Grundlagen des Glaubens[102]. Walter [Judeich] heute von Dresden hier.

Sonnabend. 24. Oktober 96: Die Woche gearbeitet an der Geschichte der slawischen Bibelübertragungen für Hauck[103], nicht recht vorwärts gekommen wegen allerlei Störungen. | Gelesen namentlich altrussische Litteraturgeschichten nach Porfirjev[104], Galachov[105], Golubinski[106]. | Viel rheumatische Schmerzen gehabt oder irgendwelche Gliederschmerzen anderer Art. | Ilse [Leskien] bei weitem besser, soll nur noch viel liegen. Albert [Leskien] wohl; seine Sachen aus München am Freitag gekommen. | Freitagabend in der Sitzung des Ausschusses des unabhängigen Wahlkomités für die Stadtverordneten[107]. | [Erich] Berneker heute da: hat eine Stelle des Russischen Lehrers am orientalischen Seminar [Berlin] angenommen; zunächst für den Winter 1896/97 angestellt. | Vorige und diese Woche Mikkola und Frau[108] öfter bei uns. Berneker erzählt, daß es Joh.[annes] Schmidt recht schlecht gehe.

Montag 2. November 1896: Die Woche nur an der Arbeit über die slawischen Bibelübersetzungen beschäftigt gewesen[109]. | Vorlesungen[110] am 26. Oktober

---

96 Elisabeth Brockhaus.

97 FIELDING, Henry, The History of Tom Jones, a Foundling, seit 1749 eine Vielzahl von Ausgaben.

98 Gemeint ist wohl der Leipziger Germanistikprofessor Rudolf Hildebrand.

99 Wahrscheinlich ist gemeint: HART, Julius, Geschichte der Weltliteratur und des Theaters aller Zeiten und Völker, 2 Bde., Berlin 1894–1896.

100 BRÜCKNER, Alexander, Geschichte Rußlands bis zum Ende des 18. Jahrhunderts (nicht abgeschlossen, Band 1: 1896).

101 Elfriede Leskien.

102 BALFOUR, Arthur James, Die Grundlagen des Glaubens: einleitende Bemerkungen zum Studium der Theologie, Bielefeld/Leipzig 1896.

103 LESKIEN, Bibelübersetzungen, S. 151-167.

104 PORFIR'EV, Ivan Jakovlevič, Istorija russkoj slovesnosti, 2 Bde., Kasan 1870–1891.

105 GALACHOV, Aleksej Dmitrievič, Istorija russkoj slovesnosti, drevnej i novoj, 2 Bde., St. Petersburg 1880.

106 GOLUBINSKIJ, Evgenij E., Istorija russkoj cerkvi, Moskau 1880.

107 Das Comité unterstützte nationalliberale Kandidaten für die zweite Wählerabteilung der Stadtverordnetenversammlung, vgl. den Eintrag vom 6. Dezember 1896.

108 Jooseppi Julius und Maria Mikkola.

109 Siehe den Eintrag vom 24. Oktober 1896.

110 WS 1896: Grammatik der litauischen Sprache; Geschichte der altkroatischen-dalmatinischen Litteratur mit Erklärung von Texten, vgl. HistVV.

angefangen: Dalmatinische Litteratur (3 Hörer), Litauische Grammatik (5). | Sonnabend nach Dresden gefahren, Montag zurück: Milly [Emilia Brockhaus] zweimal gesprochen, Heidespaziergang[111]; am Sonntagabend zu [Edmund] Götzes 25-jährigem Amtsjubiläum geladen.
Sonntag, 7. November 96: Nachricht, daß Frau [Leonore] Geibel sich auf dem Bahnhof zu Schandau das Bein gebrochen hat, liegt bei [Alexander] Gontard in Ulbersdorf. | Die ganze Woche an der Arbeit über die slawischen Bibelübersetzungen gewesen, muß noch eine Woche dran arbeiten[112]. | Abends öfter aus. | [Karl] Brugmann Donnerstag von Amerika zurück. Wir, Meisters[113] und andre Freunde gesternabend bei ihnen, ein kleines Stück von Ilse [Leskien] wurde aufgeführt, die Kindersymphonie[114] gespielt. | Am Mittwoch Albert [Leskien] zum ersten Mal in Leipzig spazieren.
Sonnabend 21. November 96: Ich die ganze Woche unwohl an Katarrh und Magengeschichten; nicht gearbeitet, nur allerlei Slavica gelesen. Dabei viel gegrübelt über Vergangenheit und Zukunft. | Albert [Leskien] auch wieder nicht ganz wohl, Erkältung mit rheumatischen Schmerzen. | Ilse [Leskien] wieder gesund, nur noch schonungsbedürftig.
Sonnabend 28. November 96: Am Dienstag wieder angefangen zu lesen. | An der Geschichte der slawischen Bibeln weiter gearbeitet. | Albert [Leskien] hatte wieder Rheumatismus, der sich aber im Lauf der Woche verloren hat. Ilse [Leskien] gesund, muß nur noch sich schonen. | Am Freitagabend bei Sievers[115] in Gesellschaft neben Frau [Meta] Volkelt gesessen. Mit Sievers über [Ernst] Elster gesprochen, schätzt ihn ganz gering. | Brief von [Vatroslav] Jagić, der die Ansichten unsrer Fakultät über die Collegienhonorarfrage hören will. Konnte nur unbestimmtes antworten. | Mit Albert [Brockhaus] mehrmals über Arnold [Brockhaus] gesprochen, auch einen Brief [Paul] Flechsigs an [Max] Dinkler gelesen: die Krankheit geht auf Hebephrenie[116] zurück, in lange vergangene Zeit. | Zweimal Milly [Emilia Brockhaus] gesehen, die zwischen Berg[117] und Heidelberg 8 Tage hier ist.
Sonntag. 6. Dezember 96: Die Abhandlung über die slavische Bibel an [Albert] Hauck abgeliefert.[118] Angefangen die Fortsetzungen der Accentstudien mit dem serbischen Verbum. | Milly [Emilia Brockhaus] am Sonnabend abgereist.

---

111 Siehe den Eintrag vom 20. – 23. April 1893.

112 Siehe den Eintrag vom 24. Oktober 1896.

113 Klothilde und Richard Meister.

114 Kindersinfonie, Kammermusik der Zeit vor der Wiener Klassik, noch heute ist nicht gesichert, wer der Komponist war.

115 Alice und Eduard Sievers.

116 Form der Schizophrenie.

117 Villa der Familie Brockhaus, siehe den Eintrag vom 15. September 1895.

118 Siehe den Eintrag vom 24. Oktober 1896.

| Viele Angriffe auf das Conversationslexikon gelesen, zu einem großen Teil berechtigt. Es müßte eben ein anderer Mann an der Spitze stehen. | Gestern und heute Besuch von [Erich] Berneker; sonderbare Mitteilungen über [Aleksander] Brückner; der Eindruck, daß die slavischen Professoren der Slavistik die Deutschen aus dem Fache fern zu halten streben, bestätigt sich mir. | Gesternabend in einer etwas lahmen Gesellschaft bei [Johannes] Wislicenus. | Bei den Stadtverordnetenwahlen das Unabhängige Kommite[119] in der 2. W.[120] glänzend durchgefallen. Von A.[lbert] B.[rockhaus] allerlei Enthüllungen über Ungeschick der Mitglieder erhalten.[121]

Sonntag 13. Dez. 96: Gearbeitet an der Fortsetzung der Accentstudien: das serbische Verbum begonnen, bisher zu keinen rechten Resultaten gekommen. | Befinde mich nicht besonders wohl, schlafe unruhig mit Herzklopfen; habe daher das Weintrinken abends aufgegeben, rauche aber noch zu viel. | Das Wetter ist wie schon lange unerfreulich: keine Kälte, kein Schnee; feucht dabei.

Sonntag 20. Dez. 96: Die Woche gearbeitet am Accent des serbischen Verbums. Am Donnerstag Ernst [Leskien] unwohl geworden, liegt zu Bett, wahrscheinlich mit Masern. Am Sonnabend die Plenumssitzung wegen der Talare[122]; abgewiesen mit 23 Stimmen gegen 21. | Frau [Luise] Bräuer auf einige Tage hier. Dr. [Otto] Bremer, den ich lange nicht gesehen, gesternabend kurz hier; unzufrieden. | Besuch von [Polichronij Agapijewitsch] Syrku aus Petersburg, der auf einer langen Kommandirovka[123] nach England, den südlavischen Ländern ist, um Manuskripte über alte slavische Litteratur aufzustöbern. Weise ihm hier auf der Stadtbibliothek einen Apostolus[124] nach (er meint 13. – 14. Jahrhundert). | Ernst [Leskien] hat die Masern.

31. Dezember, Mittwoch, 1896: Die Weihnachtstage hatte Ernst [Leskien] die Masern, konnte nicht mit bei der Bescherung sein, die Dresdner bleiben auch fern. Sonst alle gesund, soweit sie es sein können. | Böhtlingks am 27. umge-

---

119 In der Stadtverordnetenwahl für die zweite Abteilung der Wähler siegte das Bürger-Comité gegen das »Unabhängige Comité«. Während das Bürger-Comité vom Hausbesitzerverein getragen wurde, stand das Unabhängige Comité im Lager der Nationalliberalen, vgl.: 3. Beilage zum Leipziger Tageblatt und Anzeiger Nr. 618, Sonnabend, 5. December 1896 (Morgen-Ausgabe), S. 8929.

120 Gemeint ist die zweite Wählerabteilung nach dem Dreiklassenwahlrecht.

121 Albert Brockhaus war Mitglied des »Comité für die Stadtverordneten der ersten Abtheilung«, das ebenfalls von den Nationalliberalen getragen wurde, vgl.: 3. Beilage zum Leipziger Tageblatt und Anzeiger Nr. 618, Sonnabend, 5. December 1896 (Morgen-Ausgabe), S. 8932.

122 Siehe den Eintrag vom 29. Juni 1895.

123 Dienstreise.

124 UBL, Cod. Slav. 4; vgl. NAUMANN, Catalogus librorum manuscriptorum, S. 313.

zogen nach der Hospitalstraße[125]. | Den Gang des verflossenen Jahres überlegt. Wenig Erfreuliches: im Juni Albert [Leskien] krank geworden und bis jetzt nicht wieder ganz erstarkt. Er wird auch nicht wieder gesund und ich habe gestern mit ihm besprochen, daß er zu Hause bleibt auf unbestimmte Zeit. Es wird wohl so kommen, daß er überhaupt mit dem Hause verbunden bleibt; er muß dann seinen Weg gehen, wie er kann. Ich kann bei seiner Kränklichkeit keine Anforderungen an ihn machen. Ilse [Leskien] hat vom Juli an, wo sie die Blinddarmentzündung bekam, bis jetzt gekränkelt und muß noch immer geschont werden. In Folge der Krankheiten und der damit verbundenen Reisen und andren Kosten ist meine diesjährige Einnahme von circa 19000 Mark bis auf einige hundert Mark verbraucht. Albert allein hat circa 1600 Mark erfordert, Ilse circa 500 Mark, Friedrich [Leskien] circa 2000 Mark, macht also für diese drei über 4000 Mark. Friedrich hat die Militärzeit bis jetzt gut durchgemacht, weiß aber immer noch nicht, welchen Beruf er ergreifen soll; auch eine Sorge und zwar eine große. | Ich habe in dem Jahre wenig geleistet, im Herbst für [Albert] Hauck eine Abhandlung über die slavischen Bibeln[126]; bin auch schwächer und nicht besser geworden. Von neuem der Versuch zu machen, ob ich mich wieder aufraffen kann. | Am 31. Dezember [Rudolph] Hempel gestorben, nach langer Krankheit.

125 Anna und Otto von Böhtlingk. Hospitalstraße, Teil der heutigen Prager Straße in Leipzig, die vom Johannisplatz nach Südosten führt.

126 Siehe den Eintrag vom 24. Oktober 1896.

Tagebuch 1897

[UBL, NL 348/1/3, Bl. 23r-46r]

1. Januar Freitag 1897: Friedrich [Leskien] nach dem Weihnachtsurlaub wieder nach Dresden. Walter [Judeich] hier auf einige Tage.

2. Januar 1897 Sonnabend: Nachmittags Spaziergang nach Leutzsch[1] mit [Karl] Bücher, [Friedrich] Ratzel etc., allerlei Unterhaltung: mit Bücher über den Hamburger Hafenstreik[2]; wir sind beide der Meinung, daß die Reeder im Unrecht. | Gelesen im »Grünen Heinrich«[3], [Gottfried] Keller ist doch ein größerer Dichter als [Conrad] Ferdinand Meyer. Abends Walter [Judeich] bei uns.

9. Januar 1897 Sonnabend: Die Woche zum Teil gearbeitet an dem Vortrage im Kaufmännischen Verein: Panslavismus. Außerdem hat mich die Vorarbeit zum Accent des slavischen Verbums auf die Untersuchung der Betonung des bulgarischen Verbums[4] [gebracht]. Gelesen Hatch, Griechentum und Christentum[5]. Angefangen Wundts Grundriß der Psychologie[6]. | Elfriede bekommt die Masern, ist aber wieder munter. Ilse [Leskien] mußte wieder einige Tage zu Bett liegen. | Die Vorträge für ein größeres Publikum »Hochschulvorträge für Jedermann« sind in Gang gekommen, morgen ist der erste von Ostwald: Goldmacher einst und jetzt[7]. Angriffe auf das Unternehmen erschienen in den Hamburger Nachrichten[8], in den Leipziger neusten Nachrichten[9]. | Viel spazieren gegangen, was mir gut bekommt.

16. Januar 1897. Sonnabend: Den Vortrag für den Kaufmännischen Verein über Panslavismus ausgearbeitet; die Accentarbeit durch Sammlung des bulgarischen Materials fortgesetzt, Hatch[10] rasch zu Ende gelesen. | Einmal am

1 Leutzsch, Gemeinde westlich von Leipzig, die 1922 zu Leipzig kam.

2 Hamburger Hafenarbeiterstreik 1896/97, bei dem die Arbeiter mit ihren Forderungen scheiterten.

3 KELLER, Gottfried, Der grüne Heinrich, 1. Fassung: 4 Bde., Braunschweig 1854–1855, 2. Fassung: Stuttgart 1879–1880.

4 LESKIEN, August, Die Betonungstypen des Verbums im Bulgarischen, in: Archiv für slavische Philologie 21 (1899), S. 1-10.

5 Siehe den Eintrag vom 30. Mai – 3. Juni 1893.

6 WUNDT, Wilhelm, Grundriss der Psychologie, 2. Aufl., Leipzig 1897.

7 Der erste Vortrag von Wilhelm Ostwald fand im Czermak'schen Spektatorium statt, das 450 Plätze fasste. Aufgrund des großen Andrangs fanden die Vorträge danach im Carolatheater statt, vgl.: Bericht über die Hochschulvorträge für Jedermann: von Dozenten der Universität veranstaltet im Frühjahr 1897, Bl. 1r. Leskien gehörte dem Ausschuss an, der die Vorträge organisierte.

8 Hamburger Nachrichten, Tageszeitung.

9 Leipziger Neueste Nachrichten, seit 1892 Leipziger Neueste Nachrichten und Handelsblatt.

10 Siehe den Eintrag vom 30. Mai – 3. Juni 1893.

Donnerstag bei [Otto von] Böhtlingk mit den jungen schwedischen Sprachforschern [Otto] Lagercrantz und [Elis] Wadstein zusammen gewesen.[11] | Ilse [Leskien] ist wieder krank, an allgemeiner Mattigkeit, nach des Arztes Meinung Anämie; sie liegt fest zu Bett und soll liegen bleiben. Elfriede [Leskien] ist durch das heutige Bad von der Maserzeit frei geworden. | Die Frau Helene Frege am Freitag oder Donnerstag gestorben: die Weltzien[12] hat so alle ihre drei Kinder überlebt. Wir geben wegen dieses Todesfalls den Professorenball auf. | Morgen ist das übliche Geschäftsdiner bei Rudolf jun. [Brockhaus].

23. Januar 97 Sonnabend: Ilses [Leskien] Befinden allmählich besser. Ernst [Leskien] wieder zur Schule. | Einige Putlitzsche[13] Novellen gelesen, sehr alte Waare; einiges Dänische und Norwegische. Am bulgarischen Accentsammeln weiter gearbeitet. | Freitagabend im Kaufmännischen Verein Vortrag gehalten: Panslavismus und die Wiederbelebung der slavischen Völker im 19. Jahrhundert[14]. | Montag Begräbnis der Frau [Helene] Frege. Einen Abend (Donnerstag) mit Mikkolas[15], [Otto] Lagercrantz und [Elis] Wadstein bei Böhtlingks[16] zusammen. | Von [Berthold] Delbrück den 1. Bogen seines zweiten Syntaxbandes zur Korrektur[17] erhalten. | Heutabend nach langer Pause wieder einmal griechischer Abend bei Meisters[18].

31. Januar Sonntag 1897: Ilses [Leskien] Befinden allmählich besser, die gestrige Untersuchung ihrer Augen ergiebt, daß sie gesunde Augen hat, nur einen leichten Liderkatarrh und Angegriffenheit durch Blutarmut; sie steht jetzt nachmittags einige Stunden auf. - Manche trübe Gedanken über die Zukunft der Kinder gehabt. - | Weitergearbeitet an der bulgarischen Betonung. Gelesen allerlei Dänisches und Norwegisches. Kann zu keiner rechten frischen

---

11 Leskien an Hugo Schuchardt, Leipzig, 16. Januar 1897, EICHLER/SCHRÖTER, Briefe August Leskiens, S. 83-103, hier S. 89: *Ihren Gruß werde ich Böhtlingk morgen ausrichten; er ist höchst munter und freut sich der neuen viel hübscheren Wohnung, die er Neujahr bezogen hat (Hospitalstr. 25 II, damit Sie die Adresse wissen). Es ist fabelhaft, was er mit seinen 82 Jahren noch leisten kann: vorgestern abend haben wir zusammen noch zwei Flaschen Rotwein geleert und er trug mir dabei seine neuesten Arbeitspläne vor.*

12 Die Mutter von Helene Frege war Marianne von Weltzien, geb. Brockhaus (1829–1919). Neben Helene hatte sie noch zwei weitere Kinder: Elisabeth, verh. von Bieberstein (1850–1881), und Peter von Weltzien (1852–1870).

13 Gustav Gans zu Putlitz.

14 2. Beilage zum Leipziger Tageblatt und Anzeiger Nr. 38, Freitag, 22. Januar 1897 (Morgen-Ausgabe), S. 834.

15 Jooseppi Julius und Maria Mikkola.

16 Anna und Otto von Böhtlingk.

17 Siehe den Eintrag vom 12. Juni 1897.

18 Klothilde und Richard Meister. Siehe den Eintrag vom 13. Januar 1895.

Arbeit kommen. | Heut Abend Mikkolas[19] bei uns, reisen morgen nach Petersburg ab.

7. Februar 1897 Sonntag: Der Supplementband des [Konversations-]Lexikons beendet: Arbeit an den Neudrucken. Für mich weiter die bulgarischen Texte des Sbornik[20] für die Betonung gelesen. Sonst die Lebenserinnerung von Fanny Lewald[21], Jentsch: Wandlungen[22], dies ein vorzügliches Buch. | Ilse [Leskien] hat sich im Lauf der Woche sehr erholt, arbeitet wieder an ihrem Italienisch, übersetzt metrisch Gedichte von Ada Negri. | Briefe von [Olaf] Broch und [Wilhelm] Streitberg, an diesen ausführlicher geschrieben, namentlich über [August] Schleicher. | Gesternabend Gesellschaft bei Alberts[23] mit Gontards[24], Degenkolbs[25], K Geibels[26] etc. | Meine schweren Gedanken über Albert [Leskien] nehmen kein Ende; ich bin aber machtlos bei seinem Zustande. | Von [Berthold] Delbrücks Syntax II die ersten Bogen Korrektur[27] gelesen.

14. Februar 1897 Sonntag: Alberts [Leskien] Befinden und Art macht mir immer größere Sorge. Er kommt mir jetzt auch vor als ob er neurasthenisch wäre, er kommt mit nichts vorwärts, seit einer Reihe von Monaten macht er immer an demselben Gegenstand Farbenversuche, ich sehe nicht, daß er einen Schritt weiter kommt. Er treibt daneben Geometrie (wegen der Verwendung für Perspektive), kommt auch damit nicht vorwärts. Was soll daraus werden? | Ilse [Leskien] geht es viel besser, gestern war ich mit ihr eine halbe Stunde im Johannistal[28]. | Der Supplementband des Lexikons ist fertig. Ich tue für das Lexikon nicht das, was ich dafür tun sollte. Das hängt zusammen mit meiner allgemeinen geistigen Schlaffheit, die mich oft erschreckt. Habe auch diese Woche wenig gearbeitet. | Allerlei gelesen: Dr. Matthäus von Erk-

---

19 Jooseppi Julius und Maria Mikkola.

20 ŠAPKAREV, Kuzman, Sbornik ot bălgarski narodni umotvorenija (= Sammelwerk bulgarischer Volksüberlieferungen), 3 Bde., Sofia 1891–1894.

21 LEWALD, Fanny, Meine Lebensgeschichte, 3 Bde., Berlin 1861–1862.

22 JENTSCH, Karl, Wandlungen: Lebenserinnerungen, Leipzig 1896.

23 Albert und Marie »Mony« Brockhaus.

24 Zu den Leipziger Gontards gehörten Pauline Eugenie Gontard, verheiratet mit Friedrich Alexander Gontard, Marie Dürr, geb. Gontard, verheiratet mit Alphons Dürr, Franz Albert Friedrich Gontard und Friedrich Gontard. Die Gontards waren weitläufig mit den Geibels verwandt.

25 Anna und Karl Degenkolb.

26 Stephan Franz Carl und Mathilde Geibel.

27 Siehe den Eintrag vom 12. Juni 1897.

28 Johannistal, 1832 entstandene Kleingartenanlage im südöstlichen Leipzig.

mann-Chatrian[29] (schwach). | Gesternabend kam Friedrich [Leskien] von Dresden zu seinem Geburtstage.
21. Februar 97 Sonntag: Viel Geselligkeit diese Woche, gestern Professorium[30]. Gelesen Danilewski Devjatyj Val (in der Übersetzung, betitelt: Die Nonnenklöster in Rußland)[31], mit großem Genuß. | Gearbeitet fast nichts: viel sorgende Gedanken: an Albert [Leskien], an das Fortkommen der Kinder überhaupt. Es ist alles nicht in richtigem Geleise, aber nicht zu ändern. Wenn ich mich nur selbst besser aufraffen könnte.
28. Februar Sonntag 1897: Wenig gearbeitet, eine Reihe Abende mit Gesellschaften verloren. Korrekturen für [Berthold] Delbrücks Syntax[32] gelesen. Gelesen Obrutschews China[33]; weniger interessant als seine sibirischen Sachen[34]. Fortgefahren mit dem Sammeln von bulgarischem Betonungsmaterial. | Gestern Fakultätssitzung: Vorschläge zu den Ehrenpromotionen bei Einweihung der neuen Universitätsgebäude[35]. | Albert [Leskien], der wieder an einer kleinen Überanstrengung schwach geworden war, hat die Woche über viel gelegen; es geht ihm wieder besser. | Heute Diner des Kaufmännischen Vereins, das ich nach mehreren Jahren wieder einmal mitmache.
7. März, Sonntag, 1897: Albert [Leskien] wurde wieder von seinem Herzübel befallen, liegt zu Bett; es scheint nicht heftiger zu werden. Mir scheint klar, daß er während dieses ganzen Jahres nichts wird tun können als die Gesundheit möglichst stärken. | Ich war die ganze Woche nicht wohl und habe gar nichts gearbeitet, nur allerlei gelesen: Gil Blas[36]; Danilewski, Pioniere des Ostens[37] und allerlei Kleinigkeiten. | Briefe von [Jooseppi Julius] Mikkola, der keine Aussichten auf Helsingfors hat, und von [Erich] Berneker, der auf die Berliner Wirtschaft[38] ärgerlich ist. | Alle Welt ist entrüstet über die unglaub-

---

29 ERCKMANN, Emile/CHATRIAN, Alexandre, Der berühmte Doktor Mathäus: Erzählung, Leipzig [1897].

30 Siehe den Eintrag vom 3. Dezember 1892.

31 DANILEWSKI, Gregor P., Die Nonnenklöster in Rußland: Roman, Leipzig [1876].

32 Siehe den Eintrag vom 12. Juni 1897.

33 OBRUTSCHEW, Wladimir Afanasjewitsch, Aus China. Reiseerlebnisse, Natur- und Völkerbilder, 2 Bde., Leipzig 1896.

34 Siehe den Eintrag vom 29. Oktober 1893.

35 UAL, Phil.Fak. A 03/30:06, S. 299: Vorgeschlagen wurden zwölf Personen. Leskien schlug Rudolph Sohm vor.

36 LESAGE, Alain-René, Histoire de Gil Blas de Santillane, eine Vielzahl von Ausgaben seit 1715/1735.

37 DANILEWSKI, Gregor P., Die Pioniere des Ostens: ein nationales Charakterbild, Leipzig 1874.

38 Berneker arbeitete 1896–1899 als Russischlehrer am Seminar für Orientalische Sprachen der Universität Berlin, vgl.: LETTENBAUER, Berneker, S. 107.

lich törichte Rede des Kaisers auf dem Märkischen Provinziallandtag[39]. Dem muß der Cäsarenwahnsinn auch nicht weit liegen. Unsere Zeitungen rechnen Kretern und Griechen ihre Befreiungs- und Nationalbestrebungen[40] als große Sünde an. Lauter Heuchelei: wenn sie sagten: wir wollen da unten keinen Krieg, denn das paßt uns wegen unserer eigenen Haut nicht. Sehr schön, aber mit der Moral zu kommen! | Von [Jooseppi Julius] Mikkola aus seinem Briefe entnommen, daß vom slavischen Grundriß altum silentium[41]. | Nachricht, daß [Peter von] Bradke todkrank ist, Tuberkeln im Unterleib, nach Operation scheint hoffnungslos. Die alte [Johanne Wilhelmine von] Ardenne scheint auch im Sterben zu liegen. | Die Woche eine Masse Geselligkeit: große Geschichte bei Carl Geibels[42]. | Gestern die [Luise] Bräuer besucht, die von Heidelberg kommend einige Tage hier ist. | Arnold [Brockhaus] soll, von seinem Vater[43] begleitet, am nächsten Dienstag in eine Privatheilanstalt nach Ahrweiler[44] kommen.

16. März 1897, Dienstag: Vom 9. – 15. in Dresden als Gast von Frau [Luise] Bräuer. Viel von alten Zeiten geredet; sah auch Lajos [Bräuer] und seine Familie[45]. Ich selbst die ganze Zeit unwohl, hatte nichts von dem Aufenthalt, da auch noch dazu das Wetter ungünstig. Gelesen: Jentsch, Weder Kommunismus noch Kapitalismus[46]. - Albert [Leskien] hier noch im Bette gefunden, doch wohler und ohne Eisbeutel. | [Peter von] Bradke gestorben; etwas über 40 Jahre[47].

21. März 1897 Sonntag: Vortrag über »Die Gründung des russischen Reiches« für die Hochschulvorträge überlegt. Erwägungen angestellt über die Bearbei-

39 Die sogenannte »Handlangerrede« auf dem Brandenburgischen Provinziallandtag, 26. Februar 1897: OBST, Die politischen Reden, S. 154-156.

40 Das Königreich Griechenland, das seit seinem Entstehen 1832 danach strebte, Territorien mit griechischer Bevölkerung hinzuzugewinnen, unterstützte die Kreter gegen die türkische Herrschaft auf der Insel.

41 Nach Vergil (Aen. X, 63), = tiefes Schweigen.

42 Stephan Franz Carl und Mathilde Geibel.

43 Eduard Brockhaus.

44 Kuranstalt für Gemüts- und Nervenkranke in Ahrweiler (Rheinprovinz), eröffnet 1880.

45 Siehe den Eintrag vom 21. April 1894.

46 Siehe den Eintrag vom 10. Dezember 1893.

47 Karl Brugmann an Wilhelm Streitberg, Leipzig, 14. März 1897, UBL, NL 245/Brugmann/221: *Der arme v. Bradke ist, wie ich von Böhtlingk und Delbrück weiss, an Magengeschwüren zu Grunde gegangen. Ich hoffe stark, dass Sie oder Hirt jetzt direkt oder indirekt an die Reihe kommen. Ich weiss nicht, ob Sie als Katholik für Giessen unmöglich sind. Jedenfalls sprechen wir, wenn Sie Ostern herkommen, darüber, und es würde mich freuen, wenn Sie einwilligten, dass ich Ihretwegen an Behaghel, den ich persönlich kenne, schreibe.*

tung des kleinen Lexikons[48]. Allerlei sozialpolitisches gelesen. Wieder angefangen beim Albanesischen und bei der bulgarischen Accentlehre. Von [Wilhelm] Streitberg Brief, daß er Ostern herkommen will. - Die Korrektur meines Artikels über die slavischen Bibelübersetzungen für Haucks Enzyklopädie gelesen[49]. | Albert [Leskien] liegt noch zu Bett, der Puls ist noch nicht wieder normal und der Arzt will ihn deswegen ruhig liegen lassen. | Gertrud [Leskien] am Donnerstag auf einige Wochen zu der Großmutter[50] gereist.
28. März 1897 Sonntag: Gelesen: E. Hahn, Haustiere[51], sehr anregendes Buch; Vierkandt, Naturvölker und Culturvölker[52]. | Durch [Hugo] Schuchardt die Nachricht erhalten, daß Gustav Meyer Paralytiker ist. | Am Dienstag die alte Tante [Johanne Wilhelmine von] Ardenne gestorben, Freitag begraben. | Friedrich [Leskien] Unteroffizier geworden am 26. Albert [Leskien] ist wieder einen Teil des Tages außer Bett. | Am Dienstagabend in einer kleinen Gesellschaft bei Volkelts[53].
4. April Sonntag 1897: Albert [Leskien] ist wieder den größeren Teil des Tages außer Bett, kann aber noch nicht wieder tätig sein. Friedrich [Leskien] am Donnerstag aus Dresden vom Militärdienst zurückgekommen. Gertrud [Leskien] schreibt, daß es der Großmama[54] nicht gut gehe, zum Teil ist es die Angst vor der Veränderung, die mit Pieskers[55] Abgang am 1. Mai bevorsteht. | [Otto von] Böhtlingk schickt mir einen Brief [Berthold] Delbrücks, es sei ihm von Gießen geschrieben, daß bei der Besetzung von [Peter von] Bradkes Stelle nicht in Betracht kommen könnten: [Carl] Cappeller, [Otto] Schrader, [Rudolf] Meringer, [Hermann] Hirt, [Wilhelm] Streitberg. | Gelesen allerlei Belletristisches; etwas in Origenes, Philocalia - Albanesisch wieder aufgenommen.
11. April Sonntag 1897: Ernst [Leskien] heute confirmiert. Ich von Dienstag bis Freitag in Jena: schöne Fußtouren gemacht: [Victor] Michels, [Carl] Cappeller, [Wilhelm] Liebenam, Krehls[56] besucht. Namentlich mit [Berthold] Delbrück verkehrt. Bis Donnerstagabend auch [Karl] Brugmann mit. Bei der

---

48 Brockhaus' Kleines Konversations-Lexikon in 2 Bänden (mehrere Auflagen bzw. bearbeitete Neuausgaben).

49 Siehe den Eintrag vom 24. Oktober 1896.

50 Marie Pauline Judeich.

51 HAHN, Eduard, Die Haustiere und ihre Beziehungen zur Wirtschaft des Menschen: eine geographische Studie, Leipzig 1896.

52 VIERKANDT, Alfred, Naturvölker und Kulturvölker: ein Beitrag zur Socialpsychologie, Leipzig 1896.

53 Johannes und Meta Volkelt.

54 Marie Pauline Judeich.

55 Nicht ermittelt, vielleicht ein Bediensteter der Familie Judeich.

56 Ludolf und Maria von Krehl.

Rückkehr Albert [Leskien] wieder mit rheumatischen Schmerzen im Bett gefunden. Es sind nun wieder volle zwei Monate, daß er wesentlich liegt. | Ernst ist nach Sekunda versetzt. Friedrich [Leskien] hat sich entschlossen, Chemie zu studieren.

19. April, 2. Ostertag 1897: Viel Bulgarisch gelesen wegen Betonung. Albanesisch fortgesetzt. Größeren Teil von Harnacks Dogmengeschichte[57] gelesen, auch etwas in Weizsäckers Apostolisches Zeitalter[58].

10. Mai 1897. Montag: Vom 1. bis 8. Mai L.[isbeth] in Dresden; dort sind Pieskers pensioniert und aus dem Hause gezogen. - Sonnabend und Sonntag 1. Mai Besuch von [Erich] Berneker aus Berlin. - Die Woche vorher war [Wilhelm] Streitberg da. - Nachricht vom Verleger[59], daß ich eine neue Auflage meines Handbuches[60] machen soll. - Bei Brockhaus die Vorarbeiten zum kleinen Lexikon[61] begonnen. Friedrich am 1. Mai in besondere Wohnung gezogen; ißt zu Hause. - Alberts [Leskien] Befinden so weit gut, nur traut er seinen Kräften noch gar keine Arbeit zu. | Vorlesungen[62] am 26. April begonnen, ganz zufrieden mit der Zahl der Zuhörer. | Wegen [Wilhelm] Streitberg am 8. Mai nach Graz an [Hugo] Schuchardt geschrieben, im Fall die Meyersche Professur (er scheint unheilbar krank) neu besetzt werden sollte. | Verhandlung über die Ehrenpromotionen zum Universitätseinweihungsfest[63]: die erbärmliche Kleinlichkeit bewundert. Milly [Emilia Brockhaus] von Heidelberg gekommen.

15. Mai 1897 Sonnabend: Die Leserei für die bulgarischen Betonungen abgeschlossen, angefangen, das Material zu ordnen, außerdem albanesisch gelesen. Scherers Müllenhoffbiographie[64] gelesen, ist nicht warm und nicht kalt; man merkt deutlich hindurch, daß er ihn nicht für einen eigentlich bedeutenden Mann gehalten hat, was er auch nicht war. | Milly [Emilia Brockhaus] nach Dresden gefahren; schlechte Nachrichten von ihr. | Alberts [Leskien] Befinden geht aufwärts, doch fängt er noch keine Zeichen- oder Malarbeit an. | Am Sonntag den 16. das übliche Bockfest bei [Johannes] Wislicenus[65].

---

57 Siehe den Eintrag vom 17. März 1895.

58 WEIZSÄCKER, Carl Heinrich von, Das Apostolische Zeitalter der christlichen Kirche, Freiburg i. Br. 1886.

59 Verlag Böhlau Weimar.

60 LESKIEN, August, Handbuch der altbulgarischen (altkirchenslavischen) Sprache: Grammatik, Texte, Glossar, 3. Aufl., Weimar 1898.

61 Siehe den Eintrag vom 21. März 1897.

62 SS 1897: Vergleichende Grammatik der slavischen Sprachen, vgl. HistVV.

63 Für 1897 sind im Leipziger Universitätsarchiv 18 Ehrenpromotionen belegt, 9 davon verliehen von der Philosophischen Fakultät.

64 SCHERER, Wilhelm, Karl Müllenhoff: ein Lebensbild, Berlin 1896.

65 Siehe den Eintrag vom 14. Mai 1893.

23. Mai 1897 Sonntag: Am Dienstag einige junge Leute abends bei uns; ich hatte am Nachmittag einen plötzlichen Anfall von Heiserkeit. In der Nacht kam das schlimmer und ich habe die ganze Woche zu Hause, meist im Bett zubringen müssen. Gelesen allerlei: einiges von [Alfred von] Hedenstjerna, einiges von [Wilhelm] Jensen, einiges von Kipling. Arbeiten konnte ich gar nicht. | Am Freitag war das Jubiläum der Nikolaischule (das jetzige Haus ist vor 25 Jahren bezogen): die Schüler haben Philoktet[66] in deutscher Übersetzung aufgeführt; Friedrich, die beiden Mädchen[67] und Lisbeth [Leskien] machten das Fest mit. | Mikkolas[68] sind am Dienstag wieder auf längere Zeit nach Leipzig gekommen. | 6. Band von Bernhardi gelesen[69].
29. Mai 1897 Sonnabend: Die ganze Woche unwohl, fiebrig, schlaflos, heute besonders schlimm. Scheint doch Influenza zu sein. Gearbeitet an der Fortsetzung der Accentarbeit, das Laibacher Manuskript des Neubulgarischen[70] durchgesehen.
6. Juni, Sonntag, 1897: Am Anfang der Woche Milly [Emilia Brockhaus], die in Dresden wieder einen schweren Rückfall gehabt hat, durchgereist nach Aachen in das dortige Krankenhaus zu [Max] Dinkler. | Ich die ganze Woche noch krank an Influenzanachwirkung und sehr mutlos. Arbeit wenig. Gelesen nichts. | Am Freitag Ernst [Leskien] und Nikolaj [Böhtlingk] nach Dresden, am Sonnabend Ilse [Leskien]. | Am Freitag wir beide und die Mädchen bei Feddersens[71] zu Tisch, wo die Frau [Johanna] Spyri. | Einen Abend Mikkolas[72] bei uns.
12. Juni 1897, Sonnabend: Die bulgarischen Sammlungen abgeschlossen, an die Ausarbeitung gegangen. | Immer noch nicht ganz ohne Katarrh. | Albert [Leskien] hat angefangen, auf [Heinrich] Curschmanns Geheiß Nauheimer Bäder[73] zu Hause zu nehmen, zweimal wöchentlich. Er befindet sich leidlich wohl, ist nur noch nicht recht kräftig, hat aber wieder angefangen zu zeichnen. | Louisa Brockhaus ist vor einigen Wochen in München krank an Rippenfell- und Lungenentzündung angekommen, liegt dort im Hospital. Heute

66 SOPHOKLES, Philoktetes.

67 Gertrud und Ilse Leskien.

68 Jooseppi Julius und Maria Mikkola.

69 Aus dem Leben Theodor von Bernhardis, Bd. 6: Aus den letzten Tagen des deutschen Bundes: Tagebuchblätter aus den Jahren 1864 – 1866, Leipzig 1897.

70 ARGIROW, Stojan, Ljubljanskijat bălgarski răkopis ot XVII vek (= Die Laibacher bulgarische Handschrift des 17. Jahrhunderts), in: Sbornik za narodni umotvorenja, nauka i knižnina 12 (1895).

71 Berend Wilhelm und Helga Feddersen.

72 Jooseppi Julius und Maria Mikkola.

73 Kur in Bad Nauheim.

lauten die Nachrichten ungünstig, ihr Mann[74] ist die Nacht hingefahren. | Gestern [Otto von] Böhtlingks 82. Geburtstag gefeiert, Mikkolas[75] und wir den Abend da. | [Karl] Brugmann hat den ersten Teil der 2. Auflage seines Grundrisses[76] fertig; [Berthold] Delbrücks Syntax 2. Teil[77] ist auch fertig gedruckt.

20. Juni 1897 Sonntag: Dienstag den 15. die feierliche Einweihung der neuen Universitätsgebäude: morgens Aula[78], nachmittags Essen in der Halle[79], abends Commers[80]. Nicht[s] Bemerkenswertes, außer einem Passus in des Ministers [Paul von] Seidewitz Rede: die Forschung zwar frei, aber die Lehre mit Vorsicht (Stumm-Manteuffelscher Gruß[81]). | Mittwoch die Vorlesungen wieder begonnen. | Am Sonnabend Frau Mikkola nach Finnland abgereist, er[82] bleibt noch hier. | Sonnabendnachmittag mit [Friedrich] Ratzel, [Karl] Bücher, [Richard] Wülker Tour von Beucha nach Lindhardt - Naunhof. | Wenig gearbeitet. | Albert [Leskien] Anfang der Woche zum ersten Male wieder in den Garten, muß aber die Trepppen noch hinaufgetragen werden.

3. Juli Sonnabend 1897: Vorigen Sonntag die Kösener Zusammenkunft[83]; morgens von Naumburg mit [Georg] Heinrici gegangen, nachmittags mit [Friedrich] Ratzel und anderen dahin zurück am andern Saaleufer. | In der Fakultätssitzung vorige Woche stelle ich den Antrag, die Einstimmigkeit bei Ehrenpromotionen durch Dreiviertelmajorität zu ersetzen.[84] Die Fakultät ist

---

74 Rudolf Brockhaus sen.

75 Jooseppi Julius und Maria Mikkola.

76 BRUGMANN, Karl, Grundriß der vergleichenden Grammatik der indogermanischen Sprachen: kurzgefaßte Darstellung der Geschichte des Altindischen, Altiranischen (Avestischen und Altpersischen), Altarmenischen, Altgriechischen, Lateinischen, Umbrisch-Samnitischen, Altirischen, Gotischen, Althochdeutschen, Litauischen und Altkirchenslavischen, 2. bearb. Aufl., Bd. 1: Einleitung und Lautlehre, Hälfte 1: Einleitung u. Lautlehre = 1. § 1 bis 694, Straßburg 1897.

77 DELBRÜCK, Berthold, Vergleichende Syntax der indogermanischen Sprachen, Teil 2, Straßburg 1897.

78 Als Aula der Universität Leipzig diente die Paulinerkirche.

79 Die Wandelhalle zwischen den Leipziger Universitätsgebäuden Albertinum und Augusteum, vgl. GUL 5, S. 605.

80 Kommers, Feier im universitären Bereich.

81 Die Anpielung Leskiens ist nicht deutlich. Gemeint ist es im Sinne von »reaktionär« und spielt auf den freikonservativen Reichstagsabgeordneten Carl Ferdinand von Stumm-Halberg und den deutschkonservativen Reichstagsabgeordneten Otto von Manteuffel an.

82 Maria und Jooseppi Julius Mikkola.

83 Siehe den Eintrag vom 19. Juni 1892.

84 UAL, Phil.Fak. A 03/30:06, S. 306: Gemeint ist die Sitzung am 26. Juni 1897. Die Fakultät beschloss die *Aufschiebung der Beschlussfassung*. Bücher hatte eingewandt, dass in jedem Falle eine Kommission eingerichtet werden müsse.

für mich; durch eine Nörgelei [Karl] Büchers tritt wieder Bedenken ein. Ich ziehe meinen Antrag zurück, [Johannes] Wislicenus nimmt ihn auf. | Bedenkliche Nachricht über Heinrich Brockhaus, der in Meran an Lungenspitzenkatarrh erkrankt ist. | Ilse [Leskien] am letzten Dienstag von Dresden zurückgekehrt. | Mit Albert Brockhaus verabredet, daß Ernst [Leskien] mit ihnen in die Schweiz geht. | Unsers Alberts [Leskien] Befinden im ganzen zufriedenstellend. | Die Ausarbeitung der bulgarischen Accentverhältnisse begonnen; erledigt sich rascher, als ich dachte. | Heute Ausflug des Professoriums[85] nach Lausigk (Hermannsbad), unsre Gäste: [Jooseppi Julius] Mikkola, [Hugo] Palander, Fräulein Arndt, Fräulein Arens[86], Cand. [Ernst] Rietschel. | Einige Male bei [Otto von] Böhtlingk gewesen, dort [Friedrich] Knauer aus Kijev getroffen.

11. Juli 1897. Sonntag: Vorige Woche schon die Nachricht, daß Heinrich Brockhaus an Lungespitzenkatarrh in Meran erkrankt; die nächsten Nachrichten lauten, daß er wieder auf sei und im Freien herumgehen könne. Die Ärzte deuten auf Infektion (von der Frau?[87]). | Ilse [Leskien] diese Woche wieder krank an einer Nachwirkung der Blinddarmgeschichte. | Die Heidelberger Universität schickte eine Zustimmung an die Prager, alle deutschen Universitäten zur Unterzeichnung aufgefordert[88]. Bei uns haben recht viele unterschrieben. | Zu meinem Geburtstag versammelt: [Karl] Brugmann, Meisters[89], Alberts[90], Heinricis[91], C. Geibels[92], [Jooseppi Julius] Mikkola und junge Leute (Kindersymphonie und sonst Musik) - Briefe namentlich von [Felix] Solmsen und [Wilhelm] Streitberg. | Gestern das Sommerfest von F. A. B.[93]: Lisbeth, Gertrud, Ernst, Elfriede [Leskien] und ich nehmen teil. | An den bulgarischen Accenten ziemlich viel geschrieben; eigentlich ist es jedoch nur Vorarbeit, die noch enger zusammengefaßt werden muß. | Vorarbeiten

---

85 Siehe den Eintrag vom 13. Juli 1894.

86 Im selben Haus, in dem der Historiker Wilhelm Arndt zuletzt lebte, wohnte Marie Eleonore Arndt, möglicherweise eine Tochter des Historikers, die mit Leskien auf den Professoriumsausflug ging, vgl. LAB 1896. Über Frl. Arens konnte nichts in Erfahrung gebracht werden.

87 Elisabeth Brockhaus.

88 Bl. 35r: Anlage (Einblattdruck): Petition der Professoren der deutschen Universität zu Prag an beide Häuser des Reichsrathes in Angelegenheit der Sprachenverordnungen; gegen die Sprachenverordnung vom 5. April 1897, die praktisch die tschechische Sprache mit der deutschen gleichstellte.

89 Klothilde und Richard Meister.

90 Albert und Marie »Mony« Brockhaus.

91 Georg und Paula Heinrici.

92 Stephan Franz Carl und Mathilde Geibel.

93 Verlag F. A. Brockhaus.

für das Kleine Lexikon[94] eingerichtet. | An [Otto] Behaghel eine kleine Abhandlung über Adjektivstellung bei Nestor[95] eingesandt.
Sonntag 18. Juli 1897: Einen ziemlich großen Teil der bulgarischen Accente niedergeschrieben. | Gelesen ein wunderlich verschrobenes Büchlein von Helene Böhlau: In frischem Wasser (Novelle)[96]. Das einzige daraus bemerkenswerte, daß es einer von den vielen Schreien nach Erlösung aus unserem verhetzten, aufreibenden europäischen Leben, nach der Möglichkeit, einmal frei zu sein von der endlosen Belästigung durch Arbeit, Staat, Gesellschaft. Sie sucht die Rettung im türkischen Quietismus[97] und Mohammedanismus, freilich ein Unsinn. | Letzten Mittwoch Fakultätssitzung: Anträge von [Eduard] Sievers auf gründliche Verbesserung unserer Promotionsordnung (siehe anliegend die Anträge).[98] | Die pathetischen Schwätzer: [Ernst] Windisch, [Max] Heinze halten Reden über die Ehrwürdigkeit der alten dummen Satzungen. | Es kommt natürlich nichts zu Stande: nur die Aufhebung der Absentia-Promotion[99] wird beschlossen. | Albert Brockhaus mit Familie[100] gestern nach Bern gereist, Ernst [Leskien] sollte mit, liegt aber mit Darmkatarrh zu Bett. | Ilse [Leskien] ist wieder aufgestanden und munter. Albert [Leskien] befindet sich befriedigend. | Morgen reist [Jooseppi Julius] Mikkola nach Finnland zurück, ist heutabend noch mit [Hugo] Palander bei uns.
Sonntag, 25. Juli 97: Gestern war die Rektoratswahl: ich wurde im ersten Wahlgang gewählt und lehnte ab[101], darauf [Curt] Wachsmuth. Die Collegen können nicht begreifen, wie man so etwas ablehnen kann; ich wieder nicht, daß sie es nicht begreifen können. | Gelesen wieder einiges von [Heinrich] Hans-

---

94 Siehe den Eintrag vom 21. März 1897.

95 Die Abhandlung konnte nicht nachgewiesen werden.

96 BÖHLAU, Helene, In frischem Wasser, 2 Bde., Stuttgart 1891.

97 Gemeint ist wohl der islamische Sufismus, der Spiritualität und Askese betont.

98 Bl. 36r: Anlage (Druck, 2 Bl.): Die Bewerbung um den Doctorgrad bei der philosophischen Facultät der Universität Leipzig findet unter den folgenden Bedingungen statt [mit Kinderzeichnung, wahrscheinlich von Elfriede Leskien]. In dem Satz: *Bewerber aus anderen Ländern müssen mindestens die Hälfte des Trienniums an einer Universität des deutschen Reichs immatriculiert gewesen sein; im übrigen haben sie die entsprechenden Schul-, Universitäts- oder Prüfungszeugnisse vorzulegen, nach deren Qualität der Procancellar über die Zulässigkeit der Bewerbung entscheidet* hat Leskien *Qualität der Procancellar* unterstrichen und dazu hsl. vermerkt *unwichtig*.

99 Absenzpromotion, Promotion in absentia, die Promotion zum Doktor ohne Dissertationsschrift bzw. ohne mündliche Prüfung; auch Bezeichnung für den Fall, dass die Promotionsurkunde nicht persönlich entgegengenommen wird.

100 Marie »Mony«, Hans und Ernst Brockhaus.

101 Leskien an Mikkola, Leipzig, 12. September 1897: *Beinahe hätten Sie mich als Universitätsrektor begrüßen können, ich wurde Ende Juli dazu gewählt, habe aber das Amt abgelehnt, weil ich keine Zeit und keine Lust dazu habe und zur Repräsentation nicht geschaffen bin*, RICHTER, 100 Jahre deutsche Slawistik, Teil VI, S. 292.

jakob, es ist aber damit jetzt genug. | Ernst [Leskien] am vorigen Dienstag allein nach Interlaken zu Alberts[102] abgereist, ist glücklich angekommen.
Sonnabend 31. Juli 97: Dienstag Lisbeth [Leskien] mit Albert, Ilse, Gertrud und der Kleinen[103] nach Dresden - abscheuliches Wetter die Woche; Kälte und Regen - gestern den bulgarischen Teil meiner Arbeit über den Verbalaccent vorläufig abgeschlossen. | Oft abends bei [Otto von] Böhtlingk gewesen. | Besuch von der Frau [Elisabeth Clementine] Schlichting aus Hankou - dann von Herrn Chase und Frau[104] aus Cambridge mit Empfehlung von Lanmans[105]. | Gelesen allerlei, unter anderem Roderick Random[106], hatte aber keinen Gefallen mehr daran. | [Erich] Berneker kam heute um 3 aus Berlin, voll von dem lumpigen Wesen am orientalischen Seminar. Man hat ihm für das Jahr, das er tätig gewesen, keine Entschädigung gegeben. Jetzt hat man ihm für die Übernahme der Stelle von [Peter] Šalfejev, der 3600 Mark bezog, 100 Mark monatlich (14 Stunden wöchentlich dafür zu geben) angeboten. Ich rat ihm es anzunehmen in Rücksicht auf seinen kranken Vater[107]; sich im nächsten Herbst (das heißt 1898) zur Habilitation in Berlin zu melden, und wenn [Aleksander] Brückner ihn dann abweist, Berlin zu verlassen.
Freitag 5. August 1897: Heute die Arbeiten eingestellt, fahre morgen nach Dresden. Noch eine unangenehme Affaire erlebt: [Henry Charles Emil] Jefferys ist in Haft genommen wegen eines Konflikts mit einem Schutzmann, wünschte von mir Kaution gestellt, diese würde mindestens 1000 Mark betragen, aber erklärte ich ihm nicht leisten zu können. Habe 50 Mark für ihn deponiert auf der Staatsanwaltschaft. | Viel Keller gelesen diese Woche: Novellen und Grüner Heinrich[108], auch Ebner-Eschenbach (Alte Schule)[109]. | Gestern Abend zu [Erich] Marcks, der auch allein ist, eingeladen, sprachen viel über die unglückliche Lamprechtsche Sache[110].
6. – 28. August: in Dresden, mit Albert, Gertrud, Ilse, der Kleinen[111] und Lisbeth [Leskien]. Viele Touren in der Sächsischen Schweiz und der Heide[112] ge-

---

102 Albert, Marie »Mony«, Hans und Ernst Brockhaus.

103 Elfriede Leskien.

104 George Davis und Alice Chase.

105 Charles Rockwell und Mary Lanman.

106 SMOLLETT, Tobias George, The adventures of Roderick Random, London 1890, eine Vielzahl von Ausgaben seit 1748.

107 Richard Berneker.

108 Siehe den Eintrag vom 2. Januar 1897.

109 EBNER-ESCHENBACH, Marie von, Alte Schule: Erzählungen, Berlin 1897.

110 Wohl eine Anspielung auf das von Karl Lamprecht zusammen mit Friedrich Ratzel 1898 gegründete historisch-geographische Seminar, vgl. BROCKE, Lamprecht, S. 467-472.

111 Elfriede Leskien.

112 Siehe den Eintrag vom 20. – 23. April 1893.

macht. Die Kunstausstellung[113] flüchtig gesehen. | Friedrich am 14. August nach Tyrol. | 28. nach Leipzig zurückgekehrt. Ernst [Leskien] zurück.
5. September 1897 Sonntag: Die Arbeit an den Accenten wieder aufgenommen, ohne rechte Frische und ohne noch klar das Ziel vorauszusehen. Die Kollation des Suprasler Codex[114] für die neue Auflage des Handbuchs begonnen. | Von Albert, der in Dresden wieder Rheumatismus hatte, bessere Nachrichten (er ist mit Gertrud noch für den September in Dresden geblieben). Friedrich am 3. aus Tirol[115] zurück. | Zu Lektüre und zum Albanesischen noch nicht gekommen.
12. September, Sonntag, 1897: Gearbeitet an der Betonung der 1. Verbalclasse[116] im Serbischen. Die Sache wird immer verwickelter: ich werde noch erst die allgemeinen tonischen und Quantitätsverhältnisse des Slowenischen untersuchen müssen. | Im Lexikon die Vorbereitung für Supplement 2 angefangen. | Gelesen: Hirschfeld, Aus dem Orient[117]; sonst allerlei. | Mittwoch und Sonnabendnachmittag größere Spaziergänge mit [Karl] Bücher, [Wilhelm] Ostwald, [Georg] Heinrici, [Richard] Wülker. Brief an [Jooseppi Julius] Mikkola.
Sonntag, 19. September 1897: Mit der Arbeit über die Verbalbetonung habe ich wieder verschiedene Experimente machen müssen: Digressionen nach allen Seiten: ins Slowenische, was bisher zu nichts geführt hat; in die Nominalzusammensetzungen des Serbischen, wobei ich noch bin. | Von Maria Krehl gehört: sie sei in irgendeiner Weise nervös krank, ist in England verblieben in einer Privatanstalt. | Gelesen: 3. Band von Friedländer, Sittengeschichte Roms[118]; Riehl, Friedrich Nietzsche[119]; einen Teil von Senecas Briefen[120]. |

---

113 Nachdem 1896 der Dresdner Ausstellungspalast eröffnet worden war, fand 1897 die I. Internationale Kunstausstellung statt, vgl.: 1. Internationale Kunst-Ausstellung in Dresden 1897, [Dresden 1896].

114 Codex Suprasliensis, altkirchenslawische (altbulgarische) Handschrift (Ende des 10. Jahrhunderts) in kyrillischer Schrift, ein Homiliar (Sammlung von Predigten mit Erklärungen zur Bibel), aufgefunden 1823 im orthodoxen Kloster Supraśl im nordöstlichen Polen, erstmals veröffentlicht: MIKLOSICH, Franz (Hg.), Monumenta linguae palaeoslovenicae e Codice Suprasliensi, Vindobonae 1851.

115 Nach dem Eintrag vom 6.-28. August 1897 kehrte Friedrich Leskien am 28. August aus Tirol zurück. Wahrscheinlich reiste er am 3. September nach Dresden.

116 Die sechs Verbalklassen unterscheiden sich nach der Form des Infinitivstammes. Die 1. Verbalklasse weist sog. Ø-Stämme auf.

117 HIRSCHFELD, Gustav, Aus dem Orient, 2. Aufl., Berlin 1897.

118 FRIEDLÄNDER, Ludwig, Darstellungen aus der Sittengeschichte Roms in der Zeit von Augustus bis zum Ausgang der Antonine, 3 Bde., Leipzig 1881.

119 RIEHL, Alois, Friedrich Nietzsche, der Künstler und Denker: ein Essay, 2. Aufl., Stuttgart 1897.

120 SENECA D. J., Epistulae morales ad Lucilium.

Gestern an starkem Durchfall krank und den ganzen Tag gelegen. | Ilse [Leskien] hat in dieser Woche die Moorbäder angefangen.
Dienstag 5. Oktober 97: Ernst [Leskien] in der Ferienwoche in Dresden. | Lisbeth [Leskien] und ich gehen am 28. September ebenfalls hin zur Philologenversammlung, die bis 2. Oktober dauert, dort getroffen [Berthold] Delbrück, [Wilhelm] Streitberg, O.[tto] Hoffmann (Breslau), [Walther] Prellwitz, den jungen [Johan Hendrik] Kern etc. Delbrück hält einen Vortrag in der allgemeinen Sitzung über indogermanische Syntax[121]. | Am Freitag den 29. hatte Walter [Judeich] Freunde von sich geladen: [Friedrich] Hiller von Gärtringen, [Albrecht] Dieterich aus Gießen, [Heinrich] Schneegans aus Straßburg, ich, [Karl] Brugmann, [Berthold] Delbrück, [Wilhelm] Streitberg. | Sonnabend gemeinsame Fahrt nach der Bastei[122]. | Von Delbrück die Wahrheit über Maria Krehl erfahren: sie ist dem Manne davongegangen aus Leidenschaft für [Richard] Semon. | Am Sonntag wir mit Ernst [Leskien] nach Leipzig zurück.
Sonnabend 16. Oktober 97: Die beiden letzten Wochen fortwährend mit der unglückseligen Maria-Geschichte[123] beschäftigt gewesen: habe nach allen Seiten zur Milde geraten und einiges erreicht. Inzwischen Miss Bennen[124] todkrank. | Besuch von [Friedrich] Bechtel: Resultat der Philologenversammlung. Er kam mit [Otto] Kirn, daher ein Eingehen auf den alten Gegensatz vermieden[125]. | Gelesen allerlei: Gobineau, Renaissance[126]; Hoensbroech, Ultramontanismus[127]. | Weiter gearbeitet am Accent der Composita, zu einigen Resultaten gekommen.
Sonntag 23. Oktober 97: Weiter gearbeitet an der Betonungsfrage: das Slowenische untersucht. | Gelesen ein Stück von Lang: Myth, ritual and religion[128]: gescheutes Buch, gegen den Unsinn von Max Müller (die Mythologie eine Krankheit der Sprache)[129], nur mit recht englischer Weitläufigkeit geschrie-

121 DELBRÜCK, Berthold, Vergleichende Syntax, Vortrag in der Plenarsitzung, vgl.: 44. Versammlung Deutscher Philologen und Schulmänner vom 29. September bis 2. Oktober: Programm der angemeldeten Vorträge, Dresden [1897].

122 Bastei, Felsen in der Sächsischen Schweiz über der Elbe.

123 Die Trennung Maria Krehls von ihrem Ehemann, siehe den vorhergehenden Eintrag.

124 Nicht ermittelt.

125 Unklar.

126 GOBINEAU, Arthur de, Die Renaissance: historische Szenen, Leipzig [1896].

127 HOENSBROECH, Paul von, Der Ultramontanismus: sein Wesen und seine Bekämpfung, Berlin 1897.

128 LANG, Andrew, Myth, Ritual and Religion, 2 Bde., London 1887.

129 *Mythology, which was the bane of the ancient world, is in truth a disease of language*, in: MÜLLER, Max, Lectures on the science of language delivered at the Royal Institution of Great Britain in April, May, & June, 1861, Fourth edition, London 1864, S. 11.

ben. | Am Donnerstag war [Ludolf von] Krehl bei mir: ich habe zu milderen Maßregeln geraten; man solle der Frau[130] Nachrichten über die Kinder[131] geben, wenn sie solche verlange. Habe ihn so weit gebracht, daß er die Mutter[132] und andere, wenn sie schreiben wollen, gewähren läßt. Die Mutter gab mir gestern die Briefe von Maria [Krehl]; nach denen ist eine Rückkehr hoffnungslos. | Freitag das 25jährige Professorenjubiläum von [Wilhelm] His: ich abends dort.

Sonnabend 30. Oktober 97: Die Vorlesungen[133] am Dienstag angefangen: in der altbulgarischen Grammatik waren mehr als 20 Zuhörer, in der litauischen genügende Zahl. Syntax noch zweifelhaft, ob zu Stande kommend. | Angefangen an der 3. Auflage des Handbuchs zu arbeiten, komm nicht recht damit vorwärts, weil nicht weiß, wie viel ändern. Die Verteilung der §§ muß aus praktischen Gründen wohl vielfach geändert werden. | Die Mariasche Geschichte[134] ist ganz hoffnungslos; sie hat sogar ohne weiteres eingewilligt, daß bei der Scheidung die Kinder[135] allein dem Manne zufallen. | In den letzten Tagen sehr verstimmt.

7. November Sonntag 1897: Viel gearbeitet, am Handbuch, an Accentarbeit, nichts außerdem gelesen als Kleinigkeiten. Letzen Freitag war die Eröffnung des ersten Cursus der Hochschulvorträge von Dr. [Walter] Goetz (die wirtschaftliche Entwicklung Englands seit 150 Jahren), etwa 100 Zuhörer da[136]. - [Friedrich] Ratzel hat den Plan eines Vereins für die Hochschulvorträge: jährliche Beitragszahlung, um uns finanziell zu sichern; [Albin] Hoffmann ist sehr dagegen; mir ist die Sache noch zweifelhaft. | Gestern Spaziergang mit Ratzel und [Georg] Heinrici nach Lauer - Gautzsch - Connewitz. | Albert [Leskien] wieder die Woche unwohl, lag einige Tage zu Bett. | Brief von [Wilhelm] Streitberg, daß er Neujahr in Freiburg [Schweiz] definitiv abbrechen will.

3. Dezember 1897. Freitag: Lisbeth [Leskien] und ich am 20. – 21. November in Dresden zur silbernen Hochzeit von Götzes[137]. Bei der Rückkehr fanden wir

---

130 Maria Krehl.

131 Zwei Mädchen: Eva und Lorle Krehl.

132 Leonore Geibel.

133 WS 1897: Grammatik der litauischen Sprache; Ausgewählte Kapitel aus der Syntax der slavischen Sprachen; Grammatik der altbulgarischen (kirchenslavischen) Sprache, vgl. HistVV.

134 Die Trennung von Maria und Ludolf von Krehl.

135 Siehe den vorhergehenden Eintrag.

136 Bericht über die Hochschulvorträge für Jedermann: veranstaltet im Winter 1897/1898 von Dozenten der Universität Leipzig, Bl. 1v. Neben den Einzelvorträgen fanden ab dem WS 1897/1898 vier- bis sechsstündige Hochschulkurse statt, die im Czermak'schen Spektatorium veranstaltet wurden.

137 Gemeint ist wahrscheinlich Edmund Götze. Der Name seiner Frau ist unbekannt.

Albert [Leskien] kränker als vorher: [Heinrich] Curschmann, der zugezogen wurde, erklärte, es sei ein kleiner Rückfall von Gelenkrheumatismus vorhanden gewesen, daher die Reizung des Herzens, dies sei indes nicht zum Schlimmeren verändert. Seitdem ist eine allmähliche Besserung eingetreten, aber Albert liegt noch zu Bett. I In Dresden Frau [Luise] Bräuer besucht: es geht Lajos [Bräuer] schlecht, er ist ganz stumpf und unbeweglich, liegt im Hospital. I Der Satz der 3. Auflage des Handbuches hat begonnen; der erste Bogen ist corrigiert. I Weiter gearbeitet an den Accenten; die slowenischen Accentqualitäten fertig gemacht. Bei den anderen Dingen erheben sich Schwierigkeiten. I Gelesen unter anderen den Roman der Böhlau »Der Rangierbahnhof«[138], recht widerwärtig; ferner Rosegger »Aus meinem Weltleben«[139]. I Brief von Heinrich Brockhaus aus Florenz, recht befriedigend. I Allerlei innerer Ärger über die Reden des Kaisers »nur ein guter Christ könne ein guter Soldat sein«[140] und so weiter. Was für Blech der Mann schon zusammengeredet hat, und dann immer in den passendsten Momenten, so jetzt unmittelbar vor der Flottenfrage[141] im Reichstag. I Gestern Senatssitzung: es soll dem Rechte der Extraordinarien zur Rektorwahl wohl an den Kragen gehen; ich werde dagegen sein[142]. I In Dresden die Mama[143] merkwürdig gealtert gefunden, namentlich äußert sich das in Teilnahmlosigkeit und einer gewissen Stumpfheit gegenüber der früheren Erregbarkeit. Sie will auf einige Monate diesen Winter nach Leipzig ziehen, doch nicht bei uns wohnen.

5. Dezember, Sonntag, 1897: An [Jooseppi Julius] Mikkola geschrieben; an [Vatroslav] Jagić ein Heft mit dalmatinischem Dialektmaterial gesandt. Den 2. Bogen des Handbuchs corrigiert. I Ernst [Leskien] macht sich in der Schule sehr gut, er hat immer gute Censuren, auch im deutschen Aufsatz. I In der letzten Senatssitzung kam die Verbindung der geplanten Handelshochschule[144] mit der Universität zur Sprache. [Heinrich] Degenkolb dagegen in Besorgnis vor

---

138 BÖHLAU, Helene, Der Rangierbahnhof: Roman, Berlin 1896.

139 ROSEGGER, Peter, Mein Weltleben: oder wie es dem Waldbauernbuben bei den Stadtleuten erging, Leipzig 1898.

140 Rede Kaiser Wilhelms II. bei der Vereidigung der Rekruten in Berlin am 18. November 1897, OBST, Die politischen Reden, S. 162-163, hier S. 162: *Wer kein braver Christ ist, der ist kein braver Mann und kein preußischer Soldat und kann unter keinen Umständen das erfüllen, was in der preußischen Armee von einem Soldaten verlangt wird.*

141 Das Flottengesetz vom 10. April 1898 ermöglichte die erhebliche Aufrüstung der kaiserlichen Flotte, wobei das Parlament weitgehend ausgeschaltet war. Am 6. Dezember 1897 erfolgte die 1. Lesung der Flottenvorlage im Reichstag.

142 Tatsächlich fand die Senatssitzung am 1. Dezember 1897 statt, in der nur beschlossen wurde, die Frage in einer Kommission zu behandeln, UAL, Rep. I/XVI/II/A 16, S. 114.

143 Marie Pauline Judeich.

144 Handelshochschule Leipzig, 1896/98 gegründet.

dem Herabdrücken des Niveaus der Universitäten. Das ist ja in gewissem Sinne bei allen solchen Fällen gegründete Befürchtung, allein ein weiterer Umblick muß zu der Überzeugung führen, daß die Universitäten in ihrer früheren aristokratischen Abgeschlossenheit nicht bleiben können. Nach einer Art von Hochschulbildung drängen mehr Kreise des Volkes. Ein mittlerer Stand der Dinge wird notwendig einmal herauskommen, um so mehr als unsre Gymnasien nie mehr das sein können, was sie früher waren.

12. Dezember 1897, Sonntag: Von [Wilhelm] Streitberg Brief, daß die Deutschen in Freiburg ihre Professuren niedergelegt haben[145]. | Am Freitag Vortrag im Kaufmännischen Verein (Dalmatinisches Land und Volk)[146]. | Alberts [Leskien] Befinden befriedigend, der Arzt will ihn ausgehen lassen. | Bei Mathilde Geibel, die mir von ihrer Zusammenkunft mit Maria [Krehl] berichtet: sie ist nun auch zu der Überzeugung gekommen, daß die Sache völlig hoffnungslos ist[147]. Ich bin ungehalten über [Ludolf von] Krehls ganz unmännliche Handlungsweise. | Frau [Luise] Bräuer auf einige Tage in Leipzig. | Gelesen Tillier, Onkel Benjamin[148], Murger, Bohème[149].

27. Dezember Montag: Am 22. das Kränzchen[150] bei uns, alle waren da, sogar [Gustav] Wiedemann. Am Tage darauf lederne Gesellschaft[151] bei Credners[152]. | Vom Handbuch 6 Bogen gesetzt und korrigiert, sonst nicht viel getan. | Gelesen allerlei Novellenkram; besser Fontanes »Knabenjahre«[153] und Raabe Akten des Vogelsangs[154]; ferner Polle, Wie das Volk über die Sprache denkt, 2. Auflage[155]. Ganz amusant, aber doch nicht eindringend. | Am 19. –

---

145 Die zweisprachige Universität Freiburg in der Schweiz verdankte ihre Gründung (1889) der Initiative der schweizerischen Katholiken und stand unter dem Einfluss des Dominikanerordens. Schon bald kam es an der Universität zu ernsten Auseinandersetzungen zwischen den »Papsttreuen« und den »Liberalen«, die darin gipfelten, dass acht »liberale« reichsdeutsche Professoren 1897 ihre Professuren niederlegten, auch weil sie sich als Deutschsprachige gegenüber den französischsprachigen Kollegen im Nachteil sahen; vgl. den Eintrag vom 3. April 1898.

146 Angekündigt unter dem Titel: »Dalmatien. Land und Volk«, siehe: 4. Beilage zum Leipziger Tageblatt und Anzeiger Nr. 629, Freitag, 10. Dezember 1897 (Morgen-Ausgabe), S. 9130.

147 Die Trennung von Maria und Ludolf von Krehl.

148 TILLIER, Claude, Mein Onkel Benjamin: Social-Roman, Leipzig [1891].

149 MURGER, Henri, La vie de bohème, Paris [1877].

150 Siehe den Eintrag vom 8. Februar 1892.

151 Wahrscheinlich im Sinne eines zäh verlaufenden Abends gemeint.

152 Hermann und Marie Credner.

153 FONTANE, Theodor, Meine Kinderjahre: autobiographischer Roman, Berlin 1894.

154 RAABE, Wilhelm, Die Akten des Vogelsangs, Berlin 1896.

155 POLLE, Friedrich, Wie denkt das Volk über die Sprache?: Gemeinverständliche Beiträge zur Beantwortung dieser Frage, 2., verb. u. stark verm. Aufl., Leipzig 1898. Das

21. [Wilhelm] Streitberg hier, von Berlin kommend, wo er mit [Friedrich] Althoff conferiert hat. Hoffentlich ist ihm Münster[156] sicher. | Weihnachten ungestört verlebt, Albert [Leskien] konnte dabei sein, ist auch sonst munter, nur nervös schwach. | Heute Besuch von [Ernst] Mucke, dem Ratschläge gegeben wegen der Verwirklichung eines niedersorbischen Wörterbuches[157]. | Am 22. Mama[158] von Dresden gekommen, wohnt mit ihrem Fräulein im Vereinshause[159]. Auch Konrad und Walter [Judeich] hier. | Brief[160] von Maria

---

Exemplar UBL, Ling.57-pb, stammt aus Leskiens Besitz, mit Exlibris und Zugangsnummer *'17 L 92.*

156 Streitberg wurde 1899 nach Münster berufen, vgl. PUL.

157 MUCKE, Ernst, Wörterbuch der nieder-wendischen Sprache und ihrer Dialekte, 3 Bde., St. Petersburg/Prag 1911–1928.

158 Marie Pauline Judeich.

159 Das Haus des Kaufmännischen Vereins in Leipzig oder das Deutsche Buchhändlerhaus des Börsenvereins der Deutschen Buchhändler zu Leipzig.

160 Zwischen Bl. 44 und 45: Der Brief liegt bei: »*Kufstein, 18. December 1897. Lieber, teurer Herr Professor, Dank Mathilde hörte ich schon vor einiger Zeit, dass Sie vermehrte Sorge um Albert haben, und da ich die ganzen letzten Monate, seitdem ich Sie in Betrübnis weiss, aber ganz besonders, lebhaft und viel an Sie gedacht habe, so kann ich dem Herzensdrang, Ihnen das zu sagen und Ihnen zu sagen, wie meine treuesten Wünsche bei Ihnen sind, einfach nicht länger widerstehen. Aus einigen Äußerungen von Mathilde, die sich mir als die treueste Schwester und Freundin bewährt, darf ich schließen, dass Sie diese Zeilen nicht zurückweisen werden. Sollen sie doch nichts bedeuten, als einen warmen Händedruck der Teilnahme für Ihre Sorgen von einer, die selbst schwer zu tragen hat, freilich Selbstverschuldetes, während Sie, teurer verehrter Freund es verdienten, dass nur Gutes und Frohes in Ihr Leben träte. Und wie schwer haben gerade Sie es in den letzten Jahren gehabt! Von den vergangenen Monaten, den schwersten - nein doch nicht den allerschwersten, denn die Monate vorher mit ihrer gezwungenen Verstellung und ihren fürchterlichen Kämpfen waren noch schwerer, will ich hier nicht viel sagen. Dass ich nicht leichtfertig den frevelhaften und folgenschweren Schritt tat, werden Sie, die Sie mich von Kind auf so nah kennen, von mir glauben, auch glauben, dass ich in dieser Zeit der Einsamkeit und Heimatlosigkeit besonders klar und schmerzhaft alle die Wunden erkenne und fühle, die ich Anderen und mir selbst geschlagen. Hinzufügen muss ich aber, dass der Mann, um den ich so großes Unrecht tat, sich von Tag zu Tag würdiger zeigt dessen was ich um ihn verließ und dass wir von dem festen Willen beseelt sind, noch ein ganzes und tüchtiges Leben zusammen zu führen. Zu den in zweiter Linie stehenden Kümmernissen, die neben den ganz großen - dass ich Mutter, den Kindern, Ludolf so Schweres zufügte und sie auf immer entbehren muss - mich oft bedrücken, gehört auch das, dass ich den lieben, mir anvertrauten Patenkindern eine so schlechte Pate geworden bin. Auch für Ilse gehöre ich nun zu den Paten von denen ›man keinen Gebrauch macht‹. Das hindert nicht, dass ich ihr Leben, so weit mir das möglich ist, mit besonders warmem Interesse verfolgen werde. Möchte das Geschick dem lieben Mädchen - nicht Kummer, denn der kommt doch - aber Conflicte ersparen, das wünsche ich ihr von ganzer Seele! Bitte grüßen Sie Lisbeth sehr herzlich, wenn sie einen Gruß von mir annimmt. Sie selbst aber nehmen nochmals die besten Wünsche für Alberts Besserung und ein möglichst sorgenfreies Christfest. In liebevoller, unvergänglicher Verehrung. Ihre Maria P. S. Jedenfalls bricht Professor Delbrück, wie alle übrigen Jenaer den Stab über mich. Er gehört zu denen, von denen das zu denken, mich am meisten schmerzt. Ich mochte ihn so ungeheuer gern, und er war immer so gut zu mir.*

[Krehl] aus Kufstein; sie ist in Begleitung von [Richard] S.[emon] nach Rom gereist.

31. Dezember 97, Freitag: Am Mittwoch Spaziergang mit [Friedrich] Ratzel, [Karl] Bücher, Haugk [Albert Hauck], [Georg] Heinrici, Schulz[161], [Jakob] Wychgram nach Zschocher[162]. | Heute ich allein über die Parthedörfer[163] nach Taucha. | Die Mama[164] offenbar im Abnehmen, psychisch ganz herunter, vergißt alles, kann die Gedanken nicht zusammenhalten, oft teilnahmlos. | Albert [Leskien] heute zum ersten Mal wieder beim Mittagstisch nach 2 Monaten. | Briefe von [Felix] Solmsen und [Erich] Berneker zu Neujahr. | Ich hatte [Berthold] Delbrück den Vorschlag gemacht, [Oskar] Wiedemann als Amanuensis[165] zu engagieren wegen seiner Augen. Er zögert mit gerechtem Bedenken.

161 Unklar, vielleicht Karl Schulz.

162 Großzschocher (seit 1921 zu Leipzig) und Kleinzschocher (seit 1891) liegen heute im südwestlichen Leipzig.

163 Siehe den Eintrag vom 20. März 1894.

164 Marie Pauline Judeich.

165 Amanuensis = Mitarbeiter.

Tagebuch 1898

[UBL, NL 348/1/4, Bl. 1r-45r]

1. Januar 1898, Sonnabend: Spaziergang mit der Kleinen[1] über Rosenthal, Scherbelberg[2], Möckern[3]. Nachmittags Mittagessen bei Meisters[4] mit Brugmanns[5], (von der Nikolaischule) Ilbergs[6], [Johannes] Helsig, C.[urt] Steffen. – Gelesen Bücher, Die Entstehung der Volkswirtschaft 2. Auflage (er hat mir das Buch geschenkt)[7].

2. Januar. 1898, Sonntag: Tour über Stötteritz[8], Zweinaundorf, Zuckelhausen, Monarchenhügel[9], Meusdorf, Dölitz, Lößnig[10], Connewitz. | Conrad reist nach Dresden zurück, Walter [Judeich] nimmt Abschied, reist morgen nach Marburg.

3. Januar, Montag: Die Einweihung des neuen physikalisch-chemischen Instituts[11] morgens um 11: von interessanten Menschen dort namentlich [Jacobus Henricus] van 't Hoff. [Wilhelm] Ostwald hielt eine Rede über den Zeitbegriff[12]; machte Experimente mit flüssiger Luft. Nachmittags gab er ein Diner im Hôtel de Russie[13], 3. Teil auch die Frauen mit. Ich saß zwischen [Karl] Lamprecht und dem Kieler Physiker [Hermann] Ebert. Abends Commers im Buchhändlerhause[14]. | Großartig ist die Handhabung der Wissenschaft bei diesen Menschen; wie nichtig ist all unsere sprachwissenschaftliche Tätigkeit dagegen.

---

1 Elfriede Leskien.

2 Scherbelberg (Rosentalhügel), 20 m hoher Müllberg im nordwestlichen Rosental, der ab 1887 entstand, 1895 bepflanzt wurde und 1896 einen Aussichtsturm erhielt.

3 Der Ort Möckern, nördlich von Leipzig, gehört seit 1910 zu Leipzig.

4 Klothilde und Richard Meister.

5 Karl und Valeska Brugmann.

6 Johanna und Johannes Ilberg.

7 BÜCHER, Karl, Die Entstehung der Volkswirtschaft: Vorträge und Versuche, 2., stark verm. Aufl., Tübingen 1898.

8 Stötteritz, südöstlich von Leipzig, wurde 1910 Teil von Leipzig.

9 Im südöstlichen Leipzig gelegen. Am 18. Oktober 1813 beobachteten Kaiser Franz I. von Österreich und Zar Alexander I. von Russland sowie König Friedrich Wilhelm III. von Preußen von hier aus die Völkerschlacht. Ein Denkmal (1847) erinnert an das Zusammentreffen der drei Monarchen.

10 Meusdorf (südöstlich von Leipzig) und Dölitz (südlich) kamen 1910 zu Leipzig. Das ebenfalls südlich gelegene Lößnig wurde 1891 nach Leipzig eingemeindet.

11 Das Physikalisch-Chemische Institut (1898) in der Linnéstraße 2 war das letzte der vier im 19. Jahrhundert (seit 1842/44) in Leipzig entstandenen chemischen Laboratorien, GUL 4/2, S. 1344-1345.

12 Ausführlich berichtet Ostwald in seiner Biographie über die Eröffnungsfeierlichkeiten, vgl.: OSTWALD, Lebenslinien, S. 275-278.

13 Hotel de Russie an der Petersstraße in Leipzig (1868/69–1915).

14 Deutsches Buchhändlerhaus, 1888 fertiggestellter Bau für den Börsenverein der Deutschen Buchhändler zu Leipzig in der Hospitalstraße (heute Prager Straße), 1943 zerstört.

4. Januar 1898, Dienstag: Abends bei Chase's[15] mit Gertrud und Ilse [Leskien]. I Neues Stück Euchologium für neue Auflage von Handbuch abgeschrieben.
5. Januar, Mittwoch: Meisters[16] abends nach dem Abendessen bei uns. Sprachen über Ernsts [Leskien] und Richard Meisters Kaufmannslaufbahn. Hatte schon vor Weihnachten mit Albert Brockhaus davon geredet; er will die nötigen Schritte tun, Ernst zu Ostern eine Lehrlingsstelle zu verschaffen.

Abb. 5: Die drei Söhne August Leskiens, von links nach rechts: Albert, Ernst und Friedrich, um 1885. Quelle: Privatbesitz, Birgit Staude.

15 Alice und George Davis Chase.
16 Klothilde und Richard Meister.

6. Januar, Donnerstag: Ich abends bei [Otto von] Böhtlingk, traf dort Hirt und Frau[17]. Hirt freundet sich allmählich mit [Adalbert] Bezzenberger an. In der Theorie ist mir das eine Freude, ich habe aber doch das Gefühl, daß Hirt es aus dem Grunde mit J.[ohannes] Schmidt und Bezzenberger hält, weil er uns Leipziger als minderwertig erkannt hat; es ist beschämend, ich kann ihm aber nicht unrecht geben.

7. Januar 98, Freitag: [Erich] Berneker zum Besuch hier; geht Sonnabend nach Jena zu [Berthold] Delbrück, um Gedanken über ihre Arbeit an der Wortstellung[18] auszutauschen. Berneker erzählt von [Aleksander] Brückner allerlei: er tut als wäre er an der Spitze der Slavistik; Unsinn. | Gelesen von Hans Hoffmann, Allerlei Gelehrte[19]; ziemlich unbedeutend. | Mathilde Geibel besucht: Maria [Krehl] hat meinen Brief erhalten.

8. Januar, 98 Sonnabend: Abends griechisches Kränzchen[20] bei [Moritz] Voigt, ohne [Georg] Heinrici, der erkältet. | Die erste Jahreswoche wenig geleistet: Korrekturen der 3. Auflage des Handbuchs, sonst nichts.

10. Januar 1898, Montag: Am Morgen bei Frau [Leonore] Geibel; ihr ernstlich zugeredet, dem Willen [Ludolf von] Krehls, sie und die Enkel[21] nach Jena zu verpflanzen, nicht nachzugeben; ferner mit Maria [Krehl] einen modus vivendi herzustellen. – [Felix] Solmsens Besuch. | Abends Kränzchen[22] bei [Wilhelm] Pfeffer.

11. Januar 98, Dienstag: An Lisbeths [Leskien] Geburtstag abends Brugmanns und Meisters[23] bei uns. – Vorlesungen nach den Weihnachtsferien wieder begonnen. | Gelesen Ch. Niese, Die braune Marenz[24] u. a.

12. Januar 98, Mittwoch: Abends bei [Otto von] Böhtlingk. – Die Nachricht vom Tode Erwin Rohde's gelesen. – In der Zeitung der Brief von [Vatroslav] Jagić an [Theodor] Mommsen[25]. – Brief von dem Kauf-.[26]

13. Januar, Donnerstag 1898: Das Manuskript zur 3. Auflage des Handbuchs

---

17 Hermann und Margarethe Hirt.

18 BERNEKER, Erich, Die Wortfolge in den slavischen Sprachen, Berlin 1900. Das Exemplar UBL, Gr.lg.rec.29067, stammt aus Leskiens Besitz, mit Exlibris, Zugangsnummer fehlt. Das Buch enthält Unterstreichungen von einem unbekannten Leser.

19 HOFFMANN, Hans, Allerlei Gelehrte, Berlin 1898.

20 Siehe den Eintrag vom 13. Januar 1895.

21 Die Namen der beiden Töchter von Krehl waren Eva und Lorle, vgl. Feldpostbriefe von Ludolf Krehl, Bd. 2, S. 144 und 518. Sie lebten schließlich bei ihrem Vater und seiner zweiten Ehefrau Elisabeth.

22 Siehe den Eintrag vom 8. Februar 1892.

23 Karl und Valeska Brugmann, Klothilde und Richard Meister.

24 NIESE, Charlotte, Die braune Marenz, in: Die Gartenlaube 1895, Heft 36-39.

25 Mommsen und Jagić über den Kampf der Deutsch-Oesterreicher, in: Deutsche Revue über das gesamte nationale Leben der Gegenwart 23 (1898), S. 43-48.

26 Hier bricht der Text von Bl. 4r auf 4v um, ohne dass er von Leskien fortgesetzt worden wäre.

vollständig abgeschlossen. Versucht mich wieder in die Accentarbeit einzulesen, macht Schwierigkeiten, da ganz herausgekommen. | Mit [Friedrich] Ratzel über die für [Wilhelm] Sieglin geplante außerordentliche Professur gesprochen, bin in die Commission gewählt.[27]

15. Januar, Sonnabend 1898: Gestern bei Kaufmann [Wilhelm Heinrich] Nebel, um für Ernst [Leskien] eine Lehrlingsstelle auszuwirken: er nimmt überhaupt keine Lehrlinge. Heute hat Albert Brockhaus mit Krause und Bauer[28] gesprochen, der[29] im Prinzip geneigt ist. | Briefe von Frau [Luise] Bräuer und Heinrich Brockhaus. | Gestern wieder die Accentarbeit aufgenommen; komme schwer wieder hinein und habe noch keine Zuversicht zu befriedigenden Resultaten; kann überhaupt nicht recht arbeiten. | Bei Louisa [Brockhaus] zur Geburtstagsgratulation: Rudolf [Brockhaus sen.] scheint wirklich schwer nierenkrank zu sein. | Abends aus zu [Robert] Scholvin und Genossen.

17. Januar, Montag. 1898: Von Albert Brockhaus gehört, daß Rudolf [Brockhaus sen.] eine Leberkrankheit hat und aufgegeben sei. Von Heinricis durch die Tochter[30], daß die Frau[31] sicher gemütskrank sei. Der Esel von Mann hat immer das noch nicht erkannt. | Einmal wieder angefangen albanesisch zu lesen. | Abends bei A.[dolph] Mayer in Gesellschaft. | Albert [Leskien] war heute recht niedergeschlagen, ich versuchte ihn zu trösten.

18. Januar 1898, Dienstag: Mit [Georg] Heinrici über den Zustand seiner Frau[32] gesprochen (die Tochter Maria [Geißler] kam gestern weinend herüber), ihm geraten, sie nach Heidelberg zu senden, wo sie eine Tante hat, und sie zu Erp[33] in die Kur zu geben. | Ein Stück Accentarbeit gemacht. Am [Konversations-]Lexikon wieder die Arbeit aufgenommen.

19. Januar 1898, Mittwoch: Am Morgen sehr unwohl mit Durchfall. – Nachmittags mit Ernst [Leskien] bei Herrn [Ottomar Friedrich] Bauer (Firma Bauer und Krause), um zu verhandeln über den Eintritt Ernsts als Lehrling in dies Geschäft. Die Sache abgeschlossen, nur wünscht Bauer noch das letzte Schulzeugnis von Ernst zu sehen, das leider unfindbar ist: den Rektor [Otto] Kämmel gebeten, ein neues auszufertigen. | Abends bei uns Buhls[34], Fedder-

---

27 Sieglin sollte eine außerordentliche Professur erhalten, obwohl er nicht habilitiert war, vgl. PUL.

28 Bauer u. Krause, Export und Kommission, Firma des Kaufmanns Ottomar Friedrich Bauer in Leipzig, vgl. LAB 1898.

29 Gemeint ist Ottomar Friedrich Bauer, der Inhaber der Firma.

30 Maria Geißler.

31 Paula Heinrici.

32 Paula Heinrici.

33 Wilhelm Erb.

34 Frants und Frieda Buhl, Berend Wilhelm und Helga Feddersen, Alice und Eduard Sievers, Johanna und Oskar von Hase.

sens, Sievers, Hases mit Fräulein [Helene] Bratanitsch, der Sängerin, die allerlei sang.

23. Januar 1898, Montag: Am letzten Donnerstag bei Mathilde Geibel, wieder über Maria [Krehl] gesprochen; [Stephan Franz] Carl [Geibel] will [Ludolf von] Krehl energisch Widerstand leisten in der Hinziehung der alten Frau[35] nach Jena. | Freitag Brief von Bauer und Krause, daß sie Ernst [Leskien] zu Ostern als Lehrling anstellen wollen. Ihn in der Handelsschule[36] gemeldet. | Sonnabend Brief von [Erich] Berneker, er ist bei Joh.[annes] Schmidt gewesen, der ihn freundlich aufgenommen hat. | Die halbe Woche unwohl gewesen: Kreuzschmerzen etc. | Heute angefangen zu lesen Mahaffy A Survey of greek civilization (1897)[37]. Merkwürdig im Eingangskapitel die Urteile über einzelne Gelehrte: [Georg] Curtius wird der größte der griechischen Etymologen genannt – weit gefehlt. | Heute Commissionssitzung in der Sieglinschen Angelegenheit[38]. Kränzchen[39] bei [Eduard] Sievers.

24. Januar, Dienstag 1898: Abends bei [Otto von] Böhtlingk, wo auch [August] Conrady. Mahaffy Survey[40] weiter gelesen. Die Accentarbeit wieder ordentlich aufgenommen. | Von Bauer und Krause Brief, daß Ernst [Leskien] am 2. April antreten soll. | Von [Friedrich] Ratzel gehört, daß die Münchner A. Z. [Abendzeitung] meinen Geheimratsartikel[41] ablehnt. | [Otto] Ribbeck ist seit einigen Wochen an Herzschwäche bedenklich krank.

Mittwoch, 26. Januar 98: Abends bei uns Ratzel und Tochter[42], Rietschels[43], Onkel Eduard [Brockhaus], der junge Norweger [Halvdan] Koht.

Donnerstag, 27. Januar 98: Die Vorlesungen wegen Kaisers [Wilhelm II.] Geburtstag ausgesetzt. Mit der Accentarbeit ein rechtes Stück vorwärts gekommen. | Albert [Leskien] ist seit 3 Tagen wieder etwas von Rheumatismus heimgesucht, daher noch matter als sonst. | Die Meinung ausgesprochen, daß die jetzige Not der Deutschen in Österreich gegenüber den Slaven (Čechen) vielleicht ein Glück: es wird sie lehren nur noch Nationalpartei[44] zu sein. | Abends aus, [Robert] Scholvin etc. zu sehen; äußerst öde.

Freitag, 28. Januar 98: Ilse [Leskien] in der Nacht wieder an Schmerzen von der Blinddarmentzündung her erkrankt. – Wann wird einmal das endlose Kranksein aufhören! – | Rudolf Brockhaus ist in der Nacht um 3 gestorben –

35 Leonore Geibel.

36 Handelsschule: Öffentliche Handelslehranstalt in Leipzig, 1831–1950.

37 MAHAFFY, John P., A survey of Greek civilization, London 1897.

38 Siehe den Eintrag vom 13. Januar 1898.

39 Siehe den Eintrag vom 8. Februar 1892.

40 Siehe den Eintrag vom 23. Januar 1898.

41 Siehe den Eintrag vom 20. April 1899.

42 Friedrich Ratzel hatte zwei Töchter: Hedwig und Lila.

43 Georg und Karoline Rietschel.

44 Deutsche Nationalpartei (Österreich), 1891 gegründet.

| Abends Besuch von Professor O.[tto] Hoffmann aus Breslau, der nach Hannover durchreist, um die Feier des dortigen Lyceums (300jährig?)[45] begehen zu helfen. Er ist und bleibt ein confuser Kopf. | Was ist das nun für ein Leben gewesen, das der Rudolf geführt hat. Mittelmäßig begabt, nicht ordentlich vorgebildet, zu nichts berufsmäßig ordentlich ausgebildet, mit einigen 20 Jahren in das große Geschäft eingetreten, auch da nicht durch eigene Kraft weitergekommen. Heiratete wohl mit 25 Jahren eine Frau[46], die nicht für ihn paßte, ihn beherrschte, das Gute an ihm verdarb, das Üble heran erzog. | Im Geschäft leistete er rein gar nichts, lebte das üppige Leben eines reichen Mannes, verbrachte die Tage im Nichtstun mit oberflächlicher Dilettiererei in allerlei Dingen. Die Frau wurde immer unleidlicher, ein Verhältnis bestand lange nicht mehr. Wer wird ihn vermissen? Die gutmüthig veranlagten Söhne[47], sonst niemand. | Wunderlich, wie es diesen Söhnen geht, deren Väter ein großes Geschäft oder großes Vermögen ihnen fertig hinterlassen. Wären sie auf sich selbst gestellt gewesen, würden sie im großen Lebensstrom kaum mit fortgekommen sein. So ist für sie gesorgt, siehe die Söhne[48] von Eduard [Brockhaus] außer Albert und vielleicht Fritz [Friedrich Brockhaus], die von Rudolf [Brockhaus sen.] alle, die von Carl Geibel[49] und so weiter.
Sonntag, 30. Januar 98: Um 12 Uhr Begräbnis Rudolfs [Brockhaus]. Der Geistliche in seiner Rede geschickt, aber was wieder für eine Masse Lob dieses verfehlten Lebens. – Konrad [Judeich] war zum Begräbnis hier, fährt heutabend wieder weg. | Gestern angefangen Xenophon Memorabilien zu lesen, will versuchen nach und nach wieder systematisch die griechische Litteratur zu lesen, zunächst die Prosa von Xenophon an. | Mathilde [Geibel] beim Begräbnis gesprochen, teilt mir das unglaubliche mit, daß [Ludolf von] Krehl der alten Frau[50] die Kinder wegnehmen will. Das ist eine solche Herzensrohheit, daß ich mit ihm fertig bin. | Gestern ein langweiliges Stück Accentarbeit abgemacht. | Ilse [Leskien] soll noch bis morgen zu Bett liegen; es scheint keine Wiederholung der Blinddarmgeschichten zu sein. | [Fritz] Friedrich, Alberts [Leskien] Freund, hat gestern das Doktorexamen mit 2[a] bestanden[51], war heute bei uns.
Montag, 31. Januar 1898: Heutmorgen durch Vermittlung von [Alfred Her-

45 Das humanistische Lyzeum (seit 1871 Lyzeum I, seit 1912 Ratsgymnasium) in Hannover wurde 1348 gegründet. Es feierte also 1898 sein 550-jähriges Bestehen.

46 Louisa Brockhaus.

47 Rudolf jun., Max und Erich Brockhaus.

48 Albert, Heinrich, Arnold, Franz und Friedrich Brockhaus.

49 Gemeint sind die Söhne von Friedrich Wilhelm Carl: Adolf, Stephan Franz Carl, Paul und Stephan Geibel.

50 Leonore Geibel.

51 FRIEDRICH, Fritz, Politik Sachsens 1801 bis 1803: ein Beitrag zur Geschichte der Auflösung des heiligen römischen Reichs, Leipzig, Univ., Diss., 1898.

mann] Sieland ein Brief von Frau [Sophie] Barberat an Lisbeth [Leskien] gekommen. Sie hat durch das Kirchenbuch usw. genau herausbekommen und herausspioniert, wie es um N'[ikolai Böhtlingk][52] Geburt und so weiter steht, das auch der Frau Sieland[53] und anderen Dresdnerinnen mitgeteilt. Ich habe darauf geantwortet (siehe Beilage).[54] | Heutnachmittag Colloquium von John Schmitt, bestanden. | Abends bei Böhtlingks[55], ihnen den Brief von der Sophie Barberat mitgeteilt.

1. Februar, Dienstag 1898: Gehört, daß der Dr. Curt Steffen einen Schlaganfall gehabt habe; jedenfalls wird er bis Ostern die Schule aussetzen müssen. | [Otto] Ribbeck soll es recht schlecht gehen, die Frau[56] keine Hoffnung mehr haben. | Gestern war ich auch bei Frau [Leonore] Geibel, habe ihr den Standpunkt über [Ludolf von] Krehl, der nun doch die Kinder Ostern wegnehmen will, klar zu machen gesucht.

3. Februar, Donnerstag 1898: 60jähriges Doktorjubiläum [Otto von] Böhtlingks, abends wir, Brugmanns[57], Meisters[58], Hirts[59]. Vor einigen Tagen Holteis Christian Lammfell[60] angefangen zu lesen, den ich vor vielen Jahren als Student einmal gelesen habe. | Von [Albert] Hauck den ersten Band seiner Kirchengeschichte[61] geschenkt erhalten. | Befinde mich nicht wohl, habe fortwährend quälende Kreuzschmerzen. | [Georg] Mahlow hat eine abfällige Kritik über [Karl] Brugmanns neue Auflage des Grundrisses geschrieben[62], ganz töricht, was das Prinzipielle betrifft. Es liegt nur eine richtige Empfindung darin, daß die indogermanische Sprachwissenschaft keinen rechten

---

52 Voreheliche Geburt.

53 Der vollständige Name von Frau Sieland ist nicht bekannt.

54 Bl. 95: *Leipzig 31. Januar 1898 | Geehrte Frau, | Durch Herrn Sieland ist meiner Frau heute ein Brief von Ihnen zugekommen; die Beantwortung erlaube ich mir zu übernehmen. Mit dem, was Sie über Ihre Schwester Frau Böhtlingk mitteilen, sagen Sie mir und meiner Frau nichts neues. Wir sind sogar beide Paten ihrer Kinder. Daß Sie die Verhältnisse Ihrer Schwester anderen Leuten, die es nichts angeht, mitgeteilt haben, finde ich nicht schön, aber das haben Sie mit sich auszumachen. Meine Sache ist nur, Ihnen zu erklären, daß es mir ganz gleichgültig ist, was Sie über meine Frau und mich denken, und, daß ich mir jede Correspondenz von Ihrer Seite verbitte. Professor A. Leskien.*

55 Anna und Otto von Böhtlingk.

56 Emma Ribbeck.

57 Karl und Valeska Brugmann.

58 Klothilde und Richard Meister.

59 Hermann und Margarethe Hirt.

60 HOLTEI, Karl von, Christian Lammfell, 5 Bde., Breslau 1853, eine Vielzahl von Auflagen.

61 HAUCK, Albert, Kirchengeschichte Deutschlands, Teil 1, 2. Aufl., Leipzig 1898.

62 MAHLOW, Georg, Kritik der Sonantentheorie. Eine sprachwissenschaftliche Untersuchung von Johannes Schmidt, in: Anzeiger für deutsches Altertum und deutsche Litteratur 24 (1898), S. 1-12. In diesem Aufsatz äußerte sich Mahlow kritisch über Karl Brugmann.

Fortgang mehr haben kann, das heißt in der Lautlehre. Brugmann hat würdig darauf erwiedert[63]. | Das Wetter ist wie den ganzen Winter hindurch traurig; keine gute Aussicht für meine Reise morgen nach Friedrichroda.[64] | Nachricht, daß Grete Brockhaus sich verlobt hat.

Dienstag, 8. Februar 1898: Am Sonnabend den 5. morgens mit Mathilde und Hellmut Geibel nach Friedrichroda. Nachmittags Schlittenfahrt in einer wunderbaren Schneelandschaft nach dem Heuberg (Paul Geibels kamen von Eisenach, waren mit von der Partie). Sonntag wieder Schlittenfahrt nach dem Spießberg, über Finsterbergen[65] zurück. In den Stunden zu Hause viel über die Mariasache[66] gesprochen, auch über vergangene Dinge, über die sonderbaren Verhältnisse in der weiteren Familie. Montag kam der gewesene Minister [Hans Hermann von] Berlepsch hin, neue Schlittenfahrt, an der ich mich nicht beteiligte, ging allein spazieren bei herrlichem Wetter. Abends mit Mathilde [Geibel] nach Leipzig zurück. | Heute Fakultätssitzung: an Stelle des in Ruhestand getretenen [August] Miaskowski vorgeschlagen: [Georg] von Mayr, [Wilhelm] Stieda, [Georg von] Schanz. Der Kommissionsbericht über [Wilhelm] Sieglin verlesen[67]. | Albert und Ilse [Leskien] bei meiner Rückkehr wohl angetroffen. | [Rudolf] Leuckart gestorben.

Mittwoch, 9. Februar 98: Heute [Rudolf] Leuckarts Begräbnis; ich bin wegen des schlechten Wetters und der Furcht vor den unendlichen Reden nicht gegangen. | Heut Abend Albert und Moni [Brockhaus] bei uns, allein, ohne weitere Gesellschaft. | Der Brief[68] an die [Sophie] Barberat kam heute als unbestellbar zurück, ich schickte ihn an [Alfred Hermann] Sieland zur Weiterbeförderung. | Gesternabend Holtei, Lammfell[69] zu Ende gelesen.

Donnerstag, 10. Februar 98: Nachmittags Fakultätssitzung: Commissionsbericht über die Wiederbesetzung der nationalökonomischen Professur (vorgeschlagen von Meier[70], [Wilhelm] Stieda, [Georg von] Schanz) angenommen; Commission gewählt zur Wiederbesetzung der zoologischen Professur – [Fried-

---

63 BRUGMANN, Karl, Herr Mahlow, die Sonantentheorie und die indogermanische Sprachwissenschaft, in: Indogermanische Forschungen 9 (1898), Beilage, S. 1-5.

64 Leskien konnte in Friedrichroda in der Villa der Verlegerfamilie Geibel wohnen. Carl Stephan Albert Geibel, der Inhaber von Duncker & Humblot, lud immer wieder Gäste in die Villa ein, vgl. Carl Geibel an Karl Bücher, Friedrichroda, 16. Januar 1897, UBL, NL 183/4n/F-J 1-74, mit einer Beschreibung der *Winterherrlichkeiten* in Friedrichroda. Briefkopf mit einem Bild der Geibelschen Villa., vgl. auch den folgenden Eintrag.

65 Finsterbergen bei Friedrichroda ist seit 2007 Teil von Friedrichroda. Heuberg und Spießberg (748 m), ebenfalls bei Friedrichroda, liegen am Rennsteig.

66 Trennung von Maria und Ludolf von Krehl.

67 Siehe den Eintrag vom 13. Januar 1898.

68 Siehe den Eintrag vom 31. Januar 1898.

69 Siehe den Eintrag vom 3. Februar 1898.

70 Georg von Mayr.

rich] Ratzel sagt mir, daß mein Geheimratsartikel in der »Gegenwart«[71] gedruckt wird. – Abends bei [Otto von] Böhtlingk, wo [Arthur] Öttingen.
Sonntag, 13. Februar 98: Gestern Ilses, heute Friedrichs [Leskien] Geburtstag. – Gelesen gestern Jonas Lie, Die Familie auf Gilje (in Übersetzung)[72]. Die Woche ziemlich viel an dem Accentwerk gearbeitet.
Montag, 14. Februar 1898: Abends bei uns [Manojlo] Smiljanić und Frau[73], noch ganz junge Ehefrau. Wie die Fremden, auch von den kleinen lappigen Nationen, stolz auf Heimat und Volk.
Dienstag, 15. Februar 1898: Nachmittags meine albanesischen Bücher katalogisiert und zum Teil transcribiert. Besuch von [Wilhelm] Wollner.
Mittwoch, 16. Februar 98: Die altbulgarischen Übungen geschlossen, waren nur noch zwei Menschen darin, der eine ein Bulgar, der nicht Griechisch noch Latein kann.
Donnerstag, 17. Februar 98: Gelesen Riehls letztes Werk, den Roman, Ein ganzer Mann[74]. – Albert [Leskien] wieder nicht ganz wohl, nachdem er einige Tage ein wenig gezeichnet hat.
Freitag, 18. Februar 98: Nachmittags albanesisch aus Dozon[75] gelesen. Abends bei Büchers[76], übliche Gesellschaft: Wülkers[77], Buhls[78], Credners[79] und andere, ich saß zwischen Frau Bücher und Frau Wülker. Zuletzt mit Buhls über den Stand der orientalistischen Forschungen gesprochen. | Am Morgen mit Albert B.[rockhaus] gesprochen, setzt mir den Neubau[80] auseinander. Ungeheures Geschäft mit [Fridtjof] Nansen. Jetzt ein sogenannter 3. Band in Arbeit[81], aber, aber!
Donnerstag, 24. Februar 98: Am letzten Sonnabend Kränzchen bei [Richard] Meister/[Georg] Heinrici[82]. Am Sonntag Brief von Joh.[annes] Schmidt über einen Antrag [Christoph] Jurkschats an die Berliner Akademie, ihm die Mittel

71 Siehe den Eintrag vom 20. April 1899.

72 LIE, Jonas, Die Familie auf Gilje: Roman aus dem Leben unserer Zeit, Leipzig [1896].

73 Der Vorname der Ehefrau von Smiljanić ist nicht bekannt.

74 RIEHL, Wilhelm Heinrich, Ein ganzer Mann: Roman, 4. Aufl., Stuttgart 1898.

75 DOZON, Auguste, Contes albanais, Paris 1881.

76 Emilie und Karl Bücher.

77 Gertrud und Richard Wülker.

78 Frants und Frieda Buhl.

79 Hermann und Marie Credner.

80 Bauliche Veränderungen beim Brockhaus-Verlag: 1897 entstand ein Saalbau für die lithographischen Schnellpressen, 1898 ein Querbau im ersten Hof für die Steindruckerei, 1899 das Hauptkontor im Gartenhof, vgl.: F. A. Brockhaus, 1905–2005, hg. von Thomas Keiderling, Leipzig/Mannheim 2005, S. 418.

81 NANSEN, Fridtjof, In Nacht und Eis: die norwegische Polarexpedition 1893–1896, 3 Teile, 1897–1898, Teil 3 enthält »Wir Framleute« von Bernhard Nordahl und »Nansen und ich auf 86°14'« von Hjalmar Johansen.

82 Gemeint ist das »griechische Kränzchen«, siehe den Eintrag vom 13. Januar 1895.

zur Herausgabe eines litauischen Wörterbuchs zu geben, er will meinen Rat und zugleich mich veranlassen, meine Wörterbuchsarbeit aufzunehmen. Ich rede von Jurkschat ab, schildre ihm den Stand meiner Arbeit[83]. Heute neuer Brief von Schmidt zuredend: ich schreibe ausführlich, daß ich unter meinen Erwerbsverhältnissen gar nicht daran denken kann, mich auf eine solche Arbeit einzulassen[84]. | Am Dienstag Sitzung des Ausschusses für die Hochschulvorträge: beschlossen, um dem Defizit zu entgehen, daß nächsten Winter nur das Czermakeion[85] beendigt werden soll; das Deficit, 695 M, wird vielleicht durch die Ferdinand-Rhodestiftung[86] gedeckt. | Gesternabend Lisbeth, Gertrud [Leskien] und ich allein bei Wollners[87]. | Heute traf die formelle Verlobungsanzeige von Grete Brockhaus ein. | [Karl] Brugmann ist so heruntergearbeitet, daß er Montag nach Meran gehen muß. [Friedrich] Ratzel ist auch krank, geht nach Corsica. | Gelesen einen Roman von Wilbrandt: »Die Rothenburger«[88]. | Hügel ist am Dienstag verhaftet wegen verschiedener Sittlichkeitsvergehen, 51 Jahre alt[89]. Damit ist nun das Leben zu Ende. Er ist bestimmt geistig nicht normal. | Von Albert Brockhaus 200 Mark zur Deckung des Defizits der Hochschulvorträge erhalten. | Die Erlaubnis für [Wilhelm] Streitberg seine venia[90] wieder aufzunehmen ist eingetroffen. | Frau [Paula] Heinrici mit Ellen [Heinrici] abgereist nach Heidelberg. | Am Abend Chases[91] und der junge Norweger [Halvdan] Koht bei uns zu Gast.

Freitag, 25. Februar 98: Heute die Vorlesungen geschlossen. Einen ganz dummen unmöglichen Frauenzimmerroman gelesen von der Gräfin M. Keyser-

83 Der Brief ist abgedruckt in: ZEIL, Leskiens Wahl, S. 248-250.

84 Der Brief ist abgedruckt in: ZEIL, Leskiens Wahl, S. 250-251.

85 Das Czermaksche Spectatorium (Laboratoriums- und Institutsgebäude) wurde 1870–1872 an der Querstraße in Leipzig erbaut, 1876/77 abgebaut und auf anderem Grund neu aufgebaut (ab 1881 Mathematisches Institut). Das ursprüngliche Gebäude ließ der in Prag gebürtige Physiologe Johann Nepomuk Czermak errichten, 1873 ging es an die Universität über, musste aber verlagert werden, da der Grund nicht zum Erbe gehörte, vgl.: GUL 5, S. 623.

86 Der Kaufmann Ferdinand Rhode brachte 1867 sein gesamtes Vermögen in eine Stiftung zugunsten der Stadt Leipzig ein, vgl.: GEFFCKEN/TYKOCINSKI, Stiftungsbuch, S. 507-511.

87 Marie und Wilhelm Wollner.

88 WILBRANDT, Adolf von, Die Rothenburger: Roman, Stuttgart 1898.

89 Beilage zum Leipziger Tageblatt und Anzeiger Nr. 95, Dienstag, 22. Februar 1898 (Abend-Ausgabe), S. 1393: *Wegen verschiedener Sittlichkeitsvergehen wurde gestern ein 53jähriger Privatgelehrter aus Stettin hier in Haft genommen.* Gemeint ist Richard Hügel aus Stettin, geb. 1845, vgl. MUL III, S. 73, immatrikuliert am 30. April 1867, 22 Jahre alt. Hügel promovierte in Leipzig 1869: HÜGEL, Richard, Über die Betonung der Wörter von drei und mehr Silben bei Otfrid, Leipzig, Univ., Diss., 1869. Hügel arbeitete danach als Redakteur bei Brockhaus, vgl. LAB 1898 und BROCKHAUS, Die Firma F. A. Brockhaus, S. 364.

90 Lehrberechtigung.

91 Alice und George Davis Chase.

ling: »Das Fritzche«[92] und die Arbeitszeit damit vertrödelt – Abends ich bei [Otto von] Böhtlingk: über seine Kinder (Ottilie [Emminghaus]) gesprochen.
Sonnabend, 26. Februar 98: Nachmittags eine Sitzung der Jablonoviana bei [Wilhelm] Scheibner: Contract mit Teubner, Streichung der Tauschliste[93]. Nachher Fakultätssitzung: Wiederbesetzung der Leuckartschen Professur[94], allerlei Doktorgeschichten. Abends Gesellschaft bei [Berend Wilhelm] Feddersen: Wir, [Karl] Bücher, Wundts[95], diese mit einem älteren Fräulein Tönnies[96] aus Husum, echte Schleswigholsteinerin. Hagen[97] und [Frants] Buhl spielen Beethovensche Sonaten.
Sonntag, 27. Februar 1898: Am Morgen an der Accentarbeit gewirkt, bin aber eigentlich an einem dead stop mit dem Slovenischen, und werde mich wohl entschließen müssen das aufzuarbeiten. Nachmittags Diner des Kaufmännischen Vereins (40jähriges Stiftungsfest), ich saß zwischen [Emil] Strohal und [Gustav] Zweiniger, hatte gegenüber den Reichsbankdirektor[98]. Nachher noch mit [Erich] Marcks und [Otto] Immisch zum Bier: Mit dem Hitzkopf Immisch allerlei über das mangelnde Verständnis der Hochschullehrer für die Bedürfnisse der Mittelschulen disputiert. Zweiniger aufmerksam gemacht, daß [Robert] Scholvins Unterricht der neuen Handelshochschule sehr nützlich sein könne.
Montag, 28. Februar 98: Die Correctur des Geheimratsartikels der Gegenwart[99] erhalten und abgeschickt. Wird auch spurlos vorübergehen. | Abends bei Albert Brockhaus; dort u. a. ein junger Japaner, der hier studiert und promoviert hat, [Tōmitsu] Okasaki; Mathilde [Geibel] auch dort. Friedrich [Leskien] nach Dresden zum Dienst.
Dienstag, 1. März 98: Abends bei uns: [Ernst] Beckmann, Seeligers[100], [Erich] Marcks, Frau [Anna] Böhtlingk, Dr. [John] Schmitt.

92 KEYSERLING, Margarete, Das Fritzche: Erzählung, Bielefeld 1890.

93 Gemeint sind die Tauschlisten der Gesellschaftspublikationen, auf deren Grundlage mit anderen wissenschaftlichen Einrichtungen die Gesellschaftspublikationen getauscht wurden, vgl. im Archiv der Jablonoviana: UBL, NL 251/2/4/3/4: Tauschkartei, und UBL, NL 251/2/4/3: Unterlagen zum Schriftentausch.

94 Professur für Zoologie und Zootomie an der Philosophischen Fakultät der Universität Leipzig.

95 Sophie und Wilhelm Wundt.

96 Möglicherweise eine Schwester von Ferdinand Tönnies, der zeitweise in Husum lebte. Dessen Mutter Ida, geb. Mau, war die Schwester von Heinrich August Mau, der wiederum der Vater von Wilhelm Wundts Ehefrau Sophie war.

97 Aufgrund der Häufigkeit des Namens nicht identifizierbar.

98 Die Reichsbank in Berlin unterstand direkt dem Reichskanzler und wurde von einem Direktorium geleitet, dem der Reichsbankpräsident vorstand. 1898 war dies Richard Koch, der hier vielleicht gemeint ist.

99 Siehe den Eintrag vom 20. April 1899.

100 Gerhard und Luise Seeliger.

Mittwoch, 2. März 98: Mama[101] nach Dresden zurück, mit Ratschlägen von [Hermann] Ramdohr über ihre Lebensweise. Ich abends bei [Otto von] Böhtlingk, dort sind die beiden Bronikowskischen Töchter[102].
Dienstag, 3. März 98: Abendgesellschaft bei uns: Seeligers[103] etc.
Sonntag, 6. März 98: Am Freitagabend Gesellschaft bei [Ernst] Windisch: Wundts[104], [Max] Heinze und andere. Freitag gab mir [Stephan Franz] Carl Geibel 100 Mark für die Hochschulvorträge. Am selben Tage war ich eine Stunde bei Frau Leonore [Geibel], wir sprachen wieder über die traurige Mariasache[105] (diese ist inzwischen in Rom wieder krank gewesen); ich suchte ihr Mitleid von [Ludolf von] Krehl abzulenken und auf Maria [Krehl] zu führen. Die beiden Mädchen, Eva und Lorle [Krehl], bleiben den Sommer über bei der Großmutter[106]. | Gestern [Heinrich] Curschmann hier Albert [Leskien] zu untersuchen: er bestimmte, daß Lisbeth [Leskien] mit ihm am 21. nach Meran gehe. | Ich schreibe an [Karl] Brugmann, der dort ist, ihnen eine Wohnung zu besorgen. | Am selben Tage Jahressitzung der Jablonoviana: [Wilhelm] Scheibner zum Präses gewählt, ich bin für nächstes Jahr Sekretär, [Ferdinand] Zirkel Cassierer. Beraten namentlich den Verlagsvertrag mit Teubner. Abends griechisches Kränzchen[107] bei [Moritz] Voigt. | Gelesen einen Teil von Jeremias Gotthelfs Biographie[108]. Die Woche wenig gearbeitet. | Heute [Vatroslav] Jagić meine Bemerkungen zu dem Plan des grammatischen Teils des slavischen Grundrisses geschrieben. Für meine Person abgelehnt. | Gelesen: Fontane, Kriegsgefangen[109]; Ibsen, Hedda Gabler[110].
Dienstag, 8. März 1898: Von [Hermann] Credner 25 Mark für die Hochschulvorträge erhalten, wenig genug für seinen Reichtum. Den letzten Bogen Korrektur des Handbuchs gelesen, bleiben nur noch Vorwort und Inhaltsverzeichnis. | Angefangen zu lesen Daudet, L'Immortel[111]. | Abends bei uns Leute: Wundts, Büchers[112], [Georg] Heinrici, [Johannes] Volkelt und junge Leute.

---

101 Marie Pauline Judeich.
102 Elsie Marie und Pauline Marie von Oppeln-Bronikowski.
103 Gerhard und Luise Seeliger.
104 Sophie und Wilhelm Wundt.
105 Die Scheidung von Maria und Ludolf von Krehl.
106 Leonore Geibel.
107 Siehe den Eintrag vom 13. Januar 1895.
108 GOTTHELF, Jeremias, Der Bauern-Spiegel oder Lebensgeschichte des Jeremias Gotthelf. Von ihm selbst beschrieben, Burgdorf 1837, eine Vielzahl von Ausgaben.
109 FONTANE, Theodor, Kriegsgefangen: Erlebtes 1870, Berlin 1871.
110 IBSEN, Henrik, Hedda Gabler: Schauspiel in 4 Akten, einzige vom Verf. autorisierte dt. Ausg., Berlin 1891, eine Vielzahl von Ausgaben.
111 DAUDET, Alphonse, L'immortel: moeurs parisiennes, Paris 1888.
112 Sophie und Wilhelm Wundt, Emilie und Karl Bücher.

Mittwoch, 9. März 98: Brief von [Karl] Brugmann über Meran; entscheide mich für Pension Leichterhof in Obermais[113], telegraphiere in dem Sinne.
Donnerstag, 10. März 98: Albert Brockhaus Lebewohl gesagt, er geht auf einige Wochen mit Frau[114] in den Süden. – Kleine Mädchen bei Elfriede [Leskien], die Krehls[115], eine Sievers[116], eine Holz[117], eine Voigt[118]. – Lisbeth [Leskien] fürchtet in Hoffnung zu sein. – Besuch von [Hermann] Hirt, der andre Gedanken über die serbischen Accentverhältnisse hat: ihn bewundert wegen seiner Fülle von Gedanken.
Freitag, 11. März 98: Spaziergang mit [Karl] Bücher, [Georg] Heinrici, [Eduard] Sievers, [Karl] Lamprecht nach Leutzsch. – Ich ungeheuer müde. – Albert [Leskien] zum ersten Mal seit 5 Monaten an die Luft gekommen.
Dienstag, 15. März 1898: Die Befürchtung Lisbeths [Leskien] scheint sich nicht zu bestätigen. – Heute in der Zeitung die Nachricht vom Tode der Frau [Julie] Krehl gelesen. – Gesternabend bei [Otto von] Böhtlingk mit [Hermann] Hirt zusammen. Gestern an [Karl] Brugmann zu seinem Geburtstag geschrieben: ihn abgemahnt von zu übermäßigem Arbeiten. | Gelesen allerlei: Tiedemann über Bismarck[119]; herumgelesen in Gotthelf[120] und in Freitags Erinnerungen[121].
Mittwoch, 16. März 98: Frühlingsconvent der Fraternität[122]: [Georg] Heinrici, [Richard] Meister und ich bei dem Essen, bis spät gekneipt.

113 Der Leichterhof wurde vor 1886 erbaut. Das oberhalb von Meran gelegene Obermais, bis 1924 selbständig, gehört heute zu Meran.

114 Marie »Mony« Brockhaus.

115 Eva und Lorle Krehl.

116 Eduard Sievers hatte zwei Töchter: Nora, zu unbekannter Zeit verh. mit Carl von Kraus, vgl. KUHN/OTT, Kraus, S. 692-693. Eine weitere Tochter mit Namen Heidi wird in einem Brief erwähnt von Cäcilie Schmalz an Eduard Sievers, Elstertrebnitz bei Pegau, 25. November 1930, UBL, NL 203/4/4/104.

117 Wahrscheinlich Gisela Holz, Tochter von Georg Holz, die wie Elfriede Leskien 1892 geboren wurde.

118 Aufgrund der Namenshäufigkeit nicht identifizierbar; wahrscheinlich nicht eine Tochter von Moritz Voigt, der schon 1826 geboren wurde.

119 TIEDEMANN, Christoph von, Persönliche Erinnerungen an den Fürsten Bismarck. Vortrag gehalten in der Historischen Gesellschaft für den Netze-Distrikt in Bromberg am 18. November 1897; mit 1 Facsimile, Leipzig 1898.

120 Siehe den Eintrag vom 6. März 1898.

121 FREYTAG, Gustav, Erinnerungen aus meinem Leben, Leipzig 1887.

122 Die Fraternität der Notarien und Literaten in Leipzig war eine geschlossene Gesellschaft (gestiftet 1624), ursprünglich eine Beerdigungsbruderschaft, später ein geselliger Verein. Zweimal im Jahr trafen sich die Mitglieder (männliche Akademiker) zu einem Mittagessen, vgl.: Statuten der »Fraternität der Notarien und Literaten zu Leipzig« vom Jahre 1624; Geschäfts- und Convents-Ordnung des Vereins Fraternität der Notarien und Literaten in Leipzig, Leipzig 1874.

Donnerstag, 17. März 98: Gelesen zwei Romane von Björnson: En Hanske[123], De Nygifte[124]. | Brief von [Charles] Lanman, ihm über [George] Chase zu schreiben.

Freitag, 18. März 1898: Arbeitskraft und Arbeitswille auf dem Nullpunkt. – Mathilde Geibel besucht, ihr zugeredet, doch für ihre Gesundheit etwas zu tun, das ist auch eine von denen, die ein besseres Loos verdient hätten. – Otto Geibel hat sich mit einer Malerstochter [Marie Luise] Corrodi in Rom verlobt. – Einen sehr nichtsnutzigen Roman von Megede (Quitt)[125] gelesen. Abends griechisches Kränzchen[126] bei uns.

Sonnabend, 19. März 1898: Abends bei [Otto von] Böhtlingk. Eine Anzahl [Henrik] Ibsen gelesen.

Sonntag, 20. März 1898: Mittags wir alle außer Albert [Leskien] bei Eduard [Brockhaus] zu Tisch. Nachmittags Chase und Frau[127] da, sie reist – in Hoffnung – nach Amerika, er bleibt noch ein Semester hier.

Montag, 21. März 1898: Alberts [Leskien] Abreise muß verschoben werden, da er in der Nacht Kolik bekam. Ist vorläufig auf Mittwoch festgesetzt. Ich hatte fast die ganze Nacht nicht geschlafen, ging heute traurig und quer nur in der Linie[128] 3 Stunden spazieren. Bin zum Arbeiten ganz unfähig. Brief von [Jan Michał] Rozwadowski, daß er in Krakau mit der Vertretung der slavistischen Professur, die durch [Lucjan] Malinowskis Tod erledigt ist, betraut wurde. – Ernst [Leskien] in der Nacht stark an Kolik erkrankt, doch ohne weitere Folgen.

Dienstag, 22. März 1898: Den Brief [Jan Michał] Rozwadowski beantwortet. Briefe von [Wilhelm] Streitberg und [Erich] Berneker, beide beantwortet. Am Morgen 2 – 3 Stunden spazierengegangen. – Villari, Savonarola[129], gelesen. – Ernst [Leskien] wieder gesund.

Mittwoch, 23. März 98: Lisbeth und Albert [Leskien] um 10°42' mit dem D-Zug nach München abgefahren. Dort werden sie übernachten, morgen nach Bozen fahren, dort wieder übernachten, Freitag in Meran sein. – Villari, Savonarola[130] zu Ende gelesen. – Der Druck des Handbuches ist beendigt.

Donnerstag, 24. März 98: Depesche von München, daß sie[131] dort gut angekommen, heute nach Bozen fahren. – Gestern Parzival in der Bearbeitung

---

123 BJØRNSON, Bjørnstjerne, En Hanske: skuespil, København 1883.

124 BJØRNSON, Bjørnstjerne, De Ny-Gifte, København 1891.

125 ZUR MEGEDE, Johann Richard, Quitt!: Roman, Leipzig 1898.

126 Siehe den Eintrag vom 13. Januar 1895.

127 George und Alice Chase.

128 Die *Linie* ist ein Weg durch den Auenwald im Leipziger Süden.

129 VILLARI, Pasquale, Geschichte Girolamo Savonarola's und seiner Zeit nach neuen Quellen dargest., 2 Bde., Leipzig 1868.

130 Siehe den vorhergehenden Eintrag.

131 Albert und Elisabeth Leskien.

von Hertz[132] gelesen. Trotz aller Rederei kann uns das Gedicht nichts mehr sein. – Vom Geschäft[133] auf 8 Tage Urlaub genommen. | In Raabe »Akten des Vogelsangs«[134] gelesen: »Sie sind eben ... nach Sedan, Metz und nach der dritten Einnahme von Paris in die deutsche Welt hineingekommen, und das Eigentum ihrer Vorfahren ... hat kaum noch viel Bedeutung für sie«[135]. Paßt als genaues Motto auf den Aufsatz, den ich über die Schule schreiben wollte.
Freitag, 25. März 98: Brief an [Vatroslav] Jagić, sage ihm die Bearbeitung der Stammbildungslehre für den Grundriß zu, mache Vorschläge für die Syntax. – Erhalte von Böhlaus Nachfolger[136] das Honorar, 528 Mark, für die 3. Auflage des »Handbuchs«[137]. – Vom Geschäft[138] habe ich gestern auf 8 Tage Urlaub genommen. – Telegramm von Lisbeth [Leskien], daß sie glücklich in Meran angekommen.
Sonnabend, 26. März 98: Abends griechisches Kränzchen[139] bei Meisters[140], auch die Kinder[141] geladen, die mit den Frauen Kotzebues Kleinstädter[142] lasen. – Ich den ganzen Tag Spielhagens »Ein neuer Pharao«[143] gelesen.
Sonntag, 27. März 1898: Karte von Albert [Leskien] aus Meran, es scheint ihm gut zu gehen, schlechtes Wetter aber auch dort. – Brief an Lisbeth [Leskien] dorthin – die ganzen Tage Romane von [Hermann] Heiberg gelesen. Dann Suttner, Die Waffen nieder[144]. Viel Törichtes darin, das Richtige wissen wir alle, nur kennen wir den Zwang der Vergangenheit, während die Frau glaubt, ein Entschluß einiger Fürsten und ihrer Räte könne den Krieg aus der Welt schaffen.
Montag, 28. März 98: Brief von Lisbeth [Leskien] aus Meran, es scheint doch so zu sein. Wenn alles gut u. so sei, warum nicht? Die Leute werden uns freilich verachten. Das Faulenzen muß aber doch jetzt ein Ende haben. | Dreistündiger Waldspaziergang mit Ernst und Elfriede [Leskien]. – In der vorigen

---

132 WOLFRAM <von Eschenbach>, Parzival, neu bearb. von Wilhelm Hertz, Stuttgart 1898.

133 F. A. Brockhaus.

134 Siehe den Eintrag vom 27. Dezember 1897.

135 RAABE, Wilhelm, Die Akten des Vogelsangs, Berlin 1896, S. 284-285.

136 Hermann Böhlau Verlag in Weimar, seit 1895 Hermann Böhlaus Nachfolger.

137 LESKIEN, August, Handbuch der altbulgarischen (altkirchenslavischen) Sprache: Grammatik, Texte, Glossar, 3. Aufl., Weimar 1898.

138 F. A. Brockhaus.

139 Siehe den Eintrag vom 13. Januar 1895.

140 Klothilde und Richard Meister.

141 Gemeint sind die Kinder August Leskiens, vielleicht auch die Kinder anderer Kränzchenteilnehmer.

142 KOTZEBUE, August von, Die deutschen Kleinstädter, Leipzig 1803, eine Vielzahl von Ausgaben.

143 SPIELHAGEN, Friedrich, Ein neuer Pharao: Roman in 4 Büchern, Leipzig 1889, eine Vielzahl von Ausgaben.

144 SUTTNER, Bertha von, Die Waffen nieder!, Dresden 1889, eine Vielzahl von Ausgaben.

Woche an [Vatroslav] Jagić geschrieben, daß ich für den Grundriß die Stammbildungslehre übernehme, Syntax zweifelhaft gelassen. – Abends [Asmus] Sörensen und [Gustav] Burchardi da.

Dienstag 29. März 98: Wieder [Gottfried] Keller gelesen. Am Morgen mit der Kleinen[145] in Leutzsch, über die große Eiche[146] zurück. – Nachmittags Besuch von [Otto] Behaghel aus Gießen, mit ihm, [Eduard] Sievers, [Hermann] Hirt, [Eugen] Mogk, [Georg] Holz, [Adolf] Birch-Hirschfeld abends zusammen. – Vor einigen Tagen die Flottenvorlage durchgegangen, durch das Centrum[147] – Karte von Albert aus Meran (nein, von Lisbeth [Leskien]). An Lisbeth Brief.

Mittwoch, 30. März 98: Abends bei [Otto von] Böhtlingk; dort Baunack und Braut[148].

Donnerstag, 31. März 98: Brief von [Vatroslav] Jagić in Grundrißangelegenheiten; beantwortet: ich übernehme die Syntax der slavischen Sprachen, ein leichtsinniger Streich. – Abends bei [Otto von] Böhtlingk.

Sonnabend, 2. April 1898: Ernst [Leskien] gestern von der Schule abgegangen mit sehr gutem Zeugnis und dem Berechtigungsschein, heute als Lehrling bei Bauer und Krause eingetreten. – Mathilde Geibel besucht, über Maria [Krehl] gesprochen. – Albert Brockhaus ist zurück seit gestern: brachte gute Nachrichten über seine Mutter[149], vortreffliche aus Florenz[150].

Sonntag, 3. April 98: Das gestern erhaltene Manuskript [Wilhelm] Streitbergs über die Freiburger Uni. durchgelesen: Die Armen haben sich jahrelang mit lauter Schurken herumschlagen müssen[151]. | Die ganze Woche nichts getan als an Dispositionen der slavischen Syntax herumgedacht, meist aber Romane gelesen; die habe ich nun satt und werde morgen wieder ans Arbeiten gehen. |

---

145 Elfriede Leskien.

146 Die Große Eiche (die Königseiche) in der Burgaue bei Leutzsch, seit Anfang des 19. Jahrhunderts als »Naturdenkmal« verzeichnet, war ein markantes Wanderziel.

147 Deutsche Zentrumspartei.

148 Der Name von Johannes Baunacks Frau ist unbekannt, vielleicht hieß sie Clara. Baunack wird letztmals in LAB 1928 genannt, er ist wahrscheinlich in diesem Jahr verstorben. Er wohnte Hospitalstr. 32 III. Ab LAB 1930 wird Clara Baunack, *Privata*, unter dieser Adresse angeführt. Sie wird im LAB 1932 letztmals erwähnt, scheint also kurz nach Johannes Baunack verstorben zu sein. Üblicherweise wurden Witwen im LAB mit der Abkürzung *Ww.* bezeichnet. Es könnte also auch sein, dass Clara Baunack eine unverheiratete Tochter von Johannes Baunack war, die ihm den Haushalt führte.

149 Emilia Brockhaus.

150 Über Heinrich Brockhaus.

151 Denkschrift der aus dem Verbande der Universität Freiburg in der Schweiz ausscheidenden reichsdeutschen Professoren, München 1898; als Antwort auf diese Denkschrift erschien: Die Universität Freiburg in der Schweiz und ihre Kritiker: Antwort auf die Denkschrift der acht aus dem Verbande der Universität ausgeschiedenen Professoren, Freiburg/Schweiz 1898.

[Georg] Heinrici war bei mir, klagte über das Schicksal mit seiner Frau[152]; sie ist entschieden geistig krank; er tut mir jetzt auch leid, denn am Ende, was kann er dafür, daß er nicht der richtige Mann für sie ist. | Muß mir einen Plan für Lektüre einrichten, wenn auch nur eine halbe Stunde täglich, sonst vertrockne ganz.

Montag, 4. April 98: Abends bei Böhtlingks[153]. – Am Sonnabend habe ich für 14 Tage Geschäftsurlaub genommen. – Heysesche Novellen gelesen (die meisten: Rätsel des Lebens etc., 1897)[154], trotz mangelnder Tiefe doch angezogen durch die Form.

Dienstag, 5. April 98:[155] Heute Brief von Lisbeth [Leskien], daß die Befürchtungen in nichts zerfallen sind. Nun, es ist besser so.

Mittwoch, 6. April 98:[156] Am späteren Nachmittag Walter [Judeich] angekommen, bleibt bis Freitagmorgen hier. Allerlei verabredet für den 70sten Geburtstag der Mama[157]. – Mathilde [Geibel] und bei ihr Mony [Marie Brockhaus] gesehen, sie sprachen von Rud.[olf Brockhaus jun.] Verliebtheit in eine Frau [Alice Helene] Ayrer-Frege (oder Frege-Ayrer, ich weiß nicht wie), wundern sich, daß ich von der Rederei, die im Winter ganz Leipzig beschäftigt haben soll, nichts weiß. Gar kein Wunder. Ferner erwähnen sie ein Ostereiersuchen der näher und entfernter verwandten Kinder. Ich muß immer dabei eine gewisse Empfindlichkeit unterdrücken, daß sie dabei an Elfriede [Leskien] gar nicht denken, obgleich ich mir sage, daß es Torheit ist. Wie sollten sie daran denken? | Etwas herumgearbeitet an dem Plan der Syntax, ohne zu einem recht passenden System zu kommen. | Mittags bei Meisters zum Gratulieren zu Richards Geburtstag[158], sie behalten mich zum Mittagessen da.

Donnerstag 7. April – Donnerstag 14. April:[159] Bei Geibels in Friedrichroda[160].

Sonnabend, 16. April 1898: Abends bei Böhtlingks[161] mit Meisters[162]. [Julius] Walter aus Königsberg war da. – Gelesen Ganghofer, Der laufende Berg[163]. Die Literatur über russische Dialekte für Vorlesung zusammengestellt.

Sonntag, 17. April 1898: Gertruds [Leskien] Geburtstag. Mittags bei uns

152 Paula Heinrici.

153 Anna und Otto von Böhtlingk.

154 HEYSE, Paul, Das Räthsel des Lebens und andere Charakterbilder, Berlin 1897.

155 Von Leskien fälschlich als 4. April 1898 gezählt.

156 Von Leskien fälschlich als 5. April 1898 gezählt.

157 Marie Pauline Judeich.

158 Vater und ein Sohn hießen Richard, aber keiner von beiden hatte im April Geburtstag.

159 Von Leskien fälschlich als Donnerstag 6. April – Donnerstag 13. April gezählt.

160 Leskien wohnte in der Villa der Familie Geibel in Friedrichroda.

161 Anna und Otto von Böhtlingk.

162 Klothilde und Richard Meister.

163 GANGHOFER, Ludwig, Der laufende Berg: ein Hochlandsroman, Stuttgart [1897].

Nicolaj und seine Mutter[164], die kleine Ellen [Heinrici]. – Gelesen Raabe, Chronik der Sperlingsgasse[165]. – Angefangen Haucks Kirchengeschichte[166].
Montag 18. April 1898: Abends Besuch von [George] Chase. Teil von [Aleksej Aleksandrowitsch] Schachmatow gelesen (zum Teil großes Blech). – Angefangen Sobolevskij, Lekcii po istorii russkogo jazyka[167].
Dienstag, 19. April 1898: Abends Walter [Judeich] auf der Durchreise da: mit ihm über Mamas[168] 70jährigen Geburtstag gesprochen; sie will keine Feier. Brief an Lisbeth [Leskien] geschrieben, am 20. abgeschickt.
Donnerstag 21. April 98: [Wilhelm] Streitberg angekommen, war abends bei uns. Von Donnerstag – Sonnabend die Feier von König Alberts 70jährigem Geburtstag und 25jährigem Regierungsjubiläum. Habe mich um nichts gekümmert. – [Friedrich] Ratzel ist Geheimer Hofrat geworden. Ironie des Schicksals.
Sonntag, 24. April 98: Brief von Lisbeth und Albert [Leskien], daß sie am Anfang Mai zurückkommen will. Rate in meiner Antwort ab.
Montag 25. April: Friedrich [Leskien] von Dresden zurückgekommen mit bestandenem Offiziersexamen. – Das erste Kränzchen[169] des Semesters bei [Wilhelm] Wundt.
Dienstag, 26. April: Ernst [Leskien] hat heute die Handelsschule angefangen. – Vor 8 Tagen etwa kam die Nachricht, daß [Georg] Bühler im Bodensee mit einem kleinen Nachen gekentert und ertrunken sei: die Umstände sind auffallend genug, um auf den Gedanken einer Absicht zu kommen. – Brief von Lisbeth [Leskien], daß sie Anfang Mai zurückkommt. – Vorlesungen[170] heute begonnen.
Donnerstag, 28. April 1898: Gestern bei Mathilde Geibel wir alle zum Abendessen, dort u. a. Frau Baumgarten[171] und der Japaner [Tōmitsu] Okasaki. – Friedrich [Leskien] hat nun Wohnung in der Eilenburger Straße[172] genommen. – Frau [Valeska] Brugmann besucht, fand sie auf, aber schwach aussehend.
Sonntag, 1. Mai 1898: [Erich] Berneker von Berlin aus hier. Heute auf einmal

164 Nikolaj und Anna Böhtlingk.

165 RAABE, Wilhelm, Die Chronik der Sperlingsgasse, Berlin 1857, eine Vielzahl von Ausgaben.

166 Siehe den Eintrag vom 3. Februar 1898.

167 SOBOLEVSKIJ, Aleksej Ivanovič, Lekcii po istorii russkogo jazyka, Moskau 1891.

168 Marie Pauline Judeich.

169 Siehe den Eintrag vom 8. Februar 1892.

170 SS 1898: Vergleichende Grammatik der russischen Mundarten (Großrussisch, Weißrussisch, Kleinrussisch); Historische Grammatik der serbokroatischen Sprache, vgl. Hist-VV.

171 Wahrscheinlich Julie Baumgarten, siehe den Eintrag vom 29. September 1899.

172 Eilenburger Straße, nach Südosten führende Straße in Leipzig.

Sommer geworden, über 20° im Schatten, während bis dahin immer kalt und rauh. – Gestern Spaziergang nach Leutzsch: [Wilhelm] Stieda dabei.
Montag, 2. Mai 1898: [Karl] Brugmann bei uns: seine Frau[173] ist in Hoffnung, das die Ursache ihres schlechten Befindens. Er hat ein Gesuch an das Ministerium vorbereitet wegen Überlassung der Räume des aufgelösten Miaskowskischen Seminars an eine »Indogermanische Gesellschaft«, unter Leitung von [Ernst] Windisch, ihm und mir[174].
Dienstag, 3. Mai 98: Schwere Gedanken über die Möglichkeit das [Konversations-]Lexikon aufzugeben: ich kann die Doppelstellung nicht durchführen, komme ganz dabei um. Aber wie auskommen? Die Vorlesungen heute aus Müdigkeit schlecht gehalten.
Mittwoch 4. Mai 98: Lisbeth um 6° von Meran angekommen, bringt gute Nachrichten von Albert [Leskien] mit, die eine Karte von ihm bestätigt. – Von [Karl] Brugmann erfahren, daß seine Frau[175] in Hoffnung, daß also ihr Leiden zunächst damit zusammenhange: er macht ihr durch seine grübliche Sorge in die Zukunft und das Auskommen mit der Einnahme das Leben etwas schwer. Dumm, aber das gewöhnliche Verfahren bei solchen Anlässen. Hungern wird keiner von ihnen.
Donnerstag, 5. Mai 98: Von A.[lbert] B.[rockhaus] einen Teil des schwedischen Manuskripts von Hedins Reise in Innerasien[176] zugeschickt, lese es für ihn, um ein Urteil zu gewinnen, ob es sich für Verlag eigne.
Freitag, 6. Mai 98: Gertrud und Lisbeth [Leskien] reisen nach Dresden zum 70sten Geburtstag der Mama[177].
Sonnabend 7. Mai 98: 70ster Geburtstag der Mama[178]. Am Morgen Frau [Luise] Bräuer gesprochen, die von Aachen zurückkommt: Milly [Emilia Brockhaus] geistig recht kräftig, aber körperlich so schwach, daß sie gar nicht gehen kann. – Heutmorgen Besuch von Helene Tepelmann, die mit ihm[179] zur Buchhändlermesse hergefahren ist. Sie sieht merkwürdig viel hübscher aus als in ihrer Mädchenzeit. | Im Lauf der vergangenen Woche die Umarbeitung meiner Accentarbeit begonnen und ziemlich gefördert. – Gelesen in Spencer, Stu-

173 Valeska Brugmann.

174 Durch Zusammenlegung des Staatswissenschaftlichen Seminars, das August von Miaskowski geleitet hatte, und des Volkswirtschaftlich-statistischen Seminars 1898 wurden vier Räume im Paulinum der Universität Leipzig frei, die das Indogermanische Institut unter Leitung von Karl Brugmann, August Leskien und Ernst Windisch bezog, vgl. FSUL 4/1, S. 85.

175 Valeska Brugmann.

176 Bei Brockhaus erschien: HEDIN, Sven Anders, Durch Asiens Wüsten. Drei Jahre auf neuen Wegen in Pamir, Lopnor, Tibet und China, 2 Bde., Leipzig 1899.

177 Marie Pauline Judeich.

178 Siehe den vorhergehenden Eintrag.

179 Bernhard Tepelmann.

dium der Sociologie[180]. – Sitzung der Gesellschaft der Wissenschaften. Ich lege vor [Wilhelm] Wollner über Rhythmik und Metrik der russischen Volkspoesie[181]. – Abends Lisbeth von Dresden zurück, Gertrud [Leskien] ist auf 8 Tage dort geblieben.
Montag, 9. Mai 98: Von der Leipziger Bank[182] die 4 neugekauften Aktien herausgenommen, an A.[lbert] B.[rockhaus] gegeben.
Mittwoch, 11. Mai 98: Abends bei Böhtlingks[183], der Frau Geburtstag – Böhtlingk hat mit [Oskar] Wiedemann gesprochen und hat die Vermutung: er hoffe auf die Stelle in Freiburg (Schweiz), mir kaum glaublich.
Donnerstag 12. Mai 98: Gelesen etwas von Helene Böhlau: »Im Rödchen«[184].
Freitag, 13. Mai 98: Jemand, [Richard] Wülker oder [Justus Hermann] Lipsius, erzählt mir im Sprechzimmer, daß die Commissionssitzung zur Wiederbesetzung der Professur der neueren deutschen Litteratur wieder zu nichts geführt hat: es soll beim Alten bleiben (Elster so hingehalten worden).
Sonnabend, 14. Mai 1898: Spaziergang nach Leutzsch: ich erkläre den Herren nicht mehr dahin mitzugehen, da ich den Pestgestank der Leipziger Abwässer nicht mehr atmen will. Abends griechisches Kränzchen[185] bei [Moritz] Voigt: dabei Frau Cichorius[186] aus Braunschweig. Die alten Zeiten!
Sonntag, 15. Mai 1898: Brief von Albert [Leskien], der mich traurig stimmt; keine ordentliche Zunahme der Kräfte. Raabes Kloster Lugau[187] zu Ende gelesen. | Die Woche weiter gearbeitet an der Arbeit über die serbischen Accente: sie ist mir schrecklich geworden und ich möchte sie am liebsten in den Papierkorb werfen. Hängt zusammen mit meiner ganzen krankhaften Stimmung, die an allem, was mit dieser Art von Gelehrsamkeit zu tun hat, keinen Gefallen mehr findet. Die ganze Slavistik ist leeres Stroh, nur leider muß ich es weiter kauen bis an mein Lebensende. | Merkwürdig ist nur, daß [Friedrich] Ratzel über seinen Geheimen Hofrat mir gegenüber kein Wort erwähnt, nach

---

180 SPENCER, Herbert, The study of sociology, London 1873, eine Vielzahl von Ausgaben.

181 Berichte über die Verhandlungen der Königlich Sächsischen Gesellschaft der Wissenschaften zu Leipzig. Philologisch-historische Klasse 50 (1898), S. 87: *Herr Leskien legte eine Arbeit des Herrn Wollner vor, betitelt ›Rhythmik und Versbau der russischen volksthümlichen Epik‹ (für die ›Abhandlungen‹ bestimmt).* Der Beitrag Wollners wurde allerdings nicht publiziert.

182 Die Leipziger Bank mit Sitz in Leipzig wurde 1838 gegründet und ging 1901 in Konkurs.

183 Anna und Otto von Böhtlingk.

184 Gemeint ist die Novelle »Im alten Rödchen bei Weimar«, erstmals publiziert in der Sammlung: BÖHLAU, Helene, Altweimarische Liebes- und Ehegeschichten, Stuttgart 1897.

185 Siehe den Eintrag vom 13. Januar 1895.

186 Die erwähnte Frau Cichorius ist vielleicht verwandt mit Conrad Cichorius, zu dieser Zeit Professor für alte Geschichte an der Universität Leipzig, vgl. PUL.

187 RAABE, Wilhelm, Kloster Lugau, Berlin 1893.

den Separatabzügen des Artikels nicht einmal gefragt hat. Meinetwegen; ich wußte von Anfang an, daß es vergeblich sein werde. | Gertrud [Leskien] von Dresden zurück: bringt keine günstigen Nachrichten über Mamas[188] Befinden mit. Es werden schwere Zeiten bevorstehen. | Von der Frau [Anna] Böhtlingk gehört, daß Paul Böhtlingk doch von Argentinien kommt.
Montag 16. Mai 98: Besuch mit Lisbeth und beiden Töchtern[189] bei [Wilhelm] Stieda.
Dienstag, 17. Mai 98: Gelesen Jonas Lie, Frøken Gram[190], eine von den jetzt üblichen Ausführungen des modernen Weibes. Der Schluß ist, daß sie doch zuletzt ihre Befriedigung findet als Mutter dreier adoptierter Kinder. Es muß immer wieder darauf hinauslaufen.
Mittwoch, 18. Mai 98: Abends in Gesellschaft bei Wundts[191], mit Stiedas[192], [Wilhelm] His, Büchers[193], [Ernst] Windisch und jüngeren Leuten, darunter Gertrud und Ilse [Leskien].
Donnerstag, 19. Mai 98: Das bekannte Bockfrühstück[194] bei [Johannes] Wislicenus, diesmal ganz erträglich. Nachmittags gelesen: Aage Ibsen, Søster Helene, en kjærlighedshistorie (Kopenhagen 95)[195]; Schulze-Smidt: Er lebt[196]. Nachmittags mit Heinricis und den beiden Kleinen[197] im Zoologischen Garten[198].
Sonnabend 21. Mai 98: Angefangen Dahlerup, Det Danske Sprogs Historie, Kopenhagen 96 (populäre Darstellung)[199]. – Die Woche wenig vorwärts gekommen in der Accentarbeit, die Sachen werden immer verwickelter und ich bin nicht frisch – eigene Schuld. Abends mit [Wilhelm] Streitberg bei [Otto von] Böhtlingk.
Sonntag, 22. Mai 98: Brief von Albert [Leskien], der gut klingt, indirekte Nachricht von Marianne Brockhaus, die ihn in Meran gesehen, daß sie ihn viel besser gefunden als noch vor einigen Wochen. – Mit Ernst und Elfriede

---

188 Marie Pauline Judeich.

189 Gertrud und Ilse Leskien.

190 SCHANDORPH, Sophus Christian Frederik, Frøken Gram, fortælling, Kjøbenhavn 1897.

191 Sophie und Wilhelm Wundt.

192 Auguste und Wilhelm Stieda.

193 Emilie und Karl Bücher.

194 Siehe den Eintrag vom 14. Mai 1893.

195 IBSEN, Aage, Søster Helene: en kjærlighedshistorie, Kjøbenhavn 1895.

196 SCHULZE-SMIDT, Bernhardine, Er lebt!: eine Erzählung, 2. Aufl., Bielefeld [u.a.] 1892.

197 Georg und Paula Heinrici, Ellen Heinrici und Elfriede Leskien.

198 Zoologischer Garten in Leipzig, gegründet 1878 von Ernst Pinkert, der seinen Zoo 1899 in eine Aktiengesellschaft überführte, vgl. ZWAHR, Leipzig, S. 185.

199 DAHLERUP, Verner, Det danske sprogs historie i almenfattelig fremstilling, København 1896.

[Leskien] heutmorgen nach Mockau mit der Elektrischen Bahn[200], dann nach Taucha über die Dörfer zu Fuß, von da mit Bahn zurück.
Montag 23. Mai: Mathilde [Geibel] besucht, von ihr erfahren, daß [Otto] Ribbeck gestern abend kränker als bisher von Nauheim zurückgekehrt. Abends Kränzchen[201] bei [Ferdinand] Zirkel: mit [Wilhelm] Wundt viel über die heillose Geschichte der german.[istischen] Professur ([Ernst] Elster) gesprochen.
Dienstag, 24. Mai 98: Nachmittags bei [Otto von] Böhtlingk, er hat die bestimmte Nachricht, daß Paul B.[öhtlingk] von Argentinien abgereist.
Mittwoch 25. Mai 98: Professorium bei Bonorand[202], Ilse, Gertrud, Friedrich [Leskien], Rauscher[203], [Robert] Astor.
Dienstag, 26. Mai 98: Brief an Albert [Leskien]. Abends bei Böhtlingks[204] mit Meisters[205].
Freitag 27. Mai 98: Vorlesungen für die Pfingstferien geschlossen.
Sonnabend 28. – Dienstag 31. Mai 98: Alle außer Friedrich in Dresden. Ernst Montag, Gertrud [Leskien] und ich Dienstag zurück. Ich gehe übermorgen nach Friedrichroda. Am 27. die Nachricht erhalten, daß ich zum correspondierenden Mitglied der Wiener Akademie ernannt bin.
Mittwoch 1. Juni 1898: Heute Briefe von [Hugo] Schuchardt und [Vatroslav] Jagić und Vorschläge für die Professuren der Indogermanistik in Graz und Wien (Friedrich Müller ist vorige Woche gestorben). Ich werde [Wilhelm] Streitberg, [Hermann] Hirt, [Albert] Thumb nennen.[206]
Donnerstag 2. Juni – Montag, 6. Juni 98: In Friedrichroda bei Geibels[207] – Gertrud [Leskien] am Montag nach Marburg.
Dienstag 7. Juni 1898: Zum Diner bei [Stephan Franz] Carl Geibel: [Rochus von] Liliencron, [Carl Victor] Lampe[-Vischer], Alberts[208] und jüngere Leute, Ad.[olf] Geibel. Abends bei [Otto von] Böhtlingk. – Besuch von [Karl] Brugmann, der mir mitteilte, daß [Wilhelm von] Hartel ihn für Wien in Aussicht

200 Mockau, im Norden von Leipzig, wurde 1915 Teil von Leipzig; seit 1896 an das Leipziger Straßenbahnnetz angeschlossen. Die Leipziger Elektrische Straßenbahn nahm 1896 auf mehreren Strecken ihren Betrieb auf, vgl.: ZWAHR, Leipzig, S. 184.

201 Siehe den Eintrag vom 8. Februar 1892.

202 Siehe den Eintrag vom 3. Juni 1894.

203 Es handelt sich um einen der Brüder Adolf und Gustav Rauscher, die beide u.a. in Leipzig ab 1896 Medizin studierten und als Ärzte tätig waren.

204 Anna und Otto von Böhtlingk.

205 Klothilde und Richard Meister.

206 Leskien an Schuchardt, Friedrichroda, 3. Juni 1898, EICHLER/SCHRÖTER, Briefe August Leskiens, S. 90-91: *Zu gleicher Zeit mit dem Ihrigen bekam ich einen Brief von Jagić gleichen Inhalts; er wünscht auch, ich möchte ihm Rathschläge für Wien geben. Da ich annehme, daß sie entweder schon mit ihm gesprochen haben oder sprechen werden, theile ich Ihnen mit, daß er an erster Stelle Brugmann im Auge hat, dann nannte er Streitberg und Kretschmer.*

207 Stephan Franz Carl und Mathilde Geibel.

208 Albert und Marie »Mony« Brockhaus.

nehme. Ich erzähle ihm, daß ich an [Vatroslav] Jagić und [Hugo] Schuchardt geschrieben habe.

Mittwoch, 8. Juni 1898, Donnerstag 9. Juni 1898: Alberts [Leskien] Geburtstag. – Nachmittags Fakultätssitzung: Wiederbesetzung der Lieschen Professur[209]. Bericht der Commission über die Professur für neuere deutsche Litteratur[210]: haben beschlossen nichts zu tun, den provisorischen Zustand zu lassen, die Fakultät verlangt dann zwangsmäßig, daß die Commission Namen nennen soll.[211]

Sonnabend 11. Juni 98: [Otto von] Böhtlingks Geburtstag – Lisbeth mit Ilse und der Kleinen[212] von Dresden zurück.

Mittwoch 15. Juni, Montag 13. Juni 98: Conferenzen wegen des ernstlichen Anfangs des Kleinen Lexikons. Es ist eine elende Sache jetzt in der Redaktion: [Paul] Petersen, [Ottomar] Stelzner, [Johann Traugott] Pech krank. – Mit [Hermann] Hirt gesprochen: er will eventuell beim [Konversations-]Lexikon angestellt werden[213]; ich halte ihm eine Stelle mit 2000 Mark für den 1. November frei[214].

---

209 Professur für Geometrie an der Philosophischen Fakultät der Universität Leipzig. Nachfolger wurde Otto Hölder.

210 Die Professur war bis 1895 interimistisch von Ernst Elster als außerplanmäßigem Professor vertreten worden, vgl. PUL.

211 UAL, Phil.Fak. A 03/30:06, S. 338: Offensichtlich konnte sich die Kommission nicht auf einen Kandidaten einigen. Nach dem Beschluss der Fakultät, die Angelegenheit an die Kommission zurückzugeben, stellte Wundt den Antrag, aus der Kommission ausscheiden zu dürfen, was ihm nicht bewilligt wurde.

212 Elfriede Leskien.

213 Hermann Hirt hatte große Probleme, im Wissenschaftsbetrieb Fuß zu fassen, vgl. Hirt an Wilhelm Streitberg, Leipzig, 13. März 1897, UBL, NL 245/Hi/Hirt/141: *Auch ich habe ja, als ich Bradkes schwere Krankheit und unmittelbar darauf seinen Tod erfuhr, daran denken müssen, wie rasch sich die Verhältnisse ändern können. Wenn ich auch geheime Hoffnungen hege und deine Karte als günstiges Vorzeichen betrachte, so weiss ich doch nur zu gut, wie gering die wirklichen Aussichten sind. Auf Brugmann ist ja gar nicht zu rechnen. Besser wird es schon, wenn man durch den alten Böhtlingk auf Delbrück wirken könnte, der doch wahrscheinlich ausschlaggebend sein wird. Könntest Du ihm nicht einige Worte so nebenbei in einem Briefe schreiben? – Für mich wäre es wirklich sehr viel wert, wenn ich wüsste, dass etwas aus mir werde. Über kurz oder lang muss ich mit der Wissenschaft aufhören, falls sich unsre Verhältnisse in H.*[alle] *nicht klären. Dieses Jahr will ich noch so hingehen lassen, aber in dem nächsten muss ich mich entscheiden. Jedenfalls haben sich die Verhältnisse in H. so geändert, daß ich schwerlich jemals von meinem Vermögen leben kann. Und so heißt es dann: Entweder oder. Mir liegt wirklich nichts weiter an einer Professur, wenn gleich es die einfachste Lösung wäre. Es ist ein Jammer, daß man von dem bischen Geld abhängig ist. Hätte ich nur 3000 Mk. Einkommen, so wäre ich vollauf befriedigt.*

214 Hirt an Wilhelm Streitberg, Leipzig, 10. Oktober 1898, UBL, NL 245/Hi/Hirt/166: *Ich sitze jetzt an der Ausarbeitung meines Reiseberichtes, daneben müssen die Hochschulvorträge gemacht werden, so daß ich genügend zu thun habe, bis zum 1ten November, wo ja dann ein neues Leben beginnt. Ich bin schließlich froh, daß ich wenigstens das bei Brockhaus habe, nur wünschte mir, es wäre etwas mehr Bezahlung.*

Sonnabend 18. Juni: Die ganze Woche nichts rechtes getan: die Arbeit am Kleinen Lexikon begonnen, muß wegen [Johann Traugott] Pechs Erkrankung auch nachmittags ins Geschäft. Für mich nur allerlei Lektüre für die Syntax zusammengesucht. Angefangen zu lesen: Hall Caine, The Christian[215]. | Von Albert [Leskien] nicht besonders gute Nachrichten: hatte Magengeschichten. – Ilse [Leskien] geht es sehr wohl, sie übersetzt aus dem Dänischen das Leben der [Johanne Luise] Heiberg. – Albert Brockhaus berichtet mir, daß er mit Sven Hedin für 10000 Mark Honorar abgeschlossen hat. – [Karl] Bücher hat einen Protest an das Ministerium gerichtet gegen den Senatsbeschluß: Aufhebung des Wahlrechts der außerordentlichen Professoren, unterschrieben hatten, als der Umlauf an mich kam: [Wilhelm] Wundt, [Friedrich] Ratzel, Bücher, Leskien.[216] – [Berthold] Delbrück heute hier, um [Hubert] Sattler zu consultieren: es geht mit den Augen recht schlecht.
Sonntag, 19. Juni 98: Kösener Zusammenkunft: viel mit Ed.[uard] Meyer gesprochen; bei Tisch neben diesem, [Franz] Praetorius etc. | [Karl] Bücher hat unter seine Eingabe ans Ministerium 26 Unterschriften bekommen[217].
Montag 20. Juni 98: Sitzung der Jablonoviana bei mir: Beratung des Vertragsentwurfs mit Teubner. | Kränzchen[218] bei [Wilhelm] His. | Ilse [Leskien] nicht wohl an Magensachen.
Dienstag, 21. Juni 98: Besprechung mit [Friedrich] Ratzel und Direktor [Georg Theodor] Hoffmann über die Hochschulvorträge des nächsten Winters. Die Curse und Einzelvorträge festgelegt. Gesuch an das Ministerium wegen Überlassung des Czermakeion[219]. | Abends bei uns Zuhörer: [Kristian] Sandfeld-Jensen, [George] Chase, [Ferdinand] Sommer, dazu Dr. [John] Schmitt und der junge Heinrici[220].
Mittwoch 22. Juni 98: [George] Chase reist nach Amerika zurück. Die Frau[221] hat dort ein Kind geboren.

---

215 CAINE, Hall, The Christian: a story, London 1897.

216 Siehe den folgenden Eintrag.

217 Der Senatsbeschluss sah vor, dass aufgrund der großen Anzahl von Extraordinarien den unbesoldeten Professoren mittels einer Titularprofessur nur der Titel und nicht die Rechte eines Professors verliehen werden sollten. Dadurch sollte verhindert werden, dass der Einfluss der nichtbesoldeten Professoren gegenüber den Ordinarien zunehme. Die Unterstützer des Protests fürchteten dagegen, dass eine neue Personalgruppe entstehen und den neuen Titularprofessoren die akademische Karriere versperrt würde, vgl.: GUL 2, S. 703.

218 Siehe den Eintrag vom 8. Februar 1892.

219 Siehe den Eintrag vom 24. Februar 1898.

220 Wahrscheinlich Carl, geb. 1876, ein Sohn von Georg Heinrici. Seine beiden anderen Söhne Ernst und Paul wurden 1881 und 1900 geboren; Ernst studierte nicht in Leipzig.

221 Alice Chase. Der Name des Kindes ist nicht bekannt.

Donnerstag 23.: Stichwahl: [Ernst] Hasse gewählt[222].
Freitag 24. Juni 98: Zusammenkunft bei Teubner: Dr. [Christian Alfred] Giesecke, [Ferdinand] Zirkel, [Wilhelm] Scheibner, ich; der Verlagskontrakt wird abgeschlossen. | Nachmittags mit Lisbeth und Elfriede [Leskien] am Grabe der Mutter[223] (seit 20 Jahren tot!). | Gelesen Hall Caine: A Christian[224], ein herzzerreißendes Buch. Aber wieder der alte Conflict: das evangelische Christentum geht nicht in die Civilisation.
Sonnabend 25. Juni: Hall Caine, A Christian[225] beendigt. So ists in England mit Christentum und Kirche, und wenn ich hier einem sage, daß auf das arme Volk Christentum und Kirche nicht mehr wirkt, glaubts niemand. Wie schade, daß ich nicht die Katastrophe des nächsten Jahrhunderts, die sociale, aber vor allem die religiöse, nicht mehr erlebe. | Mama[226] nach Tharandt in die Heilanstalt von Dr. [Johannes] Haupt[227].
Montag, 27. Juni: Nachricht von Albert [Leskien], daß er nach Josephsberg[228] übergesiedelt. Gelesen: Julius Grosse, Ursachen und Wirkungen[229].
Dienstag 28. Juni 98: Abends mit Hirts[230] bei [Otto von] Böhtlingk, auch [Wilhelm] Streitberg da.
Mittwoch 29. Juni 98: Senatssitzung: Besprochen die Petition von [Karl] Bücher und Genossen an das Ministerium; das Ministerium möge die Angelegenheit des Wahlrechts der Ordinarien an das Plenum verweisen[231]. Tadel des Rektors[232] über diesen Schritt, nicht unberechtigt. – Abends bei uns Smiljanić[233] und Frau, Hirt und Frau[234].
Donnerstag 30. Juni 1898: Fakultätssitzung: Hauptteil die Wiederbesetzung der Professur für die neuere deutsche Litteratur ([Rudolf] Hildebrands Stelle): Die Commission schlägt vor pari loco [Wilhelm] Creizenach und [Albert] Köster. Darin ist sie einstimmig, aber 5 Mitglieder wollen außerdem [Ernst] Elster auf die Liste haben, [Eduard] Sievers noch [Richard] Weissenfels. Es erhebt sich ein Kampf namentlich [Johannes] Volkelts (für Elster) und Sievers' (gegen

---

222 Reichstagswahl im Wahlkreis Leipzig-Stadt für die Nationalliberale Partei.
223 Magdalena Leskien.
224 Siehe den Eintrag vom 18. Juni 1898.
225 Siehe den Eintrag vom 18. Juni 1898.
226 Marie Pauline Judeich.
227 Kuranstalt Villa Sanitas in Tharandt.
228 Josefsberg bei Meran, ehemaliges Kloster (seit 1681), das nach 1786 verschiedene Funktionen hatte, um 1860 renoviert und für Sommergäste eingerichtet wurde.
229 GROSSE, Julius, Ursachen und Wirkungen: Lebenserinnerungen, Braunschweig 1896.
230 Hermann und Margarethe Hirt.
231 Siehe den Eintrag vom 19. Juni 1898.
232 Curt Wachsmuth.
233 Manojlo Smiljanić. Der Name seiner Frau ist nicht bekannt.
234 Hermann und Margarethe Hirt.

Elster) mit sehr scharfen Waffen: der alte Gegensatz von rein philologischer Auffassung und philologisch-ästhetischer. Elsters Person wird von Sievers völlig zerpflückt: schwächlich, unfähig.[235] Mitteilungen aus Studentenkreisen geben zum Teil das Material; schön ist dies Ausfragen von Zuhörern nicht. Sievers droht, wenn Elster auf die Liste komme, dem Ministerium einen Protest gegen Elster einzureichen. Vgl. zu dem allen Paulsen, Kant Seite 64, ein Citat aus Kants Reflexionen[236]: »Der Cyklop (so nannte Kant das ungeschlachte Gelehrtenthum) der Litteratur (der Philolog) ist der trotzigste, aber es giebt Cyklopen von Theologen, Juristen, Medicis, auch von Geometern. Was sie zu Cyklopen macht, ist nicht die Stärke, sondern die Einäugigkeit, sie sehen die Dinge nur aus einem Gesichtspunkt, dem ihrer Spezialität«. – Angefangen zu lesen: Paulsen, Kant (1898). | Ich habe [Eduard] Sievers' Engherzigkeit nicht zum ersten Male angestaunt: [Gustav] Röthe will er nicht wegen der vertrackten Schulgegensätze, auf [Richard] Weissenfels besteht er, obwohl Leute wie [Wilhelm] Wundt dessen Leistungen dürftig nennen.
Freitag, 1. Juli 1898: Brief von Albert [Leskien] aus Josephsberg, daß ihm der Aufenthalt nicht zusage: er wird nach Eggerhof oder Labers[237] gehen, ich rate ihm in meiner Antwort zu Labers. | Einen Teil gelesen von Kulakovskij, Illirizm (Warschau 1894)[238].
Sonnabend, 2. Juli 1898: Ausflug des Professorenvereins nach Grimma (Regenmontur), mit uns [Wilhelm] Streitberg und Fritz Friedrich. Heinrich Mau und Wundts[239] da.
Sonntag, 3. Juli 1898: Mittags Lisbeth [Leskien] und ich bei Eduard [Brockhaus] mit Carl Geibels[240], Albert Brockhaus', dem Brautpaar Otto Geibel[241], der Mutter von dessen Braut (Frau [Friederike Luise] Corrodi aus Rom, Engländerin von Abkunft), einem Brautpaar Haym[242] (Freund von Fritz [Brockhaus]). Ich saß zwischen Mathilde [Geibel] und Frau Corrodi. | Gelesen:

---

235 UAL, Phil.Fak. A 03/30:06, S. 343: *Gegen Elster betont man besonders, daß er wissenschaftlich in eigentlich philologischer Weise nirgends eingegriffen habe u. daß über ihn als Vertreter das Fach übel berathen sei. Auch gegen seine Lehrthätigkeit erheben sich manche Stimmen. Er habe kein rechtes Temperament, besitzt keine ausreichende Autorität, es fehlt seiner ganzen Persönlichkeit an Kraft.* Dagegen wurde die Lehrtätigkeit von Weissenfels sehr gelobt. Die von Leskien berichtete Drohung Sievers' fehlt im Protokoll.

236 PAULSEN, Friedrich, Immanuel Kant: sein Leben und seine Lehre; mit Bildnis und einem Briefe Kants aus dem Jahre 1792, Stuttgart 1898.

237 Hotel Eggerhof bei Meran. Schloss Labers, Obermais, Meran.

238 KULAKOVSKIJ, Platon A., Illirizm: Issledovanie po istorii chorvatskoj literatury perioda vozroždenija, Warschau 1894.

239 Sophie und Wilhelm Wundt.

240 Gemeint sind Mathilde und Stephan Franz Carl Geibel.

241 Otto und Marie Luise Geibel.

242 Aufgrund der Häufigkeit des Namens nicht zu ermitteln. Im LAB dieser Zeit ist der Name Haym nicht aufgeführt.

Genée, Zeiten und Menschen (seine Lebenserinnerungen)[243]. Diese Leute zweiten und dritten Ranges sind total vergessen. Ich wundre mich, daß sie mir und meinen Altersgenossen schon in unserer Jugend unbekannt geblieben sind. Eigenartig berührt unsereinen die Wichtigkeit der rein literarischen Interessen noch bis zum Jahre 1866 hin.

Montag 4. Juli 1898: Abends bei uns das Kränzchen[244]. – Brief an [Vatroslav] Jagić zu seinem 60. Geburtstag.

Dienstag, 5. Juli 1898: Karte von Albert [Leskien], daß er heute Josephsberg verläßt und nach Labers übersiedelt. Er befindet sich nicht gut an Magenkatarrh (?). – Bin ungeheuer müde und kann nicht arbeiten.

Mittwoch, 6. Juli 1898: Abends bei [Otto von] Böhtlingk, wo auch [Arthur] Öttingen war. Es ist kein rechter Verkehr mehr mit Böhtlingk, das Alter ist so entschieden da, daß er in seinen Ansichten ganz starr ist; der Verstand der alte, wenn er sich innerhalb seines Faches bewegt.

Freitag 8. Juli 1898: Abends bei uns Meisters[245], [Karl] Brugmann (die Frau[246] darf nicht ausgehen), Frau [Anna] Böhtlingk, [Wilhelm] Streitberg. Brief von Albert [Leskien] aus Labers, leidlich befriedigend. | Um 7 Uhr Fakultätssitzung wegen der Professur für die neuere deutsche Litteratur[247]; ich mußte vor Schluß weggehen. Resultat: [Albert] Köster, Kreizenach[248], [Richard] Weissenfels auf die Liste gekommen; also [Eduard] Sievers hat gesiegt. [Ernst] Elster ist nicht genannt; möglicher Weise verdient er es nicht, aber es ist unverantwortlich, ihn 4 Jahre vikarieren zu lassen und dann einfach gehen zu heißen[249]. So darf man keinen anständigen Menschen behandeln.

Sonnabend den 9. Juli 1898: Das Sommerfest des Brockhausschen Personals im Schützenhaus zu Neusellerhausen[250]: Lisbeth, Ilse und die Kleine[251] mit mir hinaus, am Abend kam auch Ernst [Leskien]. Albert Brockhaus ist am Donnerstag ins Bad gereist, auch eine der Sonderbarkeiten. Rudolf [Brockhaus jun.] fungiert als Chef.

Sonntag der 10. Juli 98: Entsetzliches Regenwetter, wie fast die ganze Woche. Brief von Dr. [Bernhard] Mazegger als Antwort auf einen Brief von Lisbeth

---

243 GENÉE, Rudolf, Zeiten und Menschen: Erlebnisse und Meinungen, Berlin 1897.

244 Siehe den Eintrag vom 8. Februar 1892.

245 Klothilde und Richard Meister.

246 Valeska Brugmann.

247 Siehe den Eintrag vom 30. Juni 1898.

248 Wilhelm Creizenach.

249 Elster war 1892–1895 außerordentlicher Professor für Deutsche Literatur und Sprache an der Philosophischen Fakultät der Universität Leipzig, vgl. den Eintrag vom 30. Juni 1898.

250 Sellerhausen kam 1890 als östlicher Stadtteil zu Leipzig, das neue Schützenhaus in Neusellerhausen (seit 1892 zu Leipzig) entstand ebenfalls 1890.

251 Elfriede Leskien.

[Leskien]. Mir macht es den Eindruck, als habe Meran bisher nicht genügt. Der arme Junge[252]. | Gestern kam ein Brief von [Vatroslav] Jagić, dem ich zu seinem 60. Geburtstag gratuliert hatte. Ihm steht die jetzige Rederei von einem bevorstehenden Weltkampf zwischen Slawen- und Deutschtum als ein Gespenst vor. Nun, es mag schon einmal dahin kommen; dann gehen aber die kleinen slawischen Völker, die jetzt meinen, sie müßten sich gegen die Deutschen wehren, erst recht zu Grunde. | Ernst [Leskien] war die letzte Woche nicht wohl an Darmkatarrh; ist aber doch fast immer ins Geschäft gegangen. Ich befinde mich auch nicht gut und kann nicht arbeiten, freilich auch aus inneren Gründen nicht. | War heute eine halbe Stunde bei [Karl] Brugmann. Er ist doch nur ein halber Mensch. Mir ist es nachgerade schrecklich, daß ich in ganz Leipzig keinen Mann habe, mit dem mich eine ehrliche Freundschaft verbindet. Mit allen Verwandten ist es nichts und mit den andern ebenso wenig.

Montag 11. Juli 98: Mikkolas[253] aus Prag angekommen, waren abends bei uns.

Mittwoch, 13. Juli 98: Fakultätssitzung: endlicher Bericht über die Vorschläge zur Besetzung der Professur für neuere deutsche Litteratur: präsentiert werden von der Fakultät [Albert] Köster I, [Wilhelm] Creizenach II, [Richard] Weissenfels III; ein Separatvotum für [Ernst] Elster gegen Weissenfels geben ein: [Johannes] Volkelt, [Wilhelm] Wundt, [Richard] Wülker, [Adolf Birch-] Hirschfeld, [Karl] Lamprecht; gegen die wieder eine scharfe persönliche Eingabe an das Ministerium [Eduard] Sievers.[254] Dann Beschlußfassung über die mathematische Professur (Stelle [Sophus] Lies)[255]. | Abends bei uns [Wilhelm] Streitberg und Mikkolas[256]. Diese heutmorgen über Weimar etc. an den Rhein.

Donnerstag 14. Juli 1898: Abends bei [Otto von] Böhtlingk, wo auch [Wilhelm] Streitberg. – Wieder angefangen bei der Accentarbeit.

Sonnabend, 16. Juli 1898: Geschrieben an Albert Brockhaus wegen des [Konversations-]Lexikons, daß ich die Termine der Neudrucke nicht einhalten kann. – Abends Mayersche Kegelei in Abtnaundorf[257]. – Gestern Nikolai B.[öhtlingk] mit Hases[258] ins Seebad Juist.

Sonntag, 17. Juli 1898: Recht befriedigende Briefe von Albert [Leskien]. Einer meiner Redakteure, [Paul] Petersen, gestorben, war lange krank, Tuberkulose.

252 Gemeint ist Albert Leskien.

253 Jooseppi Julius und Maria Mikkola.

254 UAL, Phil.Fak. A 03/30:06, S. 348: Im Protokoll wird nur erwähnt, dass Volkelt das Seperatvotum vorlas und Sievers sein *persönliches Gutachten.*

255 Siehe den Eintrag vom 8. Juni 1898, zugunsten von Otto Hölder.

256 Jooseppi Julius und Maria Mikkola.

257 Gemeint ist der Kegelabend bei Adolph Mayer.

258 Johanna und Oskar von Hase.

Montag, 18. Juli 98: [Otto] Ribbeck nach langer Krankheit gestorben. – Kränzchen[259] bei [Johannes] Wislicenus. [Karl] Binding bespricht die bevorstehende Plenumssitzung in Bezug auf die Verhältnisse der Extraordinarien[260].
Dienstag, 19. Juli 98: [Friedrich] Sauerhering wieder beim [Konversations-]Lexikon eingetreten.
Mittwoch 20. Juli 98: Abends bei [Otto von] Böhtlingk mit [Wilhelm] Streitberg und [Karl] Brugmann. Gertrud [Leskien] nach Tharandt.
Donnerstag 21. Juli 98: Begräbnis [Paul] Petersens am Morgen in Eutritzsch[261]; Nachmittag Begräbnis [Otto] Ribbecks. | Abends bei Timpe[262], nur mit [Viktor] Gardthausen.
Sonnabend, 23. Juli 98: Fakultätssitzung. Wahl der Commission zur Besetzung der Ribbeckschen Professur: [Curt] Wachsmuth, [Justus Hermann] Lipsius, [Ernst] Windisch, [Max] Heinze, [Karl] Brugmann, [Franz] Studniczka. – Gelesen Kipling Courageous[263] (die Sprache unverständlich, daher kein Genuß).
Montag 25. Juli 1898: Abends Sitzung der Interessenten für Hochschulvorträge: Vorträge und Curse festgesetzt und die Tage.
Dienstag, 26. Juli 1898: Die Vorlesung über historische Grammatik der serbischen Sprache heute geschlossen. – Friedrich [Leskien] sagt mir, daß er die Chemie aufgeben und zur Medizin übergehen wolle. Ich gebe es zu, denn was kann ich machen? Aber neue Sorge und neue Unsicherheit, denn möglicherweise verläßt er das neue Studium noch einmal, und was dann?
Mittwoch 27. Juli 98: Plenumssitzung über die Extraordinariatsfrage.[264]
Donnerstag 28. Juli 98: Senatssitzung über die Plenumsabstimmung[265]. | Vorlesungen geschlossen, eine Dienstag, eine heute, eine gestern. Frau Leonore Geibel besucht; ihr gesagt, daß ich Maria [Krehl] besuchen wolle, ob ich von ihr nichts sagen solle. Sie antwortete mir: Nein, ich kann nicht, es ist zu schrecklich, was die Frau getan hat[266], gab mir aber eine Geldsumme für sie mit.
Freitag 29. Juli 1898: Ungünstige Nachrichten von Albert [Leskien] aus Meran. Hintelegraphiert, ob Lisbeth [Leskien] hinkommen soll.
30. Juli 1898 – 6. Oktober: in Meran bei Albert [Leskien], von dort 7. Oktober abgereist, am 8. abends in Leipzig angekommen. Gertrud [Leskien] vom 13.

---

259 Siehe den Eintrag vom 8. Februar 1892.

260 Siehe den Eintrag vom 27. Juli 1898.

261 Das Dorf Eutritzsch im Norden von Leipzig wurde 1890 Teil von Leipzig.

262 Timpe, Restaurant im Hotel de Russie in Leipzig (Petersstraße 10/11).

263 KIPLING, Rudyard, Captains courageous, Garden City [u.a.] 1897.

264 Gemeint ist das Plenum der ordentlichen Professoren, das gewöhnlich vor der Senatssitzung stattfand, vgl. GUL 2, S. 594.

265 Siehe den Eintrag vom 19. Juni 1898.

266 Maria Krehl verließ ihren Mann Ludolf von Krehl.

September an bei Albert und bleibt dort den Winter. – Auf der Hinreise in München Maria [Krehl] gesehen.
11. Oktober 1898, Dienstag: Besuche bei Leonore Geibel (viel über Maria [Krehl]), nachmittags bei Mathilde [Geibel]. Gestern wieder im Geschäft[267] angetreten: Albert [Brockhaus] in Berlin bei der Commission über das Urheberrecht[268]. Monys [Marie Brockhaus] Mutter[269] krankt an Magenkrebs. Camilla Platen[270] ebenfalls scheint es sterbenskrank. – [Hermann] Hirt gestern bei mir, berichtet über seine serbische Reise, aber leider auch, daß [Wilhelm] Wollner wieder an Verfolgungswahn leidet, auch die Judeneinbildung wieder bei ihm aufgetreten ist. | Das Resultat meiner Beobachtungen an Albert [Leskien] in Meran: Es ist ja denkbar, daß sein Zustand so weit wieder hoch kommt, daß er noch eine längere Zeit leben kann; die Ärzte machen darauf Aussicht. Allein zu einem selbständig tätigen Leben wird er nicht kommen. Das liegt an einem inneren Mangel, der wohl ererbt ist, dem Mangel an frischem Wagen und dem Überfluß an Pedanterie und Grübelei. Ich werde daher auch an ihn die Forderung nicht stellen, auf eigene spätere Erwerbstätigkeit bedacht zu sein; es wäre für Jahre hinaus unnütz, denn er könnte nicht, und nach diesen Jahren wird es zu spät sein. Wie jammervoll ist das. | Abends sollen wir heute bei Böhtlingks[271] sein, der das Ende der 1000. Woche seines Lebens feiert.
13. Oktober 1898, Donnerstag: [Wilhelm] Wollner besucht: ganz heruntergekommen, soll 4 Wochen zu Bett liegen, neurasthenisch im höchsten Grade. Gestern Brief von Maria [Krehl], gleich beantwortet. | Angefangen, das litauische Colleg[272] neu zu bearbeiten. | Viel Kreuz- und Lendenschmerzen, im ganzen überhaupt seit Meran nicht recht wohl.
15. Oktober Sonnabend 1898: Albert Brockhaus wiedergesehen. – Besuch von [Henry] Jefferys, der ganz verelendet ist. Abends erstes griechisches Kränzchen[273] bei [Richard] Meister. – Gelesen Zielinski, Cicero im Wandel der Jahrhunderte[274].
19. Oktober Mittwoch 1898: Heute und gestern wegen starker Erkältung zu

267 Verlag F. A. Brockhaus.

268 In Preußen liegt der Beginn des Urheberrechtsschutzes im Jahr 1837, die internationale Berner Übereinkunft zum Schutz von Werken der Literatur und Kunst 1886 (1887 in acht Staaten in Kraft getreten) schützte in den Unterzeichner-Staaten geistiges Eigentum für die Dauer von 50 Jahren nach dem Tod des Urhebers.

269 Georgine Witt.

270 Camilla Platen war eine Enkelin von Friedrich Arnold Brockhaus.

271 Anna und Otto von Böhtlingk.

272 WS 1898: Grammatik der litauischen Sprache, vgl. HistVV.

273 Siehe den Eintrag vom 13. Januar 1895.

274 ZIELIŃSKI, Tadeusz, Cicero im Wandel der Jahrhunderte: ein Vortrag, Leipzig 1897.

Hause geblieben; gelesen allerlei: Niese, Auf der Heide[275]; Fontane, Irrungen – Wirrungen[276]; Landor, Auf verbotenen Wegen[277] (Reise in Tibet). Heute Briefe von Albert und Gertrud [Leskien], er hat ein andres Zimmer mit besserem Licht bezogen; Befinden gut. | Ich befinde mich gar nicht wohl, eigentlich schon lange nicht, kann mich aber zu einer radikaleren Behandlung nicht entschließen. Vielleicht auch alles nur Altersanfänge. Stimmung gedrückt. | Ilse [Leskien] arbeitet seit längerer Zeit an einer Übersetzung des Lebens der Heiberg[278], hofft auf einen Verleger. Das wird wohl sicher nicht gelingen: wer hat noch ein Interesse daran?

24. Oktober Montag 1898: Gestern [Wilhelm] Wollner besucht, ebenso heute. [Hermann] Hirts Anstellung am Konversationslexikon festgemacht. Unwohlsein bis heute; heute zu [Adolf] Barth gegangen wegen Rachen und Ohren. Er meint, der Ansatz zu Schwerhörigkeit wäre vielleicht zum Teil auch schon Alterserscheinung. Verbietet mir das Rauchen. | Gelesen H. von Kahlenberg, Ein Narr[279]; ders. Die Jungen[280] – beides fin de siècle, sozial.-tolstoisch. | Sonntagabend mit [Karl] Brugmann bei [Otto von] Böhtlingk. | Brief von [Hugo] Schuchardt; altum silentium betreffs der Grazer Professur. | Hesiod Erga kai Hemerai 62. Die Musen mahnen

τυτθὸν ἀπ' ἀκροτάτης κορυφῆς νιφόεντος Ὀλύμπου·
ἔνθά σφιν λιπαροί τε χοροὶ καὶ δώματα καλά,
πὰρ δ' αὐτῆς Χάριτές τε καὶ Ἵμερος οἰκί' ἔχουσιν[281]

Wie schön das ist!

30. Oktober 1898 Sonntag: Die Woche verbracht mit Arbeiten für die Vorlesungen[282], die am Dienstag, dem 25. angefangen. Auch diese Woche nicht immer wohl. War Montag wegen Rachen und Ohren bei [Adolf] Barth: verbietet mir das Rauchen, muß alle zwei Tage zum Einpinseln hin. | Von [Albert] Socin schlechte Nachrichten erhalten. | Gelesen Fontane, Von 20 –

---

275 NIESE, Charlotte, Auf der Heide: Roman, Leipzig 1898.

276 FONTANE, Theodor, Irrungen, Wirrungen: Roman, Leipzig [1888], eine Vielzahl von Ausgaben.

277 LANDOR, Arnold Henry Savage, Auf verbotenen Wegen: Reisen und Abenteuer in Tibet, Leipzig 1898.

278 Die Übersetzung des Werkes von Johanne Luise Heiberg erschien nicht im Druck.

279 KAHLENBERG, Hans von, Ein Narr: Roman, Dresden/Leipzig 1895.

280 KAHLENBERG, Hans von, Die Jungen: ein Roman aus dem Jubiläumsjahr, Dresden/Leipzig 1896.

281 Das Zitat stammt aus HESIOD, Theogonie, 62-64: *Wenig vom höchsten der Gipfel entfernt des beschneiten Olympos wo sie [die Musen] stattlicher Reigen sich freun und der schönen Behausung, Ihnen benachbart dann die Chariten und Himeros wohnen.*

282 WS 1898: Übersicht über die Dialektologie der slavischen Sprachen; Grammatik der litauischen Sprache; Grammatik der altbulgarischen (altkirchenslavischen) Sprache, vgl. HistVV.

30[283]; Coloma, Lappalien (pequeñeces)[284]. | Von Mathilde Geibel über Maria [Krehl] gehört, die sie und die Mutter[285] in München besucht haben. | Bin so müde und arbeitsunlustig. Wenn das – es geht schon lange so – doch einmal wieder anders würde; es ist eine solche Plage. | Heute mit Lisbeth, der Kleinen[286] und Ellen Heinrici Spaziergang nach und um Thekla[287]. | Gestern griechischer Abend[288] bei uns. Das indogermanische Institut ist eingerichtet[289].

4. November, Freitag 1898: Gestern [Karl] Brugmann ein Sohn[290] geboren. | Die Woche wenig getan. Gelesen Romane: E. von Egidy, Marie-Elisa[291]; Niemann, Gustave Randerslandt[292].

16. November 1898, Mittwoch, Bußtag[293]: letzten Montag Vortrag über slawische Volkspoesie in den Hochschulvorträgen für Jedermann gehalten[294] (Lückenbüßer, [Wilhelm] Ostwald sollte vortragen, ist aber nach England). | Gestern Brief von [Vatroslav] Jagić, der [Ernst] Windischs Urteil über [Julius] Jolly,

---

283 FONTANE, Theodor, Von Zwanzig bis Dreißig: Autobiographisches, Berlin 1898.

284 COLOMA, Luis, Lappalien, Berlin 1890.

285 Leonore Geibel.

286 Elfriede Leskien.

287 Thekla, nordöstlich von Leipzig, entstand 1889 aus den Dörfern Plösen, Cleuden, Neutzsch und der Kirche Hohen Thekla. 1930 wurde Thekla nach Leipzig eingemeindet.

288 Siehe den Eintrag vom 13. Januar 1895.

289 FSUL 4/1, S. 85-95. Das Institut bestand aus drei Abteilungen: August Leskien leitete die slawistische Abteilung, Ernst Windisch die Abteilung für Sanskrit und Karl Brugmann die indogermanische. Vgl. Leskien an Schuchardt, Leipzig, 23. Oktober 1898, EICHLER/SCHRÖTER, Briefe August Leskiens, S. 93: *Ich habe hier jetzt, nach langen Jahren, eine Art slavischen Seminars eingerichtet. Brugmann, Windisch und ich haben die Regierung bewogen, uns Locale und einiges Geld zu bewilligen für ein ›Indogermanisches Institut‹. Der Name ist sonderbar, wir mußten uns aber in irgend einer Weise vereinigen um zu erlangen, was wir bekommen haben. Die drei Abtheilungen: allgemeine sprachwissenschaftliche, indische und slavische sind natürlich ganz unabhängig von einander. Leider sind die Geldmittel zu den nothwendigen Büchern minimal. Ich fahre dabei am schlimmsten, da für mein Seminar noch gar nichts vorhanden ist (die beiden anderen haben wenigstens einen Grundstock), und so habe ich mich auf Bücherbetteln bei verschiedenen Collegen gelegt. Ihnen komme ich auch damit: wenn Sie Slavica besitzen, die Sie nicht brauchen, Texte, Sonderabzüge etc., so würden Sie ein gutes Werk thun, wenn Sie uns die stifteten; ich bin für alles, für jede Kleinigkeit dankbar.*

290 Fritz Brugmann.

291 EGIDY, Emmy von, Marie-Elisa: Roman, Leipzig 1898.

292 NIEMANN, Johanna, Gustave Randerslandt, Leipzig 1893.

293 Noch zu Beginn des 20. Jahrhunderts gab es in den deutschen evangelischen Landeskirchen unterschiedliche Regelungen für den Buß- bzw. die Bußtage, meistens war der Mittwoch vor dem letzten Trinitatis-Sonntag festgesetzt, in Sachsen wurde zusätzlich der Mittwoch vor dem 3. Fastensonntag als Bußtag begangen.

294 Vortrag: »Über die Volkspoesie der Slawen«, vgl. Dritter Bericht über die Hochschulvorträge für Jedermann, veranstaltet im Winter 1898/99 von Dozenten der Universität Leipzig.

[Ernst] Leumann, [Leopold von] Schröder wegen der Wiener Sanskritprofessur haben will. | Vorige Woche wenig vorwärtsgekommen; für Collegia gearbeitet, allerlei gelesen, unter anderem mehreres von Fontane: Poggenpuhls[295], Frau Jenny Treibel[296]; das neuste und beste von ihm »Der Stechlin«[297]. Vorarbeiten für die Syntax begonnen mit den serbischen actiones verbi[298]. | Montag Vortrag in der Gesellschaft der Wissenschaften, Vortrag gehalten über slawische Betonungsgesetze[299] – in der Sitzung Nekrologe über den Dresdner Chemiker [Rudolf] Schmitt, [Rudolf] Leuckart, [Otto] Ribbeck. Gehört, daß der Wiener [Friedrich] Marx den Ruf als Latinist angenommen hat. Gestern bei uns Abendgesellschaft: Büchers[300], Stiedas[301], Sieglins[302], die beiden Rauscher[303], [Karl] Brugmann.[304]

17. November Donnerstag 1898: Brief von [Ernst] Mucke über sein niedersorbisches Wörterbuch[305], schon am Dienstag einen Brief darüber. Ihm beide Male Ratschläge gegeben. Fontanes Effi Briest[306] gelesen, wohl sein bester Roman. | Nachricht durch [Hermann] Hirt, daß es [Wilhelm] Wollner schlecht geht, und davon geredet wird, ihn in eine Heilanstalt zu tun. | Ich habe der slawischen Abteilung des Indogermanischen Instituts eine Menge Bücher geschenkt, von F. A. B.[307] alles dazu erhalten, was Slavica in ihrem Verlag sind, auch das russische Konversationslexikon[308]. An [Ernst] Windisch und [Karl] Brugmanns Abteilung[309] ebenfalls aus meinen Büchern geschenkt. | Ärger, sehr lästiger Schnupfen.

23. November Mittwoch 1898: Die Nachrichten von Meran gut[310]. | Wenig geantwortet, weil immer etwas unwohl und matt. Muß daran gehen, meine Lebensweise zu ändern.

1. Dezember Donnerstag 1898: Die Sammlung der serbischen Perfectiva und

295 FONTANE, Theodor, Die Poggenpuhls: Roman, Berlin 1896.

296 FONTANE, Theodor, Frau Jenny Treibel: Roman, Berlin 1893.

297 FONTANE, Theodor, Der Stechlin, Berlin 1899.

298 Actiones verbi, Handlungs-, Aktionsarten des Verbums.

299 Der Vortrag erschien nicht in den Akademiereihen.

300 Emilie und Karl Bücher.

301 Karoline und Wilhelm Stieda.

302 Gertrud und Wilhelm Sieglin.

303 Adolf und Gustav Rauscher.

304 Bl. 41r: Zeitungsausschnitt: Gespräche Bismarcks mit Bucher.

305 Siehe den Eintrag vom 27. Dezember 1897.

306 FONTANE, Theodor, Effi Briest: Roman, Berlin 1896.

307 Der Verlag F. A. Brockhaus.

308 Ėnciklopedičeskij Slovar' Brokgauza i Efrona, 43 Bde., St. Petersburg 1890–1906.

309 Die Abteilungen Sanskritistik und Indogermanistik am Indogermanischen Institut in Leipzig.

310 Albert Leskien weilte in Meran.

Imperfectiva[311], die in der letzten Woche angelegt, geordnet. – Gelesen: Gottschalls Jugenderinnerungen[312], etwas flach. | [Hermann] Hirts Mutter[313] gestorben; die Frau [Marie] Dürr gestorben. | Von Meran gute Nachricht, doch sagt mir heute Frau [Henriette] Pfeffer, daß dort Typhus herrsche, also neuer Grund zu Sorge. | Gesternabend bei [Otto von] Böhtlingk, es wird jetzt der Verkehr mit ihm schwer; der Kreis größerer Interessen verengt sich, die Kleinigkeiten nehmen große Wichtigkeit an.

4. Dezember Sonntag 1898: [Karl] Brugmann hatte eine halboffizielle Anfrage durch [Wilhelm] Meyer-Lübke aus dem Schoße der Commission, ob er nach Wien kommen wolle. Er und Joh.[annes] Schmidt seien vorgeschlagen (also die Sache mit Schmidt sonderbarerweise doch an dem); auf meinen Rat fuhr er vorigen Montag mit dem Briefe zum Minister [Paul von Seydewitz], richtete wenigstens das aus, daß er Vertröstung auf zukünftige Gehaltserhöhung erlangte; schrieb dann nach Wien, er könne weder definitive Geldforderungen machen noch sich vorher fest binden. Ich habe ihm dann allerdings gesagt, er dürfe unter keinen Umständen nach Österreich gehen. | Am Freitag kam [Wilhelm] Streitberg, hatte zu gleicher Zeit die Bestallung für Münster und eine Anfrage von [Karl] Luick in Graz, ob er hinkommen wolle. Dieselbe Geschichte wie bei Brugmann. Er verfährt ebenso. | Gestern Professorium: wir beiden, Ilse, Friedrich [Leskien], Alberts Friedrich[314], Dr. Rauscher[315]. | Heute von Meran befriedigender Brief von Gertrud [Leskien].

10. Dezember Sonnabend 1898: Zusagen von Geschenken für das Indogermanische Institut erhalten von Sofia, Belgrad, Petersburg. Dafür gedankt. | Correspondenz mit [Vatroslav] Jagić über die Wiener sprachwissenschaftliche Professur: [Johannes] Schmidt will so wenig wie [Karl] Brugmann eine vorläufige Zusage geben (6000 Gulden Gehalt sind ihm angeboten). Die Sache kommt nun noch auf [Wilhelm] Streitberg: ich habe heute in seinem Interesse an Jagić geschrieben. | Heutabend bei Stiedas[316] in Gesellschaft. | [Wilhelm Conrad] Röntgen hat den Ruf abgelehnt. | Angefangen den neusten Roman von Raabe: »Hastenbeck«[317]. – Gelesen Megede, Von zarter Hand (ein unmögliches Buch)[318].

18. Dezember, Sonntag, 1898: Brief von [Reinhold von] Stackelberg in Moskau:

---

311 In den slawischen Sprachen unterscheidet man vollendete Verben zum Ausdruck des perfektiven Aspekts und unvollendete Verben zum Ausdruck des imperfektiven Aspekts.

312 GOTTSCHALL, Rudolf von, Aus meiner Jugend: Erinnerungen, Berlin 1898.

313 Bertha Hirt.

314 Gemeint ist Fritz Friedrich, ein Freund von Albert Leskien.

315 Adolf oder Gustav Rauscher.

316 Auguste und Wilhelm Stieda.

317 RAABE, Wilhelm, Hastenbeck: eine Erzählung, Berlin 1899.

318 ZUR MEGEDE, Johann Richard, Von zarter Hand, 2 Bde., Stuttgart [u.a.] 1899.

will sich um die Lehrerstelle für Russisch am orientalischen Seminar [Berlin] bewerben, bittet mich um Empfehlung: habe das natürlich gleich [Erich] Berneker mitgeteilt. | Verbürge mich für den Betrag von 100 Mark für den armen Hempel[319]. | Brief an Gertrud, daß sie einmal ausführlich über Alberts [Leskien] Befinden berichte: ihre Antwort ganz befriedigend. | Gesternabend bei [Eduard] Sievers war [Berthold] Delbrück, der heutmittag zu uns kommt. – Gestern Conrad [Judeich] für Weihnachten gekommen. | Gelesen nur allerlei Schmöker. | Am Mittwoch bei uns: Smiljanić und Frau[320], Meisters[321], Dr. [Ferdinand] Sommer, [Arthur W.] Ryder (der junge Amerikaner).

22. Dezember Freitag: Dienstag die Vorlesungen geschlossen. | Brief von [Vatroslav] Jagić, daß man von [Johannes] Schmidt jetzt ganz absehe in Wien, ebenso von [Karl] Brugmann. Habe noch einmal in meiner Antwort versucht, Brugmann den Ruf zu verschaffen; dann noch einmal [Wilhelm] Streitberg betont. | Gelesen Tkalac, Jugenderinnerungen[322]. Er besuchte mich Anfang der Woche (sein Pseudonym soll Herm. Frank[323] sein). | Am Dienstag Conrad angekommen, heute Walter [Judeich].

29. Dezember Donnerstag 1898: Das Weihnachtsfest ohne Störung verlebt, gute Nachrichten von Meran. Am ersten Feiertag abend [Imbro Ignjatijević] Tkalac bei uns, am zweiten der junge [Arthur W.] Ryder. | Von [Ernst] Mucke eine ganze Kiste Sorbica für das Institut erhalten. | Erneuerte Correspondenz mit [Vatroslav] Jagić über [Karl] Brugmann: definitives Ergebnis, daß er nach seinem letzten Briefe nicht berufen wird. | Gelesen vielerlei: noch einmal Fontane, Stechlin[324], einiges von Ganghofer (Unfried[325], Der Besondere[326]), angefangen Meyer: Goethe[327]; heute an Jagić fürs Archiv eine Abhandlung über bulgarischen Verbalaccent geschickt[328]. | Jahresrechnung abgeschlossen: im ganzen befriedigend, mit circa 3000 Mark Überschuß herausgekommen. | Abends bei Heinricis[329].

31. Dezember 1898 Sonnabend: Rechnungen, Briefe, Ordnung von allerlei. | Die Zusammenstellung der serbischen Perfectiva und Imperfectiva beendigt. |

---

319 Aufgrund der Häufigkeit des Namens nicht zu identifizieren.

320 Manojlo Smiljanić. Der Name seiner Frau ist nicht bekannt.

321 Klothilde und Richard Meister.

322 TKALAC, Eméric I. [das ist: Imbro Ignjatijević Tkalac], Jugenderinnerungen aus Kroatien (1749–1823. 1824–1843), Leipzig 1894.

323 Tatsächlich lautet das Pseudonym Hektor Frank.

324 Siehe den Eintrag vom 16. November 1898.

325 GANGHOFER, Ludwig, Der Unfried: ein Dorfroman, Stuttgart [1888].

326 GANGHOFER, Ludwig, Der Besondere: eine Hochlandsgeschichte, Wien 1890.

327 MEYER, Richard M., Goethe, Berlin 1895.

328 LESKIEN, August, Die Betonungstypen des Verbums im Bulgarischen, in: Archiv für slavische Philologie 21 (1898), S. 1-10.

329 Georg und Paula Heinrici.

Gestern an [Vatroslav] Jagić kleine Abhandlung fürs Archiv (Bulgarische Verbalbetonung) geschickt[330]. | Beim Überdenken des Jahres allerlei Schweres empfunden.

Abb. 6: Karl Brugmann, wissenschaftlicher Weggefährte August Leskiens, um 1914. Quelle: UAL, FS Ü00149.

330 Siehe den vorhergehenden Eintrag.

Tagebuch 1899

[UBL, NL 348/1/5, Bl. 2r-31v]

1. Januar 1899, Sonntag: Mittags bei Mama[1], die bei aller Unterhaltung teilnahmlos dasitzt. Abends Dr. [Fritz] Friedrich da. Gelesen ein Stück Renner, Bosnien[2]. Etwas im Faust[3] gelesen.

2. Januar 1899, Montag: Mittags bei Feddersens[4] mit Wundts[5]; dort die Schwester der Frau, Ingeborg Wenck. Alte Erinnerungen ausgetauscht. – Brief an [Berthold] Delbrück über serbische Relativsätze.

3. Januar 1899, Dienstag: Abends bei [Otto von] Böhtlingk. – In diesen Tagen angefangen, die serbische Bibel[6] für die Syntax zu lesen. Zum Verzweifeln, daß man sich als Deutscher kein sichres Sprachgefühl für den Verbalgebrauch des Slavischen aneignen kann. Brief von [Olaf] Broch aus Christiania.

4. Januar 1899, Mittwoch: Besuch von [Alfred] Hettner, der nach Heidelberg berufen ist. – Gelesen: Hausrath, Pater Maternus[7], unbedeutend. – [Wilhelm] Wollner in seiner Krankheit besucht.

5. Januar 1899 Donnerstag: Aufforderung von Albert Brockhaus, mit ihm im März auf 8 – 10 Tage nach Petersburg zu gehen. | Büchersendung von der serbischen Akademie in Belgrad[8] für das Institut.

7. Januar, Sonnabend 1899: Morgens Conferenz mit Albert Brockhaus. Sage ihm zu mit nach Petersburg zu gehen, etwa 6. – 7. März. | Abends Taufe bei Brugmanns[9]; [Wilhelm] Streitberg, der gestern von Wiesbaden zurück, war Pate. | Von Brugmann und ihm gehört, daß jetzt in Wien [Hermann] Osthoff als Nachfolger Friedrich Müllers ernstlich in Betracht kommen soll. Wunderlich, daß sie jetzt noch auf ihn kommen. | In den Zeitungen trieb sich die Geschichte vom Verschwinden Otto Harnacks herum die ganze Woche lang; der Mann ist wieder zurückgekehrt, scheint krank zu sein[10].

---

1 Marie Pauline Judeich.

2 RENNER, Heinrich, Durch Bosnien und die Hercegovina kreuz und quer, Wanderungen, Berlin 1896. Leskien und Hermann Hirt planten eine gemeinsame Reise durch Bosnien für das Jahr 1899, die allerdings nicht zustande kam, vgl.: Hirt an Wilhelm Streitberg, Leipzig, 16. Januar 1899, UBL, NL 245/Hi/Hirt/159.

3 GOETHE, Johann Wolfgang von, Faust, eine Vielzahl von Ausgaben.

4 Berend Wilhelm und Helga Feddersen.

5 Sophie und Wilhelm Wundt.

6 Siehe den Eintrag vom 11. Februar 1893.

7 HAUSRATH, Adolf, Pater Maternus: Roman aus dem sechzehnten Jahrhundert, Leipzig 1898.

8 Königlich serbische Akademie, gegründet 1886 in Belgrad.

9 Karl und Valeska Brugmann. Getauft wurde Fritz Brugmann.

10 1. Beilage zum Leipziger Tageblatt und Anzeiger Nr. 4, Dienstag, 3. Januar 1899 (Morgen-Ausgabe), S. 64: *Berlin, 2. Januar. (Telegramm) Vermißt wird seit dem 30. d. Mts.* [gemeint ist Dezember] *der Professor Otto Harnack von der Technischen Hochschule in Darmstadt, der seit etwa acht Tagen zum Besuche seines Schwiegervaters, des Geh. Ober=Justizrathes Reichau, hier einge-*

8. Januar 1899, Sonntag: Geschrieben an die Agramer Akademie[11], dem indogermanischen Institut ihre Publikationen zu schenken.
15. Januar 1899, Sonntag: In der Woche nichts besonderes vorgefallen. Gestern Professorenball: mit uns die Fräulein Gensel[12] und Merseburger[13], Dr. [Fritz] Friedrich und der jüngere [Gustav] Rauscher. – Angefangen eine Abhandlung über serbisches *te* fürs Archiv[14]. Von Albert Brockhaus den Vorschlag bekommen, im März mit ihm nach Petersburg[15] zu gehen. Habe etwas ungern dazu ja gesagt; in Folge davon wieder mehr russisch gelesen.
19. Januar 1899, Donnerstag: Am vorigen Sonnabend auf dem Professorenball stark erkältet, mit Unbehagen Montag noch in eine große Crednersche Gesellschaft gegangen (die übliche Art; ich saß neben der Prof. [Pauline] Weichart, geborene Förster). Dann die ganze Woche wegen Heiserkeit Vorlesungen ausgesetzt. Unbehaglich und schwach, nichts getan, als allerlei gelesen: [Wilhelm] Raabe namentlich.
21. Januar 1899, Sonntag: Gestern zu einem Mittagessen bei [Wilhelm] Sieglin mit [Georg] Steindorff, Brugmanns[16], Schreibers[17], Riekers[18], Dr. [Kurt] Hassert. Ganz nett. Alexis, Werwolf[19] gelesen.
23. Januar 1899, Dienstag: Vorlesungen trotz Heiserkeit wieder angefangen; im ganzen recht mäßiges Befinden, schlafe nicht etc. Von Meran keine recht befriedigende Nachrichten: Albert [Leskien] nervenschwach. – Gestern Kränzchen[20] bei [Rudolf] Böhm. – Angefangen zu lesen, Alexis, Cabanis[21].
28. Januar 1899, Sonnabend: Ich die ganze Woche unwohl, habe aber von Dienstag an (mit Ausnahme von heute) wieder Vorlesungen gehalten. Elfriede [Leskien] hustete, aber ohne Bedenken. Gelesen eine alte Scharteke:

---

troffen war. Der Vermißte ist am gedachten Tage nach 12 Uhr Nachts durch den Thiergarten gegangen und in seinem Absteigequartiere nicht angekommen. Auf den Nachweis über denVerbleib ist eine Belohnung von 500 M ausgesetzt, Beilage zum Leipziger Tageblatt und Anzeiger Nr. 11, Sonnabend, 7. Januar 1899 (Morgen-Ausgabe), S. 163: *Berlin, 6. Januar: Professor Dr. Otto Harnack ist wieder bei den Seinigen eingetroffen.*

11 Südslawische Akademie der Wissenschaften und Künste, gegründet 1866 in Zagreb (Agram), heute Kroatische Akademie der Wissenschaften und Künste.

12 Gemeint ist Elsa Gensel, Tochter von Julius Gensel.

13 Wahrscheinlich ein Mitglied der Verlegerfamilie Merseburger in Leipzig.

14 LESKIEN, August, Die Entwicklung serbischer Sätze mit *te* von Parataxis zu Syntaxis, in: Archiv für slavische Philologie 22 (1900), S. 1-5.

15 Siehe den Eintrag vom 5. Januar 1899.

16 Karl und Valeska Brugmann.

17 Pauline und Theodor Schreiber.

18 Karl und Maria Rieker.

19 ALEXIS, Willibald, Der Wärwolf: vaterländischer Roman in drei Büchern, 3 Bde., Berlin 1848, eine Vielzahl von Ausgaben.

20 Siehe den Eintrag vom 8. Februar 1892.

21 ALEXIS, Willibald, Vaterländische Romane, Teil 6: Cabanis, 7. Aufl., Berlin 1893.

F. Lewald, Von Geschlecht zu Geschlecht[22]; gearbeitet gar nichts. | Mit trüben Gedanken mich viel herumgeschlagen: bin jetzt 58 Jahr, was bleibt in der Zukunft: der älteste Sohn unheilbar krank, die älteste Tochter ohne Hoffnung auf eine glückliche Zukunft in eigner Familie, die zweite kaum besser daran. Ernst ist Kaufmann geworden, paßt aber eigentlich nicht dazu, und Friedrich [Leskien]? Die Elfriede noch ein Kind, wird erst erwachsen sein, wenn ich ein Greis bin. Ich selbst habe keine Arbeitslust und keine Arbeitskraft mehr. Aber dennoch! Es bleibt nichts übrig, als es mit ruhiger, wenn es geht, leidlich heitrer Mine hinzunehmen und so weiter zu gehen. Das [Konversations-]Lexikon, dessen Einnahmen ich nicht entbehren kann, hat mich elender gemacht, beschwert auch mein Gewissen, da ich nicht das rechte dafür tue. Es ist hart, nie in seinem Leben frei gewesen zu sein, und ich bin es nie gewesen.
Sonntag 29. Januar 1899: Am Morgen Briefe an das bulgarische Unterrichtsministerium, an den Rektor[23] über die Albrechtsstiftung[24], an [Asmus] Soerensen. Nachmittags Raabe Im alten Eisen[25], gelesen. Die letzte Nacht fast nicht geschlafen. Von Meran gute Nachricht.
Mittwoch 1. Februar 1899: Gesternabend Meisters[26] bei uns, vorgestern [Wilhelm] Streitberg. Bin immer unwohl.
Sonntag 5. Februar 1899: Wieder allmählich das Befinden besser geworden. Die Vorlesungen des Sonnabend wegen der 3 Stunden nach einander für den Rest des Semesters aufgegeben. – Gesternabend griechisches Kränzchen[27] bei [Moritz] Voigt: angefangen Platos Republik.
Freitag, 10. Februar 1899: Am Mittwochabend bei uns Gesellschaft: Sievers[28], [Berend Wilhelm] Feddersen mit dem alten Fräulein Berger[29], John Schmitt, Frau [Friederike] Marcks. Am letzten Montag Kränzchen[30] bei [Adolph] Mayer, am Dienstag Gesellschaft bei [Erich] Marcks. | Gearbeitet nur: Bulgarisch viel gelesen, um mich einzulesen. | Leopold Schröder ist in Wien ernannt an die Stelle [Georg] Bühlers.
Sonntag 12. Februar 1899: Gestern Sitzung der Jablonowskischen Gesellschaft bei mir, abends Professorium: wir mit Ilse und Friedrich [Leskien], dazu

---

22 LEWALD, Fanny, Von Geschlecht zu Geschlecht, Berlin 1864.

23 Albert Hauck.

24 Leskien war Mitglied im Kuratorium der Albrechtsstiftung, vgl. den Eintrag vom 7. März 1893.

25 RAABE, Wilhelm, Im alten Eisen: eine Erzählung, Berlin 1887.

26 Klothilde und Richard Meister.

27 Siehe den Eintrag vom 13. Januar 1895.

28 Alice und Eduard Sievers.

29 Nicht ermittelt.

30 Siehe den Eintrag vom 8. Februar 1892.

eingeladen Fräulein Volkmann[31] und Dr. Rauscher[32]. Den Steindorffschen Vortrag über Theben[33] habe ich nicht angehört, ging erst um 8°. – Heute gelesen Raabe, Pfisters Mühle[34]. Allerlei traurige Gedanken, eine ungeheure Sehnsucht, einmal aus dem jetzigen Leben herauszukommen und innere Ruhe zu haben. Angefangen im Laufe der Woche, die alten liegengebliebenen Abhandlungen über serbische Accente für Archiv aufzuarbeiten, ohne Lust, aber man muß doch versuchen, aus dem verfahrenen Zeug noch irgend etwas zu machen. | Heute Ilses [Leskien] Geburtstag, 20 Jahre. | Um die Mittagszeit wollte ich [Henry] Jefferys besuchen, kam in eine richtige Armenwohnung, der Armeleutsgeruch furchtbar; er war nicht sprechbar, noch im Bett. Hat er nur noch eine Schlafstelle da? Furchtbar; ich habe nun doch den Verdacht, daß er verkommen ist. Meine 250 Mark werden wohl dahin sein; mögen sie; es sind nicht die ersten, werden wohl auch nicht die letzten sein (Sönksen[35], [Oskar] Wiedemann, Jefferys).

Sonntag, 18. Februar 99: Mittwoch bei uns Gesellschaft: Mayers[36], Windischens[37], Onkel Eduard [Brockhaus]. Gestern Fakultätssitzung; Hauptsache die Anfrage der preußischen Regierung an die sächsische, ob diese wie sie geneigt sei, dem Antrag der technischen Hochschulen auf Schaffung eines Dr. rerum technicarum[38] zu willfahren. Die Fakultät wählt eine Commission. Die ganze Sache ist zwecklos, der Dr. r. t. wird eingeführt werden und damit der Doktortitel noch um einen Grad lächerlicher werden als bisher. | Gelesen das hübsche Buch von der Kobell, Ignaz von Döllinger[39] – prächtige kleine Züge von D.[öllinger]. Er erzählt einmal die Legende: »Auf einer Straße in Galiläa lag ein toter verwesender Hund. Die Leute, die ihn sahen, sagten: Wie häßlich, wie ekelhaft, welch schlechter Geruch! Aber Christus, der auch des Weges gekommen war, sprach: Er hat doch schöne Zähne.« – »Statt Wissen und Kräfte darauf zu verwenden, Übelstände abzuschaffen, zu verbessern und deren Folgen zu vermeiden, bekämpfen sich die Parteien in kleinlichem

---

31 Aufgrund der Namenshäufigkeit nicht zu identifizieren.

32 Gemeint ist Adolf oder Gustav Rauscher. Adolf und Gustav Rauscher promovierten erst 1902 bzw. 1903. Ein Dr. Rauscher steht weder im Leipziger noch im Dresdner Adressbuch für 1900. Adolf Rauscher erhielt am 16. Juli 1898 die Approbation, Gustav Rauscher im Januar 1900. Wahrscheinlich benutzte Leskien den Doktortitel als Synonym für Arzt.

33 Gemeint ist das ägyptische Theben.

34 RAABE, Wilhelm, Pfisters Mühle: ein Sommerferienheft, Leipzig 1884.

35 Gemeint ist Andreas Peter Sönksen, der ehemalige Lehrer Leskiens in Kiel, vgl. den Eintrag vom 26. November 1899 mit Zeitungsausschnitten zu Sönksens Tod.

36 Adolph und Margarete Mayer.

37 Bertha und Ernst Windisch.

38 Der Dr. rerum technicarum wurde in Preußen 1899 und in Sachsen 1900 eingeführt.

39 KOBELL, Luise von, Ignaz von Döllinger: Erinnerungen, München 1891.

Hasse unter sich ohne zu beachten, was um sie vorgeht, ohne Sinn für höhere Fragen, nur der armseligen Parteizwietracht lebend.« – »Deutschland ist das geistige Centrum, welches alle weltbewegenden Ideen entweder erzeugt oder doch an sich zieht, verarbeitet und wieder ausströmt; es ist das Schlachtfeld, auf welchem alle großen Geistesschlachten geschlagen werden. Es giebt kein Volk auf Erden, welches dem deutschen gleichstände an Allseitigkeit, an der Gabe, das Fremde zu seinem Eigentum umzubilden; und dieser Leichtigkeit des Aneignens geht doch wieder die zähe Beharrlichkeit des stillen, jahrelangen Forschens und die schöpferische Kraft des ureignen Hervorbringens zur Seite. In höherem Grade als jedes andere Volk sind die Deutschen in der modernen Welt gleich den Griechen in der alten zum Priestertum der Wissenschaft berufen. Und sie haben diesem Berufe keine Unehre gemacht.« | Vorgestern um 10 abends [Wilhelm] Hankel gestorben; heutmorgen die Todesnachricht von [Sophus] Lie eingetroffen. | Die ganze Woche an der Abhandlung über die Composita[40] geschrieben, ziemlich damit vorwärtsgekommen.

Sonntag 26. Februar 99: Gearbeitet an den serbischen Accenten. Viel Correspondenz: mit Joh.[annes] Schmidt über [Christoph] Jurkschat, ich schlage die Teilnahme an dem Werke ab[41]. In Wien ist [Paul] Kretschmer, [Rudolf] Meringer, [Wilhelm] Schulze vorgeschlagen: es scheint Streit in der Commission zu sein, andre treiben [Hermann] Osthoffs Mitnennung. Von [Georg Theodor] Hoffmann gehört, daß das Unternehmen der Hochschulvorträge für Jedermann wieder 400 Mark Defizit hat; 100 habe ich bereits von Albert Brockhaus zur Deckung erhalten, bei [Stephan Franz Carl] Geibels gebettelt. | Mittwoch bei uns Gesellschaft: Beckmanns[42], Brugmanns, Tante Anna[43] [Böhtlingk], Buchholzens[44]. | Am Donnerstagabend [Wilhelm] Streitberg an seinem Geburtstage bei uns; er geht in 8 Tagen fort. | Von Meran gute Nachrichten. Aus der geplanten russischen Reise wird nichts, da Albert Brockhaus den Termin nicht festsetzen kann. Ich überlege, ob und wann ich nach Meran gehen soll. | Gelesen: Raabe, Horacker[45]; Raabe, Pechlin[46]; Valera, Illusionen des Doc.[tor] Faustino[47], ein treffliches Buch. | Gestern Sitzung der Gesellschaft der Wissenschaften: Erweiterung des Kartells ins Ausland, kühl und

---

40 Eine Arbeit über Komposita erschien 1908: Zur Entstehung der exozentrischen Nominalkomposita, in: Indogermanische Forschungen 23 (1908), S. 204-206.

41 Siehe den Eintrag vom 24. Februar 1898; vgl. den Brief an Johannes Schmidt vom 27. Februar 1899: ZEIL, Leskiens Wahl, S. 252.

42 Bertha und Ernst Beckmann.

43 Karl und Valeska Brugmann.

44 Elisabeth und Gustav Buchholz.

45 RAABE, Wilhelm, Horacker, Berlin 1876.

46 RAABE, Wilhelm, Christoph Pechlin, Leipzig 1873.

47 VALERA, Juan, Die Illusionen des Doktor Faustino, Stuttgart 1885.

vorsichtig aufgenommen. | Ilse und Friedrich [Leskien] gestern zu Ball bei Wagners[48]. | Heute das Geschäftsdiner bei Eduard Brockhaus.

Mittwoch, 1. März 1899: Bußtag. Gestern die Vorlesungen geschlossen. In den letzten 8 Tagen Correspondenz mit Joh.[annes] Schmidt über meine Beteiligung am Jurkschatschen Wörterbuch, ich gehe darauf ein, in sein Manuskript einzutragen[49]. Gesternabend Ausschußsitzung des Unternehmens der Hochschulvorträge: schlechte Aussichten. Wir haben circa 450 Mark Defizit, davon habe ich gedeckt: 100 von Albert Brockhaus, 100 von A.[dolph] Mayer, 60 von [Karl] Bücher, 30 von M.[athilde] Geibel, 20 von Eduard Brockhaus, 10 von mir = 320 Mark. | Von der Accentarbeit restieren noch die casuellen Präpositionalverbindungen, und der Genus pluralis. – Das Verbum wird wohl später zu bearbeiten sein.

Sonntag, 12. März 1899: Vom 3. März an heftig an Influenza krank, habe bis gestern gelegen, bin noch ganz schlaff und erschöpft. Am Donnerstag dem 2. war Fakultätssitzung: Gegen den Plan der technischen Hochschulen, einen Doctor rerum technicarum zu gründen[50].

Dienstag, 14. März: Gestern zum ersten Mal wieder ausgegangen, heute ebenfalls; schönstes Frühlingswetter.

Sonnabend 18. März: Die ganze Woche noch unwohl gewesen, Folgen der Influenza; Kopf schwach, arbeitsunfähig. Nur allerlei gelesen, auch die Henn'schen Schriften zum Theil wieder.

Montag 20. März bis Sonnabend 15. April: In Meran. Ilse [Leskien] mithingenommen und da gelassen, Gertrud [Leskien] zurückgebracht. Unterwegs Innsbruck (Dr. [Gustav] Bode, [Alois] Walde, [Friedrich] Stolz); in München ein und einen halben Tag verbracht (Museen, [Ernst] Kuhn).

Donnerstag, 20. April 1899: Die Tage der Woche bis heute auf Vorbereitungen zu den Vorlesungen[51] verwendet. Heute das Dekret mit Ernennung zum Geheimen Hofrat erhalten. Vergleiche dazu, was ich vor einem Jahre über diese Titelmisère in der Gegenwart geschrieben habe[52], beiliegend. | Besuch von [Henry] Jefferys; heruntergekommen, krank; es ist etwas durchaus nicht in Ordnung mit ihm, ich weiß nur nicht was, mag ihn aber nicht ganz fallen

---

48 Wahrscheinlich die Familie von Heinrich Wagner, der als Lithograph bei F. A. Brockhaus angestellt war und sich 1872 selbständig machte. Die Wagners wohnten wie die Leskiens in der Stephanstraße.

49 Siehe den Eintrag vom 24. Februar 1898.

50 Siehe den Eintrag vom 18. Februar 1899.

51 SS 1899: Vergleichende Syntax der slavischen Sprachen; Geschichte der dalmatinisch-slavischen Litteratur; Interpretation von Donalitius Litauischen Gedichten, vgl. HistVV.

52 Bl. 13v: Anlage: Separat-Abdruck aus der »Gegenwart«, Berlin, W. 57, Nr. 10, 1898: Geheimrathstitel der Professoren.

lassen. – Die Mama[53] gesehen, hoffnungslos verfallener Zustand. – Abends Meisters[54] bei uns.
22. April 1899, Sonnabend: Gesternabend Lisbeth [Leskien] und ich bei Brugmanns[55]; er hat auch den Titel Geheimer Rat erhalten. – Im Laufe der Woche angefangen Sienkiewicz, Ogniem i mieczem[56] zu lesen; daneben Dill, Roman society in the western empire (in the last century of the W. E.) London 1898[57].
25. April 1899 Dienstag: Gestern die Vorlesungen angefangen; Kränzchen[58] bei [Wilhelm] Pfeffer.
29. April 99, Sonnabend: Gestern die Abhandlung über die Betonung der serbischen Composita druckfertig abgeschlossen. Abends bei [Otto von] Böhtlingk. – Gelesen während der Woche in Busch, Tagebuchblätter[59], [Samuel] Dill[60] u. a. – Kann über die Verstimmung wegen des dummen Titels immer noch nicht wegkommen[61]. – Heute unwohl an Durchfall. – Angenehmer Besuch von [Maurice] Bloomfield (nach 18 Jahren wieder von Amerika hier). – Gestern die Mama[62] von Dr. [Franz] Windscheid untersucht, bestätigt, was ich vermutet, daß die Ursache der Krankheit im Gehirn: Altersschwachsinn.
1. Mai 1899, Montag: [Friedrich] Schubarts (des Mannes der Sophie Czermak) Begräbnis; in München gestorben, hier begraben. Die Frau tat mir sehr leid; ein Beispiel, wie ein verfehlter Mann die heißeste Liebe eines ordentlichen Weibes gewinnen kann, und wie sie nichts sieht als ihn. Zu Grunde gegangen ist er am Genußleben; darunter Trunk. Ernst Czermak am Grabe von Ferne gesehen, sieht gesund, aber früh alt aus. | Heute ein Papier (1000 Mark) verkauft, zum ersten Mal seit Jahren; es war mit den Meraner Kosten kein Auskommen mehr.
3. Mai 1899 Mittwoch: Gestern Lektüre für Syntax wieder angefangen mit Bulgarisch. – Sehr guter Artikel über Schell[63]; der Mann war von Anfang an ein Confusionarius.

---

53 Marie Pauline Judeich.

54 Klothilde und Richard Meister.

55 Karl und Valeska Brugmann.

56 SIENKIEWICZ, Henryk, Ogniem i mieczem, Warschau 1884. Das Exemplar UBL, Lit.slav.39-yte, stammt aus Leskiens Besitz, mit Exlibris und Zugangsnummer *'17 L 818*.

57 DILL, Samuel, Roman Society in the Last Century of the Western Empire, London 1898.

58 Siehe den Eintrag vom 8. Februar 1892.

59 BUSCH, Moritz, Tagebuchblätter, Teil 1-3, Leipzig 1899.

60 Siehe den Eintrag vom 22. April 1899.

61 Gemeint ist der Geheimratstitel, vgl. den Eintrag vom 20. April 1899.

62 Marie Pauline Judeich.

63 Herman Schell, seit 1884 Professor für Theologie in Würzburg, geriet 1897/98 mit zwei Veröffentlichungen in Widerspruch zur Kirche und unterwarf sich. Er blieb aber weiterhin Angriffen ausgesetzt, vgl. WEISS, Schell, S. 648-649.

3. Mai Mittwoch 1899: Gestern Tante Leonore [Geibel] besucht, von Maria [Krehl] nicht gesprochen. Sie war mit [Ludolf von] Krehl in Teplitz[64] auf einige Wochen. – Heute dem neuen Philologen [Friedrich] Marx Gegenbesuch gemacht: ruhiger, scharf beobachtender Mensch; Jude, doch keine der unangenehmen Seiten zeigend. – Albert Brockhaus: längere Unterhaltung: ist durch die Krankheiten in seiner Familie, die Schwiegermutter[65] etc. herunter.
7. Mai Sonntag 99: Gestern und vor gestern [Erich] Berneker hier; ganz fertig mit der Habilitation; am Freitag mit ihm zugleich [Asmus] Soerensen, der ganz herunter ist, Urlaub genommen hat und nach dem Süden geht. Gestern Walter [Judeich] von Marburg zu Mamas[66] Geburtstag gekommen, hat eine Anfrage nach Czernowitz[67]. Vorgestern bei Moni [Marie Brockhaus] Fräulein Marie Michaelis getroffen. Adolf M.[68] ist wieder in einer Heilanstalt (Ahrweiler). | Die Woche allerlei gelesen: Augustinus, De civitate Dei; etwas Gibbon[69]; Kretzer, Meister Timpe[70] (der Mann kann gar nicht erzählen, läßt einen einfachen Tischler- oder Drechslermeister Professorenreden über Socialismus halten; Motive alle grob). | Heute Geburtstag der Mama[71]: wenn ihr Zustand nicht anders würde, und das ist kaum möglich, wäre ihr zu wünschen, daß es ihr letzter wäre. | Ilse [Leskien] macht von Meran mit Frau Teschendorf[72] morgen eine dreitägige Tour an den Gardasee. | Brief von Albert [Leskien], daß er und Ilse am 3. Juni Meran verlassen wollen.
11. Mai Donnerstag 1899: Heute Bockfrühstück bei [Johannes] Wislicenus[73]. Ich halte den Text auf ihn. Gestern im indogermanischen Institut die Übungen begonnen, mit vielen Teilnehmern. Letzten Montag Kränzchen[74] bei uns. | Gelesen allerlei: Kretzer, Meister Timpe[75]; Wickström, Eine moderne Geschichte[76]. – Über Menčetić, Rätselgedicht eine Miscelle[77] an [Vatroslav] Jagić

---

64 Teplice.

65 Georgine Witt.

66 Marie Pauline Judeich.

67 Czernowitz war die Hauptstadt der Bukowina und gehörte 1875–1918 zur Österreichisch-Ungarischen Monarchie. 1875 wurde die Franz-Josephs-Universität Czernowitz gegründet.

68 Wahrscheinlich ist Adolph Mayer gemeint, der sich 1900 aus gesundheitlichen Gründen beurlauben ließ, vgl. STRUBECKER, Mayer, S. 532-533.

69 GIBBON, Edward, The Decline and Fall of the Roman Empire, eine Vielzahl von Ausgaben.

70 KRETZER, Max, Meister Timpe: sozialer Roman, Leipzig 1888.

71 Marie Pauline Judeich.

72 Nicht identifiziert.

73 Siehe den Eintrag vom 14. Mai 1893.

74 Siehe den Eintrag vom 8. Februar 1892.

75 Siehe den vorhergehenden Eintrag.

76 WICKSTRÖM, Victor Hugo, Eine moderne Geschichte, Berlin 1899.

77 LESKIEN, August, Zu Menčetić, in: Archiv für slavische Philologie 21 (1899), S. 637-638.

geschickt. Sonst bulgarische Syntax getrieben. – Ilse [Leskien] an den Gardasee.
15. Mai Montag: Am Sonnabend endlich einmal die lange Regenperiode durch schöne warme Tage abgelöst. – Sonnabend griechisches Kränzchen[78] bei [Georg] Heinrici. – Sonntag morgen mit Elfriede [Leskien] und Ellen [Heinrici] über Propstheida, Zuckelhausen, Stötteritz spaziert. Abends bei [Otto von] Böhtlingk. Gelesen Kretzer, Eine gute Tochter[79]. – Tolstoj, Anna Karenina[80]; Frank, Aus dem Vatikan[81] (es ist der alte [Imbro Ignjatijević] Tkalac der Verfasser).
20. Mai Sonnabend 1899: Am Donnerstag Lisbeth [Leskien] mit Mama[82] nach Dresden, bleibt über Pfingsten fort. In der Woche zwei kleine Abhandlungen geschrieben: über Menčetić Gesprächsgedicht[83]; über slavisches ji[84] (im Anschluß und gegen [Václav] Vondrák), erste fürs Archiv [für slavische Philologie], diese für I.[ndogermanische] F.[orschungen] an [Wilhelm] Streitberg. [Erich] Berneker hat am 17. seine öffentliche Probevorlesung in Berlin gehalten[85], ist also damit definitiv in Berlin habilitiert. | Ich sammle weiter für Syntax (bulgarisch); lese Anna Karenina[86]. | Mathilde Geibel liegt seit vorigen Sonnabend zu Bett, nervös ganz herunter und kraftlos. | Der alte [Ludwig von] Strümpell (87 Jahre) in diesen Tagen gestorben. | [Gerhard] Seeliger und [Karl] Lamprecht sind vollkommen auseinander; Lamprechts Charakter nach den Darstellungen von der anderen Seite sehr bedenklich.
21. Mai Pfingstsonntag 1899: Nach 8 Tagen schönsten Wetters wieder regnerisch und trübe. – Heute die Verlobungsanzeige von Alberts [Leskien] Freund

78 Siehe den Eintrag vom 13. Januar 1895.

79 KRETZER, Max, Die gute Tochter: Roman, Stuttgart 1895.

80 TOLSTOJ, Lev Nikolaevič, Anna Karenina, eine Vielzahl von Ausgaben.

81 FRANK, Hektor, Aus dem Vatican: Ernstes und Heiteres, Leipzig 1896.

82 Marie Pauline Judeich.

83 Siehe den Eintrag vom 11. Mai 1899.

84 LESKIEN, August, Die slavische Lautverbindung *ji*, in: Indogermanische Forschungen 10 (1899), S. 259-262.

85 Thema der öffentlichen Probevorlesung war: »Die Hauptmomente in der Geschichte der russischen Sprache«, vgl.: SCHALLER, Erich Berneker, S. 32. Berneker an Wilhelm Streitberg, Berlin, 17. Mai 1899, UBL, NL 245/A/Berneker/5: *Bei dem gütigen Interesse, das Sie so oft für mein Ergehen bekundet haben, erlaube ich mir, Ihnen mitzuteilen, dass sich heute hier meine Habilitation (für slav. Philologie) glücklich vollzogen hat. Probevorlesung und Colloquium verliefen am 27. April gleichfalls günstig*. Berneker an Streitberg, Berlin 25. Mai 1899, UBL, NL 245/A/Berneker/6: *Meine Habilitation verlief sehr angenehm. Joh. Schmidt vor allem war sehr freundlich und wohlwollend zu mir. Aber auch Brückner war so zuvorkommend, dass er dadurch viel gut gemacht hat, was er mir früher an Sorgen bereitet hat. Ich weiss aber gar nicht, wie ich sein Verhalten erklären soll: vorher redete er immer, was er alles fragen müsste, namentlich an Literatur usw., und an dem Tage selbst fragte er auf einmal fast garnichts; und jetzt ist er die Liebenswürdigkeit selbst.*

86 Siehe den Eintrag vom 15. Mai 1899.

Dr. Fritz Friedrich erhalten, hat sich mit einer Cousine[87] gleichen Namens verlobt; er ist 25 (oder 24), steht noch vor dem Schulamtsexamen. Hoffentlich hat Ilse [Leskien] nicht irgendeinen Gedanken an ihn gehabt. – Von Ilse begeisterte Schilderung ihres Aufenthalts am Gardasee heute eingetroffen.
25. Mai Donnerstag 1899: Nachricht von Albert [Leskien], daß sie am 30. Mai von Meran abreisen wollen, daß am 15. der alte [Adolph] Neubert auf Labers gestorben ist[88]. Grete Curschmann erzählt mir auf der Straße, daß auch Frau Wolf[89] auf Labers an Lungenentzündung gestorben. – Gestern Mathilde [Geibel] gesehen, die noch ziemlich schwach war: sie hat eine starke Herzaffection gehabt, dabei eine leichte Lähmung der einen Gesichtshälfte. | Gelesen Meysenbug, Memoiren einer Idealistin[90] (interessantes Buch, aber wie andre Menschen, die von vor 1848). | Die Nalješković'schen Schäferspiele und Komödien[91] fürs Colleg gelesen.
28. Mai Sonntag 1899: Vorigen Freitag Spaziergang mit [Friedrich] Ratzel und anderen nach Schkeuditz und Waldkater[92], fand beim Nachhausekommen [Olaf] Broch aus Christiania vor, der zum Abend blieb, war dann am Sonnabend mit ihm meist zusammen: Er geht im Auftrag der Balkankommission[93] nach Südserbien (Vranja[94]). Am Abend mit ihm, [Eduard] Sievers, [Karl] Brugmann, [Hermann] Hirt zusammen. Gespräch sprachwissenschaftlich ohne besonderes Interesse. | Gelesen Meysenbug, Der Lebensabend einer Idealistin[95]. | Von Dresden ziemlich ungünstige Nachrichten über die Mama[96].
2. Juni Freitag 1899: Gesternabend Albert und Ilse [Leskien] von Meran zurückgekehrt; Albert gut aussehend und vergnügt. Er hat die frühere Stube der

87 Der Vorname der Ehefrau von Fritz Friedrich ist nicht bekannt.

88 Gemeint ist Schloss Labers über Meran, seit 1891 eine Fremdenpension im Besitz von Adolf Neubert.

89 Vielleicht war Frau Wolf eine Angestellte in der Pension.

90 MEYSENBUG, Malwida von, Memoiren einer Idealistin, Stuttgart 1876.

91 JAGIĆ, Vatroslav/DANIČIĆ, Đuro (Hg.), Pjesme Nikole Dimitrovića i Nikole Nalješkovića, Zagreb 1873.

92 Die Stadt Schkeuditz liegt zwischen Leipzig und Halle. Das Schützenhaus zum Waldkater war ein Ausflugslokal in Schkeuditz.

93 Balkan-Kommission, 1897 von der Kaiserlichen Akademie der Wissenschaften in Wien eingesetzte »Kommission für die historisch-archäologische und philologische Durchforschung der Balkanhalbinsel«, wobei der Schwerpunkt auf der Erforschung der Sprachen und Dialekte lag.

94 Wranja (bulgarisch), Vranje (serbisch) ist seit 1878 eine serbische Stadt, auf die auch Bulgarien Anspruch erhob.

95 MEYSENBUG, Malwida von, Der Lebensabend einer Idealistin: Nachtrag zu den ›Memoiren einer Idealistin‹, Berlin/Leipzig 1898.

96 Marie Pauline Judeich.

beiden Schwestern[97], diese Friedrichs, Friedrich ist nach unten in der Großmutter Wohnung gezogen. | Gelesen: Pöhlmann, Sokrates und sein Volk[98] (vergnügliche Schrift, zum Nachdenken anregend).

4. Juni Sonntag 1899: Gestern Spaziergang mit [Friedrich] Ratzel, [Karl] Bücher, [Friedrich] Marx, [Richard] Wülker etc. über Leutzsch, Ehrenberg, Gundorf, Miltitz[99]. – Abends Graeca bei [Moritz] Voigt. Es kommt bei dieser Art Lesen gar nichts heraus; auch eine von den Unwahrheiten, über die wir bei der Gelegenheit sprachen. | Von Dresden sehr mäßige Nachrichten.[100] – Mit Albert [Leskien] heute gesprochen, er will sich gern eine Arbeitsstätte einrichten.

10. Juni Sonnabend 1899: Am Dienstag unerwartet Mikkola und Frau[101] gekommen, bei ihnen ein Freund von ihm, Dr. [Yrjö] Wichmann aus Helsingfors, Finnolog. Mikkola reist nach Wien, um Unterschriften der Gelehrtenprotestation gegen die Maßregelung Finnlands an den russischen Kaiser[102] in Empfang zu nehmen. – Heute die Nachricht vom Tode meines alten Jugendfreundes Heinrich Horn erhalten; er ist einer, oder wohl außer [Ernst] Enking, der allerletzte, mit dem ich in der Heimat noch zusammenhing. – Gelesen griechisch, und allerlei, darunter einige Gesänge von Pulci, Morgante maggiore[103]. | Heute an das Ministerium Gesuch geschickt um 200 Mark für Bücherbinden fürs Indogermanische Institut. | Anfang der Woche [Carl] Voerster gestorben.

11. Juni Sonntag 1899: Einweihung der neuhergestellten Pauliner Kirche[104]: ich während der Zeit mit Elfriede [Leskien] und Ellen [Heinrici] spazieren. – [Otto von] Böhtlingks 84. Geburtstag. Wir abends dort mit Hirts, Brugmanns und Meisters[105].

12. Juni Montag 1899: Kränzchen[106] bei [Johannes] Wislicenus. Er, [Karl] Bin-

---

97 Gertrud und Ilse Leskien.

98 PÖHLMANN, Robert von, Sokrates und sein Volk: ein Beitrag zur Geschichte der Lehrfreiheit, München [u.a.] 1899.

99 Gundorf, nordwestlich von Leipzig, gehörte seit 1934 zu Böhlitz-Ehrenberg, seit 1999 ist es Teil von Leipzig; Miltitz, westlich von Leipzig, gehört seit 1999 zu Leipzig.

100 Gemeint ist der Gesundheitszustand von Marie Pauline Judeich.

101 Jooseppi Julius und Maria Mikkola.

102 Das Großfürstentum Finnland gehörte seit 1809 zu Russland, hatte aber weitgehende Autonomie, die 1899 mit dem Februarmanifest des Zaren Nikolaus II. stark beschnitten wurde. Protestpetitionen hatten keinen Erfolg, erst ein Generalstreik 1905 führte zur Wiederherstellung der alten Rechte, vgl. JUSSILA/HENTILÄ/NEVAKIVI, Politische Geschichte Finnlands, S. 80-101.

103 PULCI, Luigi, Il Morgante maggiore, 3 Bde., Milano 1806.

104 Universitätskirche St. Pauli, vgl. GUL 5, S. 77-132.

105 Hermann und Margarethe Hirt, Karl und Valeska Brugmann, Klothilde und Richard Meister.

106 Siehe den Eintrag vom 8. Februar 1892.

ding und ich sind die einzigen, die die Sympathieadresse für die Finnen unterschrieben[107]; alle andern ziehen sich aus Philistergründen zurück.

16. Juni Freitag 1899: Gesternabend im Alten Theater[108] Cyrano de Bergerac von den Weimaraner Schauspielern[109] aufführensehen. Ausgezeichnet.

17. Juni Sonnabend 1899: Ausflug mit [Friedrich] Ratzel, [Karl] Bücher etc. über Probstheida, Monarchenhügel, Liebertwolkwitz, Wachau[110], Dösen[111], Dölitz, Connewitz. – Abends Gesellschaft bei Wundts[112].

18. Juni Sonntag 1899: Nachricht vom Tode der Mutter[113] [Hugo] Schuchardts, 84 Jahre alt.

23. Juni Freitag, 1899: Die ganze Woche fast nichts getan als für die Vorlesung über dalmatinische Litteratur gearbeitet; kaum etwas daneben gelesen. | Vom Ministerium die Bewilligung der erbetenen 200 Mark zum Binden der Bücher für das Indogermanische Institut erhalten. In dem Schreiben die Schlußbemerkung, das Ministerium erwarte bestimmt, daß eine derartige Etatsüberschreitung sich nicht wiederholen werde. Eine unglaublich alberne Bemerkung: ich schenke der Universität über 1000 Mark Bücher und erhalte dafür noch einen Verweis.[114] | Alberts [Leskien] Befinden soweit zufriedenstellend, nur ist er körperlich schwach und ich zweifle, daß er zu stärkerem Arbeiten je wieder die nötige Kraft erlangt. | Von Dresden schlechte Nachrichten: vom Gehen ist schon keine Rede mehr, das Alleinessenkönnen scheint auch aufzuhören[115].

26. Juni, Montag 1899: Sonnabendnacht (24. – 25.) [Albert] Socin gestorben nach langem Kranksein (Nierenkrankheiten); Sonntag Kösen: [Berthold] Delbrück und verschiedene gesprochen; unglaublich törichte Rede von [Heinrich] Gelzer, im ganzen kein günstiger Eindruck von der ganzen Gesell-

---

107 Die Sympathieadresse war an den russischen Zaren gerichtet und war Teil einer europäischen Bewegung. Unterschrieben wurde sie von bedeutenden Gelehrten wie Theodor Mommsen und Rudolf Virchow. Treibende Kraft war Hans Delbrück. Vgl. SCHYBERGSON, Politische Geschichte Finnlands, S. 306-307; HAGEN, Die ›Entdeckung‹ Finnlands, S. 151-165.

108 Das Alte Theater in Leipzig am Theaterplatz (seit 1913 Richard-Wagner-Platz), 1766 errichtet, 1943 zerstört.

109 ROSTAND, Edmond, Cyrano von Bergerac: romantische Komödie in fünf Aufzügen. Dt. von Ludwig Fulda, Stuttgart 1898, eine Vielzahl von Ausgaben. Gemeint ist das Ensemble des Großherzoglichen Hof-Theaters in Weimar.

110 Wachau, südlich von Leipzig gelegen, gehört seit 1994 zu Markkleeberg.

111 Dösen, südöstlich von Leipzig, gehört seit 1910 zu Leipzig. 1901 wurde hier die Heilanstalt der Stadt Leipzig zu Dösen eröffnet.

112 Sophie und Wilhelm Wundt.

113 Malvina Schuchardt.

114 Siehe den Eintrag vom 2. September 1899.

115 Gemeint ist das körperliche Befinden von Marie Pauline Judeich.

schaft. Heutabend Kränzchen[116] bei [Wilhelm] Wundt. | Letzten Sonnabend Spaziergang mit dem Rennklub[117] über die Parthedörfer nach Taucha. Abends griechisches Kränzchen[118] bei mir.
Sonntag, 2. Juli 1899: Am letzten Dienstag Trauerfeier für [Albert] Socin in der Pauliner Kirche (begraben wird er in Basel), redeten [Paul] Mehlhorn als reformierter Geistlicher, [Ernst] Windisch, [Johannes] Wislicenus, [Franz] Praetorius, [Hans] Stumme. | Gestern Ausflug des Professorenvereins nach Lindhardt (mit uns Dr. [Ferdinand] Sommer, Rauscher[119], [Robert] Geerds, Fräulein [Eleonore] Wundt und [Georg] Rietschel).
Montag, 3. Juli 99: Morgens mit Lisbeth [Leskien] nach Dresden gefahren, ich zu dem Audienzschwindel[120], dabei auch [Curt] Wachsmuth; nachmittags hinaus, Großmama[121] ganz stumpf und willenlos.
Freitag, 7. Juli 1899: Am Mittwochabend kam [Jooseppi Julius] Mikkola von Wien - Berlin; blieb am Donnerstag zu Mittag. Die Frau[122] war krank, ist nach Finnland vorausgereist, er hat auch den Aufenthalt in Deutschland aufgegeben und ging zurück. Erzählt mir, daß [Vatroslav] Jagić in Wien allgemeinem Mißtrauen begegnet, Intriguiren beim Ministerium. | Brief von [Erich] Berneker: [Aleksander] Brückner tut ihm alles zu Gefallen. | Donnerstag 2. Sitzung der Commission für Besetzung der Stelle [Albert] Socins: vorgeschlagen [Julius] Wellhausen, [Franz] Praetorius, [Eugen] Prym (der Bericht von [Ernst] Windisch sehr gut); ich bekam am Morgen einen Brief von [Theodor] Nöldeke, Nestor aller Arabisten, habe ihn aber nicht benutzt. | Heute Frau [Georgine] Witt besucht, fand sie merkwürdig munter. | Gestern Mathilde [Geibel] besucht. | Die Abhandlung über die serbische Accentuation der Composita abgesetzt, heute den letzten (5.) Correcturbogen gelesen.
10. Juli 1899, Montag: Gestern zum Mittagessen bei [Johannes] Wislicenus mit einer größeren Gesellschaft, darunter Chun und Frau[123]. – Habe mich krank gegessen, heute den ganzen Tag unwohl. | Vorgestern nahm der Dr. [Jan] Jakubec, der Privatdozent der Literatur in Prag, der dies Semester hier studierte, Abschied. | An meinem Geburtstage letzten Sonnabend waren Alberts[124] und Meisters[125] bei uns, [Otto] Bremer kam von Halle herüber.

---

116 Siehe den Eintrag vom 8. Februar 1892.

117 Der Leipziger Rennklub wurde 1863 gegründet und betrieb die Galopprennbahn im Süden Leipzigs, vgl. GAITZSCH/SCHIRM, 150 Jahre Galopprennen.

118 Siehe den Eintrag vom 13. Januar 1895.

119 Adolf oder Gustav Rauscher.

120 Wahrscheinlich hatte Leskien eine Audienz beim sächsischen König.

121 Marie Pauline Judeich.

122 Maria Mikkola.

123 Carl und Lilly Chun.

124 Albert und Marie »Mony« Brockhaus.

125 Klothilde und Richard Meister.

16. Juli, Sonntag 1899: Am Mittwoch Fakultätssitzung: Bericht über die Vorschläge zur Wiederbesetzung der Socinschen Professur[126] ([Julius] Wellhausen, [Franz] Praetorius, [Eugen] Prym); inzwischen vom Ministerium auch der Auftrag gekommen, die Zimmernsche Stelle wieder zu besetzen. [Max] Heinze teilt mit, daß [Ludolf] Krehl sich in diesen Tagen wolle pensionieren lassen; die Commission erhält den Auftrag, [Heinrich] Zimmern zurückzurufen. [Friedrich] Ratzels Antrag auf Aufhebung des Verbots der Frauenpromotion[127]: Heftige Debatte, führt zu nichts. Commission eingesetzt wegen der Frage, was mit [Wilhelm] Sieglins Professur werden soll.[128] Er ist an [Heinrich] Kieperts Stelle nach Berlin berufen. – Eben war [Karl] Lamprecht bei mir, um mich zu bearbeiten, daß ich mit für [Gustav] Buchholz eintrete, daß er die Sieglinsche Stelle erhalte. Es ist eine große Confusion in der ganzen Sache. | Gestern das Brockhaussche Sommerfest (Gertrud, Ilse, Elfriede, Lisbeth [Leskien], ich dort). Gestern die Lexikonredaktion auf 3 Wochen wegen Baulichkeiten geschlossen. | Heute um 11 Commissionssitzung wegen der Professur für historische Geographie: Unklarheit, Täuschung, Egoismus viel dabei. Wie sehne ich mich aus dieser Welt heraus!

19. Juli, Mittwoch 1899: Um 12° Dr. [Ferdinand] Sommer Probevorlesung über »den keltischen Sprachstamm«. Gut ausgefallen. Heutmorgen bei mir [Peter] Schalfejew wegen seiner unglücklichen Dissertation über Kolzow[129]; wird mir noch viel Ungelegenheit machen. | Ich bin seit 8 Tagen über alle Maßen müde und schwach. – Dem Ernst [Leskien] hat [Albin] Hoffmann ein Zeugnis ausgestellt, daß er 4 Wochen Urlaub vom Geschäft haben müsse, um an die See zu gehen.

23. Juli, Sonntag: Die Woche verschiedene Commissionssitzungen wegen der Sieglinschen Professur; gestern die betreffende Fakultätssitzung: Dr. [Hugo] Berger als einziger durchgesetzt. | Gestern Besuch von Heinrich Mau, mit ihm und Wundts[130] abends im Palmengarten[131]. | Die Arbeit über Quantität

---

126 Professur für Orientalische Sprachen an der Philosophischen Fakultät der Universität Leipzig, vgl. PUL.

127 Seit den 1890er-Jahren durften Frauen an der Universität Leipzig als Gasthörerinnen mit Zustimmung des jeweiligen Professors Vorlesungen besuchen, 1900 beschloss die Philosophische Fakultät zu Leipzig ihre Zulassung zur Promotion, was vom Ministerium abgelehnt wurde, vgl. GUL 2, S. 740-744.

128 Sieglin erhielt 1899 eine Professur für historische Geographie an der Universität Berlin, vgl. PUL.

129 SCHALFEJEW, Peter, Die volkstümliche Dichtung A. Kol´covs und die russische Volkslyrik: eine literarhistorische Untersuchung, Berlin 1910.

130 Sophie und Wilhelm Wundt.

131 Der Palmengarten mit einem Gesellschafts- und Konzerthaus sowie dem Palmenhaus in Leipzig am Westufer der Elster-Pleißen-Aue entstand zwischen 1896 und 1899.

und Betonung der Endsilben aufgegeben, weil nichts dabei herauskam. Wieder angefangen die Sammlungen für serbische Syntax.
28. Juli, Freitag: [Albin] Hoffmann bestimmt, daß Ernst [Leskien] in ein Seebad gehen soll; ich habe ihn Mittwoch auf 4 Wochen (vom 1. August) freigebeten und gehe mit ihm. – Gesternabend Heinrich Mau, Wundts[132] und Dr. Stoltenberg-Lerche[133] bei uns – Friedrich [Leskien] hat die ganze Woche an Darmkatarrh zu Bett gelegen, heute erst wieder aufgestanden.
30. Juli Sonntag 1899: Gestern Rektoratswahl, schwankt zwischen [Wilhelm] Pfeffer und [Karl] Fricker. Im 2. Wahlgang erhält Pfeffer die Majorität, lehnt ab; Fricker wird privatim gefragt, lehnt ab: allgemeine Confusion, man weiß nicht wen wählen und verschiebt die weitere Wahl auf nächsten Mittwoch. | Gesternabend bei [Otto von] Böhtlingk.
Dienstag 1. August 1899: Heute [Sextil] Puşcariu[134] mit Doktorexamen slavisch. Morgen soll die Reise mit Ernst [Leskien] nach Kiel angetreten werden.
Mittwoch 2. August bis Mittwoch 30. August 99: Mit Ernst [Leskien] in den Seebädern Laboe, Travemünde, Heringsdorf.
Donnerstag 31. August 99: Geschäft und Albert begrüßt, nachmittags Mony [Marie Brockhaus], Mathilde [Geibel], Frau [Georgine] Witt gesehen, abends Böhtlingks[135].
Sonnabend 2. September 99: In den letzten Tagen u. a. gelesen: Asta Heiberg, Erinnerungen aus meinem Leben (1897)[136] – Muellenberg, Die Siebolds von Lyskirchen (1899)[137], sehr hübsche Erzählung.[138]
Montag, 4. September 1899: Abgereist nach Hahnenklee in den Harz zu [Karl]

---

132 Sophie und Wilhelm Wundt.

133 Vielleicht Axel Stoltenberg Lerche.

134 PUŞCARIU, Sextil, Die rumänischen Diminutivsuffixe, Leipzig, Univ., Diss., 1900.

135 Anna und Otto von Böhtlingk.

136 HEIBERG, Asta, Erinnerungen aus meinem Leben, Berlin 1897.

137 Gemeint ist: MUELLENBACH, Ernst, Die Siebolds von Lyskirchen: ein Altkölnischer Roman, Stuttgart [u.a.] 1899.

138 Bl. 20r, Anlage: Königlich Sächsisches Ministerium des Kultus und öffentlichen Unterrichts an Leskien, Dresden, 13. Juni 1899: *Das Ministerium des Kultus und öffentlichen Unterrichts will auf Ihren Bericht vom 10./12. dieses Monats zum Einbinden der im Laufe der letzten Monate der von Ihnen geleiteten slavistischen Abteilung des indogermanischen Instituts geschenkten, bisher noch uneingebundenen Bücher einen einmaligen Beitrag von 200 M gewähren, spricht aber die bestimmte Erwartung aus, daß eine derartige Etatüberschreitung sich nicht wiederholen wird. | Wegen Auszahlung des bewilligten Beitrags ist an das Universitätsrentamt das Erforderliche verfügt worden.* Auf den Brief schrieb Leskien die Bemerkung: *Was das Unterstrichene für eine dumme Bemerkung ist: ich schenke der Universität über 1000 Mark Bücher, erbitte mir für diesen extraordinären Fall eine einmalige außerordentliche Bewilligung (wie ich in meinem Schreiben ausdrücklich hervorgehoben habe) und das wird als Etatsüberschreitung bezeichnet. Besten Gruß Leskien.* Weiterhin liegt bei ein Sonderdruck von »Geheimrathstitel für Professoren« aus der »Gegenwart Nr. 10, 1898«.

Brugmann, dort Dienstag 5. September Depesche vom Tode der Mama[139] erhalten, sofort zurück nach Leipzig, am Mittwoch den 6. früh nach Dresden; Donnerstag den 7. nachmittags das Begräbnis; Freitag 8. Walter [Judeich] erhält Ruf nach Czernowitz. – Ich bleibe in Dresden, auch Lisbeth [Leskien] zur Nachlaßordnung.[140]

Sonnabend 16. September 99: Nach Leipzig zurückgekehrt.

Montag, 18. September 99: Von Albert Brockhaus zu Gunsten der Steindorffschen Siwah-Expedition[141] 1500 Mark erhalten. Gestern an Konrad [Judeich] den sensibelen Brief für Onkel Eduard [Brockhaus] geschickt. – Nach vielen Wochen zum ersten Male ins Geschäft[142] gegangen. – Leonore Geibel besucht, über Maria [Krehl] gesprochen. | Steindorff die obengenannten 1500 Mark gegen Quittung übergeben. – Gestern nach langen Jahren wieder »Dichtung und Wahrheit«[143] angefangen.

Dienstag 19. September 99: Lisbeth und Albert [Leskien] abends von Dresden zurück, mit ihnen Tante [Luise] Bräuer; mit der geht Ilse [Leskien] morgen auf einige Wochen nach Wiesbaden. – Beschlossen, den noch bleibenden Rest der Ferien nicht mit Erneuerung von Collegienheften zu verbringen, sondern zum Lettischlesen anzuwenden. | Im Geschäft[144] mit Gedanken über das Reallexikon[145] beschäftigt.

Mittwoch 20. September 99: Ilse [Leskien] heut früh nach Wiesbaden. – Brief von [Hugo] Schuchardt im Interesse von [Wilhelm] Streitberg, [Hermann] Hirt, wegen der dortigen Professur.

Freitag 22. September 99: Gestern der Kleinen[146] Geburtstag: zu Mittag Tante Anna und Nikolai [Böhtlingk]. – Heute von Mayer erhalten für die Siwahexpedition: 100 Mark von dem Bankier Fritz Mayer, 50 Mark von dem Professor A.[dolph] Mayer – schäbig genug. Das Geld an [Georg] Steindorff beför-

---

139 Marie Pauline Judeich.

140 Bl. 20v, Zeitungsausschnitt: Aus dem Nachlaß Theodor Fontane's veröffentlicht das soeben erschienene Heft I/II des »Pan« (1899) folgendes Gedicht, das den Lesern die freie und vornehme Gesinnung des großen Preußendichters von Neuem vor Augen führt: An meinem Fünfundsiebzigsten.

141 FELBER, Heinz, Karawane zum Orakel des Amun: Steindorffs Expedition nach Amarna, Siwa und Nubien 1899/1900, Leipzig 2000.

142 F. A. Brockhaus.

143 GOETHE, Johann Wolfgang von, Aus meinem Leben: Dichtung und Wahrheit, eine Vielzahl von Ausgaben.

144 F. A. Brockhaus.

145 Von der 5. (1819–1820) bis zur 11. Auflage (1864–1868, 2 Supplementbände, 1872–1873) lief das Konversations-Lexikon von Brockhaus unter dem Haupttitel »Real-Encyclopädie« bzw. »Real-Encyklopädie«.

146 Elfriede Leskien.

dert. | Gelesen in der letzten Woche: [Goethes] Dichtung und Wahrheit; [Goethes] Wilhelm Meister angefangen.

Sonnabend 23. September 99: Abends bei [Otto von] Böhtlingk, wo [Otto] Donner aus Helsingfors. – Nachmittags Besuch von [Asmus] Soerensen und [Otto] Bremer. – Onkel Conrad [Judeich] gab mir einen Brief von Rudolf [Brockhaus], der »wegen der Wichtigkeit der Sache« Aufschub der Entscheidung wegen des Dresdner Grundstücks[147] wünsche: Tante Louisa [Brockhaus] soll hereingezogen werden.

Mittwoch 27. September 99: Die halbe Woche unwohl, mit Kopfschmerzen, Kreuzschmerzen, Müdigkeit. Gar nichts gearbeitet; etwas »Wilhelm Meister«[148] gelesen. – Heute die Geldsendung von Dresden circa 76000 Mark, an die Leipziger Bank gekommen; ich gebe sie dort in Depot.

Donnerstag 28. September 99: Spazierfahrt mit Albert [Leskien] durch die Linie[149]. – Ich kann trotz aller Enthaltung von allen Spirituosen und Spazieren Kopfschmerzen nicht loswerden.

Freitag 29. September 99: Abends mit Blassens[150], Drin. Baumgarten[151], Eduard [Brockhaus] und [Georg] Knapp bei Carl Geibels[152]. Knapp der alte, es macht mir sein pointiertes Wesen kein Vergnügen mehr; hat sich angewöhnt, die Unterhaltung allein zu führen. Die zugespitzten kleinen Erzählungen etc. machen den Eindruck, daß er sich als überlegenen geistigen Mann und Causeur fühlt. Außerdem hat er die Unart, daß niemand neben ihm zu Wort kommen kann.

Sonnabend, 30. September 99: Nachmittags mit Frau [Klothilde] Meister und

---

147 August Leskiens Schwiegermutter Marie Pauline Judeich, geborene Brockhaus, besaß seit ihrer Hochzeit 1850 in Dresden, Bautzner Chaussee 1 (Ecke Fischhausstraße, oberhalb des Waldschlösschens), die »Villa Heinrichsfeld«. Leskien selbst schrieb im Juni 1900 an Hugo Schuchardt, *daß wir durch den Tod meiner Schwiegermutter ein schönes Grundstück mit Haus in Loschwitz bei Dresden geerbt haben und alle Ferien dort verleben*, EICHLER/SCHRÖTER, Briefe August Leskiens, S. 96. 1913–1917 lebte hier der aus Florenz zurückgekehrte Kunsthistoriker Heinrich Brockhaus. Das gesamte Grundstück erstreckte sich zwischen Fischhausstraße, Bautzner Straße, Angelikastraße und der späteren Judeichstraße und ging nach dem Tod von Marie Pauline Judeich an ihre Kinder Elisabeth Leskien, Konrad und Walther Judeich.

148 GOETHE, Johann Wolfgang von, Wilhelm Meisters Lehrjahre, oder Wilhelm Meisters Wanderjahre, eine Vielzahl von Ausgaben.

149 Siehe den Eintrag vom 13. März 1892.

150 Conrad Blaß und seine namentlich nicht bekannte Frau. Conrad Blaß war ein alter Bekannter Leskiens, vgl. den Eintrag vom 21. Juli 1895.

151 Gemeint ist Julie Baumgarten, in LAB 1900 als verwitwete Dr. jur bezeichnet. Julie Baumgarten, geb. Heyse (1857–1928), war seit 1878 mit Dr. Hermann Baumgarten, einem Gutsbesitzer in Zschölkau bei Leipzig, verheiratet. 1895 wird sie erstmals im LAB erwähnt.

152 Gemeint sind Mathilde und Stephan Franz Carl Geibel.

einigen der Jungen[153] nach Knauthain, dazu kam [Georg] Heinrici mit seinen Kindern[154]; gingen zurück über Lauer, Gautzsch. | Die ganze letzte Woche verbracht mit Spazierengehen und Belletristik aller Art lesen.

Abb. 7: Die fünf Söhne des Ehepaars Meister, von links nach rechts: Karl, Richard, Edwin, Eckard und Ludwig. Richard, Eckard und Ludwig sind im Ersten Weltkrieg gefallen, um 1894. Quelle: Zur Erinnerung an Eckard und Ludwig Meister, S. 15.

Dienstag, 3. Oktober 99: Am Sonntag mit Albert [Leskien] in Leutzsch. Gesternabend Brugmann und Frau[155] bei uns; sie durch die Nachtwachen bei dem ausschlagbehafteten Kinde[156] ganz herunter. Unbegreifliche Torheit von ihm, keine stehende Wärterin anzunehmen. | Angefangen zu lesen: Jentsch, Rodbertus[157].

---

153 Das Ehepaar Meister hatte fünf Söhne: Eckard, Edwin, Karl, Ludwig und Richard Meister.

154 Georg Heinrici hatte aus zwei Ehen insgesamt fünf Kinder: Carl, Dorothea (verh. Wiedeburg), Ellen, Ernst und Maria (verh. Geißler).

155 Karl und Valeska Brugmann.

156 Fritz Brugmann.

157 JENTSCH, Karl, Rodbertus, Stuttgart 1899.

Donnerstag, 5. Oktober 99: Walter und Conrad [Judeich] gekommen; heute Walters Geburtstag. – Gelesen Jentsch, Rodbertus[158]; den ersten Band von Tolstojs Voskresenie in deutscher Übersetzung[159].
Sonnabend 7. Oktober 99: Heute Konrad [Judeich] wieder nach Dresden zurück. – [Hermann] Hirts Buch über den Ablaut in den Aushängebogen[160] gelesen. – Angefangen Gauthiez, L'Arétin[161]. – Gesternabend bei [Otto von] Böhtlingk, traf dort [Wolfgang von] Öttingen; B.[öhtlingk] erzählt mir, daß die Ohtmann[162] wegen Treulosigkeit des Mannes sich das Leben genommen hat, während er noch nach ihrem Tode den Verwandten gegenüber die zärtlichste Liebe zu ihr heuchelte, sogar rührendes Gedicht auf sie machte. – [Rudolf] Meringer ist nach Graz berufen, also die Aussichten für [Wilhelm] Streitberg dahin.
Dienstag 10. Oktober 99: [Wilhelm] Wollner besucht, der seit einigen Tagen von Thüringen zurück ist; er hat sich sehr erholt. | Gestern Brief von [Hugo] Schuchardt, daß er sich im nächsten Semester pensionieren läßt; ihm geantwortet. | Gelesen: Marin, Moines de Constantinople[163]; im Anschluß einiges von Basilius dem Großen.
Mittwoch, 11. Oktober 99: Abends bei [Otto von] Böhtlingk, wo [Albrecht] Weber mit seiner Tochter, Frau Jung[164]. Erfreulich, Weber zu sehen.
Freitag 13. Oktober 99: Gestern in Halle [Friedrich] Bechtel wieder besucht; gleichgültige Dinge gesprochen. Dann bei [Felix] Wissowa und den Abend mit [Otto] Bremer verbracht. Er hat auf Wangeroog die letzten 12 Menschen, die noch friesisch sprechen, ausgefragt.
Sonnabend 14. Oktober 99: Nachmittags den Sonnabendspaziergang nach Leutzsch mitgemacht; viel mit [Adolf] Barth gesprochen. Angefangen zu lesen Besant, The pen and the book[165], charakteristische Stelle über die geringe Rolle, die für die englischen Schriftsteller von Handwerk die deutsche Litteratur spielt: it is almost indispensible that a literary man with pretensions to culture, should possess a knowledge of some foreign language. Not a smattering, but the power of reading and understanding it as well as his own. Of course, French is by far the most useful, because the literature of France is

158 Siehe den Eintrag vom 3. Oktober 1899.

159 TOLSTOI, Leo, Auferstehung: Roman in drei Teilen, Stuttgart 1899.

160 HIRT, Hermann, Der indogermanische Ablaut, vornehmlich in seinem Verhältnis zur Betonung, Straßburg 1900.

161 GAUTHIEZ, Pierre, L'Arétin (1492–1556), Paris 1895.

162 Nicht ermittelt; vielleicht eine Verwandte Böhtlingks.

163 MARIN, Eugène, Les moines de Constantinople: depuis la fondation de la ville jusqu'à la mort de Photius (330–898), Paris 1897.

164 Der Vorname der Tochter von Albrecht Weber ist nicht bekannt.

165 BESANT, Walter, The pen and the book, London 1899, die folgenden Zitate: S. 45/46 und 54.

far finer and fuller than those of all the other continental nations put together. It may however, be useful for special purposes to study other languages, as German, Italian, Norwegian – but French must come first. – Und dabei bilden Leute wie Hermann Grimm[166] sich ein, Goethe habe die Welt erobert. | Vorzügliche Bemerkung: it seems to be a crime in an educational text book and punishable by death, to be more than three or four years old.
Freitag 20. Oktober 99: Überlegt im Lauf der Woche, ob ich nicht die Accentarbeit über das Verbum fortsetzen solle, an [Vatroslav] Jagić darüber geschrieben. Gestern damit begonnen. Gesternabend Lisbeth [Leskien] und ich bei Meisters[167] zum Abend. – Frau [Paula] Heinrici in Gefahr fausse c.[168] – Traf heute M.[athilde] G.[eibel] unterwegs, erzählt nur, daß ihr Friedrich [»Friedel« Geibel] im Stillen mit einer Cousine der Emmy[169] verlobt sei, einer Engländerin: sie ist nicht erbaut davon und kann es nicht sein. Sonderbare Welt: diese jungen Burschen verbummeln ihre besten Jugendjahre, können nichts, dann steckt sie der Vater in sein Geschäft, und vom Gelde des Vaters heiraten sie, richten sich höchst bequem, luxuriös ein und werden nun die Musterstaatsbürger. Dabei nun die Mutter in ihrer altbürgerlichen Art, der die Millionen nicht stehen. | Gestern Abend Ilse [Leskien] von ihrer Reise mit der [Luise] Bräuer heimgekehrt; sie war zuletzt allein bei Kohls[170] in Marburg. Eine richtige Freundschaft zwischen der alten und der jungen ist nicht geworden, war auch nicht möglich. | Heut Abend sollen Lisbeth und ich bei Alberts[171] sein mit der Frau [Friederike Luise] Corrodi und Otto nebst Frau[172]. | Vorgestern endlich die Beratung über das Kleine Lexikon, die Arbeit beginnt. | Gelesen allerlei Romane und einige russische Erzählungen; auch ein Stück einer lettischen Erzählung im Austrums[173].
Sonntag, 22. Oktober 99: Von [Karl] Brugmann die 3. Auflage seiner griechischen Grammatik erhalten[174]: erstaunlich, was der Mann leisten kann, wird sich aber früh ausarbeiten, ist jetzt 50 Jahr, und so nervös, daß er einen beängstigenden Eindruck macht. | Gestern Spaziergang Leutzsch, wie gewöhn-

166 Siehe den Eintrag vom 14. Oktober 1899.

167 Klothilde und Richard Meister.

168 Fausse couche = Fehlgeburt, Schwangerschaftsabbruch.

169 Nicht ermittelt.

170 Georg und Reinholde Kohl.

171 Albert und Marie »Mony« Brockhaus.

172 Otto und Marie Luise Geibel.

173 Austrums (Osten), lettische Monatsschrift, die 1885–1906 zunächst in Moskau, dann in Mitau (Jelgava) und Riga erschien.

174 BRUGMANN, Karl, Griechische Grammatik: Lautlehre, Stammbildungs- und Flexionslehre und Syntax, 3. Aufl., München 1900.

lich. Besuch von [Ludwig] Mitteis; las heute in der Zeitung, daß er gleich den Geheimen[175] erhalten hat.
Mittwoch 25. Oktober 99: Senatssitzung. – Fakultätssitzung: ich werde in den Senat gewählt. – Die Accentarbeit über das Verbum angefangen mit Sammlung des slovenischen Materials.
Freitag, 27. Oktober 99: Gestern die Vorlesungen[176] angefangen; die über Litauisch nicht zu Stande gekommen, die über Serbisch kaum. Am liebsten wäre es mir und auch für mich wie die Universität am besten, ich könnte die Professur aufgeben; es wird auch wohl in nicht zu langer Zeit dahin kommen. | Heute bei [Ernst] Windisch: [Julius] Wellhausen hat die Professur in Leipzig sofort abgelehnt; [Franz] Praetorius zunächst auch (wegen häuslichen Unglücks, scheint eheliche Geschichten), [Eugen] Prym soll nicht berufen werden, was auch richtig ist. | Wie habe ich Windisch, den ich bei seiner stillen Gelehrsamkeit fand, um seine Lage beneidet.
Von Sonntag den 29. – Dienstag 31. Oktober: In Jena, mit [Berthold] Delbrück schöne Touren gemacht; herrliches, fast sommerliches Wetter. Beneidenswerte Lage der Jenenser in ihren Bergen.
Mittwoch 1. November: Übungen[177] im Institut nicht zu Stande gekommen.
Donnerstag 2. November 99: Die Vorlesung über Serbisch wieder aufgegeben, weil außer [Ivan Jakovlevič] Rudčenko und Dr. [Gustav] Burchardi nur ein Student da. So lese ich denn in diesem Semester gar nicht. Das erste Mal in meiner 32jährigen Dozententätigkeit. Muß mich wohl anders mit den Vorlesungen einrichten. – Ernsts [Leskien] Geburtstag.
Freitag 3. November 99: War entsetzlich müde heute, lief am Morgen über 2 Stunden spazieren; fühle mich aber unwohl. Am Nachmittag gelesen: Jensen, Pfarrhaus zu Ellernbrook[178].
Montag 6. November 99: Die letzten Tage mit starken Gliederschmerzen verbracht, heute besser. Besuch bei Mathilde [Geibel]: [Stephan Franz] Carl [Geibel] geht Ende dieser Woche in die Nervenheilanstalt Martinsbrunn bei Meran; inzwischen soll Friedrich Geibels Verlobung publiciert werden, die Braut[179] herkommen. Leonore Geibel ist bei Milly [Emilia Brockhaus] in Heidelberg: die Nachrichten daher trostlos.
Freitag 10. November 99: Von den Brockhaus (R.[udolf]) noch immer nichts

---

175 8. Beilage zum Leipziger Tageblatt und Anzeiger Nr. 539, Sonntag, 22. October 1899, S. 8205: *Leipzig, 21. October. Der König hat dem Professor Dr. Mitteis an der Universität Leipzig den Titel und Rang als ›Geheimer Hofrath‹ in der 3. Classe der Hofrangordnung verliehen.*

176 WS 1899: Grammatik der litauischen Sprache; Historische Grammatik der serbokroatischen Sprache, vgl. HistVV.

177 WS 1899: Übungen im Lesen slavischer Texte (im Indogermanischen Institut), vgl. HistVV.

178 JENSEN, Wilhelm, Das Pfarrhaus von Ellernbrook, 2 Bde., Stuttgart/Leipzig 1879.

179 Sophie Marie Helene »Ella« Rommel.

über das Dresdner Grundstück: charakteristisch für die Leute. – Gesternabend bei Böhtlingks[180] mit dem russischen Consul und seiner Frau[181] ([Niclas von] Brunner, verrusster Deutscher, interessanter kluger Mann), auch Meisters[182] da. – Befinde mich nicht gut, müde, Schlaf mangelhaft. – Gelesen Nerrlich, Dogma vom klassischen Altertum[183]: eigentlich langweiliges Buch und kommt doch nicht zu der Consequenz, zu der es kommen müßte: schafft alles Griechisch und Latein von der Schule, wer es braucht, hole es sich von der Universität; wer sonst die classischen Schriftsteller lesen will, nehme Übersetzungen. | Sitzung der Commission für die Wiederbesetzung der orientalischen Professur: [Julius] Wellhausen und [Franz] Praetorius haben abgelehnt, [Eugen] Prym soll nicht berufen werden. Die Commission beschließt, den Kieler [Georg] Hoffmann erst zu befragen, ob er eventuell käme (ist 54 Jahr); wenn nicht vorzuschlagen: [August] Fischer, [Carl] Brockelmann; [Hans] Stumme daneben als außerordentlicher.

Donnerstag 15. November 99: Gelesen in der letzten Woche: Schneidewin, Antike Humanität[184], ein recht törichtes Buch. | Gearbeitet an der Abhandlung über den slavischen Verbalaccent. Nicht recht frisch die ganze Zeit. Heute [Heinrich] Möckel nach meinem Befinden gefragt: findet das Herz ganz in Ordnung.

Sonntag 19. November 99: Freitag wieder die Vorlesung über historische Grammatik des Serbischen aufgenommen, da sich doch einige Zuhörer gefunden haben. Gestern den ganzen Tag [Olaf] Broch bei uns, der aus Serbien zurückkam. Hat interessante Forschungen über die serbisch-bulgarischen Grenzdialekte (im alten Šopluk etc.)[185] gemacht, dabei vieles andre beobachtet. Er ist ein gescheuter und praktischer Mensch, der zu seinem Glück auch das ruhige Selbstbewußtsein hat, den Leuten zu imponieren. Am Abend hatte ich noch meinen Zuhörer, [Aleksandar] Belić aus Belgrad, aufgefordert. Der bleibt jetzt hier um zu promovieren; ich habe ihm als Thema die slavischen Deminutivsuffixe[186] vorgeschlagen. Er hat bisher bei [Filipp Fjodorovič] Fortunatov in Moskau studiert und dort ein Examen gemacht; ist gescheut und

---

180 Anna und Otto von Böhtlingk.

181 Der vollständige Name der Frau ist unbekannt.

182 Klothilde und Richard Meister.

183 NERRLICH, Paul, Das Dogma vom klassischen Altertum in seiner geschichtlichen Entwicklung, Leipzig 1894.

184 SCHNEIDEWIN, Max, Die antike Humanität, Berlin 1897.

185 Šopisch, Schopisch (Torlakisch), Bezeichnung für die Mundarten in den Gebieten Prizren/Južna Morava und Timok/Lužnica (in der Region Šopluk/Schopluk, Grenzgebiet zwischen Serbien, Makedonien und Bulgarien). Über die Frage, ob sie der serbischen, makedonischen oder bulgarischen Sprache zuzuordnen seien, herrscht keine Klarheit.

186 BELIĆ, Aleksandar, Zur Entwicklungsgeschichte der slavischen Deminutiv- und Amplificativsuffixe, Leipzig, Univ., Diss., 1901.

unterrichtet. | In der Commissionssitzung am letzten Donnerstag vorgeschlagen: [August] Fischer, [Carl] Brockelmann zu Ordinarien, [Hans] Stumme zum Extraordinarius.
Donnerstag 23. November 99: Vor einigen Tagen der Mediziner [Felix] Birch-Hirschfeld gestorben, heute begraben. Heute auch die Todesanzeige von [August] Miaskowski (war vor einigen Jahren durch einen Schlaganfall getroffen).
Sonntag 26. November 99: Gestern Fakultätssitzung: die Vorschläge für die orientalische Professur angenommen. Im Lauf der Woche gelesen: Zabel, Russische Culturbilder (Berlin 99)[187]; es sind ziemlich phrasenhaft gehaltene Aufsätze über [Aleksandr Sergejewitsch] Puschkin, [Fjodor Michajlowitsch] Dostojewski etc. Von [Otto] Bremer das mir gewidmete Buch, Ethnographie der Germanen[188], bekommen (es ist ein Teil des Paulschen Grundrisses)[189]. Weiter gearbeitet am Accent des serbischen Verbs, die Sache wird ziemlich verwickelt. – Albert [Leskien] klagt in den letzten Tagen über Müdigkeit. – Zum Mittagessen bei Eduard [Brockhaus], wir und alle Kinder[190], mit Alberts und deren Kindern[191]. – Unser Albert klagt seit einigen Tagen über Müdigkeit.[192]
Sonnabend 2. Dezember 99: Vorgestern von Albert Brockhaus den Vorschlag erhalten, die Grundstücksfrage richterlich entscheiden zu lassen. Rudolf [Brockhaus] ist damit einverstanden, Albert will seinen Vater darauf vorbereiten. – Seit Dienstag Tante Therese [Judeich] bei uns zum Besuch. – Albert [Leskien] war einige Tage dieser Woche müde, hat sich aber erholt. – Meine Arbeit am serbischen Verbalaccent fortgesetzt. – [Georg] Heinrici, der Narr, will die Wahl zur ersten Kammer [des sächsischen Landtags] annehmen, wenn sie auf ihn fällt. Ganz unpassend dafür, umkleidet er seinen Ehrgeiz mit allerlei moralischen Pflichtredensarten. – Die Wahl war heute, [Adolf] Wach gewählt mit 25 Stimmen von 47, Heinrici hatte 22.
Sonnabend 9. Dezember 99: Die ganze Woche an der Accentarbeit gesessen, müßte sie von einem neuen Ende anfangen. – Dienstagabend mit Brugmanns bei Meisters[193], Brugmann ist stark heruntergearbeitet, verträgt nichts: macht den Eindruck schnellen Alterns. – Tante Therese [Judeich] am Montag

---

187 Gemeint ist die Publikation: ZABEL, Eugen, Russische Litteraturbilder, Berlin 1899, mit Beiträgen u.a. über Puschkin und Dostojewskij.

188 BREMER, Otto, Ethnographie der germanischen Stämme, Straßburg 1899.

189 Grundriss der germanischen Philologie, hg. von Hermann Paul.

190 Albert, Elfriede, Ernst, Friedrich, Gertrud, Ilse Leskien.

191 Albert und Marie »Mony« Brockhaus sowie ihre Kinder Hans und Ernst.

192 Bl. 30r, zwei Zeitungsausschnitte mit Nachrufen auf Andreas Peter Sönksen, aus einer ungenannten Zeitung sowie aus der Schleswig-Holsteinischen Schulzeitung, 47. Jg., 30. November 1899, Nr. 48.

193 Karl und Valeska Brugmann, Klothilde und Richard Meister.

abgereist nach Dresden. – Gelesen wieder einmal Raabes Horn von Wanza[194]. – Heute der Spaziergang nach Leutzsch mit [Friedrich] Ratzel, [Karl] Bücher und anderen. – Abends Fräulein Lie [Marie Leskien] bei uns. – Tante [Luise] Bräuer in Leipzig.

Sonntag, 10. Dezember 99: In der Zeitung die Nachricht vom Tode von [Heinrich] Crusius auf Salis. – Die Nachrichten vom Burenkriege[195] habe ich nicht verzeichnet, der Krieg spielt seit Monaten. – Zum ersten Mal Kälte in diesem Winter, nachts gegen 6°. | Gelesen H. Seidel, Flemmings Abenteuer: eine Robinsonade und Kindergeschichte[196]. Ferner flüchtig Boy Ed, Auf der Flucht[197] – ungeheuer ungesund.

Sonnabend 16. Dezember 99: Letzten Mittwoch nach Dresden gefahren, die Erbschaftsangelegenheit in Betreff des Grundstücks an [Hermann] Windisch zu übertragen. – Die ganze Woche weiter gearbeitet am Verbalaccent, ziemlich vorwärts gekommen. – Heute langer Brief von [Wilhelm] Streitberg.

Sonnabend 23. Dezember 99: Die ganze Woche gearbeitet am serbischen Verbalaccent, noch kein ganz befriedigendes Resultat. – Gestern Walter und Konrad [Judeich] für das Weihnachtsfest gekommen. Gelesen nur allerlei Kleinigkeiten. – Bin wieder in Sorge um Ernst [Leskien], der mir von neuem in den Trübsinn zu versinken scheint, den er im Sommer hatte. Wenn uns doch die Sorge erspart bliebe! Es wäre dann der vierte Kranke. – Wir haben seit 14 Tagen, nach Jahren einmal wieder, einen harten Winter, heutmorgen 11 Grad Kälte.

31. Dezember 1899: Alle bei uns versammelt: die Kinder[198] und die beiden Brüder Conrad und Walter [Judeich].

---

194 RAABE, Wilhelm, Das Horn von Wanza, Braunschweig 1881.

195 Gemeint ist der Zweite Burenkrieg (1899–1902) zwischen dem Oranje-Freistaat und der Südafrikanischen Republik auf der einen und Großbritannien auf der anderen Seite.

196 SEIDEL, Heinrich, Reinhard Flemmings Abenteuer zu Wasser und zu Lande, Rostock 1896.

197 BOY-ED, Ida, Die Flucht: Roman, Stuttgart/Leipzig 1898.

198 Albert, Elfriede, Ernst, Friedrich, Gertrud, Ilse Leskien.

Tagebuch 1900

[UBL, NL 348/1/5, Bl. 33r-53v]

1. Januar Montag 1900: Brief von Joh.[annes] Schmidt, dass ich zum correspondierenden Mitgliede der Berliner Akademie ernannt bin, aber die Proklamation erst im März bei der 200jährigen Jubelfeier der Akademie[1] stattfinde.

5. Januar Freitag 1900: Von Dienstag bis Donnerstag [Berthold] Delbrück hier, mit ihm zusammen einen Abend bei [Otto von] Böhtlingk, einen bei uns, einmal im Museum. – Ilse [Leskien] Mittwoch zum Besuch zu Soerensens[2] nach Chemnitz. – Gelesen viel Slavica zur Ergänzung meiner Auszüge und bibliographischen Aufzeichnungen. Dann einiges Plattdeutsche von [Joachim] Mähl.

7. Januar Sonntag 1900: Gestern Ilse [Leskien] von Chemnitz abgeholt; war den Tag dort bei Soerensens[3]. – Wurde am Abend überrascht mit der Nachricht, dass unsere Köchin der Veruntreuung beschuldigt wird von dem Stubenmädchen. – Brief von [Ernst] Enkings Sohn[4], der wie mir der Vater schreibt, promovieren möchte.

12. Januar 1900, Freitag: Von der Köchin Minna noch das Böse vernommen, dass sie, schwanger, die Frucht abgetrieben haben soll: wird zum 15. entlassen. – Die Woche wie die Ferien verbracht mit Anlegung einer Bibliographie der Slavica aus den bekannten Zeitschriften und Akademieschriften. Gestern, an Lisbeths [Leskien] Geburtstag, Meisters[5] abends bei uns. – Gelesen zum Teil H. Grimms Vorlesungen über Göthe[6]; Meyers Literaturgeschichte des 19. Jahrhunderts[7]; den ersten Band von Nikolais Sebaldus Nothanker[8]; einige Frappansche Novellen[9]. – Die Vorlesung über das Serbische habe ich von 3 auf 2 Stunden herabgesetzt.

14. Januar 1900, Sonntag: Gestern habe ich Ernst [Leskien] aus seiner Lehrlingsstellung bei Bauer u. C.[10] herausgenommen. Ob das klug oder töricht war, weiß nicht, aber ich konnte es nicht mehr aushalten, den Jungen ver-

---

1 Die Zweihundertjahrfeier der Königlich Preußischen Akademie der Wissenschaften fand am 19. und 20. März 1900 statt. Zu Leskiens Ernennung zum Akademiemitglied siehe: ZEIL, Leskiens Wahl, S. 239-253.

2 Agnes und Asmus Soerensen.

3 Agnes und Asmus Soerensen.

4 Ottomar Enking.

5 Klothilde und Richard Meister.

6 GRIMM, Herman, Goethe: Vorlesungen gehalten an der Königlichen Universität zu Berlin, Berlin 1877.

7 MEYER, Richard M., Die deutsche Litteratur des neunzehnten Jahrhunderts, Berlin 1900.

8 NICOLAI, Friedrich, Das Leben und die Meinungen des Herrn Magister Sebaldus Nothanker, 3 Bde., Berlin/Stettin 1775, eine Vielzahl von Ausgaben.

9 Ilse Frapan.

10 Bauer & Krause, vgl. den Eintrag vom 15. Januar 1898.

kümmern zu sehen. Seit einem Jahre wiederholen sich die melancholischen Stimmungen, die körperliche und geistige Erschlaffung. Die Badereisen im Sommer haben dagegen nichts genützt. Mir schwebte vor allem die Erfahrung mit Gertrud [Leskien] vor; ich wollte nicht erst handeln, wenn es vielleicht zu spät wäre. – Gelesen in Grimms Göthevorlesungen[11]; manches in Richard Meyers Deutscher Literatur des 19. Jahrhunderts[12]. – Ich selbst befinde mich in einem fast verzweifelten Zustand; die Sorge um Ernst lähmt, arbeiten kann ich nicht ordentlich mehr, und möchte doch vom Leben noch etwas haben. – Die Angelegenheit des Dresdner Grundstücks rückt nicht vorwärts: weder vom Dresdner Amtsgericht eine Nachricht noch von den Rudolfschen Erben[13]. Von den letzteren ist es einfach eine Gemeinheit, Schuld der Mutter[14].

18. Januar 1900, Donnerstag: Ernst [Leskien] ist nun seit Sonntag ohne Tätigkeit, befindet sich wohl; der Trübsinnszug ist nicht ganz aus dem Gesicht gewichen. Ich lebe immer noch in Angst um ihn. – Im Sprechzimmer liegt ein Vorschlag von [Ernst] Bernheim (mit Coreferat von [Theobald] Ziegler) aus: die Universitäten sollen sich vereinigen zur Wahrung ihrer Interessen. Veranlassung ist der Übermut der technischen Hochschulen bei der Charlottenburgerfeier[15]. Der Vorschlag, wie er da liegt, ist unpraktisch. Ich finde das Gejammer um die Zukunft der Universitäten überhaupt nicht nötig, sie werden bleiben. Was es freilich für Fakultäten giebt, darauf macht mich ein Buchtitel aufmerksam | »Hehn, Priester D. Joh. Die Einsetzung des hl. Abendmahls als Beweis für die Gottheit Christi. Von der theologischen Fakultät zu Würzburg gekrönte Preisschrift« 1900.[16] | Mehr braucht man nicht!

22. Januar 1900, Montag: Gestern Fontanes »Stechlin«[17] wieder gelesen. S. 154 (von einer Berlinerin gesagt): | »Wie beinah jedem hierlandes Gebornen war auch ihr die Gabe wirklichen Vergleichenkönnens völlig versagt, weil jeder echte mit Spreewasser getaufte Berliner, männlich oder weiblich, seinen Zustand nur an seiner eignen kleinen Vergangenheit, nie aber an der Welt draußen mißt, von der er, wenn er ganz echt ist, eine Vorstellung weder hat noch

11 Siehe den Eintrag vom 12. Januar 1900.

12 Siehe den Eintrag vom 12. Januar 1900.

13 Erich, Marianne, Max und Rudolf jun. Brockhaus.

14 Louisa Brockhaus.

15 Die Königlich Technische Hochschule Charlottenburg entstand 1879 aus dem Königlich Technischen Institut Berlin (Gewerbeinstitut; gegründet 1821) und der Berliner Bauakademie (gegründet 1799). Entsprechend der Bedeutung der Bauakademie beging man 1899 die Hundertjahrfeier der Technischen Hochschule Charlottenburg, die zu diesem Anlass das Promotionsrecht erhielt.

16 HEHN, Johannes, Die Einsetzung des hl. Abendmahls als Beweis für die Gottheit Christi: von der Theol. Fakultät zu Würzburg gekrönte Preisschrift, Würzburg 1900.

17 Siehe den Eintrag vom 16. November 1898.

haben will«. | Auf jeder Eisenbahnfahrt, wo man Berliner mittlerer Classe trifft, kann man die Erfahrung machen.
25. Januar 1900 Donnerstag: Heute vom Dresdner Amtsgericht der Beschluß eingetroffen, dass der Antrag, die Judeichschen Erben als Eigentümer des Grundstücks einzutragen, nur verhandelt werden könne, wenn das im Testament vorgesehene Kaufsrecht der Rudolfschen Erben und Eduards [Brockhaus] beseitigt wäre; uns die Beseitigung dieses Rechts aufgegeben. – Damit sind wir denn wieder so weit wie am Anfang.
28. Januar 1900, Sonntag: Walter hat sich verlobt mit einer Fräulein Bunsen[18] in Marburg. – Mußte die ganze Woche viel unerquickliche Correspondenz wegen des Dresdner Grundstücks führen. Das dortige Amtsgericht verlangt, dass die Judeichschen Erben das »Kaufsrecht« der Söhne Eduard und Rudolf [Brockhaus] etc. beseitigen sollen. Die Rudolfschen Söhne[19] geben keine Erklärung: man wird also ruhig warten. – Leider regt sich Konrad [Judeich] sehr darüber auf. | Angefangen, Jean Paul, Titan[20], zu lesen; kann die Witzhascherei nicht mehr ertragen. | Gestern Commissionssitzung über die Preisherabsetzung der Schriften der Gesellschaft[21], nichts herausgekommen.
8. Februar Donnerstag 1900: Albert [Leskien] am vorigen Dienstag, das heißt Dienstag vor 8 Tagen nach Dresden zum Besuch bei T.[ante Luise] Bräuer, kam gestern etwas matt zurück. Ob die Kräfte im Frühjahr reichen werden, daß er eine Akademie beziehen kann? Ernst [Leskien] scheint es besser zu gehen, zu trauen ist dem Zustande nicht. | Im Lauf der letzten Woche das Kleine Lexikon in Gang gekommen. – Meine eigne Accentarbeit ist nicht fortgeschritten, da eine Digression ins Russische vorgenommen werden mußte. Die Köchin Minna entlassen wegen zweifelhaften Geschäften. | [Richard] Meister Konrektor[22] geworden. | Die Politik bewegt sich, wie seit Monaten um den Burenkrieg, die Volksstimmung in Deutschland gegen den Kaiser. Flottenbewegung. | Habe gestern ein Ende gemacht mit den Erinnerungen[23]. | Gestern Fakultätssitzung: Zulassung der Damen zu Promotion unter den gleichen Bedingungen wie Männer.
11. Februar Sonntag 1900: Gesternabend griechisches Kränzchen[24] bei [Moritz] Voigt. Heute Antwort vom Rechtsanwalt[25] über die Dresdner Grundstücksangelegenheit: der Amtsrichter nimmt seinen Beschluß zurück, verlangt

---

18 Walther und Mathilde Judeich.

19 Erich, Max und Rudolf jun. Brockhaus.

20 JEAN PAUL, Titan, 4 Bände, Berlin 1800–1803, eine Vielzahl von Ausgaben.

21 Gemeint ist die Jablonowskische Gesellschaft der Wissenschaften.

22 Der Nikolaischule in Leipzig.

23 LESKIEN, Meine Jugendzeit.

24 Siehe den Eintrag vom 13. Januar 1895.

25 Hermann Windisch.

aber Erklärung von Rudolfs[26], daß sie die Judeichschen Erben für im Stande halten, das Grundstück weiter zu führen. | Gestern vom Dresdner Rechtsanwalt Schreiben, daß der Grundbuchsrichter auf Löschung des Kaufsrechts verzichtet und nur die Erklärung von Eduard [Brockhaus] und den Rudolfschen Erben will, daß die Judeichschen Kinder ihrer Vermögenslage nach zur Übernahme des Grundstücks im stande sind. | Besuch von [Asmus] Sörensen, der den Abend blieb und mir seine traurige Lage und sein schweres Leben erzählte.

17. Februar 1900 Sonnabend: Gestern hat Friedrich [Leskien] sein Physikum bestanden (mit 2), wir waren überrascht, da er von dem Tage des Examens nicht vorher gesprochen hatte. Von Walter [Judeich] Brief, daß er und seine Braut[27] Ende nächster Woche herkommen. | Die Woche gearbeitet an den Accenten: die Adjektiva. | Im Theater »Jugend von Heute«[28] gesehen. | Am Mittwoch Besuch von einem jungen Franzosen, Maubec[29], der bei Rosa Förster[30] in Pension war; sympathischer Mensch. | Gelesen: Briefwechsel Treitschkes und Freitags[31]; Muellenbach, Altrheinische Geschichten[32].

23. Februar 1900 Freitag: In den letzten Tagen kleine Abhandlung über Polabica ins Archiv[33]; Diftelei ohne Zweck, auf [Vatroslav] Jagić's Aufforderung gemacht.

25. Februar 1900, Sonntag: Gestern Walter mit seiner Braut[34] bei uns angekommen. – Vom Dresdner Rechtsanwalt die erbetene Erklärung für die Brockhaus. Seinen Vorschlag, man müßte durch persönliche Verabredung die Rudolfschen zu der Erklärung bewegen, lehne ich ab. | Seit gestern warmes Frühlingswetter. | Gelesen Loofs, Anti-Haeckel[35]; mich gefreut, daß er [Ernst] Haeckels bodenlose Gemeinheit gegeißelt hat.

1. März 1900 Donnerstag: Walter [Judeich] abgereist über Wien nach Czernowitz. Die ganzen Tage mit tiefer innerer Sorge verbracht, kann sie nicht mehr überwinden. | Nachrichten von den Bedrängnissen der Buren. Gewalt und Unrecht immer siegreich.

---

26 Gemeint sind die Erben von Rudolf Brockhaus sen.

27 Mathilde Judeich.

28 ERNST, Otto, Jugend von heute: eine deutsche Komoedie in 4 Akten, Hamburg 1899.

29 Nicht ermittelt.

30 Vielleicht Rosa Förster, Privatlehrerin in Dresden.

31 Gustav Freytag und Heinrich von Treitschke im Briefwechsel, Leipzig 1900.

32 MUELLENBACH, Ernst, Altrheinische Geschichten, Dresden [u.a.] 1899.

33 Erschienen in: VIETH, A., Beiträge zur Ethnographie der hannoverschen Elbslaven. Mit Einleitung und Zusätzen von H. Zimmer, V. Jagić und A. Leskien, in: Archiv für slavische Philologie 22 (1900), S. 107-143.

34 Walther und Mathilde Judeich.

35 LOOFS, Friedrich, Anti-Haeckel: eine Replik nebst Beilagen, Halle 1900.

7. März 1900 Mittwoch: Vorigen Sonnabend Walters Braut[36] abgereist, zunächst nach Erfurt. – Sonntag die Aufforderung an unseren Dresdner Anwalt[37], die Erklärung über das Grundstück von den Rudolfschen[38] einzufordern. – Sonnabendabend Graeca bei uns. – Gelesen allerlei: Gončarov, Obryv[39] für Syntax. Angefangen den letzten Band von Treitschkes Geschichte[40]. – Vorgestern und gestern Dr. [Friedrich] Lorentz hier, erzählt von seinem Aufenthalt bei den Slovinzen; ich stellte letzten Montag in der Jablonoviana für ihn das Thema einer neuen Bearbeitung der Polabici. | Heute Lisbeth [Leskien] nach Marburg zu Walters Schwiegereltern[41].
8. März 1900 Donnerstag: Bei Dr. [Franz] Windscheid gewesen wegen Ernst [Leskien]; ihm alle Verhältnisse auseinandergesetzt; will morgen kommen und Ernst ansehen.
10. März 1900, Sonnabend: Gestern war [Franz] Windscheid da, sieht die Sache mit Ernst [Leskien] schwer an, schlägt vor, ihn auf ½ Jahr in eine Nervenheilanstalt zu tun. So weit wäre ich nun auch mit dem! Die Hoffnungslosigkeit wird immer größer, meine geistige Widerstandsfähigkeit immer geringer. Wie soll das alles enden?
17. März 1900, Sonnabend: Am Donnerstag [Franz] Windscheid bei mir, hatte mir für Ernst [Leskien] die Anstalt des Ingenieurs Grohmann[42] in Zürich vorgeschlagen. | Ich ging darauf nicht ein wegen der Entfernung und der Möglichkeit der Schwierigkeiten, die bei Verschlimmerung durch den Aufenthalt im Auslande eintreten könnten. Heute ist Windscheid nach Blankenburg am Harz gefahren, um persönlich eine dortige Anstalt anzusehen und will Montag Bescheid geben[43]. | Gestern [Vatroslav] Jagić hier auf der Durchreise nach Berlin zum Akademiejubiläum[44]. | Besuch bei Frau L.[eonore] Geibel. | Die lex Heinze[45] etc. vom Reichstag angenommen.

---

36 Walther und Mathilde Judeich.

37 Hermann Windisch.

38 Den Erben von Rudolf Brockhaus sen.

39 GONČAROV, Ivan A., Obryv: roman v pjati častjach, 2 Bde., Sanktpeterburg 1870.

40 TREITSCHKE, Heinrich von, Deutsche Geschichte im neunzehnten Jahrhundert, Teil 5: Bis zur März-Revolution, 4. Aufl., Leipzig 1899.

41 Mathilde und Philipp Bunsen.

42 Adolf Grohmann nahm Nervenkranke in seiner Pension in Zürich auf und beschäftigte sie in einer Gärtnerei.

43 Gemeint ist das Sanatorium Eyselein für Nervenleidende und Erholungsbedürftige in Blankenburg am Harz, das Oskar Eyselein 1876 gründete, vgl.: LAEHR/LEWALD, Die Heil- und Pflege-Anstalten, S. 38.

44 Die Zweihundertjahrfeier der Königlich Preußischen Akademie der Wissenschaften.

45 Die »Lex Heinze« (Gesetz, betreffend Änderungen und Ergänzungen des Strafgesetzbuchs) trat im Juli 1900 in Kraft. Das Gesetz stellte die *Verbreitung unzüchtiger Schriften, Abbildungen oder Darstellungen* unter Strafe und zielte somit auch auf Kunst, Literatur und Theater. Der Name »Lex Heinze« geht zurück auf den Berliner Zuhälter Gotthilf

20. März 1900, Dienstag: Gestern [Franz] Windscheid da, ist mit Blankenburg sehr zufrieden und Ernst [Leskien] wird nächste Woche dahin gehen[46].
27. März 1900 Dienstag: Die ganze vergangene Woche eigentlich nichts getan: mit meiner Accentarbeit an einem toten Punkt angekommen. Sehr viel gelesen: Treitschkes Deutsche Geschichte Band 4[47], seine Politik Band 1[48]; Kropotkin, Memories of a Revolutionist[49]. – Nachmittags mit Ernst und Lisbeth [Leskien] nach Blankenburg, um ihn im Sanatorium Eiselein[50] unterzubringen.
28. März 1900, Mittwoch: Von gestern Nachmittag bis heutmittag in Blankenburg. Spaziergänge auf den Ziegenkopf[51] und das Schloß[52]. Das Nötige mit den Ärzten besprochen. Eindruck im Allgemeinen gut.
7. April Sonnabend 1900: Weitergearbeitet an dem serbischen Verbalaccent, beim Aorist jetzt angefangen. Es sind eigentlich immer noch Versuche, den richtigen Ansatzpunkt für die Lösung der Probleme zu finden. – Gelesen allerlei: namentlich Pöhlmann, Geschichte des antiken Communismus[53]. – Von Ernst [Leskien] am vorigen Sonntag befriedigende Nachricht aus Blankenburg. – Bei Heinricis am 28. März ein Sohn geboren[54]. – Aus Paulsens »Akademie der Wissenschaften zu Berlin« (Preußisches Jahrbuch 1900, März): »Auf die Zeit des leidenschaftlichen Denkens, womit in Deutschland das Jahrhundert anbrach, ist eine Zeit des emsigen, bis zur Erschöpfung fortgesetzten Sammelns gefolgt. – Auch sie wird einmal zu Ende gehen; es wird einmal die Zeit kommen, der die Unmöglichkeit, mit dem Sammeln zu Ende zu kommen, sich so auf die Seele legt, daß sie den Mut verliert und davon absteht.«[55]

Heinze, der 1887 straffällig wurde und als personifizierte Unzucht bzw. Unsittlichkeit aus seinem Prozess hervorging; vgl. dazu die Anlage Bl. 41r: Beilage der Leipziger Neuesten Nachrichten, 12. März 1900: »Stimmen zur lex Heinze«.

46 Siehe den Eintrag vom 17. März 1900.

47 TREITSCHKE, Heinrich von, Deutsche Geschichte im neunzehnten Jahrhundert, Teil 4: Bis zum Tode König Friedrich Wilhelms III., 4. Aufl., Leipzig 1897.

48 TREITSCHKE, Heinrich von, Politik Vorlesungen gehalten an der Universität zu Berlin, 2 Bde., Leipzig 1898–1899.

49 KROPOTKIN, Peter, Memoirs of a Revolutionist, London 1899.

50 Siehe den Eintrag vom 17. März 1900.

51 Der Ziegenkopf bei Blankenburg (Harz) hat eine Höhe von 406 m.

52 Das Schloss Blankenburg (um 1123) über Blankenburg (Harz) wurde 1705–1718 zum Barockschloss umgebaut.

53 PÖHLMANN, Robert von, Geschichte des antiken Kommunismus und Sozialismus, Bd. 1, München 1893.

54 Georg und Paula Heinrici sowie ihr Sohn Paul.

55 Bl. 43r, Zeitungsausschnitt: »Einen humorvollen Brief von Luise Mühlbach, der einst viel gelesenen Romanfabrikantin, finden wir in der Denkschrift, die die Verlagsbuch-

So ist es (vgl. die Slavistik und alle philologischen Fächer), allein mit dem Aufhören dieser Richtung, dem Mutverlieren, ist es eine eigne Sache. Ob wohl dann der Mut zur Spekulation wieder eintreten wird? Wir wissen leider zu viel, was wir nicht wissen können. – Von Berlin das Diplom des korrespondierenden Mitgliedes[56] erhalten.
9. April Montag 1900:
ὁ δὲ ἀναλίσκων τε εἰς τὰ καλὰ καὶ κτώμενος ἐκ τῶν δικαίων μόνον οὔτ' ἂν διαφέρων πλούτῳ ῥᾳδίως ἄν ποτε γένοιτο οὐδ' αὖ σφόδρα πένης. ὥστε ὁ λόγος ἡμῖν ὀρθός, ὡς οὐκ εἰσὶν οἱ παμπλούσιοι ἀγαθοί εἰ δὲ μὴ ἀγαθοί, οὐδὲ εὐδαίμονες. Plato legg. [Leges] V. 743b.
22. April Sonntag 1900: Vom 11. – 22. April mit Walther und Bunsens[57] in Dresden.
28. April Freitag 1900: Gestern Vorlesungen[58] angefangen. Litauische Grammatik scheint zu Stande zu sein, Vergleichende Grammatik der russischen Mundarten nicht zu Stande gekommen. – Von Dr. Matthes[59] in Blankenburg Bericht über Ernst [Leskien] nicht günstig und nicht ungünstig; eher das letzte: die Erholung würde lange dauern. – Am Montag, Dienstag, Mittwoch viel mit [Wilhelm] Streitberg zusammen, der von vorigem Freitag an in Leipzig war. – Am Sonntag dem 22. Albert und Gertrud [Leskien] nach Karlsruhe abgereist.
6. Mai Sonntag 1900: Letzte Woche von Rudolf und Max [Brockhaus] die Mitteilung erhalten, daß sie der Übernahme des Grundstücks durch die Judeichschen Geschwister[60] zustimmen, auch im Namen Erichs und ihrer Mutter[61]. Letzten Mittwoch haben Rudolf und Max schon die betreffende

handlung von Hermann Costenoble in Jena zu ihrem fünfzigjährigen Jubelfeste soeben herausgegeben hat.«

56 Der Berliner Akademie der Wissenschaften.

57 Walther und Mathilde Judeich sowie ihre Eltern Mathilde und Philipp Bunsen.

58 SS 1900: Vergleichende Grammatik der russischen Mundarten (Großrussisch, Weißrussisch, Kleinrussisch); Grammatik der litauischen Sprache; Erklärung litauischer Texte, vgl. HistVV.

59 Dr. Matthes leitete das Sanatorium Eyselein für Nervenleidende und Erholungsbedürftige in Blankenburg, vgl. LAEHR/LEWALD, Die Heil- und Pflege-Anstalten, S. 38. Seine Lebensdaten sind weithin unbekannt, nicht nachgewiesen in Kreuter 1996. In den Akten »Kuranstalt des Dr. med. Eyselein in Blankenburg« des Landesarchivs Sachsen-Anhalt (Benutzungsort Dessau), C 601, Nr. 5416, findet sich nur in einem Schreiben des Herzoglichen Landesmedizinalkollegiums Braunschweig vom 13. August 1916 der Hinweis: *Auf das Gesuch des Herrn Geh. Medizinalrats Prof. Dr. Matthes vom 20. Juli ds. Js. erwidern wir Ihnen, daß Sie während der Dauer Ihres Witwenstandes befugt sind, das Sanatorium Ihres verstorbenen Gatten weiterzuführen.* Dr. Matthes ist demnach 1916 verstorben.

60 Elisabeth Leskien, Konrad und Walther Judeich.

61 Erich und Louisa Brockhaus. Die Brockhaus-Familie verzichtete auf alle Ansprüche, vgl. StAL, 21083 Verlag F. A. Brockhaus, Leipzig, Nr. 458/2: Heinrich Eduard an Emilia

Erklärung unterzeichnet und ihre Unterschrift notariell beglaubigen lassen. – Vorlesungen angefangen am 26. April: zu Stande gekommen das Litauische, das Russische nicht. – Gesternabend das griechische Kränzchen[62] wieder begonnen. | Von Gertrud und Albert [Leskien] sehr gute Nachrichten, haben ihre Wohnung und Wirtschaft in Karlsruhe eingerichtet. Von Ernst [Leskien] alles in gleichem. – Elfriede [Leskien] hustet stark, nach meiner Ansicht eine Art Keuchhusten.

11. Mai Sonnabend 1900: Angefangen die Syntax des Altbulgarischen zu bearbeiten, das heißt zu sammeln, zunächst die Evangelien. – Gelesen: Steffen, England als Weltmacht und Culturstaat[63] (vorzügliches Buch); Jackson, Zoroaster[64] (langweiliges Detail von Legenden und historischen Vermutungen). – Heute Einweihung des Buchhändlergewerbehauses[65], viele Reden, ich hielt es nur bis 12 aus. – Seit Mittwoch geht Elfriede [Leskien] in die Schule, ihr Husten ist im Vergehen.

14. Mai Dienstag 1900: Sonntag Taufe bei [Georg] Heinrici: [Ernst] Dryander taufte. Ich war vorher noch 2 Stunden beim Comtortreffen[66], zum ersten Mal seit etwa 10 Jahren. Gestern Kränzchen[67] bei [Karl] Binding, wo zum ersten Mal der neu beigetretene [Carl] Chun. – Von Albert und Gertrud [Leskien] gute Nachrichten: sie haben bei Böhtlingks[68] u. a. guten Anschluß gefunden.

»Milly« Brockhaus, Leipzig, 30. April 1900: *Die Angelegenheit des Judeich'schen Grundstücks ist nun endlich erledigt, indem Rudolf mir und Leskiens mitgetheilt hat, daß er nach Rücksprache mit seinen Brüdern und seiner Mutter alle Ansprüche an das Grundstück ihrerseits fallen läßt und sie einverstanden sind, daß es an die Judeich'schen Erben übergeht, wenn auch ich beistimme. Ich habe meinerseits in keiner Weise darauf eingewirkt und auch von Anfang an mich darauf beschränkt, ihre an mich gerichteten Fragen nach meiner Überzeugung zu beantworten, freue mich aber, daß die Sache freundschaftlich und so erledigt ist. Wahrscheinlich hat ihnen ihr Rechtsanwalt dieselbe Auskunft wie Oehme mir gegeben und sie haben daraufhin ganz ungeachtet* [!]*, sich auch ganz freundschaftlich darüber auszusprechen. Leskiens werden das Grundstück immer in den Ferien viel benutzen und Walther will nach seiner Hochzeit einige Wochen dort zubringen.*

62 Siehe den Eintrag vom 13. Januar 1895.

63 STEFFEN, Gustaf F., England als Weltmacht und Kulturstaat: Studien über politische, intellektuelle und ästhetische Erscheinungen im britischen Reiche, Stuttgart 1899.

64 JACKSON, Abraham V. Williams, Zoroaster, the prophet of ancient Iran, New York 1899.

65 Deutsches Buchgewerbehaus, Leipzig, Sitz des Buchgewerbevereins (gegründet 1884), 1898–1901 erbaut, Einweihung und Eröffnung 1900, hier wurde das 1884 begründete Deutsche Buchgewerbe-Museum, heute Deutsches Buch- und Schriftmuseum, untergebracht, vgl.: Die Eröffnung des Deutschen Buchgewerbehauses zu Leipzig, in: Archiv für Buchgewerbe 37 (1900), S. 167 f.

66 Gemeint ist vielleicht ein Treffen der Mitarbeiter des Kontors im Sinne von Geschäftsbüro von F. A. Brockhaus.

67 Siehe den Eintrag vom 8. Februar 1892.

68 Arthur und Nathalie Böhtlingk.

– Heute schneit es kräftig und das bei 2° Wärme; nach der Sommerhitze der vorigen Woche.
20. Mai Sonntag 1900: Die Woche viel aus. Mittwoch Senatssitzung, die verdrehte Frauenfrage obenan, das törichte Ministerium will die Immatrikulation der Frauen nicht und macht lauter schiefe Verhältnisse[69]. Gestern Professorium bei Bonorand[70], ich mit Ilse, Friedrich [Leskien], Dr. Rauscher[71] da. – Die Woche gearbeitet an altbulgarischer Syntax. – Heute Brief von Albert [Leskien], klingt etwas matter als bisher. – Gestern Gespräch mit Eduard [Brockhaus], der auf längere Zeit verreist: teilt mit, dass Louisa [Brockhaus] allerlei Punkte zur Unzufriedenheit mit Walter und Konrad [Judeich] aufgefunden hat. Ich bin nur begierig, ob wirklich die Sache noch zu einer friedlichen Erledigung kommt.
21. Mai Montag 1900: Dr. Matthes schreibt, ich möchte meinen Besuch bei Ernst [Leskien] noch verschieben. Der Brief klingt über sein Befinden nicht ermutigend: Stimmung apathisch, doch nicht mißmutig, Erholung werde langsam sein. | [Heinrich] Zimmern ist nach Leipzig zurück berufen.
24. Mai Himmelfahrt 1900: Ich hatte die Absicht, heute Ernst [Leskien] zu besuchen; der Arzt[72] schreibt mir aber, ich möge es aufschieben, da sein Befinden apathisch etc. – Ich schlage mich seit Anfang der Woche mit ungeheurem Schnupfen herum. |
Ἴστε δὲ ἅπαντες, ὅτι οὐδεὶς χειροτέχνης αἱρήσεται τὸν υἱὸν ποιῆσαι τῆς τέχνης | τῆς ἑαυτοῦ κληρονόμον, πλὴν εἰ μὴ σφόδρα καταναγκάζοι πενία·καὶ μάλιστα, ὅταν εὐτελὴς ἡ τέχνη ᾖ. Chrysost. Hom. in Joh.[73]
27. Mai, Sonntag 1900: Brief von Ernst [Leskien], daß er sich mit Englisch beschäftigen kann, anfangen soll zu turnen und zu gehen; die Stimmung des Briefes gut. | Walters Braut[74] hatte einen Anfall von Blinddarmentzündung, die Mutter[75] schreibt, in einigen Tagen werde es wohl vorüber sein. | Gestern

69 UAL, Rep. I/XVI/II/A 18, S. 9: Der Senat erachtete sich nicht als kompetent, das Immatrikulations- und Promotionsrecht der Frauen zu behandeln, stellte aber klar, dass die Immatrikulation von Frauen zur Zeit nicht zu empfehlen sei. Sollten Frauen Erlaubnisscheine zum Besuch der Vorlesung vorlegen können, liege es in der Entscheidung jedes Dozenten, diese zuzulassen oder nicht.

70 Siehe den Eintrag vom 3. Juni 1894.

71 Adolf oder Gustav Rauscher, vgl. den Eintrag vom 12. Februar 1899.

72 Dr. Matthes.

73 Johannes Chrysostomos Homilia in Joannem 8, Migne Patrologia, Series Graeca, Homiliae 1-88, Homilia B' 59, 29): *Doch wisset, dass kein Handwerker in seinem eigenen ererbten Gewerbe zu dessen Ausübung den* [seinen] *Sohn wählen wird, es sei denn, die Not zwänge ihn dazu oder im Fall, dass die Arbeit einfach wäre.*

74 Walther und Mathilde Judeich.

75 Mathilde Bunsen.

der Sonnabendspaziergang durchs Universitätsholz nach Oelzschau[76]. | Im Lauf der Woche die endgültigen Verfügungen über das Kleine Lexikon erlassen. | Am Freitagabend wir und Meisters[77] bei Böhtlingks[78].

31. Mai Donnerstag 1900: Heute das von allen unterzeichnete Aktenstück erhalten, das uns das Dresdner Grundstück sichert. – Vorlesungen für die Pfingstferien geschlossen. – Mit [Karl] Brugmann und [Eduard] Sievers Antrag an die Fakultät, [Asmus] Sörensen zum Extraordinarius zu machen.

1. Juni Freitag 1900: Dr. [Felix] Wissowa, Bruder vom Hallenser[79], am [Konversations-]Lexikon angestellt. – Nachmittags für die Pfingstferien nach Dresden. – Elfriede [Leskien] hatte die Spitzpocken[80] seit vorigen Sonntag.

12. Juni Dienstag 1900: Vom 1. – 11. Juni in Dresden, bei uns auch Nikolai Böhtlingk bis zum Donnerstag, Marie Lie die ganze Woche.

13. Juni Mittwoch 1900: Heute Mikkolas[81] hier. – Nachricht vom Tode der Frau Götze[82] erhalten.

15. Juni Freitag 1900: Mikkolas[83] abgereist; gestern Abend mit ihnen bei [Hermann] Hirt, zugleich Wollners[84].

16. Juni Sonnabend 1900: Mittags nach Blankenburg, Ernst [Leskien] zu besuchen; fand sein Befinden aufsteigend und Hoffnung machend.

17. Sonntagnachmittag: von Blankenburg zurückgekommen.

24. Juni Sonntag 1900: Am Donnerstagabend Gertrud [Leskien] von Karlsruhe zurück – einige Tage inzwischen war sie in Nauheim bei Lotte Rietschel[85]. Albert [Leskien] will gern den Sommer über in Obersasbach[86], wohin er Anfang dieser Woche gegangen ist, bleiben. Ich bin einverstanden. – Am Dienstag sprach ich mit [Franz] Windscheid über Ernst [Leskien], habe ihn gebeten, gelegentlich einmal hinzureisen. – Porzezinskij[87] von Moskau hier eingetroffen zu längerem Aufenthalt, um die Polabica abzuschreiben und zu edieren: Conflikt mit der Jablonowski-Gesellschaft; er hat den Auftrag von der

---

76 Oelzschau war ein Dorf südöstlich von Leipzig, das seit 1996 zu Espenhain gehört.

77 Klothilde und Richard Meister.

78 Anna und Otto von Böhtlingk.

79 Georg Wissowa.

80 Andere Bezeichnung für Windpocken.

81 Jooseppi Julius und Maria Mikkola.

82 Wahrscheinlich die Frau von Edmund Götze, deren Vorname nicht bekannt ist.

83 Jooseppi Julius und Maria Mikkola.

84 Marie und Wilhelm Wollner.

85 Nicht ermittelt, vielleicht eine Tochter des evangelischen Theologen Georg Rietschel.

86 Obersasbach, östlich von Sasbach, am westlichen Rand des Schwarzwalds zwischen Achern und Bühl gelegen. Hier lebten Angehörige der Familie Böhtlingk.

87 Leskien vermischte bei der Namensschreibung verschiedene Sprachen: russisch: Wiktor Karlowitsch Porschesinskij oder Viktor Karlovič Poržezinskij, polnisch: Wiktor Porzeziński.

Petersburger Akademie. – Heute Nachricht von der Verlobung der Dora Baumgarten[88] – am Freitag Abend Frau [Georgine] Witt in Dresden auf dem Berg[89] gestorben. – Arbeit über litauische Partikeln[90] vorgenommen, altlitauisch deswegen gelesen. – Gestern Spaziergang nach Knauthain unternommen, vom Gewitter überfallen.

6. Juli 1900: 30. Juni Professorenausflug nach Grimma. Wetter leidlich, sonst geht die Regenzeit ununterbrochen fort. – Am 3. Juli Nachricht, daß Albert [Leskien] in Obersasbach wieder einen Rückfall seines Herzleidens hat, wieder liegen muß, in Folge eines Versuches, Croquet[91] zu spielen. Große Sorge um ihn. Gertrud [Leskien] soll nach Walters [Judeich] Hochzeit wieder dauernd hin. Für die Hochzeit bleibt wenig Stimmung übrig. | Ernst [Leskien] scheint nach seinen Briefen ziemlich munter zu sein. – Ich habe schläfrig an der altlitauischen Syntax gearbeitet, Bretkun, Postilla[92] gelesen. – Im Lauf der vorigen Woche Besuch von [Emil] Oberg, jetzt Generalkonsul in Tiflis, und von Professor Thomson[93] aus Odessa; zu ihnen beiden hatten wir Porzezinskij[94] geladen. – Vor einigen Tagen der französische Lektor [Jean] Poirot aus Helsingfors abends bei uns, wie schon früher einmal.

8. Juli Sonntag 1900: Mein sechzigster Geburtstag, viele trübe Gedanken. – Gestern Abend Walter [Judeich] von Czernowitz gekommen, Freitagabend [Berthold] Delbrück, mit dem ich den Abend bei [Otto von] Böhtlingk, gestern Abend bei [Karl] Brugmann zusammen war. – Zu meinem Geburtstag anhängliche Briefe von alten Zuhörern. – Von Albert leidliche Nachrichten, von Ernst [Leskien] ein ziemlich froh klingender Brief. – Gelesen Harnack: Wesen des Christentums[95]. Brief von Heinrich Raupeter, von dem ich geglaubt hatte, er sei längst todt.

11. Juli, Mittwoch 1900: Nach Marburg mit Lisbeth, Gertrud, Ilse, Elfriede [Leskien] zu Walters [Judeich] Hochzeit – Friedrich [Leskien] reiste erst am folgenden Tage.

12. – 16. Juli 1900: in Marburg; am 13. Walters [Judeich] Polterabend, am 14. die Hochzeit. Wir beide wohnten bei Kohls[96] mit Elfriede; die älteren Töch-

---

88 Siehe den Eintrag vom 25. November 1900.

89 Villa der Familie Brockhaus, siehe den Eintrag vom 15. September 1895.

90 LESKIEN, August, Litauische Partikeln und Konjunktionen, in: Indogermanische Forschungen 14 (1903), S. 89-113.

91 Croquet, Spiel/Sport mit Bällen und Schlägern am Boden.

92 Siehe den Eintrag vom 21. Oktober 1894.

93 Aleksandr Iwanowitsch Tomson.

94 Wiktor Karlowitsch Porschesinskij, siehe den Eintrag vom 24. Juni 1900.

95 HARNACK, Adolf von, Das Wesen des Christentums: sechzehn Vorlesungen vor Studierenden aller Facultäten im Wintersemester 1899/1900 an der Universität Berlin, Leipzig 1900.

96 Georg und Reinholde Kohl.

ter[97] bei Bunsens[98]. – Spaziergänge mit [Goswin von der] Ropp und [Benedikt] Niese; [Ferdinand] Justi kennengelernt, [Edward] Schröder besucht. – Am Abend des 16. (Montag) zurückgekommen, bei starker Hitze. | Albert liegt noch immer, schreibt aber leidlich hoffnungsvoll, heute ist Gertrud [Leskien] von Marburg zu ihm gereist.

25. Juli, Mittwoch 1900: Leide seit Wochen an großer Ermüdung; arbeiten will nicht recht gehen: Bretkuns Postille[99] auf Syntax ganz durchgelesen. – Von Albert durch Gertrud [Leskien] leidlich gute Nachrichten. Ernsts [Leskien] Briefe klingen heiter: er will Latein wieder anfangen. | Der Krieg in China[100]. | Gelesen Harnack, Wesen des Christentums[101]; allerlei Kleinigkeiten. | Morgen geht Friedrich [Leskien] auf 2 Monate zur Dienstleistung nach Dresden.

28. Juli – 15. September: in Dresden. Inzwischen [Franz] Windscheid bei Ernst [Leskien] gewesen; wenig tröstlicher Bericht. – Tod von Ernst Brockhaus.

22. September – 25. September 1900: Am 22. Lisbeth und ich nach Blankenburg zu Ernst [Leskien], fanden ihn körperlich sehr frisch. Seine geistige Verfassung scheint besser, ist mir aber noch bedenklich. Der Aufenthalt im Sanatorium hört mit 1. Oktober auf, dafür Pension bei Pastor Muche[102], bei dem er auch den für den Wiedereintritt ins Gymnasium nötigen Unterricht hat. Der Unterricht geht gut. Zu einer Einwilligung, anderswo ein Gymnasium zu besuchen als in Leipzig, habe ich ihn nicht gebracht. | Ich selbst befinde mich seit Dresden nicht wohl, leide an unüberwindlicher Müdigkeit. | Im Lexikon die Einleitung zu einer neuen revidierten Ausgabe[103] getroffen.

29. September 1900, Sonnabend: Ernst [Leskien], der heute auf zwei Tage herkommen sollte, hat sich den Fuß verstaucht, kommt erst nach 8 Tagen. – Besuch von [Asmus] Soerensen. | Marg. von Lossow[104] war einige Tage in Leipzig. | Gelesen: Bebel, Die Frau[105]; Grosse, Kunstgeschichtliche Vorträge[106]; Naumann, Demokratie und Kaisertum[107]. | Die Anzeige über Sörensens

---

97 Gertrud und Ilse Leskien.

98 Mathilde und Philipp Bunsen.

99 Siehe den Eintrag vom 21. Oktober 1894.

100 Gemeint ist der sog. Boxeraufstand, eine chinesische Bewegung gegen den europäischen, japanischen und amerikanischen Imperialismus 1899–1901.

101 Siehe den Eintrag vom 8. Juli 1900.

102 Ein Pastor Muche konnte nicht nachgewiesen werden, auch nicht in: SEEBAß/ FREIST, Die Pastoren. Wahrscheinlich handelt es sich um einen aus dem Dienst ausgeschiedenen Pfarrer einer anderen Landeskirche, der in Blankenburg (Harz) eine Pension betrieb.

103 Neue revidierte Jubiläumsausgabe (1901–1904) der 14. Auflage des Brockhaus-Konversationslexikons in 16 Bänden.

104 Gemeint ist wahrscheinlich Margarete von Lossow.

105 BEBEL, August, Die Frau und der Sozialismus, 30. Aufl., Stuttgart 1899.

106 GROSSE, Ernst, Kunstwissenschaftliche Studien, Tübingen [u.a.] 1900. Im Vorwort wird erwähnt, dass die Aufsätze *aus meinen Vorlesungen über Kunstwissenschaft herausgewachsen* sind.

107 NAUMANN, Friedrich, Demokratie und Kaisertum, Berlin-Schöneberg 1900.

polnische Grammatik[108] geschrieben; Belić Doktorarbeit[109] beurteilt. | Heute Frau [Leonore] Geibel besucht, die munter aus Ungarn zurück. Mit Onkel Johann [Weisz] geht es zu Ende; er ist 86 Jahre.
7. October, Sonntag 1900: Gestern Ernst [Leskien] von Blankenburg auf 3 Tage hergekommen, sieht sehr frisch aus. | Albert und Gertrud [Leskien] am 3. Oktober von Obersasbach nach Karlsruhe übergesiedelt. | Die Woche fast nichts getan: im Geschäft die Durchnahme der Zettel über die Revisionsausgabe. | Am Anfang der Woche war Conrad [Judeich] einen Tag hier auf der Rückkehr von seiner Rheinreise.
15. Oktober 1900, Montag: In der Woche nichts besonderes: angefangen für die Syntax čechisch zu lesen; allen Alkoholgenuß aufgegeben. Gelesen allerlei, u. a. Ebner-Eschenbach, Božena[110]. | Von Heinrich Brockhaus zum Paten seiner Tochter[111] gebeten, mit mir noch Albert Brockhaus, Leonore Geibel und eine Schwester seiner Frau[112]. Eduard [Brockhaus] geht nach Florenz. | Gertrud und Albert sind vorigen Dienstag nach Karlsruhe zurückgekehrt, Ernst [Leskien] in seine Pension bei Pastor Muche in Blankenburg übergesiedelt, schreibt vergnügt von dort.
20. Oktober 1900, Sonnabend: Fast die ganze Woche den ganzen Tag im Geschäft[113] gesessen, um den Neudruck des Lexikons vorzubereiten, daher zu eigner Arbeit fast gar nicht gekommen, nur etwas čechisch gelesen zur Sammlung für Syntax. | Am Mittwoch Conferenz mit [Karl] Brugmann, [Ernst] Windisch, [Ferdinand] Sommer wegen Ordnung des [Indogermanischen] Instituts. | Freitagabend bei Eduard [Brockhaus], der seinen alten Arbeitern einen Bierabend gab, die Leute sehr vergnügt. | Heute Brief von dem Königsberger [Paul] Rost, der mitteilt, daß Lorenz[114] Fälschung und Betrug begangen und 6 Monate Gefängnis abgesessen habe. | Heute bei Elfriede

---

108 SOERENSEN, Asmus, Polnische Grammatik: mit grammatisch-alphabetischem Verbalverzeichnis, Leipzig 1900.

109 BELIĆ, Aleksandar, Zur Entwicklungsgeschichte der slavischen Deminutiv- und Amplificativsuffixe, Leipzig, Univ., Diss., 1901.

110 EBNER-ESCHENBACH, Marie von, Božena: Erzählung, 4. Aufl., Stuttgart 1899.

111 Elisabeth »Else« Brockhaus.

112 Über die Schwester von Elisabeth »Else« Brockhaus, geb. Brüxner, ist nichts bekannt.

113 F. A. Brockhaus.

114 Gemeint ist Friedrich Lorentz, vgl.: Karl Brugmann an Wilhelm Streitberg, Leipzig, 24. Oktober 1900, UBL, NL 245/Brugmann/282: *Hirt erzählt mir eine geheuerliche Geschichte von unserem Fr. Lorentz in Wismar, die er aus völlig sicherer Quelle hat. Dieser Biedermann hat im vergangenen Jahr ½ Jahr lang im Gefängnis gesessen wegen Unterschlagung (zum Nachteil eines Bankiers). Dabei war er im Frühjahr hier und that ganz so, als wenn nichts vorgefallen sei. Meinen Sie nicht auch, dass wir ihm in Anbetracht dieses Vorkommnisses die Idg. Forschungen verschließen müssen? Wenigstens vorderhand?* Verurteilt wurde Lorentz nicht wegen Unterschlagung, sondern wegen Urkundenfälschung. Die Strafsache wird erläutert in: HINZE, Zum Leben und Werk von Friedrich Lorentz, S. 88.

[Leskien] Kindergesellschaft: ihre ganze Classe und einige andre kleine Freundinnen.
4. November 1900, Sonntag: Am 24. Oktober ff. die Vorlesungen[115] angefangen, mit dem mäßigen Erfolg wie immer (3 – 6 Leute); langweilig, nicht anregend und eigentlich ganz zwecklos. | Von Albert und Ernst [Leskien] leidlich gute Nachrichten.
10. November, Sonnabend 1900: Am 5. November Onkel Johann [Weisz] gestorben, 87 Jahre. Auch wieder einer von den alten Getreuen. Kannte ihn seit 38 Jahren, und er hat mein Leben geschaffen durch seine Hülfe 1866[116]. | Gearbeitet an čechischer Syntax (Alexandreis[117], Dalimil[118]) gelesen. | Meine Vorlesungen sind nun doch alle Zustande gekommen. | Gesternabend Besuch von Alfred Jensen, schwedischen Slavisten (Literarhistoriker).
17. November 1900, Sonnabend: Nachricht, daß meines Vetters[119] ältester Sohn, Richard Raupeter, gestorben. – Die Woche fast jeden Abend aus oder Gäste bei uns, Donnerstag Albert und Mony [Marie Brockhaus]. – Altčechische Katharinenlegende[120] gelesen, sonst nicht viel gearbeitet.
18. November 1900, Sonntag: Nachricht, daß uns das Dresdner Grundstück zugesprochen ist.
25. November, Sonntag 1900: Am Anfang der Woche allerlei vor, gestern Hochzeit der Dora Baumgarten mit einem Dr. Herms[121].
9. Dezember, Sonntag 1900: In den letzten beiden Wochen wieder angefangen,

---

115 WS 1900: Syntax der slavischen Sprachen, ausgewählte Abschnitte (Partikeln und Satzverbindungen); Grammatik der altbulgarischen (altkirchenslavischen) Sprache, vgl. HistVV.

116 Johann Weisz unterstützte Leskien finanziell, damit er habilitieren konnte, vgl. Einleitung.

117 Zbytky rýmovaných Alexandreid staročeských, vydali Martin Hattala a Adolf Patera, Teil 1. Texty a transkripce, Prag 1881.

118 HANKA, Václav, Dalimilova Chronika česká v nejdávnější čtení navrácena s různoslovím i přídavky deseti rukopisův opatřena od Václava Hanky, Prag 1849.

119 Heinrich Raupeter.

120 PEČÍRKA, Josef/ERBEN, Karel Jaromír: Život svaté Kateřiny: legenda, Prag 1860. Das Exemplar UBL, Lit.slav.14-wu, stammt aus Leskiens Besitz, mit Exlibris, Besitzervermerk *A. Leskien* und Zugangsnummer *'18 L 1534*. Auf dem Vorsatz finden sich Literaturhinweise von Leskien. Der Text der Heiligenlegende wurde von Leskien kollationiert.

121 3. Beilage zum Leipziger Tageblatt und Anzeiger Nr. 11, Sonnabend, 1. December 1900 (Morgen-Ausgabe), S. 9395: Liste der Trauungen vom 16.–22. November, darin die Trauung in der Nikolaikirche von *G. H. J. Herms, Dr. phil, Chemiker zu Taucha, mit F. D. geb. Baumgarten hier.* G. H. Joachim Herms promovierte mit der Arbeit: Ueber Condensation zwischen Acenaphtenchinon und Hydrazinhydrat und Derivate der entstehenden Verbindungen, Kiel, Univ., Diss., 1898.

das Neubulgarische für die Syntax aufzuarbeiten, das Čechische zunächst liegen lassen. – Gesternabend Professorium.[122]

25. Dezember, Dienstag 1900: Am 19. Dezember Ernst, Albert, Gertrud [Leskien] nach Hause gekommen, alle wohl.

Jahresende: Der Rückblick nicht erfreulich: wenig gearbeitet und mit Unlust; Lebensweise nicht vernünftig! Von den Kindern Friedrich gesund, Ilse und Gertrud. Ernst im Sanatorium, Ende des Jahres zurück, was wird aus ihm werden. Albert schwach, kaum arbeitskräftig. Die Kleine[123] fröhlich und gesund. Verbraucht 26000 Mark, weit über die Einnahme.

---

122 Bl. 53r, Zeitungsausschnitt mit einem spöttischen Gedicht gegen die römisch-katholische Kirche und das Zentrum mit dem Titel »Eine neue Kapuzinerpredigt des Paters Malventura«.

123 Elfriede Leskien.

Tagebuch 1901

[UBL, NL 348/1/5, Bl. 54r-64v]

27. Januar 1901, Sonntag: Albert und Gertrud [Leskien] waren den ganzen Monat hier, wollen übermorgen nach Karlsruhe zurück. Albert befand sich die Zeit über wohl; eine Tätigkeit treibt er nicht, zeichnet nicht. Es ist alles körperliche Schwäche und nervöse Schwäche. – Ernst [Leskien] körperlich ganz wohl, hat seine Privatstunden: Mathematik, Griechisch, Latein hier begonnen. – Ich selbst kann mich zu keiner zusammenhängenden wissenschaftlichen Arbeit aufraffen. – Buhls[1] waren von Kopenhagen hier, wir mit ihm bei Feddersens zusammen[2].

3. Februar 1901, Sonntag: Am 28. Januar Gertrud und Albert [Leskien] wieder nach Karlsruhe. Von [Vatroslav] Jagić erhalten den Auftrag, [Václav] Vondrák und [Milan] Rešetar zu begutachten, die er zu Extraordinaria in Wien vorschlagen will[3]; ich gehe darauf ein, und muß es im Lauf der Woche besorgen. Sonst nichts zu berichten: am letzten Freitag waren wir auf dem Ball des Neuphilologenvereins[4]. Ich habe nur fortgefahren, für macedonische Syntax zu sammeln.

22. Februar 1901, Sonnabend: Im Lauf der letzten vierzehn Tage Nachricht von Walter [Judeich], daß er nach Erlangen berufen sei und angenommen hat. – Allerlei Gesellschaften, abends, langweilig und öd. – Gearbeitet an den macedonischen Dialekten. Heutabend Professorium[5].

24. März 1901, Sonntag: Die Ferien bisher unwohl verbracht. Wenig gearbeitet und ohne Lust. – Harter Winter, noch jetzt alles verschneit. | Hellmut Geibel heiratet in den nächsten Tagen eine frühere Cirkus-Schulreiterin[6], zieht nach Riechberg, ist aus dem Geschäft ausgetreten. | Erster Band der revidierten Jubiläumsausgabe des [Konversations-]Lexikons erschienen.

1. April 1901, Montag: Nach Dresden abgereist: mit uns Nikolai [Böhtlingk] und Ellen [Heinrici].

Vom 1. – 14. April: in Dresden.

15. April: dreißigjähriger Hochzeitstag.

16. April: Abends bei Böhtlingks[7], wo Arthur Böhtlingk und Frau[8].

---

1 Frants und Frieda Buhl.

2 Berend Wilhelm und Helga Feddersen.

3 Siehe dazu POHRT, August Leskien im Lichte seiner Briefe, S. 133-134.

4 Siehe den Eintrag vom 3. Juni 1894.

5 Siehe den Eintrag vom 3. Dezember 1892.

6 Der Name der Ehefrau von Hellmuth Geibel ist unbekannt.

7 Anna und Otto von Böhtlingk.

8 Nathalie Böhtlingk.

ἐν δὲ πλατυσμὸς πουλυμαθημοσύνης, τῆς οὐ κενεώτερον ἄλλο. Timon[9]. Er hat [Franz von] Miklosich vorausgeahnt[10].
21. – 24. April 1901: In Jena: viele Touren mit [Berthold] Delbrück.
26. April, Freitag 1901: Vorlesungen begonnen[11].
27. April Sonnabend 1901: Albert Brockhaus trägt mir seinen Plan einer etwa zehnbändigen Literatur-Culturgeschichte[12] vor.
30. April, Dienstag 1901: Abends bei [Karl] Bücher.
9. [Mai] Donnerstag 1901: Heute die Nachricht von Ewald Judeichs Tode eingetroffen: der war lange schon krank, geistig und körperlich.
12. Mai Sonntag 1901: Lisbeth [Leskien] und ich in Tharandt zu Ewalds [Judeich] Begräbnis.[13]
18. Mai Sonnabend, 1901: In der Zeit seit Ostern eine Masse albanesisch gelesen und es darin zu ziemlicher Fertigkeit gebracht. | Albert Brockhaus teilt mir den Plan einer vielbändigen eigentümlichen deutschen Litteraturgeschichte[14] mit; schwierig ausführbar. | Am letzten Donnerstag [Ludolf] Krehl gestorben, heute begraben; sprach Ludolf [von] Krehl auf der Straße.
23. – 24. Mai Donnerstag – Freitag 1901: Zusammenkunft des Akademiekartells in Leipzig; ich in der Mahābhārata-Commission[15] ([Franz] Kielhorn, [Leopold von] Schröder). – [Erich] Marcks geht nach Heidelberg, lange Herumdreherei vorher. – Vorlesungen 24. für die Pfingstferien geschlossen. – Ernst [Leskien] mit Rad nach Freiberg, kommt von da nach Dresden. | Abends mit Schröder bei [Otto von] Böhtlingk. | Morgen, Freitag, wollen wir nach Dresden (Nikolai [Böhtlingk] mit).
Freitag 25. Mai bis Montag 3. Juni: In Dresden; zum Besuch dort Marie Lie [Marie Leskien], Ellen Heinrici, Nikolai [Böhtlingk], [Erich] Berneker, auf einen halben Tag auch [Felix] Solmsen.
Sonnabend, 15. Juni 1901: Die letzten Wochen nur albanesisch getrieben. – Am 11. [Otto von] Böhtlingk 86 Jahre geworden. – Der Rektor [Richard] Richter gestorben. – Von Albert – Gertrud [Leskien] gute Nachrichten. – [Vatroslav]

---

9 LLOYD-JONES, Hugh/PARSONS, Peter (Hg.), Supplementum Hellenisticum, Berlin 1983, S. 374, Nr. 794. *Es gibt nichts Hohleres als die Prahlerei der Vielgelehrsamkeit.*

10 Einliegend: Visitenkarte von *Frau Marie Leskien geb. Lie*; Bl. 56r: engeklebt ein hsl. Grundriss einer Wohnung mit Möblierung in der *Grenzstrasse.* Wahrscheinlich handelt es sich um den Grundriss der Wohnung in der Grenzstraße 3 in Reudnitz, die August und Lisbeth Leskien nach ihrer Heirat am 15. April 1871 bezogen, vgl. LAB 1873.

11 SS 1901: Ausgewählte Abschnitte aus der Syntax der slavischen Sprachen (Casuslehre); Vergleichende Grammatik der slavischen Sprachen, vgl. HistVV.

12 Das Projekt wurde nicht verwirklicht.

13 Bl. 57r, eingeklebter Zeitungsausschnitt: »Feuilleton. Tolstois Glaubensbekenntnis«.

14 Siehe den Eintrag vom 27. April 1901.

15 Kommission der Wiener Akademie der Wissenschaften zur Edition des indischen Versepos Mahābhārata, vgl.: LÜDERS, Über die Grantharecension, S. 90.

Jagić mit seinem Vondrák-Rešetar-Antrag[16] durchgefallen; sehr entrüstet darüber. – [Erich] Marcks nach Heidelberg berufen.

Sonnabend, 29. Juni 1901[17]: Am vorigen Dienstag Albert und Gertrud [Leskien] von Karlsruhe gekommen. – Am 21. Juni der Tag, an dem ich vor 25 Jahren in Leipzig Ordinarius wurde; ging mit Lisbeth und Ilse [Leskien], um den Begrüßungen auszuweichen, nach Giebichenstein[18]. – Gestern Besuch von [Wiktor Jan] Porzeziński (aus Berlin herübergekommen).

Donnerstag 4. Juli 1901: Letzten Sonntag in Kösen. – Am Montag (Sonntag) [Georg] Heinricis Schwiegersohn [Otto] Wiedeburg in Hannover gestorben. Die Frau soll mit ihren beiden Kindern wieder nach Leipzig ziehen[19]. – Der in den letzten Wochen eingetretene Concurs der Leipziger Bank[20] hat auch mich betroffen, da die für mich fälligen circa 1600 Mark Zinsen nicht einziehbar sind. – In der gestrigen Fakultätssitzung ist John Schmitt seine venia aufs Italienische ausgedehnt worden.

Freitag 5. Juli 1901: Heute im Tageblatt die Nachricht vom plötzlichen Tode von Joh.[annes] Schmidt (Herzschlag)[21].

Sonnabend, 6. Juli 1901: Das Brockhaussche Sommerfest, Lisbeth, die Kleine[22] und ich dort; Gertrud und Ilse [Leskien] auf dem Professoriumsausflug in Hermannsbad.

Mittwoch 10. Juli 1901: An meinem Geburtstag abends Meisters[23], [Karl] Brugmann, [Otto] Bremer, [Ferdinand] Sommer bei uns. – Am Dienstag H. Brockhaus und Else[24] besucht, die bei Alberts[25] wohnen, meine Pate Milly [Brockhaus] gesehen; dann die alte [Leonore] Geibel besucht. Heute Albert und Ilse nach Dresden, Lisbeth [Leskien] auf 2 Tage mit.

---

16 Siehe den Eintrag vom 3. Februar 1901.

17 Leskien schrieb fälschlicherweise *Sonnabend. 29. Juli 1901*. Der 29. Juli 1901 war allerdings ein Montag. Dass hier eigentlich Juni gemeint ist, zeigt ein Brief vom 1. Juli 1901 an Aleksej Aleksandrowitsch Schachmatow, in dem Leskien vom Besuch Porzezinskijs einige Tage zuvor berichtete, vgl.: RICHTER, 100 Jahre deutsche Slawistik, Teil IV, S. 675.

18 Giebichenstein gehört seit 1900 zu Halle.

19 Dorothea Wiedeburg. Die Namen der Kinder sind nicht bekannt.

20 Ein riskantes Geschäft mit einer Kasseler Industriefirma (AG für Trebertrocknung) sowie Aktienspekulationen führten Ende Juni 1901 zu einem Fehlbetrag von 40 Millionen Goldmark und zum Zusammenbruch der Leipziger Bank. Am 26. Juni 1901 wurde der Konkurs eröffnet, bei dem die Gläubiger 67 % ihrer Forderungen liquidieren konnten. Das noch unvollendete Gebäude am Rathausring ging ebenso wie das Bankgebäude in der Klostergasse an die Deutsche Bank in Berlin, vgl. ZWAHR, Leipzig, S. 50.

21 Bl. 59r, eingeklebte Todesanzeige und Bild von Johannes Schmidt.

22 Elfriede Leskien.

23 Klothilde und Richard Meister.

24 Heinrich und Elisabeth Brockhaus.

25 Albert und Marie »Mony« Brockhaus.

Montag, 15. Juli 1901: Gestern Tagesausflug mit [Friedrich] Ratzel etc. über Machern, Püchau[26], Kollau, Thallwitz[27], Eilenburg. | Abends in einer Gesellschaft bei [Erich] Marcks, wo er etwas stark angehimmelt wurde.
Montag 22. Juli 1901: Gestern Ausflug mit Lisbeth, Gertrud, Elfriede [Leskien] nach Lindhardt. – Ernst [Leskien] am vorigen Sonnabend nach Tirol.
Sonntag 28. Juli 1901: Gestern Rektoratswahl: [Eduard] Sievers gewählt; abends Wegfeier von [Erich] Marcks in der Harmonie[28]; Friedrich [Leskien] am letzten Mittwoch nach Norwegen abgefahren; Friedrich bleibt 2 Monate fort. Ernst [Leskien] war schon Sonnabend vorher auf einige Wochen nach Tirol.
Donnerstag, 1. August 1901: Heute Vorlesungen geschlossen. – Brief von Ernst aus Tirol, der auf dem Großglockner war, von Friedrich [Leskien], daß er Bergtouren in Norwegen macht. – Morgen wollen wir nach Dresden. – Heute [Erich] Marcks Abschiedbesuch gemacht, geht nach Heidelberg.
Vom 2. August – 5. October: In Dresden. Ilse [Leskien] am 6. Oktober nach Frankfurt, ist mit Tante Helene [Vieweg] in Wiesbaden. Ernst [Leskien] hat sein Examen gut bestanden, ist der vierte in der Classe (Unterprima) geworden. | Friedrich [Leskien] am 4. Oktober von Norwegen zurück.
23. Oktober 1901 Mittwoch: Am 14. Oktober Albert [Leskien] allein nach Karlsruhe, wohnt dort bei einer Frau Professorin Müller[29] in Pension; sein Bericht über Hinfahrt und die erste Woche dort lautet günstig. Ilse [Leskien] noch in Baden-Baden. Am 16. Oktober kam [Wilhelm] Streitberg und ist noch hier. Am 19. Oktober bezog Friedrich [Leskien] seine besondre Wohnung am Ostplatz[30]. | Anstellung [Martin] Spahns in Straßburg, des Kaisers Telegramm[31] dazu. Es geht heillos zu. | Vorgestern Besuch von [Eduard Aleksandrowitsch] Wolter aus Petersburg. | Kann noch nicht recht wieder in die Arbeit kommen, habe die Syntax vorgenommen, zunächst das Altrussische, aber es

26 Püchau mit Schloss und englischem Landschaftsgarten ist seit 1994 Teil von Machern.

27 Kollau, zwischen Wurzen und Eilenburg, wurde 1957 Teil von Thallwitz.

28 Harmonie, siehe den Eintrag vom 10. April 1893. Erich Marcks wechselte 1901 an die Universität Heidelberg.

29 Vielleicht die Frau von David Müller.

30 Auf den Ostplatz im Südosten von Leipzig mündete die vom Johannisplatz herkommende Hospitalstraße.

31 Im nach 1870/71 entstandenen Reichsland Elsass-Lothringen, das unmittelbar dem Deutschen Kaiser unterstand, wurden Berufungsangelegenheiten von Berlin aus geregelt. So wurde die Berufung des Katholiken Martin Spahn gegen den Widerstand der Straßburger Philosophischen Fakultät auf ausdrücklichen Wunsch Kaiser Wilhelms II. duchgesetzt. Insbesondere Theodor Mommsen, der die Freiheit der Wissenschaft gefährdet sah, führte den in der Presse ausgetragenen Protest der protestantisch-liberalen Professorenschaft an, vgl. REBENICH, Theodor Mommsen und Friedrich Althoff.

ist noch kein rechtes Ziel dabei. | Gelesen den 3. Band von Döllingers Leben[32].

28. Oktober 1901, Montag: Freitagabend den 25. [Wilhelm] Streitberg vor seiner Abreise (am nächsten Morgen) zum letzten Mal bei uns; ich stelle die Frage wegen I.[lse Leskien], er antwortet mit G.[ertrud Leskien]. Das Unglück ist da und ich habe keine Vorstellung, wie es zu einem gedeihlichen Ausweg kommen soll. Traurig, daß alles so verkehrt kommen muß.

8. November Freitag 1901: Inzwischen alle Vorlesungen[33] angefangen, ziemlich befriedigend. – Von [Wilhelm] Streitberg nur einige Karten mit kargem Gruß. – Ilse [Leskien] noch mit Tante Helene [Vieweg] auf Reisen, jetzt in Frankfurt am Main. – [Otto von] Böhtlingk hat einen Streit mit [Rudolph] Sohm über den vertrackten Sermo regis[34]. – Das Rektoratsessen und die ganze Feier am 31. Oktober[35] habe ich nicht mitgemacht. | Gelesen: Leger, Mythologie slave[36] (dummes Buch), und allerlei Slavica. | Von Graz aus wurde ich heut durch [Karl] Luick gefragt, wer von deutschgebornen Slavisten für die Kreksche[37] Stelle zu nennen sei. Ich solle alle vorhandenen nennen, habe genannt [Robert] Scholvin, [Wilhelm] Wollner, [Asmus] Soerensen, [Erich] Berneker. Die ganze Sache ist ein Unsinn, man kann in Österreich dafür nur einen Slaven nehmen.

17. November 1901 Sonntag: Wurde noch einmal von Graz aufgefordert, auch deutsch redende Slaven zu nennen, habe genannt: [Václav] Vondrák, [Milan] Rešetar, [Mathias] Murko, [František] Pastrnek. [Vatroslav] Jagić schreibt mir, man habe die Grazer Angelegenheit vor ihm ausdrücklich geheim gehalten, was allerdings ungehörig und noch dazu dumm ist. | Ilse [Leskien] am 9. November zurückgekehrt. | Am Donnerstag dem 14. Tante Therese [Judeich] zu uns zu Besuch gekommen. | Am letzten Mittwoch, dem 7.[38], bei uns der erste offne Abend: es erschienen nur Brugmanns und Wollners, Marie Lie[39]. Die Sache wird schwerlich gedeihen. Dazu gehören andre geistige Potenzen als

---

32 Siehe den Eintrag vom 18. Februar 1899.

33 WS 1901/1902: Historische Grammatik der serbokroatischen Sprache; Geschichte der altkroatisch-dalmatinischen Litteratur, vgl. HistVV.

34 SOHM, Rudolph, Sermo regis, in: Berichte über die Verhandlungen der Königlich Sächsischen Gesellschaft der Wissenschaften zu Leipzig. Philologisch-Historische Classe, Bd. 53 (1901), S. 1-6; BÖHTLINGK, Otto, Sermo regis, in: Berichte über die Verhandlungen der Königlich Sächsischen Gesellschaft der Wissenschaften zu Leipzig. Philologisch-Historische Classe, Bd. 53 (1901), S. 45-46.

35 Anlässlich des Wechsels im Rektorat.

36 LEGER, Louis, La mythologie slave, Paris 1901.

37 Gregor Krek war bis 1902 Professor für Slawische Philologie an der Universität Graz.

38 Richtig ist 6. November. Der 7. November 1901 war ein Donnerstag. Mittwoch war offensichtlich der Tag des Offenen Abends, vgl. den Eintrag vom 28. November 1901.

39 Karl und Valeska Brugmann, Marie und Wilhelm Wollner sowie Marie »May« Leskien.

wir darstellen. | Gelesen: Lamprechts Ergänzungsband[40], zum Teil Seeck Geschichte des Untergangs der antiken Welt 2. Band[41] (mit wenig Genuß), allerlei Fachslavica. | Bin sehr erkältet, habe Freitag nicht gelesen und bin 3 Tage zu Hause geblieben. | Ilse [Leskien] hat den Charakter der Tante Helene [Vieweg] vollkommen durchschaut: die Unwahrhaftigkeit, den Größenwahn.
28. November 1901, Donnerstag: In der Universitätswelt eine Bewegung wegen der Auslassung Mommsens über den Fall Spahn[42]. Zustimmungsadressen an ihn von München, Heidelberg etc.; in diesen Tagen auch von Leipzig – Ad.[olf] Michaelis[43] hat eine geharnischte Erklärung gegen die preußische Universitätsverwaltung, das heißt [Friedrich] Althoff, losgelassen. Gestern bei uns der zweite offne Abend: Meisters[44], Brugmanns[45], [John] Schmitt, [Walther] Pantenius, [Ferdinand] Sommer.[46]
1. Dezember Sonntag 1901: Gestern Professorenball; mit uns zwei junge Leute, der eine [Walther] Pantenius. – Eine Arbeit angefangen über litauische Interjektionen in Verbindung mit Verben[47].
4. Dezember Mittwoch 1901: Vorgestern der entscheidende Brief von [Wilhelm] Streitberg gekommen; er bittet Ostern herkommen zu dürfen, um Gertruds [Leskien] Neigung zu gewinnen. Ich habe sofort zustimmend geantwortet. Heute seine Antwort erhalten. – Ilse [Leskien] weiß von heutmorgen an, daß er sie nicht begehrt, aber nichts von Gertrud, obwohl sie es ahnt. Wie traurig das alles ist. Allen Kindern wird das Leben schwer gemacht, nichts geht einen glatten Weg.
26. Dezember 2. Weihnachtstag 1901: Die Sache ist entschieden. [Wilhelm] Streitberg hat seinem Vater[48] die Verlobung mitgeteilt, dieser ist einverstanden, er kommt übermorgen her. – Albert [Leskien] kam am Freitag vor Weihnachten, sieht gut aus und befindet sich wohl. – Friedrich hat sich wegen Marie Lie [Leskien] mit der Mutter[49] ausgesprochen: auch eine törichte Sache; sie gehen eben alle ihren sonderbaren Weg, müssen ihn gehen, denn es kann ihnen kein

---

40 LAMPRECHT, Karl, Deutsche Geschichte, Erg.Bd. 1: Zur jüngsten deutschen Vergangenheit; Bd. 1. Tonkunst. Bildende Kunst. Dichtung. Weltanschauung, Freiburg i. Br. 1902.

41 SEECK, Otto, Geschichte des Untergangs der antiken Welt, Bd. 2, Berlin 1901.

42 Die Berufung des Katholiken Martin Spahn an die Universität Straßburg, vgl. MORSEY, Spahn, S. 613-614; siehe auch den Eintrag vom 23. Oktober 1901.

43 MICHAELIS, Adolf, Das Verhalten der Straßburger philosophischen Fakultät im Falle Spahn, in: Der Lotse 2, Heft 8 (23.11.1901), S. 225-231.

44 Klothilde und Richard Meister.

45 Karl und Valeska Brugmann.

46 Bl. 63r: eingeklebter Zeitungsausschnitt »Kundgebungen zum Briefe Mommsens«.

47 LESKIEN, August, Litauische Partikeln und Konjunktionen, in: Indogermanische Forschungen 14 (1903), S. 89-113.

48 Gustav Streitberg.

49 Elisabeth Leskien.

andrer einen vorgehen. | Ich habe den ganzen Dezember an einer unnützen Arbeit über litauische Interjektionen zugebracht[50]. | Ilse [Leskien] geht tapfer ihren Weg. Armes Mädchen, die so gern glücklich sein möchte!

31. Dezember 1901: Am 28. Dezember kam [Wilhelm] Streitberg; die Verlobung jetzt geschlossen. Die Hochzeit soll nach Streitbergs Plan im Herbst 1902 sein. | [Erich] Berneker ist nach Prag berufen. | Verbrauch dieses Jahres zusammengerechnet: reichlich 25000 Mark.

Abb. 8: Die Dresdner Villa der Familie Leskien in der Bautzner Chaussee 1, um 1900. Quelle: Privatbesitz, Birgit Staude.

50 Siehe den Eintrag vom 24. Juni 1900.

Tagebuch 1902

[UBL, NL 348/1/5, Bl. 65r-79v]

2. Januar Donnerstag: Gestern die Verlobungsanzeigen Gertrud [Leskien]-[Wilhelm] Streitberg versandt. Heute Konrad [Judeich] wieder nach Dresden abgereist. | [Erich] Berneker hat nun auch eine Anfrage von Graz bekommen.[1]

8. Januar 1902, Mittwoch: Heute [Wilhelm] Streitberg abgereist, zunächst nach Wiesbaden zu seinem Vater[2]. Er sprach gestern mit mir über eventuelle katholische Trauung. Die Sache wird sehr fatal. Aber befehlen mag ich wegen Gertrud [Leskien] nicht. Was nützt es auch: wir Alten sterben, und mögen nachher die Jungen sehen, wie sie mit der Welt fertig werden. – Daß die alte Teufelei des Kirchenkampfes[3] auch einmal in mein Leben hineinspielen würde!

12. Januar 1902, Sonntag: Die ganze vergangene Woche nicht wohl gewesen. – [Wilhelm] Streitberg hat meine Abhandlung über Schallnachahmungen und Schallverba im »Litauischen« für die IF[4] mitgenommen – ich habe keine neue Arbeit angefangen, sondern will bis Ostern die lettische und polnische Grammatik durchnehmen, in den Ferien darauf lesen. Nebenbei an einem Tage der Woche das Albanesische aufgenommen. | [Karl] Brugmann hat einen Brief an E.[rnst] Kuhn geschrieben, um die angekündigte Biographie von J.[ohannes] Schmidt, die im nächsten Heft KZ[5] erscheinen soll, auf den richtgen Standpunkt zu bringen. Der Brief war sehr ungeschickt und Kuhn hat ihm schnöde

---

1 Bl. 65v: *Mir im Lauf 1901 von John Schmitt mit Oliven geschickt*: *Νὰ πάρῃς τοῦτες τὲς ἐλαιὲς γιατὶ ἔχουν νοστιμάδα. | εἶναι πικρὲς κ'εἶναι γλυκές, εἶναι σαν τὴν Ἑλλάδα, | ὁπὄχει γλύκα* [!] *περισσὴ μιγμένη μὲ πικράδα, κ'ἔχει | καὶ πίκρα (!) δυνατὴ ἀντάμα μὲ γλυκάδα. Λάδι | κορφιάτικο εἶν'αὐτὸ ἀπὸ τὸ χτηματάκι τοῦ Λειψιανοῦ | τοῦ ὑφηγητοῦ, τὸν λένε Σιὸρ Γιαννάκη. Εἶναι βγαλμένο | ἀπ' τὲς ἐλαιὲς ποῦ ἐμάζεψαν στὸν τόπο τοῦ Σμίττ, οἱ | Λυκουρσιώτισσες μὲ πόνο καὶ μὲ κόπο. Κι ἂν εἶν' μικρὸ | τὸ δῶρο μου κι ἂν εἶν φτωχὴ ἡ βρώση καλύτερον ἡ | μαύρη γῆς* [!] *δὲν ἔχει νὰ σοῦ δώσῃ*. Übersetzung: Nimm diese Oliven, weil sie Geschmack haben. Sie sind bitter und sie sind süß, wie Griechenland, das hat Süßes im Überfluss gemischt mit Bitterkeit und hat kräftig Bitteres zusammen mit Süße. Olivenöl aus Korfu ist dies von dem kleinen Grundstück des Leipziger Dozenten, den sie Signor (Sior) Hänschen nennen. Es ist hergestellt aus den Oliven, die gesammelt wurden auf dem Grundstück des Schmitt von den Lykursiotissen (Frauen von Lykoursia?) mit Mühe und Arbeit. Und ist mein Geschenk auch klein und die Speise armselig, so ist es doch das Beste was die schwarze Erde Dir geben kann; einliegend: Zeitungsausschnitt »Academische Tagesfragen«, aus: Hochschul-Nachrichten, Heft 137, XII. Jahrgang.

2 Gustav Streitberg.

3 Auseinandersetzungen um das Verhältnis von Staat und Kirche zwischen dem Deutschen Kaiserreich und der römischen Kirche.

4 LESKIEN, August, Schallnachahmungen und Schallverba im Litauischen, in: Indogermanische Forschungen 13 (1902), S. 165-202.

5 »Kuhns Zeitschrift«, gemeint ist die »Zeitschrift für vergleichende Sprachforschung«.

den Brief zurückgeschickt, was nun auch nicht recht war. Die verrückte Gelehrtenempfindlichkeit steckt ihnen allen sehr tief. Mein Handwerkerblut hat mich wohl davor bewahrt.

21. Januar 1902 Montag, Dienstag: Am vorigen Sonnabend Professorium, mit uns Dr. Schönbeck[6]. [Otto] Wieners Vortrag über Farben.

Гляди духовными очами
В открытый духу светлый край
И пред минутными богами
Колен своих не преклоняй!
Цертелев [Dmitrij Nikolajewitsch Zertelew][7]

Gertrud [Leskien] nicht so wohl, wie es zu wünschen wäre.

26. Januar 1902 Sonntag: Von [Wilhelm] Streitberg vorgestern Brief, daß er wegen der Fastenzeit ungefähr 10 Tage frei hat und herkommen möchte. Ich mußte zurück schreiben, er möge noch 8 Tage auf definitive Entscheidung warten, da Gertrud [Leskien]. Gertruds Befinden macht mir die größte Sorge, das heißt ihr geistiger Zustand: es ist eine Gefahr des Umkippens vorhanden. – Vor 8 Tagen schrieb ich an Milly [Emilia Brockhaus] die Verlobungsgeschichte von Gertrud; auf Wunsch von Eduard [Brockhaus], sonst hätte ich es gelassen. – Heute bei Eduard das übliche Geschäftsdiner. – In den letzten Wochen habe ich [August] Bielensteins lettische Sachen[8] durchgearbeitet, zum ersten Mal.

4. Februar 1902, Dienstag: Gertrud [Leskien] hat sich heute von [Heinrich] Curschmann untersuchen lassen: Blutarmut, schlechte Ernährung; soll Mastkur 4 – 5[9] brauchen. | Vorgestern [Hermann] Ziegenbalg gestorben, morgen Begräbnis.

10. Februar Montag 1902: Am 7. [Wilhelm] Streitbergs Vater[10] gestorben. – Gertrud [Leskien] geht es nicht gut, die von [Heinrich] Curschmann befohlne Kur hat das Gegenteil bewirkt, und ich lebte in der größten Angst, sie möchte wieder geisteskrank werden. Daher heute [Franz] Windscheid kommen lassen, der beruhigt: sie soll ganz ihre gewohnte Lebensweise aufnehmen, und am nächsten Montag auf 3 Wochen nach Erlangen zu Walters[11].

---

6 Vielleicht Friedrich Schoenbeck, der zeitweilig wie Friedrich Leskien in Leipzig Chemie studierte.

7 Sieh mit den geistigen Augen / in das offene lichte Reich des Geistes / und vor den flüchtigen Göttern / beuge nicht deine Knie.

8 Publikationen zur lettischen Sprache und Volkskunde.

9 Die *Mastkur* zur Heilung bzw. Besserung der Schwindsucht wurde auch bei Erschöpfung, Neurasthenie (Nervenschwäche, reizbare Schwäche; häufige Erkrankung Ende des 19./Anfang des 20. Jahrhunderts) und Hysterie angewandt. *4–5* bedeutet wahrscheinlich vier bis fünf Wochen.

10 Gustav Streitberg.

11 Walther und Mathilde Judeich.

16. Februar Sonntag 1902: Gestern war [Franz] Windscheid noch einmal da, giebt beruhigende Versicherung. Gertrud [Leskien] heute nach Erlangen abgereist. | [Jacob] Wackernagel nach Göttingen berufen an Stelle W.[ilhelm] Schulzes, der an J.[ohannes] Schmidts Stelle nach Berlin gekommen ist. Nach Basel hat [Ferdinand] Sommer Aussicht.
24. Februar Montag 1902: Von Gertrud [Leskien] im Lauf der vergangenen Woche nur ein paar Karten, aus denen wenigstens hervorzugehen scheint, daß es ihr nicht schlechter geht. | Von [Erich] Berneker heute Nachricht, daß er zum 1. April als Extraordinarius nach Prag geht.
25. Februar Dienstag 1902: Heute und gestern Briefe von Walter [Judeich] über Gertrud [Leskien]: sie ist nervös ganz erschöpft; Lisbeth [Leskien] war bei [Franz] Windscheid, der keine Besorgnis hat. Ich bin in der größten Angst, Gertrud will keine Briefe schreiben und bekommen, auch von [Wilhelm] Streitberg nicht. Heute hat Lisbeth alles an ihn geschrieben und den Brief von Walter mitgeschickt.
1. März, 1902, Sonnabend: Sitzung der Albrechtstiftung; Fakultätssitzung: die Historikersache verhandelt: scharfe Kritik gegen [Gustav] Buchholz[12]. – Von Gertrud [Leskien] die Nachrichten weder günstig und [!] ungünstiger. | Ich stehe in schweren Gedanken wegen meiner Stellung am Konversationslexikon, glaube nicht, daß es viel länger gehen wird.
7. März, 1902, Freitag: Die Nachrichten Walters [Judeich] über Gertrud [Leskien] lauteten immer ungünstiger, daher noch einmal [Franz] Windscheid konsultiert: entschieden, daß Lisbeth [Leskien] heute nach Erlangen reist, Gertrud morgen herbringt, Windscheid sie Sonntag sieht und dann eine Entscheidung trifft, ob [Wilhelm] Streitberg herkommen oder Gertrud eine Kur gebrauchen soll. | Heute ziehen Heinricis[13] aus neben uns ins Naumannsche Haus[14]: Ellen [Heinrici] zwei Tage bei uns.
8. März, 1902 Sonnabend: Gertrud [Leskien] schwer krank zurückgekommen, fast der Zustand von vor 7 Jahren. | Nachricht, daß der junge [Emil Ernst] Strohal, der Sanskritist, plötzlich gestorben.
9. März, 1902 Sonntag: Lisbeth mit Friedrich [Leskien] nach der Heilanstalt Karlsfeld[15] bei Halle, um dort den Aufenthalt für Gertrud [Leskien] einzurichten. [Franz] Windscheid sah sie heutmittag. Daß ein Unterbringen in einer

---

12 UAL, Phil.Fak. A 03/30:07, S. 65: Aussprache über die Besetzung der historischen Professur. Gerhard Seeliger behauptete, dass Buchholz *ganz ungeeignet sei*, die neuere Geschichte zu vertreten.

13 Georg und Paula Heinrici.

14 Stephanstr. 12 III. Besitzer des Hauses waren die Druckereibesitzer Constantin Georg und Theodor Ernst Naumann, vgl. LAB 1903.

15 Privat-Irren-Heil- und Pflegeanstalt Asyl Carlsfeld bei Brehna, 1862/1863 gegründet, vgl.: LAEHR/LEWALD, Die Heil- und Pflege-Anstalten, S. 322.

Anstalt notwendig ist, wußten wir schon. An [Wilhelm] Streitberg telegraphiert und geschrieben.

10. März 1902 Montag: Heutmorgen um 11 haben Lisbeth und ich Gertrud [Leskien] in das Asyl Karlsfeld bei Brehna gebracht[16]. Waren dort circa 2 Stunden. Gertrud hat die Anstalt leider keinen guten Eindruck gemacht, weil es sie an Sonneberg erinnerte. Der Arzt ist, wie sie alle sind, von einer Art Forschheit, macht aber einen vertrauenerweckenden Eindruck. An [Wilhelm] Streitberg geschrieben. | Ich mache mir bittere Vorwürfe, daß ich die Eröffnung von Streitbergs Neigung an Gertrud nicht ruhig bis Ostern gelassen habe. Die Zukunft ist nun ganz schwer. Ohne die Verlobung wäre es immer noch erträglicher. Um so bitterer ist es mir, weil ich die Furcht hatte, Gertrud werde wieder erkranken.

14. März, Freitag, 1902: Abends [Wilhelm] Streitberg gekommen. – Am Tage vorher vom Arzt[17] in Karlsfeld leidliche Nachricht über Gertrud [Leskien]: akute Melancholie, das günstig, und Aussicht auf Genesung vorhanden, wann unbestimmt.

21. März Freitag – 7. April Montag 1902: in Dresden mit [Wilhelm] Streitberg. Zweimal Nachricht von Gertrud [Leskien]: Hoffnung auf Genesung gegeben, aber viele Wochen dauernd. – Albert [Leskien] ebenfalls von Karlsruhe, am 20. gekommen, mit in Dresden.

9. April Mittwoch 1902: Albert [Leskien] wieder nach Karlsruhe zurück.

17. April 1902, Donnerstag: Gertruds Geburtstag, Lisbeth [Leskien] heute hingefahren, da der Arzt[18] den Versuch sie zu sehen billigt oder wünscht. [Wilhelm] Streitberg noch hier, will bis Sonnabend bleiben. Von Albert [Leskien] aus Karlsruhe gute Nachrichten. Gestern ein Gesuch ans Kultusministerium geschickt, um Ernst [Leskien] die Erlaubnis auszuwirken, schon nächsten Michaelis[19] das Abiturientenexamen zu machen. | [Ferdinand] Sommer an [Jacob] Wackernagels Stelle nach Basel berufen: manchen Menschen fällt es zu.

20. April 1902, Sonntag: Nach Lisbeths Bericht hat sich in der Krankheit der Gertrud [Leskien] wenig geändert, aber es ist nichts verschlimmert. [Wilhelm] Streitberg gestern morgen nach Münster abgereist. – Gesternnachmittag [Asmus] Sörensen bei mir, der wieder originelle Gedanken über die Ilias aussprach.

---

16 Siehe den vorhergehenden Eintrag.

17 Der Name des Arztes ist nicht bekannt.

18 Der Name des Arztes im Asyl Carlsfeld bei Brehna ist nicht bekannt. 1895 ging das Asyl Carlsfeld in den Besitz von Dr. Al. Schmidt über, vgl. KREUTER, Deutschsprachige Neurologen, S. 94. Dieser Dr. Schmidt könnte noch 1902 im Asyl Carlsfeld tätig gewesen sein.

19 29. September 1902.

24. April, Donnerstag, 1902: Heute Nachricht über Gertrud, daß der Besuch der Mutter[20] ihr nicht geschadet hat, sonst unverändert.
5. Mai Sonntag 1902: Vorigen Montag die Vorlesungen[21] angefangen, erbärmlich schlechter Besuch; es ist so überflüssig, vor 2, 3 Leuten seine Weisheit vom Katheder herunter auszukramen. – Das Ministerium hat bewilligt, daß Ernst [Leskien] als Hospitant dies Sommersemester die Schule besucht, um Michaelis das Abiturium zu machen. – An [Wilhelm] Streitberg einige Seiten für die Indogermanischen Forschungen über litauisch Eskulus[22] geschickt; angefangen eine Arbeit über urslavische Lautverhältnisse[23].
8. Mai Donnerstag/Himmelfahrt 1902: Gestern Nachricht von Gertrud [Leskien], ein wenig im ganzen besser. Den Brief an [Wilhelm] Streitberg geschickt. – Die Vorlesung über Altbulgarisch habe ich wieder aufgegeben, da nur ein paar schon weiter vorgebildeter Russen darin waren. – Mathilde Geibel am vorigen Sonnabend besucht; Lisbeth [Leskien] war gestern bei ihr: sie sieht besorgniserregend aus.
16. – 26. Mai 1902: in Dresden. Besuch dort von [Ernst] Enking, der auf der Allgemeinen Deutschen Lehrerversammlung[24] in Chemnitz war. Das Wetter ungünstig: kalt und regnerisch; mußten die ganze Zeit die Zimmer, zum Teil das Haus heizen. – Von Gertrud [Leskien] weniger gute Nachricht.
1. Juni Sonntag 1902: Gestern war Lisbeth bei Gertrud [Leskien], das Befinden wenig anders. Der Arzt[25] macht trotzdem Aussicht auf Genesung. – Stephan Geibel ist vorigen Montag operiert (Krebs), liegt auf den Tod hier im Krankenhaus. – Von Albert [Leskien] gute Nachrichten, er kommt Ende Juni her.
9. Juni Montag, 1902: an Alberts [Leskien] Geburtstag: ganz traurige Nachricht über Gertrud [Leskien]; sie hat den Versuch gemacht, sich einen Abhang herabzustürzen; verletzt hat sie sich nur unbedeutend. Nährer Bericht fehlt noch.
12. Juni Donnerstag 1902: Fakultätssitzung: Antisemitismus in der abscheulichsten Form[26].

---

20 Elisabeth Leskien.

21 SS 1902: Grammatik der litauischen Sprache; Grammatik der altbulgarischen (altkirchenslavischen) Sprache, vgl. HistVV.

22 LESKIEN, August, Litauisches *eskulus* ›Buche‹, in: Indogermanische Forschungen 13 (1902), S. 279-280.

23 Leskien hat immer wieder zu diesem Thema gearbeitet und publiziert.

24 Deutsche Lehrerversammlung zu Chemnitz, 19.–22. Mai 1902, vgl.: Allgemeine deutsche Lehrerzeitung 54 (1902), S. 29: Einladung zur Versammlung.

25 Der Name des Arztes im Asyl Carlsfeld bei Brehna ist nicht bekannt.

26 UAL, Phil.Fak. A 03/30:07, S. 76: *Habilitationsgesuch des Dr. phil. Nathanson, mosaischer Religion, für Botanik, der von Prof. Pfeffer als ungewöhnlich tüchtiger Mann geschildert wird. Für Zulassung stimmen 14, dagegen 7. Es erhebt sich eine lebhafte Debatte, ob im Bericht das Stimmenverhältnis vermerkt werden soll; zunächst ist die Majorität dagegen; nachdem ein Antrag nach Vertagung der Angelegenheit abgelehnt ist, wird schließlich der Reihe nach weiter berathen und der Beschluss von*

17. Juni, Dienstag 1902: Mathilde Geibel seit 14 Tagen krank, schwere Sprache und Auffassung; es wird angenommen, es sei kleiner Schlaganfall. – Über Gertrud [Leskien] hatten wir seit 8 Tagen jeden Tag Nachricht: besser ist es bisher nicht geworden, das körperliche Befinden leidlich. – Mit Paul Böhtlingk, der in Jena lebt, scheint es schlimm zu stehen. Der Vater[27] ist davon so mitgenommen, daß es nicht ohne Gefahr ist. – Seit reichlich 8 Tagen auch König Albert krank, scheint im allmählichen Sterben zu liegen. – Unser Albert [Leskien] ist gestern nach Erlangen, wo er 14 Tage bleiben will. | Ich habe keine Arbeitslust, habe, um irgend etwas zu tun, eine kritische Durchnahme der Exarchenübersetzung von Joh. Dam. Ἒκδοσις ακριβής της ορθοδόξου πίστεως[28] vorgenommen, vielleicht für den 25. Band des Archivs[29].
19. Juni Donnerstag 1902: [Otto von] Böhtlingk fand ich gestern sehr hinfällig, heute etwas weniger; nach Aussage des Arztes scheint es doch ein leichter Schlaganfall gewesen zu sein. – Nachricht vom Tode der Doktorin Taube[30], die in Marburg gestorben am Sonnabend hier begraben wird. – Mit dem König scheint es zu Ende zu gehen. – Abends 8° König Albert gestorben in Sibyllenort[31].
28. Juni Sonnabend: Von Gertrud [Leskien] insofern etwas bessere Nachricht, als die große Narrheit einer weicheren Stimmung Platz gemacht hat. – König Albert vergangene Nacht gestorben. – [Otto von] Böhtlingk geht es etwas besser, gelitten zu haben scheint er nun aber doch im ganzen. – Mathilde Geibel nicht gut: auch da scheint ein leichter Schlaganfall gewesen zu sein.[32]

---

der Majorität gefasst, das Stimmenverhältnis anzugeben mit kurzer Ratificierung der Majorität u. der Minorität. Der Bericht soll vor seiner Absendung der Fac. vorgelegt werden. Gemeint ist Alexander Nathansohn. Er habilitierte sich 1902 und wurde 1909 außerordentlicher Professor für Botanik an der Universität Leipzig, vgl. PUL.

27 Otto von Böhtlingk.

28 Genaue Darlegung des orthodoxen Glaubens.

29 Arbeiten von August Leskien zum Thema: Die Übersetzungskunst des Exarchen Johannes, in: Archiv für slavische Philologie 25 (1903), S. 48-66; Zum Šestodnev des Exarchen Johannes, in: Archiv für slavische Philologie 26 (1904), S. 1-70; Der aristotelische Abschnitt im Hexaemeron des Exarchen Johannes, in: Jagić-Festschrift: Zbornik u slavu Vatroslava Jagića, Berlin 1908, S. 97-111. Johannes <Exarch> übersetzte u. a. um 895 einen Teil der »Genauen Darlegung des orthodoxen Glaubens« von Johannes Damascenus (um 650–754) ins Altbulgarische; ein weiteres Werk ist die Kompilation »Šestodnev« (= sechs Tage, Hexaemeron = sechs Schöpfungstage, Abhandlung über die 6 Schöpfungstage). Erstausgabe: Šestodnev sostavlennyj Ioannom eksarchom Bolgarskim. Po chartejnomu spisku Moskovskoj sinodal'noj biblioteki 1263 goda. Čtenie v obščestve istorii i drevnostej rossijskich, Moskau 1879.

30 Gemeint ist Pauline Taube.

31 Schloss Sibyllenort in Niederschlesien.

32 Bl. 72v: Zeitungsausschnitt »Entwurf eines römisch-katholischen Statuts für das Fremdenwesen«, hsl. von Leskien: *1902, ist ein Scherz, Ironie.*

8. Juli Dienstag, mein Geburtstag 1902: Am vorigen Montag kam Albert [Leskien] von Erlangen, ganz vergnügt und frisch. Vorgestern die Kösener Zusammenkunft: [Berthold] Delbrück da. Heute zum ersten Mal günstigere Nachrichten von Gertrud [Leskien], sie schreibt auch selbst einige Zeilen. Mathilde Geibel immer noch nicht viel besser.
21. Juli Montag: Mit [Otto von] Böhtlingk in der letzten Woche etwas aufwärts gegangen. Mathilde [Geibel] sah ich am 12., sie sieht ernst mitgenommen aus, die Sprache ist schwer. Von Gertrud [Leskien] unverändert mäßige Nachricht. – Morgen ist Meisters[33] silberne Hochzeit. – Gestern hat Fritz Brockhaus das Assessorexamen gemacht. – Albert und Ilse [Leskien] sind am 10. Juli nach Dresden, heute gehen Ernst, Elfriede [Leskien] und Ellen [Heinrici].
29. Juli Montag Dienstag: Silberne Hochzeit[34] 22. Juli. – Am letzten Sonntag wir und Brugmanns[35] bei ihnen zur Nachfeier und zu seinem Geburtstag. – Gestern Lisbeth bei Gertrud [Leskien]: entschieden bessere Nachricht. – Ernst [Leskien] stellt sich hier zum Militär – wird genommen. – Besuch von [Ferdinand] Sommer aus Basel. – [Adolf] Wach Rektor.
1. August 1902, Freitag: Die Vorlesungen heute geschlossen. – Friedrich [Leskien] am letzten Mittwoch mit Dr. [Walther] Straub und Marie Lie [Marie Leskien] nach Norwegen. – Ernst [Leskien] Mittwoch wieder nach Dresden. – Ziemlicher günstiger Brief des Arztes[36] über Gertrud [Leskien]. – Lisbeth [Leskien] und ich gestern morgen den Kindern folgend nach Dresden.
2. August – 2. Oktober: in Dresden, mit uns [Wilhelm] Streitberg. Gertrud [Leskien] vom 10. September an in Dr. Teuschers Sanatorium[37] auf dem Weißen Hirsch, mit Lisbeth [Leskien]. – Walter und seine Frau[38] September über in Dresden. – Ernsts [Leskien] Examen mit 2b, Reise in den Schwarzwald, am 1. Oktober als Freiwilliger eingetreten.
6. Oktober Montag 1902: [Wilhelm] Streitberg nach Münster abgereist. – Friedrich [Leskien] hat sich zum medizinischen Examen gemeldet. – Am 1. Oktober Johannes Kettembeil in Dresden gestorben an Influenza.
14. Oktober Dienstag 1902: Ernst [Leskien] am letzten Sonnabend und Sonntag zum ersten Mal in Uniform bei uns, sieht gut aus und befindet sich wohl, ist auch mit dem Soldatenleben zufrieden; er wohnt mit einem [Eduard] Reusch zusammen, aus dem Baedekerschen Geschäft[39]. Der war auch Sonntagabend

33 Klothilde und Richard Meister.

34 Von Klothilde und Richard Meister.

35 Karl und Valeska Brugmann.

36 Der Name des Arztes im Asyl Carlsfeld ist nicht bekannt.

37 Dr. Teuschers Sanatorium, 1896 von den Brüdern und Nervenärzten Heinrich und Paul Teuscher auf dem Weißen Hirsch (seit 1921 zu Dresden) eröffnet.

38 Walther und Mathilde Judeich.

39 Verlag Karl Baedeker.

bei uns und gefiel mir gut. – Von Gertrud [Leskien] die Nachrichten im ganzen befriedigend. – Heute Albert Brockhaus nach Mathilde [Geibel] gefragt: es sind keine Schlaganfälle, sondern Erkrankung der Rückenmarksausläufe nach dem Gehirn zu; wenn sie sich schone, würde die Krankheit nicht zunehmen, sonst bedenklich. – Einige Arbeit für die Vorlesungen gemacht, angefangen den Šestodnev des Joh.[annes] Ex.[arch][40] zu untersuchen. – Gelesen Harnack, Mission und Ausbreitung des Christentums[41]. Aus Bas.[ilius] Magnus: Ὁ τὴν πρὸς τὸ δίκαιον φιλίαν ἐξ αὐτῆς τῆς φύσεως κεκτημένος.[42] – Seit letzten Sonnabend Ilse, Elfriede [Leskien] und ich die einzigen Hausbewohner, gestern mit Ilse im Schauspielhaus[43] »Scribe, Glas Wasser«[44].

23. Oktober Donnerstag 1902: Seit 14 Tagen die Nachrichten von Gertrud [Leskien] günstiger; Lisbeth [Leskien] will Ende nächster Woche zurück kommen, Gertrud soll mit Pflegerin[45] im Sanatorium Teuscher bleiben. – Vorgestern Mathilde [Geibel] gesprochen, spricht mit Schwierigkeiten, schleppt auch etwas den einen Fuß; die Aussichten sind nicht gut. – Ilse [Leskien] und ich heutabend in »Kaufmann von Venedig«[46].

26. Oktober, Sonntag, 1902: Gestern und vorgestern in Jena, mit [Berthold] Delbrück, zum Teil mit [Eduard] Rosenthal über die Berge, wunderbar schön die Landschaft in Herbstlicht und Herbstnebel. – Gesternabend in kleiner Gesellschaft bei Meisters[47]. – Heute Brief von [Otto] Bremer, daß man ihm ein Extraordinariat für Phonetik geben will. Unsinn!

31. Oktober, Freitag 1902: Rektoratswechsel[48], an dem ich nicht teil nahm. Letzten Montag Vorlesung[49] über Vergleichende Grammatik der slavischen Sprachen angefangen, waren circa 12 Zuhörer da. – Am Mittwoch Mathilde [Geibel] besucht; es ist nicht besser. – Am Montag wieder das erste Kränzchen[50] bei [Ferdinand] Zirkel, recht langweilig, die Leute werden müde und haben sich nichts zu sagen. – Am letzten Dienstag mit Ernst und Ilse

---

40 Siehe den Eintrag vom 17. Juni 1902.

41 HARNACK, Adolf von, Die Mission und Ausbreitung des Christentums in den ersten drei Jahrhunderten, Leipzig 1902.

42 GIET, Stanislas (Hg.), Basile de Césarée. Homélies sur l'Hexaéméron, 2. Aufl., Paris 1968, Hom. I, 1.26. Der die Liebe zum Gerechten von Natur aus besaß.

43 Leipziger Schauspielhaus, 1873 erbaut, 1874 eröffnet, das Theater führte verschiedene Namen, bis es 1902 den Namen Leipziger Schauspielhaus erhielt.

44 SCRIBE, Eugène, Das Glas Wasser oder Ursachen und Wirkungen, Stuttgart [1900] (franz.: Le Verre d'Eau, 1840).

45 Der Name der Pflegerin ist nicht bekannt.

46 Von William Shakespeare.

47 Klothilde und Richard Meister.

48 Von Eduard Sievers (1901/02) auf Adolf Wach (1902/03).

49 WS 1902: Vergleichende Grammatik der slavischen Sprachen, vgl. HistVV.

50 Siehe den Eintrag vom 8. Februar 1892.

[Leskien] im Schauspielhaus: Raub der Sabinerinnen[51], mit [Carl William] Büller.
2. November 1902, Sonntag: Gestern Lisbeth [Leskien] von Dresden zurückgekehrt. Ihre Berichte über Gertrud so, daß man keinen Schluß auf die Zukunft machen kann: das körperliche Befinden ist gut, aber die Depressionen kommen immer noch, der Schlaf fehlt auch noch. [Wilhelm] Streitbergs Briefe werden nicht tröstlicher, er leidet auch unter der Furcht, der Zustand Gertruds könne chronisch werden. – Seit gestern liegt Ilse [Leskien] zu Bett. – Heute Ernsts [Leskien] Geburtstag, ganz still ohne Gäste. – Gestern und vorgestern Besuch von [Asmus] Soerensen: ein Mensch von ebensoviel Verstand wie Phantasie, der größte Drang nach Wissen und Klärung, allein unstät von einem zum andren. | Habe seit der Rückkehr aus den Ferien gearbeitet an Joh. Ex. Šestodnev[52], eigentlich aus langer Weile, weil mir nichts mehr einfällt.
9. November Sonntag 1902: Ernst Heinrici, der in Glogau auf der Kriegsschule[53], ist mit dem Pferde gestürzt; bedenkliche Erscheinungen infolge der Erschütterung, Rückenmark oder Gehirn. – Von Gertrud [Leskien] schreibt der Arzt[54], es sei nichts geändert, kein Rückschritt, aber auch keine bemerkbare Änderung zum Besseren. [Wilhelm] Streitberg ist in Angst wegen der Zukunft, ich kann ihm nicht helfen. – Ilse [Leskien] hat zu Bett gelegen die letzte Woche, ist noch etwas schwach, scheint ein Anfall ihres alten Nervenleidens zu sein.
16. November Sonntag 1902: Heute Brief von Dr. Teuscher[55], daß Gertrud [Leskien] die Mutter[56] sehen will, um sich mit ihr über Dinge auszusprechen, mit denen sie allein nicht fertig werden könne. | Ilse [Leskien] war die ganze Woche nicht wohl, es scheint aber namentlich nur starke Erkältung zu sein. | Am Mittwochabend hatten wir junge Leute bei uns: [Ernest] Tonnelat, [Nicolaas] van Wijk, [Richard] Günther, [Wedig von der] Osten-Sacken, [Walther] Böhme, Fräulein Bruns[57] und die beiden Brugmannschen Mädchen[58].
19. November 1902 Mittwoch, Bußtag: Lisbeth [Leskien] gesternabend von Dresden zurück; Gertrud [Leskien] hat sich darüber ausgesprochen, daß sie doch

51 SCHÖNTHAN, Franz von/SCHÖNTHAN, Paul von, Der Raub der Sabinerinnen: Schwank in 4 Akten, Berlin 1885.

52 Siehe den Eintrag vom 17. Juni 1902.

53 Glogau in Niederschlesien, seit 1859 Standort der preußischen Kriegsschule Glogau.

54 Heinrich oder Paul Teuscher.

55 Heinrich oder Paul Teuscher.

56 Elisabeth Leskien.

57 Wahrscheinlich eine Tochter von Heinrich Bruns.

58 Else und Grete Brugmann.

vielleicht wieder nach Carlsfeld[59] zurück wolle. Es soll der Versuch gemacht werden, sie noch 14 Tage bei Teuscher zu halten, dann nach ihrem Willen, wenn er bei Karlsfeld bleibt, verfahren werden. | Die Woche weiter nichts erlebt, gearbeitet am Šestodnev[60].

30. November 1902. Sonntag: Friedrich [Leskien] hat das erste Stadium des medizinischen Examens, Anatomie, mit I bestanden. | Von Gertrud [Leskien] immer dieselben, aber keine günstigen Nachrichten. – Gestern mit Ilse (die übrigens auch kränkelt), Ernst [Leskien] und dem jungen Franzosen [Ernest] Tonnelat auf dem Professorenball. – Weiterarbeit am Šestodnev[61].

2. Dezember 1902. Dienstag: Gesternabend um 8 Telegramm von Dr. Teuscher[62], Gertrud [Leskien] sei plötzlich aus dem Sanatorium verschwunden, Anfrage, ob sie bei uns sei. – Ich war gerüstet, mit Friedrich [Leskien] in der Nacht nach Dresden zu fahren, als ein zweites Telegramm um 11½ kam, sie sei »gesund wieder eingetroffen«. Heutmorgen an Teuscher telegraphiert, ob wir gleich hinkommen oder seinen Brief abwarten sollten. Antwort: wir sollen den Brief abwarten.

3. Dezember 1902. Mittwoch: Lisbeth und ich nach Dresden, nachdem Brief von Teuscher eingetroffen, daß Gertrud [Leskien] im Schneegestöber 3 Stunden herumgegangen, dann nach Loschwitz[63] geraten ist, wo sie ein Schutzmann vor der Polizeiwache, dem sie aufgefallen, angeredet, sie hineingenommen und gefragt hat. Sie hat anfangs Auskunft verweigert, dann Namen und das Sanatorium genannt. Darauf Nachricht an Dr. Teuscher, der sie mit dem Wagen heraufgebracht hat. Es soll jetzt, da Gertrud den dringenden Wunsch hat, nach Hause zu kommen, zunächst auf 8 Tage der Versuch gemacht werden, sie zu Hause zu halten, mit ihrer Pflegerin aus dem Sanatorium – nach dem Ausfall oder schon während der 8 Tage Dr. [Hugo] Schütz konsultiert werden. – An [Wilhelm] Streitberg heute zweimal geschrieben.

5. Dezember 1902, Freitag: Gesternmittag Gertrud [Leskien] mit der Mutter[64] und der Pflegerin[65] eingetroffen; der erste Tag und die Nacht ruhig vergangen. Ich habe an Dr. [Hugo] Schütz wegen einer Consultation geschrieben. – Heutmorgen [Johannes] Wislicenus gestorben, war seit einigen Jahren alt geworden.

8. Dezember 1902, Sonnabend:[66] Heute Beratung mit Dr. [Hugo] Schütz bei uns,

59 Siehe den Eintrag vom 9. März 1902.

60 Siehe den Eintrag vom 17. Juni 1902.

61 Siehe den Eintrag vom 17. Juni 1902.

62 Heinrich oder Paul Teuscher.

63 Loschwitz mit Villen und Kureinrichtungen wurde 1921 Teil von Dresden.

64 Elisabeth Leskien.

65 Der Name der Pflegerin ist unbekannt.

66 Korrekt wäre: Montag oder Sonnabend, 6. Dezember 1902.

ausführliche Aussprache Gertruds [Leskien] mit ihm. Er erklärt die Krankheit für einfache Melancholie ohne Komplikationen (Sinnestäuschungen und anderes), macht durchaus Hoffnung auf Genesung. Morgen geht Gertrud in seine Anstalt; er meint, die Genesung könne noch einige Monate in Anspruch nehmen. Leider ist Wiederholung der Melancholie (intermittierende Melancholie) nicht ausgeschlossen; er muß als Arzt warnen vor der Ehe. – Das kann ich nur der Zukunft und dem freien Willen der Brautleute überlassen. – Gestern Totenfeier für [Johannes] Wislicenus in seinem chemischen Laboratorium[67], ohne Geistlichkeit, redeten nur Fachgenossen ([Ernst] Beckmann, [Wilhelm] Ostwald etc.). | Wir haben Not mit [Wilhelm] Streitbergs Aufgeregtheit und leichter Reizbarkeit, die mehr verlangt, als wir leisten können.

15. Dezember Montag 1902: Gestern um 11° morgens [Wilhelm] Wollner gestorben, an Lungenentzündung; die Frau[68] liegt schwer an derselben Krankheit, der kleine Junge[69] hat sie eben gehabt[70]. – Seit vorigem Dienstag Gertrud [Leskien] in der Anstalt von Dr. [Hugo] Schütz (Hartheck bei Gaschwitz[71]), wir haben seitdem keine Nachricht von ihr. – Friedrich [Leskien] hat die Examensabteilung Hygiene nicht bestanden, muß sie wiederholen; das auch noch zu dem übrigen. | Gesternabend war [Otto] Bremer aus Halle hier. | Abends um 10 Albert [Leskien] ganz frisch aus Karlsruhe gekommen, um circa 4 Wochen zu bleiben.

16. Dezember Dienstag 1902: Von Gertrud [Leskien] befriedigende Nachrichten aus Hartheck[72].

17. Dezember, Mittwoch, 1902: Heute die Begräbnisfeier [Wilhelm] Wollners, in der Capelle des Johannisfriedhofs[73]; Pastor [Paul] Mehlhorn die geistliche Rede, ich die im Namen der philosophischen Fakultät[74].

---

67 Vgl.: HANTZSCH, Arthur, Das chemische Laboratorium, in: FSUL 4/2, S. 70-84.

68 Marie Wollner.

69 Der Name von Wollners Sohn ist unbekannt.

70 Leskien an Broch, Leipzig, 25. Dezember 1902, RICHTER, 100 Jahre deutsche Slawistik, Teil VI, S. 300: *Dass am 14. December Wollner gestorben ist, werden Sie vielleicht schon erfahren haben; er ist innerhalb 8 Tagen an einer schweren Lungenentzündung gleich hoffnungslos krank gewesen. Sein Tod ist mir sehr nahe gegangen; er war einer meiner besten Schüler hier, vor beinahe 30 Jahren, und wir waren immer in freundschaftlicher Verbindung geblieben.*

71 Siehe den Eintrag vom 11. Dezember 1894.

72 Siehe den Eintrag vom 11. Dezember 1894.

73 Der Neue Johannisfriedhof im Südosten von Leipzig stand 1846–1950 für Bestattungen zur Verfügung. 1881–1884 entstanden die Kapelle und die Leichenhalle.

74 LESKIEN, August, Wilhelm Wollner [Nekrolog], in: Archiv für slavische Philologie 25 (1903), S. 500.

25. Dezember Donnerstag, erster Weihnachtstag, 1902: Am letzten Sonntag kamen Walters[75] auf eine Nacht, auf der Durchreise nach Hannover. Montag war Lisbeth bei Gertrud [Leskien], das Befinden nur mäßig, [Hugo] Schütz behält aber seine Zuversicht auf Genesung in Monaten. Am Weihnachtsabend sonst alle Kinder und Konrad [Judeich] bei uns, Ernst [Leskien] mit Urlaub bleibt 5 Tage zu Hause.

31. Januar Mittwoch. 1902:[76] Das Jahr nicht gut: Gertrud [Leskien] verlobt sich vor einem Jahr, ist seitdem krank; [Otto von] Böhtlingk im Absterben, [Wilhelm] Wollner tot. – Geldverbrauch enorm. – Eduard Brockhaus reist übermorgen mit Fritz [Brockhaus] nach Ägypten. | Verbrauch des Jahres 1902 über 30200 Mark.

Abb. 9: Familie Leskien vor der Villa »Heinrichsfeld«, hinten von links: Wilhelm Streitberg, Albert Leskien, Walther Judeich, Mathilde »Tilly« Judeich, in der Mitte: Ilse Leskien, vorne: August Leskien, Elfriede Leskien, Konrad Judeich, um 1902. Quelle: UAL, FS N06511.

75 Walther und Mathilde Judeich.

76 Gemeint ist: 31. Dezember.

Tagebuch 1903

[UBL, NL 348/1/5, Bl. 79v-93r: 4. Januar – 20. Juni 1903, 29. Juli 1903]

[UBL, NL 348/1/6, Bl. 1r-8v: 4. Juli – 28. Dezember 1903]

4. Januar 1903, Sonntag: Gesternabend [Wilhelm] Streitberg auf eine Woche gekommen. Die heutigen Nachrichten über Gertrud [Leskien] ganz gleich, immer dasselbe, der Brief des Arztes[1] ebenso inhaltslos wie die bisherigen. – Heute das 1. Heft des 25. Archivbandes mit den Porträts[2] erschienen, eigentlich ein dummer Gedanke. – Am 29. Dezember 1902 hatte [Hermann] Osthoff sein 25jähriges Professorenjubiläum.

5. Januar, Montag, 1903: [Wilhelm] Streitberg, der vorgestern angekommen, heute bei Dr. [Hugo] Schütz: Der jetzige Anfall Gertruds [Leskien] würde wohl vorübergehen, aber die Aussicht für die Zukunft nicht günstig; die melancholischen Perioden würden wiederkehren, die Ehe würde eher ungünstig wirken. Er war ganz vernichtet; ich habe ihn auf seine Zukunft hingewiesen, er könne sein Leben nicht an eine kranke Frau binden und müsse sich von unsrer Seite als frei betrachten. | Albert [Leskien] heute nach Karlsruhe zurück, mit einem jungen Maler [Hans] Soltmann, Sohn des hiesigen Mediziners[3], zusammen gefahren.

7. Januar, Mittwoch 1903: Mathilde Geibel hat am 1. Januar starken Schwächeanfall gehabt, liegt noch zu Bett – Stephan Geibel gestorben (Darmkrebs) nach langem Leiden, war ein Junge, wie ich nach Leipzig kam (1862). Hatte am meisten von seinem Vater[4], mehr als die andern Brüder[5]. | In den letzten Wochen, seit Mitte Dezember der Skandal am sächsischen Hofe mit der durchgegangenen Kronprinzessin[6]; mir ganz gleichgiltig.

10. Januar, Sonnabend 1903: Heute um 1° [Wilhelm] Streitberg abgereist; es war gut, denn wir können uns gegenseitig nicht helfen. Heute die Hochzeit von Frida Gensel mit [Hans] Börner.

11. Januar, Sonntag 1903: An Lisbeths [Leskien] Geburtstag von den Kindern: Friedrich, Ernst, Ilse, Elfriede bei uns, außerdem zu Mittag Nicolai [Böhtlingk] und Ellen [Heinrici]; abends Albert Brockhaus und Frau[7].

14. Januar, Mittwoch, 1903: Heute Mathilde [Geibel] besucht und eine halbe

---

1 Gemeint ist Dr. Ule in der Heilanstalt Hartheck, siehe den Eintrag vom 30. Juli 1903.

2 Im 25. Jahrgang des »Archivs für slavische Philologie« (1903) waren die Beiträge mit einem Porträt des jeweiligen Autors versehen.

3 Otto Soltmann.

4 Friedrich Wilhelm Carl Geibel.

5 Adolf und Paul Geibel.

6 Luise von Österreich-Toskana, verh. mit dem späteren sächsischen König Friedrich August III., verließ am 2. Dezember 1902 heimlich den Hof. Die Ehe wurde am 11. Februar 1903 durch ein Sondergericht geschieden.

7 Marie »Mony« Brockhaus.

Stunde mit ihr spazieren gefahren. Sie ist in einem traurigen Zustande, ganz matt, schwach, die Sprache schwer.

23. Januar, Freitag, 1903: Gesternabend Mathilde Geibel nach der Riviera gereist; besuchte sie vorgestern, fand sie nicht sehr gut. [Otto von] Böhtlingk ging es wieder schlecht mit seinen Fußgeschwüren, heute war ich bei ihm, fand ihn besser – er hat wieder eine kleine Abhandlung geschrieben, Interpretation einiger Ṛg-Verse[8], in der er die Bekanntschaft mit der Schrift nachgewiesen zu haben glaubt. – Heute kommt [Berthold] Delbrück auf einige Tage. – Ich habe vor circa 14 Tagen wieder angefangen, die südmacedonischen Dialekte auf Syntax zu lesen, eigentlich eine unfruchtbare Arbeit, aber ich habe nichts rechtes. – Von Gertrud [Leskien] keine besseren Nachrichten.

25. Januar, Sonntag, 1903: Vorgestern [Berthold] Delbrück zum Besuch, war an dem Abend bei uns, gestern Lisbeth, Ilse [Leskien] und ich mit ihm im Theater: »Der wilde Reutlingen«[9]. | Heutmorgen Rechnung angestellt über die Ausgaben Januar und Februar: es wird wieder nötig zum 1. April Papiere zu verkaufen. Gertrud [Leskien] hat vom 9. Dezember – 31. Januar 600 Mark gekostet.

3. Februar, Dienstag 1903: War am Sonnabendabend bei [Otto von] Böhtlingk; er nimmt zusehends an Kräften ab, war aber geistig ziemlich frisch. – Seit 14 Tagen gearbeitet an syntaktischen Sachen aus den südmacedonischen Dialekten. – Von Gertrud [Leskien] heute keine Nachricht eingetroffen. – Ernst [Leskien] hatte sich die linke Hand verstaucht, daher eine Woche lang keinen Dienst getan.

10. Februar Dienstag 1903: Vorigen Sonnabend Polterabend, Sonntag Hochzeit von Maria Heinrici (mit Dr. Geissler[10]).

15. Februar Sonntag 1903: Am letzten Mittwoch war Lisbeth [Leskien] bei Dr. [Hugo] Schütz; er giebt noch immer beruhigende Versicherungen, tatsächlich hat sich Gertruds Zustand nicht geändert. Er hat nach seiner Aussage Wilhelm [Streitberg] darauf deutlich hingewiesen, daß wenn er die Verlobung lösen wolle, das jetzt der geeignete Zeitpunkt gewesen sei, da Gertrud gar

---

8 BÖHTLINGK, Otto, Vedisches 1-11, in: Berichte über die Verhandlungen der Königlich Sächsischen Gesellschaft der Wissenschaften zu Leipzig, philologisch-historische Klasse 54 (1902), S. 9-18 und 173-184, 55 (1903), S. 2-6 und 113-120. Ṛg, soviel wie Rig-; die Rede ist von dem Rigveda, dem ältesten der vier Veden.

9 WERDER, Hans [Pseudonym von Anna von Bonin], Der wilde Reutlingen. Aus der Zeit des großen Königs, Berlin 1891.

10 2. Beilage zum Leipziger Tageblatt und Anzeiger Nr. 81, Sonnabend, 14. Februar 1903 (Morgen-Ausgabe), S. 1131: In der Johanniskirche heirateten *Dr. med. P. G. Geissler* und Maria Heinrici. Gemeint ist Gerhard Geißler, praktischer Arzt in Gohlis, vgl. LAB 1903. Er wurde am 29. Mai 1873 geboren und stammte aus Reichenbach im Vogtland, vgl. UAL, Studentenkartei der Quästurbehörde. Seine Dissertation konnte nicht nachgewiesen werden.

keine Empfindungen für ihre Angehörigen und für niemand hat. Da Wilhelm es nicht getan hat, müsse die Sache bleiben, wie sie ist. | Am Donnerstag war [Otto] Bremer hier, der nach London an die London University zu kommen strebt. | Gesternabend mit Ilse und Marie Lie [Leskien] in Sven Hedins Vortrag über seine letzte Reise in Mittelasien: hübsche Bilder gesehen, sonst hatte man von dem Vortrage nichts, wie es meistens bei diesen Reisendenvorträgen der Fall ist. | Den zweiten Band von Mauthners »Kritik der Sprache«[11] rasch gelesen, ein gescheutes Buch, wenn auch der darin geführte Kampf gegen die heutige Sprachwissenschaft zum Teil dadurch überflüssig ist, daß diese selbst die bekämpften Ansichten nicht mehr hat, zum Teil längst nicht mehr. Aber darin hat er recht, der bisherige Betrieb führt zu keiner wirklichen Erkenntnis; er hat eigentlich Bankerott gemacht; und die meisten Arbeiten sind eine Spielerei. | War heute bei [Otto von] Böhtlingk. Es hat ein solches Alter etwas Entsetzliches. Er hat einen kleinen Artikel über eine Vedastelle[12] geschrieben; hält jeden, der sich nicht daran kehrt oder nicht darüber nachdenkt oder es nicht annehmen will, für einen Charlatan, Betrüger, oder schreibt ihm irgend eine Unehrlichkeit zu. Und doch ist die ganze Sache völlig gleichgiltig; ob sie richtig ist, natürlich bei der allgemeinen Unverständlichkeit dieser alten Texte, auch zweifelhaft.

20. Februar 1903, Freitag: Am Mittwoch war Lisbeth bei Gertrud [Leskien] auf deren Wunsch: alles unverändert, sie möchte aus Hartheck[13] fort, weil sie sich jetzt einbildet, besser in Carlsfeld[14] gesund zu werden. Ich will darin hart bleiben, das Experimentieren kann zu nichts nutzen. – Einige Tage erkältet gewesen, darum gestern nicht gelesen. – Heute (siehe umstehend) der Brief des Kaisers in Anlaß der Bibel-Babel-Geschichten[15]. | Darüber im Sprechzimmer

---

11 MAUTHNER, Fritz, Beiträge zu einer Kritik der Sprache, Teil 2: Zur Sprachwissenschaft, Stuttgart 1901.

12 Siehe den Eintrag vom 23. Januar 1903.

13 Siehe den Eintrag vom 11. Dezember 1894.

14 Siehe den Eintrag vom 9. März 1902.

15 Babel-Bibel-Streit oder Bibel-Babel-Streit, 1902 vom Berliner Assyriologen Friedrich Delitzsch ausgelöste Kontroverse, die Altorientalisten und Theologen jahrelang gegeneinander aufbrachte. Delitzsch hatte in einem Vortrag (1902, gefolgt von zwei weiteren Vorträgen bis 1905) die Ansicht vertreten, dass die jüdische Religion und das Alte Testament auf babylonisch-assyrischen Quellen beruhten, wogegen Juden wie Christen Sturm liefen, da der Offenbarungsbegriff der Christen in Gefahr schien. Auch Kaiser Wilhelm II. war von Anbeginn in den Streit involviert. Im Februar 1903 schrieb er einen Brief an Admiral Friedrich von Hollmann, in dem er über ein in seinem Beisein geführtes Gespräch zwischen Delitzsch und Ernst Dryander berichtete und sich gegen Delitzsch aussprach. Bl. 83v, Zeitungsausschnitt aus dem Leipziger Tageblatt, Nr. 92, Freitag, 20. Februar 1903: »Babel und Bibel« mit dem Abdruck des Briefes des Kaisers; einliegend ein Ausschnitt aus der Deutschen Hochschulzeitung, IV. Jahrgang, Nr. 2,

zwischen [Rudolph] Sohm und mir, auch Theologen, eine ernstere Auseinandersetzung. Wenn man nur die alten Redensarten von »Offenbarung« nicht immer mit anhören müßte. – Vgl. dazu Frenssen »Die drei Getreuen«[16], S. 123 »Wenn alte verschüttete Goldbergwerke in einem Volke wieder aufgedeckt werden oder wenn neue starke Gedanken ins Volk geworfen werden, das kommt alles von Gott. Und kommt es, dann kommt es stärker und stärker wie Frühlingswind und man kann es nicht aufhalten«. Und da kommt der Kaiser, der Kaiser mit dem alten öden Gerede. Und, vgl. ebendort weiter: »Wenn einer es kann und hat von Gott die Gabe, so muß er dem Volk erzählen von dem starken frischen Wind, der nah ist, dessen Sausen wir schon hören, von Gottes großer stiller Arbeit, die ringsum anhebt. Er muß seine Seele mit Glauben füllen und seine Feder in Hoffnung tauchen und muß ihnen von der neuen Liebe Gottes erzählen, die durchs Land geht. Er muß aus dem Volke für das Volk reden, von ihrer Not und ihrer Lust, von ihrem Streben und Irren. Davon muß er erzählen und seine Augen müssen glänzen von Liebe und Freude. Wie aufgerichtete Feuerzeichen muß dastehen, was er schreibt, daß die Leute es weit sehen und sich vielleicht darnach richten und eher den Weg finden, der hineinführt in eine neue Zeit.« – Was geht den Kaiser die Gelehrtenzänkerei um das Alte Testament an, was geht uns überhaupt das ganze Alte Testament an.

21. Februar 1903, Sonnabend: Friedrich und Marie Lie [Leskien] haben wir heute als Verlobte empfangen. – Möge es zu einem guten Ende führen. | Albert [Leskien] schreibt, daß er auf einige Tage nach Obersasbach gegangen ist.

25. Februar Mittwoch 1903: Von Albert mehrere Nachrichten aus Obersasbach, wo er sich sehr wohl befunden hat, dagegen über Gertrud [Leskien] immer die alten, eher weniger gut. Ich bin sehr wenig mit meinem Befinden zufrieden. Ersten Band von Mauthner: Zur Kritik der Sprache[17], gelesen; viele gescheute Gedanken.

26. Februar Donnerstag 1903: Heute nahm der junge Franzose [Ernest] Tonnelat Abschied; von [Jean] Poirot an uns empfohlen, sehr netter Mensch, der auch mit Ilse [Leskien] einige Monate französisch getrieben hat. – Die Vorlesungen heute geschlossen wegen argen Katarrhs und Husten, froh darüber, die ganze oberflächliche und ungenügende Art dieser Vorlesungen ist mir schon lange zuwider.

27. Februar, Freitag 1903: Mit Albert Brockhaus über das Dresdner Grund-

---

Leipzig, den 2. Mai 1899: »Herr Professor Schell in Würzburg«. Zu Schell siehe den Eintrag vom 3. Mai 1899.

16 FRENSSEN, Gustav, Die drei Getreuen: Roman, 18. Tsd., Berlin 1902.

17 MAUTHNER, Fritz, Beiträge zu einer Kritik der Sprache, Teil 1: Sprache und Psychologie, Stuttgart 1901.

stück[18] gesprochen, auf seinen Rat an Justizrat [Ludolf] Colditz, den Vorsitzenden der hiesigen Immobiliengesellschaft geschrieben, um seinen Rat zu erbitten.
28. Februar, Sonnabend, 1903: »Das Beste, was uns das Altertum geben konnte, das ist bereits in unsre eigne Kultur, in unsre Literatur, es ist in unser eignes Fleisch und Blut übergegangen und tritt uns hier vertrauter und verwandter als in der ursprünglichen Gestalt entgegen. Und wir sind ein großes und selbständiges Volk geworden, wie es einst die Römer waren, wir haben eine Geschichte, die selbst in zahlreichen Einzelheiten vorbildlich ist. Will man sich darüber wundern, will man es unsrer Jugend verdenken oder ihren Lehrern Schuld geben, wenn ihnen Göthe und Schiller näher stehen als Sophokles und Horaz, wenn sie sich für Leipzig und Sedan mehr erwärmen als für Marathon und Salamis?« (R. Lehmann, Erziehung und Erzieher[19]). | Das ist völlig richtig und dasselbe, was ich unsern Gymnasiallehrern immer vorgehalten habe.[20]
1. März 1903, Sonntag: Nachricht von Gertrud [Leskien] wie bisher: Depression, zeitweise größre Erregung, körperliches Befinden befriedigend. – Gestern Sitzung des Curatoriums der Albrechtstiftung: [Georg] Holz hat wieder 1200 Mark bekommen, [Julius] Kaerst 800. – Unter den Bewerbern war auch der Assistent[21] von [Wilhelm] Pfeffer mit 400, der[22] von [Ferdinand] Zirkel mit 700 Mark; könnten nun nicht diese schwer reichen Leute einmal in die Tasche greifen und den jungen Leuten, die sie für sehr tüchtig erklären, 1000 Mark zu wissenschaftlichen Reisen geben? Zirkel würde wohl, wenn ich ihm das sagte, mich für gelinde verrückt halten. – Heute große Universitätsversammlung in der Aula wegen der Bewegung gegen die Bücherrabattherabsetzung[23]. Lange Rede von [Adolf] Wach.
6. März Freitag 1903: Am letzten Montag in Gesellschaft bei Voigts[24], am Dienstag bei Louisa [Brockhaus], ich saß neben der alten Frau [Lotte] Windscheid. – Heute bei Justizrat [Ludolf] Colditz (Leipziger Immobiliengesell-

18 Zum *Dresdner Grundstück* siehe den Eintrag vom 23. September 1899.

19 LEHMANN, Rudolf, Erziehung und Erzieher, Berlin 1901.

20 Bl. 86r: Zeitungsausschnitt aus dem Leipziger Tageblatt und Anzeiger Nr. 105, Freitag, 27. Februar 1903: Professor Harnack über den Brief des Kaisers an den Admiral Hollmann, vgl. den Eintrag vom 20. Februar 1903.

21 Siegfried Veit Simon.

22 Reinhold Reinisch.

23 Im sog. Karl Bücher-Streit protestierten Wissenschaftler und Bibliothekare gegen Verleger und Buchhändler, die die Rabatte für wissenschaftliche Bücher ganz streichen oder zumindest reduzieren und grundsätzlich feste Buchpreise etablieren wollten. Am Ende waren letztere erfolgreich. Vgl. u. a. BÜCHER, Der deutsche Buchhandel; TRÜBNER, Wissenschaft und Buchhandel.

24 Fanny und Moritz Voigt.

schaft), um mit ihm über die vorbereitenden Schritte zum Verkauf des Dresdner Grundstücks[25] zu beraten; er will sich mit der Dresdner Bank für Grundbesitz[26] in Verbindung setzen. – Gestern Brief von Walter [Judeich], daß ihm eine Berufung nach Würzburg in Aussicht steht, habe ihm abgeraten, wegen der ultramontanen[27] Treibereien dort. – Gelesen: Marcella von Humphry Ward[28], sozialistischer Roman.

15. März, Sonntag 1903: Von Gertrud [Leskien] die Nachrichten immer wesentlich gleich, das heißt gleich mäßig. – Im Lauf der Woche einige Spaziergänge mit Elfriede [Leskien] und Ellen [Heinrici]. – Angefangen kritische Bemerkungen zum Suprasliensis[29] zu schreiben. – Frau [Paula] Heinrici an den Genfer See; wird auch ein vergeblicher Versuch sein. Die Frau [Marie] Wollner geht übermorgen ebenfalls nach Montreux. Ilse [Leskien] am letzten Mittwoch von Chemnitz zurück, wo sie 8 Tage bei Soerensens[30] war.

19. März 1903, Donnerstag: Am Dienstag Albert [Leskien] aus Karlsruhe auf 4 – 5 Wochen gekommen; gesund. Heute Elfriedes [Leskien] Klassenexamen. Am Montag [Erich] Berneker von Prag, will eine Zeit lang hier arbeiten; erzählt von den tollen Prager Verhältnissen.

22. März Sonntag, 1903: Gelesen Kraus Cavour[31] – Una nazione che non vuol lasciari corrompere, non si lascia corrompere, Cesare Balbo[32].

4. April, Freitag 1903: Friedrich [Leskien] hat die Assistentenstelle in der chirurgischen Klinik bei Professor [Georg] Perthes angenommen. Er kommt auf diese Weise nicht von Leipzig fort, aber die Gelegenheit zu einer solchen Stelle mußte er ergreifen. – Gestern Abend kam [Wilhelm] Streitberg: wir gehen alle heute nach Dresden, Ellen Heinrici auch mit, Friedrich und Marie Lie [Leskien] kommen morgen nach. – Von Gertrud [Leskien] die Nachrichten der letzten Woche immer gleich. – Ich habe die Homilien des Codex Suprasliensis[33] kritisch untersucht. – [Erich] Berneker, seit 14 Tagen hier, reist

---

25 Zum *Dresdner Grundstück* siehe den Eintrag vom 23. September 1899.

26 Bank für Grundbesitz, gegründet 1896.

27 Mit Ultramontanismus wird der romtreue Katholizismus des 19. und 20. Jahrhunderts bezeichnet.

28 WARD, Mary Augusta, Marcella: in 3 vol., Leipzig 1894.

29 Arbeiten August Leskiens zum Codex Suprasliensis: Die Vokale ъ und ь im Codex Suprasliensis, in: Archiv für slavische Philologie 27 (1905), S. 481-512; Zur Kritik des altkirchenslavischen Codex Suprasliensis, in: Abhandlungen der philologisch historischen Klasse der königlichen sächsischen Gesellschaft der Wissenschaften 27 (1909), S. 443-465, 28 (1910), S. 3-26.

30 Agnes und Asmus Soerensen.

31 KRAUS, Franz Xaver, Cavour, Mainz 1902.

32 Eine Nation, die sich nicht korrumpieren lassen will, lässt sich nicht korrumpieren.

33 Siehe den Eintrag vom 15. März 1903.

morgen nach Königsberg. – [Hermann] Hirt ist am 1. April aus der Redaktion des [Konversations-]Lexikons ausgeschieden.
21. April Montag 1903: Vom 4. – 21. April in Dresden: Wir beide, Albert, Friedrich, Ernst (diese beiden am 14. fort), Marie, Ilse [Leskien], Ellen [Heinrici], Elfriede [Leskien]. Meist schlechtes Wetter, zuletzt Schneestürme. – Verhandlungen über das Grundstück mit der Bank für Grundbesitz.
24. April 1903, Freitag: Vorgestern [Wilhelm] Streitberg nach Münster zurück. Ich war heute bei Mathilde [Geibel], die am vorigen Sonntag aus Italien zurückgekommen: der Zustand eher schlechter, Abmagerung, Sprache schwierig, Gang schwankend. Es ist eine Erkrankung des Rückenmarks. Bei [Otto von] Böhtlingk war ich vorgestern; er ist seit den 14 Tagen, die ich ihn nicht gesehen hatte, noch zurückgegangen. – Gesternabend war Dr. [Luigi] Valli da, Abschied zu nehmen, geht nach Rom zurück.
3. Mai Sonntag, 1903: Am Montag den 27. April die Vorlesungen[34] begonnen, mäßig, litauisch ganz schwach besucht, habe aber ein albanesisches Übungskolleg[35] einfügen müssen. – Diese Woche in allerlei unerquickliche Verhältnisse verwickelt: erst Auseinandersetzung mit [Eduard] Sievers, der sich in wegwerfender Weise über Albert Brockhaus gegen mich äußerte[36], dann hineingezogen in den Conflikt [Karl] Bücher – [Friedrich] Ratzel[37], habe den Schiedsspruch gemacht; dann Brief von Arthur Böhtlingk, der verlangte, ich solle ihm Unterschriften für das auf Pfingsten geplante Fest (Protestversammlung gegen den Ultramontanismus) auf der Wartburg[38] schaffen; das habe ich abgelehnt. Gestern beim alten [Otto von] Böhtlingk: der Zustand wird immer trauriger. – Von Gertrud [Leskien] heute nur sehr mäßige Nachrichten.
9. Mai Sonnabend 1903: Am Mittwoch Ilse [Leskien] auf circa 4 Wochen nach Erlangen. – Hatte einen bösen Streit mit [Eduard] Sievers, der in meiner Gegenwart Albert Brockhaus beschimpfte[39]; heute wieder beigelegt, nachdem ich ihm zwei Briefe geschrieben, er mich darauf heute besuchte. – Brief von Arthur Böhtlingk, ich sollte ihm Unterschriften sammeln zu einem Aufruf für eine Protestversammlung gegen den Ultramontanismus, Pfingsten auf der Wartburg[40], habe es abgelehnt. – In einem Streit zwischen Ratzel und Bücher

---

34 SS 1903: Grammatik der litauischen Sprache; Syntax der slavischen Sprachen.

35 Übungen im SS 1903: Übungen im Lesen altslavischer oder dialektischer Texte; Übungen im Lesen litauischer Texte, vgl. HistVV.

36 Es ging offensichtlich um den Bücher-Streit, siehe den Eintrag vom 1. März 1903.

37 Über den Streit zwischen Ratzel und Bücher ist nichts bekannt. Im Nachlass Büchers (UBL, NL 181-183) lassen sich dazu keine Informationen finden.

38 Eine solche Protestveranstaltung auf der Wartburg hat nicht stattgefunden.

39 Siehe den vorhergehenden Eintrag und den Eintrag vom 1. März 1903.

40 Siehe den vorhergehenden Eintrag.

ich als Schiedsrichter gewählt[41], setze ein Memorandum auf; sie haben sich daraufhin versöhnt. – Gesternnacht ein Bücherregal abgeräumt, weil der Regen durch die Decke schlug und meine Bücher in Gefahr kamen, zum Teil schon beschädigt waren. – Frau [Marie] Wachsmuth in diesen Wochen gestorben. – Gesternabend bei [Otto von] Böhtlingk, er war leidlich munter, aber es ist kein Leben mehr.[42]

24. Mai Sonntag 1903: Die letzten Nachrichten über Gertrud [Leskien], statt der jede Woche sonst eintretenden Zeiten der Erregung diesmal auffallende Ruhe und Schlaf. Ich habe keinen ernsten Glauben mehr an einen günstigen Ausgang. Wenn nur das Verhältnis zu [Wilhelm] Streitberg gelöst wäre; es kann unter keinen Umständen etwas Gutes dabei herauskommen. – Am letzten Donnerstag, Himmelfahrtstag, mit [Friedrich] Ratzel, Gontard[43] und anderen in Lauchstädt[44]; ich dabei nicht ganz wohl und bin es seitdem überhaupt nicht. – Gestern bei Mathilde Geibel, die seit 14 Tagen zurück ist: kein Fortschritt.

26. Mai Dienstag 1903: Promotionsexamen von [Walther] Böhme[45]. – Nachricht von [Wilhelm] Streitberg, daß er herkommen und mit uns nach Dresden gehen will. Es ist mir schwer, aber ich kann es doch nicht abwehren.

29. Mai Freitag 1903: Heute Lisbeth [Leskien] mit den Kindern und [Wilhelm] Streitberg, der gesternabend kam, nach Dresden. Lisbeth war Mittwoch mehrere Stunden bei Gertrud, und hat sie bedeutend besser gefunden, der Arzt war auch zufrieden. – Bei [Otto von] Böhtlingk sind seit voriger Woche Bronikowskis[46]; die eine Tochter[47] hat hier bei [Paul] Zweifel eine schwere Operation (Entfernung des Eierstocks) durchgemacht. Mit [Vatroslav] Jagić in der letzten Zeit viel korrespondiert, über den Petersburger Slavistenkongreß[48], über den slavischen »Grundriß«; ich soll die Syntax, die slavische Wortbil-

---

41 Siehe den Eintrag vom 3. Mai 1903.

42 Bl. 89v: Zeitungsausschnitt mit einem Porträt von Julius Platzmann; Bl. 90r: Zeitungsausschnitt mit einem Nachruf auf Julius Platzmann.

43 Wahrscheinlich Franz Albert Friedrich Gontard, Mitglied der II. Sächsischen Kammer für die Nationalliberale Partei.

44 Lauchstädt, westlich von Merseburg gelegener Badeort, Kurbetrieb seit dem 18. Jahrhundert (Lauchstädter Heilbrunnen).

45 BÖHME, Walther, Die Temporalsätze in der Übergangszeit vom Angelsächsischen zum Altenglischen (circa 1150–1250), Leipzig, Univ., Diss., 1903.

46 Carl Hermann August und Helene von Oppeln-Bronikowski.

47 Elsie Marie oder Pauline Marie von Oppeln-Bronikowski.

48 Es geht um den Plan eines Slawistenkongresses in Petersburg 1904, dem Leskien äußerst skeptisch begegnete, da er eher einen *Slaven- als einen Slavistencongreß* erwartete, auf dem *sehr viel mehr von Slavischer Verbrüderung die Rede sein könnte, als ein deutscher Magen vertragen kann*, Leskien an Broch, Leipzig, 26. Dezember 1903, RICHTER, 100 Jahre deutsche Slawistik, Teil VI, S. 301. Vgl. PODTERGERA, Schnittpunkt Slavistik, S. 81.

dungslehre und eine sprachwissenschaftliche Einleitung übernehmen[49]. – [Hermann] Hirt ist die Rostocker Professur entgangen; der Sanskritist [Heinrich] Lüders aus Göttingen ist dahin gekommen. – Ernst [Leskien] hat 9 Tage Urlaub und ist heute mit nach Dresden. – Seit circa 2 Monaten habe ich die russischen Klassiker auf Syntax hin gelesen.
8. Juni 1903 Montag: von Freitag den 30. – heute (Pfingstwoche) in Dresden: mit uns [Wilhelm] Streitberg, Ellen [Heinrici], einige Tage Ernsts [Leskien] Freund [Franz] Remelé.
14. Juni Sonntag 1903: Am Donnerstag war Lisbeth bei Gertrud [Leskien], fand sie gut. Lisbeth gestern nach Erlangen, Ernst [Leskien] vorgestern nach Dresden zum Regimentsexerzieren. Heute von Gaschwitz[50] befriedigende Nachricht eingetroffen. – Ich habe angefangen, für ein albanesisches Wörterbuch zu sammeln. – Ilse [Leskien] heute im Palmengarten, mitwirkend bei einem Bazar für Kolonienkrankenpfleger.
20. Sonntag Juni 1903: Lisbeth am Dienstag nach Erlangen zu Walters[51], dort ist jetzt auch Albert [Leskien] seit einigen Tagen. – Heut Mathilde [Geibel] besucht, die am nächsten Donnerstag auf längere Zeit nach Friedrichroda geht; fand ihr Befinden unverändert. – Bei [Otto von] Böhtlingk mehrmals in den letzten Tagen, es geht leise abwärts. – Am 16. Juni war Reichstagswahl: [Ernst] Hasse gegen Sozialdemokrat [Julius] Motteler[52], wird Stichwahl[53].
4. Juli 1903, Sonnabend:[54] In der Reichstagsstichwahl 25. Juni (zum ersten Mal) ein Sozialdemokrat durchgekommen. Jetzt im Reichstag circa 80 Sozialdemokraten, 100 Centrum[55]. – Heute vor 8 Tagen bei Seeligers[56] zu einem Diner: dabei Credners[57]; er wie immer. – Albert und Ilse [Leskien] am letzten Mon-

49 Siehe den Eintrag vom 8. Oktober 1892. Seit 1903 korrespondierten Jagić und Leskien intensiver über die geplante Enzyklopädie. Entgegen seiner Zusage schrieb Leskien die genannten Abschnitte nicht und sagte 1908 endgültig seine Mitarbeit ab, vgl. POHRT, August Leskien, S. 132.

50 Siehe den Eintrag vom 11. Dezember 1894.

51 Walther und Mathilde Judeich.

52 Reichstagswahl am 16. Juni 1903 zum 11. Deutschen Reichstag, stärkste Partei wurden die Sozialdemokraten, an der Regierung waren sie jedoch nicht beteiligt, in Leipzig-Stadt unterlag Ernst Hasse in einer Stichwahl dem Sozialdemokraten Julius Motteler.

53 Einliegend: Flugblatt der SPD mit Wahlaufruf für Motteler und »Bebels Rede im Sanssouci in Leipzig am 20. Juni 1903«.

54 Leskien führte Bd. 5 seines Tagebuchs bis zum 20. Juni 1903 (UBL, NL 348/1/5, Bl. 92r), ab dem 4. Juli 1903 beginnt Bd. 6 (UBL, NL 348/1/6, Bl. 1r). Später machte er in Bd. 6 einen Nachtrag zum 29. Juli 1903 (UBL, NL 348/1/5, Bl. 93r).

55 Die zwei stärksten Reichstagsfraktionen waren das Zentrum mit 101 und die Sozialdemokraten mit 81 Sitzen.

56 Gerhard und Luise Seeliger.

57 Hermann und Marie Credner.

tag nach Dresden, bei ihnen Christiane[58]. – Gestern Lisbeth bei Gertrud [Leskien], entschiedene Anlage zur Besserung. – Ich habe gestern meine Vorlesung über slavische Syntax aufgegeben, es blieben nur 2 Zuhörer. – Weiter gearbeitet am albanesischen Wörterbuch, sonst nichts. – Heute das Brockhaussche Sommerfest; morgen die Kösener Zusammenkunft[59].

10. Juli 1903 Freitag: Am vorigen Sonntag, den 5., in Kösen[60], [Berthold] Delbrück kam nicht. – An meinem Geburtstag keine Gäste, abends nur Marie Lie und ihr Bruder[61]. – Milly [Emilia Brockhaus] ist seit 8 Tagen auf dem Berg[62] und soll den Sommer dort bleiben.

26. Juli 1903: Am Montag den 19. waren Lisbeth und ich bei Gertrud [Leskien]. Sie ist noch krank und wird es noch länger sein, wenn auch im ganzen die Erscheinungen milder sind. Die heutige Nachricht spricht wieder von Depressionen. Sie soll in der nächsten Zeit [Wilhelm] Streitberg sehen. – Bei uns wohnt seit 8 Tagen Marie Lie [Leskien]. – Gestern war Rektorwahl, [Karl] Bücher mit 64 von 77 Stimmen gewählt. – Heute ist die Versammlung in der Aula zur Gründung des Schutzvereins der Gelehrten gegen den Buchhandel[63]; ich gehe nicht hin, um nicht in die Lage zu kommen, über Albert Brockhaus beleidigende Dinge zu hören. Es gehört das auch leider zu den vielen Unannehmlichkeiten, in die mich das Verhältnis zu Brockhaus und die Leitung des Konversationslexikons schon gebracht hat: Ablehnung des Rektorats, Conflikt mit [Eduard] Sievers[64], jetzt Zurückhaltung von dem Verein. Aber das mußte in den Kauf genommen werden, da ich ohne die Einnahmen nicht existieren konnte. Nur hat mein Leben dadurch eine schiefe Richtung bekommen und steckt jetzt unrettbar darin fest.

29. Juli Donnerstag, 1903[65]: Gesternabend Lisbeth und Albert [Leskien] von Erlangen angekommen.[66]

30. Juli 1903 Donnerstag: Heute die Vorlesung geschlossen; morgen gehen wir nach Dresden. Am Dienstag den 28. mit Lisbeth bei Gertrud [Leskien]; mit

---

58 Wahrscheinlich eine Bedienstete der Familie Leskien.

59 Siehe den Eintrag vom 19. Juni 1892.

60 Siehe den Eintrag vom 19. Juni 1892.

61 Marie »May« Leskien und Herman Lie.

62 Villa der Familie Brockhaus in Dresden/Loschwitz, siehe den Eintrag vom 15. September 1895.

63 Der von Karl Bücher angeregte Akademische Schutzverein sollte die Interessen der wissenschaftlichen Autoren gegenüber den Verlagen vertreten, vgl.: GUL 2, S. 605.

64 Siehe den Eintrag vom 3. Mai 1903.

65 Der 29. Juli 1903 war ein Mittwoch.

66 Bl. 92v: Zeitungsausschnitt aus der Beilage zur Allgemeinen Zeitung, München, Dienstag 16. Juni, Jahrgang 1903: »Sanskrit-Philologie und indogermanische Sprachwissenschaft an den deutschen Universitäten« von Karl Brugmann; Bl. 93r: Zeitungsausschnitt »Sozialdemokratie, Polen und Zentrum«, hsl. von Leskien *29. Juni 1903*.

dem Arzt Dr. Ule[67] gesprochen, der die fortschreitende Genesung bestätigt, die freilich noch Monate lang dauern kann. Die Hochzeit könnte dann erst nach einem halben, wahrscheinlich erst nach einem Jahr stattfinden. – Am Sonntag den 2. August will [Wilhelm] Streitberg nach Dresden kommen, nächste Woche soll sein Besuch bei Gertrud stattfinden. – Wir waren mit Brugmanns[68] und dem Eckartschen Ehepaar[69] am Montag zu Meisters[70] (sein Geburtstag) geladen. – Heute Marie Lie [Leskien] mit ihrer Mutter[71] nach Norwegen, wo sie bis Weihnachten bleibt. – Am letzten Sonntag hatten wir die Frau Lie und das Straubsche Brautpaar[72] zu Tisch.

31. Juli – 23. September 1903: In Dresden: bei uns [Wilhelm] Streitberg. Anwesend waren Albert, Ilse, die Kleine[73], Walters[74]. Friedrich in Tirol und Norwegen, Ernst [Leskien] beim Militär. Ich machte mit Ilse Fußtouren in der Sächsischen Schweiz, in der Lausitz, und war mit [Asmus] Sörensen im Erzgebirge. – Durchgearbeitet das albanesische Neue Testament von Korfu[75]. – Albert und Ilse gingen am 20. September nach Bad Einsiedel[76].

2. Oktober Freitag 1903: Gertruds [Leskien] Befinden seit einigen Wochen immer besser; [Wilhelm] Streitberg war in 8 Tagen dreimal draußen und brachte jedesmal bessere Nachricht. – Ernst [Leskien] am 30. September mit seinem Militärjahr fertig. Streitberg heute nach Münster abgereist. – Am vorigen Montag die Hochzeit von Max Brockhaus mit Daisy Dufour, bei Lampes in Raschwitz[77]. Am Sonnabend vorher der Polterabend bei Louisa [Brockhaus]. – [Otto] Kistner vom Sortiment letzten Sonntag gestorben.

10. Oktober 1903, Sonnabend: Am letzten Dienstag Albert und Ilse [Leskien] aus Einsiedel zurück. Mathilde Geibel, die am Freitag den 2. nach Bozen gefahren, hat sich die linke Hand gebrochen: es kommt die Zeit, wo ihr Rückenmarksleiden die Beine unsicher macht und sie dem Fallen ausgesetzt. –

---

67 Dr. Ule, der nicht näher identifiziert werden konnte, war dort Assistenzarzt, vgl. SCHÜTZ, Hartheck, S. 15, zum Dienstpersonal gehörte ein Assistenzarzt.

68 Karl und Valeska Brugmann.

69 Die Frau von Richard Meister war eine geborene Eckardt; da der Vater von Klothilde Meister schon tot war (gest. 1879), könnte es sich um einen Bruder von ihr mit Frau handeln.

70 Klothilde und Richard Meister.

71 Anna Sophie Lie.

72 Dagny und Walther Straub.

73 Elfriede Leskien.

74 Walther und Mathilde Judeich.

75 Gemeint ist die 1827 in Korfu gedruckte neugriechisch-albanische Bibelausgabe, vgl.: Historical catalogue of the printed editions, Vol. 2, Nr. 1827.

76 Bad Einsiedel, nahe von bzw. heute zu Seiffen, im Erzgebirge.

77 Teile von Raschwitz, seit 1864 Zusammenlegung mit Oetzsch, seit 1915 Oetzsch-Markkleeberg, wurden 1893 von Carl Victor Lampe-Vischer aufgekauft. Auf seinem Grund befand sich ein Herrenhaus.

Am Donnerstagabend waren wir alle bei Kohls[78], die seit einigen Wochen hier sind. – Gelesen in der letzten Zeit Selma Lagerlöf, Jerusalem (schwedisch)[79], Selma Lagerlöf Herrgårdssägen[80]; Raabe, Frühling[81]. – Gearbeitet Albanesisch: Kristoforidhis Genesis[82] etc. beendet, dessen Psalter[83] beendet, bei der Grammatik[84] angefangen. – Einige Mal bei [Otto von] Böhtlingk gewesen; er nimmt immer ab. Nikolai [Böhtlingk] will Offizier werden, war deswegen in Berlin, wird jetzt hier den Versuch machen, zunächst untersucht Rechtsanwalt [Otto] Pansa die Möglichkeit (Naturalisierung in Deutschland). – Vom 6. Oktober in Halle die Philologenversammlung[85]; ich bin nicht hingegangen. – Albert war gestern bei Gertrud [Leskien], hat sie sehr vergnügt und wohl getroffen.

Sommer 1903: Aus dem Jahre 1864, von Frau [Luise] Bräuer zurückerhalten.[86]

15. Oktober 1903 Donnerstag: Am letzten Dienstag Albert und Ernst [Leskien] abgereist nach Karlsruhe, Freiburg. Ich heute bei Gertrud [Leskien] in Gaschwitz[87], fand sie sehr fortgeschritten. – Mathilde Geibel am letzten Montag von Bozen, wo sie 8 Tage waren, zurück, mit gebrochener linker Hand;

78 Georg und Reinholde Kohl.

79 LAGERLÖF, Selma, Jerusalem, 2 Bde., Stockholm 1901–1902.

80 LAGERLÖF, Selma, En herrgårdssägen, Stockholm 1899.

81 RAABE, Wilhelm, Ein Frühling, Braunschweig 1857, eine Vielzahl von Ausgaben.

82 Gemeint ist die Übersetzung von Genesis und Exodus ins Albanische, gedruckt Konstatinopel 1880, vgl.: Historical catalogue of the printed editions, Vol. 2, Nr. 1880.

83 KRISTOFORIDHI, Konstantin, Psaltiri, Konstantinopel 1868. Das Exemplar UBL, Biblia.1165-s, stammt aus Leskiens Besitz, mit Stempel *A. Leskien*, Exlibris und Zugangsnummer *'17. L. 422.*

84 KRISTOFORIDHI, Konstantin, Grammatikē Albanikēs tēs glossēs: kata tēn toskikēn dialekton, Konstantinopel 1882. Das Exemplar UBL, Gr.lg.rec.4739, stammt aus Leskiens Besitz, mit Exlibris und Zugangsnummer *'17, L 372.*

85 47. Versammlung deutscher Philologen und Schulmänner in Halle vom 7.–10. Oktober 1903.

86 Bl. 3v, eingeklebt: *Weckruf für L. und L.* | *Wollt ihr wohl aufstehn, ihr Faulenzer* | *Schul und Collegienschwänzer,* | *Alle Morgen muß ich die Thür strapazieren* | *Und mich mit Klopfen echauffiren:* | *Da tönt dann endlich so ein gähniges Ja,* | *Wie wenn ein Esel schreit sein i-a.* | *Der eine ist ein Philolog von acht Semestern,* | *Secundaner der andre, und liegen so in den Nestern.* | *Wo steht denn aber in aller Welt zu lesen* | *daß Griechen und Römer solche Schlafhauben gewesen?* | *Der Nestor war doch ein Mann von 90 Jahren* | *Ein ehrenwerther Heron von grauen Haaren,* | *Und in der Odyssee am dritten, im Verse 4 und Hundert,* | *da steht geschrieben, daß ihr euch wundert,* | *Wie er sogar vor der Sonne sich erhob* | *Und seine lieben Söhne aus den Federn stob,* | *Was hilft denn, ich bitt euch, alles Griechisch und Latein,* | *Wenn es auch nicht in guten Dingen soll ein Beispiel sein?* | *Darin muß ich Ungelehrte euch ein Licht aufstecken,* | *Man muß sich nicht bis 9 Uhr in den Betten recken;* | *Zum Schluß: wen ich um ½8 nicht in der Stube seh* | *bekommt in der Zukunft keinen Tropfen Kaffee.* Die Verse stammen offenbar von Luise Bräuer, mit *L. und L.* sind August Leskien und wahrscheinlich Luise Bräuers Sohn Lajos gemeint.

87 Siehe den Eintrag vom 11. Dezember 1894.

ich besuchte sie gestern, die Sprache ist wohl noch schwerer als im Sommer.[88]
24. Oktober Sonntag 1903: Von Albert und Ernst [Leskien] seit ihrer Abreise gute Nachrichten. Albert ist in die Malabteilung in Karlsruhe[89] aufgenommen, klagt aber wieder über Nervenschwäche, das heißt Neurasthenie. – Am Mittwoch war ich bei Mathilde [Geibel], trauriger Zustand. – In dem Buchhändler-Gelehrtenstreit ein neuer Schritt durch Trübners Schrift, die sehr vernünftig ist und eine Menge Punkte bei [Karl] Bücher widerlegt[90]. – Gelesen den Roman von dem Enkingschen Sohn: Familie Brehm [Behm][91]. Weitergearbeitet am Albanesischen. – Ilse [Leskien] ist in den Cursus über französische Litteratur bei [Alfred] Duchesne eingetreten; will außerdem eine Vorlesung bei [Georg] Witkowski über Schillers Dramen[92] hören. – Marie Lie [Leskien], die es zu Hause nicht aushalten kann, will wieder nach Leipzig kommen, und wird eine Zeit lang bei uns wohnen. – Habe wieder für 2000 Mark Papiere verkaufen müssen. Gertrud [Leskien] bessert sich immer mehr.
1. November 1903 Sonntag: Gestern und vorgestern bis heutnachmittag in Jena.
15. November 1903, Sonntag: In meiner Vorlesung über altbulgarische Grammatik sind 8 Zuhörer, die Übungen sind gut besucht[93]. Vom König von Serbien [Peter I.] den Orden des heiligen Sava[94] erhalten. – Die letzten 14 Tage über Gertrud [Leskien] immer günstigere Nachrichten. Sonst nichts besonderes vorgefallen. Vor 14 Tagen Marie Lie [Marie Leskien] eingetroffen und seitdem bei uns. Ich habe am Albanesischen weiter gearbeitet und werde das auch wohl den Winter über fortsetzen. – Heute die erste Versammlung des Leipziger Zweigvereins des Schutzvereins gegen den Buchhandel[95].
22. November 1903, Sonntag: Am vorigen Sonntag die Versammlung des

---

88 Bl. 4v: eingeklebt: Erklärung des Akademischen Schutzvereins, gerichtet an den Vorstand des Börsenvereins der Deutschen Buchhändler in Leipzig, Leipzig, 6. Oktober 1903; Bl. 5r: eingeklebt: Sonderabdruck aus dem Börsenblatt für den Deutschen Buchhandel, Nr. 225 vom 28. September 1903: »Bekanntmachung des Börsenvereins der Deutschen Buchhändler zu Leipzig«, Leipzig, 25. September 1903.

89 Die Großherzoglich Badische Kunstschule Karlsruhe wurde 1854 gegründet.

90 TRÜBNER, Karl J., Wissenschaft und Buchhandel: zur Abwehr, Jena 1903.

91 ENKING, Ottomar, Leute von Koggenstedt, Teil 1: Familie P. C. Behm: Roman, Dresden 1905.

92 Vorlesung von Georg Witkowski, WS 1903: Schillers Dramen, vgl. HistVV.

93 WS 1903: Grammatik der altbulgarischen (altkirchenslavischen) Sprache; Dialektologie der südslavischen Sprachen; Übungen im Lesen altslavischer oder dialektischer Texte; Übungen in litauischer und slavischer Grammatik, vgl. HistVV.

94 Der Orden des heiligen Sava, seit 1883 staatlicher Orden im Königreich Serbien, dann im Königreich Jugoslawien.

95 Bernhard Knauer von Friedrich Ehrlich's Buch- und Kunsthandlung in Prag an Karl Bücher, Prag, 20. November 1903, UBL, NL 181/Kl 43-58, als Beilage ein Zeitungsausschnitt: Der Buchhandel und der Akademische Schutzverein. In: Kölnische Zeitung, Nr. 1.077, Morgenausgabe, 16.11.1903, mit einem Bericht über die Versammlung.

Leipziger Zweiges des »Schutzvereins«. Beschlossen, die Liebisch'sche Buchhandlung[96] als Sortiment zu wählen, 30000 Mark ihr beizuschießen. Gewinnbeteiligung der Einschießenden. Charakteristisch, daß Albert Brockhaus schon am selben Abend alles wußte, was in der Versammlung beschlossen und geredet war. Er hat sich Liebisch vorgenommen, dieser ist endgültig von der Verbindung zurückgetreten.[97] Der Gelehrtenstand wird eine große Blamage erleben. | Ilse die ganze Woche krank an ihren alten Darmgeschichten. Von Ernst [Leskien] heute Brief aus Freiburg. Er lebt dort wie ein Einsiedler. Schwer zu sagen, was noch einmal bei seinem Wesen werden wird. | Von Fritz Brockhaus die Anzeige, daß er sich als Anwalt hier niedergelassen hat. | Gertrud [Leskien] geht es gut; ich war am Mittwoch bei ihr und fand sie sehr frisch. | Weiter gearbeitet am Albanesischen, ohne rechte Freude. Aber was soll ich machen; es fällt mir nichts rechtes mehr ein.

30. November 1903, Sonntag: Gestern bei Gertrud, die in gleicher Weise fortschreitet. Die letzte ganze Woche hat Ilse zu Bett gelegen, kommt aber jetzt wieder in die Höhe. – Friedrich [Leskien] arbeitet an seiner Doktordissertation. – Wir waren am letzten Mittwoch zu einem Diner bei [Wilhelm] Stieda; wie gewöhnlich ermüdend und ohne Sinn. – Die Buchhändler-Gelehrtenangelegenheit hat einen sonderbaren Verlauf genommen: manche Mitglieder des Schutzvereins sind stutzig geworden, bleiben zwar dabei, machen aber seine Maßregeln nicht mit. Heute ist die Delegiertenversammlung der Zweigvereine hier.

6. Dezember 1903, Sonntag: Ilse [Leskien], die schon längere Zeit kränkelte, liegt seit Anfang der Woche schwer krank an Blinddarmentzündung. Operiert werden kann jetzt nicht; es soll, wenn sie genest, dann geschehen. Sie hat viel Schmerzen, ist durch den Mangel an Nahrung sehr schwach. Es ist ein trauriger Zustand mit uns.

12. Dezember 1903, Sonnabend: Ilses [Leskien] Krankheit zurückgegangen, die Entzündung im Schwinden; sie wird noch einige Wochen liegen müssen. Nach Weihnachten soll die Operation stattfinden. | Der Buchhändler-Gelehrtenstreit nimmt immer widerwärtigere Formen an, dank der groben Ungeschicklichkeiten von [Adolf] Wach etc.

19. Dezember Sonnabend 1903: Ilse liegt noch immer, aber die Krankheit ist im ganzen gehoben. Gestern war ich bei Gertrud, der es gut geht; der letzte Rest ist leichte Ermüdbarkeit. – Albert kam am vorigen Dienstag und ist leidlich frisch. Ernst [Leskien] will morgen früh anlangen; [Wilhelm] Streitberg heutnachmittag.

---

96 Sortiments- und Antiquariatsbuchhandlung Bernhard Liebisch in Leipzig.

97 Bernhard Liebisch an den Vorstand des Leipziger Zweigvereins des Akademischen Schutzvereins, Leipzig, 23.11.1903, UBL, NL 183/2/3/1/17, mit der Absage an den Schutzverein, hier auch weitere Unterlagen von Liebisch und Brockhaus.

28. Dezember Sonntag 1903: Ilses [Leskien] Krankheit verschlimmert sich in der Nacht von Montag 21. – Mittwoch 23. Dezember, sie mußte am Mittwochmorgen in die chirurgische Klinik gebracht werden und wurde dort von [Friedrich] Trendelenburg sofort operiert. Die Operation wurde unter günstigen Umständen vollzogen und verlief leicht. Sie muß nun in der Klinik längere Zeit liegen. – Gertrud [Leskien] war nicht bei unserm Weihnachtsabend; [Wilhelm] Streitberg fuhr am 1. Weihnachtstage zu ihr hinaus, die beiden feierten draußen ihr Fest; es geht ihr gut. – Zu gleicher Zeit mit Ilse hatte Else Brugmann Blinddarmentzündung und ist ebenfalls operiert.[98] – Ich habe gestern an [Vatroslav] Jagić geschrieben, er möge mich von der Teilnahme an dem slavischen Grundriß befreien: ich bin müde und mag nicht mehr solche Arbeiten unternehmen.

98 Wilhelm Streitberg an Edmund Hardy, Münster, 22. Januar 1904, UBL, NL 245/Ha/Streitberg/78: *Leider sind die Feiertage doch nicht ungetrübt vorübergegangen. Die zweite Schwester meiner Braut, Ilse, die Sie ja in Heinrichsfeld kennen gelernt haben, erkrankte einige Wochen vor Weihnachten an einer schmerzlichen Blinddarm-Affektion und musste am 23. Dezember operiert werden; glücklicherweise stellte sich heraus, dass es sich nicht um eine Entzündung handelte, sodass die Operation verhältnismässig leicht und ungefährlich war; freilich wird es noch einige Zeit dauern, bis die Patientin wieder zu Kräften kommt. Viel gefährlicher stand es um Brugmanns älteste Tochter. Sie fühlte sich etwas unwohl, musste sich am Nachmittag des 21. Dezembers legen; der Arzt konstatierte am selben Abend eine stark fortgeschrittene Blinddarmentzündung und in derselben Nacht noch, von 3–5 Uhr morgens, ward sie operiert. Es war die höchste Zeit gewesen, da der Eiterungsprozess schon sehr weit fortgeschritten war. Doch ist auch hier alles gut verlaufen und die Rekonvaleszentin darf nächster Tage wieder nach Hause.*

Tagebuch 1904

[UBL, NL 348/1/6, Bl. 8v-28r]

1. Januar 1904: Das vergangene Jahr nicht gut: das kommende wird sein wie die vorhergehenden und man wird es hinnehmen wie die andern.

7. Januar 1904, Donnerstag: Ilse [Leskien] ist zum ersten Mal gestern aus dem Bett gekommen und hat Gehversuch gemacht. Das Allgemeinbefinden ist noch nicht ganz befriedigend. – Else Brugmann hat sich mit Wolfgang Köhler verlobt.

18. Januar Montag 1904: Ilse [Leskien] ist am vergangenen Dienstag nach Hause gekommen; es geht ihr gut, sie kann ohne Beschwerde gehen, nur die Nerven sind durch die Operation mitgenommen, die Glieder durch mangelhafte Ernährung der letzten Monate etwas schwach. – Marie liegt seit 8 Tagen zu Bett, es hat nichts zu bedeuten, Friedrich [Leskien] seit drei Tagen mit Mandelentzündung. – Am letzten Donnerstag war ich bei Gertrud [Leskien], fand sie vortrefflich aussehend und sehr vergnügt. | Heute erhielt ich eine Einladung, unterzeichnet von Hugo Münsterberg, auf der Weltausstellung in Saint Louis in diesem Jahre einen Vortrag zu halten – es haben sich leider viele deutsche Gelehrte zu diesem Mummenschanz hergegeben. – Ich habe sofort abgeschrieben. – Gestern bei [Otto von] Böhtlingk: es geht abwärts und zwar stark. – Gestern das jährliche Geschäftsdiner, diesmal bei Rudolf [Brockhaus jun.].

24. Januar Sonntag, 1904: Gestern Friedel Geibel gestorben; das wieder ein Schlag für die arme Mathilde [Geibel], die ich am vorigen Mittwoch sah, schwach und abwesend. Auch [Otto von] Böhtlingk wird immer schwächer. – Am Mittwoch war Fakultätssitzung: allgemeine Confusion durch [Karl] Lamprecht, der [Gerhard] Seeliger unsittlicher Handlungen beschuldigte[1]. Ich beantragte Mißbilligung durch die Fakultät, was einstimmig angenommen wurde.

30. Januar, Sonnabend 1904: Ilse [Leskien] ist es die ganze Woche nicht gut gegangen: sie ist äußerst schwach, blutarm, hat Rückenschmerzen. – [Otto von] Böhtlingk wird immer schwächer, ich war heute bei ihm; es ging leidlich, aber es wäre ein schnelles Ende zu wünschen. – Nikolai [Böhtlingk] ist die Naturalisation[2] in Sachsen abgeschlagen aus dem sonderbaren Grund, daß er

1 UAL, Phil.Fak. A 03/30:07, S. 136-137: *Wiederbesetzung des Ordinariats für Geschichte.* Lamprecht forderte eine vollständige Trennung der drei Abteilungen des Seminars für mittlere und neuere Geschichte und beschuldigte Gerhard Seeliger, er *habe gewisse Veränderungen veranlasst, von denen er, Lamprecht, erst spät vom Ministerium erfahren* habe. Zudem werde er im Seminar von den beiden anderen Abteilungen majorisiert. Seeliger wies die Vorwürfe zurück. Im Protokoll wird nur erwähnt, dass der Antrag gestellt wurde, die Äußerungen Lamprechts zu missbilligen.

2 Einbürgerung.

sich nur Studiums halber hier aufhalte. – Elfriede und ich waren heute bei Gertrud [Leskien], die sehr vergnügt war. [Hugo] Schütz sagte mir, daß die neurasthenischen Erscheinungen aufgehört haben.
31. Januar Sonntag, 1904: Heut morgen wurde Ilse [Leskien] von [Albin] Hoffmann und [Heinrich] Möckel untersucht; sie haben hochgrade Blutarmut und Nervosität konstatiert, nichts Besonderes angeordnet.
10. Februar, Mittwoch, 1904: Mit Ilse [Leskien] geht es immer noch nicht aufwärts; es ist konstatiert durch [Albin] Hoffmann, daß sie hochgradig blutarm ist; sie ist daher sehr schwach; auch nervöse Erscheinungen – Schmerzen – sind vorhanden. [Otto von] Böhtlingk ist im Sterben, aber es geht leider sehr langsam; man kann ihm nichts mehr sein, das Bewußtsein ist meistens getrübt. Wann wird man einmal ein wenig aufatmen können! Wann endlich? – Bei Gertrud war Lisbeth [Leskien] am Sonnabend; sie ist sehr frisch. | In der Fakultät die ewigen Zänkereien zwischen den Historikern; [Karl] Lamprecht ist halb verrückt.
14. Februar 1904, Sonntag: Ilse [Leskien] war die ganze Woche schwach. Ich frage mich nun, was werden soll, wenn Blutarmut und Neurasthenie zunehmen. Ich bin selbst auch so müde, daß ich gar nichts leisten kann. | Gestern war die entscheidende Fakultätssitzung wegen der historischen Professur: Die Fakultät hat [Erich] Brandenburg zur Ernennung zum Ordinarius vorgeschlagen, [Karl] Lamprecht kündete ein Separatvotum an[3]. | Ilse lag vorgestern an ihrem Geburtstag den ganzen Tag zu Bett. Sie tut mir so unendlich leid, bei ihrem Streben und der fortwährenden Krankheit. | Ich habe alle Lust an jeglicher Arbeit verloren, mag nicht lesen und nicht denken.
20. Februar, Sonnabend, 1904: Ilse war im Laufe dieser Woche etwas frischer. Am Donnerstag war ich bei Gertrud, die ganz munter war. Elfriede hatte die Röteln. Zu Hause sonst nichts vorgefallen. Von Albert und Ernst [Leskien] gute Nachrichten. | Inzwischen der japanisch-russische Krieg[4] ausgebrochen. | [Berthold] Delbrück reist in diesen Tagen nach Amerika, etwas kühn bei seinen schlechten Augen. | Abends Lisbeth [Leskien] und ich in einer Gesellschaft bei Hirts[5] (Zimmerns[6], Marxens[7] und andere); es war ein unnötiger Luxus in Essen und Weinen.
1. März 1904 Dienstag: Am letzten Freitag die Vorlesungen geschlossen. – Ernst [Leskien] kann nicht am 1. März die Militärübung antreten, wie es vor-

3 UAL, Phil.Fak. A 03/30:07, S. 144.

4 Russisch-Japanischer Krieg, ausgebrochen im Februar 1904 (Angriff der Japaner auf Port Arthur), beendet im Herbst 1905 mit einem japanischen Sieg, entscheidend war die fast vollständige Vernichtung der russischen Flotte bei Tsushima (27./28. Mai 1905).

5 Hermann und Margarethe Hirt.

6 Heinrich und Hilda Zimmern.

7 Friedrich Marx und seine Frau, deren vollständiger Name nicht bekannt ist.

her von der Militärbehörde bestimmt war. Die Bestimmung ist geändert auf den 5. April, er verliert dadurch einen Monat des Sommersemesters. Ilse [Leskien] geht es immer noch mäßig; in den letzten Tagen etwas besser; sie soll jetzt alle zwei Tage massiert werden. Bei [Otto von] Böhtlingk war ich heute; er war leidlich bei sich; ich konnte ihm wenigstens allerlei erzählen und er verstand mich. – Nachricht von [Vatroslav] Jagić, daß zu dem Petersburger Congreß[8] 700 Menschen eingeladen sind mit dem Zusatz: »welcher Name wird da noch hingehen, die antiwissenschaftliche Richtung hat gesiegt«. – Neulich in der letzten Fakultätssitzung vorigen Sonnabend wurde das Separatvotum Lamprecht[9] verlesen, voll Beschuldigungen gegen die Fakultät. – Heute will sich ein neuer Sanskritist Friedländer[10] (Jude) habilitieren. – Albert und Ernst [Leskien] kommen in den Ferien. – Am letzten Sonnabend waren Friedrich und Mai [Marie Leskien] bei Albert Brockhaus eingeladen. – Mathilde [Geibel] sah ich vorigen Mittwoch, sehr elend, schwindlig und mit noch schwererer Sprache.

6. März Sonntag 1904: Ilse [Leskien] ging es Anfang der Woche wieder schlecht. Lisbeth [Leskien] hat Donnerstag mit Dr. [Hugo] Schütz gesprochen und ihn zu einer Consultation für morgen veranlaßt. Seit vorgestern hat Ilse sich wieder ein wenig gehoben, aber es ist kein Fortschritt im ganzen. Schütz will Gertrud [Leskien] noch bis Ende April behalten, empfiehlt die Hochzeit Anfangs August zu halten. – Gesternabend Ernst von Freiburg gekommen. – Friedrich [Leskien] hat eine ihm offenstehende Assistentenstelle bei [Emil] Göpel nicht angenommen; scheint ganz unschlüssig, was er tun soll. Es ist der Hemmschuh der Verlobung.

13. März 1904, Sonntag: [Wilhelm] Streitberg wurde gestern erwartet, schrieb aber wegen Erkältung ab und will morgen kommen. – Ilse [Leskien] ging es die ganze Woche wieder schlecht, Dr. [Hugo] Schütz von Gaschwitz[11] zugezogen; er spricht von einer Form der Hysterie, schlägt nach Ablauf einiger Wochen Behandlung in dem Sanatorium Kreischa[12] vor. – Ich sprach im Lauf der Woche mit Albert Brockhaus über einen etwaigen Verkauf des Dresdner

---

8 Zu dem Petersburger Kongress siehe den Eintrag vom 29. Mai 1903.

9 UAL, Phil.Fak. A 03/30:07, S. 145: Im Protokoll wurde nur vermerkt, dass das Separatvotum verlesen und mit einem *Beibericht* der Kommission an das Ministerium geschickt wurde.

10 Wahrscheinlich ist Walter Friedlaender gemeint, der 1900 in Berlin zu einem Sanskrit-Thema promovierte: Der mahavrata-Abschnitt des Çankhayana-Aranyaka, hrsg., übers. u. m. Anm. vers. von Walter Friedlaender, Berlin, Univ., Diss., 1900. Danach wandte sich Friedlaender allerdings der Kunstgeschichte zu. Zur Habilitation in Leipzig ist es nicht gekommen.

11 Siehe den Eintrag vom 11. Dezember 1894.

12 »Dr. Barthels Sanatorium für Nervenleidende, Stoffwechselkranke und Erholungsbedürftige« in Kreischa, südlich von Dresden.

Grundstücks[13]; er rät ab, irgend welche Schritte zu tun. Bei weiterem Gespräch ergab sich dann, daß nach 2 Jahren meine Lexikonstellung zu Ende geht. Damit fallen 10000 Mark Einnahmen fort. Was dann? Es kamen dabei allerlei mich gerade nicht überraschende Dinge zu Tage, so die Äußerung: ein solches Grundstück sei doch nur in den rechten Händen, wenn es ein reicher Mann als Luxusbesitz hätte; dann eine Art Vorwurf, daß ich alle erwachsenen Kinder zu unterhalten habe, und dergleichen unerfreuliche Dinge. Unglück wird einem ja so leicht als Schuld angerechnet. | Gelesen Glover, Life and letters in the fourth century[14]. Weiter gearbeitet am albanesischen Wörterbuch. | Gestern war Ella Brockhaus, Tochter von Nathanael Brockhaus bei uns. | Elfriede und ich heute bei Gertrud [Leskien], gingen mit ihr eine Stunde in der Harth[15] spazieren.

23. März 1904, Mittwoch: Am 14. März kam [Wilhelm] Streitberg, ist seitdem fast täglich bei Gertrud [Leskien] gewesen, der es sehr gut geht; eine besondre Pflegerin braucht sie nicht mehr. Am letzten Montag kam Albert [Leskien], der gut aussieht. Heute Lisbeth mit Ilse [Leskien] nach Kreischa (Sanatorium Dr. [Friedrich] Barthels), Christiane in ihrer Begleitung, die zunächst 8 Tage bei ihr bleiben wird. – [Otto von] Böhtlingk geht es sehr schlecht; er ist eigentlich nur noch halb am Leben; der Brand im Fuß schrecklich.

27. März, Sonntag, 1904: Von Ilse [Leskien] durch Christiane Nachrichten über die Kur (wesentlich Wassereinpackungen und Bäder). Gestern bei [Otto von] Böhtlingk: er kann kaum noch sprechen, ist fast immer wirr – und es nimmt kein Ende. Nikolai [Böhtlingk] letzten Montag als Fahnenjunker eingetreten. – Gelesen Rabe, Villa Schönow[16]. – Wilhelm [Streitberg] ist fast jeden Tag bei Gertrud [Leskien]. – Wir haben beschlossen, nicht nach Dresden zu gehen. – Gestern Spaziergang in dem Walde bei Waldschenke[17] mit Lisbeth, Albert, Elfriede [Leskien], Ellen [Heinrici], an einem der ersten Frühlingstage.

31. März, Donnerstag, 1904: Vorgestern war Arthur Böhtlingk hier, der Onkel[18] hat ihn nicht mehr erkannt. Ich war gestern dort, er liegt im Sterben, erkennt niemand mehr, aber es kann leider noch länger dauern. Am Dienstag waren wir bei Meisters[19] zu Mittag; Confirmation meines Paten Ludwig [Meister]. –

---

13 Siehe den Eintrag vom 23. September 1899.

14 GLOVER, Terrot R., Life and letters in the fourth century, Cambridge 1901.

15 Die (alte) Harth war ein bewaldetes Gebiet südlich von Leipzig.

16 RAABE, Wilhelm, Villa Schönow: eine Erzählung, Braunschweig 1884, eine Vielzahl von Ausgaben.

17 Gemeint ist wohl die Waldschänke Lößnig, seit etwa 1880 ein Ausflugslokal im Leipziger Auenwald.

18 Otto von Böhtlingk.

19 Klothilde und Richard Meister.

Gelesen Rabe, Villa Schönow[20] und Schüdderump[21]. – Gesternabend Elfriede [Leskien] im Theater, Trompeter von Säkkingen[22].

Abb. 10: Ludwig Meister, Patenkind August Leskiens, Februar 1908. Quelle: Zur Erinnerung an Eckard und Ludwig Meister, S. 23.

1. April 1904 Freitag (Charfreitag): Heute mittag gegen 12° [Otto von] Böhtlingk gestorben, im 89. Jahr. Es war schon seit beinahe einem Jahr kein Leben mehr; die letzten Wochen zunehmender Altersbrand im Fuße und fast immer nur halbes Bewußtsein. Seit 36 Jahren sind wir befreundet, seit [August] Schleichers Tode 1868, also über die Hälfte meiner Lebenszeit. Viel Gutes

20 Siehe den vorhergehenden Eintrag.

21 RAABE, Wilhelm, Der Schüdderump, 3 Bde., Braunschweig 1870, eine Vielzahl von Ausgaben.

22 SCHEFFEL, Joseph Victor von, Der Trompeter von Säkkingen: ein Sang vom Oberrhein, Stuttgart 1854, eine Vielzahl von Ausgaben; Der Trompeter von Säkkingen: Oper in drei Akten nebst einem Vorspiel, Musik von Victor E. Neßler. Mit autorisierter theilweiser Benutzung der Idee und einiger Originallieder aus J. Victor von Scheffel's Dichtung von Rudolf Bunge, Leipzig [ca. 1900].

und viel Schlimmes habe ich mit ihm durchgemacht, und mein Leben ist mit dem seinigen unlösbar verkettet.
5. April Dienstag, 1904: Gestern [Otto von] Böhtlingks Begräbnis auf dem Johannisfriedhof; [Ernst] Windisch sprach über die wissenschaftliche Bedeutung. Anwesend waren außer den Hiesigen von auswärts: [Carl] Cappeller, [Friedrich] Hultsch; von den Verwandten Bronikowski's[23], die Frau Vetter aus Jena und ihr Sohn[24], Frau [Constanze] Delbrück; Henry Böhtlingk, Arthur Böhtlingk. Mit ihm habe ich länger über die Nachlaßverhältnisse gesprochen; er fürchtet wie ich Weiterungen von Seiten Pauls[25] und Bronikowskis. – Gestern Abend waren Arthur Böhtlingk, Henry Böhtlingk bei uns.
7. April Donnerstag 1904: Eben nahm John Schmitt Abschied, um nach Amerika zu gehen. Ein braver Mensch, aber wie für so manche Gelehrte, die ihren eignen Weg auf wenig betretenen Pfaden der Wissenschaft gehen, nirgends auf unsre Universitäten auch nur in einer außerordentlichen Professur unterzubringen. Immer das Geld, das nicht da ist, und doch da ist, wo es nicht sein sollte.
8. April, Freitag 1904: Lisbeth heut morgen zu Ilse [Leskien] nach Kreischa gefahren. Ich war mit T.[ante] Anna [Böhtlingk] auf dem Amtsgericht zur Eröffnung von [Otto von] Böhtlingks Testament. Gestern fand sich in seinem Nachlaß ein neues Testament von 1901, unbegreiflich, daß er das deponierte nicht zurückgezogen hat, in dem die Geburtsverhältnisse von Nikolai [Böhtlingk] auseinandergesetzt waren. – Von allen 6 Kindern ist nur Elfriede im Augenblick zu Hause: Albert in Karlsruhe, Ernst in Zeithain[26] zum Militärdienst, Gertrud in Gaschwitz[27], Ilse in Kreischa, Friedrich bis Ende dieser Woche in Berlin auf dem Chirurgenkongreß[28].
10. April Sonntag 1904: Ernst [Leskien] einen Tag von Zeithain auf Urlaub hier.
16. April, Sonnabend 1904: Lisbeth war vom 8. – 14. in Kreischa bei Ilse [Leskien], kam am Donnerstagabend zurück. Die Nachrichten nicht ganz ungünstig: Ilse verträgt die elektrische Kur, hat auch ein Pfund zugenommen. Gestern unser 33jähriger Hochzeitstag. Friedrich [Leskien] ist gestern als Volontär bei [Felix] Marchand eingetreten. – Correspondenz mit Arthur Böhtlingk über Nikolai [Böhtlingk] und die Beteiligung der älteren Böhtlingk-

23 Carl Hermann August und Helene von Oppeln-Bronikowski.
24 Beate Emilie Lucie Vetter hatte 1904 drei Söhne: Ferdinand Arthur, Rudolf Benjamin und Hellmut Constantin Vetter.
25 Paul und Sarah von Böhtlingk.
26 In Zeithain, nordwestlich von Meißen, befand sich ein Truppenübungsplatz.
27 Siehe den Eintrag vom 11. Dezember 1894.
28 Die 1872 gegründete Deutsche Gesellschaft für Chirurgie veranstaltete jedes Jahr einen Kongress. Der XXXIII. Chirurgenkongress 1904 fand in der Woche nach Ostern (3. April) in Berlin statt.

schen Kinder[29] an der Erbschaft. – Am letzten Dienstag die Inventaraufnahme bei Böhtlingk; ich wurde zum Sachverständigen für die Bibliothek ernannt und habe sie auf 6000 Mark geschätzt. – Freitag mit Elfriede [Leskien] durch die Harth nach Zwenkau[30].
17. April 1904 Sonntag: Heute Gertruds Geburtstag, draußen zusammen Lisbeth, ich, Ernst, Elfriede [Leskien]. Ernst ist auf einen Tag mit Urlaub von Zeithain[31] hier. Gertrud war sehr vergnügt; sie ist auffallend stark geworden, und erinnert äußerlich sehr an ihre Großmutter [Marie Pauline] Judeich.
22. April Freitag 1904: Gestern die Nachricht, daß es Ilse in Kreischa ganz schlecht geht; Lisbeth [Leskien] ist heute hin. Es ist wie ein unentrinnbares Verhängnis; eben glaubt man, es könne einmal eine Ruhepause der Leiden eintreten, sofort tritt neues Schlimmes ein. Und dabei soll man noch Zukunftspläne, Arbeitspläne fassen. Ich habe zwar heute an [Vatroslav] Jagić geschrieben, daß ich für den Grundriß die altbulgarische Grammatik, die slavische Stammbildungslehre und die Syntax übernehme[32]; aber die Ausführung bei diesen Zuständen? – Da kommt noch die Angst um Gertrud [Leskien] dazu, wenns mit Ilse noch schlimmer werden sollte. Niemals ein Tag ohne nagende Sorge um eins oder das andre Kind.
26. April Dienstag 1904: Die Nachrichten von Ilse lauten besser, Lisbeth [Leskien] bleibt noch bis Ende dieser Woche da. – Heut [Wilhelm] Streitberg abgereist nach Münster.
30. April Sonnabend 1904: Gestern Abend Lisbeth von Kreischa zurück mit leidlichen Nachrichten über Ilse [Leskien]. Gesternmorgen Christiane[33] zu Ilse gereist.
1. Mai 1904, Sonntag: Heutmorgen [Wilhelm] His gestorben, nach längerem Leiden (Krebs); einer der letzten damit hingegangen. – Ernst [Leskien] war heute auf Urlaub von Zeithain hier; morgen kommt er hierher zurück in Garnison.
14. Mai Sonnabend, 1904: Heute nach 2 Jahren und einigen Monaten Gertrud wieder gesund nach Hause gekommen. Von Ilse [Leskien] lauten die Nachrichten schwankend, im ganzen scheint es etwas vorwärts zu gehen, doch nur sehr langsam. Gestern war ich bei Mathilde [Geibel], die seit voriger Woche von Meran zurück ist: sie kann kaum noch sprechen und machte einen sehr verfallenen Eindruck. Nächsten Mittwoch gehen sie nach Friedrichroda.
31. Mai 1904 Dienstag: Vom 20. Mai (über Pfingsten) bis 30. waren wir in

29 Ottilie Böhtlingk-Emminghaus, Paul von Böhtlingk und Helene Böhtlingk-von Oppeln-Bronikowski.

30 Zwenkau ist eine südlich von Leipzig gelegene Stadt.

31 Siehe den Eintrag vom 8. April 1904.

32 Siehe den Eintrag vom 29. Mai 1903.

33 Wahrscheinlich eine Bedienstete der Leskiens.

Dresden: mit uns Tante Anna [Böhtlingk], Nikolai [Böhtlingk], Ernst, Mai [Leskien], Friedrich, Gertrud [Leskien], Wilhelm [Streitberg]. Die beiden letzten besorgten dort ihre Aussteuer. Ich war am Mittwoch den 25. bei Ilse [Leskien] in Kreischa, Friedrich dort am 27. Der Arzt constatiert hysterische Erkrankung, ohne bestimmte Prognose; hält die fortgesetzte Sanatoriumsbehandlung für unnötig, Ilse soll also nach Gertruds Hochzeit (am 5. Juli) nach Hause kommen und dort entsprechend behandelt werden, das heißt zunächst nach Heinrichsfeld[34]. Im ganzen sind die Aussichten auf Genesung nicht günstig, und wie ein Leben mit der Kranken in der Familie sich gestalten wird, steht ganz dahin. Wegen Elfriede [Leskien] erwächst mir damit auch eine Sorge. Dennoch ist es notwendig, wenn Ilse länger krank bleibt, entweder sie zu Hause zu behalten oder einen billigeren Aufenthalt zu suchen; die Ausgaben sind sonst auf die Dauer nicht zu ertragen. | Am 27. Mai war [Vatroslav] Jagić auf einen Tag in Dresden, um den Plan des slavischen Grundrisses durchzugehen. Ich habe übernommen: altbulgarische Grammatik, Stammbildungslehre, Syntax, urslavische Accentlehre, slavische Elemente im Albanesischen[35]. | Aus dem »Kränzchen«[36] bin ich ausgetreten, um dem Anhören des Geredes über Albert Brockhaus aus dem Wege zu gehen. | Von der Verlagshandlung die Nachricht, daß die 4. Auflage meines Handbuchs[37] bearbeitet werden muß. | Correspondenz mit Arthur und Paul Böhtlingk über die Erbansprüche von Paul an seines Vaters[38] Nachlaß.

6. Juni Montag 1904: Die Böhtlingksche Angelegenheit in Ordnung: Paul [Böhtlingk] hat den Vorschlägen von A.[rthur] B.[öhtlingk] beigestimmt. – Von Albert [Leskien] Briefe: er will Karlsruhe verlassen und schon in diesem Herbst nach Rom gehen: ich habe das zugegeben. – Von Ilse [Leskien] wieder keine befriedigende Nachricht. – Ich bin nun definitiv aus dem Montagskränzchen heraus, da ich die Böhmsche Einladung[39] abgelehnt habe. Es ist mir nicht leid; man hatte ohnehin nichts davon.

11. Juni Sonnabend 1904: Am Dienstag [Karl] Binding bei mir, um die Kränzchensache wieder in Ordnung zu bringen; ich habe also nachgegeben und werde wieder hingehen. – Von Ilse [Leskien] keine sehr guten Nachrichten; sie hat wieder Tage mit Schmerzanfällen gehabt. – Gestern [Anton] Weddige getroffen, mit ihm [Viktor] Gardthausen, [Hermann] Guthe, [Ferdinand]

---

34 Siehe den Eintrag vom 23. September 1899.

35 Siehe den Eintrag vom 29. Mai 1903.

36 Siehe den Eintrag vom 8. Februar 1892.

37 Gemeint ist, dass die 3. Auflage des Handbuchs der altbulgarischen Sprache zu einer 4. Auflage überarbeitet werden muss, erschienen bei Böhlau in Weimar 1905.

38 Otto von Böhtlingk.

39 Gemeint ist Rudolf Böhm, der Mitglied des *Kränzchens* war, siehe den Eintrag vom 8. Februar 1892. Allerdings ließ sich Leskien zur weiteren Teilnahme am Kränzchen überreden, siehe den folgenden Eintrag.

Zirkel und seiner Schwester[40] im »Römer«[41] abends zusammen. – Arbeite an der Savvina Kniga[42] wegen der 4. Auflage meines Handbuchs; langweilige Arbeit. – Heute [Otto von] Böhtlingks Geburtstag.

23. Juni Donnerstag 1904: Am letzten Sonnabend und Sonntag war ich bei Ilse [Leskien] in Kreischa. Sie hatte vorher wieder eine Schmerzensperiode, war aber wieder leidlich munter. Sie soll nicht nach Hause kommen, sondern vorläufig auf unbestimmte Zeit im Sanatorium bleiben, doch versuchen ohne Pflegerin auszukommen. Der Arzt versichert von neuem, eine Erkrankung des Rückenmarks sei nicht vorhanden, das Leiden sei Hysterie. Er versucht durch eine Art Suggestion zu wirken. – Eine Abhandlung über Ščepkin, Razsuždenie o jazykě savvinoj knigy geschrieben[43].

29. Juli 1904, Mittwoch: Vorigen Sonntag war die Kösener Versammlung; [Berthold] Delbrück war am Sonnabend hierher gekommen, [Jooseppi Julius] Mikkola, er und ich fuhren zusammen, Delbrück aber wegen Erkältung gleich weiter nach Jena. In Kösen namentlich [Otto] Bremer gesprochen (er erzählt von seinen Gutachten für die preußische Regierung in der Polenfrage[44]), [Franz] Saran, [Albert] Leitzmann. – Ich bin bei der Bearbeitung der 4. Auflage meines Handbuchs[45]. – Abends Albert [Leskien] von Karlsruhe gekommen; sein dortiger Arzt hat ihm gesagt, sein Herzfehler sei noch sehr zurückgegangen.

6. Juli Mittwoch 1904: Gestern Gertruds [Leskien] Hochzeit: außer uns als Gäste: Tante Therese [Judeich], Rosa Förster, Alberts[46], Tante Anna und Nikolai [Böhtlingk], Hirt und Frau[47], die beiden Brugmannschen Töchter[48], die beiden kleinen Hirts[49], Ellen [Heinrici]; Walter [Judeich] von Erlangen. –

---

40 Unklar ist, ob eine Schwester von Weddige oder von Zirkel gemeint ist.

41 Der »Römer«, ein Restaurant in Leipzig; vielleicht ist das Hotel Stadt Rom in Leipzig gemeint.

42 Savina kniga (bulgarisch), russisch: Savvina kniga, altkirchenslawische Handschrift des 11. Jahrhunderts in kyrillischer Schrift, ein Evangelistar bulgarischer Herkunft, aufgefunden 1866, die erste kritische Ausgabe: ŠČEPKIN, Vjačeslav N., Savvina kniga, Sanktpeterburg 1903.

43 LESKIEN, August, Noch einmal ъ und ь in den altkirchenslavischen Denkmälern, in: Archiv für slavische Philologie 27 (1905), S. 1-40.

44 Die im Universitätsarchiv Halle aufbewahrte Denkschrift trägt den später hinzugefügten Titel: Denkschrift über die friedliche Germanisierung der Ostmark, datiert auf den 27. Januar 1904. Als Sachverständigen nannte Bremer August Leskien; vgl.: SIMON, Gerd u. a., Eine geheime Denkschrift und die Anfänge der wissenschaftlichen Sprachpolitik in Deutschland, https://homepages.uni-tuebingen.de//gerd.simon/bremer.pdf.

45 Siehe den Eintrag vom 31. Mai 1904.

46 Albert und Marie »Mony« Brockhaus.

47 Hermann und Margarethe Hirt.

48 Else und Grete Brugmann.

49 Die Namen der Kinder Hermann Hirts sind nicht bekannt.

Am Abend vorher Mikkolas[50]; Ernst [Leskien] und seine Freunde machten etwas Musik. – Heute Brief von [Stephan Franz] Carl Geibel, daß Mathilde [Geibel] wieder einen Anfall gehabt hat.

17. Juli 1904, Sonntag: Lisbeth war vom Dienstag bis Sonnabend dieser Woche bei Ilse [Leskien], der es allmählich etwas besser zu gehen scheint. – Mathilde Geibel hat wieder einen Schlaganfall gehabt, der Zustand ist hoffnungslos. Dazu kommt noch, daß bei Otto-Karl [Geibel] Tuberkeln gefunden sind und er auf fast ein Jahr nach Davos soll. Die Menschen haben wirklich ziemlich alles durchzukosten, was es giebt; aber es ist allerdings ein degeneriertes Geschlecht; der Großvater[51] begann, die Söhne[52] alle nicht gesund, die Enkel[53] wenigstens des Ältesten alle entartet in irgend einer Weise. – Am Mittwochabend waren Mikkolas[54] bei uns. – Unangenehmer Brief von Konrad [Judeich], der die Teilung des Grundstücks will, das heißt den Verkauf. Der Brief klingt so, als wäre er nicht mehr geistig normal, oder vielmehr als bestehe eine Gefahr, daß er wieder krank werden könnte. – Tante Anna [Böhtlingk] seit einigen Tagen mit ihrer Nichte[55] in Heinrichsfeld[56]. – Die ganze Woche eine ungewöhnliche Hitze. – Friedrich [Leskien] hat sich entschlossen, Dermatolog zu werden, geht zum Herbst nach Breslau zu [Albert] Neisser als Volontärassistent. – Ich bin mit dem Manuskript der 4. Auflage meines Handbuchs[57] ziemlich fertig.

24. Juli Sonntag 1904: Sehr unerquickliche Correspondenz mit Konrad [Judeich] über sein Auftreten in der Grundstücksangelegenheit: er ist entschieden an der Grenze der Geisteskrankheit. – Heute das Manuskript der 4. Auflage meines Handbuchs[58] abgeschlossen. – Gestern Spaziergang mit [Friedrich] Ratzel etc. nach Güldengossa[59]. – Seit 3 Wochen haben wir ununterbrochen Hitze und Dürre. – Meine Vorlesungen habe ich letzten Freitag (8 Tage zu früh) geschlossen.

31. Juli 1904 Sonntag: Friedrich [Leskien] in den letzten 14 Tagen krank an Blutvergiftung, die er sich im pathologischen Institut zugezogen hat, jetzt wieder in Besserung. Seine Stelle in Breslau kann er nicht am 1. August, wie er wünschte nach [Albert] Neissers Verlangen, antreten. Von Ilse [Leskien] bessere Nachrichten. Vorgestern Gespräch mit Frau [Leonore] Geibel über

50 Jooseppi Julius und Maria Mikkola.

51 Gemeint ist Friedrich Wilhelm Carl Geibel.

52 Gemeint sind Stephan Franz Carl, Adolf, Paul und Stephan Geibel.

53 Gemeint sind Hellmuth, Friedrich, Otto Karl und Carl Stephan Albert Geibel.

54 Jooseppi Julius und Maria Mikkola.

55 Unklar ist, wer gemeint ist.

56 Gemeint ist die Villa Heinrichsfeld, vgl. den Eintrag vom 23. September 1899.

57 Siehe den Eintrag vom 31. Mai 1904.

58 Siehe den Eintrag vom 31. Mai 1904.

59 Güldengossa, südöstlich von Leipzig, gehört seit 1973 zu Großpösna.

Millis [Emilia Brockhaus] Zustand, der bedrohlich ist. – Gestern Rektoratswahl: [Georg] Rietschel gewählt; [Georg] Heinrici hatte nur wenig Stimmen. Gestern Mikkolas[60] wieder nach Finnland zurück. – Ernst [Leskien] will eine Tiroler Reise machen, Friedrich nach Norwegen. Mai [Leskien] geht schon heute oder morgen dahin zur Hochzeit ihrer Schwester mit Straub[61]. – [Ferdinand] Sommer aus Basel in Leipzig.

2. Oktober 1904, Sonntag: Vom 1. August bis gestern in Dresden: Albert, Elfriede [Leskien], wir beide (Ellen [Heinrici] die ersten 8 Tage auch dort); zweimal Tante Anna [Böhtlingk] dort. Besuch von [Ernst] Enking dort, dessen Sohn[62] jetzt in Dresden. Am 8. August Lisbeth [Leskien] auf 14 Tage in Erlangen. Heinrich Brockhaus mit Familie[63] auf dem Berg[64]. – Am 9. August [Friedrich] Ratzel in Ammerland am Starnberger See plötzlich gestorben. – Am 26. August Ilse [Leskien] von Kreischa zurück. – Ich war bei Dr. [Conrad] Böhmig, der mir erklärt, ich hätte Arteriensklerose. – Vom 8. September an Lisbeth und ich 10 Tage in Münster.

8. Oktober 1904 Sonnabend: Die Correkturbogen der 4. Auflage des Handbuchs[65] begonnen, der Satz geht sehr schnell. Abhandlung über die glagolitische Schrift[66] an [Vatroslav] Jagić geschickt. Gesternabend Kohls[67] aus Marburg bei uns. – Heute Brief von Friedrich [Leskien], daß er die Sache in Breslau und überhaupt die Dermatologie aufgiebt; zunächst kehrt er hierher zurück.[68] Am Mittwoch bei Mathilde [Geibel], die in einem schrecklichen Zustande ist, kaum noch sprechen kann, geistig ganz stumpf. – Milly [Emilia Brockhaus] ist ausgesprochen geisteskrank, bleibt aber ganz allein vorläufig auf dem Berg[69]. – Ilse [Leskien] geht es leidlich.

16. Oktober Sonntag, 1904: Ilse geht es langsam besser. Ernst [Leskien] gestern in seine Wohnung Hospitalstraße 13^{III} gezogen. Mit Mai [Marie Leskien] und Friedrich besprochen, daß wenn er zu Ostern eine besoldete Assistentenstelle hat, sie verdienen kann, die Mutter eine Aussteuer giebt, sie Sommer 1905 heiraten können mit einem Zuschuß von mir. – Angefangen den Codex Zo-

60 Jooseppi Julius und Maria Mikkola.

61 Dagny und Walther Straub.

62 Ottomar Enking.

63 Elisabeth, Milly Else und Wolfgang Brockhaus.

64 Villa der Familie Brockhaus, siehe den Eintrag vom 15. September 1895.

65 Siehe den Eintrag vom 31. Mai 1904.

66 Zur glagolitischen Schrift, in: Archiv für slavische Philologie 27 (1905), S. 161-168.

67 Georg und Reinholde Kohl.

68 Bl. 23v: eingeschoben: *Inschrift eines Kirchhoffpfeilers in Westfalen | Hyr schyt jedermann lyk und recht, | Hyr liggt herr, frouke, maget und knecht, | Gelerde und Kinner liggen ook hyr by. | Dunket dy, dat unnerschet der Person sy, | so kam und schowe se alle woll an, | und sagge, welker ist de beste dervan.*

69 Villa der Familie Brockhaus, siehe den Eintrag vom 15. September 1895.

graphensis[70] zu verarbeiten, eine Abhandlung über die Grundlagen der altbulgarischen Grammatik[71]. Gelesen: Harnack, Mission des Christenthums[72]; Apostolische Väter[73]. I Ułaszyn's Doktorarbeit[74] gelesen mit II prädiziert. – Heute nimmt Nikolai [Böhtlingk] Abschied, um auf die Kriegsschule in Anklam[75] zu gehen.
22. Oktober Sonnabend, 1904: Vorige Woche König Georg [von Sachsen] gestorben. – Bei Walter am 16. ein Mädchen[76] geboren. – Von Albert [Leskien] freudige Briefe aus Rom. – May und Friedrich [Leskien] habe ich vorgeschlagen, wenn er zu Ostern eine besoldete Assistentenstelle hätte, sie etwas verdienen könnte, ich durch Zuschuß ihnen die Heirat im Sommer 1905 möglich machen würde. – Den Codex Zographensis auf ъ, ь durchgelesen zu einer Abhandlung[77] – sonst Altchristliches gelesen.
24. Oktober Montag, 1904: Brief von [Václav] Vondrák mit Beschwerde über mein früheres Gutachten über seine wissenschaftliche Tätigkeit. Ruhig beantwortet. – Brief von Breitkopf und Härtel, Mahnung die slavische Grammatik[78] zu liefern; gebeten, mich davon zu befreien.
6. November 1904, Sonntag: Im Laufe der beiden letzten Wochen die Vorlesungen[79] begonnen, Besuch zufriedenstellend, besser als in den letzten Semestern. – Eduard Brockhaus, von einer Droschke umgerissen, hat sich ziemlich stark am Hüftgelenk verletzt, doch ungefährlich. – Mit Mathilde [Geibel] geht es abwärts, Otto Geibel scheint ebenfalls schwerer erkrankt zu sein, soll von Davos wieder weg. Wenn man 20 Jahre zurück denkt, und jetzt! Mathilde im

70 Der Codex Zographensis ist eine altkirchenslawische Handschrift vom Ende des 10./Anfang des 11. Jahrhunderts in glagolitischer Schrift, die die 4 Evangelien enthält, ediert von: JAGIĆ, Vatroslav (Hg.), Quattuor evangeliorum codex glagoliticus olim Zographensis nunc Petropolitanus, Berlin 1879.

71 Diese Studien mündeten in das Buch: Grammatik der altbulgarischen (altkirchenslavischen) Sprache (Sammlung slavischer Lehr- und Handbücher, 1. Reihe, Bd. 1), Heidelberg 1909.

72 Siehe den Eintrag vom 14. Oktober 1902.

73 HARNACK, Adolf, Miscellen zu den apostolischen Vätern, den Acta Pauli, Apelles, dem Muratorischen Fragment, den Pseudocyprianischen Schriften und Claudianus Mamertus, in: Texte und Untersuchungen zur Geschichte der altchristlichen Literatur, N. F. 5, Texte und Untersuchungen 20, Leipzig 1900.

74 UŁASZYN, Heinrich von, Über die Entpalatalisierung der urslav. e-Laute im Polnischen, Leipzig, Univ., Diss., 1905.

75 Anklam, südöstlich von Greifswald an der Peene, 1870/71–1919 war Anklam Standort einer preußischen Kriegsschule.

76 Elisabeth Judeich.

77 LESKIEN, August, Die Vokale ъ, ь in den Codices Zographensis und Marianus, in: Archiv für slavische Philologie 27 (1905), S. 321-349, vgl. den Eintrag vom 16. Oktober 1904.

78 Siehe den Eintrag vom 5. Februar 1892.

79 WS 1904: Grammatik der altbulgarischen (altkirchenslavischen) Sprache, vgl. HistVV.

Sterben, Friedel Geibel tot, Otto Todeskandidat, Helmuts [Geibel] Leben nichts geworden, bleibt von den Söhnen der junge Karl [Stephan Albert Geibel]. | Von Albert [Leskien] aus Rom immer bis jetzt gute Nachrichten; er hat jetzt Atelier und Wohnung selbständig. – Friedrich [Leskien] sucht noch immer, denkt jetzt an Augenarzt. Ilses [Leskien] Befinden wechselnd, doch im ganzen wie es scheint, sich bessernd. | Habe seit einigen Wochen alle alkoholischen Getränke gänzlich aufgegeben und befinde mich besser. Gearbeitet an Abhandlung über Codex Zographensis[80]. Gelesen Fontane, Storm, Keller, Stifter; müßte es abends tun, um die Grübelei über die altbulgarische Grammatik, die nun auch den Schlaf stört, los zu werden. | Brief an [Carl Hermann August von Oppeln-]Bronikowski über die Erbschaftsangelegenheit[81]. | Briefe von [Erich] Berneker und [Jooseppi Julius] Mikkola, dessen Frau[82] krank war.

13. November 1904 Sonntag: Den Codex Marianus[83] weiter bearbeitet; zu einigen Resultaten gekommen im Vergleich mit Zographensis[84]. – Von [Carl Hermann August von Oppeln-]Bronikowski sonderbarer Weise keine Antwort erhalten. – Ilse [Leskien] geht es recht gut; sie schickt ihre Sachen an [Ottomar] Enking, um zu versuchen, ob sie unterzubringen sind. – Friedrich [Leskien] hat wieder keine Entschlüsse gefaßt und weder bei [Hubert] Sattler und auch nicht bei [Rudolf] Boehm eine Aussicht. Was wird noch werden. – Gertrud [Leskien] schreibt, sie sei in Hoffnung. – Heute Besuch bei Michelson und Frau[85] (Grassistraße 28 pt[86]). – Die jungen Leute ([Eduard] Reusch und die Remelés[87]) spielen nachmittags bei uns Beethoven.

19. November Freitag 1904: Friedrich [Leskien] hat sich nun für die Augenheilkunde entschieden und tritt Montag bei [Hubert] Sattler als Volontär ein. Von Gertrud [Leskien] glücklicher Brief. Am Montag in der Leibnizsitzung der Gesellschaft der Wissenschaften schöne Nekrologe von [Felix] Marchand über [Wilhelm] His, von [Berthold] Delbrück über [Otto von] Böhtlingk. Mit Delbrück waren wir den Abend bei [Ernst] Windisch, dort auch Brug-

---

80 Siehe den Eintrag vom 22. Oktober 1904.

81 Gemeint ist das Erbe Otto von Böhtlingks.

82 Maria Mikkola.

83 Der Codex Marianus ist eine glagolitische Evangelienhandschrift aus Nordostmakedonien vom Anfang des 11. Jahrhunderts, ediert von: JAGIĆ, Vatroslav (Hg.), Mariinskoe četveroevangelie: s primečanijami i priloženijami, Sanktpeterburg/Berlin 1883. Das Exemplar UBL, Biblia.578-sd, stammt aus Leskiens Besitz, mit Zugangsnummer *'18 L 1537*.

84 Siehe die Einträge vom 16. und 22. Oktober 1904.

85 Der Name der Ehefrau von Truman Michelson ist nicht bekannt.

86 Grassistraße im Leipziger Musikviertel.

87 Adolf, Franz und Joseph Remelé.

manns[88]. Am Dienstag Abend bei Alberts[89]. – Vergleichung des Marianus und Zographensis[90] angefangen. – Angefangen zu lesen Réville, La religion sous Les Sévères[91]. – Gelesen den Roman von der Bülow, Italienisches Landleben von heute[92]. – Ilse [Leskien] hat ihre Sachen an [Ottomar] Enking geschickt.

26. November Sonnabend 1904: Am Mittwoch Fakultätssitzung wegen der Wiederbesetzung der geographischen Professur: vorgeschlagen [Joseph] Partsch und [Albrecht] Penck pari loco, dies weil die Naturwissenschaftler, obwohl Partsch als Fortsetzer von Ratzel der einzig in Betracht kommende sein sollte, durchaus einen Mann der Naturwissenschaft durchsetzen wollen. Es zeigt sich wieder, wie dumm es eigentlich ist, den schwerfälligen Körper der philosophischen Fakultät[93] bestehen zu lassen; man sollte zwei oder drei Fakultäten daraus machen. – Die Besprechung über das Kleine Lexikon geführt, ziemlich zum Resultat gekommen. – Angefangen nach Beendigung des Codex Marianus den Assemanianus[94] auf ъ, ь zu untersuchen; es kommen dabei allerlei Überraschungen heraus. – Von [Vatroslav] Jagić höre ich trotz aller Briefe nichts. – [Erich] Berneker hat die slavische Grammatik für Breitkopf und Härtel übernommen. | Friedrich [Leskien] habe ich gesagt, ich wolle ihm 10 – 12000 Mark als sein Erbteil vom jetzigen Vermögen geben, damit er nächsten Sommer heiraten könne; das heißt, er soll das Geld verbrauchen, bis er selbst genügend erwirbt. Seine Verlobung ist eine böse Zugabe für seine Lebensgestaltung, so schön sie an sich sein mag.

10. Dezember Sonnabend 1904: Weiter gearbeitet an der Abhandlung über Zographensis Marianus Assemanianus[95], mit einiger Mühe bei der Zählerei und Diftelei. Am letzten Mittwoch Abend bei Meisters[96] mit Rektor [Johannes

88 Karl und Valeska Brugmann.

89 Albert und Marie »Mony« Brockhaus.

90 Siehe den vorhergehenden Eintrag sowie die Einträge vom 16. und 22. Oktober 1904.

91 RÉVILLE, Jean, La religion à Rome sous les Sévères: étude du syncrétisme religieux dans l'empire romain pendant la première moitié du IIIe siècle de notre ère, Paris 1885.

92 BÜLOW, Frieda von, Im Zeichen der Ernte. Italienisches Landleben von heute: Roman, Dresden 1904.

93 Zur Philosophischen Fakultät der Universität Leipzig gehörten damals die Bereiche: Philosophie, Philologie, Geschichte (mit Kulturgeschichte) und Geographie, Kunstwissenschaften, Staats- und Kameralwissenschaften, Mathematik und Astronomie, Naturwissenschaften.

94 Der glagolitische Codex Assemanianus ist eine altkirchenslawische Handschrift des 11. Jahrhunderts. Ersteditionen: RAČKI, Franjo, Assemanov ili Vatikanski evangelistar, Zagreb 1865 [in glagolitischer Schrift]; ČRNČIĆ, Ivan, Assemanovo izborno evangjelje, Rom 1878 [in lateinischer Schrift].

95 Siehe den Eintrag vom 22. Oktober 1904.

96 Klothilde und Richard Meister.

Eduard] Böttger, Tischer's[97] und anderen, am Dienstag Diner bei Hirts[98]. Nichts Besonderes erlebt.

25. Dezember 1. Weihnachtstag, Sonntag 1904: Am Mittwochabend alle zusammen bis auf Gertrud und Albert [Leskien]. Von beiden sehr gute Nachrichten. Rosa Förster bei uns, und bleibt 8 Tage. Ilse [Leskien] war sehr munter. Ihre Sachen, die sie vor einiger Zeit an Ottomar Enking geschickt hatte, hat dieser freundlich beurteilt. Mir schenkte sie eine neue Erzählung »Der Herr Maler«[99], etwas traurigen niederschlagenden Inhalts; der Plan rührt noch aus ihrer Krankheitszeit her, ich bin ein schlechter Richter über belletristische Sachen, auch nimmt der Inhalt immer zu sehr mit. – Vor einigen Tagen war Frau [Luise] Bräuer hier, sprach über Milli [Emilia Brockhaus], die jetzt ausgesprochen geisteskrank ist. – Ich habe die Abhandlung über Zographensis und Marianus[100] fertig geschrieben, sie liegt druckfertig da; außerdem Vorwort und Inhaltsverzeichnis zu meinem Handbuch[101], das bis auf den letzten Bogen gesetzt ist. – Gelesen einige Romane von [Pjotr Dmitrijewitsch] Boborykin, dekadentes Zeug, sehr unerquicklich; war sonst abends zu müde, um noch zu lesen. | Wegen Alberts [Leskien] Geldverbrauch mache ich mir Sorge; er braucht zu viel, wird es aber kaum recht ändern können.

31. Dezember 1904 Sonnabend: Die Bilanz des Jahres ist besser als die des vorigen: Gertrud glücklich verheiratet, erwartet ein Kind, Ilse leidlich wieder hergestellt und geistig sehr frisch, Ernst und die Kleine[102] gesund, Albert in Rom befriedigt; Friedrich [Leskien] ist noch nicht weiter gekommen und sein weiteres Schicksal beschäftigt mich am meisten. Mit den Vermögensverhältnissen steht es nicht gut: wir haben 15000 Mark über die Einnahmen vom Vermögen verbraucht (Gertruds Aussteuer, Ilses Krankheit, Alberts Kosten in Rom). Ich selbst bin im Herbst krank geworden, Sklerose, wohl schon lange vorhanden, aber bis dahin ohne Belästigung, damit gelebt. Wenn es bei vorsichtigem Leben noch einige Jahre aushalten könnte, wäre es gut, damit die Kinder noch mehr versorgt sind und die Grundstücksfrage gelöst ist. Konrad [Judeich] hat sich nach den Scenen im letzten Sommer nicht wieder darüber geäußert. – In dem weiteren Kreise sehr viel Unglück: Mathilde Geibel hoffnungslos, Milli [Emilia Brockhaus] schwer geisteskrank, Otto Geibel brustkrank. Alles noch viel schlimmer, als es bei uns war. | Ich werde alt; der Mut

---

97 Ernst und Marie Tischer.

98 Hermann und Margarethe Hirt.

99 LESKIEN, Ilse, Der alte Maler, in: Die Grenzboten: Zeitschrift für Politik, Literatur und Kunst 66 (1907), S. 628-636; später unter dem Titel: Der Herr Maler, in: LESKIEN, Ilse, Der Semmelmilchtanz und andere Geschichten, Heidelberg 1912.

100 Siehe den Eintrag vom 22. Oktober 1904.

101 Gemeint ist: LESKIEN, August, Handbuch der altbulgarischen (altkirchenslavischen) Sprache: Grammatik, Texte, Glossar, 4. Aufl., Weimar 1905.

102 Elfriede Leskien.

ist mir gesunken, die Arbeiten wollen nicht so mehr gehen wie früher; viele alte Interessen treten zurück. Ich muß aber versuchen, mich wieder möglichst aufzuraffen, und werde es tun der Meinigen wegen. Wenn ich nur Ilse ganz gesund hätte, sie braucht mich von den Kindern wohl am meisten. | Die neue Auflage meines Handbuchs[103] ist gerade mit Jahresschluß fertig geworden, nicht sehr zu meiner Zufriedenheit ausgefallen. Zur wirklichen Umarbeitung war die Zeit zu kurz.

Abb. 11: Otto von Böhtlingk, enger Weggefährte August Leskiens, um 1890. Quelle: UAL, FS N02188.

103 Siehe den vorhergehenden Eintrag.

Tagebuch 1905

[UBL, NL 348/1/6, Bl. 29r-44v]

1. Januar 1905, Sonntag: Der erste Tag des neuen Jahres hat mit drei Nachrichten angefangen: Milli [Emilia Brockhaus] hat in Dresden die Hand gebrochen, Eduard, Fritz, Franz [Brockhaus] sind dort. Wie es geschehen ist, wußte Albert [Brockhaus], den ich in der Frühe sprach, noch nicht. – Mathilde [Geibel] ist ganz abwesend, glaubt, sie sei nicht zu Hause; zu Weihnacht hat sie sich einen Diamantring schenken lassen und hat ihre Freude an dessen Anblick. – Nikolai Böhtlingk ist vom König [Friedrich August III.] trotz Befürwortung des Offizierkorps abgeschlagen worden, wegen seiner unehelichen Geburt. Was soll nun werden? Die Mutter[1] ist sehr unglücklich darüber, der arme Junge ganz aus der Bahn geschlagen. Man kommt aus dem Kummer nicht heraus, eignem und fremdem. I Gestern habe ich an John Schmitt nach Rom geschrieben, dem auch nicht zu helfen ist. Der hat freilich sein Leben verkehrt eingerichtet, aber er tut mir sehr leid. Seit gestern haben wir nach einem gewaltigen Sturm am Tage vorher etwas Schnee gehabt und jetzt ziemlich starken Frost.

5. Januar 1905, Donnerstag: An Nikolai [Böhtlingk] geschrieben, um ihm vorzuschlagen, in das preußische Heer überzutreten, eventuell in das Bairische. – Milli [Emilia Brockhaus] hat in Dresden auf dem Berg[2] die Hand gebrochen, tatsächlich liegt die Sache viel schlimmer, wie mir Albert Brockhaus mitteilt. Es ist jetzt im Ernst davon die Rede, sie in eine geschlossene Anstalt zu bringen.

7. Januar 1905 Sonnabend: Brief von Albert [Leskien] aus Rom. Er hatte so viel verbraucht, daß ich ihm schreiben mußte, es ginge auf die Dauer nicht, über 3000 Mark zu verbrauchen. Er schickt seine Berechnung nie, sie kommt auf 3600 Mark heraus, die ich ihm heute zugesagt habe. Wie das freilich schließlich auslaufen soll, darüber kann ich mir nur Sorge machen. Von Gertrud [Leskien] auch heute Brief, daß noch 120 Mark auf ihre Aussteuer nachzuzahlen sind. I Angefangen, die Menäen von 1096 – 97[3] für die altkirchenslavische

---

1 Anna Böhtlingk.

2 Villa der Familie Brockhaus, siehe den Eintrag vom 15. September 1895.

3 Vgl. die Ausgabe von JAGIĆ, Vatroslav, Služebnyja minei za sentjabr', oktjabr' i nojabr', v cerkovnoslavjanskom perevode po russkim rukopisjam 1095 – 1097 g., Petersburg 1886 (= Die Gottesdienstmenäen für September, Oktober und November, in kirchenslawischer Übersetzung nach russischen Handschriften 1095–1097). Die Menäen beinhalten in zwölf Monatsbänden das Hymnengut der byzantinischen Kirche in slavischer Sprache, vgl. HANNICK, Christian, (Hg.), Das byzantinische Eigengut der neuzeitlichen slavischen Menäen und seine griechischen Originale, 3 Bde., Würzburg 2006.

Grammatik[4] auszuziehen. | 4. Auflage der altbulgarischen Grammatik[5] ist ganz fertig.
29. Januar 1905, Sonntag: Vorgestern hat Walter Judeich seine Frau[6] zu [Hugo] Schütz nach Hartheck[7] gebracht. Melancholie, wie bei Gertrud [Leskien]. Es ist wie eine Epidemie. – Mathilde Geibels Zustand sinkt immer, sie kann kaum noch ein Wort hervorbringen. Über Millis [Emilia Brockhaus] Unterbringung bei Schütz sollte beraten werden. | Bei uns steht es leidlich; meine Arbeitskraft ist freilich gering; ich suche mich damit abzufinden. Gearbeitet: die Menäen[8] fertig gelesen, bin jetzt beim Gregor von Nazianz[9], hoffe bis Ostern die Leserei fertig zu haben. Das ganze Unternehmen des slavischen Grundrisses steht freilich bei den russischen Zuständen[10] wacklig. Gelesen russische Romane von [Pjotr Dmitrijewitsch] Boborykin. | Am letzten Mittwoch Fakultätssitzung. Ich habe [Wilhelm] Ostwald eine Niederlage bereitet bei seinem Plan, von Vorlesungen befreit zu werden[11].
5. Februar 1905, Sonntag: Von Albert gestern gute Nachricht aus Rom. Mai [Marie Leskien] ist mit einer Freundin 3 Tage in den Harz gefahren. Ilse geht es leidlich. Die revolutionären Zustände in Rußland beschäftigen die Gedanken. | Die 4. Auflage meines Handbuchs[12] ist fertig, das Honorar habe ich diese Woche erhalten.
18. Februar 1905, Sonnabend: Albert [Leskien] war vorige Woche 5 Tage in Neapel. In Leipzig der König [Friedrich August III.] einige Tage dieser Woche. Nachricht, heute, daß Tante Therese [Judeich] schwer von der Influenza befallen ist. Albert Brockhaus teilte mir mit, daß Milli [Emilia Brockhaus] Ende dieses Monats nach Gaschwitz[13] zu [Hugo] Schütz gebracht werden

---

4 Siehe den Eintrag vom 16. Oktober 1904.

5 Gemeint ist: LESKIEN, August, Handbuch der altbulgarischen (altkirchenslavischen) Sprache: Grammatik, Texte, Glossar, 4. Aufl., Weimar 1905.

6 Mathilde Judeich.

7 Siehe den Eintrag vom 11. Dezember 1894.

8 Siehe den Eintrag vom 7. Januar 1905.

9 13 Reden des Gregor von Nazianz in altslawischer Übersetzung, ediert von: BUDILOVIČ, Anton S., Izslědovanie jazyka drevneslavjanskago perevoda, XIII slov Grigorija Bogoslova: po rukopisi Imperatorskoj publičnoj Biblioteki XI věka, Sanktpeterburg 1871.

10 Gemeint ist die russische Revolution von 1905 mit dem Petersburger Blutsonntag am 9./22. Januar 1905, als Soldaten auf Demonstranten schossen.

11 Zu den Auseinandersetzungen um Ostwalds Antrag, von der Lehrverpflichtung befreit zu werden, siehe: GUL 2, S. 688-690.

12 Siehe den Eintrag vom 7. Januar 1905.

13 Siehe den Eintrag vom 11. Dezember 1894.

soll. – Gelesen viel russisches: Pisemskij's Romane[14], dann für die Grammatik[15] das Miroslav'sche Evangelium[16].

3. März 1905, Freitag: Heute die Vorlesungen geschlossen. Inzwischen für altbulgarische Grammatik[17] gelesen: Miroslav-Evangelium[18], Apost. Šišat.[19]. Es kommt nicht viel mehr dabei heraus. – Mein Befinden ist mäßig, Schlaf schlecht, heutnacht bis nach 4 nicht geschlafen. Von den Kindern, Gertrud, Albert [Leskien] gute Nachrichten, auch Tilli [Mathilde Judeich] scheint es leidlich zu gehen. – Viel Russisches gelesen: [Aleksej Feofilaktowitsch] Pisemskij, [Jakow Petrowitsch] Polonskij – Der Cassirer [Franz] Wartig[20] gestern gestorben (Herz-Influenza). – Sprach [Stephan Franz] Karl Geibel: Mathilde [Geibel] ist ganz dahin, kann kaum noch einen Laut hervorbringen; ihre Krankheit ist Bulbär-Paralyse[21] – Dr. Jensen [Kristian Sandfeld], der Däne, der in diesem Winter hier war, nahm am letzten Montag Abschied. | [Wilhelm] Ostwald hat nach der letzten Fakultätssitzung, wo eine Mißbilligung gegen seine Beschuldigung des Dekans[22] (Rechtsverweigerung) beschlossen wurde, seine Entlassung eingereicht[23]. | Mich läßt die Sorge wegen Friedrichs [Leskien] Zukunft nicht zur Ruhe kommen.

12. März 1905, Sonntag: Gestern noch eine Fakultätssitzung in der Ostwaldschen Angelegenheit; er hat seine Pensionierung »aus Gesundheitsgründen« beantragt, die Regierung will darauf eingehen[24]. Die Fakultät wußte nicht wie sich verhalten, hat an das Ministerium nein geschrieben, es möge seinen definitiven Beschluß bis nach den Osterferien verschieben. Herauskommen wird nichts dabei. | Brief von [Erich] Berneker mit Charakteristik [Vatroslav] Jagić's. Daß der ein Schlauberger ist, weiß ich; ich möchte auch lieber nichts mit ihm zu tun haben, allein um der Sache willen muß man auf seiner Seite

---

14 Aleksej Feofilaktowitsch Pissemskij, russischer Schriftsteller.

15 Siehe den Eintrag vom 16. Oktober 1904.

16 Das Miroslav-Evangelium ist eine liturgische Handschrift in kyrillischer Schrift aus der Zeit um 1186, ediert von: STOJANOVIĆ, Ljubomir, Miroslavljevo jevanđelje, Wien 1897.

17 Siehe den Eintrag vom 16. Oktober 1904.

18 Siehe den vorhergehenden Eintrag.

19 Eine aus dem Kloster Šišatovac in Serbien stammende altslawische Handschrift des Apostolus von 1324, ediert von: MIKLOSICH, Franz von, Apostolus e codice monasterii Šišatovac Palaeo-Slovenice, Wien 1853.

20 Franz Wartig war Hauptkassierer bei F. A. Brockhaus.

21 Bulbärparalyse gehört zu den Erscheinungen der spinalen Muskelatrophie und ist eine Erkrankung der (Hirn-)Nerven, die zur Beeinträchtigung der Muskeln, des Schluckens, Kauens und Sprechens führt.

22 Johannes Volkelt.

23 Zu den Auseinandersetzungen zwischen Ostwald und der Fakultät siehe seine Autobiographie: OSTWALD, Lebenslinien, S. 363-364.

24 UAL, Phil.Fak. A 03/30:07, S. 179-180; siehe auch den vorhergehenden Eintrag.

sein. Weiß Gott, mit all diesen Slaven: [Franz von] Miklosich, Jagić, [Aleksander] Brückner, [Václav] Vondrák, [Mathias] Murko ist nichts, drjan', i kakaja[25]. | An [Alfred] Hettner über seine Studie über Rußland[26] geschrieben. Sie taugt nichts, aber die Leute schreiben nun einmal über Dinge, die sie nicht kennen. Wann wird es einmal aufhören, daß man über Rußland schreibt, ohne ein Wort russisch zu können, ohne die russischen Werke zu lesen und so weiter. | Die Woche wenig getan; etwas gelesen zur altbulgarischen Grammatik[27]. Es wäre jetzt Zeit für mich, den ganzen Tag zu freier Arbeit zu haben, das [Konversations-]Lexikon aufzugeben, ich kann aber nicht. | Für Nikolai [Böhtlingk] scheint Aussicht zu sein, daß er in den preußischen Untertanenverband[28] kommt und dort weiter dient – die Mutter[29] war in Berlin im Lauf dieser Woche. Sie selbst ist merkwürdig, unverständig und haltlos.
22. März 1905 Mittwoch, Bußtag: Heute Karte von [Berthold] Delbrück aus Rom, daß er mit Albert [Leskien] zusammengewesen und ihn sehr wohl gefunden hat; gestern Brief von Maria Geibel [Krehl]. – Gesternabend Vortrag gehalten im Deutschen Sprachverein über »das Hochdeutsche im niederdeutschen Volk«[30]; Plauderei. – Am letzten Montag in einem Lauten-Gesangskonzert von [Sven] Scholander. – Gelesen zur altbulgarischen Grammatik[31] das Psalterium Sinaiticum[32], bleibt noch der Suprasliensis[33].
2. April Sonntag 1905: Am 26. März das Geschäftsdiner bei Eduard [Brockhaus]. – Den Suprasliensis[34] angefangen für die Grammatik[35] zu lesen. – Gestern [Otto von] Böhtlingks Todestag. – Albert Brockhaus teilte mir neulich

---

25 Was für ein Gelumpe.

26 HETTNER, Alfred, Das europäische Rußland: eine anthropogeographische Studie, Leipzig 1904.

27 Siehe den Eintrag vom 16. Oktober 1904.

28 Nikolaj Böhtlingk hatte die Einbürgerung in Preußen beantragt.

29 Anna Böhtlingk.

30 Allgemeiner Deutscher Sprachverein, 1885 in Braunschweig gegründet mit dem Ziel der Reduzierung von Fremdwörtern in der deutschen Sprache, zahlreiche Zweigvereine, so auch in Leipzig.

31 Siehe den Eintrag vom 16. Oktober 1904.

32 Das Psalterium Sinaiticum ist eine altkirchenslawische Handschrift in glagolitischer Schrift aus dem 11. Jahrhundert, aufgefunden 1850 im Katharinenkloster auf dem Sinai, erstmals ediert von: GEITLER, Lavoslav, Psalterium: glagolski spomenik manastira Sinai brda, Zagreb 1883. Das Exemplar UBL, Ges.-Schr.282-i:3, stammt aus Leskiens Besitz, mit Exlibris, Stempel *A. Leskien* und Zugangsnummer *'17 L 515*. Auf dem vorderen Vorsatz hat Leskien einen Literaturhinweis eingetragen. Im Text des Psalters findet sich am Rand die Blattzählung der Handschrift.

33 Zum Codex Suprasliensis siehe den Eintrag vom 5. September 1897.

34 Siehe den Eintrag vom 5. September 1897.

35 Siehe den Eintrag vom 16. Oktober 1904.

mit, daß Rudolf [Brockhaus] zum 1. Juli austritt, Fritz [Brockhaus] eintritt[36]. Damit ist die Rudolfsche Linie[37] aus dem Geschäft heraus.

3. April, Montag 1905: Mit Friedrich [Leskien] definitiv seine nächsten Jahre besprochen: ich gebe ihm nach seiner Heirat zunächst 2000 Mark jährlich, wenn er sich niederlassen will 1000 Mark von seinem Erbteil.

5. April 1905 Mittwoch: Heutmorgen Mathilde [Geibel] gestorben, mitte der Fünfziger. Vor 43 Jahren habe ich sie als ganz junges Mädchen, fast Kind, zuerst gesehen. Mit den Jahren wurden wir vertraute Freunde. Wenn ich mir das Leben überdenke, was war der Gewinn: Die ersten Jahre der Ehe voll Glück, bei großem Reichtum, viel Lebensmut, schönen Kindern, durch ihre Liebenswürdigkeit, Klugheit und Güte überall geschätzt. Dennoch war die Lage keine wünschenswerte: das Verhältnis zu Milly [Emilia Brockhaus] störend, die hat wie überall auf ihre Umgebung, nicht gut gewirkt; es wurde die in Mathildes Natur liegende Rastlosigkeit vermehrt durch sie und die eingebildeten Pflichten, die sie sich von Milly und der unter deren Einfluß stehenden Schwiegermutter[38] einreden ließ. Der Mann[39] war eigentlich kein Gefährte für sie; nervös, von allen Stimmungen beherrscht, ohne eigentlich höheres Leben. Die Kinder hielten nicht das Versprochene: Hellmut [Geibel], unbegabt und willensschwach, heiratet eine Kunstreiterin[40], tritt aus des Vaters Geschäft, übernimmt das Riechberger Gut[41] und sitzt dort nun, ohne Kinder, in seinem Philisterleben. Friedel [Friedrich Geibel] verwüstet unsinnig sein Leben, stirbt nicht lange nach seiner Verheiratung, ohne Kinder; Otto [Geibel] heiratet, tritt in des Vaters Geschäft, wird brustkrank und ist in Davos; der jüngste Karl [Stephan Albert Geibel] macht nicht viel Hoffnung. Das hat sie nun in den letzten 10 Jahren ansehen müssen. Sie sprach nicht viel davon, aber man merkte, wie schwer sie es empfand. Dann kam die entsetzliche Krankheit, mehrere Jahre lang ging es immer abwärts. Von dem enormen Reichtum hat sie eigentlich nichts gehabt, brauchte ihn auch in ihrer einfachen Art nicht. Wie viel besser wäre es für sie gewesen, wenn sie einen einfachen Beamten oder Gelehrten geheiratet hätte. Wie es war, konnte sie ihre Gaben, die große Gescheitheit, die Herzensgüte und Einfachheit nicht recht anwenden; es blieb bei aller ihrer Wohltätigkeit und Treue doch ein

---

36 Gemeint ist der Ein- und Austritt in die bzw. aus der Geschäftsleitung von F. A. Brockhaus.

37 Gemeint sind die männlichen Nachfahren von Heinrich Rudolf Brockhaus sen.

38 Leonore Geibel.

39 Stephan Franz Carl Geibel.

40 Der Name der Ehefrau von Hellmuth Geibel ist nicht bekannt.

41 Die Familie Geibel besaß ein Gut in Riechberg, heute ein Stadtteil von Hainichen in Sachsen, vgl. DOHV, Art. Riechberg.

brachliegender toter Schatz. Das ganze nervöse, engherzige Geibelsche Geschlecht war für sie nicht die richtige Umgebung, verstanden hat sie keiner von denen, auch ihr eigner Mann nicht. Alle diese Geibelschen Menschen sind nur mit sich beschäftigt, es ist ein sonderbares Geschlecht: einige mit bösen Trieben ausgestattet, andre egoistisch und kleinherzig, andre schwach. Der Vater Carl Geibel[42] ist von allen noch der beste, aber rechter Schwung war auch nie darin.[43]

30. April Sonntag 1905: Vom 7. – 21. April in Münster, vom 22. – 30. in Dresden, dort den Kaufvertrag mit Conrad [Judeich] abgeschlossen. Ilse [Leskien] mit den Böhtlingks[44] dort geblieben.

6. Mai Sonnabend 1905: Am 1. Mai die Vorlesungen[45] begonnen; alles zu Stande gekommen. Sonst die Woche noch nichts getan, war immer müde: russische Sachen von Lěskov[46] gelesen. Die ganze russische Litteratur der neuen Zeit behält für mich immer das Niederdrückende. Von Albert Brockhaus gehört, daß Heinrich [Brockhaus] in Florenz recht krank war; Darmblutungen mit Ohnmachten. – In der Fakultät die Ostwaldsche Entlassungssache am Mittwoch verhandelt: 10 für, 18 Stimmen gegen seine Bedingungen, unter denen er bleiben will[47]. Die Sache liegt so: er will für Lebenszeit von Vorlesungen seines Faches befreit sein, Institutsdirektor bleiben, also eine Akademikerstellung einnehmen. Der Grund, daß er die Vorlesungen nicht mehr halten will, »sie nehmen seine Kräfte ungebührlich in Anspruch«. Dabei steht er in Verhandlung mit dem Ministerium um einen Urlaub für den Winter nach Amerika, wo er Vorlesungen halten will. Dazu hat er die Kräfte.

14. Mai Sonntag 1905: Die Woche wieder an der altbulgarischen Grammatik[48] gearbeitet, Suprasliensis[49] halb fertig. Die Schillerfeier am 9. nicht mitgemacht; [Albert] Köster hat in der Wandelhalle die Rede gehalten[50]. Am 8. war der 100jährige Geburtstag der Schwester [Otto von] Böhtlingks, Frau [So-

---

42 Gemeint ist wohl der Schwiegervater von Mathilde Geibel, Friedrich Wilhelm Carl Geibel.

43 Bl. 35r: eingeklebt Traueranzeige für Mathilde Geibel, 5. April 1905.

44 Wahrscheinlich Anna und Nikolaij Böhtlingk.

45 SS 1905: Historische Grammatik der serbo-kroatischen Sprache; Geschichte der altkroatischen Literatur Dalmatiens, vgl. HistVV.

46 Nikolaj Semjonowitsch Leskow.

47 UAL, Phil.Fak. A 03/30:07, S. 183-185; vgl. die Lebenserinnerungen Ostwalds: OSTWALD, Lebenslinien, S. 363-364.

48 Siehe den Eintrag vom 16. Oktober 1904.

49 Zum Codex Suprasliensis siehe den Eintrag vom 5. September 1897.

50 Am 9. Mai 1905 war Friedrich Schillers 100. Todestag. Albert Köster hielt die *Gedächtnisrede*, vgl. KÖSTER, Albert, Gedächtnisrede zur Feier der hundertjährigen Wiederkehr von Schillers Todestag am 9. Mai 1905, Leipzig 1905.

phie] von Harder, Artur Böhtlingk hat an dem Tage das Bein gebrochen und konnte nicht dabei sein. Von Albert Brockhaus gehört, daß Milly [Emilia Brockhaus] sich in Gaschwitz[51] zurecht findet und bereits anfängt [Hugo] Schütz zu schätzen. – Die russische Lektüre beendet, Polnisch angefangen.[52]
21. Mai Sonntag 1905: Ilse [Leskien] ist in Dresden wieder etwas mit Schmerzen behaftet gewesen; sie schreibt, daß sie jetzt nur noch sehr müde wäre. Gestern war Tante Anna [Böhtlingk] von Dresden einen halben Tag hier. – In der Senatssitzung am letzten Mittwoch die Studentenbewegung wegen der akademischen Freiheit verhandelt[53]. Daran schloß sich ein Referat des Rektors[54] über die Eigenmächtigkeiten des Rentmeisters[55]. Der weiß ganz wohl, wie der Wind oben weht. Die sogenannte Autonomie und Selbstverwaltung der Universitäten ist eine schöne Redensart. – Es muß einen bacillus burocraticus geben, der den Leuten anfliegt, sobald sie Staatsbeamte werden; die Neigung in alles und jedes überflüssiger Weise hineinzureden, ist sonst gar nicht zu begreifen. – Gelesen 2 Bände Le roi Beaulieu, Reich der Caren[56], und Brüggen, Das heutige Rußland[57]. | Heute Mais [Marie Leskien] Geburtstag.
4. Juni 1905 Sonntag: In der letzten Woche die Entscheidung in Ostasien gefallen, die russische Flotte vernichtet[58]. In Rußland überall anarchische Zustände, die Zeitung Razsvět, die ich lese (Uchtomskij's Organ)[59] rät zum Frieden, ist fanatisch in der Befürchtung aller möglichen Reformen: religiöse, nationale Toleranz. Dabei aber heißt es: laßt Ostasien fahren, geht nach Persien, Afghanistan, Kleinasien, Balkanhalbinsel, das heißt sucht die Sucht nach Weltherrschaft zu befriedigen auf alle Fälle, wenn nicht so, dann anders. | Am 6. Juli [richtig: Juni] ist die Hochzeit des deutschen Kronprinzen[60]. | [Wilhelm] Ostwald geht im Winter nach Amerika, hält dort Vorlesungen an der Harvard University[61]. Derselbe Mann, der in der Fakultät erklärt, die Vorlesungen

---

51 Siehe den Eintrag vom 11. Dezember 1894.

52 Bl. 36v: eingeklebt Traueranzeige der Jugoslavenska Akademija Znanosti i Umjetnosti für Ivan Krst. Tkalčić, 11. Mai 1905.

53 UAL, Rep. I/XVI/II/A 19, Bl. 158r, 17. Mai 1905: *Die ›akademische Freiheit‹ und die Tagung der Studenten in Eisenach und Weimar.*

54 Georg Rietschel.

55 Ernst Gebhardt.

56 LEROY-BEAULIEU, Anatole, Das Reich der Zaren und die Russen, 3 Bde., Berlin 1884–1890. Das Exemplar UBL, Hist.Ross.240-de, stammt aus Leskiens Besitz, mit Stempel *A. Leskien* und Zugangsnummer *'17 L 274.*

57 BRÜGGEN, Ernst von der, Das heutige Rußland: Kulturstudien, Leipzig 1902.

58 In der Seeschlacht bei Tsushima am 27./28. Mai 1905.

59 Razsvet/Rassvet, Petersburger Zeitung (Politik, Gesellschaft, Literatur), die von März bis November 1905 erschien. Herausgeber war Fürst Esper Esperowitsch Uchtomskij.

60 Heirat von Wilhelm von Preußen und Cecilie zu Mecklenburg.

61 Vgl. die Darstellung in der Autobiographie Ostwalds: OSTWALD, Lebenslinien, S. 385f.

nehmen seine Kräfte ungebührlich in Anspruch (dies sind seine eignen Worte), von dem dann seine nächsten Collegen ([Otto] Wiener, [Ernst] Beckmann) sagen, wenn er auch nicht lese, sei seine Bedeutung als Institutsdirektor ein Erfolg für alles, der hat jetzt Kräfte genug, in Amerika Vorlesungen zu halten, und läßt kaltblütig ein Semester das Institut im Stich. | Gearbeitet an der Abhandlung über ъ, ь im Codex Suprasliensis[62]. Gelesen allerlei von [Ignatij Nikolajewitsch] Potapenko, ist nichts besonderes. | Gestern Moni [Marie] Brockhaus hier: Heinrich [Brockhaus] ist mit seiner Darmkrankheit in Wiesbaden; es scheint zu einer Operation zu kommen.

8. Juni Donnerstag 1905: Heute Lisbeth nach Münster zu Gertruds Entbindung; Elfriede allein nach Dresden zu Ilse [Leskien], weil Tante Anna heute zu Nikolai [Böhtlingk] nach Stettin gereist ist. Ilse hat durch ein starkes Gewitter gestern sehr gelitten. Morgen wollen wir andern nach Dresden, vielleicht ohne Friedrich [Leskien], der die ganze Woche an Mandelentzündung krank war. | Heut morgen [Curt] Wachsmuth gestorben, an Herzkrankheit (Sklerose); er war seit Ostern krank und las in diesem Semester nicht. | Mathilde Geibel hat Friedrich [Leskien], ihrem Paten, 1000 Mark vermacht, die ihm [Stephan Albert] Karl Geibel ausgezahlt hat. | Meine Abhandlung über den Suprasliensis Codex[63] nicht ganz vor Pfingsten beendigt. | Gelesen allerlei von Saltykov[64]. | Nachricht von der Auflösung der norwegisch-schwedischen Union[65].

25. Juni Sonntag 1905: Vom 10. – 19. Juni (über Pfingsten) in Dresden mit Elfriede, einige Tage waren auch Mai [Marie Leskien], Friedrich, Ernst [Leskien] und Remelé[66] da. Ilse [Leskien] ging es nicht gut, ich selbst befand mich nicht besonders. | Nach der Rückkehr wieder mit der Arbeit über den Codex Suprasliensis[67] angefangen, hoffe in 8 Tagen fertig zu sein. Mittwoch den 21. Fakultätssitzung: [Hermann] Credner zum Dekan gewählt (nicht sehr glückliche Wahl), [Franz] Studniczka zum Prokanzellar. | Gestern abend Mai nach Norwegen – Gespräch mit Friedrich, der mich bewegen will, Elfriede [Leskien] mit Heinricis[68] ins Seebad zu schicken, weil sie nach seiner Ansicht blaß und schwach aussieht, auch eine kleine Biegung der Wirbelsäule hat, die durch orthopädisches Turnen beseitigt werden kann. Der eigentlich innere

---

62 Siehe den Eintrag vom 15. März 1903.

63 Siehe den Eintrag vom 15. März 1903.

64 Michail Jewgrafowitsch Saltykow-Schtschedrin.

65 Am 7. Juni 1905 löste Norwegen die Union mit Schweden. In Karlstad wurde am 23. September 1905 die Trennung vertraglich geregelt.

66 Franz oder Joseph Remelé.

67 Siehe den Eintrag vom 5. September 1897 und vom 15. März 1903.

68 Gemeint sind Georg und Paula Heinrici sowie ihre Tochter Ellen, die mit Elfriede Leskien befreundet war.

Grund ist aber, daß er die Kleine vor dem längeren Zusammensein mit Ilse bewahren will. Er hält diese für nicht normal, verurteilt alle ihre literarischen Bestrebungen, sie sei nur mit sich beschäftigt, urteile über alles, was sie nicht verstehe und nicht gelernt habe, besitze viel weniger Talent als sie sich einbilde, ihre Sachen seien unbedeutend und so weiter. Es ist darin ein Teil Wahrheit mit viel Übertreibung, ich habe ihm seine übertriebenen Vorstellungen aber nicht ausreden können, sehe aber, daß zwischen Mai und ihm einerseits und Ilse andrerseits ein tiefer innerer Gegensatz besteht. Es ist das ein neuer Druck für mich zu denen, die schon bestehen. | Todesanzeigen von [Otto] Bremers Vater[69] und Karl Sträter, dem Mann der Marie Brockhaus.

30. Juni 1905, Freitag: Nachricht, daß Viktor Hase in Kairo gestorben, heute begraben. – Gesternabend war [Josef] Janko, der Prager Germanist bei mir, geht nächste Woche nach Berlin. – Wieder für 1500 Mark Papiere verkauft (= 2679 Mark). Von Gertrud [Leskien] immer noch keine Nachrichten. Der Rietschel-Ebeling-Prozeß[70] vorige Woche beendet, [Friedrich] Ebeling verurteilt. – In Rußland volle Empörung[71].

6. Juli 1905, Donnerstag: Heute Nachricht, daß Gertrud [Leskien] heute einen Sohn[72] geboren hat und daß alles gut geht[73]. – Besuch von [Tore] Torbiörnsson, der sich eine Woche hier aufhält und meine Vorlesungen besucht. – Am letzten Montag die Abhandlung über Suprasliensis[74] beendet und zum Satz gegeben. | Am 1. Juli Rudolf aus dem Geschäft[75] ausgetreten, Fritz [Brockhaus] eingetreten.

10. Juli Montag 1905: Weitere gute Nachricht von Gertrud [Leskien]. Besuch von dem Germanisten [Hugo] Palander aus Helsingfors, der gesternabend bei uns war. Von Heinrich Brockhaus Brief, es geht ihm besser. Ich selbst bin sehr müde, es wird Zeit, daß die Ferien kommen. Gestern Friedrich, Elfriede [Leskien] und ich bei Heinricis[76] zu Mittag.

---

69 Siegmund Bremer.

70 Gemeint ist der gerichtlich ausgetragene Streit zwischen dem Pfarrer Friedrich Ebeling und dem evangelischen Theologen Georg Rietschel über die Gültigkeit der Kirchenvorstandswahlen der Nikolaigemeinde 1901 und 1902, der zu Ungunsten von Ebeling ausging; vgl. RIETSCHEL, Georg, Rede über den Fall Ebeling, Leipzig 1905; sowie: EBELING, Friedrich, Die Rechtfertigungsschrift des Herrn Geheimrat D. Rietschel aktenmäßig beleuchtet, Leipzig 1905.

71 Gemeint ist die Revolution 1905.

72 Gerhart Streitberg.

73 Bl. 39r: eingeklebt Telegramm von Wilhelm Streitberg an Leskien vom 6. Juli 1905: *ein kraeftiger junge angekommen alles gut herzlichen gruss = wilhelm*. Gemeint ist die Geburt von Gerhart Streitberg.

74 Siehe den Eintrag vom 15. März 1903.

75 F. A. Brockhaus.

76 Georg und Paula Heinrici.

14. Juli Freitag 1905: Heute Elfriedes [Leskien] Ferien begonnen, ich begleite sie und die kleine Remelé[77] morgen nach Dresden. Auch Anna[78] geht mit dahin. Gestern Nikolai [Böhtlingk] und seine Mutter[79] auf einen Tag hier. Er gefällt mir weniger als sonst, aber die fatale Lage mag dazu beitragen. – Von Münster gleiche gute Nachrichten. – In 8 Tagen geht Friedrich [Leskien] nach Christiania zu seiner Hochzeit[80]. Wieder ein Abschied im Leben, ein neues beginnendes Familienleben. Wenn ich nur ein bißchen freudiger in die Zukunft sehen könnte: ich nicht mehr gesund, über die Maßen müde, die Vermögensverhältnisse wenigstens zunächst ungünstig bei den vielen Ansprüchen, die auch in den nächsten Jahren wohl immer noch steigen werden. – Vielleicht bringen mir die Ferien bessere Stimmung. Hier habe ich auch zum Arbeiten keine Lust mehr; habe aber angefangen, die Ausgabe der Psalterien von [Vatroslav] Jagić[81] zu lesen; wäre mir ganz interessant, wenn ich jetzt überhaupt mehr wissenschaftliche Stimmung hätte. – An der Universität Streiterei wegen der bevorstehenden Rektorwahl; eine Menge Candidaten werden genannt: [Carl] Chun, [Ernst] Beckmann, [Karl] Lamprecht, [Hermann] Credner, [Richard] Wülker; ich glaube noch mehr. Gegen Chun wird agitiert wegen längst vergangener Frauenzimmergeschichten.
22. Juli 1905, Sonnabend: Am letzten Donnerstag (20.) Lisbeth [Leskien] von Münster zurück, wo alles gut geht. – Heutabend geht Friedrich [Leskien] nach Norwegen. – Ich habe angefangen, rumänisch zu lernen, nach [Gustav] Weigand[82] zunächst.

---

77 Gemeint ist Caroline Remelé, verh. Steche, die im Alter von Elfriede Leskien war.

78 Anna war 1877 die Kinderfrau im Hause Leskien, vgl. UBL, NL 348//8, August Leskien an Marie Pauline Judeich, Leipzig, den 15. Februar 77 (Abschrift): *Albert habe ich bei dem wunderschönen heutigen Frühlingswetter eben mit Anna ausgeschickt; als ihm der Kleine* [Friedrich Leskien] *zuerst gezeigt wurde, erklärte er ihn anfangs für einen Wauwau, dann für einen Gummimann u. das Wickelbettchen für ein Sopha; gestern aber erkannte er ihn als Bruder an; so bezeichnet er übrigens Gertrud beharrlich noch.* Daß diese Kinderfrau noch 1905 in der Familie war, ist nicht belegt. Wahrscheinlich ist Anna Böhtlingk gemeint.

79 Anna Böhtlingk.

80 Hochzeit von Friedrich Leskien und Marie Sophie Lie am 26. Juli 1905 in Christiania (Oslo).

81 Gemeint ist: JAGIĆ, Vatroslav (Hg.), Psalterium Bononiense: interpretationem veterem Slavicam cum aliis codicibus collatam, adnotationibus ornatam, appendicibus auctam, Berlin/Wien 1907, vgl. Leskien in der Einleitung seiner Grammatik der altbulgarischen (altkirchenslavischen) Sprache, 2. und 3. Aufl., Heidelberg 1919, S. XLVIII: *Eins der wichtigsten Denkmäler dieser Klasse ist der in der Bibliothek zu Bologna befindliche Psalter mit Kommentar, geschrieben am Ende des 12. Jahrh., hg. von Jagić: Psalterium Bononiense, Berlin 1907, mit den Varianten sonstiger Psalmenüberlieferung.* Offensichtlich hatte Leskien Einsicht in das Manuskript vor der Drucklegung der Edition.

82 WEIGAND, Gustav, Praktische Grammatik der Rumänischen Sprache, Leipzig 1903.

28. Juli 1905, Freitag: Am Mittwoch den 26. Friedrichs [Leskien] Hochzeit in Christiania. – Heute die Vorlesungen geschlossen.

1. August – 2. Oktober 1905: Die Familie in Dresden; ich vom 26. September – 7. Oktober in Münster. In Dresden auch Walter [Judeich] mit Kind[83] und Schwägerin[84]; seine Frau[85] kam am 25. September aus Hartheck[86] entlassen auch nach Dresden. – Albert [Leskien] gestattet noch ein Jahr in Rom zu bleiben. – Mai [Marie Leskien] und Friedrich waren auf der Rückkehr von Norwegen einige Tage in Dresden; Nikolai Böhtlingk endlich beim Militär angenommen, in Saarburg[87] als Ulan. | Ernst wohnt jetzt wieder bei uns; Elfriede [Leskien] hat die Stube neben meiner bekommen. – Im September Frau [Luise] Bräuer gestorben.

21. Oktober 1905 Sonnabend: Am 14. und 15. Oktober die Feier des 100jährigen Jubiläums von F. A. Brockhaus. Heinrich [Brockhaus] aus Florenz dazu hier. – Beschäftigung: Rumänisch.

29. Oktober 1905, Sonntag: Am letzten Dienstag die Vorlesungen[88] angefangen, mit der gewöhnlichen geringen Zahl von Zuhörern. Donnerstag Fakultätssitzung: die Regierung hat die Vorschläge für Wiederbesetzung des philologischen Teils der Wachsmutschen Professur[89] abgelehnt, will durch [Otto] Immisch ein Provisorium errichten. Protest der Fakultät dagegen, unter heftiger Debatte[90]. Gesternabend Lisbeth, Ilse [Leskien] und ich zum jour fixe bei Gontards[91] in Leutzsch. – Rede des Kaisers[92] [Wilhelm II.] mit Spitze gegen England. – Ich habe angefangen am Dienstag zu schreiben an der altbulg. bulgarischen [!] Grammatik für den slavischen Grundriß[93].

4. November 1905 Sonnabend: Am 31. Rektoratswechsel[94]; ich war – seit Jahren

83 Elisabeth Judeich.

84 Eine Schwester seiner Frau Mathilde »Tilli«, geb. Bunsen, über die nichts bekannt ist.

85 Mathilde »Tilli« Judeich.

86 Siehe den Eintrag vom 11. Dezember 1894.

87 Saarburg (Sarrebourg) in Lothringen, 1871–1918/19 Standort einer Garnison des Deutschen Reiches.

88 WS 1905: Vergleichende Grammatik der slavischen Sprachen, vgl. HistVV.

89 Die Professur von Curt Wachsmuth für Klassische Philologie und Alte Geschichte.

90 UAL, Phil.Fak. A 03/30:07, S. 202-203.

91 Friedrich und Anna Gontard.

92 In seiner Rede am 26. Oktober 1905 in Berlin – zu einer Zeit, als Deutschland misstrauisch Englands Politik in der Nordseeregion, besonders gegenüber Norwegen, beobachtete – drohte Kaiser Wilhelm II. unverhohlen mit Waffengewalt, vgl. OBST, Die politischen Reden, S. 273: [...] *das Pulver trocken, das Schwert geschliffen, das Ziel erkannt, die Kräfte gespannt und die Schwarzseher verbannt! Mein Glas gilt unserem Volk in Waffen! Das deutsche Heer und sein Generalstab hurra, hurra, hurra!*

93 Siehe den Eintrag vom 8. Oktober 1892.

94 Neuer Rektor wurde Gerhard Seeliger.

wieder einmal – dabei; die Esserei von 5 – 10 und die Reden ungeheuer ermüdend, und das ganze verlorne Zeit. – Die ersten Kapitel der altbulgarischen Grammatik für die Enzyklopädie[95] geschrieben, ohne rechtes Gelingen; fühle mich auch nicht ganz wohl. – Ernsts [Leskien] Geburtstag am 2., abends machten er, die Remelés[96] und [Eduard] Reusch Musik. – Gesternabend ich bei Friedrichs[97]. – Vorige Woche Broch und Frau[98] zwei Tage hier.
2. Dezember 1905: Vor einigen Wochen war Mikkola auf mehrere Stunden hier; er geht mit der Frau[99], die wegen ihrer Krankheit, wie es scheint, in Halle geblieben war, auf einen Monat nach Wien dort zu arbeiten, am Anfang Dezember wollen sie auf einige Tage hierher kommen. – Von [Erich] Berneker Mitteilung, daß er mit Winter in Heidelberg in Verhandlung sei über die Herausgabe einer Serie von Lehrbüchern der slavischen Sprachen[100]; ich solle als Herausgeber genannt werden, habe aber veranlaßt, daß wir beide als solche auftreten. – Von der altbulgarischen Grammatik[101] habe ich den Vokalismus in der Hauptsache erledigt, lese jetzt die Quellen in Bezug auf Wörter. Von [Vatroslav] Jagić höre ich aber gar nichts. – In Rußland vollständige Anarchie, Streiks, Militär-Bauern-Regierungen, Abschlachten der Juden. – Der an Stelle [Curt] Wachsmuths berufene [Ulrich] Wilcken hat abgelehnt, vielleicht kommt also die Reihe an Walter [Judeich].
10. Dezember 1905, Sonntag: Gestern endlich mit einem Albanesen (Caros[102] aus Ochrid[103], hier Kaufmann) zusammengekommen und weitere Zusammenkünfte verabredet; habe gesehen, daß ich die Aussprache doch nach der Beschreibung ziemlich getroffen hatte. | Von [Erich] Berneker heute Brief, daß er am nächsten Sonnabend kommen will. – [Ulrich] Wilcken hat nun doch den Ruf nachträglich angenommen; für Walter [Judeich] ist es so besser. – Der alte [Woldemar Bernhard] Wenck endlich gestorben. – Frau [Sophie] von Harder, [Otto von] Böhtlingks Schwester, vor 8 Tagen gestorben, 100 Jahre und 7 Monate; einfach eingeschlafen. | Heinrich Brockhaus hat Albert [Leskien] zu Weihnachten eingeladen. | Gestern Elfriede und Ilse [Leskien]

---

95 Siehe den Eintrag vom 8. Oktober 1892.

96 Adolf, Franz und Joseph Remelé.

97 Friedrich und Marie »May« Leskien.

98 Olaf und Ninni Henriette Broch.

99 Jooseppi Julius und Maria Mikkola.

100 Sammlung slavischer Lehr- und Handbücher, hg. von August Leskien und Erich Berneker im Verlag C. Winter, Heidelberg.

101 Siehe den vorhergehenden Eintrag.

102 Nicht identifiziert.

103 Ohrid im heutigen Staat Makedonien.

im Theater, »Martha«[104]. | Ich habe für das Altbulgarische den Hamartolos[105] durchgelesen, bin jetzt beim Sbornik Svjatoslavov[106].
24. Dezember 1905 Weihnachtsabend, Sonntag. Am 16. und 17. Dezember [Erich] Berneker hier, wir haben das Einzelne der slavischen Sammlung besprochen. Am 18. kam Mikkola auf der Rückreise von Wien; er und seine Frau[107] am Dienstag und Freitagabend bei uns, zuletzt mit einem jungen Finnen Ihamuotila[108]. – Albert [Leskien] ist am 19. von Rom nach Florenz zu Heinrichs[109]. – Ich habe am Donnerstag die Vorlesungen geschlossen; seitdem an einer Kritik von Prellwitz Etymologisches Wörterbuch[110] gearbeitet. – Wilhelm [Streitberg] hat seinen Schwager (pensionierter Gymnasiallehrer in Hanau)[111] durch plötzlichen Tod verloren. – Gestern kam Rosa Förster, um mit uns die Weihnachtszeit zu verleben.
29. Dezember 1905, Freitag. Die Weihnachtszeit gesund verlebt. Friedrichs[112] waren am Weihnachtsabend bei uns. – Kleine Abhandlung über litauisch mozóti[113] geschrieben und eine Besprechung der Slavica in Prellwitz Etymologisches Wörterbuch der griechischen Sprache[114]. – Verbraucht 1905 in runder Summe 26600 Mark, einige Tausend über die Einnahmen, vom Kapital genommen.

---

104 FLOTOW, Friedrich von, Martha: oder Der Markt zu Richmond; Oper in 4 Akten, eine Vielzahl von Ausgaben seit 1847.

105 Georgii Monachi chronicon, hg. von Carl de Boor, 2 Bde., Leipzig 1904.

106 Swjatoslaw II. (1027–1076), 1073–1076 Großfürst der Kiewer Rus, gab zwei Handschriften in Auftrag (»Izbornik Svjatoslava« von 1073 sowie von 1076, altrussisch). Die Handschrift von 1073 wurde 1817 im Kloster Neu-Jerusalem in der Nähe von Moskau aufgefunden und 1880 erstmals veröffentlicht: SAVVIČ, Timofej (Hg.), Izbornik velikago knjazja Svjatoslava Jaroslaviča 1073 goda, Sankt Petersburg 1880.

107 Jooseppi Julius und Maria Mikkola.

108 Nicht identifizierbar.

109 Heinrich und Elisabeth Brockhaus.

110 LESKIEN, August, Das Slavische in dem Etymologischen Wörterbuch der griechischen Sprache von Prellwitz, in: Indogermanische Forschungen 19 (1906), S. 202-208.

111 Der Name des Schwagers von Streitberg ist nicht bekannt.

112 Friedrich und Marie »May« Leskien.

113 LESKIEN, August, Litauisches mozóti, màstĕgûti, in: Indogermanische Forschungen 19 (1906), S. 209.

114 Siehe den vorhergehenden Eintrag.

Tagebuch 1906

[UBL, NL 348/1/6, Bl. 44v-53r]

10. Januar Mittwoch 1906: Die Ferien zum Teil und die Tage nachher für [Wilhelm] Streitberg litauische Texte zurecht gemacht zu dem von ihm geplanten litauischen Handbuch; bei Winter soll es erscheinen, etwa 10 Bogen (Honorar 70 Mark)[1]. – [Georg] Heinrici hat Krankheit im Hause: Ernst [Leskien] ist am Weihnachtstage an Bronchitis etc. erkrankt und liegt noch. – Von Albert [Leskien] gute Nachrichten über seinen Aufenthalt in Florenz.

21. Januar 1906, Sonntag: Am Mittwochabend bei uns Studenten: [Wedig von der] Osten-Sacken, H.[ans] Uhle (der Sohn meines alten Studiengenossen [Heinrich Uhle]), [Reinder] van der Meulen (Holländer), Remelé[2], Abel (mein Famulus)[3]. – Gestern mit Ilse [Leskien] zum Professorium; zum ersten Mal wieder nach 3 Jahren. Eingeladen hatten wir Dr. Rauscher[4]. [Joseph] Partsch hielt Vortrag über Bosnien. | Die Texte für das litauische Lesebuch[5] fast fertig gemacht. Das Programm für die Serie slavischer Grammatiken gedruckt[6].

4. Februar 1906, Sonntag: Am letzten Dienstag bei uns kleine Abendgesellschaft: Feddersens[7], Eduard [Brockhaus], Meisters[8], Dr. [Wilhelm] Wirth, Hirts[9]. – Weiter gearbeitet an dem litauischen Lesebuch. – Gelesen im 2. Band von »Kultur der Gegenwart«, Jülichers Darstellung der alten Kirche[10].

12. Februar 1906 Sonntag: Nichts Bemerkenswertes vorgefallen. – Ich habe angefangen, das Kurschatsche d. [!] LW.[11] wegen der Akzente durchzunehmen, um bei der Akzentuierung der Lesebuchtexte, die fertig sind, sicher zu

---

1 Gemeint ist: LESKIEN, August, Litauisches Lesebuch. Mit Grammatik und Wörterbuch (Indogermanische Bibliothek, hg. von Hermann Hirt und Wilhelm Streitberg. 1. Abt.: Sammlung indogermanischer Lehr- und Handbücher. 1. Reihe: Grammatiken Band XII), Heidelberg 1919.

2 Franz oder Joseph Remelé.

3 Wahrscheinlich Hans Abel.

4 Adolf oder Gustav Rauscher.

5 Siehe den vorhergehenden Eintrag.

6 Gemeint ist die Reihe »Sammlung slavischer Lehr- und Handbücher« bei Winter in Heidelberg.

7 Berend Wilhelm und Helga Feddersen.

8 Klothilde und Richard Meister.

9 Hermann und Margarethe Hirt.

10 JÜLICHER, Adolf, Die Religion Jesu und die Anfänge des Christentums bis zum Nicaenum (325), in: Die christliche Religion: mit Einschluss der israelitisch-jüdischen Religion, 1. Hälfte: Geschichte der christlichen Religion (Die Kultur der Gegenwart, Tl. 1, Abt. IV, hg. v. Paul Hinneberg), Berlin/Leipzig 1906, S. 41-128.

11 Gemeint ist: KURSCHAT, Friedrich, Wörterbuch der littauischen Sprache, 2 Bde., Halle 1870–1883.

sein. – Das Circular zu den slavischen Grammatiken[12] ist gedruckt, jetzt Mitarbeiter suchen. – Von John Schmitt aus Rom, dem ich geschrieben hatte, eine Karte aus dem Ospedale tedesco[13]; er ist immer noch krank, Albert [Leskien] schreibt dazu, daß er vielleicht nicht gerettet werden könne: Nierenkrankheit. – Am letzten Mittwochabend Lisbeth [Leskien] und ich bei Friedrichs[14]. – Gelesen allerlei, nochmals Frenssens Hilligenlei[15]; mit Unzufriedenheit. – Gesternabend im Theater, Sudermann: Stein unter Steinen[16].

28. Februar 1906, Mittwoch: Gestern die Vorlesungen geschlossen; an dem Lesen habe ich keine Freude mehr, Zuhörerschaft Fremde: Bulgaren, Serben, Čechen, Polen, Neugriechen, Rumunen[17], kaum noch Deutsche. Man verliert die Lust, für diese Leute, deren Vorbildung mangelhaft ist, etwas zu tun. Die Hauptsache ist das aber nicht: ich habe an der Beschäftigung mit der Grammatik die Lust verloren, einmal, weil ich es versäumt habe mich auf der Höhe der Sprachwissenschaft zu halten – Grund Mangel an psychologisch-philosophischer Ausbildung und Unbegabtheit nach dieser Richtung – dann weil mir die Probleme nichtig erscheinen, des Nachdenkens nicht wert. So langweile ich mich bei meinem eignen Fach und weiß doch nicht, was ich an die Stelle setzen soll. Das einzig richtige wäre, die Professur aufzugeben, aber was dann? | Gestern war [Henryk] Ułaszyn bei mir; er hat die Bearbeitung des Polnischen in der Sammlung der slavischen Grammatiken[18] übernommen. An [Ljubomir] Miletič, [Mathias] Murko, [Oleksandr Mychajlowytsch] Kolessa, [Karel] Štrekelj habe ich geschrieben. Kolessa ist unrichtig gewählt, hoffentlich schlägt er ab. | Ernst [Leskien] hat heute das zweite (organische) Verbandsexamen[19] und zwar sehr gut bestanden.

4. März, Sonntag 1906: In der letzten Woche habe ich mich viel mit trüben Gedanken herumgeschlagen, mit dem Eindruck, daß ich nichts rechtes mehr kann, daß mich keine Aufgabe mehr interessiert, keine Gedanken kommen.

---

12 Siehe den Eintrag vom 21. Januar 1906.

13 Ospedale Tedesco (Ospedale Teutonico), Monte Tarpeo, Rom.

14 Friedrich und Marie »May« Leskien.

15 FRENSSEN, Gustav, Hilligenlei: Roman, Berlin 1905.

16 SUDERMANN, Hermann, Stein unter Steinen: Schauspiel in 4 Akten, 5. Aufl., Stuttgart/Berlin 1905.

17 Gemeint sind die Walachen (Dakorumänen, Aromunen, Istrorumänen, Meglenorumänen), die in Rumänien und Moldawien eine Mehrheit bilden und als Minderheit in der Ukraine, in Bulgarien, Ungarn, Griechenland, Serbien, Makedonien, Albanien und Kroatien leben.

18 Siehe den Eintrag vom 21. Januar 1906.

19 Chemisches Verbandsexamen, eine seit 1898 vor dem »Verband der Laboratoriums-Vorstände an deutschen Hochschulen« an Universitäten und technischen Hochschulen abgelegte Prüfung, in der Kenntnisse der organischen und anorganischen Chemie nachgewiesen werden mussten.

Der Grund ist mir nicht verborgen; abgesehen von der früheren Zeit, war das äußere Leben der letzten 15 Jahre nicht dazu angetan, Förderung zu bringen, es brachte nur Hinderungen. Allein das Eigentliche liegt tiefer: ich muß mir sagen, was ich mir freilich schon vor vielen Jahren gesagt habe, daß ich eine zu selbständigen Gedanken und eigenartiger wissenschaftlicher Tätigkeit geschaffene Natur nicht bin. Es war alles nur Lernen und Lernen. Dagegen ist nichts mehr zu machen. So bleibt mir der Versuch, das Gelernte und noch zu Lernende verständig zu formulieren und es in dieser Form andern nahbar zu machen. Befriedigen tut mich das andrerseits freilich nicht, da ich so viel Einsicht habe, daß andre besseres können und ein Stachel bleibt, daß ich es nicht kann. Wenn ich nur, wie gestern, mit [Karl] Brugmann eine halbe Stunde zusammensitze, überschüttet er mich mit einer Fülle neuer Einfälle – vielleicht sind sie nichts, aber sie entspringen doch aus einer Fülle von geistiger Regsamkeit, und das ist die Hauptsache für ihn, das heißt für seine eigne Befriedigung. Bei mir liegt auch noch, außer der langsamen und unproduktiven Anlage, noch ein Übelstand vor: ich will zu sehr die sprachlichen Dinge sicher haben, kann den kühnen Vermutungen keinen Geschmack mehr abgewinnen, sobald nur die Prämissen ungenügend erscheinen. So wäre ich denn viel besser als zum Sprachforscher zum Philologen geschaffen gewesen. Dazu ist es zu spät. Ob es eine Täuschung ist, daß ich unter günstigeren äußren Verhältnissen – Befreiung vom Konversationslexikon – noch einmal vorwärts käme, weiß ich nicht. Jedenfalls ist es eine müßige Frage, denn ich kann die Verhältnisse nicht ändern, solange die jetzigen Anforderungen an mich gestellt werden, und die müssen gestellt werden. Es ist ein circulus vitiosus.

6. – 22. März 1906: in Münster.

6. April, Freitag, 1906: Mittags nach Dresden, mit uns Ellen Heinrici. Anfang der Woche Kohls[20] hier, wir am Dienstagabend bei ihnen mit Frau [Laura] Köster. – Gearbeitet an litauischer Betonung ohne Resultat. Ernst [Leskien] geht heutabend mit Alberts[21] nach England. – Von Albert [Leskien] Nachricht, daß John Schmitt im Sterben liegt.

23. April Montag 1906: Von Dresden zurückgekehrt. Albert [Leskien] war inzwischen in Neapel und auf Ischia. John Schmitt am 9. April in Rom gestorben. – In Dresden hatten wir als Gäste bis Ostersonnabend Ellen [Heinrici], dann Tante Anna und Nikolai [Böhtlingk], am Mittwoch kamen Friedrich und Mai [Marie Leskien], am Donnerstag M. Remelé[22].

19. Mai 1906 Sonnabend: In den letzten Wochen mit Albert [Leskien] korres-

20 Georg und Reinholde Kohl.

21 Albert und Marie »Mony« Brockhaus.

22 Nicht ermittelt, vielleicht eine der Remelé-Schwestern.

pondiert, er kommt gegen Ende Mai zurück. | [Oscar von] Gebhardt gestorben. | [Wilhelm] Ostwald pensioniert, an seine Stelle [Walther] Nernst vorgeschlagen; an Stelle von [Friedrich] Marx [Friedrich] Leo, beide unico loco. | Gearbeitet am Šestodnev[23] für die altbulgarische Grammatik[24]. | Besuch von [Otto] Winter aus Heidelberg.

12. Juni 1906 Dienstag: Am Dienstag vor Pfingsten, den 29. Mai, erkrankt an plötzlicher starker Herzschwäche; im Geschäft[25]. Seitdem nicht wieder ganz gesund, zwar auf, aber schwach.

14. Juni: Untersuchung des Arztes, Professor [Karl] Hirsch, Resultat, ich muß mich für den Rest des Semesters beurlauben lassen; dies eingeleitet durch ein Urlaubsgesuch an das Ministerium[26]. Zugleich an [Vatroslav] Jagić geschrieben, daß ich von der Beteiligung an der Encyklopädie der slavischen Philologie[27] zurücktreten müsse. | Ich muß also mein Leben, so lange es noch währt, anders einrichten, auf größere Arbeiten verzichten. Mit den eigentlichen Arbeiten ist es wohl überhaupt zu Ende. | Von [Karl] Brugmann erfahren, daß [Friedrich] Leo die Berufung abgelehnt hat. [Walther] Nernst hat auch versagt[28].

22. Juni Freitag 1906: Immer noch ganz matt und kraftlos; habe noch nicht ausgehen dürfen. Gestern Lisbeth [Leskien] nach Münster gereist.

1. Juli Sonntag 1906: Telegramm von Münster, daß Mädchen geboren, Hildegard [Streitberg] zu nennen.

16. Juli 1906 Montag: Ich habe mich allmählich etwas erholt, bin aber weit entfernt, kräftig zu sein, habe vor allem gar keine Arbeitslust und kein Interesse an den Aufgaben; habe nur einige Bogen der litauischen Texte korrigiert und allerlei Russisches gelesen. – Von Münster, Gertrud [Leskien] und der kleinen Hildegard [Streitberg] immer die besten Nachrichten. Lisbeth kommt nächsten Mittwoch zurück. | Mit Albert [Leskien] ausführlich gesprochen über seine weiteren Pläne. Er will nach Karlsruhe für die nächsten Jahre. Man muß ihn gehen lassen, wie er sich einmal seinen Lebensplan gemacht hat. Ob der Plan zu einem Gelingen führt, ist nicht zu wissen. Albert weiß aber, wie es mit den Vermögensverhältnissen steht, und weiß, daß wenn ich sterbe, er

---

23 Siehe den Eintrag vom 14. Oktober 1902.

24 Siehe den Eintrag vom 16. Oktober 1904.

25 F. A. Brockhaus.

26 UAL, PA 686: Königlich sächsisches Ministerium des Kultus und öffentlichen Unterrichts an die Philosophische Fakultät, Dresden, 15. Juni 1906: Leskien wird auf Antrag wegen seiner Krankheit im laufenden Sommersemester beurlaubt.

27 Siehe den Eintrag vom 29. Mai 1903.

28 Im Sinne von abgesagt, sich versagt.

so nicht weiter leben kann. | Friedrich und Mai [Marie Leskien] sind seit dem 1. Juli in Norwegen.

20. Juli bis 29. September 1906: in Dresden. Kaum besserer Gesundheit zurückgekommen als gegangen.

12. Oktober Freitag 1906: Habe mich bisher in Leipzig leidlich wohl befunden; wenig gearbeitet, fast nichts. Die Unlust ist noch nicht besiegt. – Walter [Judeich] hat den Ruf nach Jena definitiv angenommen. – Albert [Leskien], der seit Mitte September wieder in Karlsruhe ist, hat dort mit Stein[29] ein Atelier genommen, schreibt, daß er nun mit der Kopfarbeit fertig sei und ans Malen gehen wolle.

31. Oktober 1906 Mittwoch – Reformationstag: Rektoratswechsel: [Heinrich] Curschmann tritt an, [Gerhard] Seeliger geht ab. Ich habe weder Feier noch Diner mitgemacht. – Die letzten 14 Tage leidlich wohl, mit etwas abwechselndem Befinden: die Vorlesungen[30] begonnen Freitag den 26. (habe nur die eine: Geschichte des Serbischen, die vergleichende Syntax lese ich nicht, habe mich davon dispensieren lassen[31]); gearbeitet an der altbulgarischen kleinen Grammatik für Winter[32]. (Kann nicht recht die Form finden.) Gelesen Mahaffy, The Silver age of the Greek world 1906[33], gut geschrieben, ohne Tiefe, aber belehrend, dann Jackson, Persia past and present 1906[34]. – In der Öffentlichkeit der Köpenicker Skandal[35]; eben so großer Skandal Hohenlohes Memoiren[36].

9. Dezember 1906 Sonntag: Seit Wochen nichts passiert; die Tage regelmäßig hingegangen mit einer Stunde Geschäft, zwei Spazieren, 3 – 4 Arbeiten an den altbulgarischen Elementen. Auch eine an Albanesischen. Gelesen: Steinmetz, Vorstoß in die nordalbanischen Alpen[37]; Novaković, Tursko carstvo[38];

---

29 Vielleicht Otto Th. W. Stein.

30 WS 1906: Syntax der slavischen Sprachen; Historische Grammatik der serbo-kroatischen Sprache, vgl. HistVV.

31 UAL, PA 686: Königlich sächsisches Ministerium des Kultus und öffentlichen Unterrichts an die Philosophische Fakultät, Dresden, 10. Oktober 1906: Leskien wird aufgrund seiner Erkrankung von der Vorlesung über vergleichende Syntax der slavischen Sprachen entbunden.

32 Siehe den Eintrag vom 16. Oktober 1904.

33 MAHAFFY, John P., The Silver Age of the Greek world, Chicago [u.a.] 1906.

34 JACKSON, Abraham V. Williams, Persia past and present: a book of travel and research, New York 1906.

35 Der Schuster Friedrich Wilhelm Voigt, der sog. Hauptmann von Köpenick, besetzte am 16. Oktober 1906 in Hauptmannsuniform das Köpenicker Rathaus.

36 CURTIUS, Friedrich (Hg.), Denkwürdigkeiten des Fürsten Chlodwig zu Hohenlohe-Schillingsfürst, 2 Bde., Stuttgart 1906–1907, Bd. 3 erschien erst 1931.

37 STEINMETZ, Karl, Ein Vorstoß in die nordalbanischen Alpen, Wien/Leipzig 1905.

38 NOVAKOVIĆ, Stojan, Tursko carstvo pred srpski ustanak: 1780–1804, Beograd 1906.

Brailsford, Macedonia[39] und anderes. Mit dem Befinden nicht sehr zufrieden; es geht alles langsamer und unsicherer, fehlt auch das rechte Interesse. – Von den Kindern gute Nachrichten; Albert [Leskien] schreibt, er habe das Theoretisieren aufgegeben und arbeite, das heißt, male nun wirklich. – Am vorigen Mittwoch bei uns eine kleine Abendgesellschaft: Feddersens[40], der neue Kollege Bethe mit Frau[41] (kinderloses Ehepaar, sie Malerin gewesen), Partschs mit Tochter[42]; Friedrichs[43], [Hugo] Rugenstein. – Am letzten Freitag wir und Ilse [Leskien] bei Alberts[44] am Abend. Die Lossow[45] war dort und erzählte von Milly [Emilia Brockhaus], die sie jeden Tag sehen kann. – Vorgestern [Wilhelm] Stieda bei mir wegen seiner Differenzen mit [Karl] Bücher; dieser behandelt ihn schlecht, aber es ist nichts zu machen, da Bücher ihm durchaus überlegen ist.

31. Dezember 1906 Montag: Der letzte Tag des Jahres. Es war kein gutes: im Juni erkrankte ich und bin nicht ganz wieder hergestellt, kann es auch nicht werden. Die Arbeit will nicht recht gehen, das Interesse an den Gegenständen fehlt auch. Es ist mehr ein müdes Hinarbeiten. Vielleicht würde es besser sein, ich wäre das [Konversations-]Lexikon los; wenn es auch nicht viel angestrengte Arbeit macht, so bleibt es mir eine innere Sorge, weil ich natürlich weiß, daß ich nicht mehr dafür leiste, was geleistet werden müßte, und daher auch eine Beschämung fühle, daß ich dabei bleibe. Aber wie kann ich anders, da die Verhältnisse so liegen, daß ich die Einnahmen nicht entbehren kann. Es ist allemal die alte Geschichte ... Den Kindern ist es im ganzen Jahr gut gegangen, Gertrud hat ihr zweites Kind[46]; Albert [Leskien], nach der Rückkehr aus Italien, ist nach Karlsruhe gezogen, jetzt während der Weihnachts- und Neujahrszeit hier. Nach seiner Aussage arbeitet er an den Studien zu einem größeren Bilde. Ob ich das noch sehen werde? Schwerlich; er wird es kaum je fertig bringen, und ob ich über das Jahr 1907 hinaus lebe, scheint mir recht zweifelhaft. | Gearbeitet habe ich im Winter an dem Altbulgarischen

---

Das Exemplar UBL, Ges.W.1092:94, stammt aus Leskiens Besitz mit Exlibris, Zugangsnummer *'18 L 1180* und hsl. *Leskien.*

39 BRAILSFORD, Henry N., Macedonia: its races and their future; with photographs and two maps, London 1906; das Exemplar UBL, Hist.Turc.225-hm, stammt aus Leskiens Besitz, mit Exlibris und Zugangsnummer *'17 L 289.*

40 Berend Wilhelm und Helga Feddersen.

41 Erich Bethe und Margarethe Bethe-Löwe.

42 Helene und Joseph Partsch und ihre Tochter Else.

43 Friedrich und Marie »May« Leskien.

44 Albert und Marie »Mony« Brockhaus.

45 Gemeint ist wahrscheinlich Margarethe von Lossow.

46 Hildegard Streitberg.

Lehrbuch für die Wintersche Sammlung[47]; außerdem die Sammlung zu einem albanesischen Wörterbuch durch Lektüre fortgesetzt. – Das wäre eigentlich eine Arbeit, die ich jetzt, vorausgesetzt ich lebe noch einige Jahre, machen könnte. Geistige Anstrengung ist wenig dabei – und die ist mir jetzt unbequem – und man kann daran- und davongehen nach Belieben. | Friedrich und seine Frau[48] halten sich ganz tapfer; er will sich im Laufe 1907 selbständig machen. – Ilse arbeitet schriftstellerisch weiter, bisher ohne äußeren Erfolg. – Ernst ist bei seiner Promotionsarbeit, daneben stark gesellschaftlich und musikalisch betätigt. Er ist von uns allen der einzige, der daran streift, was man so »moderner Mensch« nennt, die andern sind eigentlich alle sehr unmoderne Leute: Albert, Gertrud, Ilse, Friedrich; für das Durchsetzen in der Welt kein Vorteil. | Auflösung des Reichstags gegen das Centrum. Im Januar Neuwahl bevorstehend[49].

---

47 LESKIEN, August, Grammatik der altbulgarischen (altkirchenslavischen) Sprache (Sammlung slavischer Lehr- und Handbücher, 1. Reihe, Bd. 1), Heidelberg 1909.

48 Marie »May« Leskien.

49 Am 13. Dezember 1906 wurde der Reichstag aufgelöst. Hintergrund war die verfehlte Mehrheit für den Nachtragshaushalt, der die Fortführung des Kolonialkrieges in Deutsch-Südwestafrika ermöglichen sollte. Am 25. Januar 1907 fand die Wahl zum 12. Deutschen Reichstag statt.

Tagebuch 1907

[UBL, NL 348/1/6, Bl. 54r-64v]

12. Januar 1907 Sonntag: Am Neujahrsabend waren außer uns noch Tante Anna, Nikolai und Rauscher[1] da. – Albert [Leskien] reist am 4. Januar zurück nach Karlsruhe. | Die Ferien mit Albanesisch-lesen verbracht, seitdem ohne Lust an dem altbulgarischen Hülfsbuch[2] weiter gearbeitet. Überhaupt immer mit dem Empfinden von Müdigkeit, manchmal fast unüberwindlicher Müdigkeit. | Heute Nachricht von Verlobung des jungen Carl Geibel mit einer Wienerin[3]: sonderbar, er kann nichts, hat nichts gelernt, ist ein liederlicher und rüpelhafter Kerl; heiratet mit 22 Jahren, kann es, weil sein Vater Millionen hat. | Um die Jahreswende [Otto] Benndorf und [Wilhelm] Dittenberger gestorben.

20. Januar Sonntag 1907: Keine erfreulichen Nachrichten von Gertrud [Leskien], sie ist immer noch leidend nach Influenza. – Gestern Professorium; Vortrag von [Erich] Bethe über Theokrits Adoniazusen; sehr nett – wir da mit Ilse, Ernst [Leskien], Rauscher[4].

27. Januar Sonntag 1907: Am 25. die Reichstagswahl. Der Candidat der Ordnungsparteien[5], Stadtverordnetenvorsteher [Johannes] Junck mit über 9000 Majorität gegen den Sozialdemokraten durchgekommen. Die Sozialdemokratie verliert überhaupt eine große Anzahl Sitze. – Von Gertrud [Leskien], die 14 Tage an Influenza gelegen hat, jetzt gute Nachrichten.

6. Februar Mittwoch 1907: Gestern die letzten Stichwahlen; die Sozialdemokratie hat enorm verloren (über 30 Sitze) [6], Centrum geblieben wie bisher[7]. – Vernünftiger Artikel von [Karl] Lamprecht im heutigen Tageblatt (siehe beiliegend)[8]. – Ich seit 8 Tagen sehr erkältet, überhaupt nicht wohl. – Weiter gearbeitet an der altbulgarischen Grammatik[9], im Rohen fertig, bin jetzt bei der definitiven Bearbeitung. – Ilse [Leskien] am letzten Sonnabend auf 8 Tage zu Rosa Förster[10] nach Dresden. – Am vorigen Freitag bei uns eine kleine

---

1 Anna und Nikolai Böhtlingk, Adolf oder Gustav Rauscher.

2 Siehe den Eintrag vom 16. Oktober 1904.

3 Carl Stephan Albert und Lilly Geibel.

4 Adolf oder Gustav Rauscher.

5 Mit Ordnungsparteien sind die konservativen Parteien gemeint, die die vermeintlich unpatriotischen Sozialdemokraten bekämpften.

6 Die SPD verlor 38 Sitze (43 statt vorher 81 Sitze).

7 Das Zentrum gewann 5 Sitze (105 statt vorher 100 Sitze).

8 Bl. 56r: Zeitungsausschnitt: Das Machtgeheimnis des Klerikalismus. Von Professor Dr. Karl Lamprecht, Leipzig. Leipziger Tageblatt, 6. Februar 1907; Bl. 57r: Was man vom Klerikalismus lernen kann. Von Professor Dr. Karl Lamprecht (Leipzig). 7. Februar 1907.

9 Siehe den Eintrag vom 16. Oktober 1904.

10 Im Dresdner Adressbuch wird eine Privatlehrerin Rosa Förster genannt, DAB 1907.

Gesellschaft: Wundt und Tochter[11], der junge Heinze und Frau[12], Hirt und Frau[13], Onkel Eduard und Fritz [Brockhaus].
24. Februar Sonntag: In der vergangenen Woche viel Ärger mit Dr. [Georg] Dittmann[14] wegen grober Versehen im Lexikon gehabt. Ich bin auch der Aufgabe, alles genau zu kontrollieren, nicht gewachsen. Aber leider, los werden kann ich die Sache nicht. – Mein Befinden war nicht besonders, ich habe aber doch gelesen und etwas gearbeitet: die Sachen für die diesjährigen Aufgaben der Jablonowskischen Gesellschaft[15] als ihr diesjähriger Sekretär; dann eine kleine Abhandlung über prěgynja[16], die an Wilhelm [Streitberg] geschickt. – Gestern Professorium, Lisbeth und Ilse [Leskien] allein da, ich blieb zu Hause. | Gelesen allerlei, u. a.: Schurz' Lebenserinnerungen: die Befreiung Kinkels[17].
26. Februar, Dienstag: Die Vorlesungen geschlossen.
7. März, Donnerstag: Am Dienstag Abendgesellschaft bei uns: [Arthur] Hantzsch, [Theodor] Des Coudres, Brugmanns[18], [Ottmar] Dittrich, [Rudolf] Löbbecke, Friedrichs[19]. – Ärgerliche Geschichte wegen der Schaumkellschen Preisarbeit der Jablonowski-Gesellschaft; er wird groben Plagiats beschuldigt[20]. | Heute Brief von [Vatroslav] Jagić über schlimme Erfahrungen mit der

11 Wilhelm und Eleonore Wundt.

12 Richard und Johanna Heinze.

13 Hermann und Margarethe Hirt.

14 Wahrscheinlich Georg Dittmann (1871–1956), klassischer Philologe, 1900 Promotion in Göttingen, arbeitete ab 1894 für den Thesaurus Linguae Latinae (1912–1936 Generalredaktor, dann bis 1947 Geschäftsführer). Da er erst 1912 endgültig in München ansässig wurde, könnte er durchaus um 1907 im Brockhaus-Verlag redaktionell tätig gewesen sein.

15 In der Historisch-nationalökonomischen Sektion wurde für 1906 die Preisaufgabe gestellt: »Erörterung der Frage nach Dialektbildung und Dialektbegrenzung auf Grund direkter persönlicher Aufnahme eines beliebigen deutschen Dialektgebiets«, siehe: Jahresbericht der Fürstlich Jablonowskischen Gesellschaft. Leipzig, im März 1903, S. 7.

16 LESKIEN, August, Altkirchenslavisches *prěgynja*, in: Indogermanische Forschungen 21 (1907), S. 197-200.

17 SCHURZ, Carl, Lebenserinnerungen, 3 Bde., Berlin 1906–1912, der Bericht über die Befreiung Kinkels findet sich in Bd. 1, S. 294-325.

18 Karl und Valeska Brugmann.

19 Entweder Fritz Friedrich und seine Frau oder Leskiens Sohn Friedrich mit seiner Frau Marie.

20 Ernst Schaumkell hatte für seine Studie: Geschichte der deutschen Kulturgeschichtsschreibung: von der Mitte des 18. Jahrhunderts bis zur Romantik im Zusammenhang mit der allgemeinen geistigen Entwicklung (Preisschriften, gekrönt und hg. von der Fürstlich-Jablonowskischen Gesellschaft zu Leipzig 39), Leipzig 1905, einen Preis der Jablonowskischen Gesellschaft erhalten. Hermann Nohl wies nach, dass Schaumkell von Arbeiten Wilhelm Diltheys und Julius Goldsteins abgeschrieben hatte, vgl. dazu die Akten im Archiv der Jablonowskischen Gesellschaft, UBL, NL 251/2/4/2/2.

slavischen Encyklopädie: Florinskij, der geliefert hat statistiko-ėtnografičeskij obzor sovremennago slavjanstva[21], hat ein politisches Pamphlet daraus gemacht. Ich habe Jagić geschrieben, er möge die ganze Sache wieder aufgeben. | Eduard [Brockhaus] reist in diesen Tagen nach Korfu. Heinrich [Brockhaus] ist zur Kur in Wiesbaden.

17. März Sonntag 1907: Gestern vor 8 Tagen Tilli mit Kind[22] bei uns zu Gast eingetroffen. Walter [Judeich] siedelt inzwischen nach Jena über. – Die Lautlehre des Altbulgarischen[23] in Reinschrift beendet; gestern.

22. März – 8. April 1907: in Dresden, dort Tante Anna [Böhtlingk] bei uns, ferner Ellen [Heinrici], zwei Remelésche Töchter[24], Friedrich und Mai [Marie Leskien].

23. April: Vorlesungen[25] angefangen, ein paar Zuhörer wie immer.

26. April 1907: Fritz Brockhaus hat sich mit Ella Geibel[26], der Witwe von Friedel Geibel, verlobt. – Onkel Eduard [Brockhaus] gesprochen, der von einer Reise nach Dalmatien, Korfu, Italien zurück. | Mit [Karl] Brugmann die Herausgabe einer Brochure gegen das Esperanto[27] beschlossen. Trübner nimmt sie in Verlag. Die Ottilie Emminghaus (Böhtlingk) hat ihren ältesten Sohn (Dr. med.)[28] verloren. | Tante Anna [Böhtlingk] seit 14 Tagen in Karlsruhe, bleibt aber nicht für immer dort, sondern kommt zum Winter nach Leipzig zurück.

5. Mai 1907, Sonntag: Von Albert [Leskien] ein Brief, daß er wieder vor ein theoretisches Problem angelangt sei und dadurch in seiner Malarbeit aufgehalten werde. Es ist die sich immer wiederholende Geschichte, die mich so sehr bekümmert; aber zu machen ist nichts dagegen. | Die Broschüre gegen die Weltsprache[29] ist gesetzt und soll zu Pfingsten erscheinen. | Gestern mit Albert Brockhaus die Vorarbeiten zu einer neuen Auflage des Konversations-Lexikons[30] besprochen. | Weiter gearbeitet an der Altbulgarischen Gramma-

---

21 FLORINSKIJ, Timofej D., Slavjanskoe plemja: statistiko-ėtnografičeskij obzor sovremennago slavjanstva, Kiev 1907. Das Exemplar UBL, Gesch.M.A.252-c, stammt aus Leskiens Besitz, mit Exlibris und hsl. »Leskien«.

22 Mathilde Judeich und Elisabeth, verh. Kemner.

23 Siehe den Eintrag vom 16. Oktober 1904.

24 Namentlich bekannt ist nur Caroline. Leskien erwähnt in dem Eintrag vom 13. Juni 1909 eine M. Remelé.

25 SS 1907: Grammatik der litauischen Sprache, vgl. HistVV.

26 Sophie Marie Helene »Ella« Brockhaus.

27 BRUGMANN, Karl/LESKIEN, August, Zur Kritik der künstlichen Weltsprachen, Straßburg 1907.

28 Bernhard Emminghaus aus Dorpat, seine Promotion: Ein Fall von trichterförmig verengtem Becken, Freiburg i. Br., Univ., Diss., 1906.

29 Siehe den vorhergehenden Eintrag.

30 1908–1910 erschien die 4. Ausgabe der 14. Aufl. des Brockhaus Konversations-Lexikons. Die 15. Aufl. (Der Große Brockhaus, 20 Bde., 1 Erg.-Bd.) erschien 1928–1935.

tik[31], die Nominalflexion druckfertig geschrieben. | Gestern Brief von [Alfred] Hillebrandt (Breslau) über eventuelle Nachfolgerschaft [Wladislaus] Nehrings, der in Ruhestand treten will. Habe ihm ausführlich geantwortet, namentlich betont, daß man sorgen möge keinen beliebigen Polen an die Stelle zu bringen. | Abends russisch gelesen, aus Věstnik Evropy[32].

12. Mai Sonntag, 1907: Am 6. Mai bei Walter Judeich ein Sohn[33] geboren. – Diese Woche zwei lange Sitzungen, Senat und Fakultät. In der letzten die alte Frage nach Promotion der Immaturi[34]. Das Ministerium dumm und voll Angst vor der Lehrerschaft der Volksschulen, die Fakultät feige, scheut sich vor einem Konflikt in der Sache. | Gestern die auf Lituanica bezüglichen Manuskripte Hugo Webers durchgesehen[35]. Menge litauischer Texte, die vielleicht publizierbar. Dagegen alle Arbeiten – offenbar Vorarbeiten zur Grammatik – unbrauchbar, durch mehr als 30 Jahre fortgesetzte Sammlungen, Auszüge und so weiter ohne einen sichtbaren Plan. Er muß doch früh senil geworden sein. Am wertvollsten ist vielleicht die Korrespondenz mit [Anton] Baranowski, das heißt dessen Briefe. | Weiter gearbeitet an der altbulgarischen Grammatik[36]. Gelesen Russisches aus Věstnik Evropy[37].

27. Mai Montag 1907. | 17. – 27. Mai in Dresden.

16. Juni 1907, Sonntag: In den Wochen hier viel an Mattigkeit und Herzbeschwerden gelitten, namentlich morgens. Die Körperkräfte nehmen allmählich ab; ich merke das namentlich daran, daß mich eine Stunde langsamen Spazierens über die Maßen müde macht und daß ich abends so sehr ermüdet bin. – Die Arbeit geht natürlich auch nicht recht, alles geht langsam. – Gearbeitet an der altbulgarischen Grammatik[38], fehlt nur noch Verbum und Einleitung. Gelesen Vojna i mir[39] (der ganze spätere Tolstoj steckt schon darin; mir jetzt besonders aufgefallen ist der Haß gegen alles Germanentum, der sich in der allerletzten Zeit wieder bei ihm durch sein Pamphlet gegen Shake-

---

31 Siehe den Eintrag vom 16. Oktober 1904.

32 Věstnik Evropy (= Der Bote Europas) erschien seit 1866. Leskien hatte die Zeitschrift abonniert.

33 Philipp Albert Walter Judeich.

34 In Sachsen wurden durch Ministerialverordnung vom 30. September 1898 Volksschullehrer ohne Maturitäts- oder Abiturzeugnis zum Studium der Pädagogik zugelassen. Daran schloss sich konsequenterweise auch die Frage nach der Promotion an, vgl.: GUL 2, S. 568.

35 1907 erhielt das Indogermanische Institut als Schenkung die litauischen Bücher und Manuskripte von Hugo Weber, vgl.: FSUL 4/1, S. 91. Der Nachlass Webers ging mit der Institutsbibliothek im Zweiten Weltkrieg verloren.

36 Siehe den Eintrag vom 16. Oktober 1904.

37 Siehe den vorhergehenden Eintrag.

38 Siehe den Eintrag vom 16. Oktober 1904.

39 TOLSTOI, Lev Nikolaevič, Vojna i mir (= Krieg und Frieden), eine Vielzahl von Ausgaben.

speare[40] geäußert hat). | Unsre alte Anna[41] (die 6 Jahre bei uns war) war im letzten Jahre kränklich, zuletzt 6 Wochen im Krankenhaus; jetzt in der Genesung, wir müßten sie aber doch entlassen. | Alberts [Leskien] Briefe immer in der alten Weise. | Beschlossen, daß Elfriede vom Herbst an das Mädchengymnasium[42] besuchen soll. – Sie selbst ist begeistert dafür. | Mai [Marie Leskien] und Friedrich haben die Übersetzung des Pearyschen Polarwerks[43] übernommen. | Infolge der Esperantoschrift grobe Briefe von Esperantisten[44].

26. Juni Mittwoch 1907: Am Sonnabend den 22. nach Jena gefahren mit Lisbeth, Ilse, Elfriede, Mai [Marie Leskien], Friedrich zur Taufe von Walters Sohn[45], dort geblieben bis Montag nachmittag. Mit [Berthold] Delbrück spazieren gegangen. Gute Wohnung in der »Ölmühle«[46]. Bei der Taufe das Bunsensche Ehepaar[47] und Lischen Bunsen[48].

20. Juli Sonnabend 1907: Elfriede [Leskien] hat mit dem 10. Juli die Schule verlassen – wird im Winter das Mädchengymnasium besuchen; sie ist mit Heinricis[49] auf 6 Wochen im Seebad Langeoog. – Am letzten Montag kam Gertrud

---

40 TOLSTOJ, Lev Nikolaevič, Shakespeare: eine kritische Studie, 2. Aufl., Hannover 1906.

41 Eine Bedienstete der Leskiens.

42 In Leipzig wurden 1894–1914 auf Initiative des Allgemeinen Deutschen Frauenvereins Gymnasialkurse für Mädchen angeboten. Die Abiturprüfung fand zunächst noch in Dresden statt, später am städtischen Realgymnasium in Leipzig. Die Öffentliche höhere Schule für Mädchen in Leipzig wurde 1871 eröffnet, ab 1878 neues Gebäude am Schletterplatz. Vermehrtes Interesse an öffentlicher höherer Schulbildung führte 1903 zur Gründung einer Filiale in Leipzigs Norden, die 1907 selbständig wurde (II. höhere Mädchenschule) und den Rang einer Oberrealschule erhielt, vgl. 1. Bericht über die II. Höhere Schule für Mädchen nebst Lehrerinnenseminar zu Leipzig: Ostern 1907 bis Ostern 1908, Leipzig 1908.

43 PEARY, Robert E., Dem Nordpol am nächsten, Leipzig 1907.

44 Siehe den Eintrag vom 26. April 1907. UAL, NA, Leskien, August: Sechs Briefe von Esperanto-Anhängern gegen Leskiens Kritik an den Kunstsprachen, alle 1907–1908, teilweise sehr polemisch, darunter auch eine Postkarte mit einem Spottgedicht, Poststempel: 18. Juli 1906 (Nr. 4): »O August, großer August, wie hast du dir blamoren: | Ein Hohngelächter ringsherum erschallt dir in den Ohren. | Als Kritikaster hast du wohl nicht mehr viel zu verlieren: | Was einer kritisieren will, muss er vorher studieren! | Kuraristo.«

45 Philipp Albert Walter Judeich.

46 Die Jenaer Ölmühle wurde bis Ende des 19. Jahrhunderts betrieben, hatte aber auch das Schankrecht und war als Studentenlokal bekannt. Später eröffnete das Gasthaus zur Ölmühle.

47 Mathilde und Philipp Bunsen.

48 Wahrscheinlich eine Schwester von Mathilde Judeich, geborene Bunsen: vielleicht Louise Bunsen, geb. 1884, lebte 1947 in Göttingen.

49 Georg und Paula Heinrici.

mit den beiden Kindern[50] hier durch auf der Reise nach Dresden. Dort wird sie mit Ilse hausen, bis wir im August hinkommen. – Albert [Leskien] war 8 Tage in Obersasbach. | Die dumme Esperantowirtschaft hat die Folge, daß ich sogar mit anonymen Spottkarten verfolgt werde[51].
26. Juli Freitag 1907: Heute die Vorlesungen geschlossen. – Die ganzen letzten Wochen sehr matt gewesen; nimmt die Müdigkeit immer zu.
7. Juli – 27. September: in Dresden. | Die ersten 4 Wochen dort schlecht befunden, nachher besser. – Neben uns dort Streitbergs[52], Walters[53], zuletzt auch Friedrichs[54], Ernst [Leskien] und Tante Anna [Böhtlingk].
19. Oktober Sonnabend 1907: Die letzte Ferienzeit verbracht mit Durchsicht der Weber-Baranowskischen litauischen Papiere aus dem indogermanischen Institut[55]; viele Spaziergänge. Lexikonredaktion wieder aufgenommen. Durchsicht meines Manuskripts der altbulgarischen Grammatik zur Drucklegung[56]. | Von [Wladislaus] Nehring am 17. Brief, daß er [Erich] Berneker an erster Stelle als seinen Nachfolger vorschlagen will. Er hat sich pensionieren lassen.
2. November, Montag 1907: Von Albert [Leskien] erfreulichere Nachricht, daß er an seinem Bilde wirklich arbeitet. – Am 31. Oktober trat [Carl] Chun sein Rektorat an, Rede über Geschichte und Ziele der Antarktis-Forschung[57]. | Des jungen Karl Geibels Frau[58] (seit reichlich 3 Monaten sind sie verheiratet) schon wieder fort; Vorwand: Husten. Niemand weiß klar, wie es steht. Hellmut Geibel lebt von der Frau[59] getrennt in Leipzig, sie in Riechberg. Er will geschieden sein, sie nicht. | Vorlesungen[60] am Donnerstag, den 24. Oktober angefangen.
24. Dezember 1907 Dienstag: Weihnachtsabend. Die beiden vergangenen Mo-

50 Gerhart und Hildegard Streitberg.

51 Siehe den Eintrag vom 16. Juni 1907.

52 Gertrud und Wilhelm Streitberg mit den Kindern Gerhart und Hildegard.

53 Walther und Mathilde Judeich mit den Kindern Elisabeth und Philipp Albert Walter.

54 Friedrich und Marie »May« Leskien.

55 Siehe den Eintrag vom 12. Mai 1907. Hugo Weber arbeitete zusammen mit Anton Baranowski (Antanas Baranauskas, Bischof von Sejny) an einer litauischen Grammatik, vgl. FSUL 4/1, S. 92; vgl. hierzu: SPECHT, Litauische dialektische Texte. Unter den Papieren August Leskiens finden sich Notizen mit seiner eigenhändigen Aufschrift *Meine Register zu Baranowski's Nachlass*, UBL, NL 348/3/58.

56 Siehe den Eintrag vom 16. Oktober 1904.

57 CHUN, Carl, Die Erforschung der Antarktis, in: Die Leipziger Rektoratsreden, S. 919-930.

58 Carl Stephan Albert und Lilly Geibel.

59 Der Name der Frau von Hellmuth Geibel ist nicht bekannt.

60 WS 1907: Grammatik der altbulgarischen (kirchenslavischen) Sprache; Ausgewählte Abschnitte aus der Syntax der slavischen Spachen, vgl. HistVV.

nate nichts besonderes vorgefallen. Ich habe die altbulgarische Grammatik[61] bis auf die Einleitung vollendet, sie soll nach Neujahr zum Satz kommen. Wir waren alle gesund, so weit dabei von mir die Rede sein kann. Die Kräfte nehmen ab; oft befällt mich eine unbeschreibliche Müdigkeit. – Am letzten Freitag kam Albert [Leskien] von Karlsruhe an; er sieht sehr munter aus. – Von der Universität: [Karl] Fricker gestorben; neuer Kultusminister, der bisherige Bürgermeister [Heinrich Gustav] Beck von Chemnitz. – Die Neudrucke des [Konversations-]Lexikons bis Ende dieses Jahres fertig. – Friedrich [Leskien] hat Wohnung in der Nähe des bairischen Bahnhofs[62] gemietet für Ostern, wo er sich selbständig machen will. – Gehört, daß Hellmut Geibel nun endlich von seiner Frau[63] geschieden wird, daß Carls Frau[64] noch nicht wieder zurück ist. – Von Breslau aus Anfrage durch [Wladislaus] Nehring und [Alfred] Hillebrandt, wen ich an Nehrings Stelle vorschlagen möchte, habe [Erich] Berneker genannt; bis jetzt ist nichts erfolgt. [Vatroslav] Jagić geht Ende nächsten Sommersemesters ab, wollte von mir beraten sein über die Nachfolge, konnte darauf nichts bestimmtes antworten.

31. Dezember 1907, Dienstag: Nochmals Briefe von [Vatroslav] Jagić über die Wiener Lehrkanzel. Was er will, ist nur zu deutlich genug, er will seinen Schwiegersohn[65] in das eine der notwendigen Ordinariate bringen. Ich habe mich auf den Punkt nicht eingelassen. Neugierig bin ich, wie viel Jagić in Breslau intrigiert hat; die Sache scheint dort faul zu sein. Warum hat [Erich] Berneker bis jetzt nichts gehört? | Wenn ich die Bilanz des Jahres ziehe, so steht es so: | Mit der Einnahme nicht ganz ausgekommen, aber nicht so viel Papiere verkauft wie in den Jahren vorher. | Gesundheit nicht fest; ein Anfall wie im Juni 1906 nicht wiedergekommen, aber die Müdigkeit und Unlust hat im allgemeinen zugenommen; daher auch nichts rechtes an Arbeit geleistet. | Die Meinigen alle gesund gewesen, auch Albert; vorwärts gebracht hat er wenigstens soviel, daß er an einem Bilde malt. | Ilse hat einen Erfolg ihrer Schriftstellerei durch Aufnahme einiger kleiner Erzählungen in die Grenzboten[66] gewonnen. | Friedrich hat einen Schritt getan, sich zu Ostern 1908 selbständig als Augenarzt niederzulassen[67]. | Elfriede seit Herbst im Mädchen-

---

61 Siehe den Eintrag vom 16. Oktober 1904.

62 Der südöstlich vom Leipziger Stadtzentrum gelegene Bayerische Bahnhof, heute ein Restaurant.

63 Der vollständige Name der Ehefrau von Hellmuth Geibel ist nicht bekannt.

64 Carl Stephan Albert und Lilly Geibel.

65 Milan Rešetar.

66 Die Grenzboten, 1841–1922 erscheinende Zeitschrift.

67 Die Praxis befand sich in der Windmühlenstr. 49. Erstmals als Augenarzt wurde er 1910 im LAB geführt.

gymnasium. | Schritte getan zum Verkauf von Parzellen des Grundstücks in Dresden[68].
Brugmann seit 8 Tagen in Meran. | In Prag soll der junge [Reinhold] Trautmann (aus Göttingen) an [Erich] Bernekers Stelle gekommen sein. | Allerlei Vorarbeiten für 15. Auflage des [Konversations-]Lexikons gemacht.
Die litauische Grammatik und das Wörterbuch[69] fertig, abgeschickt in die Druckerei.

68 Zu dem Dresdner Grundstück siehe den Eintrag vom 23. September 1899. Leskien an Hugo Schuchardt, Leipzig, 3. April 1908, EICHLER/SCHRÖTER, Briefe August Leskiens, S. 101/102: *Zu der Villa wünsche ich viel Glück; ich finde es sehr gescheit. Wenn ich könnte, baute ich mir hier ein Haus, aber ich bin schon in Loschwitz bei Dresden mit einem großen Grundstück und einer Villa, ich muß sagen, belastet, denn der Besitz ist zu groß und wir können das Haus nur in den paar Ferienmonaten bewohnen. So haben wir uns denn entschlossen zu parzellieren und neulich eine Parzelle verkauft, freilich nur den dreißigsten Teil, so daß uns noch Raum genug bleibt.*

69 Siehe den Eintrag vom 30. Januar 1916.

Tagebuch 1908

[UBL, NL 348/1/6, Bl. 65r-74r]

6. Januar 1908, Montag: Gestern eine Erwiderung auf Baudouins Replik[1] zu meinem Angriff auf das Esperanto geschrieben[2]. – Albert [Leskien] bleibt noch einige Tage hier. – Mit [Vatroslav] Jagić korrespondiert über die Encyklopädie; ich behalte die altbulgarische Grammatik und die Grundlagen der Syntax[3]. – Von Albert Brockhaus gehört, daß die Ehe von dem jungen Carl Geibel[4] schon wieder zerfallen ist.

2. Februar 1908 Sonntag: In den vergangenen 4 Wochen nichts besonderes erlebt. Mit [Vatroslav] Jagić korrespondiert über seine Nachfolgerschaft: er forderte mein Urteil über die Möglichkeit, ob [Aleksander] Brückner bei seinem ausgesprochenen Polentum und seinem engherzig polnisch-katholischen Standpunkt unter die Südslaven und Čechen passe. | Ich habe ihm meine ungünstige Meinung über Brückner nicht vorenthalten, obwohl mir nicht sicher ist, daß sie nicht einmal gegen mich benutzt wird. Ebenso habe ich auch mein Urteil über [Václav] Vondrák ihm unumwunden mitgeteilt, was sicher nicht geheim bleibt. Aber was mache ich mir daraus? Mögen sie intrigieren. | Von Baudouin de Courtenay erschien in Ostwalds Annalen für Naturphilosophie eine Erwiderung[5] auf Brugmanns und meine Esperantoschrift. Wir haben darauf nun wieder geantwortet[6]. Eigentlich ist es töricht, sich mit der Dummheit überhaupt abzugeben. | Angefangen zu arbeiten an der altkirchenslavischen Grammatik für die Encyklopädie[7]; zunächst noch einige Vorarbeiten zu erledigen. | Am letzten Donnerstag bei [Joseph] Partsch mit [Jovan] Cvijić zusammen, sehr erfreuliche Bekanntschaft. | Nach dem Abendessen allerlei Litteratur gelesen: einen großen Teil von [Theodor] Fontanes Werken, einiges Čechische. Angefangen: Burckhardt, Weltgeschichtliche Betrachtungen[8]. Ausgezeichnetes Buch. Wer von den hochmütigen Naturwissenschaftlern à la [Wilhelm] Ostwald beachtet aber so etwas. | Ilse [Leskien] geht nächsten Montag nach Münster. | Für Friedrichs [Leskien] Niederlassung[9] 3000 Mark

---

1 COURTENAY, Jan Baudouin de, Zur Kritik der künstlichen Weltsprachen (Veranlaßt durch die gleichnamige Broschüre von Karl Brugmann und August Leskien), in: Annalen der Naturphilosophie 6 (1907), S. 385-433.

2 Siehe den Eintrag vom 26. April 1907.

3 Siehe den Eintrag vom 29. Mai 1903.

4 Die 1907 geschlossene Ehe von Carl Stephan Albert und Lilly Geibel wurde 1908 geschieden.

5 Siehe den Eintrag vom 6. Januar 1908.

6 BRUGMANN, Karl/LESKIEN, August, Zur Frage der Einführung einer künstlichen internationalen Hilfssprache, in: Indogermanische Forschungen 22 (1908), S. 389-396.

7 Siehe den Eintrag vom 29. Mai 1903.

8 BURCKHARDT, Jacob, Weltgeschichtliche Betrachtungen, Berlin/Stuttgart 1905.

9 Als Augenarzt, siehe den Eintrag vom 31. Dezember 1907.

durch Papiereverkauf flüssig gemacht. | Vor circa 8 Tagen [Heinrich] Hübschmann gestorben, 59 Jahre alt.

1. März Sonntag 1908: Im Lauf der letzten Woche ein ziemliches Stück Formenlehre des Altbulgarischen (Deklination) für die Encyklopädie[10] gearbeitet. Die unfruchtbare Arbeit ist mir sehr lästig. Mit [Vatroslav] Jagić korrespondiert über seine Nachfolgerschaft: es läuft auf [Aleksander] Brückner oder [Václav] Vondrák hinaus. Ich habe ihm meine Ansicht über Brückner deutlich ausgesprochen[11]. Von Wilhelm [Streitberg] Brief, voll Zorn über [Karl] Brugmann, daß er für die Sprachwissenschaftler Leipziger Schule nichts tue (bezieht sich auf München und Straßburg, in München soll eine sprachwissenschaftliche Professur errichtet werden). Ich glaube nicht, daß Brugmann viel dafür kann. | Abends meist russisch gelesen sehr interessant des Historikers Solovev Memoiren in Věstnik Evropy[12]. Der Mann ist voll Überhebung und Eitelkeit, aber in seiner scharfen Verurteilung des [Michail Petrowitsch] Pogodin etc. hat er recht. Solovjevs[13] Urteil über die Deutschen auch interessant: er kennt Deutschland gar nicht, ein paar flüchtige Besuche in deutschen Städten war alles; trotzdem Verachtung und Widerwillen. | Heute Geschäftsdiner bei Eduard [Brockhaus]. [Berend Wilhelm] Feddersens 50-jähriges Doktorjubiläum. | Am 27. Februar die Vorlesungen geschlossen. | Ilse [Leskien] noch in Münster, bleibt bis 15. März.

5. März, Donnerstag 1908: Am letzten Montag [Erich] Berneker von Prag hier, mir zu berichten von dem unglaublichen Verfahren, daß [Vatroslav] Jagić gegen ihn in der Kommission eingeschlagen hat, die in Wien die Besetzung des slav. Lehrstuhls berät. | Er hat dort gesagt, Berneker stopple sein bißchen Kenntnis des Slavischen aus Grammatiken und Wörterbüchern zusammen etc. Diese Slaven sind alle miteinander nichts wert.

10. März 1908 Dienstag: Vom Sonnabend den 7. bis heute bei Walters[14] in Jena, mit Lisbeth [Leskien]. Mehrere Spaziergänge mit [Berthold] Delbrück.

28. März 1908 Sonnabend: In den Berufungssachen ([Erich] Berneker: Breslau, und Wien) nichts entschieden. In Straßburg eine sprachwissenschaftliche Professur durch [Heinrich] Hübschmanns Tod frei, in München eine solche nun errichtet. [Wilhelm] Streitberg regt sich darüber auf. Über die Wiener Sache mit [Vatroslav] Jagić hin und her korrespondiert. | Vorgestern eine Parzelle

10 Siehe den Eintrag vom 29. Mai 1903.

11 Leskien hielt Brückner für ungeeignet, da der Lehrstuhl einen Schwerpunkt auf den südslawischen Sprachen haben müsse, in denen Brückner nicht ausgewiesen war, siehe POHRT, August Leskien, S. 134.

12 Erstmals veröffentlicht 1907 in: Věstnik Evropy, als Buch: Zapiski Sergěja Michajloviča Solov'eva: moi zapiski dlja dětej moich, a esli možno, i dlja drugich, Petrograd 1915.

13 Sergej Michajlowitsch Solowjow.

14 Walther und Mathilde Judeich.

des Dresdner Grundstücks verkauft, an einen Kaufmann Schrader[15], für 15500, dh. c. [das heißt circa] 15½ Mark für den □ Meter[16], billiger als veranschlagt war (17–20), also c.[irca] 1000 □ Meter, an der Ecke von Angelika-Bautzner(Schiller)straße[17]. Der Käufer will dort ein Wohnhaus bauen und zwar schon diesen Sommer. | Ilse [Leskien] am vorigen Dienstag von Münster zurück. | Albert Brockhaus heute mit seinem Vater[18], der recht schwach war, an die Riviera. | Angefangen eine Abhandlung über litauische Personennamen für den Brugmannschen Jubiläumsband[19].

10. April 1908 Freitag: In der letzten Woche [Gustav] Fricke und [Wilhelm] Scheibner gestorben, beide über 80: ebenso [Alphons Friedrich] Dürr, auch über 80. – Abhandlung über die litauischen Personennamen für den Brugmannband an Wilhelm [Streitberg] geschickt[20]. – Friedrich [Leskien] zieht in diesen Tagen um nach der Ecke der Windmühlen- und Nürnbergerstraße[21]. – Mai [Marie Leskien] ist in Hoffnung, erwartet für Juli, glaube ich. Gestern hat Else Köhler (Brugmann) einen Sohn[22] bekommen. – Gesternabend Albert [Leskien] von Karlsruhe gekommen.

12. April Sonntag, Palmarum 1908: Elfriede [Leskien] konfirmiert.

14. – 27. April 1908: in Dresden. Adolf Mayer gestorben in Bozen.

30. Mai Sonnabend 1908: Gutachten über [Milan] Rešetar, [Václav] Vondrák, [Erich] Berneker an [Vatroslav] Jagić für die Wiener Fakultät abgegeben, eins über [Mathias] Murko abgelehnt. Sehr unerquickliche Korrespondenz mit Jagić über die Beleidigung, die [Aleksander] Brückner im Archiv[23] gegen Ułas-

15 Unter den verschiedenen Kaufleuten in Dresden jener Zeit ist Ludwig Alexander Gustav Schrader, u. a. Bautzner Straße 3, Mitinhaber der Firma Schlegel & Dreher Nachf. Da das Leskiensche Grundstück an die Bautzner Straße grenzte, ist es nicht unwahrscheinlich, dass dieser Kaufmann Schrader der Käufer war.

16 Gemeint ist Quadratmeter.

17 Das Dresdner Grundstück der Leskiens/Judeichs befand sich in östlicher Richtung bzw. in Richtung Loschwitz an der Ecke Angelikastraße/(Äußere) Bautzner Straße bzw. Schillerstraße nahe dem Elbufer.

18 Eduard Brockhaus.

19 LESKIEN, August, Litauische Personennamen, in: Indogermanische Forschungen 26 (1909), S. 325-352 (Festschrift für Karl Brugmann von Schülern und Freunden zum 60. Geburtstag).

20 Siehe den vorhergehenden Eintrag.

21 Windmühlenstraße und Nürnberger Straße treffen am Bayrischen Platz, südöstlich vom Leipziger Zentrum, zusammen.

22 Der Name des Enkelsohnes von Karl Brugmann ist nicht bekannt.

23 Vgl. BRÜCKNER, Aleksander, Zur Entgegnung, in: Archiv für slavische Philologie 29 (1907), S. 637. Die *Entgegnung* Brückners richtete sich in beleidigendem Ton gegen: UŁASZYN, Henryk, Rez. von Alexander Brückner: Dzieje języka polskiego, Lwów-Warszawa 1906, in: Archiv für slavische Philologie 29 (1907), S. 440-444.

zyn losgelassen hat. Jagić braucht Subterfugien[24], es [ist] mit all diesen Slaven so. | [Otto] Winter hat Ilses Gedichte in Verlag genommen[25]. | Gestern war ein Fest des Albertvereins[26] im Palmengarten. Ernst [Leskien] mit als italienischer Sänger. | Manches gelesen: Deissmann, Licht vom Osten[27] und anderes.[28]

6. Juni Sonnabend 1908: Heute Lisbeth [Leskien] von Dr. [Georg] Perthes operiert, liegt in seiner Klinik. Friedrich [Leskien] und Dr. Rauscher[29] haben sie zu dem Entschluß gebracht, der längst hätte gefaßt werden sollen – doch ich will darüber nichts sagen. – Unsren Dresdner Aufenthalt für die Pfingstzeit (morgen ist Pfingstsonntag) aufgegeben. | Friedrich hat mit dem 1. Juni die Sattlersche Klinik[30] verlassen und ist nun selbständiger Augenarzt[31].

12. Juni Freitag 1908: Das Befinden Lisbeths [Leskien] befriedigend. Wir besuchen sie regelmäßig, jeden Tag jemand.

2. Juli, Donnerstag: Lisbeth [Leskien] am 20. Juni wieder aus der Klinik entlassen nach Hause. Die Heilung fortgeschritten, nur der linke Arm noch geschwollen. Seit vorgestern wird sie mit Röntgenstrahlen behandelt. | Am 28. Juni die Scherbelsche Kartonnagenfabrik[32] uns gegenüber abgebrannt. Ich war mit Ernst [Leskien] am Tag darauf in Dresden. Bei uns war nichts passiert. – Die Gemäldeausstellung[33] angesehen; unerfreulicher Eindruck. | Von dem Grundstück weitere 3 Parzellen an der Angelikastraße verkauft[34]. | Ich selbst die ganze Zeit nicht wohl: müde, katarrhalisch und nicht arbeitskräftig.

18. Juli Sonntag 1908: Lisbeths [Leskien] Arm bleibt in gleicher Weise geschwollen und dadurch wenig brauchbar. Die Fahrt nach Jena zum Jubiläum[35] hat sie aufgegeben, ich werde hingehen. Vom 3. August an haben wir

24 Supterfugien, soviel wie Ausflüchte.

25 LESKIEN, Ilse, Auf dem Wege: Gedichte, Heidelberg 1908.

26 Albert-Verein, Verein des Roten Kreuzes in Sachsen, gegründet 1864, benannt nach dem damaligen sächsischen Kronprinzen Albert.

27 DEISSMANN, Adolf, Licht vom Osten: das Neue Testament und die neuentdeckten Texte der hellenistisch-römischen Welt, Tübingen 1908.

28 Bl. 69v: Zeitungsausschnitt: »Von unbekannten Unsterblichen«.

29 Wahrscheinlich Adolf Rauscher, der als praktizierender Arzt im LAB 1908 genannt wird, auch wenn sein Bruder Gustav ebenfalls promovierter Mediziner war.

30 Gemeint ist die Augenklinik der Universität Leipzig.

31 Siehe den Eintrag vom 31. Dezember 1907.

32 Gemeint ist die Actiengesellschaft für Cartonnagenindustrie in Dresden-Loschwitz, Dresdner Str. 4, vgl. DAB 1908. Nur 1905–1926 hieß die Straße Dresdner Straße, davor und danach Bautzner Straße.

33 SCHUMANN, Paul, Die grosse Kunstausstellung Dresden 1908, in: Die Kunst für alle: Malerei, Plastik, Graphik, Architektur 23 (1907–1908), S. 529-540. Die Ausstellung fand vom 1. Mai bis 15. Oktober 1908 statt.

34 Gemeint ist das Dresdner Grundstück, siehe den Eintrag vom 23. September 1899.

35 Gemeint ist das 350-jährige Jubiläum der Universität Jena im Jahre 1908.

in Braunlage auf circa 4 Wochen gemietet (Villa Bergfrieden[36], bei einer Frau Grasshoff[37]). | Ernst [Leskien] hat immer noch von [Arthur] Hantzsch keine Entscheidung wegen seines Doktorexamens (im März hat er die Arbeit eingeliefert). – Adolf Geibel war am Tode durch eine Lungenentzündung. | Der Verkauf von drei Grundstücksparzellen perfekt geworden, auf uns entfallen davon c.[irca] 30000 Mark.

17. Juli Freitag 1908: Heute die von [Hermann] Windisch für mich an die Kreditanstalt[38] eingezahlten 15297 Mark (Preis der letzten Grundstücksverkäufe) erhoben.

18. Juli Sonnabend 1908: Rektoratswahl für das Jubeljahr 1909[39]: im zweiten Wahlgang [Karl] Binding mit 95 von 101 Stimmen gewählt.

24. Juli Freitag 1908: Diese Nacht Friedrich eine Tochter[40] geboren. – Gestern Vorlesungen geschlossen. – 20000 Mark deutsche Reichsanleihe (neu: preußische Consols[41]) gekauft und in Depot gegeben.

29. Juli – Sonntag 2. August: in Jena zum 350jährigen Jubiläum.[42]

3. – 25. August 1908: mit Lisbeth, Ilse, Elfriede [Leskien] in Braunlage, damit Lisbeth dort kräftig werde. Im ganzen mißlungener Aufenthalt; das Wetter war meistens schlecht. – Am 31. Juli hat Ernst das mündliche Promotionsexamen bestanden summa cum laude[43], seitdem auf einer Tiroler Tour.

1. September 1908, Dienstag: Die letzten 8 Tage ist es Lisbeth [Leskien] hier schlecht gegangen. Wir brechen heute nach Dresden auf, wo Streitbergs[44] und Walters[45] sind, auch Albert [Leskien]. Ernst [Leskien] kam gestern von seiner Tiroler Tour zurück, bleibt wegen seiner Arbeit hier.

1. September – 28. September 1908: in Dresden. Lisbeths [Leskien] Zustand im-

---

36 Villa Bergfrieden in Braunlage, Kurort im Oberharz.

37 Luise Graßhoff war Betreiberin der »Familien-Pension Graßhoff I. und II. Etage Villa Bergfrieden« in der Villenkolonie Hütteberg, vgl. die Werbeanzeige in: Braunlage im Oberharz: Bahnstation 600 Meter über dem Meeresspiegel, Leipzig-Stötteritz [1909], S. 68.

38 Allgemeine Deutsche Credit-Anstalt, 1856 in Leipzig gegründete Bank, Aktiengesellschaft.

39 Die Universität Leipzig war 1409 gegründet worden, 1909 feierte man also das 500-jährige Jubiläum.

40 Ragna Leskien.

41 Konsols, festverzinsliche Wertpapiere ohne Begrenzung der Laufzeit.

42 Bl. 72r: Zeitungsausschnitt aus der Neuen Freien Presse, Abendblatt, Wien, Freitag, den 10. Juli 1908: V. Jagic. Zu seinem 70. Geburtstag. Von Dr. Alexander Brückner, Professor an der Berliner Universität, Berlin, im Juli.

43 LESKIEN, Ernst, Über verschiedenfarbige Modifikationen von Orthonitrophenolderivaten, Leipzig, Univ., Diss., 1908.

44 Gertrud und Wilhelm Streitberg.

45 Walther und Mathilde Judeich.

mer verschlimmert. Wir haben hier gestern gleich eine Pflegerin[46] angestellt. | In Dresden am 27. September Testamente gemacht.

14. Oktober Mittwoch, 1908: Die Tage vom 28. September bis gestern den 13. Oktober sind die schwersten meines Lebens gewesen. Die hoffnungslose Krankheit Lisbeths [Leskien] nahm einen immer schnelleren Verlauf; wir haben sie Wochen lang sterben sehen. Am 10. Oktober morgens ¾7 starb sie. Gestern haben wir sie begraben. Nun kommt die Reihe an mich, und ich bin damit zufrieden; ich bin ganz müde, nicht lebensmüde, aber müde vom Leben.

29. Dezember 1908 Mittwoch: Ich bin seit Anfang November an Ischias krank gewesen, habe die Vorlesungen[47] nach 8 Tagen aufgeben müssen und soll auch nach den Weihnachtsferien nicht wieder anfangen[48]. | Zu Weihnachten kamen Albert und Ernst [Leskien], dieser war seit Anfang des Semesters in Göttingen. Den Weihnachtsabend waren wir alle bei Friedrichs[49], mit uns auch Tante Anna und Nikolai [Böhtlingk]. | Ilses [Leskien] Gedichte sind erschienen[50] und finden große Anerkennung. | Wilhelm [Streitberg] ist nach München berufen und geht zum Sommersemester hin. | [Erich] Berneker nach Breslau berufen an die Stelle [Wladislaus] Nehrings. | An Streitbergs Stelle [Otto] Hoffmann gekommen, nicht [Hermann] Hirt. | Der Druck meiner altbulgarischen Grammatik in der Winterschen Sammlung[51] geht zu Ende.

---

46 Der Name der Pflegerin ist unbekannt.

47 Vergleichende Formenlehre der slavischen Sprachen; Grammatik der litauischen Sprache, vgl. HistVV.

48 UAL, PA 686: Königlich sächsisches Ministerium des Kultus und öffentlichen Unterrichts an die Philosophische Fakultät, Dresden, 5. Januar 1909: Leskien wurde krankheitshalber Urlaub für den Rest des Semesters gewährt.

49 Friedrich und Marie »May« Leskien.

50 Siehe den Eintrag vom 30. Mai 1908.

51 Siehe den Eintrag vom 16. Oktober 1904.

Tagebuch 1909

[UBL, NL 348/1/6, Bl. 74v-84v]

Donnerstag 7. Januar 1909: Am letzten Sonnabend und Sonntag Wilhelm [Streitberg] hier, auf der Durchreise nach München, wo er Wohnung suchen will. – Vorgestern Albert, heute Ernst [Leskien] abgereist. | Der Arzt[1] hat mir die Wiederaufnahme der Vorlesungen für dies Semester untersagt; ich habe vom Ministerium Urlaub erbeten.[2]

14. Januar Donnerstag 1909: Am letzten Montag, Lisbeths [Leskien] Geburtstag, kam [Wilhelm] Streitberg aus München. Gute Wohnung hat er dort gefunden und kam auch sonst sehr befriedigt zurück. Heutmorgen ist er wieder abgereist, zunächst nach Braunschweig, will dort [Wilhelm] Raabe besuchen und morgen nach Münster weiter fahren. | Am vorigen Sonnabend besuchte mich [Ottomar] Enking auf einen halben Tag von Dresden aus. | Heute habe ich den Schluß der Einleitung, Vorwort und Titel meiner altbulgarischen Grammatik an Winter geschickt und bin nun ganz fertig damit[3]. | Ilses [Leskien] Gedichte[4] haben überall großen Anklang gefunden. Ich wünsche sehnlich für sie ein weiteres Wirken und Erfolg darin.

9. Februar 1909 Dienstag: In den letzten 8 Tagen den einleitenden Teil zur serbischen Grammatik[5] geschrieben. – Albert [Leskien] war Anfangs Februar in Hagen[6], um eine Ausstellung dort zu sehen, dann einige Tage bei Gertrud [Leskien] zum Besuch. – [Hermann] Hirt ist in Breslau primo loco vorgeschlagen. – [Asmus] Soerensen gestern bei mir: er bestrebt nach Wien an eine slavistische Professur zu kommen; sagt mir, daß vielleicht er und [Jooseppi Julius] Mikkola dort genannt werden könnten. | Mir geht es wieder leidlich; ich gehe an guten Tagen aus – die alten Kräfte sind hin, aber es wird wohl noch einige Zeit reichen das Notwendigste zu tun.

21. Februar 1909, Sonntag: Vorigen Sonntag aus der ärztlichen Behandlung entlassen. – [Erich] Berneker schreibt mir einen Brief Fortunatovs [Filipp Fjodorowitsch Fortunatow] ab, der sehr wünscht, ich möge bei der slavischen Encyklopädie bleiben[7]; ich schlage das ab. – Weiter gearbeitet an der serbi-

1 Der Name des behandelnden Arztes ist nicht bekannt.

2 Siehe den Eintrag vom 29. Dezember 1908.

3 Siehe den Eintrag vom 16. Oktober 1904.

4 Siehe den Eintrag vom 30. Mai 1908.

5 LESKIEN, August, Grammatik der serbo-kroatischen Sprache. 1. Teil: Lautlehre, Stammbildung, Formenlehre, Heidelberg 1914.

6 In Hagen wurde 1902 das Museum Folkwang für moderne Kunst gegründet. Daneben gab es seit 1909 in Hagen auch das Deutsche Museum für Kunst in Handel und Gewerbe.

7 Siehe den Eintrag vom 29. Mai 1903.

schen Grammatik[8]. – Das Rentamt teilt mir mit, daß nach dem Tode meiner Frau das Wohnungsgeld auf die Hälfte herabgesetzt werde[9]. Ein größerer Blödsinn ist doch kaum denkbar. [Karl] Bücher hat sich auch darüber empört.

13. März 1909, Sonnabend: Ich war wieder so weit, daß ich, seit reichlich 8 Tagen ins Geschäft[10] gehen konnte, leide aber noch an Schlafmangel, wenn auch nicht immer. Der Winter will nicht enden, wir haben noch Frost und viel Schnee; daher kann ich noch nicht zum regelmäßigen Aufenthalt im Freien kommen. – Gestern kam Ernst [Leskien] von Göttingen; er wird vom 24. März an die erste Offiziersübung haben; heute die Nachricht, daß Ingeborg Wenck, die Schwester von Frau [Helga] Feddersen hier gestorben (in der Zweifelschen Klinik[11]); auch eine der letzten Kieler Erinnerungen; es sind ungefähr 48 Jahre her, daß ich sie kennengelernt habe, ein wunderschönes Mädchen; dann eine unglückliche Ehe und ein fortgesetztes Leben voll Leiden: die beiden Töchter[12] katholisch geworden, die eine als Nonne in einem Kloster in Tonking[13], die andre in Ostasien verheiratet; die Mutter allein hier in Europa, seit vielen Jahren krank. – Gearbeitet an der serbischen Grammatik für Winter[14]; gelingt mir noch nicht, die richtige Form zu finden. – [Ferdinand] Sommer von Basel nach Rostock berufen; [Hermann] Osthoff liegt schwer krank; [Karl] Brugmann feiert am 16. März seinen 60. Geburtstag; alles geht so allmählich dem Ende zu. – Der dumme Streit[15] in der Jablonowskischen Gesellschaft hat mit dem Austritt von [Eduard] Sievers geendet, an seine Stelle ist Brugmann gewählt auf meinen Vorschlag.[16]

---

8 Siehe den vorhergehenden Eintrag.

9 Dem Rentamt oblag die Verwaltung des Grundbesitzes und des Vermögens der Universität Leipzig.

10 F. A. Brockhaus.

11 Gemeint ist die Universitätsfrauenklinik in Leipzig.

12 Die Namen der Töchter sind nicht bekannt.

13 Tongking, Tonkin, Gebiet im nördlichen Vietnam mit der Hauptstadt Hanoi. Ab 1858 etablierte sich die französische Kolonialherrschaft in Vietnam, 1884 wurde Tongking französisches Protektorat, 1887 Teil der französischen Kolonie Union Indochinoise (Französisch-Indochina), die bei abnehmendem Einfluss der Franzosen bis 1954 Bestand hatte.

14 Siehe den Eintrag vom 9. Februar 1909.

15 Über die Auseinandersetzungen liegen im Archiv der Gesellschaft, UBL, NL 251, keine Informationen vor. SCHWABE, Die Fürstlich Jablonowski'sche Gesellschaft, S. 6, erwähnt nur den Austritt Sievers. Ebenso wird im Jahresbericht der Fürstlich Jablonowski'schen Gesellschaft, Leipzig, im März 1909, S. 3, nur der Austritt erwähnt.

16 Bl. 77r: eingeklebter Zeitungsausschnitt: Montag, 22. 3. 1909: Beilage zum Tod von Rudolf von Gottschall; Bl. 78v: eingeklebter Zeitungsausschnitt: Von de Froonslüd. (Singwies: Der Papst lebt herrlich in der Welt.) Von Carl Holm; Bl. 78v: eingeklebter Zei-

27. März, Sonnabend, 1909: 15. März Gertrud mit ihren Kindern[17] auf c.[irca] 4 Wochen hergekommen. Ernst [Leskien] am 24. zur Offiziersübung angetreten. Seit 5 Tagen leidlicher Frühling, aber noch ohne Aufwachen der Pflanzen. Ich gehe mit Gerhart [Streitberg] täglich spazieren, befinde mich aber im ganzen nicht besonders. An der serbischen Grammatik[18] nur durch vorbereitende Lektüre weitergearbeitet (Daničić, AT zum kleinen Teil, Vuks NT[19]). [Karl] Brugmann seit 8 Tagen in Meran. | In Prag soll der junge [Reinhold] Trautmann (aus Göttingen) an [Erich] Bernekers Stelle gekommen sein. | Allerlei Vorarbeiten für 15. Auflage des [Konversations-]Lexikons gemacht.
3. April 1909, Sonnabend: Heute im Tageblatt, daß [Hermann] Hirt nicht nach Breslau berufen, obwohl an erster Stelle (wie auch in Münster) vorgeschlagen, sondern der an dritter Stelle vorgeschlagene Jenenser [Otto] Schrader[20]. Wenn so weiter gewirtschaftet wird, ist der Ruin der indogermanischen Sprachwissenschaft bald da. Schrader sich zu denken als Vertreter der indogermanischen Grammatik, der außer seinem Latein und Griechisch – und das auch nur schulmäßig – nichts versteht.
15. April Donnerstag 1909: Heute unser 38. Hochzeitstag, aber der eine Teil liegt draußen im Grabe; ich bin krank und lebensmüde. Es will nichts mehr recht gehen. | Gestern morgen Gertrud mit ihren Kindern[21] nach Münster, das Haus ist wieder ganz still. Albert [Leskien] ist noch hier, geht anfangs nächster Woche zurück nach Karlsruhe. Ich kann die Sorge um ihn nicht los werden. | Gestern abend waren wir bei Kohls[22]; Ernst [Leskien] sang einiges.
10. Mai 1909, Montag: Am 7. Mai [Hermann] Osthoff gestorben, im 63. Jahr, nach langer Krankheit. Vor 35 Jahren kam er nach Leipzig, damals mein Zuhörer. 1875 – 77 war er hier Dozent. Seine Stellung in der Sprachwissenschaft eine eigentümliche, anfangs ausgiebig, nachher nicht mehr so. – Ernst [Leskien] seit 8 Tagen im Truppenlager Zeithain. – Morgen Tante Annas [Böhtlingk] 70. Geburtstag, sie ist in Berlin bei Nikolai [Böhtlingk].
14. Mai Freitag 1909: Vom Dienstag bis heute wieder an einer der elenden Mandelentzündungen zu Bett gelegen; wieder ganz matt geworden.
20. Mai Donnerstag, Himmelfahrt 1909: Vorgestern Ernst [Leskien] von der Dienstübung zurück. – Vor einigen Tagen Nachricht von Walter [Judeich],

tungsausschnitt: Anke van Tharaw. (Singwies von Fr. Silcher.) Von Simon Dach (1637. To de Hochtied von Johann Portatius und Anna Neander.).

17 Gerhart, Helga und Hildegard Streitberg.

18 Siehe den Eintrag vom 9. Februar 1909.

19 Siehe den Eintrag vom 11. Februar 1903.

20 Ein entsprechender Artikel lässt sich im »Leipziger Tageblatt« nicht nachweisen.

21 Gerhart, Helga und Hildegard Streitberg.

22 Georg und Reinholde Kohl.

daß der Fiskus das Grundstück von der Fischhausstraße[23] für 9000 Mark verkaufen wolle. Ich bin damit einverstanden, daß wir es kaufen. | Die ganze Woche wegen Sitzungen, Besuchen etc. Nachmittags nicht zum Arbeiten gekommen, auch nicht ganz wohl, kann den Katarrh noch nicht los werden, außerdem in gedrückter Stimmung wegen Gegenwart und Zukunft.

13. Juni Sonntag 1909: Vom 28. Mai – 6. Juni (Pfingstwoche) auf Heinrichsfeld[24]: Ilse, Elfriede, ich, Friedrich, Mai [Marie Leskien], Ragna [Leskien], Frau [Anna Sophie] Lie, Tante Anna [Böhtlingk], M. Remelé[25]. Ich befand mich nicht recht wohl, große Müdigkeit und Melancholie. | Ernst [Leskien] unmittelbar nach Pfingsten wieder nach Göttingen zurück. | Ilses Novelle »Schuld« in den Grenzboten erschienen[26]; findet überall Beifall.

20. Juni Sonntag 1909: Von [Erich] Berneker Brief, daß ihm ein Ruf nach Wien bevorstehe; er will meine Meinung hören, ich rate zu. – Mein Befinden mäßig, ich kann nicht recht mehr arbeiten, es geht alles langsamer. Das Interesse fehlt auch.

29. Juni Dienstag 1909: Bei Gertrud haben alle 3 Kinder[27] den Keuchhusten. – Mikkolas[28] angekommen vorige Woche, die Frau liegt jetzt krank. – Von [Erich] Berneker heute Nachricht, daß er nach Wien berufen.

8. Juli Donnerstag 1909: Ilse [Leskien] und ich vorige Woche zu Mikkolas[29] geladen, die seit einiger Zeit hier sind: es war sein Geburtstag, ihr Hochzeitstag. Gestern, an meinem Geburtstag Abends und Mittags Friedrich bei uns. – Ich mit Ilse früh an Lisbeths [Leskien] Grab. | [Erich] Berneker hat den Ruf nach Wien abgelehnt.

20. Juli Dienstag: Vorlesungen geschlossen. In der letzten Zeit viel an Neuralgien gelitten, daher müde. Gearbeitet an der Wortbildungslehre der serbischen Grammatik[30]. – Vom Jubiläum mache ich nur den Aktus in der Wandelhalle mit[31]. – Ernst [Leskien] hat eine Assistentenstelle bei Professor [Franz] Feist in Kiel angenommen.

27. Juli 1909 Dienstag: Am Sonntag vorgestern Elfriede [Leskien] an Blinddarmentzündung erkrankt, gestern vom jungen [Gustav] Rauscher ope-

---

[23] Die Fischhausstraße in Loschwitz/Dresden mündet östlich der Angelikastraße als nächste Straße in die Bautzner Straße.

[24] Siehe den Eintrag vom 23. September 1899.

[25] Wahrscheinlich eine Tochter von Ernst Remelé.

[26] LESKIEN, Ilse, Schuld?, in: Die Grenzboten: Zeitschrift für Politik, Literatur und Kunst 68 (1909), S. 437-444.

[27] Gerhart, Helga und Hildegard Streitberg.

[28] Jooseppi Julius und Maria Mikkola.

[29] Jooseppi Julius und Maria Mikkola.

[30] Siehe den Eintrag vom 9. Februar 1909.

[31] Siehe den Eintrag vom 8. August 1909.

riert: alles bisher gut verlaufen. Unsre Reisepläne sind damit aufgegeben. – Gestern Wilhelm [Streitberg] zum Jubiläum[32] gekommen, auch Ernst [Leskien].

Abb. 12: Grabstätte der Familie Leskien auf dem Leipziger Südfriedhof. Quelle: Wikimedia Commons.

8. August 1909, Sonntag: Von Mittwoch 28. Juli – Sonnabend 31. die Tage des 500-jährigen Jubiläums unsrer Universität. Ich habe nur am 30. die Feier in

32 Gemeint ist die 500-Jahrfeier der Universität Leipzig.

der Wandelhalle, wo Wundt die Rede hielt, mitgemacht[33]. – Verschiedene alte Bekannte gesehen: [Ernst] Kuhn, [Wilhelm] Braune, [Olaf] Broch (diesen öfter). | Gestern sind Mikkolas[34] wieder abgereist. – Gestern Onkel Eduards [Brockhaus] 80. Geburtstag. | 28. oder 29. Juli Helene Vieweg in Braunschweig gestorben[35]. | Am letzten Mittwoch Walter [Judeich] eine Viertelstunde hier auf der Durchreise nach Dresden. | Ich bin ziemlich mit der Stammbildung der serbischen Grammatik[36] fertig; bin aber sehr müde, schlafe nicht gut und die melancholische Stimmung nimmt zu. Muß mir vornehmen, die Kinder, namentlich Ilse [Leskien], nicht darunter leiden zu lassen.

18. August 1909, Mittwoch: Am 10. August Elfriede [Leskien] wieder aus der Rauscherschen Klinik[37] nach Hause gekommen, erholt sich allmählich ganz. – Fertig geworden mit der Stammbildung der serbischen Grammatik[38]. – Diplom aus Moskau der Ehrenmitglied.[schaft] der Moskauer Universität[39].

Vom 21. August – 4. Oktober 1909: In Heinrichsfeld[40], zuerst mit Walters[41], die Anfang September nach Italien gingen. Mai [Marie Leskien], Ragna [Leskien], dann auch Friedrich, kurze Zeit auch Albert und Ernst [Leskien]. Ernst seit circa 15. September in Kiel.

9. – 20. Oktober 1909: in München, schöne Zeit dort. Mehrmals Maria Semon gesehen. | Die Kinder[42] haben von der Tante Helene [Vieweg] je 5000 Mark geerbt.

30. Oktober 1909 Sonnabend: Gestern die Nachricht erhalten, daß Karl von Hase in seinem Zimmer in Cuxhaven erschossen aufgefunden ist. Ernst [Leskien] ist sofort hingereist von Kiel aus; ich besuchte heut die Eltern[43], denen Ernst [Leskien] eine wesentliche Hülfe gewesen ist.

31. Oktober 1909 Sonntag: Gestern und heute [Erich] Berneker hier.

14. November 1909 Sonntag: Vorlesungen[44] vor etwa 14 Tagen angefangen, Be-

---

33 WUNDT, Wilhelm, Festrede zur fünfhundertjährigen Jubelfeier der Universität Leipzig: mit einem Anhang: Die Leipziger Immatrikulationen und die Organisation der alten Hochschule, Leipzig 1909.

34 Jooseppi Julius und Maria Mikkola.

35 Helene Vieweg verstarb am 30. Juli 1909, siehe: GEBHARDT, Geschichte, S. 271.

36 Siehe den Eintrag vom 9. Februar 1909.

37 Mit der Rauscherschen Klinik ist die Leipziger Privatklinik für Frauenkrankheiten und Geburtshilfe von Gustav Rauscher in der Rudolphstraße gemeint.

38 Siehe den Eintrag vom 9. Februar 1909.

39 Heute Lomonossow-Universität.

40 Siehe den Eintrag vom 23. September 1899.

41 Walther und Mathilde Judeich.

42 Albert, Elfriede, Ernst, Friedrich, Gertrud, Ilse Leskien.

43 Johanna und Oskar von Hase.

44 WS 1909: Ausgewählte Abschnitte aus der Syntax der slavischen Sprachen; Erklärung der altrussischen (Nestor'schen) Chronik.

such wie immer, Privatkolleg 10. – Von Walter [Judeich] Nachricht, daß ein Angebot auf Parzelle des Dresdner Grundstücks[45] eingegangen. – Vorgestern mit Ilse [Leskien] in Abendgesellschaft bei [Albert] Köster. – Zum Arbeiten an der serbischen Grammatik[46] noch nicht gekommen; Kritik des Suprasliensis[47] fortgesetzt.[48]

23. Dezember 1909 Donnerstag: In den letzten 4 Wochen an der serbischen Grammatik[49] gearbeitet. – Gestern Albert und Ernst [Leskien] zum Weihnachten gekommen. – [Georg] Kohl schwer nierenkrank. – Heute bei der 89jährigen [Leonore] Geibel gewesen. Sie wird zu alt, verliert das Gedächtnis.

Abb. 13: Die Feier in der Wandelhalle am 30. Juli 1909. Quelle: Die Feier des Fünfhundertjährigen Bestehens der Universität Leipzig, Tafel 16.

45 Zum Dresdner Grundstück siehe den Eintrag vom 23. September 1899.

46 Siehe den Eintrag vom 9. Februar 1909.

47 Siehe den Eintrag vom 15. März 1903.

48 Bl. 84r: eingeklebter Zeitungsausschnitt des Gedichts »Jan Hinerk an de Lammerstrat« mit hsl. Korrekturen Leskiens.

49 Siehe den Eintrag vom 9. Februar 1909.

Tagebuch 1910

[UBL, NL 348/1/6, Bl. 85r-91r]

4. Januar Dienstag 1910: Albert [Leskien] heute wieder nach Karlsruhe zurück. Ernst [Leskien] ist zum Schneeschuhlaufen im Erzgebirge. Ich war heutfrüh bei [Georg] Kohl, es geht ihm sehr schlecht. | In den Weihnachtsferien gearbeitet an einer Abhandlung über die Sprache des serbischen Volksliedes[1].

1. Februar Dienstag 1910: Am letzten Sonnabend [Georg] Kohl gestorben, heute die Beerdigung. – Walter und Tilli[2] dazu hergekommen. | Ernst [Leskien] hat zum 15. April eine Stelle als Chemiker in einer Sodafabrik in Düsseldorf[3] angenommen – erstes Jahresgehalt 2600 Mark, jedes Jahr um 300 Mark steigend, Kontrakt nach einer Probezeit auf 5 Jahre. | Ich habe an der serbischen Grammatik[4] weiter gearbeitet, aber bin etwas matt.[5]

19. Februar 1910, Sonnabend: Am Anfang dieser Woche Tilli [Mathilde] Judeich von Blinddarmentzündung operiert; eben die Nachricht, daß Nikolai Böhtlingk an Lungenentzündung erkrankt, die Mutter[6] reist heute nach Saarburg. | Ich selbst die letzten Wochen sehr müde, wenig arbeitsfähig.

13. März 1910, Sonntag: Am 7. kamen Streitbergs[7] aus München, ohne die Kinder, bleiben bis zum 15. – Vor Anfang März habe ich geschlossen, die Arbeit an der serbischen Grammatik[8] für die Ferien eingestellt, die Abhandlung über Dialektmischung in der serbischen Volkspoesie[9] gedruckt, eine neue über den Nomokanon[10] angefangen.

19. März – 13. April 1910: in München; Ernst, Ilse, Elfriede [Leskien] während der Zeit in Tirol (Terlan[11], Gardasee). Ernst am 5. April nach Leipzig gereist, am 9. nach Düsseldorf, tritt am 15. seine Stelle an.

13. Mai 1910 Freitag: In der Zeit vor Ostern die 5. Auflage meines altbulgari-

---

1 LESKIEN, August, Über Dialektmischung in der serbischen Volkspoesie, in: Berichte der königlich sächsischen Gesellschaft der Wissenschaften, philologisch-historische Klasse 62 (1910), S. 129-160.

2 Walther und Mathilde Judeich.

3 Ernst Leskien, der später ein Werk von Henkel in Genthin leitete, hat wahrscheinlich bei Henkel in Düsseldorf angefangen.

4 Siehe den Eintrag vom 9. Februar 1909.

5 Bl. 86r: eingeklebte Porträtfotografie von Enrico H. Giglioli mit der Widmung: *Ex corde pleno, Enrico H. Giglioli, Firenze, 20. XII. 1909* und der hsl. Notiz Leskiens *† Dez. 1909.*

6 Anna Böhtlingk.

7 Gertrud und Wilhelm Streitberg.

8 Siehe den Eintrag vom 9. Februar 1909.

9 Siehe den Eintrag vom 4. Januar 1910.

10 Gemeint ist der Nomokanon des Hl. Sabbas von 1219 als grundlegende Rechtskodifikation der serbisch-orthodoxen Kirche; unbekannt ist die von Leskien benutzte Ausgabe.

11 Terlan in Südtirol liegt zwischen Bozen und Meran.

schen Handbuchs[12] fertig gemacht. – Nicht mehr so wohl gewesen wie in den Osterferien; ich werde körperlich schwach. – Vorgestern großer Zank in der Fakultät[13]; mich übermannte der Ärger und ich habe [Otto] Wiener über die Überhebung der Naturwissenschaftler grob meine Meinung gesagt. – Gestern Ilse nach Dresden, Elfriede [Leskien] und ich mit Ellen [Heinrici] gehen heute.

4. Juni Sonnabend 1910: Die 5. Auflage des Handbuchs[14] zum Satz gegeben. – Wieder angefangen an der serbischen Grammatik[15]. – Gelesen mancherlei über römische Geschichte vom 2. – 5. Jahrhundert n. Chr. – Von Walter [Judeich], der von Griechenland zurück, über die Dresdner Grundstücksverhältnisse. Wir verkaufen an Str[aße] D noch nicht[16]. | Frau [Anna Sophie] Lie seit Pfingsten bei Friedrichs[17].

10. Juni 1910.[18]

12. Juni Sonntag: Gestern und heute zum Besuch bei Walters[19] in Jena. – Sonnabend und Freitag zwei kleine Abhandlungen über Lituanica[20] geschrieben.

7. Juli 1910: Am Tage vor meinem 70. Geburtstag. Ich habe mir Deputation und feierliche Gratulation verbeten. Dafür kam heut morgen mein Famulus, stud. [Franz] Specht und überreichte mir eine Adresse mit den Namen ältes-

---

12 LESKIEN, August, Handbuch der altbulgarischen (altkirchenslavischen) Sprache. Grammatik, Texte, Glossar, 5. Aufl., Weimar 1910.

13 UAL, Phil.Fak. A 03/30:08, S. 149-150: *Die Proff. Wiener und Le Blanc haben beantragt, daß in § 61,b der Fac.-Ordnung (betr. die Habilitation von Privatdocenten) hinter dem Wort ›Realgymnasium‹ die Worte eingefügt werden ›oder bei Habilitation in der 3. Section einer Oberrealschule. Ueber ausländische Anstalten entscheidet die Facultät‹. Nach langer und zum Teil erregter Diskussion wird gegen 3 Stimmen, aber unter Zustimmung der Antragsteller, beschlossen, nur die Worte ›oder bei Habilitation in der 3. Section einer deutschen Oberrealschule‹ einzufügen. Ministerielle Genehmigung ist nachzusuchen.*

14 Siehe den vorhergehenden Eintrag.

15 Siehe den Eintrag vom 9. Februar 1909.

16 Zum Dresdner Grundstück siehe den Eintrag vom 23. September 1899. Nachdem die Judeich-Erben ab 1908 Grund für den Straßenbau an die Stadtgemeinde übergeben hatten, entstand auf diesem Grund bis 1913/14 eine Straße (nächste Straße nördlich der Bautzner Straße zwischen Angelika- und Fischhausstraße), die nach dem Direktor der Forstakademie in Tharandt Friedrich Judeich den Namen Judeichstraße erhielt. In diesem Kontext steht wahrscheinlich die Notiz Leskiens. Straße D war der Planungsname für die neu gebaute Judeichstraße.

17 Friedrich und Marie »May« Leskien.

18 Bl. 87r: eingeklebter Zeitungsausschnitt: »Die neue Encyklika« von Karl Jentsch.

19 Walther und Mathilde Judeich.

20 LESKIEN, August, Zur litauischen Wortkunde, in: Indogermanische Forschungen 28 (1911), S. 134-137; LESKIEN, August, Zu den litauischen Personennamen, in: Indogermanische Forschungen 28 (1911), S. 390-396.

ter, alter und jetziger Schüler[21]. – Ich reise heute mit Ilse und Elfriede nach Dresden, dorthin kommen Streitbergs[22], vielleicht auch Ernst, Albert [Leskien] nicht. Von ihm heute ein Brief: er hat die Absicht gehabt, mir eine Arbeit von sich zu schenken, es ist aber wie immer bei Versuchen geblieben. Das bleibt ein Kummer für mich. – Den andern Kindern geht es wohl und sie scheinen alle vorwärts zu kommen. – Friedrichs[23], die auch nach Dresden kommen, gedeihen allmählich. Eine große Sorge bleibt mir die Zukunft Alberts und zum Teil auch Ilsens [Leskien]. Aber tun läßt sich da im Voraus nichts. | Briefe kamen von [Stepan Michajlowitsch Kulbakin] Kul'bakin, [Olaf] Broch, Fränkel, der mir sein Buch »Geschichte der griechischen Nomina agentis« gewidmet hat[24]. | Heutmorgen mit Ilse an Lisbeths [Leskien] Grab. Wenn ich um mich sehe und die Frauen betrachte, wie die [Paula] Heinrici, die [Valeska] Brugmann und andere, die mit dem Leben nicht fertig werden, ihre Kinder nicht behandeln können, ihre Männer quälen, so kommt mir der ganze Wert der Verstorbenen so recht zum Bewußtsein: immer tapfer, selbst in den schwersten Zeiten, immer mit ihren Kindern auf dem rechten Fuß und allen, so verschieden sie sind, gleich vertraut, mir nie die geringste Schwierigkeit machend, für alle Freunde stets hilfsbereit. | Ich war in den letzten Wochen seelisch sehr herunter, die Vergangenheit lastete schwer auf mir. Auch bin ich wohl etwas überarbeitet und nervös; konnte mit keiner Arbeit vorwärts kommen. Die Ferien werden das wohl bessern.

29. Juli 1910 Freitag: Heute die Vorlesungen geschlossen. In der letzten Woche die Arbeit am Serbischen[25] etc. eingestellt, weil im ganzen nicht frisch.

Vom 3. August – 15. Oktober in Dresden.

30. Oktober Sonntag 1910: In den vergangenen 14 Tagen noch nicht zur Wiederaufnahme der Arbeit gelangt; Wille ganz schwach; die Zeit mit Lesereien

---

21 Leskien versandte gedruckte Dankeskarten für die Gratulationen zu seinem 70. Geburtstag, eine solche Karte mit hsl. Grüßen an Ernst Kuhn, UB München, Nachl. E. Kuhn, Korr. Leskien 15, 17. Juli 1910: *Zu meinem siebenzigsten Geburtstag habe ich von Freunden, Kollegen, früheren und jetzigen Zuhörern so viele freundliche und ehrenvolle Begrüssungen empfangen, dass es mir nicht möglich ist, auf alle eigenhändig zu antworten. Ich bitte daher, in dieser Form meinen herzlichen Dank aussprechen zu dürfen. A. Leskien.*

22 Gertrud und Wilhelm Streitberg mit Kindern.

23 Friedrich und Marie »May« Leskien.

24 FRAENKEL, Ernst, Geschichte der griechischen Nomina agentis auf -tér, -tōr, -tēs(-t), Teil 1. Entwicklung und Verbreitung der Nomina im Epos, in der Elegie und in den außerionisch-attischen Dialekten, Straßburg 1910.

25 Gemeint ist die serbische Grammatik, vgl. den Eintrag vom 9. Februar 1909.

zugebracht. | Am Dienstag den 25. Oktober die Vorlesungen begonnen, Besuch noch schwächer als gewöhnlich, Privatkolleg 5.[26]

6. November Sonntag 1910: Gesternabend [Stephan Franz] Carl Geibel am Schlag gestorben.[27]

31. Dezember Sonnabend 1910: Das vergangene Jahr ist es wieder etwas abwärts mit mir gegangen, die Müdigkeit hat zugenommen, die Arbeitskraft sich vermindert. So ist denn auch das Werk, das ich noch vorhabe, die serbische Grammatik[28], nicht viel weiter gekommen als sie um Ostern war. Wie es mit meiner Tätigkeit bei F. A. B.[29] wird, weiß ich noch nicht; ich möchte sie zu Ostern 1911 aufgeben. Aber dann 10000 Mark Einnahme weniger, reduziert auf Gehalt und geringe Zinsen? Bei 25000 Mark Verbrauch im Jahre 1910. Das macht mir jetzt die Hauptsorge. – Die Kinder alle wohlauf gewesen im ganzen Jahr, auch die Enkel. – Albert [Leskien] lebt in der bisherigen Weise weiter ohne Arbeitsresultat. Auch das ist mir eine große Zukunftssorge. – Ich kann die melancholische Stimmung über die Kinder nicht los werden. | Es soll in diesem Jahr die neue, 15. Auflage des Konversationslexikons begonnen werden; ich habe weder Kraft noch Mut mehr dazu. Wer aber soll mein Nachfolger werden? | [Erich] Berneker geht wahrscheinlich nach München auf den neuen slavischen Lehrstuhl[30].

---

26 WS 1910: Vergleichende Formenlehre der slavischen Sprachen; Erklärung altdalmatinischer slavischer Dichter, vgl. HistVV.

27 Bl. 90r: eingeklebter Zeitungsausschnitt: Nr. 233. 1. Ausgabe. Sonntag, 28. August 1910. Dresdner Neueste Nachrichten: Der Kaiser sprach. Der alte Ton. – »Von Gottes Gnaden.« – »Ohne Rücksicht auf Tagesansichten und -meinungen.«

28 Siehe den Eintrag vom 9. Februar 1909.

29 Verlag F. A. Brockhaus.

30 Das Institut für Slavische Philologie in München wurde 1911 gegründet, der erste Lehrstuhlinhaber war Erich Berneker.

Tagebuch 1911

[UBL, NL 348/1/7, Bl. 1r-13v]

3. Januar 1911, Dienstag: Der Prinz Max[1] ist entweder ein Schafskopf oder ein naives Kind, jedenfalls ein Feigling. – So was muß sich ein deutscher Fürstensohn vom Pabst [Pius X.] gefallen lassen![2] | Gestern mit Albert Brockhaus gesprochen über meine weitere Tätigkeit am [Konversations-]Lexikon; ich möchte ja zu Ostern davon frei kommen, aber möglich wird das schwerlich, denn es ist kein Nachfolger für mich zu finden. | Heutnachmittag war [Asmus] Soerensen lange bei mir, schüttete sein Herz aus über seine Frau[3]; es ist eine verzweifelte Lage mit einer ungebildeten und völlig unerzogenen Frau. – Seine Vorlesungstätigkeit hat er mit Anfang des Jahres aufgegeben.
4. Januar 1911, Mittwoch: Nachricht von [Erich] Berneker, daß er den Ruf nach München angenommen hat.
6. Januar, 1911 Freitag: Gestern und heute Besuch von Walter [Judeich] auf der Durchreise nach Dresden wegen Grundstücksangelegenheiten[4]. | Gelesen in den letzten Tagen das neue Buch von Goldziher, Islam[5], dann herumgelesen in Symeon Metaphrastes[6], um das Griechische dieser Mönchsliteratur genauer kennen zu lernen. Ich habe dabei den Plan, einen genauen Nachweis zu geben, daß die pannonischen Legenden[7] ursprünglich griechisch waren. | Ich leide stark an melancholischen Verstimmungen; jede kleine Sorge macht mich halb krank; so jetzt die Forderungen der Käufer der Grundstücke an der Angelikastraße auf Ersatz der von ihnen an die Waldschlößchengesellschaft[8] zu zahlenden oder von dieser verlangten Summe für das Straßenterrain. Noch mehr Alberts [Leskien] Zukunft und die Einnahmeverhältnisse, wenn meine

---

1 Maximilian von Sachsen.

2 Bl. 1r: eingeklebter Zeitungsausschnitt: »Die Enzyklika über den Artikel des Prinzen Max«; Bl. 2r: eingeklebter Zeitungsartikel vom 6. Januar 1911: »Die triumphierende Kurie« und »Auslegung des Modernisteneids?«. Papst Pius X. verdächtigte Maximilian von Sachsen des Modernismus.

3 Agnes Soerensen.

4 Zum Dresdner Grundstück siehe den Eintrag vom 23. September 1899.

5 GOLDZIHER, Ignác, Vorlesungen über den Islam, Heidelberg 1910.

6 SIMEON <METAPHRASTES>, Symeon Logothetu, tu Metaphrastu, Ta heuriskomena panta: ascetica, paraenetica, canonica, historica, hagiographica; magnam partem ex mss. Parisiensibus nunc primum Graece edita, accurante et denuo recogn. Jacques-Paul Migne, 3 Bde., Paris 1864.

7 Mit den Pannonischen Legenden sind die Viten der Slawenapostel Kyrill und Method gemeint.

8 Gemeint ist die an der Bautzner Straße in Dresden ansässige Waldschlößchen-Brauerei, seit 1888 Societätsbrauerei Waldschlösschen, vgl. DAB 1911.

Tätigkeit bei Brockhaus aufhört. Diese Stimmungen lassen mich zu keiner Arbeitslust kommen.[9]
28. Januar, Sonnabend 1911:[10] la vergogna dura[11]. | Professorenball im Palmengarten. Tingeltangel und Kabaretaufführungen; mit gemischten Empfindungen angesehn: manches unter dem Niveau. Nachher haben sich Professoren und ihre Frauen über den Anstrich beklagt, den der Verein unter jüdischer Leitung[12] angenommen habe. Wahr, aber warum haben die Christen nicht die jüdische Energie? | Lamprechts Forschungsinstitute[13] öfter besprochen, mit [Karl] Brugmann, Albert [Brockhaus] etc. Etwas Schwindel ist dabei.[14]
31. Januar 1911: Der Brief von Max, auf den dieses die Antwort, siehe umstehend.[15] Elender, unverschämter Schafskopf – Der Brief soll nach einer angeblich vom Prinzen selbst stammenden Mitteilung am 10. Februar eine Mystifikation sein.
10. Februar 1911, Freitag: Besuch von Maria Semon, die bei ihrer Mutter[16] einige Tage war; die alte Frau liegt nach einem Falle fest (sie wird 92); die Aussöhnung mit der Tochter ist also endlich da.[17]
25. Februar 1911, Sonnabend: Vor einigen Tagen Const.[antin] Naumann ge-

---

9 Bl. 3r: eingeklebter Zeitungsausschnitt: »Ein trauriges Schauspiel«, hsl. von Leskien *7. Januar 1911* zu Prinz Max von Sachsen; Bl. 4r: eingeklebter Zeitungsausschnitt: »Ein französischer Modernist an den Prinzen Max«, hsl. von Leskien *11. Januar 1911*; Bl. 4r: eingeklebter Zeitungsausschnitt: »Ein Warnungsruf« vor der Gefährdung der Freiheit von Forschung und Lehre durch Papst Pius X., hsl. von Leskien *16. Januar 1911*.

10 Bl. 4v: eingeklebter Zeitungsausschnitt: »Der Brief des Papstes an den Kardinal Fischer in Köln, der die anmaßliche Haltung der Kurie gegenüber dem Staate von neuem scharf beleuchtet«, hsl. von Leskien *28. Januar 1911*.

11 Die Schande dauert an.

12 Gemeint ist der Leipziger Professorenverein. Da nach 1895 keine Akten mehr zum Verein existieren, ist der Name des hier angedeuteten jüdischen Professors nicht bekannt. Qua Amt war der amtierende Rektor Vorsitzender des Vereins. Im Wintersemester 1910/1911 war Karl Lamprecht Rektor der Universität, der hier nicht gemeint sein kann. Vielleicht ist der Sekretär des Vereins gemeint, der die Veranstaltungen organisierte. Der Sekretär war meist ein jüngerer außerordentlicher Professor, vgl. GUL 2, S. 693-697.

13 Auf Anregung von Karl Lamprecht wurde 1906 das Seminar für Landesgeschichte und Siedlungskunde und 1909 das Königlich Sächsische Institut für Kultur- und Universalgeschichte gegründet. Darüber hinaus plante Lamprecht die Gründung von zehn weiteren Instituten, vgl.: GUL 2, S. 624-635.

14 Bl. 5r: eingeklebter Zeitungsausschnitt: »Nochmals Pater Loyson an den Prinzen Max.«

15 Bl. 5v: eingeklebter Zeitungsausschnitt: »Prinz Max an Pater Loyson.«

16 Leonore Geibel.

17 Bl. 6v: eingeklebte Porträtfotografie und hsl. von unbekannter Hand [Stephan Franz] *Carl Geibel*.

storben; von den alten Bewohnern der Häuser Stephanstraße[18] 10 – 12 bin ich jetzt der einzige noch übrige. – Vorigen Sonnabend Besprechung mit Albert Brockhaus wegen meines Rücktritts vom [Konversations-]Lexikon: das Resultat nur, daß ich die neue Auflage nicht machen werde. Wann ein Nachfolger für mich eintreten kann unbestimmt. – In den letzten beiden Wochen mein Befinden mäßig, die Arbeit am Serbischen[19] fast unterbrochen. – Allerlei gelesen unter anderem wieder einmal den Gil Blas[20]. | Elfriedes [Leskien] schriftliches Examen mußte am vorigen Montag durch einen Ohnmachtsanfall unterbrochen werden. Sie holt die letzten Fächer, Englisch und Französisch, in der nächsten Woche nach. | Aus dem Verkauf einer weiteren Dresdner Parzelle habe ich Konrad [Judeich] 10000 Mark ausbezahlt, so daß die Schuld an ihn auf circa 10000 Mark gefallen ist.

3. März 1911, Sonntag: Am letzten Mittwoch hat Elfriede [Leskien] das schriftliche Abiturientenexamen beendet. – Gestern Verhandlungen mit [Hermann] Singer, früheren Globusredakteur[21] wegen Mitarbeiterschaft am K.[onversations]-L.[exikon]. Er eignet sich nicht zum Oberleiter, kann mein Nachfolger nicht werden. So schwebt denn die Lexikonfrage und ich werde zunächst die Stelle nicht los. – Ich war in der letzten Zeit nicht wohl, arbeitsunlustig und bin mit meiner serbischen Grammatik[22] ins Stocken geraten. – Am 1. März war das 100jährige Jubiläum von Teubner; eine ungeheure Übertreibung von Seiten der gelehrten Gesellschaften und der Gelehrten in Lobpreisung der Verdienste der Firma[23]. Es nimmt alles derartige jetzt solche übertriebene Gestalt an. | Gelesen allerlei Philosophisches. | Gestern Besuch von [Adolf] Kaegi, den ich seit über 30 Jahren nicht gesehen hatte. | Meine ganze litauische Wörtersammlung an Ostensacken geschenkt; er will das litauische etymologische Wörterbuch[24] bearbeiten. | Bei meinen vielen Lesereien in fremden Sprachen habe ich mir neulich überlegt, in welchem Grade ich die einzelnen so weit beherrsche, daß ich die Literatursprachen geläufig, fast ohne Hilfe von Wörterbüchern lesen kann, und sie nach dem Grade der Geläufigkeit zu ordnen versucht.

---

18 Die Stephanstraße in Leipzig befindet sich südöstlich des Zentrums.

19 Gemeint ist die Arbeit an der serbischen Grammatik, vgl. den Eintrag vom 9. Februar 1909.

20 LESAGE, Alain-René, Histoire de Gil Blas de Santillane, eine Vielzahl von Ausgaben seit 1715.

21 Globus. Illustrierte Zeitschrift für Länder- und Völkerkunde.

22 Siehe den Eintrag vom 9. Februar 1909.

23 B. G. Teubner Verlag, gegründet am 21. Februar 1811, vgl.: B. G. Teubner 1811–1911: Geschichte der Firma, in deren Auftrag hg. von Friedrich Schulze, Leipzig 1911.

24 Ein von Wedig von der Osten-Sacken bearbeitetes litauisches Wörterbuch ist nicht erschienen.

Russisch
Serbisch
Litauisch
Dänisch
Englisch
Französisch
Griech.[isch] (alt)
Latein
Schwedisch
Bulgarisch
Čechisch
Polnisch
Sorbisch
Italienisch
Slovenisch

Mit stärkerer Hülfe
Spanisch
Neugriech.[isch]
Rumänisch
Lettisch

19. März 1911 Montag: Heute vor 8 Tagen (am 12. März) hat Elfriede [Leskien] am hiesigen Realgymnasium (Petrischule) ihr Abiturientenexamen mit 2^b bestanden. – Am 13. kamen Streitbergs[25] zum Besuch bei uns an. | Die Versuche, für mich einen Nachfolger am Konversationslexikon zu finden, haben bisher zu nichts geführt. | Der Betonungsteil der serbischen Grammatik[26] in Kladde ungefähr fertig; muß aber noch sehr revidiert werden.
26. März Sonntag 1911: Die Durchsicht des Manuskripts der serbischen Grammatik[27] (Akzentteil) fast beendet, angefangen ins reine zu schreiben.
Vom 29. März – Ende April: Bozen, München.
29. Mai Sonntag 1911: Nach der Rückkehr von Bozen-München längere Zeit wenig wohl, eine Art Influenza. Dann gearbeitet an der serbischen Grammatik[28], ins Reine bringen des Akzentteils, der nicht befriedigend ausfällt. – Inzwischen einmal Freitag – Sonntag in Jena bei Walters[29]; [Berthold] Delbrück

25 Gertrud und Wilhelm Streitberg.
26 Siehe den Eintrag vom 9. Februar 1909.
27 Siehe den Eintrag vom 9. Februar 1909.
28 Siehe den Eintrag vom 9. Februar 1909.
29 Walther und Mathilde Judeich.

gesprochen. – Gestern mit Professorium in Dessau-Wörlitz[30]. | Die Verhandlungen über das Konversations-Lexikon haben so weit geführt, daß als mein Nachfolger Dr. [Hermann] Michel Anfang September eintreten wird; ich soll dann noch bis Ostern 1912 zunächst gewissermaßen als oberster Berater dabei bleiben.

17. Juni 1911, Sonnabend: Vom 2. – 11. Juni, während der Pfingstferien, in München; Ilse, Elfriede [Leskien] etc. in Dresden. – [Felix] Solmsen von einem Eisenbahnzug überfahren, 46 Jahre alt.

2. Juli 1911 Sonntag: In der letzten Zeit viel Verhandlungen mit Walter [Judeich], [Hermann] Windisch über Heinrichsfeld[31]. Walter war vor 8 Tagen dazu hier. Der Ankauf des Hauses der Frau Wendsche[32] nicht gelungen, sie fordert einen übermäßigen Preis. – In der Fakultät die Berufung eines Philosophen-Pädagogen an Stelle von [Ernst] Meumann – der nach Hamburg geht – es ist vorgeschlagen der Privatdozent [Eduard] Spranger in Berlin. – [Felix] Solmsen in Bonn von einem Eisenbahnzug überfahren; vielleicht kommt [Wilhelm] Streitberg als Nachfolger in Betracht. – Die Forschungsinstitute des Planes [Karl] Lamprecht: Protest eingelegt von einer größeren Gruppe der philosophischen Fakultät (Altphilologen und Historiker) gegen die Bewilligung öffentlicher Gelder gerade für die von Lamprecht ausgewählten Institute[33].

10. Juli 1911 Montag: An meinem Geburtstage unwohl an Erkältung. In den drei Tagen bis jetzt allerlei gelesen. Das mir von A.[rthur] Böhtlingk geschenkte »Bismarck und der römische Pabst«[34], seine alte sehr kräftige Philippika gegen Ultramontanismus und Zentrum. Dann Volkelt »Kunst und Volkserziehung«[35], ein vortreffliches Buch. Wirken wird es gegen den ungeheuren Schmutz in Literatur und Malerei nicht. Werden wir den überhaupt los ohne eine gewaltige Niederlage im Kriege? Dann werden wir ihn aller-

30 Gemeint ist das Dessau-Wörlitzer Gartenreich.

31 Siehe den Eintrag vom 23. September 1899.

32 Auguste Christine Wendsche, verwitwete Händlerin, vgl.: DAB 1911. Das Haus der Frau Wendsche wurde 1913 von August Leskien und Walther Judeich gekauft, sodass die 1913/14 fertiggestellte Straße (Judeichstraße) vollständig auf dem ehemaligen Grund der Judeich-Erben verläuft.

33 Karl Lamprecht gründete 1909 das Königlich-Sächsische Institut für Kultur- und Universalgeschichte. Als Teil der König-Friedrich-August-Gesellschaft war es das erste Forschungsinstitut in Deutschland, das unabhängig von der Universität bestand. Weitere Institutsgründungen sollten folgen, vgl.: MIDDELL, Das Leipziger Institut für Kultur- und Universalgeschichte. Vgl. auch den Eintrag vom 28. Januar 1911.

34 BÖHTLINGK, Arthur, Bismarck und das päpstliche Rom: genetische Darstellung an der Hand der Quellen, Berlin 1911.

35 VOLKELT, Johannes, Kunst und Volkserziehung: Betrachtungen über Kulturfragen der Gegenwart, München 1911.

dings los. Aber soll man eine solche Befreiung wünschen? | An [Felix] Solmsens Stelle in Bonn soll [Wilhelm] Streitberg in Betracht kommen.
16. Juli 1911 Sonntag: Am letzten Mittwoch von [Karl] Lamprecht eine Versammlung aller Instituts- und Seminardirektoren der geisteswissenschaftlichen Fächer zusammenberufen zur Aufklärung über die Forschungsinstitute[36]. Eine Kommission gewählt zur Klarlegung; nach sehr langer persönlicher, beleidigender Debatte. | Abgeschlossen für serbische Grammatik[37] den Teil des kombinatorischen Lautwandels[38], schreibe ihn jetzt ins Reine. Ohne Freude, die ganze Arbeit, wie alle diese grammatischen Dinge, ist mir verleidet, schon lange, und der Zwang dazu macht das Resultat nicht erfreulich.
23. Juli 1911 Sonntag: Die Reinschrift des kombinatorischen Teils der serbischen Grammatik[39] beendet. Gelesen: Ziegel, Die geistigen Strömungen[40] etc. | Gestern [Georg] Heinrici zum Rektor gewählt. – Freitag außerordentliche Sitzung der Gesellschaft der Wissenschaften zur Beratung ihrer Stellungnahme zu den Forschungsinstituten[41]. Sehr fatale, persönlich zugespitzte Debatten. Im Ganzen nichts oder wenig herausgekommen.
11. Oktober 1911 Mittwoch: Vom 29. Juli – gestern in Dresden, anfangs mit Streitbergs[42], dann mit Albert [Leskien], Tante Anna [Böhtlingk], zuletzt mit Elfriedes [Leskien] Freundin, Fräulein [Katharina] Töpfer; ich mehrmals unwohl: Magenkatarrh, Mandelentzündung, Ischias. Alles erträglich, aber am letzten Montag bekam Elfriede Scharlach, liegt nun in Heinrichsfeld[43], Ilse [Leskien] bei ihr, Rosalie[44] dort; ich gestern auf Anordnung [Conrad Heinrich] Böhmigs nach Leipzig. – Konrad [Judeich] krank: Influenza, Lungenentzündung, Schlaganfall. Gestern Walter [Judeich] auf meinen Wunsch dort, um die Verhältnisse kennen zu lernen und wo möglich zu ordnen. – Ich hatte mir vorgenommen in der langen Ferienzeit recht viel an der serbischen Grammatik[45] zu arbeiten, es ist aber wenig daraus geworden. – Am letzten Sonnabend waren wir, Ilse, Elfriede, ich, noch in Stolpen[46]. | Gewaltig trockner und hei-

---

36 Siehe den Eintrag vom 2. Juli 1911.

37 Siehe den Eintrag vom 9. Februar 1909.

38 Im Gegensatz zum spontanen Lautwandel ist der kombinatorische Lautwandel abhängig von der lautlichen Umgebung.

39 Siehe den Eintrag vom 9. Februar 1909.

40 Gemeint ist: ZIEGLER, Theobald, Die geistigen und sozialen Strömungen des neunzehnten Jahrhunderts, Berlin 1911, mehrere Ausgaben.

41 Siehe den Eintrag vom 2. Juli 1911.

42 Gertrud und Wilhelm Streitberg.

43 Siehe den Eintrag vom 23. September 1899.

44 Wahrscheinlich eine Angestellte der Leskiens.

45 Siehe den Eintrag vom 9. Februar 1909.

46 Stolpen, Stadt östlich von Dresden am Rand der Sächsischen Schweiz.

ßer Sommer, zwei Monate gingen keine Elbschiffe; im Garten war bis Mitte September alles verdorrt, dann kam Regen und es wurde wieder etwas grün. | [Ulrich] Wilcken nach Bonn berufen, Aussicht für Walter verloren.
24. Oktober 1911, Dienstag: Heutnachmittag war Frau [Agnes] Soerensen lange bei mir; wenn nur der 5. Teil von dem richtig ist, was sie mir anvertraut – und sie ist subjektiv ganz ehrlich – so hat die Frau ein furchtbares Schicksal gehabt und hat es noch. Einen Rat, wie die Verhältnisse zu ändern, konnte ich ihr nicht geben; sie sind wohl nicht mehr zu bessern. – Letzten Sonnabend und Sonntag Besuch von [Berthold] Delbrück, er fuhr Montag mittag mit Friedrich, Mai [Marie Leskien] und mir nach Jena, wohin wir zur Taufe von Walters Jüngsten[47] fuhren. | Abhandlung geschrieben zu [Berthold] Delbrücks 70jährigem Jubiläum[48].
31. Oktober Dienstag: Rektoratswechsel[49], ich mache zum ersten Mal wieder seit vielleicht 10 Jahren das Diner mit. – Gestern Besuch von [Asmus] Soerensen, keine Gelegenheit mit ihm über die Verhältnisse zu sprechen. – Heute Walter durchkommend auf der Reise zu Konrad [Judeich], dem es schlechter geht: verabredet, daß er die Vermögensverhältnisse ordne und womöglich Konrad bewegen soll, in ein Sanatorium zu gehen. – Von Elfriede, die seit 3 Wochen in Heinrichsfeld[50] am Scharlach krank ist, da und durch Ilse [Leskien] gute Nachrichten.
9. November Donnerstag: Ilse und Elfriede [Leskien] wollen nächsten Dienstag zurück kommen. Elfriede ist für gesund erklärt. – Neue Korrespondenz wegen Konrads Zustand mit Walter [Judeich]. Konrad hat von der Hypothek von 35000 Mark, die die Rädes[51] von ihm haben, 13000 Mark löschen lassen, also ihnen diese Summe geschenkt. Ich habe vorgestern Walter meine Ansicht von neuem ausgesprochen, daß die Heranziehung eines Nervenarztes notwendig ist. – Gearbeitet an der serbischen Grammatik[52]; die Deklination der Substantive in Reinschrift gebracht.
11. Dezember Montag, 1911: Elfriede [Leskien] seit 10 Tagen wieder im Bett, da sich eine Nierenaffektion nach dem Scharlach eingestellt hat; heute zum ers-

47 Walther und Mathilde Judeichs Sohn Friedrich Hellmut Judeich.

48 LESKIEN, August, Zur Technik der serbokroatischen Volkspoesie, in: Indogermanische Forschungen 31 (1912), S. 413-422 (Festschrift für Berthold Delbrück zum 70. Geburtstag am 26. Juli 1912 von Freunden und Schülern).

49 Rektoratswechsel: Auf Karl Lamprecht (1910/11) folgte Georg Heinrici (1911/12).

50 Siehe den Eintrag vom 23. September 1899.

51 Gemeint ist wahrscheinlich Oscar Räde, ein Tischler in der Dresdner Schnorrstraße, in der auch Konrad Judeich lebte.

52 Siehe den Eintrag vom 9. Februar 1909.

ten Mal eine Stunde wieder auf. – Die Konradsche Sache[53] hin und her gegangen; er hatte in eine Pflegschaft gewilligt, dann seine Einwilligung wieder zurückgezogen. Heute Nachricht von Walther [Judeich], daß seine Geisteskräfte weiter abnehmen und er jetzt geneigt ist in ein Sanatorium zu gehen. Seine Willensschwäche läßt ihn täglich hin und her schwenken. – Von Hans Judeich sein Drama Kanzler Krell[54] gedruckt bekommen. – Als Nachfolger [Ulrich] Wilckens vorgeschlagen [Julius] Beloch, [Conrad] Cichorius, [Johannes] Kromayer (Czernowitz); Walther nicht genannt. – Fritz Brockhaus' Frau[55] von Blinddarm operiert. – Die Deklination der serbischen Grammatik[56] in Reinschrift fertig.

26. Dezember 1911, 2. Weihnachtstag, Dienstag. Elfriede [Leskien] vor einigen Tagen vom Arzt als wieder genesen entlassen, war gestern schon einmal im Freien. – Zu Weihnachten Ernst und Albert [Leskien] gekommen; Ernst muß aber heute schon wieder fort. Albert blaß und müde aussehend, ein »Fremdling unter den Menschen«[57]. – Am letzten Mittwoch Walter bei Konrad [Judeich], hat ihn Freitag nach Gaschwitz[58] übergeführt; damit eine Sorge beseitigt. – Ich während der Weihnachtstage nicht wohl, stark rheumatisch und müde; viel sorgende Gedanken, die ich gern noch fern halten möchte, aber nicht kann.

---

53 Gemeint ist die Krankheit von Konrad Judeich und seine geplante Einweisung in ein Sanatorium.

54 Eine entsprechende Publikation konnte nicht nachgewiesen werden; vgl. UBL, NL 348/2, JUDEICH, Familie Judeich, S. 24: *Dagegen hat Friedrichs jüngerer Sohn Hans in besonderer Weise die judeichsche literarische Neigung wieder aufgenommen.* [...] *Daneben beschäftigte er sich auch mit historischen und dramatischen Fragen.*

55 Helene Brockhaus.

56 Siehe den Eintrag vom 9. Februar 1909.

57 *Fremdling unter den Menschen* ist eine Anspielung auf Friedrich Hölderlins Elegie »Brod und Wein«, in der mit *Fremdlingin unter den Menschen* der Mond gemeint ist.

58 Von Hugo Schütz geleitete Heilanstalt für Nerven- und Gemütskranke Hartheck bei Gaschwitz, südlich von Leipzig, siehe den Eintrag vom 11. Dezember 1894.

Tagebuch 1912

[UBL, NL 348/1/7, Bl. 14r-23v]

1. Januar 1912, Montag: Am Neujahrsabend nur Friedrichs[1] bei uns. – Albert [Leskien], der erst am 3. abreisen wollte, bleibt noch einige Tage da.

6. Januar 1912, Sonnabend: Heute Albert [Leskien] wieder nach Karlsruhe abgereist. – Von Konrad [Judeich] durch [Hugo] Schütz aus Hartheck[2] Nachricht an Walther [Judeich]: es geht abwärts mit ihm.

3. Februar 1912, Sonntag: Am letzten Montag Besuch bei Konrad [Judeich] in Hartheck[3], fand ihn ganz herunter, körperlich wie geistig. Sein Leiden ist fortgeschrittene Arteriosklerose; zu retten ist nichts mehr. – Meine serbische Arbeit[4] ging langsam, ich war auch selbst nicht recht wohl, müde. – Gelesen allerlei, unter anderem Fowler, Social life at Rome in the age of Cicero[5], gute Darstellung, manches selbstverständliche.

11. Februar 1912 Sonntag: In der vergangenen Woche wohnte Ellen Heinrici bei uns, während ihres mündlichen Abiturientenexamens. Zu Hause bei ihnen war die Unruhe durch Geselligkeit zu groß, eigentlich ist es aber nur die Nervosität der Mutter[6] und deren beinahe psychopathischer Zustand, die das Leben dort verderben. – Gestern war große Lexikonkonferenz: Dr. [Hermann] Michel, Albert [Brockhaus], Fritz [Brockhaus] und ich. Michel macht die Sache viel besser als ich es je gekonnt habe; er ist auch geschäftsmäßiger veranlagt. – Heute verspäteten Brief an Schuchardt zu seinem 70. Geburtstag (4. Februar)[7]. – Versucht einige Meredith'sche Sachen[8] zu lesen, aber ich gewinne kein Interesse; es ist entweder so spezifisch englisch und so lokal, daß man es nicht versteht, oder weit hergeholt und ohne inneres Interesse. – Am Anfang der Woche das dicke Manuskript von Smal-Stocki-Gartner's[9] Kleinrussischer Grammatik durchgesehen – eine horrend schlechte Arbeit, die wir in unsre Sammlung[10] nicht aufnehmen können.

---

1 Friedrich und Marie »May« Leskien.

2 Siehe den Eintrag vom 11. Dezember 1894.

3 Siehe den Eintrag vom 11. Dezember 1894.

4 Gemeint ist die Arbeit an der serbischen Grammatik, vgl. den Eintrag vom 9. Februar 1909.

5 FOWLER, William Warde, Social life at Rome in the age of Cicero, London [u.a.] 1908.

6 Paula Heinrici.

7 Leskien an Hugo Schuchardt, Leipzig, 11. Februar 1912, EICHLER/SCHRÖTER, Briefe August Leskiens, S. 102-103.

8 Gemeint ist der Schriftsteller George Meredith.

9 SMAL-STOCKYJ, Stephan/GARTNER, Theodor, Grammatik der ruthenischen (ukraïnischen) Sprache, Wien [u.a.] 1913. Das Exemplar UBL, Gr.lg.rec.30136, stammt aus Leskiens Besitz mit Exlibris, Zugangsnummer *'17 L 68* sowie der hsl. Widmung *Herrn Geheimrat Prof. A. Leskien in tiefster Verehrung Dr. Smal-Stockyj.*

10 Sammlung Slavischer Lehr- und Handbücher, vgl. den Eintrag vom 2. Dezember 1905.

25. Februar Sonntag: Letzten Freitag bei uns Abendgesellschaft: Fritz [Brockhaus] und Frau[11], Börners[12], Holda mit Eva[13], Tante Anna [Böhtlingk], [Hugo] Rugenstein, G.[ustav] Rauscher, Bethes[14]. | Ich habe den Abschnitt über Verbalstämme und Aktionen des Serbischen in Kladde fertig[15]. | Konrad [Judeich] in Gaschwitz war wieder an Lungenentzündung erkrankt, erholt sich jetzt etwas wieder.

24. März 1912, Sonntag: Konrad [Judeich] hat wieder einen Schlaganfall gehabt; vorige Woche war Walther [Judeich] hier ihn zu besuchen, war nur kurz bei ihm; er ist ganz stumpf. – Mein Verhältnis zum Konversationslexikon verlängert. – Professor [Theodor] Schreiber gestorben, ein guter Mensch, aber unruhig und nicht zur Stetigkeit gekommen. – Einen Abend in diesem Monat junge Gesellschaft bei uns: Remmelés[16], [Eduard] Reusch, [Hugo] Rugenstein, Schlesingers[17], [Robert] Scholvin. | Ich habe nach Vollendung der Verbalstämme in der serbischen Grammatik[18] eine Pause gemacht, um zum Sommerkolleg[19] zu arbeiten und auszuruhen. | Besuch von Smal-Stocki, der mich nun doch bewogen hat, seine Kleinrussische Grammatik in unsre Sammlung aufzunehmen[20]. | Ich habe die Herstellung eines Bandes serbischer und bulgarischer Märchen für [Friedrich] von der Leyen[21] übernommen, fertig zu machen 1913.

31. März 1912 Sonntag: Die Woche mit lauter Kleinigkeiten verbracht. 1001 Nacht[22] gelesen, die außerordentliche Erzählungskunst bewundert. – Brief von [Olaf] Broch und [Jooseppi Julius] Mikkola. – Heutabend kommt Albert [Leskien] auf einige Wochen zum Besuch. – Friedrichs ziehen morgen und übermorgen um nach Harkortstraße 15[23].

Vom 6. – 28. April 1912: in München, die letzten 8 Tage mit Ilse [Leskien] zusammen. Der Aufenthalt dadurch sehr gestört, daß ich fast 14 Tage starken Katarrh hatte – [Friedrich] von der Leyen besucht wegen des Märchenunter-

---

11 Friedrich und Sophie Marie Helene Brockhaus.

12 Wahrscheinlich der Kunsthändler Hans Boerner und seine Frau Frida.

13 Reinholde und Eva Kohl.

14 Erich und Margarethe Bethe.

15 Siehe den Eintrag vom 9. Februar 1909.

16 Gemeint sind die Brüder Adolf, Franz und Joseph Remelé.

17 Unklar, welche Schlesingers gemeint sind.

18 Siehe den Eintrag vom 9. Februar 1909.

19 SS 1912: Vergleichende Grammatik der slavischen Sprachen: I. Lautlehre, vgl. HistVV.

20 Siehe den Eintrag vom 11. Februar 1912.

21 Siehe den Eintrag vom 6. – 28. April 1912.

22 Tausendundeine Nacht, Sammlung orientalischer (indischer, persischer, arabischer) Erzählungen, die durch eine Rahmenerzählung zusammengehalten sind.

23 Friedrich und Marie »May« Leskien. Die Harkortstraße in Leipzig führt am Bundesverwaltungsgericht (ehemals Reichsgericht) vorbei vom Neuen Rathaus nach Süden.

nehmens bei Diederichs[24], [Paul] Diels bei [Erich] Berneker kennen gelernt. – Gertrud [Leskien] mit nach Leipzig gekommen. | Elfriede [Leskien] am 19. nach Edinburgh abgereist, schreibt befriedigend von da. | Ich wollte morgen, 30., meine Vorlesungen anfangen, muß sie aber wegen Heiserkeit um 8 Tage verschieben.

14. Mai 1912 Dienstag: Am 6. Mai die Vorlesungen angefangen, aber nur 2 Stunden gelesen, dann, am 8. Mai, mich hingelegt mit arger Mandelentzündung, eine Woche zu Bett gelegen; immer noch matt und nicht arbeitsfähig; kann die Vorlesungen erst am 20. Mai wieder aufnehmen.

23. Mai Freitag 1912: Heute Gertrud [Leskien] wieder nach München zurück gereist, sie war fast 4 Wochen hier. – Meine Vorlesungen am 20. Mai wieder aufgenommen, bin aber immer noch nicht recht wieder frisch. – Die letzten 14 Tage verbracht mit der neuen Durchsicht des von Smal'-Stocki und Gartner angeblich umgearbeiteten Manuskripts der kleinrussischen Grammatik[25]. Habe sie endlich doch abgelehnt. – [Karl] Brugmann ist am diesjährigen Königsgeburtstag »Geheimer Rat« geworden. – Ich muß wieder anfangen ordentlich zu arbeiten, leide aber sehr an innerer Verstimmung und Müdigkeit, so daß nichts recht gedeiht. – Königs-Geburtstag in der Aula: Lamprecht hält eine Zukunftsrede[26], siehe umstehend.[27]

25. Mai 1912 Sonnabend: Heutfrüh Frau [Anna] Böhtlingk mit Lungenentzündung ins Krankenhaus. | Vorgestern das Manuskript Smal' Stocki-Gartner ablehnend zurückgeschickt[28]. | Angefangen Vojnović, Pad Dubrovnika[29] zu lesen.

9. Juni 1912 Sonntag: Frau [Anna] Böhtlingk war an Lungenentzündung erkrankt, bei [Adolf von] Strümpell im Krankenhaus, ist aber jetzt wieder genesen; Nikolai [Böhtlingk] gestern und vorgestern hier. – Die Arbeit an der serbischen Grammatik[30] ist fortgeschritten, ich habe ziemlich stramm in der letzten Woche daran gearbeitet. – Am letzten Montag Kränzchen[31] bei uns,

---

24 Friedrich von der Leyen gab seit 1912 im Verlag Diederichs die Edition »Die Märchen der Weltliteratur« heraus, darunter auch: Balkanmärchen aus Albanien, Bulgarien, Serbien und Kroatien, hg. von August Leskien, Jena 1915.

25 Siehe den Eintrag vom 11. Februar 1912.

26 LAMPRECHT, Karl, Rede zur Feier des Geburtstages Sr. Majestät des Königs Friedrich August von Sachsen, 24. Mai 1912, [s.l.] [1912].

27 Bl. 18r: eingeklebter Zeitungsausschnitt: Leipziger Neueste Nachrichten, Sonnabend, den 25. Mai 1912: »Königs Geburtstag an der Leipziger Universität«.

28 Siehe den Eintrag vom 11. Februar 1912.

29 VOJNOVIĆ, Lujo, Pad Dubrovnika, 2 Bde., Zagreb 1908. Das Exemplar UBL, Hist.Austr.13804, stammt aus Leskiens Besitz, mit Exlibris und Zugangsnummer *17 L 279*.

30 Siehe den Eintrag vom 9. Februar 1909.

31 Siehe den Eintrag vom 8. Februar 1892.

Stimmung matt; die Leute werden alt. – Gestern und vorgestern Walther [Judeich] hier, er war gestern in Dresden, um die laufenden Grundstücksangelegenheiten[32] in Ordnung zu bringen.
19. Juni Mittwoch: Vorige Woche [Ferdinand] Zirkel in Bonn gestorben im 75. Jahr; ein unerfreulicher Charakter, eigentlich schäbig. – Die Gemeinde Loschwitz hat gegen die Anlage der Straßen in unserm Grundstück protestiert, langweilige Verhandlungen darüber. – Am letzten Montag Kränzchen[33] bei [Felix] Marchand, alles müde und langweilig – letzten Sonnabend Fakultätssitzung, die Extraordinarienfrage[34]. – Abends Gesellschaft bei Zimmerns[35] in der Rennbahn[36]; am Abend vorher ich allein in Gesellschaft bei [Gerhard] Seeliger. – Von neuem angefangen für die serbische Grammatik[37] die älteren Denkmäler des Westens zu lesen: Lectionarium Bernardini[38], die Propheten[39].
6. Juli Sonnabend 1912: [Ferdinand] Zirkel in Bonn vor kurzem gestorben, [Karl] Von der Mühll in Basel. – [Richard] Meister von einem schweren Darmleiden operiert, noch in der Klinik bei Payr[40]. – [Hermann] Hirt hat Ruf nach Gießen erhalten. Seine Neuauflage der griechischen Grammatik[41] hat er mir nicht gegeben. – [Jacob] Wackernagel hat den Ruf als Nachfolger [Felix]

---

32 Zum Dresdner Grundstück siehe den Eintrag vom 23. September 1899.

33 Siehe den Eintrag vom 8. Februar 1892.

34 UAL, Phil.Fak. A 03/30:08, S. 299-301. In der Fakultätssitzung wurden zwei entgegengesetzte Gutachten von Erich Brandenburg und Gerhard Seeliger verlesen, ohne dass deren Inhalt wiedergegeben wurde. Die Fakultät beschloss, vor weiteren Beschlüssen, mit den anderen Fakultäten über die Zulassung von Nichtordinarien zu den Fakultätssitzungen zu beraten. Abgelehnt wurde das aktive Wahlrecht der Nichtordinarien. Angenommen wurde ein Präsentationsrecht, die Nichtordinarien sollten drei Vertreter in die Fakultät entsenden dürfen. Ihre Teilnahme an den Fakultätssitzungen wurde bei Berufungsfragen und den Verhandlungen zur Auswahl der präsentierten Vertreter ausgeschlossen. Die Beschlüsse der Fakultät sollten allerdings bis zur Übereinkunft mit den anderen Fakultäten noch nicht kommuniziert werden.

35 Heinrich und Hilda Zimmern.

36 Die Pferderennbahn am Scheibenholz im Leipziger Auenwald.

37 Siehe den Eintrag vom 9. Februar 1909.

38 Lekcionarij Bernardina Spljećanina: po prvom izdanju od god. 1495, Zagreb 1885. Das Exemplar UBL, Ges.-Schr.282-i:5, stammt aus Leskiens Besitz mit Exlibris, Stempel *A. Leskien* und Zugangsnummer *17 L 562*. Leskien schrieb an den Rand zu den jeweiligen Bibelbüchern die Versnummern hinzu. Daneben finden sich von seiner Hand Anstreichungen und Textkorrekturen.

39 JAGIĆ, Vatroslav, Veteris Testamenti Prophetarum interpretatio Istro-Croatica saeculi XVI, Wien [u.a.] 1897.

40 Gemeint ist die Chirurgische Klinik der Universität Leipzig, deren Direktor Erwin Payr war.

41 HIRT, Herman, Handbuch der griechischen Laut- und Formenlehre: eine Einführung in das sprachwissenschaftliche Studium des Griechischen, 2., umgearb. Aufl., Heidelberg 1912.

Solmsen's in Bonn abgelehnt. – Besuch von [Hanns] Oertel vorige Woche; bei [Karl] Brugmann [Abraham V. Williams] Jackson kennen gelernt. – [Heinrich] Bruns veranlaßt, die Rektoratswahl anzunehmen. – Ich mißmutig über mangelnde Arbeitslust und abnehmendes Gedächtnis. – [Karl] Binding will sich zu nächsten Ostern pensionieren lassen.

14. Juli Sonntag 1912: [Hermann] Hirt hat den Ruf nach Gießen angenommen; nach Bonn an [Felix] Solmsens Stelle den Zeitungen nach [Paul] Kretschmer aus Wien berufen. Das ist für Wilhelm [Streitberg] ein großer Ärger. – Gestern [Richard] Meister in der Klinik besucht, er ist munter, aber doch, wie mir scheint, melancholisch gestimmt. Die Todesgedanken können ja dabei nicht ausbleiben. Übrigens hat [Erwin] Payr der Frau[42] gesagt, Wiedereintreten des Übels sei nicht ausgeschlossen. – Gestern in der Fakultät eine ärgerliche Scene: ich beantragte, einen unverschämten Belgier, der sich hier zur Promotion gemeldet hat, daneben schon unsren Doktortitel zu führen scheint, dann auch noch Schmähartikel gegen Deutschland in La Meuse[43] geschrieben hat, nicht und unter keinen Umständen zu promovieren. [Heinrich] Bruns stimmte mir energisch bei, andre ebenso, aber [Karl] Bücher, [Richard] Heinze, [Erich] Bethe kniffen:[44] Furcht vor ausländischer Presse etc. Schmählich!

24. Juli 1912, Mittwoch: Am 17. Juli bei Friedrichs ein Knabe[45] geboren. – Am Sonnabend, den 20. kam Ernst [Leskien] am Abend, blieb den Sonntag bei uns, fuhr Montag nach Grimma, wo er geschäftliche Versuche in der Schröderschen Papierfabrik[46] zu machen hat. – Ich war mit ihm und Ilse

---

42 Klothilde Meister.

43 Paul Magnette. La Meuse, belgische Zeitung in französischer Sprache, 1856 in Lüttich gegründet.

44 UAL, Phil.Fak. A 03/30:08, S. 316-317: *Der Procancellar* [August Fischer] *bringt den schon in der Sitzung vom 15. Juni 1912 verhandelten Fall Paul Magnette von Neuem vor, nachdem er inzwischen von dem Schuldirector Karges in Lüttich weitere Auskunft über zwei Nummern der Zeitung La Meuse mit den politischen Artikeln des Herrn Paul Magnette erhalten hat. Die Beschuldigung, daß dieser sich selbst Docteur en sciences musicales genannt habe, läßt sich nicht aufrecht erhalten. Auch sind Procancellar und Decan* [Albert Köster] *der Ansicht, daß die beiden Zeitungsartikel nicht eigentlich als Hertzartikel bezeichnet werden können, aber sie sind in einer gegen Deutschland, besonders Preußen, feindseligen Stimmung geschrieben. Die Professoren Leskien, Kirchner, Rohn, Hölder, Brugmann, Bruns sprechen sich aus patriotischen Gründen gegen die Fortsetzung des Promotionsverfahrens aus, während die Professoren Hantzsch, Heinze, Bücher, Studniczka der Ansicht sind, daß diesen politischen Artikeln kein so großer Werth beigemessen werden sollte. Der Procancellar verwahrt den Director Karges gegen den Vorwurf der Denunciation, man könne sehr wohl begreifen, daß die in Lüttich lebenden Deutschen zu diesen Artikeln nicht hätten still schweigen wollen. Es wird zu genauerer Prüfung der Angelegenheit eine Commission eingesetzt, bestehend außer dem Decan und dem Procancellar aus den Professoren Leskien, Heinze, Hantzsch und Kirchner.*

45 Tatsächlich wurde Friedrich und Marie »May« Leskiens Sohn Hans Peter am 16. Juli 1912 geboren.

46 Adolf Schroeder gründete 1860/62 die Schroedersche Papierfabrik in Golzern bei Grimma.

[Leskien] am Sonntag in der Porträtausstellung im alten Rathaus[47]: Leipziger Bilder vom 18. Jahrhundert an. – Gestern Kommissionssitzung wegen des Belgier [Paul] Magnette: 4 Stimmen gegen seine Zulassung, 2 ([Arthur] Hantzsch, [Richard] Heinze) dafür[48]. – [Karl] Brugmann war am Sonntag den 21. in Jena, um [Berthold] Delbrück, dessen 70. Geburtstag am 27. ist, der aber vorher in die Ferien geht, die ihm gestiftete Abhandlungensammlung von Freunden und Zuhörern[49] zu überreichen. – Heutabend bei uns Mc Kenzie[50] und mein Famulus [Friedrich] Deymann. – Habe jetzt viel Zeit verloren mit der Durchnahme einer Arbeit eines Rumänen, die mir [Hermann] Suchier zugeschickt hat. Bin beim Reinschreiben des Abschnittes über Imperfekt, Aorist, Imperativ der serbokroatischen Grammatik[51].
28. Juli, Sonntag, 1912: Die Vorlesungen am letzten Donnerstag geschlossen. – Gestern Fakultätssitzung: ich habe es durchgesetzt, daß der infame belgische Schlingel [Paul] Magnette von der Promotion zurückgewiesen ist[52].
3. August – 26. August 1912: mit Ilse [Leskien] in München, wohnten bei Streitbergs[53], die selbst in Sankt Ulrich[54] waren. Sehr ungünstiges Wetter die ganze Zeit, unaufhörlich Regen und Kälte, ich Mandelentzündung, konnte jedoch arbeiten und habe einen Teil der serbischen Grammatik[55] dort geschrieben. – Am 16. kam Ernst [Leskien] mit starker Angina an, mußte sofort zu Bett und blieb bis 22. krank, reiste am 23. nach Düsseldorf zurück. – Ilse und ich am 26. nach Seis[56], blieben dort bis 17. September, dann nach Bozen bis 19. September, von da nach München, am 20. nach Leipzig. Der ganze Aufenthalt Seis sehr gelungen. – Hier trafen wir Elfriede und Albert [Leskien]. Elfriede war zwischen England und Leipzig 14 Tage in Düsseldorf.
24. September 1912, Dienstag: Konrad [Judeich] in Hartheck[57] gestorben.
27. September Freitag 1912: Konrad [Judeich] beerdigt (Verbrennung), dabei Walther [Judeich], May [Marie Leskien] und Friedrich, Albert, Ilse, Elfriede

47 Katalog der Sonderausstellung »Die Leipziger Bildnismalerei von 1700 bis 1850«: Leipzig, Altes Rathaus, 9. Juni bis 28. Juli 1912, Leipzig 1912.

48 Zur Kommission über die Zulassung von Paul Magnette zur Promotion siehe den vorhergehenden Eintrag.

49 Festschrift für Berthold Delbrück: [zum siebzigsten Geburtstag am 26. Juli 1912], Straßburg 1912/13.

50 Vielleicht Roderick Mc Kenzie.

51 Siehe den Eintrag vom 9. Februar 1909.

52 Phil.Fak. A 03/30:08, S. 323: Mit 14 zu 13 Stimmen wurde beschlossen, Magnette mitzuteilen, dass die Fakultät *wegen der Art seiner publicistischen Tätigkeit nicht auf seine Bewerbung eingehen könne.*

53 Gertrud und Wilhelm Streitberg.

54 Mehrere Orte mit dem Namen Sankt Ulrich können gemeint sein.

55 Siehe den Eintrag vom 9. Februar 1909.

56 Seis am Schlern in Südtirol.

57 Siehe den Eintrag vom 11. Dezember 1894.

[Leskien], Hans Judeich, die beiden Dresdner Kusinen[58], ich – keiner von Brockhaus.[59] | Charakteristisch für das heutige Buchgriechisch[60].
9. Oktober 1912: Albert [Leskien] zurück nach Karlsruhe.
28. Oktober 1912: seit über 14 Tagen magenkrank, erhole mich aber wieder. – Heute Vorlesung angefangen: vergleichende Formenlehre der slavischen Sprachen (6 Mann, kläglich!). – Elfriede [Leskien] hat übernommen, an eine Flinsch[61] Unterricht in Deutsch, Englisch, Geschichte zu geben. – Den Urmeister[62] gelesen, mit weit mehr Genuß als die »Lehrjahre«[63].
17. November 1912: Wochenlang an Magenverstimmung gelitten, jetzt wieder leidlich frisch, nur gemütlich nicht. Ich habe alle Lust an meiner Berufstätigkeit verloren, auch an der Forschungsarbeit. – Gestern Professorium: Vortrag von [Richard] Heinze über Horaz, etwas matt.
18. November 1912: Brief von Frau [Agnes] Soerensen, daß er[64] seit 3 Wochen verschwunden ist – geisteskrank.
23. November Sonnabend 1912: Hauptmannfeier: in der Aula Rede [Albert] Kösters, Antwort Hauptmanns; abends Theater: Florian Geyer[65]; dann Banket. Alles ungeheuer übertrieben; von den Studenten, die die Feier unternommen, ungeschickt behandelt[66]. | Ich habe an Wilhelm [Streitberg] meine

---

58 Marianne Charlotte Elsa und Johanna Luise Helene Judeich.

59 Bl. 21r: eingeklebter Zeitungsausschnitt: Sonnabend, 28. September, Kieler Zeitung, Zweites Blatt, Vorabend-Ausgabe: »Das Klaus Groth-Denkmal in Kiel«.

60 Im Gegensatz zur gesprochenen neugriechischen Sprache; Bl. 22r: eingeklebter Zeitungsartikel: Leipziger Neueste Nachrichten, Freitag, 4. Oktober 1912: »En Lipsia, 20. Septembriou – 3. Oktobriou« von »Fokion P. Naoum«.

61 Im LAB 1912 werden Gustav Flinsch und Heinrich Flinsch genannt.

62 Mit dem »Urmeister« ist das Fragment des Theaterromans »Wilhelm Meisters theatralische Sendung« gemeint, den Goethe in »Wilhelm Meisters Lehrjahre« verarbeitete. Der Urmeister ist in einer Abschrift überliefert, die 1910 entdeckt und 1911 erstmals publiziert wurde, vgl.: GOETHE, Johann Wolfgang von, Wilhelm Meisters theatralische Sendung. Nach der Schultheß'schen Abschrift zum ersten Male hrsg. von Harry Maync, Stuttgart 1911.

63 GOETHE, Johann Wolfgang von, Wilhelm Meisters Lehrjahre, eine Vielzahl von Ausgaben.

64 Asmus Sörensen.

65 HAUPTMANN, Gerhart, Florian Geyer, Berlin 1896, uraufgeführt am 4. Januar 1896 im Deutschen Theater Berlin.

66 Zur Hauptmannfeier der Studenten in der Aula der Universität Leipzig am 23. November 1912 vgl. die Gerhart-Hauptmann-Nummer des »Schwarzen Bretts. Akademische Mitteilungen für Mitteldeutschland« (Leipzig, Jahrgang 12, Nr. 6, 28. November 1912) u. a. mit den Beiträgen: Begrüßung durch Herrn Prof. Dr. Köster; Rede des stud. Pfau, gehalten auf dem Bankett am Abend des 23. November. Vor Albert Köster sprach als Vertreter der akademischen Jugend der Jurastudent Hans Brehm. Gerhart Hauptmann war der 3. Redner.

Bedenken wegen des noch längeren Aufschubs der serbischen Grammatik[67] bei Fertigstellung der Syntax geschrieben; möchte jetzt drucken, was fertig ist: Lautlehre, Stammbildung, Formenlehre. | Abends Gesellschaft bei [Eduard] Sievers. | Meine Privatvorlesung habe ich aufgegeben, nur 3 Zuhörer.

Abb. 14: Richard Meister, langjähriger Freund August Leskiens, 1908. Quelle: Zur Erinnerung an Eckard und Ludwig Meister, Frontispiz.

67 Siehe den Eintrag vom 9. Februar 1909.

25. November Montag 1912: Nachricht von Frau Soerensen, daß ihr Mann[68] gestern in der Zschopau[69] aufgefunden ist – der Mann hat ein trauriges Schicksal gehabt: eine übermäßig schwere Jugend, unbefriedigender Beruf, keine befriedigende, kinderlose Ehe, Nervenleiden mit beständiger hastiger Unruhe; seine glänzende Begabung nicht zur Entfaltung gekommen.

1. Dezember Sonntag 1912: Gestern ist [Richard] Meister gestorben.

3. Dezember Dienstag 1912: Begräbnis Meisters; Albert Brockhaus silberne Hochzeit.

23. Dezember Montag 1912: Fast die ganze Woche vorher krank an Magen- und Gallengeschichten. Habe in der Zeit nichts gearbeitet. Gelesen Glover, Conflict of Religions in the early Roman empire[70]. Dabei geblättert in Epictet, Marc Aurel, Apulejus. | Am letzten Sonnabend kam Albert [Leskien] aus Karlsruhe. | Ilses Buch »Semmelmilchtanz etc.« erschienen[71].

31. Dezember 1912, Dienstag: An Weihnachten Ernst hier auf zwei Tage, Albert [Leskien] schon den Sonnabend vorher gekommen, bleibt bis zum 7. Januar. – Ich bin immer noch nicht ganz wohl. Ernst hat 1200 Mark Gehaltszulage bekommen, steht sich jetzt auf reichlich 6000 Mark. – Elfriede [Leskien] leidet wieder an den Nachwirkungen des Scharlach vom Herbst 1911.

---

68 Agnes und Asmus Sörensen.

69 Der Lauf der Zschopau beginnt im Erzgebirge und endet bei Döbeln in der Freiberger Mulde.

70 GLOVER, Terrot R., The Conflict of religions in the early Roman empire, London 1909.

71 LESKIEN, Ilse, Der Semmelmilchtanz und andere Geschichten, Heidelberg [1912].

Tagebuch 1913

[UBL, NL 348/1/7, Bl. 24r-37r]

1. *Januar 1913, Mittwoch*: Von Jagić erhalten die 2. Auflage seiner Entstehungsgeschichte der Kirchenslavischen Sprache[1]. – Ich fühle bei der Betrachtung der gewaltigen Tätigkeit von Jagić immer wieder, wie dürftig alle meine Leistungen sind. Es hat mir seit 20 Jahren der Trieb zur gelehrten Arbeit gefehlt, zum eigentlichen Weiterarbeiten in meinem Fache, das ich jetzt ganz satt habe.

5. Januar 1913, Sonntag: Gestern mit Albert und Fritz Brockhaus abgemacht, daß meine Bezüge vom Lexikon (10000 Mark) noch laufen bis Ende 1913, dann überhaupt aufhören. Es ist in der Ordnung so, aber für mich im 73. Jahr hart, fast die Hälfte meines Einkommens zu verlieren. Infolge dessen gestern auch mit Albert [Leskien] gesprochen, daß er zu Neujahr 1914 nach Leipzig zurückkehren muß, mit Ilse [Leskien], daß wir womöglich eine billigere Wohnung beziehen und jedenfalls den Haushalt einschränken. Ich fürchte, wir werden trotzdem von dem kleinen Vermögen leben müssen, falls nicht rascher Grundstücksverkäufe in Dresden eintreten. – Ich bekam gestern vom Kreishauptmann die Nachricht, daß der König [Friedrich August III.] am 28. Januar bei mir eine Vorlesung hören will; ich will reden über »Die Entstehung der heutigen Bevölkerungsverhältnisse der Balkanhalbinsel«. | Gestern abend bei Brugmanns[2], wir allein mit Tante Anna [Böhtlingk]. Zwischen Brugmann und seiner Frau eine Art ägrierter[3] Ton.

14. Januar Dienstag 1913: Lange Korrespondenz mit Walther [Judeich] über Heinrichsfeld[4]. Die Amtshauptmannschaft[5] hat den Einspruch der Gemeinde Loschwitz gegen die Straße G[6] als berechtigt anerkannt.

29. Januar 1913 Mittwoch: Gestern vor dem König [Friedrich August III.] eine Vorlesung gehalten über die Entstehung der heutigen Bevölkerungsverhältnisse auf der Balkanhalbinsel. Nachmittags eingeladen bei ihm. – Heut abend beim Kreishauptmann [Curt Ludwig Ehrenreich von Burgsdorff].

30. Januar 1913 Donnerstag: Gesternabend [Johann Traugott] Pech gestorben; 43 Jahre habe ich ihn gekannt, 23 sind wir zusammen am Konversationslexikon tätig gewesen.

---

1 JAGIĆ, Vatroslav, Entstehungsgeschichte der kirchenslavischen Sprache, Neue berichtigte u. erw. Ausg., Berlin 1913.

2 Karl und Valeska Brugmann.

3 Erbittert.

4 Siehe den Eintrag vom 23. September 1899.

5 Die Amtshauptmannschaft war eine der Kreishauptmannschaft untergeordnete Verwaltungseinheit in Sachsen.

6 Die Judeichstraße hatte den Planungsnamen D (Dc). Eine *Straße G* ist für Striesen belegt (südwestlich von Loschwitz, auf der Südseite der Elbe, seit 1892 zu Dresden).

24. Februar 1913 Montag: Seit 8 Tagen krank an Gallenerscheinungen mit Schmerzen, erhole mich aber wieder. – Gestern Abschiedsbesuch von Binding, der Anfang März nach Freiburg zieht, seine Frau[7] schwer leidend an Sklerose und deren Folgen. – Heute vor 8 Tagen Kränzchen[8] bei [Arthur] Hantzsch; ich habe einmal meine Meinung gesagt über die Unfähigkeit der Universitätsprofessoren sich für gemeinsame Interessen zu verbinden und eine Gesamtorganisation zu machen. – Während des Unwohlseins allerlei altes wieder gelesen – Scott, Rob Roy[9], Redgauntlet[10].
7. März 1913, Freitag: Die beiden letzten Wochen immer noch nicht ganz wohl und wenig arbeitsfähig, habe aber wieder am Schluß der serbischen Grammatik[11] angefangen zu arbeiten. – Seit Montag Ilse [Leskien] in Dresden mit Walther [Judeich], Tilli [Mathilde Judeich], Gertrud, Mai [Marie Leskien], Friedrich [Leskien], aber nur Walther und Ilse bleiben bis Ende dieser Woche da, die andern sind wieder abgereist. Das Haus ist ganz geräumt, die Sachen verteilt. – Damit ist nun ein Ende der alten Herrlichkeit. – In der letzten Fakultätssitzung mit einer zufälligen Majorität beschlossen, daß die Extraordinarien keine Vertretung durch gewählte Vertreter in der Fakultät haben sollen[12]: quem Jupiter vult perdere, prius dementat etc.[13] | Allerlei durcheinander gelesen, u. a. Scott, Guy Mannering[14].
24. März 1913, Montag: Die Nachlaßsache Konrad [Judeich] ist erledigt, die Absendung der einzelnen Teile an die Kinder[15] erfolgt. – In der Grundstücksangelegenheit allerlei verhandelt, ohne festes Resultat. – Meine Arbeitskraft sehr gering, noch geringer die Lust; mir ist die ganze Slavistik allmählich zum Überdruß geworden, und ich kann mich nicht mehr von dieser Empfindung befreien. | Gelesen zum Teil zum Kolleg über Ethnographie, sonst allerlei, unter andern [James Fenimore] Cooper. | Eva Kohl hat sich mit dem Professor [Hans] Planitz verlobt.
1. April 1913 Dienstag: Heute der Tag, wo wir vor 30 Jahren in die Stephanstraße zogen. – Gestern Nikolai [Böhtlingk] gesprochen: er muß wegen seiner Gesundheit vom Militär abgehen, hat eine Stelle auf einer Plantage bei Singapore auf 3 Jahre angenommen. Harter Schlag für die Mutter[16], die ihn kaum

---

7 Karl und Marie Luise Binding.

8 Siehe den Eintrag vom 8. Februar 1892.

9 SCOTT, Walter, Rob Roy, eine Vielzahl von Ausgaben.

10 SCOTT, Walter, Redgauntlet. A Tale of the Eighteenth Century, eine Vielzahl von Ausgaben.

11 Siehe den Eintrag vom 9. Februar 1909.

12 In der Sitzung von Mittwoch, 26. Februar 1913, UAL, Phil.Fak. A 03/30:09, S. 3.

13 Wen Jupiter verderben will, verwirrt er zuerst.

14 SCOTT, Walter, Guy Mannering, or the astrologer, eine Vielzahl von Ausgaben.

15 Die Kinder von August Leskien und Walther Judeich.

16 Anna Böhtlingk.

wiedersehen wird. | Gestern die Erbteilung des Nachlasses Konrad [Judeich] endlich erledigt, auf jedes meiner Kinder kommt c.[irca] 10500 Mark. | Vor Kurzem die Nachricht erhalten, daß [Ferdinand de] Saussure gestorben ist, 55 J.[ahre] alt.

11. April 1913 Donnerstag: Die letzten 8 Tage viel unwohl gewesen, doch die Geschichte der Deklination für die serbokroatische Grammatik[17] in der Arbeit; die Lektüre für die Vorlesung über Ethnographie[18] etc. fortgesetzt. Die ersten Vorlesungsstunden ausgearbeitet. – Nikolaj [Böhtlingk] hat, wie mir die Mutter[19] erzählte, nicht so sehr aus Gesundheitsgründen den Dienst aufgegeben, sondern weil er sein Vermögen vergeudet hat und sich als Offizier nicht mehr halten kann. Schauderhaft dumm und unsittlich! – das Haus der Wendsche[20] gekauft: 40000 Mark, dann 25000 Mark Hypotheken, 15000 Mark Anzahlung.[21]

24. April 1913, Donnerstag: Seit dem 16. April an Ischias krank. – Walther [Judeich] hier zum Verteilen der Dresdner Bücher (am 15.). – Albert [Leskien] hier seit 14 Tagen; Wilhelm [Streitberg] vom 19. – 23. hier zur Bücherverteilung.

27. April 1913 Sonntag: Vorgestern Beratung des Professor [Friedrich] Rolly und des Dr. [Louis] Backhaus über mein Kranksein: Neuralgie, Gallenstein. Soll am 19. Mai auf 4 – 6 Wochen nach Wiesbaden. Alles ganz schön und ich werde auch gehen, aber wie wird es im weiteren Verlauf des Jahres mit dem Gelde aussehen?

Leipziger Nachrichten 4. Mai. 1913.[22]

6. Mai 1913, Dienstag: Meine neuralgischen Schmerzen sind allmählich geringer geworden; ich bin aber im ganzen wenig zufrieden mit meinem Befinden, habe weder Arbeitslust noch Arbeitskraft. | Elfriede [Leskien] will in der Pfingstwoche nach München gehen. | Gelesen außer allerlei Unterhaltungsli-

---

17 Siehe den Eintrag vom 9. Februar 1909.

18 SS 1913: Abriß der Ethnographie und ältesten Geschichte der slavischen Völker, vgl. HistVV.

19 Anna Böhtlingk.

20 Siehe den Eintrag vom 2. Juli 1911.

21 Bl. 27v: eingeklebter Zeitungsausschnitt: »Karl Lamprecht über die Dresdner Universitätsfrage« und hsl. von Leskien *Leipz. Neust. Nachr. 3. April 1913*; Bl. 28r: eingelegt: »Sonderdruck aus Nrn. 101 u. 102 der Leipziger Neusten Nachrichten vom 13. u. 14. April 1913: Karl Binding über die Dresdner Universitätsfrage«; Bl. 28r: eingeklebter Zeitschriftenaufsatz aus »Der Zukunft«: »Eine Gefahr für die Geisteswissenschaften« von Karl Lamprecht.

22 Bl. 29r: eingeklebter Zeitungsausschnitt: »Ostwald's Energetik und die Dame mit der Fasanenfeder«; Bl. 29v: eingeklebter Zeitungsausschnitt: »Auszüge aus klerikalen Schriften«.

teratur das populäre Buch von Sütterlin »Werden und Wesen der Sprache«[23]; Ed. Schwartz, Kaiser Konstantin und die christliche Kirche[24]. Wieder gelesen zum Teil Ziegler, Die geistigen und sozialen Strömungen des 19. Jahrhunderts[25].

16. Mai 1913, Freitag: Heute das Manuskript der serbischen Grammatik[26] abgeschlossen.

5. Juli 1913 Sonnabend: Vom 19. Mai – 20. Juni Kur in Wiesbaden, dort mit Wyss[27] und Frau[28] aus Bern zusammen. | 20. [Juni] Fahrt von Biebrich[29] nach Köln auf dem Rhein, Abends bei Remelé's[30]. | 22. – 24. in Düsseldorf bei Ernst [Leskien]. | 25. Fahrt nach Oberhof – 3. Juli in Oberhof. | Hier in Leipzig erfahren, daß [Karl] Bücher schwer krank ist; daß [Justus Hermann] Lipsius sich bald in Ruhestand begeben wird, schon jetzt vor seinem Abgang eine vierte philologische Professur vorgeschlagen ist, daß die Kommission für die Besetzung der althistorischen Professur ([Julius] Beloch geht wieder nach Rom) eingesetzt ist.

13. Juli 1913 Sonntag: Vorgestern statt meines früheren Zimmers das frühere Schlafzimmer bezogen. | Heute das 10. allgemeine deutsche Turnfest[31] hier: den Zug von Tante Annas [Böhtlingk] Fenstern gesehen.

20. Juli 1913, Sonntag: Gestern das Manuskript meiner serbokroatischen Grammatik[32] an den Verleger[33] abgeschickt. Die Arbeit daran war mir zuletzt zu einer großen Last geworden und ist deswegen auch nicht gelungen. – Gestern Rektoratswahl, nach Kämpfen [Albert] Köster gewählt. Er wird das Rektorat gut führen, aber seiner Eitelkeit dabei nicht wenig Zucker geben.

25. Juli 1913: [Hermann] Credner gestorben, 72 Jahre.

27. Juli 1913, Sonntag: Gestern Fakultätssitzung, für die vierte klassisch-philologische Professur vorgeschlagen: [Eduard] Schwartz, [Bruno] Keil, [Paul] Wendland. Große Debatte, da [Justus Hermann] Lipsius Wendland nicht will, sondern [Alfred] Körte.

---

23 SÜTTERLIN, Ludwig, Werden und Wesen der Sprache, Leipzig 1913.

24 SCHWARTZ, Eduard, Kaiser Constantin und die christliche Kirche: fünf Vorträge, Leipzig [u. a.] 1913.

25 Siehe den Eintrag vom 23. Juli 1911.

26 Siehe den Eintrag vom 9. Februar 1909.

27 Vielleicht Bernhard Wyss, der 1886/87 in Leipzig studierte.

28 Der Name der Frau ist nicht bekannt.

29 Biebrich am Rhein gehört seit 1926 zu Wiesbaden.

30 Ernst und Remelé und seine Frau, deren vollständiger Name nicht bekannt ist.

31 Das 12. Deutsche Turnfest fand vom 12. – 16. Juli 1913 in Leipzig statt, vgl.: Festbuch für das 12. Deutsche Turnfest in Leipzig: 12. bis 16. Juli 1913, hg. vom Preßausschuß, Leipzig [1913].

32 Siehe den Eintrag vom 9. Februar 1909.

33 Otto Winter in Heidelberg.

Aus den Leipziger Nachrichten 26. Juli.[34]
28. – 29. Juli 1913: Besuch von Ščerba [Lew Wladimirowitsch Schtscherba] aus Petersburg.
1. August 1913, Freitag: Gestern Fakultätssitzung: für die philologische Professur: [Eduard] Schwartz, [Bruno] Keil, pari loco [Alfred] Körte, [Paul] Wendland.
4. August 1913, Montag: Vorgestern Polterabend vor Eva Kohls Hochzeit, gestern die Hochzeit: Walther [Judeich] war gekommen; Margot und ihr Mann (Langsdorff)[35] gekommen. – Morgen soll die Reise angetreten werden: Ilse, Elfriede [Leskien] nach Brückenau[36], ich nach Füssen zu Streitbergs[37]. Lust habe ich gar nicht dazu, aber auch keine Ruhe zu Hause, und Furcht vor dem Alleinsein.
5. August 1913 Dienstag: Ilse und Elfriede [Leskien] abgereist. Ich sitze hier voll Unruhe, innerer, die ich überhaupt fast nie los werde; voll schwerer Gedanken. Zerstreuung hilft wenig dagegen; wenn das im Winter nicht anders wird, steht eine traurige Zeit bevor. | Ich habe eine Sehnsucht nach Ruhe, auch von aller Arbeit. Die Vollendung der serbokroatischen Grammatik[38] hat mir keine Freude gemacht; eine neue Arbeit anzufangen, ist kein Trieb vorhanden. Wozu auch, es sind doch unnütze Arbeiten, niemandem zum Nutzen. Wenn man sie macht, ist es ein Weiterleben im alten Trott. – Gesternabend bei [Georg] Heinrici, der sehr schlecht aussieht. Der gehört nun zu den Menschen, dem die eigne auch noch so kleinliche Arbeit – und sein ganzes Tun ist kleinlich – wichtig ist und ihm wertvoll für die Welt erscheint, die doch ganz gleichgiltig dabei bleibt.
18. September 1913, Donnerstag: Vom 5. August – 12. September mit Streitbergs[39] in Füssen, 12. – 17. September in München (Bernekers[40]); Frau von Stahl[41].
20. September 1913, Sonnabend: [Ferdinand] Sommer war 3 Tage hier, mich nach einer Masse Litauisch und Lettisch zu fragen. Sehr viele seiner Fragen konnte ich nicht beantworten, konnte viele Textstellen nicht verstehen, und habe mich geschämt, wie wenig litauisch und noch viel weniger lettisch ich kann.

34 Bl. 31v: eingeklebter Zeitungsausschnitt: »Verfassungsänderung an den bayrischen Hochschulen«.
35 Gemeint sind: Margot Langsdorff, geb. von Ardenne, und ihr Mann Eduard Langsdorff.
36 In Brückenau, einer Stadt in Unterfranken (Bayern), wurden vor 1914 Heilquellen erschlossen.
37 Gertrud und Wilhelm Streitberg.
38 Siehe den Eintrag vom 9. Februar 1909.
39 Gertrud und Wilhelm Streitberg mit ihren Kindern.
40 Erich und Eugenie Berneker.
41 Frau von Stahl in München, nicht ermittelt.

25. September 13, Donnerstag: Gestern mit Ilse [Leskien] in Dresden; in Heinrichsfeld[42]; dann bei [Hermann Bruno] Windisch, Nachmittags Tante Therese [Judeich].
5. Oktober 13, Sonntag: Vorige Woche die ersten Korrekturfahnen der serbischen Grammatik[43]. – Von Donnerstag bis heute Besuch von Ernst [Leskien], der über Schlesien von Wien kam, wo er die Naturforscherversammlung[44] besucht hatte. – Seit 8 Tagen Ragna und Hans Peter bei uns, da die Eltern[45] in der Rhön waren.[46]
19. Oktober 1913 Sonntag: Am 13. und 14. Oktober mit Ilse und Elfriede [Leskien] in Jena. Spaziergang mit [Berthold] Delbrück über den Landgrafen[47], [Ferdinand] Sommer besucht. – Mittwoch der Besuch des Teilnehmers am akademischen Olympia[48], eines Herrn Haas[49], Lehramtskandidat – Neuphilologe – aus Freiburg in Baden. – Am 18., dem Festtage, viel Besuch bei uns, um den Fürstenzug durch die Stephanstraße anzusehen[50]. | [Albert] Köster im Seebad erkrankt, es soll eine Neuwahl des Rektors stattfinden.
26. Oktober 13, Sonntag: Depesche von Hans Judeich, daß seine Mutter[51] gestorben. – [Albert] Köster hat das Rektorat aufgeben müssen, soll Neuwahl stattfinden.
29. Oktober 13: Mit Ilse [Leskien] in Tharandt zum Begräbnis der Tante[52]. | Wir haben den ganzen Oktober Sommerwetter gehabt, heller Sonnenschein und Wärme, brauchten kaum zu heizen. Vorigen Donnerstag habe ich meine Vorlesungen[53] angefangen, das heißt am 23., Litauisch mit 8 Zuhörern, meh-

---

42 Siehe den Eintrag vom 23. September 1899.

43 Siehe den Eintrag vom 9. Februar 1909.

44 85. Versammlung deutscher Naturforscher und Ärzte in Wien, 21. – 28. September 1913, vgl.: Einladung zur Versammlung Deutscher Naturforscher und Ärzte, Gesellschaft Deutscher Naturforscher und Ärzte, Teil: 85. in Wien, 21. bis 28. September 1913, [s. l.] 1913.

45 Friedrich und Marie »May« Leskien.

46 Bl. 33v: »Die Lösung der Balkanfragen. Von Fritz Mauthner«.

47 Der Landgraf (297,9 m) ist ein Berg bei Jena zwischen Rautal und Mühltal.

48 Das zweite Deutsch-Akademische Olympia 1913 fand wie das erste von 1909 in Leipzig statt, es war Teil der Feierlichkeiten, die die Einweihung des Völkerschlachtdenkmals in Leipzig am 18. Oktober 1913 begleiteten, vgl. den Bericht: TEICHMANN, N.N., Leipzig 1913. Deutsches Turnfest – Akademisches Olympia – Weihe des Völkerschlachtdenkmals, in: Burschenschaftliche Blätter 27/2 (1913), S. 194-197.

49 Aufgrund der Namenshäufigkeit nicht zu identifizieren.

50 Gemeint ist der Autokorso von Kaiser Wilhelm II., allen Bundesfürsten des Deutschen Reiches sowie zahlreichen weiteren Honoratioren vom Hauptbahnhof zur Einweihung des Völkerschlachtdenkmals am 18. Oktober 1913, vgl.: POSER, Die Jahrhundertfeier der Völkerschlacht, S. 196-213.

51 Charlotte Judeich.

52 Charlotte Judeich.

53 WS 1913: Grammatik der litauischen Sprache, vgl. HistVV.

rere ältere und promovierte, ein Fürst Trubeckoj[54], ein junger amerikanischer Professor [Leonard] Bloomfield, ein Dr. Meier[55] und andere. | Seit Anfang des September viel Polnisch gelesen, um mich endlich ordentlich in das heutige Polnisch einzulesen. [Eliza] Orzeszkowa, [Adam] Mickiewicz und andere. | Daneben [Johann Hinrich] Fehrs' plattdeutsche Sachen; das holsteinische Platt heimelt mich an, wenn auch zum Teil die Sachen nicht bedeutend sind. Ich kriege sogar eine Sehnsucht, noch einmal hinzureisen. Wird wohl nichts mehr werden. | Jetzt arbeite ich an einer Abhandlung über Litauische Personennamen[56]. Lust habe ich zu der ganz gleichgiltigen Sache gar nicht, es ist nur der unüberwindliche Tätigkeitsdrang und die Furcht vor der Langeweile und den quälenden Gedanken. | Tante Anna [Böhtlingk] ist vor einigen Tagen vor ihrer Haustür gefallen, hat sich das Bein verletzt, aber nicht gebrochen.

1. November 1913, Sonnabend: Neue Rektoratswahl wegen [Albert] Kösters Erkrankung: Otto Mayer gewählt.

16. November 1913 Sonntag: In den letzten Wochen die Arbeit an den litauischen Personennamen[57] fortgesetzt – sie führt mich weiter als ich eigentlich wollte – außerdem auch weiter ins Polnische eingelesen. – Vorigen Mittwoch eine Fakultätssitzung mit argem Konflikt zwischen Seeliger und Lamprecht wegen einer Doktorarbeit, die dieser mit 2 zensiert hatte, jener für miserabel erklärte[58]. Lamprecht mit seinen Sophismen in die Enge getrieben, giebt schließlich eine lahme Entschuldigung der Ausfälle gegen Seeliger, die dieser annimmt.

31. Dezember 1913, Mittwoch: Das abgelaufene Jahr vergangen mit der Erholungszeit in Wiesbaden und Füssen, der Winter vorher mit Arbeit an der serbokroatischen Grammatik[59], diese nach dem Aufenthalt in Wiesbaden im Manuskript vollendet und in die Druckerei geschickt. Vom Anfang des Wintersemesters an die Korrekturen an dieser Grammatik, daneben eine Arbeit begonnen über litauische Personennamen[60]. Die Vorlesungen von ein paar Leuten, meist fremden, besucht, ganz unbefriedigend. Es liegt mit an mir, ich

---

54 Nikolaj Sergejewitsch Trubezkoj (Trubetzkoy).

55 Karl Heinrich Meyer.

56 LESKIEN, August, Die litauischen zweistämmigen Personennamen, in: Indogermanische Forschungen 34 (1913), S. 296-333.

57 Siehe den Eintrag vom 29. Oktober 1913.

58 UAL, Phil.Fak. A 03/30:09, S. 61-62: Für die *Dissertation Hofmann* hatte Karl Lamprecht die Note 2 und Gerhard Seeliger die Rückgabe zur Umarbeitung beantragt. Daraufhin hatte Lamprecht das Gutachten Seeligers kritisiert, der sich deswegen an die Fakultät wandte. Lamprecht entschuldigte sich für seine Äußerungen gegen Seeliger, die er in *seiner Meinung nach sachlich gerechtfertigter Erregung* getan habe. Dies sei in einem Ton geschehen, an dem Seeliger nach Ansicht der Fakultät begründeten Anstoß genommen habe.

59 Siehe den Eintrag vom 9. Februar 1909.

60 Siehe den Eintrag vom 29. Oktober 1913.

habe alle Lust an den sprachwissenschaftlichen Difteleien verloren, auch an eignen Arbeiten auf diesem Gebiet; da ich aber nichts anderes verstehe, der Tätigkeitstrieb da ist, muß ich schon dabei bleiben. | Mit Ende dieses Jahres verliere ich die bisher von F. A. Brockhaus bezogenen 10000 Mark, nicht viel weniger als die Hälfte meines bisherigen Gesamteinkommens. | Wie das Auskommen sein wird, ist mir noch unklar. Albert [Leskien] wird vorläufig noch in Karlsruhe bleiben, muß aber wohl im Lauf des Sommers nach Leipzig kommen; ich werde ihm auch die von 250 auf 200 Mark verringerte Monatssumme nicht mehr zahlen können. Eingesehen habe ich zwar, daß er niemals zu einem eignen Einkommen aus eigner Arbeit kommen wird, aber ich komme nicht darüber hinaus, daß das bei ihm ein moralischer Mangel ist. – Ernst [Leskien] war Weihnachten über hier, hat jetzt wieder eine Gehaltserhöhung bekommen und steht sich auf gegen 8000 Mark. – Ilse wurde durch gute Kritiken ihrer Novellen[61] erfreut, Elfriede [Leskien] hat ihr Studium fortgesetzt. Mit einiger Besorgnis sehe ich, daß sie körperlich unkräftig ist, es fehlt ihr die Energie, dem entgegen zu arbeiten. | Eduard Brockhaus ist vor 14 Tagen völlig erblindet; die Altersschwäche – er ist 83 – hat schnell zugenommen. – Das Verhältnis zu den Brockhaus löst sich immer mehr, meine Kinder werden nach meinem Tode kaum noch einen Zusammenhang mit ihnen haben. Ich selbst kann es auch nicht recht überwinden, daß ich ihnen doch nur so lange etwas gegolten habe, als sie mich brauchen konnten. Es ist schon eine nicht recht verständliche Art, daß sie mich nicht wie andre Redakteure des Lexikons nach dem Aufhören der Tätigkeit pensionierten, sondern einfach mit der bisherigen Zahlung aufgehört haben. Dabei bin ich 24 Jahre dabei gewesen, länger als bisher irgend ein andrer, und habe geopfert, was für mich das wichtigste in meinem Arbeitsleben war: wissenschaftliche Tätigkeit in größerem Sinne, Gelehrtenruf, Annahme des Rektorats und anderes. Jetzt bin ich müde, arbeite zwar allerlei gelehrten Kram, aber es wird nichts rechtes mehr. | Im Herbst die Tante Charlotte Judeich in Tharandt gestorben, bleibt Hans [Judeich] übrig. Da er nicht verheiratet ist, schwerlich noch heiraten wird, stirbt der Zweig der Familie mit ihm aus. | An der Universität war und ist noch Aufregung wegen der Frage der Dresdner Universität[62]. | Der Aufenthalt auf Heinrichsfeld[63] von uns allen, auch Walthers[64],

---

61 Siehe den Eintrag vom 23. Dezember 1912.

62 Im Jahr 1912 wurde immer häufiger die Idee einer Universitätsgründung in Dresden von Befürwortern und Gegnern erörtert. Die Universität Leipzig gehörte zu den Gegnern (vgl. die Denkschrift des akademischen Senats der Universität Leipzig vom 1. Dezember 1913). Am 6. Dezember 1913 wurde dann bekannt, dass sich sowohl die sächsische Regierung als auch die Kammern gegen die Universitätsgründung in Dresden entschieden hatten. Damit war das Projekt einer 2. Universität in Sachsen auf Eis gelegt.

63 Siehe den Eintrag vom 23. September 1899.

64 Walther und Mathilde Judeich.

ganz aufgegeben, das Haus an Heinrich Brockhaus vermietet. Es ist damit auch ein Stück Poesie aus dem Leben verschwunden.

Abb. 15: Porträt August Leskiens aus dem »Indogermanischen Jahrbuch«, 1913. Quelle: Wikimedia Commons.

Tagebuch 1914

[UBL, NL 348/1/7, Bl. 38r-48r]

11. Januar Sonntag 1914: Heutnacht um 1° Eduard Brockhaus gestorben, über 85 Jahre alt, an Altersschwäche.[1] Ich habe ihn 52 Jahre gekannt, seit 1862. Eine unbegabte Natur, aber mit einem ununterbrochnen Fleiß und Tätigkeitstrieb ausgestattet hat er erreicht, was viele nicht, die reich begabt sind: angesehene Stellung im Buchhandel, Reichstagsabgeordneter etc. Niemand hatte dabei eine große Meinung von ihm. Inneres Leben fehlte, er hatte weder zu den Seinigen – Eltern[2], Frau[3], Kindern[4], Geschwistern[5] – irgend ein intimes Verhältnis, noch besaß er irgend einen Freund. – Ich hatte immer bei ihm den Eindruck einer ungeheuren Dürre. Wenn es auf pedantische Genauigkeit, Arbeit ankam, stellte er immer seinen Mann. Über den Bildungsstand seiner Studentenjahre kam er nie hinaus, daher auch der Klassizismus, in Literatur, in Kunst, Musik; nur nichts neues und frisches. Seiner Frau hat er das Leben verdorben ohne es zu wollen und zu wissen; er und sie waren eine unmögliche Zusammenstellung.

12. Januar 1914 Montag: Albert [Leskien] heut früh nach Karlsruhe zurückgefahren.

13. Januar 14, Mittwoch [Dienstag]: Brief von [Wilhelm] Streitberg, daß er sich von der Bruchoperation ganz erholt hat. – Nachmittags Walther [Judeich] von Jena herkommend zum Begräbnis von Eduard [Brockhaus], das stattfindet am 14. Januar. | Ich habe seit 14 Tagen am Aussuchen der bulgarischen Märchen gearbeitet, die ich übersetzen soll für die Leyensche Sammlung bei Diederichs[6].

20. Januar 14, Dienstag: Die Futuristenausstellung bei Del Vecchio[7] angesehen. Ich kam mir vor wie in einer Gesellschaft von Verrückten; die Leute sind auch verrückt gewordene Dekadenten; zum Teil hatte ich auch den Eindruck, sie uzen die Menschen, wollen zusehen, wie viel Dummheiten die hinnehmen und darauf reinfallen. | Wilhelm [Streitberg] hat vor kurzem in dem 1. Bande des indogermanischen Jahrbuchs mein Bild gebracht und eine Lobpreisung meiner angeblichen Verdienste[8]. Ich finde das unglaublich taktlos und habe

---

1 Bl. 39v: eingeklebt: Gedruckte Traueranzeige für Eduard Brockhaus, Leipzig, 11. Januar 1914.

2 Heinrich und Therese Pauline Brockhaus.

3 Emilia Brockhaus.

4 Albert, Heinrich, Arnold, Franz und Fritz Brockhaus.

5 Marie Pauline Judeich, Helene Vieweg und Rudolf Brockhaus sen.

6 Siehe den Eintrag vom 6. – 28. April 1912.

7 Futuristen: Galerie Del Vecchio Leipzig, Jan. – Febr. 1914; [Ausstellungskatalog], Leipzig 1914.

8 STREITBERG, Wilhelm, August Leskien. Zum goldenen Doktorjubiläum, in: Indogermanisches Jahrbuch 1 (1913), S. 216-218.

mich schwer darüber geärgert. Wenns noch ein andrer gemacht hätte, aber der Schwiegersohn. Dazu ist das Lob übertrieben, der Vergleich mit [Jacob] Grimm wird nur Spott erregen. – Es ist geschehen, ich kann nichts mehr dagegen tun. Gefragt vorher bin ich nicht, hätte es sonst untersagt.
24. Januar 14 Sonnabend: Heute von Fritz Brockhaus erfahren, daß [Robert] Geerds plötzlich in der letzten Nacht gestorben ist. Er war unter mir 21 Jahre am Lexikon tätig; der beste, den ich hatte, in allen historischen Dingen. Er war unverheiratet, viel an Rheumatismus krank. | Heute die vertrackte Wehrsteuerberechnung[9] beendet.
5. Februar Donnerstag 1914: Heute Begräbnis von Leonore Geibel, die am 2. Februar im 93. Jahr gestorben ist. Ich habe sie 52 Jahre gekannt. Als junge Frau kam sie 1848 aus Ungarn nach Deutschland. Der Mann[10], ein schlauer Geschäftsmann, Buchhändler in Pest, hatte sich dort ein beträchtliches Vermögen erworben; ein widerwärtiger Charakter in allen Beziehungen. Aber die Frau, die eine gewaltige Selbstbeherrschung besaß, ist doch wohl mit ihm glücklicher gewesen, als ich wenigstens geglaubt habe. Ein ungewöhnlich ausgebildetes Pflichtgefühl hat sie über alles hinweggehoben. Von den 4 Weiß-schen Schwestern: Fanny [von Daniel], Leonore [Geibel], Luise [Bräuer], Milly [Emilia Brockhaus], war sie die dritte, begabte; erst abhängig von Fanny, dann in ganz merkwürdigem Grade von Milly, die sie vollständig beherrschte, oft tyrannisierte. – Sie hatte eine Reihe Kinder: davon sind ihr die als Kind verstorbene Fanny, die Janka (Gontard) als verheiratete Frau, die Söhne Stephan und Stephan Franz Karl [Geibel] vorangegangen; am Leben sind jetzt noch Adolf, Paul [Geibel] und Maria [Krehl]. Der Mann ist vor vielen Jahren als zuletzt geisteskrank gestorben. – In den letzten beiden Jahren war ihr das Gedächtnis geschwunden, sie konnte nicht über den Augenblick hinaus fixieren; war dabei aber stets heiter. | Meinen Lebensweg hat sie stets mit großer Güte begleitet. Die drei Schwestern Luise Bräuer, Eleonore Geibel, Milly Brockhaus haben alle drei entscheidende Rollen in meinem Leben gespielt[11]. Nur Milly ist noch vorhanden, oder eigentlich auch nicht mehr, seit 27 Jahren krank und zwar geistig nicht normal. Aus meinem Leben sind sie also jetzt alle drei geschwunden.

---

9 Gemeint ist die Berechnung des Wehrbeitrages, einer Reichssteuer zur Finanzierung der Rüstung, die durch das Wehrbeitragsgesetz von 1913 geregelt worden war und in den Jahren 1914, 1915 und 1916 auf höhere Einkommen und Vermögen gezahlt werden musste.

10 Friedrich Wilhelm Carl Geibel.

11 Emilia »Milly« Brockhaus war die Tante von Leskiens Frau Elisabeth. Die Kinder von Leonore Geibel, Adolf und Maria, wurden von August Leskien unterrichtet. Adolf Geibel lebte einige Zeit als Student bei Leskien in Jena. Den Sohn von Luise Bräuer, Ferenz Bernhard Lajas Bräuer, betreute Leskien in seiner Zeit als Leipziger Student, siehe die Einleitung.

22. Februar 1914, Sonntag: Die letzte Woche an allerlei kleinen Übeln gekränkelt: Hals-Ohren-Zahnschmerzen, habe aber dabei gelesen. – Angefangen, die bulgarischen Märchen für von der Leyen[12] zu übersetzen; es ist mir eine ziemlich langweilige Arbeit, da ich an der Sache wenig Interesse habe. Die Zusammenstellung der litauischen Personennamen an [Karl] Brugmann für die Indogermanischen Forschungen abgegeben[13]; ich wollte sie eigentlich weiter bearbeiten, verlor aber die Lust daran. – Gelesen allerlei, meist gleichgiltiges belletristisches Zeug. Gestern wieder einmal Paulsens »Deutsche Universitäten«[14] vorgenommen; jetzt bei der Krisis ganz nützlich zu lesen.

1. März 1914, Sonntag: Begräbnis von Adolf Geibel[15]; Lebenslauf: in reichen Verhältnissen aufgewachsen, sehr begabt, mit seinen Sinnen, musikalisch u. a., dann Student; Ausbruch eines toll sinnlichen Lebens, mit allen Folgen; körperlich herunter gekommen. Aber dabei große Willenskraft, wurde Chemiker, arbeitete in allerlei Werken, ohne Erfolg, heiratete dann eine reiche Frau[16], dann ruhiges Leben: wurde durch seine Begabung, angeborene Klugheit und Lebenserfahrung ein angesehener Mann; brachte es trotz Morphiumsucht auf 71 Jahre; er entstammte eben von Mutterseite aus einem langlebigen Geschlecht. Ich habe die schlimmste Zeit seines Lebens, das Jahr 1869 und ein halbes 1870 mit ihm zusammengelebt und schwer darunter gelitten[17]; sollte sein Mentor sein und war nicht dazu geeignet, es wäre es wohl keiner gewesen. | Heute früh war mein Zuhörer, Dr. Karl Heinz Meyer, bei mir, seine Neigung für Elfriede [Leskien] auszusprechen. Ich habe mit Ilse [Leskien] gesprochen, diese mit Elfriede: Elfriede denkt gar nicht an eine

---

12 Siehe den Eintrag vom 6. – 28. April 1912.

13 Siehe den Eintrag vom 29. Oktober 1913.

14 PAULSEN, Friedrich, Die deutschen Universitäten und das Universitätsstudium, Berlin 1902.

15 Bl. 41: eingeklebt: gedruckte Traueranzeige für Adolph Geibel, Leipzig, 27. Februar 1914.

16 Marianne Geibel.

17 Leskien irrte sich hier in der Erinnerung. Adolf Geibel lebte 1866 und 1867 bei ihm in Jena. Zwischen März und Mai 1867 wechselte Leskien nach Göttingen, um dort zu habilitieren. In mehreren Briefen an Georg Curtius aus den Jahren 1866 und 1867 berichtete er über den Aufenthalt Geibels, vgl. SCHRÖTER, 30 Leskien-Briefe, S. 365, 366, 371 und 372. In seinem Brief an Curtius vom 18. September 1866, schrieb Leskien dezidiert, dass er sich dagegen entschlossen habe, seinen Schützling mit nach Göttingen zu nehmen: *Ich habe im voraus gewußt, daß Ihnen das Aufschieben meiner Habilitation nicht recht sein würde. Als ich nach Jena ging, wußte ich nicht, daß ich im Laufe dieses halben Jahres eine Aufgabe bekommen würde, die es mir unmöglich macht, im Winter in Göttingen zu sein; ich dachte in der That einige Wochen lang daran, meinen Schützling mit dort hin zu nehmen, sah aber bald, daß es nothwendig sei, ihn zu jeder Zeit unter Aufsicht zu haben, und ihn von jeder gefährlichen Gesellschaft fern zu halten. Das konnte ich nur bei einem Leben, wie ich es hier führe, wo ich den ganzen Tag zu Hause bin; in Göttingen als Docent hätte ich das nicht können*, vgl. ebd., S. 366.

Neigung für ihn. Das ist ein Glück: erst 23 Jahre, will sich in einem Jahr habilitieren, kann dann vielleicht eine längere Reihe von Jahren auf eine Professur warten, und sie wird 22. – Ich habe ihm heute brieflich mitgeteilt, daß er auf Elfriede nicht hoffen dürfe.

9. März 1914 Montag: Am vorigen Donnerstag Gertrud [Leskien] zum Besuch gekommen, auf einige Wochen. – Gelesen Naumann, »Von Vaterland und Freiheit«[18]. Viel Gescheites darin. – Am letzten Freitag Kommissionssitzung für die Berufung von [Karl] Florenz zu einer außerordentlichen Professur für Japanisch.

15. März 14: Vorigen Donnerstag Abends bei [Erich] Bethe mit [Jacob] Wackernagel, den ich seit beinahe 25 Jahren nicht gesehen hatte. – Gestern [Georg] Heinricis 70ster Geburtstag: viele Reden, übertriebene Bedeutung beigelegt. Ich habe wieder empfunden, daß ich für derartige Feiern gar keinen Sinn habe. | Die Märzwochen bis jetzt mit Übersetzung bulgarischer Märchen[19] verbracht.

16. März 14: Heute die Nachricht erhalten, daß am 12. März Milly [Emilia Brockhaus] gestorben ist; gestern war nur im Beisein der Kinder[20] das Begräbnis.[21]

29. März Sonntag, 14: Am letzten Montag Gertrud [Leskien] über Jena nach München zurück.

3. April Freitag, 14: Gesternnachmittag Wilhelm mit Gerhart [Streitberg] gekommen. – Bei Brugmanns[22] hat Fritz Scharlach bekommen, seine Konfirmation am Palmarum kann daher nicht stattfinden.

10. April, Freitag, Charfreitag: Wilhelm [Streitberg] abgereist über Jena nach Heidelberg.

11. – 21. April: in München.

10. Mai, Sonntag 14: Vom 8. – 10. zum Besuch in Jena, gesehen [Victor] Michels, [Ferdinand] Sommer, [Carl] Cappeller.

21. Mai Donnerstag 14: In der letzten Zeit nichts besonderes vorgefallen: be-

---

18 NAUMANN, Friedrich, Das blaue Buch von Vaterland und Freiheit: Auszüge aus seinen Werken, Königstein i. T./Leipzig 1913.

19 Siehe den Eintrag vom 6. – 28. April 1912.

20 Gemeint sind die leiblichen Söhne sowie die Schwiegertöchter von Emilia »Milly« Brockhaus: Albert und Marie »Mony«, Arnold und Hella Pauline, Franz und Alma Elisabeth Mary, Fritz und Marie Helene »Ella« sowie Heinrich und Elisabeth Brockhaus.

21 Bl. 41r: einliegend: Briefkarte von Marie »Mony« Brockhaus an Leskien, Leipzig, 15. Februar 1914: *Lieber August. Ehe Du es in der Zeitung liest, möchten wir Dir doch mitteilen, daß unsere liebe Mutter durch einen Herzschlag von ihren langen Leiden erlöst ist. So konnte sie unserm Vater und Tante Leonore bald folgen, was sie so heiß ersehnt hatte. Auf ihren Wunsch werden keine Anzeigen verschickt und die Bestattung findet schon heute in Gegenwart von uns Kindern statt. Herzlich deine Mony.*

22 Karl und Valeska Brugmann und ihr Sohn Fritz.

schlossen, daß Albert [Leskien] zunächst in Karlsruhe bleibt. Es ist in Leipzig nichts für ihn, und den Übrigen würde sein Leben hier auch unbefriedigend vorkommen. – Ilse und Elfriede [Leskien] waren letzten Sonnabend und Sonntag in Weimar und Jena. – Ich befinde mich nicht gut, fühle mich müde, habe an meiner Arbeit keine Lust. Mich verfolgt der Gedanke, daß ich mich pensionieren lassen müßte, ich kann aber zu keinem Entschluß kommen. – Die Märchenübersetzung[23] geht langsam vorwärts, ebenso der Druck der serbokroatischen Grammatik[24].

7. Juni 1914, Sonntag: am Freitag vor Pfingsten (31. Mai) Ernst [Leskien] zu zweimonatlicher Militärübung gekommen, er braucht aber erst am 8. den Dienst anzutreten und war meist bei uns in den 8 Tagen. Gestern und heute Walters[25] zum Besuch bei uns; sie besuchen die Buchgewerbe- und graphische Ausstellung (Bugra)[26]. Ich war auch gestern zum ersten Mal dort. Die »Kulturhalle« ist für den Gelehrten ganz überflüssig, für den Laien meist, er kann sich durch die üblichen populären Bücher mit Abbildungen wohl meist besser unterrichten. – Den Gedanken, mich zum Herbst pensionieren zu lassen, aufgegeben – werde es zu Ostern 1915 machen. – Gelesen in der letzten Zeit: Richard M. Meyers Bücher: Weltliteratur[27] und Deutsche Literatur im 19. Jahrhundert[28]. – Dann [Gerhart] Hauptmann, Heines Romanzero[29] und Atta Troll[30]. – Fortsetzung der Märchenübersetzung[31], die nicht rasch genug fortschreitet; ich habe die Pfingstferien fast nichts getan. – Heute in der Zeitung [Emil] Strohals Todesanzeige; Gehirnschlag bei Arteriosklerose, 70 Jahre.

27. Juni 14 Sonnabend: In der vergangenen Woche Besuch von [Jooseppi Julius] Mikkola, der von Paris kam.[32]

8. August 1914, Sonntag: Im Kriege mit Rußland, Frankreich, Belgien; England. Ernst seit 5. August unterwegs nach Frankreich, Friedrich [Leskien] seit 4. in Dresden beim Kriegslazarett.

---

23 Siehe den Eintrag vom 6. – 28. April 1912.

24 Siehe den Eintrag vom 9. Februar 1909.

25 Walther und Mathilde Judeich.

26 Internationale Ausstellung für Buchgewerbe und Graphik, Mai bis Oktober 1914 in Leipzig, vgl.: FISCHER/JACOBS, Die Welt in Leipzig: BUGRA 1914.

27 MEYER, Richard M., Die Weltliteratur im zwanzigsten Jahrhundert: vom deutschen Standpunkt aus betrachtet, Stuttgart [u.a.] 1913.

28 MEYER, Richard M., Die deutsche Litteratur des neunzehnten Jahrhunderts, Berlin 1900.

29 HEINE, Heinrich, Romanzero, eine Vielzahl von Ausgaben.

30 HEINE, Heinrich, Atta Troll, eine Vielzahl von Ausgaben.

31 Siehe den Eintrag vom 6. – 28. April 1912.

32 Bl. 45r: eingeklebter Zeitungsausschnitt: »Kapuzinade an die Kanniballadiker. Von Börries, Freiherrn von Münchhausen«; Bl. 45v: eingeklebter Zeitungsausschnitt: Porträtfotografie von Carl Chun, gest. am 11. April 1914.

16. Oktober 1914 Freitag: Die einzelnen Kriegsereignisse nicht aufgeschrieben, sie werden in den Zeitungen, die aufbewahrt sind, berichtet. Ernst und Friedrich [Leskien]: Ernst am 28. August verwundet, hat den Zeigefinger der linken Hand verloren; war bis 23. September im Lazarett in Couvin (Belgien), dann wieder bei der Front; ist Kompagnieführer und hat das Eiserne Kreuz[33]; jetzt liegt er im Schützengraben bei Saint Souplet östlich von Reims. – Viele unsrer Bekannten gefallen oder verwundet. Wolfgang Köhler, Franz Wilhelmi tot, so ein Sohn von [Eugen] Mogk[34]. | Aus dem bisherigen Gang der Dinge ergiebt sich eins: es ist nur ein wirkliches Kulturvolk auf Erden, das deutsche. | Am 12. Oktober in Cöln der Reichsgerichtsrat [Ernst] Remelé gestorben.
23. Oktober 14, Freitag: Durch [Olaf] Broch Nachricht erhalten, daß am 20. September (3. Oktober) Fortunatov[35] gestorben in Kosalma, bei Petrozavodsk[36].
25. Oktober 14 Sonntag: Nachricht, daß ein Sohn von [Ernst] Windisch, der Jüngste[37], bei Lille gefallen ist.
31. Oktober 14, Sonnabend: Rektoratsrede von [Albert] Köster, dem nun vertretenden Rektor, vortrefflich[38]. – Eine Feier mit dem sonstigen Gepränge nicht gehalten, auch das übliche Diner nicht. – Von Ernst [Leskien] seit 14 Tagen keine Nachricht aus dem Felde.
9. November 1914, Montag: Vor 8 Tagen Ernst [Leskien] angekommen, mit Verwundung, Schuß im linken Oberschenkel, aus den Kämpfen bei Lille; er befindet sich aber sonst wohl, soll einige Wochen bleiben.
28. November 1914 Sonnabend: Heute Ernst [Leskien] abgereist, zunächst nach Düsseldorf, von da will er nach 8 Tagen wieder ins Feld. – Gefallen Eckard und Ludwig Meister.[39]
7. Dezember 14, Montag: Heute Nachricht von Ernst [Leskien], daß er am 5. von Düsseldorf nach Lüttich gefahren ist, von da an die Front geht. – Ich habe mich für den Winter vom »Kränzchen«[40] losgemacht, weil ich nicht mit [Vilhelm] Bjerknes dort zusammen sein mag; er ist nicht deutschfreundlich und ich mag in dem Kampf auf Leben und Tod, in dem wir stehen, unsre

---

33 Militärischer Verdienstorden.
34 Walther Mogk.
35 Filipp Fjodorowitsch Fortunatow.
36 Das Dorf Kossalma und die Stadt Petrosawodsk liegen in Karelien. Fortunatow kam erstmals 1883 nach Kossalma, ab 1895 verbrachte er hier die Sommermonate.
37 Karl Windisch.
38 KÖSTER, Albert, Der Krieg und die Universität, in: Die Leipziger Rektoratsreden, S. 1081-1092.
39 Bl. 47v: eingeklebt: gedruckte Dankeskarte für die Beileidsbekundungen zum Tod von Eckard und Ludwig Meister, Leipzig, im Dezember 1914.
40 Siehe den Eintrag vom 8. Februar 1892.

Sorgen nicht vor seinen Ohren abhandeln. | [Hermann] Hirts einziger Sohn[41] im Felde an einer Krankheit gestorben.
21. Dezember 14, Montag: Die alte Tante Therese [Judeich] am 17. Dezember gestorben, Ilse [Leskien] und ich waren gestern zum Begräbnis in Dresden.

Abb. 16: Professoren der Universität Leipzig, um 1914, von links: Wilhelm Wundt, Ferdinand Zirkel, Felix Marchand, Theodor Des Coudres, Wilhelm Friedrich Pfeffer, Rudolf Boehm, Arthur Hantzsch, August Leskien, Carl Chun, Heinrich Bruns, Eduard Sievers, Ernst Beckmann, Hermann Guthe, Karl Binding. Quelle: UAL, FS N03761.

41 Hirts Sohn hieß Hermann, vgl. Hermann Hirt an Wilhelm Streitberg, Gießen, 23. November 1914, UBL, NL 245/Hi/Hirt/263, mit einem ausführlichen Bericht über seinen Sohn Hermann und das Regiment, in dem er diente.

Tagebuch 1915

[UBL, NL 348/1/7, Bl. 49r-53r]

4. Januar 1915, Montag: Über den Krieg schreibe ich nichts: wir sind alle in der gleichen ernsten Stimmung wie seit 5 Monaten; wir wissen nicht, wann wir den endgiltigen Sieg erringen, aber vertrauen wie bisher, daß er errungen wird. | Der Jahresabschluß nicht günstig; zu viel verbraucht. | Heute Nachricht vom Tode [Pero] Budmanis erhalten (80 Jahre), ein feiner Mensch, eigentlich ganz Romane, aber von der besten Art.[1]

10. Januar 1915, Sonntag: Vorgestern Nachricht, daß Nikolai Böhtlingk glücklich von Sumatra auf einem holländischen Schiff durchgekommen ist nach Deutschland und zu seinem Regiment gegangen. | Gestern und heute Besuch von Tilli [Mathilde Judeich] mit Elisabeth [Judeich], die Walther [Judeich] in Borna[2] besucht haben.[3]

10. Februar 1915 Donnerstag: Am letzten Sonntag die Nachricht, daß Nikolai Böhtlingk schwer verwundet »Zustand ernst«. Die Mutter[4] noch in derselben Nacht abgereist nach Mühlhausen. | Gestern [Wilhelm] Pfeffers 50jähriges Doktorjubiläum, mit großem Aufwand von Reden. Es ist auch eigen, selbst wenn man ein so bedeutender Mann ist, sich das, wie es hier geschah, 12 mal in extenso vortragen zu lassen.

14. Februar 1915 Sonntag: Gestern von Tante Anna [Böhtlingk] Telegramm und Briefe aus Mühlhausen, daß es mit Nikolai fast hoffnungslos.

1. März / 28. Februar 15 Sonntag: Wir haben jetzt 7 Monate den Krieg und können das Ende noch nicht absehen. – Das Jammern um den Untergang von sogenannten Kulturgütern mache ich nicht mit, aber es fällt mir schwer auf die Seele, daß alles Gerede von Christentum, Humanität etc. der europäischen Gesellschaft einfach leeres Geschwätz war: in der Gesammtheit des russischen, englischen, französischen, italienischen Volkes giebt es das nicht. Es ist die nackte Barbarei. Bei uns giebt es die Güte noch, aber wir werden gezwungen zu rücksichtsloser Behandlung derer, die uns mit ihrer Barbarei vernichten wollen. – Man muß sich nur einmal vor Augen halten, wie ungeheuer die Enttäuschung ist, die uns die Engländer bereitet haben. Wir haben ihnen die Versicherung ihrer Ehrlichkeit, Wahrhaftigkeit, Mannhaftigkeit, Humanität geglaubt, und sehen jetzt, daß sie gar nichts davon haben, daß ihr ganzes Wesen nur bodenlose Gemeinheit ist. | Im Laufe der letzten Woche

---

1 Bl. 48r: eingeklebt: gedruckte Todesanzeige der Jugoslavischen Akademie der Wissenschaften und Künste in Zagreb für Pero Budmani, gestorben in Castelferretti bei Ancona am 27. Dezember 1914.

2 Borna, Stadt in Sachsen.

3 Bl. 50r: eingeklebter Zeitungsausschnitt: Todesanzeige für Franz Ludwig Liebeskind, Leipzig, 17. Januar 1915.

4 Anna Böhtlingk.

bessere Nachrichten von Nikolai Böhtlingk, es scheint fast, als käme er durch. | Gestern der Anfang der Auslegung der neuen Kriegsanleihe[5], von neuem 5 Milliarden. Ich habe 20000 Mark gezeichnet.[6]

20. März 1915 Sonnabend: Gestern Friedrich [Leskien] nach Hause gekommen auf Urlaub, hat eine leichte Venenentzündung. | Vom 21. März – 11. April 1915 an Influenza krank gewesen, bin noch nicht wieder kräftig.

8. Mai 1915: noch immer nicht gesund.

16. Mai: In diesen Tagen Nachricht, daß Ernst [Leskien] durch einen Bauchschuß verwundet ist, liegt im Lazarett Douai[7].

17. Mai: heute Telegramm des Lazaretts. Befinden ausgezeichnet, Gefahr ausgeschlossen.

4. Juni 1915 – 27. September: Nach Bad Blankenburg in Thüringen ins Sanatorium Schwarzeck[8] mit Ilse und Albert [Leskien] abgereist, dort gewesen bis 11. August, dann hinunter gezogen in die Stadt (Pension G.[eschwisterhaus][9]), geblieben bis 27. September, dann nach Leipzig zurück, nicht ganz hergestellt.

30. September 15, Donnerstag: gestern Abend [Georg] Heinrici gestorben. – Ein Sohn von Kirchner[10] gefallen, auch von Köster[11].

6. Oktober 1915 Donnerstag: Am letzten September Albert [Leskien] nach Karlsruhe, um dort seinen Aufenthalt ganz aufzuheben und nach Leipzig überzusiedeln. Ich habe auf seinen Entschluß nicht eingewirkt, er hat ihn selbständig gefaßt. – Mein Befinden noch immer schwankend; die Temperatursteigungen hörten nicht ganz auf.

20. Oktober 15, Donnerstag: Am vorigen Montag Gertrud [Leskien] auf einige Wochen zum Besuch gekommen. Mein Befinden nur mäßig, werde allmählich ganz melancholisch dadurch. – Ernst [Leskien] noch in Oeynhausen[12],

---

5 Es handelt sich um die zweite Kriegsanleihe, die vom 27. Februar bis 19. März 1915 zur Zeichnung auslag.

6 Bl. 51: eingelegter Zeitungsausschnitt: »Nr. 70. 5. Beilage der Leipziger Neuesten Nachrichten. Donnerstag, 11. März. Seite 21. 1915, Der neue Staatshaushalt vor dem Reichstage.«

7 Douai ist eine nordfranzösische Stadt.

8 In Blankenburg (Thüringen) wurde 1901 das »Thüringer Waldsanatorium Schwarzeck« von Dr. Paul Wiedeburg (1872–1935) und dem praktischen Arzt Dr. Karl Schulze gegründet, ab 1905 mit Kurhaus, ab 1908 war Paul Wiedeburg alleiniger Leiter.

9 Nicht eindeutig zu lesen, gemeint ist vielleicht »Pensionshaus und Erholungsheim Geschwister Gassert«, vgl. die Anzeige in: HEILBORN, Adolf, Führer durch Blankenburg/Harz: seine Umgebung und seine Geschichte, 2. Aufl., Blankenburg/Harz [1912], S. 59.

10 Der vollständige Name von Wilhelm Kirchners Sohn ist nicht bekannt.

11 Der vollständige Name von Albert Kösters Sohn ist nicht bekannt. In KÖNIG, Internationales Germanistenlexikon, wird nur der Sohn Ottfried (1897–1980) genannt.

12 Oeynhausen, Bade- und Kurort etwa 40 km nordöstlich von Bielefeld.

seine Genesung geht sehr langsam. – Vom Kriege schreibe ich nichts, es geht überall vorwärts, jetzt in Serbien.

4. November 1915, Donnerstag: Gestern Abend Ernst [Leskien] von Oeynhausen zurückgekommen.

14. November 1915 Sonntag: Am letzten Mittwoch Gertrud [Leskien] nach München zurück. – Nachricht vom Tode Voigts[13] erhalten.

23. November 15 Dienstag: Am 16. November Ernst [Leskien] wieder an die Front, zum vierten Mal.

27. November 15: Am letzten Mittwoch Wilhelm [Streitberg] zum Besuch gekommen.

31. Dezember, Freitag, 1915: Das vergangene Jahr war schwer, halbes Jahr krank, Ernst [Leskien] verwundet, knappes Auskommen. – Aber kein Verzagen wegen des Krieges, wenn er selbst noch 1916 über andauern sollte. – Arbeit wenig: habe, nicht recht gelungen, an serbischer Syntax[14] seit meiner Rückkehr von Blankenburg gearbeitet; dann seit einigen Wochen diese Arbeit verschoben, um zunächst das lange unterwegs befindliche litauische Lesebuch fertig zu machen.

---

13 Aufgrund der Namenshäufigkeit nicht zu ermitteln.

14 Gemeint ist die serbische Grammatik, siehe den Eintrag vom 16. Oktober 1914. Vgl. das Vorwort in: LESKIEN, August, Grammatik der serbo-kroatischen Sprache, Heidelberg 1914, S. VII/VIII: *Der vorliegende Teil meines Werkes enthält nur Lautlehre, Stammbildung und Formenlehre. Es war erst meine Absicht, die Syntax mit aufzunehmen, doch wäre das Buch dadurch sehr unhandlich geworden und die Veröffentlichung sehr verzögert worden. Es wird also die Syntax in einem besonderen Bande folgen, den ich in nicht zu ferner Zeit zu vollenden hoffe.* Die *Syntax* konnte Leskien nicht mehr fertigstellen.

Tagebuch 1916

[UBL, NL 348/1/7, Bl. 54r-55v]

30. Januar 16, Sonntag: Nachricht von Ernst [Leskien], daß er das eiserne Kreuz I[1] bekommen hat. – [Hermann] Windisch in Dresden gestorben. – Die litauische Grammatik[2] fast beendet, fehlt einiges Historische und eine endgültige Durchsicht.

19. Februar 16, Sonnabend: Ernst [Leskien] hat das eiserne Kreuz 1. Klasse bekommen. – Mein Befinden in den letzten Wochen nicht sehr befriedigend; ich habe das Gefühl trotz der Versicherung des Arztes, daß er mit meinem Zustand zufrieden ist, es gehe doch mit mir abwärts. – Eine Folge dieser Empfindung und der Spannung, in die die Kriegszeit versetzt, ist es, daß mir meine Wissenschaft noch gleichgiltiger geworden ist als schon vorher, und daß auch deswegen die Arbeit, bei der ich jetzt bin – die litauische Grammatik – nicht recht gedeihen will. | Dazu kommt die wenig erfreuliche wirtschaftliche Lage; bisher konnte noch eine aufgespeicherte Reservesumme helfen, die ist aber aufgebraucht. Wenn Ilse [Leskien] nicht mit bewundernswerter Tüchtigkeit den Haushalt führte, ginge es gar nicht. Sie ist überhaupt in jeder Beziehung vorzüglich, und mir tut es wahrhaft weh, daß sie ihre Gaben nicht für eine eigne Familie verwerten kann.

20. Februar 16, Sonntag: Besuch von [Berthold] Delbrück.

26. Februar 16, Sonnabend: Gestern das Manuskript der litauischen Grammatik[3] an Wilhelm [Streitberg] geschickt zur Begutachtung. – Mich hat ein neues Übel befallen, quälender Ausschlag auf dem Rücken. – Seit zwei Tagen die Angriffe gegen Verdun.

26. März 16, Sonntag: Von der Neuralgie bin ich wieder frei. – 10 – 11 Milliarden Kriegsanleihe gezeichnet!!

9. April, Sonntag, 1916: Von Ernst [Leskien] Nachrichten, er ist in den Kämpfen vor Verdun.

9. Mai, Dienstag, 1916: Ernst [Leskien] ist in den sechswöchentlichen Kämpfen, die er vor Verdun mitgemacht hat, unverletzt geblieben, liegt jetzt bei Reims. | Die litauische Grammatik und das Wörterbuch[4] fertig, abgeschickt in die Druckerei.

---

1 Das Eiserne Kreuz I. Klasse war ein militärischer Verdienstorden.

2 LESKIEN, August, Litauisches Lesebuch mit Grammatik und Wörterbuch, Heidelberg 1919.

3 Siehe den Eintrag vom 30. Januar 1916.

4 Siehe den Eintrag vom 30. Januar 1916.

3 ANHANG

3.1 Abbildungen

Abb. 1 Das Hochzeitsbild von August und Elisabeth Leskien, 1870 15
Abb. 2 Der Beginn der Tagebücher August Leskiens, 1892 26
Abb. 3 Das »Geschäft«, Betriebsgelände von F. A. Brockhaus, 1905 44
Abb. 4 Albert Brockhaus, um 1890 68
Abb. 5 Die drei Söhne August Leskiens, um 1885 127
Abb. 6 Karl Brugmann, um 1914 161
Abb. 7 Die fünf Söhne des Ehepaars Meister, um 1894 179
Abb. 8 Die Dresdner Villa der Familie Leskien, um 1900 207
Abb. 9 Familie Leskien vor der Villa »Heinrichsfeld«, um 1902 219
Abb. 10 Ludwig Meister, Februar 1908 239
Abb. 11 Otto von Böthlingk, um 1890 250
Abb. 12 Grabstätte der Familie Leskien auf dem Leipziger Südfriedhof 289
Abb. 13 Die Feier in der Wendelhalle am 30. Juli 1909 291
Abb. 14 Richard Meister, 1908 311
Abb. 15 August Leskien, 1913 321
Abb. 16 Professoren der Universität Leipzig, um 1914 328

3.2 Abkürzungen

ADB	Allgemeine Deutsche Biographie www.deutsche-biographie.de
BBKL	Biographisch-Bibliographisches Kirchenlexikon www.bbkl.de
BadBiog	Badische Biographien www.leo-bw.de
BiogHB	Biographisches Handbuch zur Geschichte des Landes Oldenburg www.lb-oldenburg.de/nordwest/biohb.htm
BIOPARL	Biographien deutscher Parlamentarier 1848 bis heute http://zhsf.gesis.org/ParlamentarierPortal/index.htm
BLG	Biographisches Lexikon zur Geschichte der deutschen Sozialpolitik 1871-1945, Bd. 1: Sozialpolitiker im Deutschen Kaiserreich 1871-1918, bearb. von Dirk Hainbuch und Florian Tennstedt unter Mitarb. von Karin Christl, Kassel 2050

CPH	Catalogus Professorum Hallensis www.catalogus-professorum-halensis.de
CPR	Catalogus Professorum Rostochiensium http://cpr.uni-rostock.de
DAB	Dresdner Adressbücher http://adressbuecher.sachsendigital.de
DBE	Deutsche biographische Enzyklopädie: (DBE); [in zwölf Bänden], hg. von Rudolf Vierhaus, 2., überarb. und erw. Ausg., München 2005-2008
Degener	Degener, Hermann A.: Wer ist's: Zeitgenossenlexikon, enthaltend Biographien und Bibliographien, Bd. 1 ff., Berlin/Leipzig 1905 ff.
DHOV	Digitales Historisches Ortsverzeichnis von Sachsen http://hov.isgv.de
EAD	Erik-Amburger-Datenbank http://dokumente.ios-regensburg.de/amburger
FSUL	Festschrift zur Feier des 500jährigen Bestehens der Universität Leipzig: [1409 - 1909], hg. von Rektor und Senat, Teil 1-3. 4/1-4/2, Leipzig 1909
GND	Gemeinsame Normdatei http://swb.bsz-bw.de
GUL	Geschichte der Universität Leipzig 1409-2009: Ausgabe in fünf Bänden, hg. im Auftrag des Rektors der Universität Leipzig Franz Häuser von der Senatskommission zur Erforschung der Leipziger Universitäts- und Wissenschaftsgeschichte, Leipzig 2009
HessBiog	Hessische Biographie www.lagis-hessen.de
HistVV	Historische Vorlesungsverzeichnisse der Universität Leipzig http://histvv.uni-leipzig.de
HLS	Historisches Lexikon der Schweiz www.hls-dhs-dss-ch
hsl.	handschriftlich
Honorarprof	Honorarprofessor
Kalliope	Kalliope Verbundkatalog http://kalliope.staatsbibliothek-berlin.de
KGV	Kieler Gelehrtenverzeichnis. Kieler Professorinnen und Professoren von 1919 bis 1965 www.gelehrtenverzeichnis.de
Kirchhoff o.J.	Jens Kirchhoff, Die Holländerfamilie Schlichting www.nd-gen.de
LAB	Leipziger Adressbücher http://adressbuecher.sachsendigital.de/startseite
Leipzig-Lex	Leipzig-Lexikon http://www.leipzig-lexikon.de

MUL	Blecher, Jens (Hg.): Die Matrikel der Universität Leipzig, Bd. 1-7, Weimar 2006-2052
NBL	Norsk Biografisk Leksikon https://nbl.snl.no
NDB	Neue Deutsche Biographie www.deutsche-biographie.de
ÖBL	Österreichisches Biographisches Lexikon 1815–1950 www.biographien.ac.at
Prof	Professor
PUE	Die Professoren und Dozenten der Friedrich-Alexander-Universität Erlangen 1743-1960, hg. v. Renate Wittern, Teil 1: Theologische Fakultät, Juristische Fakultät, Erlangen 1993
PUL	Professorenkatalog der Universität Leipzig / catalogus professorum lipsiensium www.uni-leipzig.de/unigeschichte/professorenkatalog
Saebi	Sächsische Biografie http://saebi.isgv.de
TH	Technische Hochschule
UAL	Universitätsarchiv Leipzig
UBL	Universitätsbibliothek Leipzig
UL	Universität Leipzig
Uni	Universität/Universitäten
WBIS	World Bibliographical Information System http://db.saur.de/WBIS/welcome.jsf
Wikipedia	Wikipedia. Die freie Enzyklopädie http://de.wikipedia.org

3.3 Ungedruckte Quellen

Landesarchiv Sachsen-Anhalt Dessau

C 601, Nr. 5416: Kuranstalt des Dr. med. Eyselein in Blankenburg

Sächsische Staats- Universitäts- und Landesbibliothek Dresden

Mscr.Dresd.n,Inv.62,Nr.179: Briefwechsel Franz Schnorr von Carolsfeld

Niedersächsische Staats- und Universitätsbibliothek Göttingen

F. Frensdorff I Briefe 247-252

Sächsisches Staatsarchiv, Staatsarchiv Leipzig

21083 Verlag F.A. Brockhaus, Leipzig, Nr. 458/2: Briefwechsel von Heinrich Eduard und Emilia „Milly“ Brockhaus

25821 Amtsgericht Leipzig: Testament und Testamentseröffnung von August Leskien

Universitätsarchiv Leipzig

FS: Fotosammlung
NA, Leskien, August: Nachlassunterlagen August Leskiens
PA 686: Personalakte August Leskien
Phil.Fak. A 03/30:06: Protokolle der Philosophischen Fakultät
Phil.Fak. A 03/30:07: Protokolle der Philosophischen Fakultät
Phil.Fak. A 03/30:08: Protokolle der Philosophischen Fakultät
Phil.Fak. A 03/30:09: Protokolle der Philosophischen Fakultät
Phil.Fak.Prom.9453: Promotionsakte Heinrich Frauberger
Rektor M 46
Rep. I/XVI/II/A 16: Protokolle des akademischen Senats
Rep. I/XVI/II/A 18: Protokolle des akademischen Senats
Rep. I/XVI/II/A 19: Protokolle des akademischen Senats
Studentenkartei der Quästurbehöre

Universitätsbibliothek Leipzig

ASL: Autographensammlung
NL 181-183: Karl Bücher: Nachlass
NL 201-203: Eduard Sievers: Nachlass
NL 224: Georg Curtius: Nachlass
NL 245: Wilhelm Streitberg: Nachlass
NL 251: Archiv der Fürstlich Jablonovskischen Gesellschaft
NL 348/1/1-7: August Leskien: Tagebücher 1892-1916
NL 348/2: Judeich, Walther: Familie Judeich, masch. Jena 1937; Abschriften von Briefen August Leskiens
NL 348/3: Unterlagen August Leskiens und seiner Familie

Universitätsbibliothek München

Nachl. E. Kuhn

3.4 Gedruckte Quellen und Literatur

AGSTNER, Rudolf, Von Kaisern, Konsuln und Kaufleuten, Bd. 2, Wien u.a. 2012

ANDERSEN, Hans Christian, »Ja, ich bin ein seltsames Wesen ...«: Tagebücher 1825–1875, hg. von Gisela Perlet, Göttingen 2000

AVERBECK, Hubertus, Von der Kaltwasserkur bis zur physikalischen Therapie. Betrachtungen zu Personen und zur Zeit der wichtigsten Entwicklungen im 19. Jahrhundert, Bremen 2012

AZADOVSKIJ, Konstantin M. (Hg.), Aus der Literatenwelt. Charakterzüge und Urteile; Tagebuch, Göttingen 1996

BECKMANN, Ernst, Johannes Wislicenus, in: Berichte der deutschen chemischen Gesellschaft 37 (1904), S. 4861-4946

BÖHME, Walther, Die Temporalsätze in der Übergangszeit vom Angelsächsischen zum Altenglischen (circa 1150-1250), Leipzig, Univ., Diss., 1903

BÖHTLINGK, Otto von, Der Ziegenbock und das Messer, in: Zeitschrift der Deutschen Morgenländischen Gesellschaft 43 (1889), S. 604-606

Braunlage im Oberharz: Bahnstation 600 Meter über dem Meeresspiegel, Leipzig-Stötteritz [1909]

BROCKE, Bernhard vom, Lamprecht, Karl, in: NDB 13 (1982), S. 467-472

BROCKHAUS, Heinrich Eduard, Die Firma F. A. Brockhaus von der Begründung bis zum hundertjährigen Jubiläum: 1805–1905, Leipzig 1905

BRÜCKNER, Heidrun (Hg.), Briefe zum Petersburger Wörterbuch 1852–1885. Otto Böhtlingk an Rudolf Roth, Wiesbaden 2007

BRUGMANN, Karl, Richard Günther, in: Indogermanisches Jahrbuch 4 (1916), S. 244-246

BÜCHER, Karl, Der deutsche Buchhandel und die Wissenschaft. Denkschrift im Auftrage des Akademischen Schutzvereins, Leipzig 1903

BÜCHER, Karl, Die Entstehung der Volkswirtschaft. Sechs Vorträge, Tübingen 1893

DÖRING, Detlef, Die neuzeitlichen Handschriften der Nullgruppe, Bd. 1-4, Wiesbaden 2000–2005

DOROSZEWSKI, Witold, Wiktor Porzeziński, in: Indogermanisches Jahrbuch 14 (1930), S. 371-374

DUMAS, Wilhelm, Ueber Keratitis parenchymatosa, Kiel, Univ., Diss., 1899

EICHLER, Ernst, August Leskiens Wirken für die Slawistik, in Zeitschrift für Slawistik 26 (1981), S. 168-191

EICHLER, Ernst (Hg.), Slawistik in Deutschland von den Anfängen bis 1945. Ein biographisches Lexikon, Bautzen 1993

EICHLER, Ernst/SCHRÖTER, Gerhart, Briefe August Leskiens an Hugo Schuchardt, in: Pontes slavici: Festschrift für Stanislaus Hafner zum 70. Geburtstag, hg. von Dejan Medaković [u.a.], Graz 1986, S. 83-103

Die Feier des Fünfhundertjährigen Bestehens der Universität Leipzig. Amtlicher Bericht im Auftrage des akademischen Senates, Leipzig 1910

Feldpostbriefe von Ludolf Krehl an seine Frau vom September 1914 bis September 1918, Bd. 1-2, [Leipzig] 1939

Findbuch Joseph Partsch [1851–1925], Leibniz-Institut für Länderkunde, Leipzig o. J.

FISCHER, Ernst/JACOBS, Stephanie (Hg.), Die Welt in Leipzig: BUGRA 1914; Internationale Ausstellung für Buchgewerbe und Graphik 1914, Hamburg 2014

FRAENKEL, Ernst, Felix Solmsen, in: Biographisches Jahrbuch für die Altertumswissenschaft 36 (1914), S. 19-27

FREY, Axel/WEINKAUF, Bernd (Hg.), Leipzig als Pleißathen. Eine geistesgeschichtliche Ortsbestimmung, Leipzig 1995, S. 245

FUCHS, Thomas, Stadt und Bürgertum. Leipzig im langen 19. Jahrhundert, in: Thomas Fuchs/Sylvia Kabelitz (Hg.), Wustmann und Andere. Bürgerliches Leben in Leipzig im 18. und 19. Jahrhundert, Ausstellung in der Universitätsbibliothek Leipzig vom 28. November 2014 bis 1. März 2015, Leipzig 2014, S. 9–46

GAITZSCH, Hans-Volkmar/SCHIRM, Bernd, 150 Jahre Galopprennen in Leipzig 1863–2013, Leipzig 2013

GEBHARDT, Peter von, Geschichte der Familie Brockhaus aus Unna in Westfalen, Leipzig 1928

GEFFKEN, Heinrich/TYKOCINSKI, Chaim, Stiftungsbuch der Stadt Leipzig Leipzig 1905

GRUNER, Hans, Vormarsch zum Niger. Die Memoiren des Leiters der Togo-Hinterlandexpedition 1894/95, hg. von Peter Sebald, Berlin 1997

HABERMANN, Alexandra/KLEMMT, Rainer/SIEFKES, Frauke, Lexikon deutscher wissenschaftlicher Bibliothekare 1925-1980, Frankfurt a.M. 1985

HAENICKE, Gunta/FINKENSTAEDT, Thomas (Hg.), Anglistenlexikon 1825–1990, Hallstadt 1992

HAGEN, Manfred, Die ›Entdeckung‹ Finnlands in der deutschen Öffentlichkeit seit 1899, in: Hösch, Edgar (Hg.), Finnland-Studien, Wiesbaden 1990, S. 151-165

HANNICK, Christian, (Hg.), Das byzantinische Eigengut der neuzeitlichen slavischen Menäen und seine griechischen Originale, 3 Bde., Würzburg 2006

HASE, Karl Alfred von, Unsre Hauschronik. Geschichte der Familie Hase in vier Jahrhunderten, Leipzig 1898

HAUSHOFER, Max, Die Verbannten: ein erzählendes Gedicht, 2. Aufl., Stuttgart 1900

HERMS, Joachim, Ueber Condensation zwischen Acenaphtenchinon und Hydrazinhydrat und Derivate der entstehenden Verbindungen, Kiel, Univ., Diss., 1898

HERZ, Reinhart, Die Lehrer der Thomasschule zu Leipzig 1832–1912. Die Abiturienten der Thomsschule zu Leipzig 1845-1912, Leipzig 1912

HILTY, Carl, Briefe, Leipzig/Frauenfeld 1914

HINZE, Friedhelm, Zum Leben und Werk von Friedrich Lorentz (1870–1937). Eine Würdigung anläßlich seines 25. Todestages, in: Bielfeldt, Hans Holm/Horálek, Karel (Hg.), Beiträge zur Geschichte der Slawistik, Berlin 1964, S. 81-112

Historical catalogue of the printed editions of the Holy Scripture in the library of the British and Foreign Bible Society, Vol. 2, London 1911

HOHLFELD, Johannes, Leipziger Geschlechter. Stammtafeln, Ahnentafeln und Nachfahrentafeln, Bd. 1, Leipzig 1933

HOHLFELD, Johannes, Leipziger Geschlechter, Bd. 3: Die reformierte Bevölkerung Leipzigs 1700-1875, Leipzig 1939

HUBER, Alfons, Geschichte der Gründung und der Wirksamkeit der kaiserlichen Akademie der Wissenschaften während der ersten fünfzig Jahre ihres Bestandes, Wien 1897 S. 149-150

HUBER, Ernst Rudolf/ HUBER, Wolfgang (Hg.), Staat und Kirche von der Beilegung des Kulturkampfs bis zum Ende des Ersten Weltkriegs, Darmstadt 2014

HÜBSCHER, Arthur, Hundertfünfzig Jahre F. A. Brockhaus 1805 bis 1955, Wiesbaden 1955

JANTSCH, Johanna (Hg.), Der Briefwechsel zwischen Adolf von Harnack und Martin Rade. Theologie auf dem öffentlichen Markt, Berlin u.a. 1996

JORIS, Freddy/MARCHESANI, Frédéric, Sur les traces du Mouvement wallon, Namur 2009

JUDEICH, Walther, Familie Judeich, masch. Jena 1937 (UBL, NL 348/2)

JUSSILA, Osmo/HENTILÄ, Seppo/NEVAKIVI, Jukka, Politische Geschichte Finnlands seit 1809. Vom Großfürstentum zur Europäischen Union, Berlin 1999

Katalog der Portrait-Sammlung der k.u.k. General-Intendanz der k.k. Hoftheater: zugleich ein biographisches Hilfsbuch auf dem Gebiet von Theater und Musik, 3. Abt., Wien 1892

KEIDERLING, Thomas (Hg.), Betriebsfeiern bei F. A. Brockhaus. Wirtschaftliche Festkultur im 19. und frühen 20. Jahrhundert, Beucha 2001

KIRCHHOFF, Jens, Die Holländerfamilie Schlichting, o. O. 2014 (www.nd-gen.de)

Koehler & Volckmar, Leipzig, Stuttgart, Berlin, Leipzig [1930]

KÖNIG, Christoph (Hg.), Internationales Germanistenlexikon 1800 - 1950, Teil: 1-3, Berlin 2003

KÖSSLER, Franz, Personenlexikon von Lehrern des 19. Jahrhunderts. Berufsbiographien aus Schul-Jahresberichten und Schulprogrammen 1825–1918, Gießen 2008 (http://geb.uni-giessen.de/geb/volltexte/2008/6106/)

KREUTER, Alma, Deutschsprachige Neurologen und Psychiater: ein biographisch-bibliographisches Lexikon von den Vorläufern bis zur Mitte des 20. Jahrhunderts. München u.a. 1996

KREUTZMANN, Marko, Die höheren Beamten des Deutschen Zollvereins. Eine bürokratische Funktionselite zwischen einzelstaatlichen Interessen und zwischenstaatlicher Integration (1834-1871), Göttingen u.a. 2012

KUHN, Hugo/OTT, Norbert H., Kraus, Carl von, in: NDB 12 (1979), S. 692-693

LAEHR, Heinrich/LEWALD, Max, Die Heil- und Pflege-Anstalten für Psychsisch-Kranke des deutschen Sprachgebietes am 1. Januar 1898, Berlin 1899

Die Leipziger Rektoratsreden, hrsg. vom Rektor der Univ. Leipzig Franz Häuser, 2 Bde., Berlin [u.a.] 2009

LESKIEN, August, Bibelübersetzungen, slavische, in: Realenzyklopädie für protestantische Theologie und Kirche, in 3. verb. und verm. Aufl., hg. v. Albert Hauck, Leipzig 1897, S. 151-167

LESKIEN, August, Die Formen des Futurums und zusammengesetzten Aorists mit σσ in den Homerischen Gedichten, in: Studien zur griechischen und lateinischen Grammatik, hg. v. Georg Curtius, 2. Bd., 2. Heft, Leipzig 1869, S. 65-124

LESKIEN, August, Meine Jugendzeit, entstanden 1884–1900, Privatdruck o.O., o.J.

LETTENBAUER, Wilhelm, Berneker, Erich, in: NDB 2 (1955), S. 107

LIAGRE, Oscar de, Geschichte der Familie de Liagre. Nach einer alten französischen Chronik zusammengestellt, Leipzig 1905

LINDEINER-WILDAU, Christoph von, Beiträge zur Familiengeschichte der Gontard, Teil 2, Köln/Düsseldorf 1963

LÖBBECKE, Rudolf, Über das Verhältnis von Brāhmanas und Srautasūtren, Leipzig, Univ., Diss., 1908

LÜDERS, Heinrich, Über die Grantharecension des Mahābhārata (Epische Studien I), Berlin 1901

MARCKS, Erich, Naudé, Albert, in: ADB 52 (1906), S. 592-597

MARTIN, Rudolf, Jahrbuch des Vermögens und Einkommens der Millionäre im Königreich Sachsen: 1912, Berlin 1912

MATZERATH, Josef, Mitglieder der sächsischen Landtage 1833 bis 1918 (Aspekte sächsischer Landtagsgeschichte 1833 bis 1918, 1. Teil), Dresden 2011

Medicinische Jahrbücher des kaiserl. Königl. österreichischen Staats 23, Wien 1873, S. 175

MEISTER, Karl/MEISTER, Richard, Zur Erinnerung an unsere Brüder Eckard und Ludwig, Leipzig 1915

MEISTER, Richard, Ernst Eugen Curt Steffen, in: Bericht des Sächsischen Gymnasiallehrervereins über das 20. Vereinsjahr, 5. Juni 1909 bis 20. Mai 1910, Leipzig 1910, S. 43-45

MIDDELL, Matthias, Das Leipziger Institut für Kultur- und Universalgeschichte 1890–1990, Bd. 1, Leipzig 2004

MORSEY, Rudolf, Spahn, Johann Martin Adolf, in: NDB 24 (2010), S. 613-614

MÜLLER, Horst, Geschichte des Medizinalwesens im Kreise Sonneberg von den Anfängen bis um 1900, Jena, Univ., Diss. 1969

NAUMANN, Emil Catalogus librorum manuscriptorum qui in Bibliotheca Senatoria Civitatis Lipsiensis asservantur, Grimma 1838

OBST, Michael A., Die politischen Reden Kaiser Wilhelms II.: eine Auswahl, Paderborn u.a. 2011

OSTWALD, Wilhelm, Lebenslinien – eine Selbstbiographie. Nach der Ausgabe von 1926/27 überarb. und komm. v. Karl Hansel, Stuttgart/Leipzig 2003

PISCHEL, Richard, Der Bock und das Messer, in: Zeitschrift der Deutschen Morgenländischen Gesellschaft 44 (1890), S. 497-500

PODTERGERA, Irina (Hg.), Schnittpunkt Slavistik: Ost und West im wissenschaftlichen Dialog, Festgabe für Helmut Keipert zum 70. Geburtstag, Teil 1: Slavistik im Dialog - einst und jetzt, Göttingen/Bonn 2012

POHL, Heinz, Leskien, August, in: NDB 14 (1985), S. 329-330

POHRT, Heinz, August Leskien im Lichte seiner Briefe an Vratoslav Jagić 1870-1910, in: Zeitschrift für Slawistik 27 (1982), S. 121-137

POSER, Steffen, Die Jahrhundertfeier der Völkerschlacht und die Einweihung des Völkerschlachtdenkmals zu Leipzig, in: Keller, Katrin (Hg.), Feste und Feiern. Zum Wandel städtischer Festkultur in Leipzig, Leipzig 1994, S. 196-213

RAUSCHER, Adolf, Über einen Fall von gummöser Myokarditis, Leipzig, Univ., Diss., 1902

RAUSCHER, Gustav, Über Haematosalpinx bei Gynatresien, Leipzig, Univ., Diss., 1903

REBENICH, Stefan (Hg.), Theodor Mommsen und Friedrich Althoff: Briefwechsel 1882–1903, München 2012

REIMER, Hans H., Adolph Neubert (1848–1899); erst Holsteiner, dann Däne und schließlich Hotelier in Meran, in: der Schlern 87 (2013), S. 35-61

REMELÉ, Joseph, Über traumatische Orbitalsarkome, Leipzig, Univ., Diss., 1911

Revidirtes Statut der Albrecht-Stiftung für die Universität Leipzig: vom Königlichen Ministerium des Cultus und öffentlichen Unterrichts genehmigt durch Verordnung vom 14. Juni 1883, Leipzig 1883

RICHTER, Angela, 100 Jahre deutsche Slawistik, Teil IV: Kontakte des Leipziger Lehrstuhls zu den Fachvertretern des damaligen Rußlands, in: Wissenschaftliche Zeitschrift der Technischen Hochschule Otto von Guericke, Heft 5/6 (1970), S.671-677

RICHTER, Angela, 100 Jahre deutsche Slawistik, Teil VI: Kontakte des Leipziger Lehrstuhls zu nichtslawischen Ländern, in: Wissenschaftliche Zeitschrift der Technischen Hochschule Otto von Guericke, Heft 3 (1971), S. 291-308

RIEDEL, Horst, Zur Geschichte der privaten Heilanstalt für Geisteskranke in Leipzig-Thonberg: 1839 bis 1920, Leipzig, Univ., Diss., 1997

Sächsisches Pfarrerbuch, Freiberg 1940

SAUERHERING, Friedrich, Die Entstehung des Friedens zu Schönbrunn, im Jahre 1809, Göttingen, Univ., Diss., 1889

SCHALLER, Helmut Wilhelm, Erich Berneker. Leben und Werk, Frankfurt a.M. 1999

SCHMITT, Rüdiger (Hg.), Aus Karl Brugmanns Jugenderinnerungen, Wien 2009

SCHOLZ, Albrecht, Ärzte und Patienten in Dresdner Naturheilsanatorien, in: medizin - bibliothek - information 4 (2004), S. 13-19

SCHRÖTER, G., 30 Leskien-Briefe aus Jena, Göttingen und Bautzen, in: Zeitschrift für Slawistik 30 (1985), S. 261-401

SCHÜTZ, Hugo, Hartheck. Heilanstalt für Nerven- und Gemütskranke, Halle 1901

SCHWABE, Ernst, Die Fürstlich Jablonowski'sche Gesellschaft in Leipzig: ihre Geschichte nach den Quellen dargestellt, Leipzig 1915

SCHYBERGSON, Magnus G., Politische Geschichte Finnlands 1809-1919, Gotha 1925

SEEBASS, Georg/FREIST, Friedrich-Wilhelm, Die Pastoren der braunschweigischen evangelisch-lutherischen Landeskirche seit Einführung der Reformation, 3 Bde., Wolfenbüttel 1969–1980

SENNOWITZ, Adolf, Carl Geibel in Pest (Abdruck aus dem »Jahrbuch der ungar. Buchhändler«. XI. Jahrg.), übers. von L. G., Altenburg [1901]

SIMON, Gerd u. a., Eine geheime Denkschrift und die Anfänge der wissenschaftlichen Sprachpolitik in Deutschland, https://homepages.uni-tuebingen.de//gerd.simon/bremer.pdf.

SMILJANIĆ, Manojlo V., Beiträge zur Siedelungskunde Südserbiens, Wien 1900

SPECHT, Franz, Litauische dialektische Texte aus Russisch-Litauen: nach den Sammlungen A. Baranowskis aus dem Hugo Weberschen Nachlasse, Leipzig 1920

Societad Retorumantscha SRR. Register da las Annalas (www.annalas.ch)

STANGE, Hans O. H., Grube, Wilhelm, in: NDB 7 (1966), S. 175-176

STREITBERG, Gerald, Familiengeschichte Streitberg, Asperg: Selbstverl. des Verf., 1986

STREITBERG, Wilhelm, Leskien, in: Deutsches biographisches Jahrbuch. Überleitungsbd. 1 (1914–1916), 1925, S. 233

STRUBECKER, Karl, Mayer, Adolph, in: NDB 16 (1990), S. 532-533

TÖPFER, Käthe, Polymerisation und Autoxydation des Propenylbenzols und des p-Vinylanisols, Leipzig, Univ., Diss., 1917

TRÜBNER, Karl, Wissenschaft und Buchhandel: zur Abwehr. Denkschrift der Deutschen Verlegerkammer unter Mitwirkung ihres derzeitigen Vorsitzenden, Dr. Gustav Fischer in Jena, Jena 1903

UHLE, Hans, Die Weiterveräußerung eines vermieteten Grundstücks, Leipzig, Univ., Diss., 1910

UJVÁRI, Hedwig, Literaturvermittlung im ungarländischen deutschsprachigen Pressewesen in der zweiten Hälfte des 19. Jahrhunderts - Möglichkeiten der Erforschung. Eine Projektskizze, in: Jahrbuch des Bundesinstituts für Kultur und Geschichte der Deutschen im östlichen Europa 16 (2008), S. 125-134

ULRICH, Jörg, John Henry Newman, in: BBKL 17, Sp. 1007-1037

WEISS, Otto, Schell, Jakob Herman, in: NDB 22 (2005), S. 648-649

WILHELMI, Franz, Über den Einfluß von ortho-Substituenten auf die Reaktion zwischen Laevulinsäureäthylester, Blausäure und primären Aminen, Berlin, Univ., Diss., 1908

WINDISCH, Ernst, Geschichte der Sanskrit-Philologie und indischen Altertumskunde, Teil 1, Strassburg 1917

WÜRFFEL, Reinhard, Lexikon deutscher Verlage von A - Z: 1071 Verlage und 2800 Verlagssignete; vom Anfang der Buchdruckerkunst bis 1945; Adressen, Daten, Fakten, Namen, Berlin 2000

WYSS, Bernhard, Heinrich Keller, der Züricher Bildhauer und Dichter, Zürich, Univ., Diss., 1891

ZEIL, L., Leskiens Wahl zum Korrespondierenden Mitglied der Berliner Akademie der Wissenschaften, in: Zeitschrift für Slawistik 26 (1981), S. 239-253

ZENKOVSKY, V. V., A History of Russian Philosophy, Vol. 1, London/New York 2003

ZWAHR, Hartmut, Leipzig im Übergang zur bürgerlichen Gesellschaft (1763–1871), in: Neues Leipzigisches Geschicht-Buch, hg. von Klaus Sohl, Leipzig 1990, S. 132-179

3.5 Personenregeister

Abel, Hans (geb. 1883; GND), 1902–1906 Philologiestudium in Leipzig, 1909 Promotion in Göttingen 264

Albert (1828–1902; NDB), König von Sachsen 27, 67, 143, 213, 282

Albrecht, Wilhelm Eduard (1800–1876; PUL), 1840–1876 Prof für Deutsches Recht an der UL 48

Alexander I. (1777–1825), Kaiser von Russland 126

Althoff, Friedrich (1839–1908; NDB), Ministerialdirektor im preußischen Kultusministerium 75, 124, 206

Ardenne, Johanne *Wilhelmine* von, geb. Brockhaus (1817–1897; GEBHARDT, Geschichte), Tochter von Friedrich Arnold Brockhaus (1772–1823), Gründer des Verlages F. A. Brockhaus, 1836 verh. mit Louis Célestin Prosper von Ardenne, Mutter von Maria Franziska Zahn 100, 111, 112

Arens, N.N. (Lebensdaten unbekannt), Besucherin bei den Leskiens 116

Arndt, Marie Eleonore (Lebensdaten unbekannt), vielleicht eine Tochter von Wilhelm Arndt 116

Arndt, *Wilhelm* Ferdinand (1838–1895; PUL), 1876–1894 Prof für Historische Hilfswissenschaften an der UL 52, 69, 75, 116

Astor, Robert (1876–1917; WBIS), 1904 Promotion in Jura an der UL, Sohn

des Buch- und Musikalienhändlers Edmund Astor (1845–1918), seit 1904 im väterlichen Geschäft tätig 147
Ayrer-Frege, Alice Helene, geb. Ayrer (1860–1928; HOHLFELD, Leipziger Geschlechter 3, S. 46), 1880 verh. mit Christian Alexander Frege 142
Backhaus, Louis (Lebensdaten unbekannt; LAB 1913), Facharzt für Magen-, Darm- und Nervenkrankheiten in Leipzig 315
Baechtold, Jakob (1848–1897; HLS), Prof für deutsche Literatur an der Uni Zürich, lehnte 1895 einen Ruf an die UL ab 81
Balbo, Cesare (1789–1853; WBIS), italienischer Politiker und Historiker 225
Bamberger, Ludwig (1823–1899; Wikipedia), Bankier und liberaler Politiker 80
Baranowski, Antoni (1835–1902; WBIS), litauischer Dichter, 1862 zum Priester geweiht, seit 1897 Bischof von Sejny 90, 274, 276
Barberat, Sophie, geb. Frömbter (Lebensdaten unbekannt), Schwester von Anna Böhtlingk 132, 133
Barth, Adolf (geb. 1852; PUL), 1896–1924 Prof für Ohren-, Hals- und Nasenkrankheiten an der UL 156, 180
Barthels, Friedrich (geb. 1863; AVERBECK, Von der Kaltwasserkur, S. 401), 1894–1895 ärztlicher Leiter der Kur- und Heilanstalt Thalheim in Landeck in Schlesien, seit 1895 Pächter, ärztlicher Leiter, später Besitzer des Sanatoriums in Kreischa, 1909 Nervenarzt und Elektrotherapeut in Dresden, 1913 Chefarzt einer Heilanstalt 238
Basilius der Große (um 330-379), Bischof von Caesarea 180
Baudouin de Courtenay, Jan (1845–1929; Wikipedia), polnischer Sprachwissenschaftler, 1875 Prof in Kasan, 1883 in Dorpat, 1894 in Krakau, 1900–1913 und seit 1917 in Petersburg, 1919 in Warschau 279
Bauer, Ottomar Friedrich (Lebensdaten unbekannt; LAB 1898), Kaufmann in Leipzig und Geschäftsinhaber 129
Bauke, Hermann (Lebensdaten unbekannt), seit 1891 Leiter des Sanatoriums für Nervenkranke im thüringischen Sonneberg 76, 78
Baumgarten, Dora, siehe: Herms, Dora
Baumgarten, Hermann (Lebensdaten unbekannt), Gutsbesitzer in Zschölkau bei Leipzig, verh. mit Julie Baumgarten 178
Baumgarten, Julie, geb. Heyse (1857–1928; Kalliope), Tochter von Paul Heyse, 1878 verh. mit Hermann Baumgarten 143, 178
Baumgarten, Mathilde, geb. von Villers (1825–1893; www.ipernity.com), verh. mit dem Appellationsrat Dr. jur. Hermann Baumgarten, Mutter von Mathilde Geibel 60
Baunack, Clara (Lebensdaten unbekannt), Ehefrau oder Tochter von Johannes Baunack 141
Baunack, Johannes (geb. 1854; WBIS), 1877 Promotion in Leipzig, Lehrer an der Nikolaischule 70, 141
Bebel, August (1840–1913; NDB), sozialdemokratischer Politiker 228
Bechtel, Friedrich (1855–1924; NDB), 1895 Prof für Sprachwissenschaften an der Uni Halle 120, 180
Beck, Heinrich Gustav (1854–1933; Saebi), Jurist, 1890 Bürgermeister in Frankenberg (Sachsen), 1895 in Freiberg, 1896 Oberbürgermeister von Chemnitz, 1908 sächsischer Kultusminister, 1914–1918 Vorsitzender des sächsischen Gesamtministeriums 277
Beckmann, Bertha, geb. Oertel (Lebensdaten unbekannt), 1887 verh. mit Ernst Beckmann 166
Beckmann, *Ernst* Otto (1853–1923; PUL), 1890 Prof für Chemie an der UL, 1891 Prof für Physikalische Chemie an der Uni Gießen, 1892 Prof für Angewandte Chemie an der Uni Erlangen, 1897 in Leipzig, 1887 verh. mit Bertha Beckmann 136, 218, 258, 260
Beethoven, Ludwig van (1770–1827; NDB), Komponist 136, 247

Behaghel, Otto (1854–1936; NDB), Prof für deutsche Philologie an der Uni Gießen 117, 141

Belić, Aleksandar (1876–1960; WBIS), serbischer Slawist, Studium in Belgrad, Odessa und Moskau, 1900 Promotion an der UL, 1901 Prof an der Uni Belgrad 183

Bellamy, Edward (1850–1898; WBIS), amerikanischer Schriftsteller 94

Beloch, Karl *Julius* Alwin (1854–1929; PUL), 1879 Prof für Alte Geschichte an der Uni Rom, 1912 in Leipzig, 1913–1929 in Rom 303, 316

Benndorf, Friedrich August *Otto* (1838–1907; NDB), Direktor des Österreichischen archäologischen Institutes 271

Berger, Ernst *Hugo* (1836–1904; PUL), 1899–1904 Prof für Historische Geographie an der UL 175

Berger, N.N. (Lebensdaten unbekannt), Besucherin bei den Leskiens 164

Berlepsch, Hans Hermann von (1843–1926; NDB), preußischer Minister für Handel und Gewerbe 133

Berneker, *Erich* Karl (1874–1937; NDB), 1895 Promotion in Leipzig bei August Leskien, 1896 Russischlehrer am Seminar für Orientalische Sprachen in Berlin, 1899 Habilitation in Berlin, 1902 Prof in Prag, 1909 in Breslau, 1911 in München, 1904 verh. mit Eugenie Berneker 48, 80, 84, 85, 102-104, 110, 113, 118, 125, 128, 130, 139, 143, 160, 169, 170, 174, 205, 207, 208, 210, 225, 247, 248, 253, 262, 276-278, 280, 281, 284, 285, 287, 288, 290, 295, 296, 306, 317

Berneker, Eugenie, geb. Thuma (Lebensdaten unbekannt; NDB), 1904 verh. mit Erich Berneker 317

Berneker, Richard (Lebensdaten unbekannt; NDB, im Art. Berneker, Erich), Bankdirektor in Königsberg, Vater von Erich Berneker 118

Bernheim, Ernst (1850–1942; NDB), 1883–1921 Prof für mittelalterliche Geschichte und geschichtliche Hilfswissenschaften an der Uni Greifswald 187

Bethe, *Erich* Julius Adolf (1863–1940; PUL), 1906–1931 Prof für Klassische Philologie an der UL, 1893 verh. mit Margarethe Bethe-Löwe 54, 269, 271, 305, 308, 325

Bethe-Löwe, Margarethe (1859–1932; NDB), Malerin, 1893 verh. mit Erich Bethe 54, 269, 305

Beyer, Otto Wilhelm (1844–1905; GND), Lehrer an der städtischen Fortbildungsschule für Mädchen, Mitglied in der Kommission der »Hochschulvorträge für Jedermann« 100

Bezold, Carl (1859–1922; NDB), Prof für orientalische Sprachen an der Universität Heidelberg 57, 59

Bezold, Friedrich von (1848–1928; NDB), 1884 Prof für Geschichte an der Uni Erlangen, 1896–1921 in Bonn 60, 62

Bezzenberger, Adalbert (1851–1921; NDB), Prof für Sanskrit an der Uni Königsberg 128

Bielefeld, Joseph (1841–1902; WBIS), Verlagsbuchhändler in Karlsruhe 36

Bielenstein, August (1826–1907; WBIS), deutsch-baltischer evangelischer Pastor, Ethnograph 54, 209

Binding, *Karl* Ludwig Lorenz (1841–1920; PUL), 1873–1913 Prof für Strafrecht an der UL, verh. mit Marie Luise Binding 54, 66, 100, 154, 173, 193, 242, 283, 308, 314

Binding, Marie Luise, geb. Wirsing (1842–1913; NDB), verh. mit Karl Binding 54, 314

Birch-Hirschfeld, *Felix* Viktor (1842–1899; PUL), 1885–1899 Prof für Allgemeine Pathologie und Pathologische Anaomie an der UL 25, 184

Birch-Hirschfeld, Gustav *Adolf* (1849–1917; PUL), Prof für Romanische Philologie an der UL; 1885 verh. mit Luise Birch-Hirschfeld 49, 59, 69, 141, 153

Birch-Hirschfeld, Luise, geb. Wiener (Lebensdaten unbekannt; NDB), 1885 verh. mit Adolf Birch-Hirschfeld 49

Bismarck, Herbert von (1849–1904; NDB), Diplomat 40
Bismarck, Otto von (1815–1898; NDB), Reichskanzler 40, 63
Bjerknes, *Vilhelm* Frimann Koren (1862–1951; PUL), 1912–1917 Prof für Geophysik an der UL 327
Blaß, Conrad (Lebensdaten unbekannt; LAB 1908), Dr. med., praktischer Arzt in Leipzig, Stadtwundarzt, Vorsteher des Impfinstiuts für den Regierungsbezirk Leipzig, stellvertretender Stadtbezirksarzt 178
Blaß, N.N. (Lebensdaten unbekannt), verh. mit Conrad Blaß 178
Blicher, Steen Steensen (1782–1848; WBIS), dänischer Schriftsteller 81
Blomeyer, Adolph (1830–1889; PUL), 1865 Prof für Landwirtschaftlehre an der Landwirtschaftlichen Akademie Proskau, 1869-1889 Prof für Landwirtschaft an der UL 28
Bloomfield, Leonard (1887–1949; WBIS), 1913–1914 Studium in Leipzig bei August Leskien und Karl Brugmann, 1913 Prof für Linguistics an der University of Illinois, 1921 an der Ohio State University, 1927 an der University of Chicago, 1940 an der Yale University 319
Bloomfield, Maurice (1855–1928; WBIS), 1867 aus Schlesien in die USA eingewandert, Studium in den USA, in Berlin und in Leipzig, 1881 Prof für Sanskrit und komparative Philologie an der Johns Hopkins University in Baltimore 168
Boborykin, Pjotr Dmitrijewitsch (1836–1921; Wikipedia), Schriftsteller 249, 252
Bode, Gustav (geb. 1870; GEBHARDT, Geschichte), 1900 Mitarbeiter im Institut für Gärungsgewerbe und Stärkeproduktion an der Landwirtschaftlichen Hochschule Berlin, 1900 verh. mit Margarethe Brockhaus 167
Boerner, Frida, geb. Gensel (1877–1955; www.heidermanns.net), 1903 verh. mit Hans Boerner 220, 305
Boerner, Hans Reinhard (1877–1947; FREY/WEINKAUF: Leipzig als Pleißathen, S. 249), Kunsthändler, Inhaber der Firma C. G. Boerner in Leipzig, 1903 verh. mit Frida Boerner 220, 305
Böhm, Rudolf (1844–1926; PUL), 1884–1921 Prof für Pharmakologie an der UL 163, 242, 328
Böhme, Christian Albin *Walther* (geb. 1880; Lebenslauf in: BÖHME, Die Temporalsätze), 1901–1903 Studium der Philologie und Promotion an der UL 216, 227
Böhmig, Conrad Heinrich (1867–1923; http://gedbas.genealogy.net), Dr. med., Nervenarzt in Dresden 245, 301
Böhtlingk, *Anna* Charlotte Romanowna, geb. Frömbter (1839–1921; BRÜCKNER, Briefe), 1889 verh. mit Otto von Böhtlingk 65, 76, 79, 83, 105, 108, 132, 142, 143, 145-147, 155, 166, 176, 177, 183, 195, 201, 240, 242-245, 251, 254, 256, 257, 260, 266, 271, 273, 276, 284, 287, 288, 292, 301, 306, 313-316, 319, 329
Böhtlingk, Arthur (1849–1929; BadBiog), 1879 Prof für Geschichte an der Uni Jena, 1886–1919 an der TH Karlsruhe, 1887 verh. mit Nathalie Böhtlingk 65, 80, 201, 226, 238, 240, 242, 256, 257, 300
Böhtlingk, Henry de (1878–1948; www.gschneidinger.com), Bankier, Sohn von Paul von Böhtlingk, Enkel von Otto von Böhtlingk 80, 240
Böhtlingk, Nathalie »Natascha«, geb. Osterrieth (1849–1928; BadBiog), 1887 verh. mit Arthur Böhtlingk 65, 201
Böhtlingk, Nikolai (1883–1923; www.gschneidinger.com), vorehelicher Sohn von Anna und Otto von Böhtlingk, versuchte 1904 eine Offizierslaufbahn einzuschlagen, 1915 kämpfte er in einem deutschen Regiment 38, 85, 98, 114, 132, 143, 177, 195, 201, 202, 231, 235, 238, 240, 242,

243, 246, 251, 254, 258, 260, 261, 266, 271, 284, 287, 292, 306, 314, 329, 330, 315

Böhtlingk, *Otto* Nikolaus von (1815–1904; NDB), Indologe, russischer Geheimrat, Vater von Ottilie Emminghaus, Paul von Böhtlingk, Helene von Opeln-Bronikowski und Nikolai Böhtlingk, 1845 verh. mit Ottilie Pauline Böhtlingk, 1856 verh. mit Julie von Böhtlingk, geb. Gräfe (geb. 1815), 1889 verh. mit Anna Charlotte Böhtlingk 26-33, 35, 36, 38, 40, 48, 56, 65, 69, 76, 79-83, 85, 88, 89, 93, 99, 105, 108, 112, 115, 116, 118, 128, 130, 132, 134, 136-139, 141, 142, 145-148, 150, 152-156, 159, 162, 168, 170, 172, 176, 178, 180, 183, 186, 195, 196, 201, 202, 205, 213, 214, 219, 221, 222, 226-228, 231, 235-240, 242, 243, 247, 250, 254, 256, 262

Böhtlingk, *Paul* »Poscha« Friedrich Wilhelm von (1851–1908; BRÜCKNER, Briefe), Gutsverwalter, Sohn von Ottilie Pauline und Otto von Böhtlingk, 1876 verh. mit Sarah von Böhtlingk 80, 146, 147, 213, 240-242

Böhtlingk, Renée Nathalie de (1877–1979; BRÜCKNER, Briefe), Tochter von Paul von Böhtlingk, Enkelin von Otto von Böhtlingk 80

Böhtlingk, Sarah von, geb. Osterrieth (1850–1917; BRÜCKNER, Briefe), 1876 verh. mit Paul von Böhtlingk 240

Böttcher, N.N. (Lebensdaten unbekannt), Pfarrer 38

Böttger, Johannes Eduard (1847–1919; Kalliope), Rektor des Realgymnasiums zu Leipzig 249

Boysen, Karl (1852–1922; WBIS), Direktor der UBL 28

Bradke, Peter von (1853–1897; NDB), Prof für Sanskrit und vergleichende Sprachforschung an der Uni Gießen 33, 49, 65, 79, 111, 112, 148

Brandenburg, Erich (1868–1946; PUL), 1899–1935 Prof für Neuere Geschichte an der UL 236, 307

Bratanitsch, Helene (geb. 1870; Katalog der Portrait-Sammlung, S. 484), Altsängerin, u. a. am Wiener Hofoperntheater 130

Bräuer, Clara (Lebensdaten unbekannt; siehe den Eintrag vom 21. Dezember 1895), Mutter von Joseph Bräuer, wahrscheinlich eine Tochter von Luise Bräuer 78, 91

Bräuer, Ferenz Bernhard Lajas »Lajos« (Lebensdaten unbekannt; DAB 1892), Privatier, Sohn von Luise Bräuer 11, 66, 67, 78, 91, 95, 111, 122, 231, 323

Bräuer, Joseph (Lebensdaten unbekannt, verstorben vor 1863; Medicinische Jahrbücher des kaiserl. Königl. österreichischen Staats 23, Wien 1873, S. 175), praktischer Arzt in Pest, Extraordinarius für Pädiatrie und Gynäkologie an der Uni Pest, verh. mit Luise Bräuer 11

Bräuer, Joseph (Lebensdaten unbekannt; siehe den Eintrag vom 21. Dezember 1895), Sohn von Clara Bräuer 91, 95

Bräuer, Luise, geb. Weisz (1826–1903; bei GEBHARDT, Geschichte gest. 1905), Schwester von Leonore Geibel, Milly Brockhaus und Fanny von Daniel 11, 13, 67, 78, 91, 102, 105, 111, 122, 123, 129, 177, 181, 185, 231, 249, 261, 323

Braune, *Christian* Wilhelm (1831–1892; PUL), 1866 Prof für Kriegsheilkunde und Topographische Anatomie an der UL, 1872 Prof für Topographische Anatomie an der UL 28, 35, 36

Braune, *Wilhelm* Theodor (1850–1926; PUL), 1874 PD für Deutsche Philologie an der UL und Kustos an der UBL, 1877 Prof für Deutsche Philologie an der UL, 1880 Prof für Deutsche Sprache und Literatur an der Uni Gießen, 1888 in Heidelberg 290

Bremer, Otto (1862–1936; NDB), Prof für Germanistik an der Uni Halle 33, 58, 64, 70, 75, 77, 78, 82, 89, 90, 174, 178, 180, 184, 203, 215, 218, 222, 243, 259

Bremer, Siegmund (1832–1905; NDB), Vater von Otto Bremer 259

Bretke, Johannes (1536–1602), Pfarrer 84

Brieger, Johann Friedrich *Theodor* (1842–1915), 1873 Prof für Kirchengeschichte an der Uni Halle, 1876 in Marburg, 1886–1915 in Leipzig 57

Broch, Ninni Henriette, geb. Trampe (1868–1955; NBL), 1896 verh. mit Olaf Broch 262

Broch, Olaf (1867–1961; NBL), 1900–1937 Prof für Slawische Philologie an der Uni Oslo, 1896 verh. mit Ninni Henriette Broch 109, 162, 171, 183, 262, 290, 294, 305, 327

Brockelmann, Carl (1868–1956; CPH), 1893 Habilitation für semitische Philologie in Breslau, 1900 Lehrer für Arabisch in Berlin, 1903 Prof an der Uni Königsberg, 1910 in Halle, 1922 in Berlin, 1923 in Breslau 183, 184

Brockhaus, *Albert* Eduard (1855–1921; NDB), Verleger, 1887 verh. mit Marie »Mony« Brockhaus 15, 16, 27, 31, 34, 36, 46, 50, 54, 59, 60, 65, 68, 72, 75, 84, 87-92, 96, 99, 102, 104, 105, 109, 116-118, 129, 131, 133, 134, 136, 138, 141, 144, 145, 147, 149, 151, 152, 155, 162, 163, 166, 167, 169, 174, 177, 181, 184, 198, 199, 202, 203, 215, 220, 223, 226, 229, 233, 242, 243, 248, 251, 254, 256, 257, 266, 269, 274, 281, 296-298, 304, 312, 313, 322, 325

Brockhaus, *Alma* Elisabeth Mary, geb. Koerner (geb. 1881; GEBHARDT, Geschichte), 1909 verh. mit Franz Eduard Brockhaus 325

Brockhaus, *Arnold* Eduard (1861–1941; GEBHARDT, Geschichte), Verlagsbuchhändler in der Firma Geibel & Brockhaus, Bruder von Albert Eduard Brockhaus, Sohn von Heinrich Eduard Brockhaus, 1891 verh. mit Helene »Hella« Pauline Brockhaus, 1899 geschieden 67, 68, 88, 102, 104, 111, 131, 155, 322, 325

Brockhaus, Carl Gustav Bertram Wilhelm *Nathanael* (1841–1931; GEBHARDT, Geschichte), evangelischer Pfarrer, 1872 verh. mit Anna Wiesner 38, 238

Brockhaus, Eduard *Heinrich* (1858–1941; GEBHARDT, Geschichte), 1892–1913 Prof für Kunstgeschichte an der UL, 1897–1912 Direktor des Kunsthistorischen Instituts in Florenz, in Dresden mietete er die Leskien-Judeichsche Villa Heinrichsfeld, Sohn von Heinrich Eduard und Emilia »Milly« Brockhaus, Cousin von Elisabeth Leskien, 1895 verh. mit Elisabeth »Else« Brockhaus 6, 9, 10, 25, 29, 32, 33, 36, 43, 45, 7, 49, 53, 61, 64-66, 68, 70-72, 75, 76, 79, 83, 85, 86, 88-90, 95-98, 112, 116-118, 122, 125, 127, 129, 131, 137, 141, 187, 188, 192, 194, 198, 203, 204, 256, 258, 259, 261-263, 272, 273, 280, 281, 290, 320-322, 325

Brockhaus, Elfriede »Ella« (1874–1918; GEBHARDT, Geschichte), Tochter von Nathanael Brockhaus 38, 238

Brockhaus, Elisabeth »Else« Maria Wilhelmine, geb. Brüxner (1870–1925; GEBHARDT, Geschichte), 1895 verh. mit Eduard *Heinrich* Brockhaus 68, 72, 79, 83, 85, 89, 90, 101, 102, 116, 198, 203, 245, 263, 325

Brockhaus, *Erich* Raphael (1870–1945; GEBHARDT, Geschichte), Ingenieur, Sohn von Heinrich *Rudolf* Brockhaus sen. 127, 183, 184, 189

Brockhaus, *Ernst* Albert (1891–1900; GEBHARDT, Geschichte), Sohn von *Albert* Eduard und Marie »Mony« Brockhaus 117, 118, 184

Brockhaus, *Franz* Eduard (geb. 1867; GEBHARDT, Geschichte), Kaufmann, Sohn von Heinrich Eduard und Emilia »Milly« Brockhaus, 1909 verh. mit Alma Elisabeth Mary Brockhaus 68, 131, 251, 322, 325

Brockhaus, Friedrich »Fritz« Arnold (1838–1895; ADB), 1871 Prof für Straf- und Kirchenrecht an der Uni Basel, 1872 in Kiel, 1888 in Marburg, 1889 in Jena, Sohn von Hermann und Ottilie Brockhaus 36, 68, 89, 90, 131, 151, 214, 219, 233, 251, 255, 259

Brockhaus, Friedrich »Fritz« Eduard (1874–1952; GEBHARDT, Geschichte), Verlagsbuchhändler bei F. A. Brockhaus, Sohn von Heinrich Eduard und

Emilia »Milly« Brockhaus, Cousin von Elisabeth Leskien, 1907 verh. mit Marie Sophie Helene »Ella« Geibel, Witwe von Friedrich »Friedel« Geibel 272, 273, 303-305, 313, 322, 323, 325

Brockhaus, *Hans* Albert (1888–1965; GEBHARDT, Geschichte), Verleger, seit 1914 Teilhaber von F. A. Brockhaus, Sohn von Albert Eduard und Marie »Mony« Brockhaus 88, 117, 118, 184

Brockhaus, Heinrich (1804–1874; GEBHARDT, Geschichte), Verlagsbuchhändler in der Firma F. A. Brockhaus, 1827 verh. mit Therese Pauline Brockhaus, Vater von Marie Pauline Judeich, Heinrich Eduard Brockhaus, Helene Vieweg, Heinrich Rudolf Brockhaus und Elisabeth Anna Brockhaus (1843–1886), Großvater von Elisabeth Leskien 13, 14, 322

Brockhaus, Heinrich *Eduard* (1829–1914; GEBHARDT, Geschichte), Verlagsbuchhändler, Sohn von Heinrich und Therese Pauline Brockhaus, 1854 verh. mit Emilia »Milly« Brockhaus, Onkel von Elisabeth Leskien 10, 27, 31, 36, 37, 65, 72, 76, 80, 88, 90, 94, 97, 111, 130, 131, 142, 152, 165, 167, 177, 178, 184, 187, 188, 189, 192, 194, 198, 209, 219, 235, 246, 251, 259, 264, 272, 273, 280, 281, 290, 320, 322

Brockhaus, Heinrich *Rudolf* (1838–1898; Wikipedia), Verleger, 1863 verh. mit Louisa Brockhaus, Onkel von Elisabeth Leskien 9, 24, 41, 69, 71, 76, 87, 111, 125-127, 138, 185, 186, 255

Brockhaus, Helene »Hella« Pauline, geb. Hentschel (geb. 1870; GEBHARDT, Geschichte), 1891 verh. mit Arnold Eduard Brockhaus, 1899 geschieden 303, 325

Brockhaus, Louisa, geb. Rath (1845–1921; GEBHARDT, Geschichte), 1863 verh. mit Heinrich Rudolf Brockhaus sen. 45, 73, 91, 114, 129, 131, 178, 187, 192, 194, 224, 230

Brockhaus, Margarete »Grete«, verh. Bode (geb. 1874; GEBHARDT, Geschichte), Tochter des evangelischen Theologen Clemens Brockhaus (1837–1877) und der Reinholde Taube (1854–1922), 1900 verh. mit Gustav Bode 55, 133, 135

Brockhaus, Margarethe »Daisy«, geb. Dufour Feronce (1876–1955; GEBHARDT, Geschichte), 1903 verh. mit Max Brockhaus 230

Brockhaus, Maria *Emilia* »Milly«, geb. Weisz (1836–1914; NDB), 1854 verh. mit Heinrich Eduard Brockhaus 10, 31, 41, 55, 65, 68, 72, 73, 87, 88, 90, 94, 97, 98, 101, 103, 104, 113, 114, 141, 144, 182, 193, 203, 209, 229, 245, 249, 251, 252, 255, 257, 269, 322, 323, 325

Brockhaus, Marianne Theresia (geb. 1865; GEBHARDT, Geschichte), Tochter von Louisa und Rudolf Brockhaus sen. 187

Brockhaus, Marie (geb. 1872; GEBHARDT, Geschichte), Tochter von Nathanael Brockhaus und Anna Wiesner (1843–1918), 1895 verh. mit Karl Sträter 38, 66, 79, 259

Brockhaus, Marie »Mony« Georgine Charlotte, geb. Witt (1864–1917; GEBHARDT, Geschichte), 1887 verh. mit Albert Eduard Brockhaus 15, 27, 36, 50, 54, 72, 75, 84, 92, 109, 116, 117, 118, 133, 138, 142, 147, 155, 169, 174, 176, 181, 184, 199, 203, 220, 243, 248, 258, 266, 269, 325

Brockhaus, *Max* Emil (1867–1957; GEBHARDT, Geschichte), gründete 1893 den Max Brockhaus Musikverlag in Leipzig, Sohn von Louisa und Heinrich Rudolf Brockhaus sen., 1903 verh. mit Margarethe »Daisy« Brockhaus 131, 187, 188, 192, 230

Brockhaus, Milly Else (geb. 1900; GEBHARDT, Geschichte), Tochter des Kunsthistorikers Heinrich Brockhaus, Patenkind von August Leskien 245

Brockhaus, *Rudolf* Heinrich (1864–1943; GEBHARDT, Geschichte), 1889–1905 im Brockhaus-Verlag tätig, Sohn von Louisa und Heinrich Rudolf Brockhaus 45, 73, 75, 76, 80, 91, 115, 129, 130, 131, 148, 174, 178, 180, 183, 184, 189, 190, 235, 255, 259

Brockhaus, Rudolf jun., siehe: Brockhaus, Rudolf Heinrich

Brockhaus, Rudolf sen., siehe: Brockhaus, Heinrich Rudolf

Brockhaus, Sophie *Marie* Helene »Ella«, geb. Rommel (1876–1942; GEBHARDT, Geschichte), 1900 verh. mit Friedrich Carl Geibel, 1907 verh. mit Friedrich »Fritz« Eduard Brockhaus 182, 273, 305, 325

Brockhaus, Therese Pauline, geb. Campe (1808–1886; GEBHARDT, Geschichte), 1827 verh. mit Heinrich Brockhaus 13, 322

Brockhaus, Wolfgang Heinrich (geb. 1903; GEBHARDT, Geschichte), Sohn von Eduard Heinrich Brockhaus und Elisabeth »Else« Brockhaus 245

Bronisch, Gotthelf (1868–1937; Wikipedia), sorbischer Pfarrer, 1892 Promotion in Leipzig 36

Brückner, Aleksander (1856–1939; ÖBL), 1892–1924 Prof für Slawische Philologie an der Uni Berlin, Sohn von Alexander Brückner 104, 118, 128, 174, 254, 279-281

Brugmann, Else, verh. Koehler, verh. von Hase (1883–1945; WBIS im Art. Hase, Hermann von), Teilhaberin von K. F. Koehler, um 1906 verh. mit Wolfgang Koehler, Teilhaber im väterlichen Geschäft Breitkopf & Härtel, seit 1915 im Kommissions- und Verlagsgeschäft K. F. Koehler, 1918 verh. mit Hermann von Hase (1880–1945), Tochter von Karl und Valeska Brugmann 216, 234, 235, 243, 281

Brugmann, Fritz (geb. 1898), Sohn von Karl Brugmann 157, 162, 179, 325

Brugmann, Grete (geb. um 1877), Tochter von Karl Brugmann, Freundin von Marie »May« Leskien 216, 243

Brugmann, *Karl* Friedrich Christian (1849–1919; PUL), Prof für Indogermanische Sprachwissenschaft an der UL, 1882 verh. mit Valeska Brugmann 16, 25, 28, 30, 35, 38, 39, 40, 43, 48, 52, 54, 60, 70, 76, 81-83, 85, 88, 99, 102, 104, 111, 115, 116, 120, 126, 132, 135, 137, 138, 144, 147, 152-154, 156-160, 162, 163, 166, 168, 171, 172, 179, 181, 184, 195, 196, 198, 203, 205, 206, 214, 230, 248, 266, 267, 272, 273, 278-281, 286, 287, 297, 306, 308, 309, 313, 324, 325

Brugmann, Valeska, geb. Berner (Lebensdaten unbekannt; WBIS), 1882 verh. mit Karl Brugmann 28, 38, 52, 76, 83, 85, 99, 126, 132, 143, 144, 152, 162, 163, 166, 168, 172, 179, 205, 206, 214, 230, 248, 272, 294, 313, 325

Bruhns, Karl Christian (1830–1881; PUL), 1860–1881 Prof für Astronomie an der UL 28, 45

Brunner, N.N. (Lebensdaten unbekannt), verh. mit Niclas von Brunner 183

Brunner, Niclas von (Lebensdaten unbekannt; LAB 1900), russischer Konsul in Leipzig 183

Brunnhofer, Hermann (1841–1916; HLS), Prof für Urgeschichte, historische Topographie, russische Sprache und Literatur an der Uni Bern 36, 36

Bruns, Heinrich (1848–1919; PUL), Prof für Astronomie an der UL, verh. mit Marie Wilhelmine Bruns 35, 84, 216, 308

Bruns, N.N. (Lebensdaten unbekannt), wahrscheinlich eine Tochter von Heinrich Bruns 216

Brüxner, Adolf (1837–1923; GEBHARDT, Geschichte), Vater von Elisabeth »Else« Brockhaus 90

Brüxner, N.N. (Lebensdaten unbekannt), Schwester von Elisabeth »Else« Brockhaus 198

Bücher, Emilie, geb. Mittermaier (1853–1909; NDB), 1882 verh. mit Karl Bücher 60, 63, 100, 134, 137, 146, 158

Bücher, *Karl* Wilhelm (1847–1930; NDB), 1892–1921 Prof für Nationalökonomie an der UL, 1882 verh. mit Emilie Bücher 10, 44, 58, 60, 63, 92, 100, 107, 115, 116, 119, 125, 133, 134, 136-138, 146, 149, 150, 158, 167, 172, 173,

202, 226, 229, 232, 269, 286, 308, 316
Buchholz, Elisabeth, geb. His (gest. 1907; Saebi), 1893 verh. mit Gustav Buchholz 81, 166
Buchholz, Johann Hermann *Gustav* (1856–1916; PUL), Prof für Mittlere und Neuere Geschichte an der UL, 1893 verh. mit Elisabeth Buchholz 81, 166, 175, 210
Budmanis, Pero (1825–1914; ÖBL), 1883 Hauptredakteur des serbokroatischen Wörterbuches 329
Buhl, *Frants* Peder William (1850–1932; PUL), 1882 Prof für Alttestamentliche Wissenschaft an der Uni Kopenhagen, 1890 an der UL, 1898–1922 Prof für Semitische Philologie an der Uni Kopenhagen, 1879 verh. mit Frieda Buhl 91, 100, 134, 136, 201
Buhl, *Frieda* Wilhelmine, geb. Görnemann (Lebensdaten unbekannt; PUL), 1879 verh. mit Frants Buhl 91, 100, 134, 201
Bühler, Georg (1837–1898; NDB), 1863 Prof für orientalische Sprachen am Elphinstone College in Bombay, 1880 Prof der Indischen Philologie und Archäologie an der Uni Wien 89, 143, 164
Bulitsch, Sergej Konstantinowitsch (1859–1921; WBIS), Linguist und Ethnograph, 1885 PD, 1908 Prof in Petersburg, Dekan der Abteilung für Musikgeschichte am Institut für die Geschichte der Künste in St. Petersburg 57
Büller, Carl William (1851–1923; WBIS), Schauspieler und Regisseur 216
Bunsen, Louise (geb. 1884; siehe den Eintrag vom 26. Juni 1907, vielleicht eine Schwester von Mathilde Judeich 275
Bunsen, Mathilde, geb. Stegemann (1851–1940; Judeich 1937), 1873 verh. mit Philipp Bunsen, Mutter von Mathilde Judeich, Schwiegermutter von Walther Judeich 190, 192, 194, 197, 275
Bunsen, Philipp (1836–1915; Judeich 1937), Landgerichtsdirektor, 1873 verh. mit Mathilde Bunsen, Vater von Mathilde Judeich, Schwiegervater von Walther Judeich 190, 192, 197, 275
Burchardi, Gustav (geb. 1866; GND), 1892 Promotion in Indologie an der Uni Halle 141, 182
Burgsdorff, Curt Ludwig Ehrenreich von (1849–1922; Wikipedia), 1910–1919 Leipziger Kreishauptmann 313
Byhan, Artur (1872–1942; WBIS), Kustos am Völkerkundemuseum in Hamburg 18
Cappeller, Carl (1840–1925; NDB), Prof für Sanskrit an der Uni Jena 80, 112, 240, 325
Caprivi, Leo von (1831–1899; NDB), Reichskanzler 41
Caros, N.N. (Lebensdaten unbekannt), Kaufmann aus Ochrid, Besucher auf der Leipziger Messe 262
Caviezel, Gian (1826–1892; siehe den Eintrag vom 26. Mai 1892) 38
Cecilie (1886–1954; Wikipedia), Herzogin zu Mecklenburg, 1905 verh. mit Kronprinz Wilhelm von Preußen 257
Chalybäus, *Heinrich* Franz (1840–1911; NDB), Jurist, 1891–1903 Konsistorialpräsident in Kiel, Kurator der Uni Kiel, 1903–1910 Konsistorialpräsident in Hannover 55
Chalybäus, Walther (1844–1914; GND), seit 1885 Pastor in Rahlstedt 55
Chase, Alice E., geb. Guild (Lebensdaten unbekannt; WBIS), 1897 verh. mit George Davis Chase 118, 127, 135, 139, 149
Chase, George Davis (1867–1948; WBIS), klassischer Philologe, 1897 Promotion an der Harvard University, 1897–1898 in Leipzig, dann Prof an amerikanischen Uni, seit 1905 an der University of Maine, 1897 verh. mit Alice E. Chase 118, 127, 135, 139, 143, 149
Chun, Carl (1852–1914; PUL), 1898–1914 Prof für Zoologie an der UL, 1898–1899 Leiter der deutschen Tiefsee-Expedition an Bord der »Valdivia«,

1884 verh. mit Lily Chun 174, 193, 260, 276, 326, 328
Chun, Lily, geb. Vogt (1860–1940; PUL), 1884 verh. mit Carl Chun 174
Cicero, Marcus Tullius (106-43 v. Chr.), römischer Schriftsteller 83
Cichorius, Conrad (1863–1932; PUL), 1895–1900 Prof für Alte Geschichte an der UL 145, 303
Cichorius, N. N. (Lebensdaten unbekannt), aus Braunschweig stammende Besucherin bei Moritz Voigt 145
Colditz, Ludolf (1847–1909; WBIS), Jurist, Unternehmer, 1907 Promotion in Leipzig, Direktor der Leipziger Immobilien-Gesellschaft 224
Conrady, August (1864–1925; PUL), 1897–1925 Prof für Ostasiatische Sprachen an der UL 130
Cooper, James Fenimore (1789–1851; WBIS), amerikanischer Schriftsteller 314
Corrodi, Friederike Luise, geb. Schwartze (1857–1934; www.hls-dhs-dss.ch), 1876 verh. mit dem Maler Hermann Corrodi (1844–1905), Mutter von Marie Luise Corrodi 151, 181
Corrodi, Marie Luise (Lebensdaten unbekannt; NDB im Art. Corrodi, Hans Heinrich), 1899 verh. mit Otto Geibel 139, 151, 181
Credé, Carl Siegmund Franz (1819–1892; NDB), 1856–1887 Direktor der Universitätsfrauenklinik Leipzig, 1846 verh. mit Cecilie Credé 84
Credé, Cecilie, geb. von Cebrow (geb. 1825; NDB), 1846 verh. mit Carl Siegmund Franz Credé 84
Credner, Karl *Hermann* Georg (1841–1913; NDB), 1870–1912 Prof für Geologie und Paläontologie an der UL 49, 57, 73, 84, 85, 99, 123, 134, 137, 228, 258, 260, 316
Credner, Marie, geb. Riebeck (1854–1931; NDB), 1872 verh. mit Hermann Credner 49, 57, 73, 99, 123, 134, 228
Creizenach, Wilhelm (1851–1919; NDB), 1879 PD an der UL, 1883 Prof für Deutsche Sprache und Literatur an der Uni Krakau 150, 152, 153
Crusius, *Heinrich Wilhelm* Leberecht (1860–1899; WBIS), Besitzer der Rittergüter Sahlis und Rüdigsdorf 185
Curschmann, *Heinrich* Jakob Wilhelm (1846–1910; PUL), 1888–1910 Prof für Innere Medizin an der UL, 1872 verh. Margarethe Curschmann 34, 39, 41, 54, 101, 102, 114, 122, 137, 209, 268
Curschmann, Margarethe »Grete«, geb. Lohde (1847–1915; NDB), 1872 verh. mit Heinrich Curschmann 171
Curtius, Ernst (1814–1896; NDB), 1855 Prof der klassischen Philologie in Göttingen, 1868 in Berlin, Bruder von Georg Curtius 56
Curtius, Georg (1820–1885; PUL), 1862–1885 Prof für Klassische Philologie an der UL, Bruder von Ernst Curtius 10, 13, 18, 130, 324
Cvijić, Jovan (1865–1927; ÖBL), 1893 Prof für Geographie an der Velika Škola (»Große Schule«), Vorläufereinrichtung der Uni Belgrad 279
Czermak, Ernst (1855–1920; Leipzig-Lex), Sohn des Physiologen Johann Nepomuk Czermak, Bruder von Sophie Czermak-Schubart, übernahm 1882 Gut und Hochschloss Pähl in Bayern 168
Czermak, *Johann* Nepomuk (1828–1873; PUL), 1869–1873 Prof für Physiologie an der UL 135
Czermak-Schubart, Sophie, geb. Czermak (geb. 1856; JANTSCH, Der Briefwechsel), 1875 verh. mit Friedrich Martin Schubart 168
Daell, *Alphonse* Henri Mathieu Hubert Naus van (1845–1899; www.leavittfamilies.org), Verfasser von Sprachlehrbüchern, Vater von Paul van Daell 94
Daell, *Paul* Alphonse Henri Naus van (geb. 1877; www.leavittfamilies.org), 1895–1896 Student in Leipzig, Sohn von Alphonse van Daell 94
Daniel, Fanny von, geb. Weisz (1822–1862; GEBHARDT, Geschichte),

Schwester von Leonore Geibel 10, 323
Degenkolb, Anna (Lebensdaten unbekannt; Kalliope), verh. mit Heinrich Degenkolb 109
Degenkolb, Karl *Heinrich* (1832–1909; PUL), 1893–1904 Prof für Römisches Recht und Deutsches Zivilrecht an der UL, verh. mit Anna Degenkolb 109, 122
Delbrück, Berthold (1842–1922; NDB), 1870 Prof für vergleichende Sprachwissenschaft und Sanskrit an der Uni Jena als Nachfolger August Leskiens, 1865 verh. mit Constance Delbrück 80, 82, 93, 95, 109, 110, 112, 115, 120, 124, 125, 128, 149, 160, 162, 173, 182, 186, 196, 202, 214, 215, 221, 229, 236, 243, 247, 254, 275, 280, 299, 302, 309, 318, 332
Delbrück, Constance, geb. Kämtz (1845–1934; NDB), 1865 verh. mit Berthold Delbrück 240
Delbrück, Hans (1848–1929; NDB), 1885–1921 Prof für Geschichte an der Uni Berlin, 1882–1885 Mitglied des Preußischen Abgeordnetenhauses, 1884–1890 Mitglied des Reichstags, Vetter von Berthold Delbrück 58, 59, 173
Delbrück, Richard (1875–1957; WBIS), 1909 Prof für Klassische Archäologie an der Uni Berlin, 1922 in Gießen, 1928–1940 in Bonn, Sohn von Berthold Delbrück 94, 95
Delitzsch, *Friedrich* Conrad Gerhard (1850–1922; PUL), 1877 Prof für Assyriologie an der UL, 1893–1899 Prof für Assyriologie und Orientalische Philologie an der Uni Breslau, 1899–1920 in Berlin 58, 222
Des Coudres, Theodor (1862–1926; PUL), 1903–1926 Prof für Theoretische Physik an der UL 272, 328
Deymann, Friedrich (1889–1916; UAL, Studentenkartei der Quästurbehörde), 1911–1912 Studium der Philologie an der UL 309
Diels, *Paul* Cäsar Oskar Gottlieb (1882–1963; WBIS), 1909 Habilitation für Indogermanische Sprachwissenschaft an der Uni Berlin, 1909 Prof an der Deutschen Uni in Prag, 1911 in Breslau, 1947 in München 306
Dieterich, Albrecht (1866–1908; NDB), 1895 Prof für Klassische Philologie an der Uni Marburg, 1897 in Gießen, 1903 in Heidelberg 120
Diez, *Friedrich* Christian (1794–1876; NDB), Romanist, 1830–1876 Prof für mittelalterliche und moderne Sprachen und Literaturen an der Uni Bonn 69
Dilthey, Wilhelm (1833–1911; NDB), Philosoph 273
Dinkler, Max (1863–1929; WBIS), 1888–1896 Assistent an der medizinischen Klinik von Prof Erb in Heidelberg, 1894 Prof in Heidelberg, 1896 Oberarzt am Luisenhospital zu Aachen 74, 104, 114
Dittenberger, Wilhelm (1840–1906; CPH), 1874 Prof für Klassische Philologie an der Uni Halle 271
Dittmann, Georg (1871–1956; WBIS), 1900 Promotion in klassischer Philologie an der Uni Göttingen, seit 1894 Mitarbeiter beim Thesaurus Linguae Latinae 272
Dittrich, Ottmar (1865–1951; PUL), 1910–1933 Prof für Sprachwissenschaft und Philosophie an der UL 272
Donner, Otto (1835–1909; WBIS), 1875 Prof für Sanskrit an der Uni Helsinki, 1877–1905 Mitglied des großfürstlich-finnischen Reichstags, 1905–1908 Erziehungsminister 178
Dostojewskij, Fjodor Michajlowitsch (1821–1881; WBIS), russischer Schriftsteller 184
Dryander, Ernst (1843–1922; NDB), evangelischer Theologe 95, 193, 222
Drygalski, Erich von (1865–1949; NDB), Prof für Erdkunde und Geophysik an der Uni München 32
Duchesne, Alfred (1872–1956; HistVV),

1899–1903 Lektor der französischen Sprache an der UL 232
Dumas, Friedrich *Wilhelm* (geb. 1873; Lebenslauf in: DUMAS, Ueber Keratitis parenchymatosa), 1893–1898 Medizinstudium in Leipzig, 1899 Promotion in Medizin an der Uni Kiel, später praktischer Arzt in Leipzig 84
Dumas, Georg *Carl* Wilhelm (geb. 1841; UAL, Rektor B 53), praktischer Arzt in Leipzig 84
Dürr, Alphons Friedrich (1828–1908; NDB), Leipziger Verlagsbuchhändler, 1859 verh. mit Marie Dürr 281
Dürr, Marie, geb. Gontard (gest. 1898; NDB), 1859 verh. Alphons Friedrich Dürr 109, 159
Dziatzko, Karl (1842–1903; NDB), Prof für bibliothekarische Hilfswissenschaften an der Uni Göttingen 28
Ebeling, Friedrich (1849–1933; Sächsisches Pfarrerbuch, S. 137), 1882 Diakon in Chemnitz, 1889 an St. Nikolai in Leipzig, 1907 Vikar in Neumark, 1907–1912 Pfarrer in Brand-Erbisdorf 259
Ebert, Hermann (1861–1913; NDB), 1894 Prof für Theoretische Physik an der UL, im gleichen Jahr Prof für Experimentalphysik an der Uni Kiel, 1898 an der TH München 126
Eckardt, Isabella von, geb. David (1837–1903; NDB), 1860 verh. mit Julius von Eckardt (1836–1908) 37
Ehlers, Ernst (1835–1925; NDB), 1869 Prof der Zoologie, vergleichenden Anatomie und Veterinärmedizin an der Uni Erlangen, 1874 Prof der Zoologie und vergleichenden Anatomie an der Uni Göttingen, Vater von Else Hartlaub 47
Elster, *Ernst* August Eduard Jakob (1860–1940; PUL), 1892 Prof für Deutsche Literatur und Sprache an der UL, 1895 in Marburg 59, 104, 145, 147, 148, 150-152
Emminghaus, Bernhard Hermann (1880–1907; siehe den Eintrag vom 26. April 1907), Gynäkologe, Sohn von Hermann und Ottilie Emminghaus, Promotion in Freiburg, dort an einer Privatfrauenklinik tätg 273
Emminghaus, Ottilie, geb. Böhtlingk (1848–1926; NDB), Tochter von Ottilie und Otto von Böhtlingk, 1874 verh. mit Hermann Emminghaus 136, 241, 273
Enking, Ernst Wilhelm (geb. 1837; WBIS), Lehrer und Rektor in Kiel, Vater des Schriftstellers Ottomar Enking, Jugendfreund von August Leskien 38, 172, 186, 212, 245
Enking, Ottomar (1867–1945; WBIS), Schriftsteller, 1904 Zeitungsredakteur in Dresden, 1913 Prof an der Akademie für Kunstgewerbe in Dresden, Sohn von Ernst Wilhelm Enking 186, 245, 247-249, 285
Epiktet (um 50-um 138), griechischer Philosoph 87
Erb, *Wilhelm* Heinrich (1840–1921; PUL), 1869 Prof für Innere Medizin an der Uni Heidelberg, 1880 Prof für Spezielle Pathologie und Therapie an der UL, 1883–1917 Prof für Innere Medizin an der Uni Heidelberg 129
Eyselein, Oskar (1847–1892; WBIS), Mediziner, Promotion 1871, 1876 Gründung des Sanatoriums Eyselein für Nervenkranke in Blankenburg (Harz) 190
Feddersen, Berend Wilhelm (1832–1918; WBIS), Physiker, Privatgelehrter in Leipzig, 1866 verh. mit Dora Feddersen (gest. 1889), 1890 verh. mit Helga Feddersen 49, 55, 76, 89, 91, 114, 136, 162, 164, 201, 264, 269, 280
Feddersen, Helga, geb. Kjær (gest. 1936; NDB), Schwester von Ingeborg Wenck, 1890 verh. mit Berend Wilhelm Feddersen 49, 55, 76, 89, 91, 114, 162, 201, 264, 269, 286
Fehr, Friedrich (1862–1927; WBIS), um 1890 Mitgründer einer privaten Malschule in München, seit 1899 Prof der Malklasse an der Akademie der bildenden Künste in Karlsruhe 71, 74, 86, 288

Fehrs, Johann Hinrich (1838–1916; NDB), Schriftsteller 319

Feist, Franz (1864–1941; DBE), Chemiker, 1890 Habilitation am Eidgenössischen Polytechnikum in Zürich, 1902 Prof in Kiel 288

Fischer, August (1865–1949; PUL), 1899 Prof für Orientalische Philologie an der Uni Berlin, 1900–1930 an der UL 183, 184, 308

Flechsig, Paul (1847–1929; PUL), 1877–1920 Prof für Psychiatrie an der UL 89, 104

Flensburg, Nils (1855–1926; WBIS), 1882 Studium an der UL, 1888 Promotion, 1898 Prof für Sanskrit an der Uni Lund 94

Flinsch Gustav (1875–1946; NDB), Geschäftsführer der Firma Ferdinand Flinsch GmbH, Leipzig, Berlin, Hamburg 310

Flinsch, Heinrich (Lebensdaten unbekannt; LAB), Besitzer einer Papierfabrik 310

Flinsch, N.N. (Lebensdaten unbekannt), Nachhilfeschülerin von Elfriede Leskien 310

Florenz, Karl (1865–1939; WBIS), 1891 Prof für Germanistik an der Uni Tokio, 1914 am Kolonialinstitut in Hamburg 325

Fontane, Theodor (1819–1898; NDB), Schriftsteller 152, 247, 279

Förstemann, Joseph (1841–1900; WBIS), klassischer Philologe, 1866 Assistent, später Oberbibliothekar an der UBL, 1866–1869 wissenschaftlicher Hilfsarbeiter am Codex diplomaticus Saxoniae 30

Förster, Rosa (Lebensdaten unbekannt; DAB), Privatlehrerin in Dresden 189, 243, 249, 263, 272

Fortunatow, Filipp Fjodorowitsch (1848–1914; WBIS), 1884 Prof für vergleichende Grammatik der indoeuropäischen Sprachen an der Uni Moskau, 1902 Prof an der Akademie der Wissenschaften in St. Petersburg 183, 327

Fraenkel, Ernst (1881–1957; WBIS), 1906–1908 Studium bei August Leskien, 1910 Prof für Philologie an der Uni Kiel 294

Fränkel, Ludwig (1868–1925; WBIS), 1892 Sekretär am Nationalmuseum in Nürnberg, 1893–1895 Dozent an der TH Stuttgart, danach Lehrer in München und Ludwigshafen, 1891–1892 Mitarbeiter am Brockhaus Konversations-Lexikon 39

Franz I. (1768–1835; NDB), Kaiser von Österreich 126

Frapan, Ilse (1849–1908; WBIS), Schriftstellerin 186

Frauberger, Heinrich (1845–1920; WBIS), 1882 Direktor des Kunstgewerbe-Museums in Düsseldorf 55, 56

Frege, *Helene* Sophie Marianna Luise, geb. von Weltzien-Weisin (1849–1897; GEBHARDT, Geschichte), Tochter von Marianne Luise von Weltzien, geb. Brockhaus (1829–1919), 1872 verh. mit Arnold Woldemar von Frege-Weltzien (1846–1916) 108

Fricke, *Gustav* Adolf (1822–1908; PUL), 1867–1901 Prof für Neutestamentliche Wissenschaft an der UL 281

Fricker, *Karl* Viktor (1830–1907; PUL), 1875–1907 Prof für Staatswissenschaften an der UL 176, 277

Friedberg, *Emil* Albert von (1837–1910; PUL), 1869–1910 Prof für Kirchenrecht an der UL 27, 36, 101

Friedberg, Robert (1851–1920; NDB), 1877 Habilitation für das Fach Staatswissenschaften an der UL, 1886–1918 Mitglied des Preußischen Landtags, 1893–1898 Mitglied des Reichstags 63

Friedlaender, Walter (1873–1966; WBIS), 1898 Promotion in Sanskrit an der Uni Berlin, 1914 Habilitation in Kunstgeschichte an der Uni Freiburg, 1921 Prof, 1933 entlassen, 1935 Emigration in die USA 237

Friedrich August III. (1865–1932; Wikipedia), 1904–1918 König von Sachsen, 1891 verh. mit Großherzogin Luise

von Österreich-Toskana, 1903 geschieden 27, 220, 251, 252, 313
Friedrich August, Prinz von Sachsen, siehe: Friedrich August III., König von Sachsen
Friedrich Wilhelm III. (1770–1840; NDB), König von Preußen 126
Friedrich, Fritz (1875–1952; WBIS), 1898 Promotion in Geschichte an der UL, Gymnasiallehrer, seit 1907 in Leipzig, 1925–1937 Direktor der Nikolaischule 84, 131, 151, 159, 162, 163, 171, 272
Friedrich, N.N. (Lebensdaten unbekannt), verh. mit Fritz Friedrich 171, 272
Furtwängler, Adolf (1853–1907; NDB), 1894 Prof für Klassische Archäologie an der Uni München 91
Gabelentz, Hans Conon von der (1807–1874; NDB), Politiker und Sprachforscher 98
Gabelentz, Hans *Georg* Conon von der (1840–1893; PUL), 1878 Prof für Ostasiatische Sprachen an der UL, 1889–1893 an der Uni Berlin 60, 98
Gaedechens, Rudolf (1834–1904; WBIS), Prof für Archäologie und Direktor des Archäologischen Museums an der Uni Jena 102
Ganser, Sigbert (1853–1931; Wikipedia), Arzt am Krankenhaus Dresden-Friedrichstadt in der Irrenabteilung 67
Gardthausen, Victor (1843–1925; PUL), 1877–1921 Prof für Alte Geschichte an der UL 57, 154, 242
Gartner, Theodor (1843–1925; NDB), 1885 Prof für romanische Philologie an der Uni Czernowitz, 1899–1913 in Innsbruck 306
Gebhardt, Ernst (1839–1901; GUL 2), Universitätsrentmeister 257
Gebhardt, *Oscar* Leopold von (1844–1906; PUL), Honorarprof für Buch- und Schriftwesen an der UL, Direktor der UBL 28, 45, 57, 58, 63, 267
Geerds, Robert (1859–1914; GND), 1889 Promotion in Geschichte an der UL, seit 1891 Lexikonredakteur für Geschichte im Brockhaus-Verlag 174, 323
Geibel, Adolf (1844–1914; ADB im Art. Geibel, Friedrich Wilhelm Carl), Chemiker, Inhaber des Georg Reichardt Verlags in Leipzig, übernahm die Leipziger Verlagsbuchhandlung Karl Geibel, in den 1860er Jahren lebte August Leskien zeitweise mit Adolf Geibel zusammen, Sohn von Friedrich Wilhelm Carl und Leonore Geibel, jüngerer Bruder von Stephan Franz Carl Geibel, verh. mit Marianne Geibel-Mayer 12, 59, 63, 95, 131, 147, 220, 244, 283, 323, 324
Geibel, *Carl* Stephan Albert (geb. 1884; DBE), 1907 Teilhaber von Duncker & Humblot, 1910 Alleininhaber, 1907 verh. mit Lilly Geibel, 1908 geschieden, Sohn von Mathilde und Stephan Franz Carl Geibel 244, 247, 255, 258, 271, 276, 277, 279
Geibel, Eleonore »Leonore«, geb. Weisz (1820–1914; ADB im Art. Geibel, Friedrich Wilhelm Carl), verh. mit Friedrich Wilhelm Carl Geibel 11, 27, 31, 33, 36, 49, 53, 59, 60, 72, 83, 90, 97, 104, 121, 128, 130, 131, 132, 137, 154, 155, 157, 169, 177, 182, 190, 198, 203, 244, 255, 291, 297, 323, 325
Geibel, Ella, siehe: Brockhaus, Sophie Marie Helene »Ella«
Geibel, Fanny (1853–1862; SENNOWITZ, Carl Geibel, S. 43), Tochter von Friedrich Wilhelm Carl und Leonore Geibel 323
Geibel, Friedrich »Friedel« Carl (1873–1904; GEBHARDT, Geschichte), 1900 verh. mit Sophie Marie Helene »Ella« Brockhaus, Sohn von Mathilde und Stephan Franz Carl Geibel 58, 181, 235, 244, 247, 255, 273
Geibel, Friedrich Wilhelm *Carl* (1806–1884; ADB), 1866 mit seinem Sohn Stephan Franz Carl Übernahme des Berliner Verlags Duncker & Humblot, verh. mit Leonore Geibel 10, 131, 220, 244, 256, 323
Geibel, Hellmuth (geb. 1871; WBIS im Art. Geibel, Stephan Franz Carl), 1895–1901 im Verlagsgeschäft des

Vaters Stephan Franz Carl Geibel, 1901 verh. mit einer Italienerin, 1907 geschieden, um 1900 Umbau des Gutshauses in Riechberg, Sohn von Mathilde und Stephan Franz Carl Geibel 58, 133, 201, 244, 247, 255, 276, 277

Geibel, Lilly, geb. Würzl (1886–1968; www.wien.gv.at, Eintrag zu Anton Wildgans), 1907 verh. mit Carl Stephan Albert Geibel, 1908 geschieden, 1909 verh. mit dem Schriftsteller Anton Wildgans (1881–1932) 271, 276, 277, 279

Geibel, Marianne, geb. Mayer (1856–1914; HOHLFELD, Leipziger Geschlechter 1, S. 106), 1883 verh. mit Adolf Geibel 324

Geibel, Marie Luise, siehe: Corrodi, Marie Luise

Geibel, Mathilde, geb. Baumgarten (ca. 1850–1905; WBIS im Art. Geibel, Stephan Franz Carl), verh. mit Stephan Franz Carl Geibel 36, 49, 50, 54, 66, 73, 88, 109, 111, 116, 123, 128, 130, 131, 133, 136, 141, 142, 143, 147, 151, 157, 167, 170, 171, 174, 176, 178, 181, 182, 212-215, 220, 221, 226-228, 230, 232, 235, 237, 241, 244-246, 249, 251, 253, 255, 256, 258

Geibel, N.N. (Lebensdaten unbekannt; siehe den Eintrag vom 24. März 1901), Zirkusreiterin, 1901 verh. mit Hellmuth Geibel, 1907 geschieden 201, 255, 276, 277

Geibel, *Otto* Carl Alexander (geb. 1874; WBIS), 1895–1907 Teilhaber von Duncker & Humblot, Konsul in San Remo, Sohn von Mathilde und Stephan Franz Carl Geibel, 1899 verh. mit Marie Luise Corrodi 58, 151, 181, 244, 246-249, 255

Geibel, *Paul* Friedrich Bernhard (1845–1915; BIOPARL), ab 1866 Landwirtschaftsstudium in Halle, seit 1871 Kammergutspächter in Unterrohn, 1887–1890 Mitglied des Reichstags, Sohn von Friedrich Wilhelm Carl und Leonore Geibel 55, 131, 133, 220, 244, 323

Geibel, Stephan (1847–1903; WBIS), leitender Mitbesitzer der Piererschen Hofbuchdruckerei und Besitzer der Verlagsbuchhandlung Stephan Geibel in Altenburg, Sohn von Friedrich Wilhelm Carl und Leonore Geibel 131, 212, 220, 244, 323

Geibel, Stephan Franz *Carl* (1842–1910; DBE), 1866 Mitinhaber von Duncker & Humblot, 1874 alleiniger Inhaber, 1891 zusammen mit Arnold Eduard Brockhaus Gründung der Verlagsbuchhandlung Geibel & Brockhaus, die er 1899 allein übernahm, Sohn von Friedrich Wilhelm Carl Geibel und Leonore Geibel, Vater von Hellmuth, Friedrich Karl, Otto Karl und Carl Stephan Albert, verh. mit Mathilde Geibel 37, 49, 54, 55, 59, 73, 88, 109, 111, 116, 130, 131, 137, 147, 151, 166, 178, 182, 244, 253, 255, 271, 295, 297, 323

Geißler, Gerhard (geb. 1873; siehe den Eintrag vom 10. Februar 1903), praktischer Arzt in Leipzig, 1903 verh. mit Maria Heinrici 221

Geißler, Maria, siehe: Heinrici, Maria

Gelzer, Heinrich (1847–1906; BBKL), 1873 Prof der Alten Geschichte an der Uni Heidelberg, 1878 Prof für Klassische Philologie und Alte Geschichte an der Uni Jena 173

Gensel, Elsa Ottilie »Else« (1874–1954; HABERMANN/KLEMMT/SIEFKES, Lexikon, im Art. Joachim, Johannes), Tochter von Julius Gensel, verh. mit Johannes Joachim 163

Gensel, Frida, siehe: Boerner, Frida

Gensel, Walter *Julius* (1835–1916; BIOPARL), Mitglied des Reichstages 42, 100, 163

Georg (1832–1904; NDB), König von Sachsen 246

Giesecke, Christian Alfred (1868–1945; Wikipedia), Studium der klassischen Philologie, 1891 Promotion in Leipzig, 1892 Leiter des Verlages B.

G. Teubner, 1931 Aufsichtsratsvorsitzender der Giesecke & Devrient AG 150

Giglioli, Enrico Hillyer (1845–1909; Wikipedia), italienischer Zoologe 292

Goetz, Walter (1867–1958; PUL), 1905 Prof für Geschichte an der Uni Tübingen, 1913 in Straßburg, 1915 Prof für Kultur- und Universalgeschichte an der UL, 1946 Prof an der Uni München, 1920–1928 Reichstagsabgeordneter der Deutschen Demokratischen Partei 121

Goldstein, Julius (1873–1929; NDB), 1899 Promotion in Philosophie an der Uni Jena, 1902 PD an der TH Darmstadt, 1909 Prof für Philosophie in Darmstadt 273

Gontard, *Alexander* Alphons Friedrich (1842–1921; HOHLFELD, Leipziger Geschlechter 3, S. 780), 1893 Besitzer des Rittergutes Ulbersdorf (seit 1994 zu Hohnstein in der Sächsischen Schweiz), 1868 verh. mit Janka Gontard 104

Gontard, *Anna* Elisabeth Marie, geb. Böker (Lebensdaten unbekannt; HOHLFELD, Leipziger Geschlechter 3, S. 779), 1889 verh. mit Friedrich Gontard 261

Gontard, Franz Albert Friedrich (1844–1917; HOHLFELD, Leipziger Geschlechter 3, S. 781), Seidenwarenhändler, Inhaber der Firma S. G. Schletter 109, 227

Gontard, Friedrich (1863–1943; HOHLFELD, Leipziger Geschlechter 3, S. 779), Kaufmann in Leipzig-Leutzsch, Teilhaber der Firmen Gontard u. Henny, Seifenfabrik, und A. Hager u. Co., Kommissions- u. Exportgeschäft, 1889 verh. mit Anna Gontard 109, 261

Gontard, Friedrich Alexander (1810–1849; HOHLFELD, Leipziger Geschlechter 3, S. 777), Kaufmann in Leipzig, verh. mit Pauline Eugenie Gontard 109

Gontard, Johanna »Janka« Barbara, geb. Geibel (1849–1874; LINDEINER-WILDAU, Beiträge, S. 23), 1868 verh. mit Alexander Gontard, Tochter von Friedrich Wilhelm Carl und Leonore Geibel 323

Gontard, Pauline Eugenie, geb. Lutteroth (1812–1902; HOHLFELD, Leipziger Geschlechter 3, S. 777), verh. mit Friedrich Alexander Gontard 109

Göpel, Emil Robert (geb. 1865; UAL, Med. Fak. Prom. Bd. 5: 1891–1892; LAB 1900), 1892 Promotion in Leipzig, Chirurg an einer Privatklinik in der Funkenburgstraße in Leipzig 237

Götze, Carl *Edmund* (1843–1920; WBIS), Germanist, Promotion in Leipzig 1868, 1871 Oberlehrer am Königlichen Kadettenhaus in Dresden, 1895–1909 Studiendirektor 103, 121, 195

Götze, N.N. (Lebensdaten unbekannt), verh. mit Edmund Götze 121, 195

Graßhoff, Luise (Lebensdaten unbekannt; Braunlage im Oberharz, S. 68), Besitzerin der Pension Villa Bergfrieden in Braunlage 283

Gregory, Caspar René (1846–1917; PUL), 1889–1917 Prof für Neutestamentliche Wissenschaft an der UL 56

Grimm, Hermann (1828–1901; NDB), Schriftsteller 181

Grimm, Jacob (1785–1863; NDB), Germanist 323

Grohmann, Adolf (1856–1908; Wikipedia), nach Aufenthalten in Mexiko seit 1888 in der Schweiz ansässig, nahm Nervenkranke in seiner Pension in Zürich auf 190

Grube, Wilhelm (1855–1908; NDB), Studium der Sinologie u.a. an der UL, 1883 am Museum für Völkerkunde in Berlin, 1892 Prof für Sinologie an der Uni Berlin 45, 46

Gruner, Hans (1865–1943; DKL), Afrikaforscher, 1892–1893 baute er eine wissenschaftliche Station in Togo auf 35

Günther, Richard (1881–1915; BRUGMANN, Richard Günther, S. 248-250),

1905 Promotion in klassischer Philologie an der UL bei Karl Brugmann, 1907 Gymnasiallehrer an der Kreuzschule in Dresden 216

Guthe, *Hermann* Friedrich Wilhelm Leopold (1849–1936; PUL), 1884–1921 Prof für Alttestamentliche Wissenschaft an der UL 242, 328

Haas, N.N. (Lebensdaten unbekannt), Besucher bei den Leskiens 318

Haeckel, Ernst (1834–1919; NDB), 1865–1909 Prof für Zoologie an der Uni Jena 189

Hankel, *Wilhelm* Gottlieb (1814–1899; PUL), 1849–1887 Prof für Physik an der UL 35, 166

Hantzsch, *Arthur* Rudolf (1857–1935; PUL), 1903–1928 Prof für Allgemeine Chemie an der UL 272, 283, 308, 309, 314, 328

Harder, Sophie von, geb. Böhtlingk (1805–1905; BRÜCKNER, Briefe), Schwester von Otto von Böhtlingk, 1825 verh. mit dem Kaufmann Ludwig von Harder (1799–1860) 257, 262

Hardy, Edmund (1852–1904; NDB), 1894 Prof für indische Philologie und vergleichende Religionswissenschaft an der Uni Freiburg 234

Harnack, Rudolf Gottfried *Otto* (1857–1914; HessBiog), 1896 Prof für Geschichte und Literatur an der TH Darmstadt, 1905 an der TH Stuttgart 162, 163

Hartel, Wilhelm von (1839–1907; ÖBL), 1869 Prof für Klassische Philologie an der Uni Wien, 1891 Direktor der Hofbibliothek Wien, 1900–1905 Minister für Kultus und Unterricht 147

Hartlaub, Else »Lisbeth« (um 1867–1895; WBIS im Art. Hartlaub, Clemens), Tochter von Ernst Ehlers, 1894 verh. mit Clemens Hartlaub 86

Hartung, Bruno (1846–1919; WBIS), 1876 Pfarrer an der Peterskirche in Leipzig, Religionslehrer an der Nikolaischule, 1887–1916 erster Pfarrer an der Peterskirche und Superintendent der Ephorie Leipzig II, 1909–1916 Präsident des Gustav-Adolf-Vereins 56

Hase, Friedrich Carl *Viktor* von (1876–1905; HASE, Unsre Hauschronik), Konsularagent in Kairo, Sohn von Oskar von Hase 84

Hase, Georg *Oskar* Immanuel von (1846–1921; WBIS), 1880 Direktor des Verlages Breitkopf & Härtel, Vater von Karl und Viktor von Hase, 1873 verh. mit Johanna von Hase 42, 46, 78, 83, 129, 153, 290

Hase, *Johanna* Marie Luise von, geb. Zarncke (geb. 1858; HASE, Unsre Hauschronik), Tochter von Friedrich Zarncke, 1873 verh. mit Oskar von Hase 46, 78, 129, 153, 290

Hase, *Karl* August Wolfgang von (1882–1909; HASE, Unsere Hauschronik), Oberleutnant zur See, Sohn des Verlagsbuchhändlers Oskar von Hase 290

Hasse, Traugott *Ernst* Friedrich (1846–1908; PUL), Prof für Statistik und Kolonialpolitik an der UL, 1893–1903 nationalliberaler Reichstagsabgeordneter 53, 150, 228

Hassert, Kurt (1868–1947; NDB), 1899 Prof für Geographie an der Uni Tübingen, 1902 an der Handelshochschule Köln, 1917 an der TH Dresden, 1947 in Leipzig 32

Hauck, Albert (1845–1918; PUL), 1878 Prof für Kirchengeschichte und Christliche Archäologie an der Uni Erlangen, 1882 Prof für Theologie an der Uni Erlangen, 1889–1918 in Leipzig 99, 104, 106, 125, 132, 164

Haupt, Johannes (1847–1932; HERZ, Die Lehrer der Thomasschule; www.geni.com), Arzt, 1884–1928 Leiter der Kuranstalt Villa Sanitas in Tharandt 150

Haupt, Paul (1858–1926; NDB), 1883 Prof für Semitische Sprachen an der Johns Hopkins University in Baltimore 58

Hauptmann, *Gerhart* Johann Robert (1862–1946; NDB), Schriftsteller 310

Haym, N.N. (Lebensdaten unbekannt), unbekanntes Ehepaar 151
Hedenstjerna, Alfred von (1852–1906; Wikipedia), schwedischer Schriftsteller 114
Hedin, Sven (1865–1952; Wikipedia), Forschungsreisender 149, 222
Heiberg, Hermann (1840–1910; NDB), Schriftsteller 140
Heiberg, Johanne Luise (1812–1890; Wikipedia), dänische Schauspielerin 54, 149, 156
Heigel, Karl Theodor von (1842–1915; WBIS), 1879 Prof für Geschichte an der Uni München, 1883 am Polytechnikum und 1884 an der Uni München 60
Heinemann, Hedwig (Lebensdaten unbekannt; WBIS), 1882 verh. mit Karl Heinemann, gesch. 1898 73
Heinemann, Karl (1857–1927; WBIS), 1880–1922 Lehrer am König-Albert-Gymnasium in Leipzig, 1892–1896 Redaktionsleiter bei den »Blättern für literarische Unterhaltung«, die im Brockhaus-Verlag erschienen, 1882 verh. mit Hedwig Heinemann, 1898 gesch. 73
Heinrich VII. Reuß (1825–1906; NDB), Diplomat 40
Heinrici, Carl (1876–1944; WBIS), Sohn von Georg Heinrici, Staatssekretär im Reichsministerium für Ernährung und Landwirtschaft 63, 149, 179
Heinrici, Carl Friedrich *Georg* (1844–1915; PUL), 1892–1914 Prof für Neutestamentarische Exegese an der UL, verh. mit Ellen Heinrici, in 2. Ehe verh. mit Paula Heinrici 49, 54-56, 63, 72, 75, 90, 95, 96, 99, 100, 115, 116, 119, 121, 125, 128, 129, 134, 137, 138, 146, 149, 160, 170, 179, 184, 191, 193, 203, 210, 245, 258, 260, 264, 276, 301, 302, 317, 325, 330
Heinrici, Dorothea, verh. Wiedemann (geb. 1874; WBIS im Art. Heinrici, Georg), Tochter von Georg Heinrici 63, 179
Heinrici, Ellen (geb. 1891; WBIS im Art. Heinrici, Georg), Tochter von Georg Heinrici 63, 135, 143, 146, 157, 170, 172, 179, 201, 202, 210, 214, 225, 226, 228, 238, 243, 258, 266, 273, 293, 304
Heinrici, Ernst (geb. 1881; WBIS im Art. Heinrici, Georg), Sohn von Georg Heinrici 63, 149, 179
Heinrici, Maria, verh. Geißler (geb. 1879; WBIS im Art. Heinrici, Georg), verh. mit Gerhard Geißler 63, 129, 179, 221
Heinrici, Paul (1900–1918; NDB), Sohn von Georg Heinrici 149, 191
Heinrici, Paula, geb. Eck (Lebensdaten unbekannt; NDB), verh. mit Georg Heinrici 49, 54, 63, 90, 96, 100, 116, 129, 135, 146, 160, 181, 191, 210, 225, 258, 260, 276, 294, 304
Heinze, Franz Friedrich *Max* (1835–1909; PUL), 1875–1909 Prof für Geschichte der Philosophie an der UL 30, 117, 137, 154, 175
Heinze, Johanna, geb. Gröber (1876–1951; WBIS im Art. Heinze, Richard), 1899 verh. mit Richard Heinze 272
Heinze, Richard (1867–1929; PUL), 1906–1929 Prof für Klassische Philologie an der UL, 1899 verh. mit Johanna Heinze 272, 308-310
Helsig, Johannes (geb. 1867; KÖSSLER, Personenlexikon), 1887–1892 Studium der neueren Sprachen in Leipzig, München, Neuchâtel und London, 1891 Promotion an der UL, seit 1893 Lehrer an Dresdner Schulen 126
Hempel, Adele (Lebensdaten unbekannt; LAB 1897), verh. mit Rudolph Hempel 56
Hempel, N.N. (Lebensdaten unbekannt), Bittsteller bei August Leskien 160
Hempel, Rudolph (1839–1896; WBIS), Schulrat und Bezirksschulinspektor in Leipzig, verh. mit Adele Hempel 56, 106
Herms, Dora, geb. Baumgarten (Lebensdaten unbekannt), 1900 verh. mit Joachim Herms 196, 199
Herms, Georg Heinrich *Joachim* (geb. 1874; Lebenslauf in: HERMS, Ueber Condensation), 1898 Promotion in

Chemie an der Uni Kiel, 1900 verh. mit Dora Herms 199
Herodot (490/480-um 424 v. Chr.), griechischer Historiker 95
Hettner, Alfred (1859–1941; PUL), 1894–1897 Prof für Geographie an der UL, 1897 in Tübingen, 1899–1928 in Heidelberg 28, 48, 58, 162, 254
Hildebrand, Rudolf (1824–1894; PUL), 1848 Lehrer an der Leipziger Thomasschule, 1869 Prof für Neuere deutsche Sprache und Literatur an der UL 103, 150
Hillebrandt, Alfred (1853–1927; NDB), 1883–1921 Prof für Sanskrit an der Uni Breslau 274, 277
Hiller von Gaertringen, Friedrich (1864–1947; NDB), 1917–1933 Prof für griechische Epigraphik an der Uni Berlin 120
Hilty, Carl (1833–1909; NDB), philosophisch-theologischer Schriftsteller 59
Hirsch, Karl (1870–1930; DBE), 1900 Habilitation für Innere Medizin an der UL, 1905 Prof für Medizin an der UL, 1909 in Freiburg, 1909 in Göttingen, 1919 in Bonn 267
Hirt, Bertha, geb. Bollmann (1832–1898; NDB), Mutter von Hermann Hirt 159
Hirt, Hermann (1865–1936; NDB), 1896–1912 Prof für Indogermanische Sprachwissenschaft an der UL, 1912–1936 in Gießen, 1898–1903 Mitarbeiter am Konversationslexikon bei F. A. Brockhaus, 1894 verh. mit Margarethe Hirt 52, 70, 72, 80, 93, 98, 100, 101, 11 28, 132, 138, 141, 147, 148, 150, 155, 156, 158, 159, 162, 171, 172, 177, 180, 195, 226, 228, 236, 243, 249, 264, 272, 284, 285, 287, 307, 308, 328
Hirt, Hermann (gest. 1914; siehe den Eintrag vom 7. Dezember 1914), Sohn von Hermann Hirt 328
Hirt, Margarethe, geb. Große (geb. 1871; NDB), 1894 verh. mit Hermann Hirt 72, 100, 128, 132, 150, 172, 236, 243, 249, 264, 272
Hirt, N.N. (Lebensdaten unbekannt), Tochter von Hermann Hirt 243
His, Wilhelm (1831–1904; PUL), 1872–1904 Prof für Anatomie an der UL 28, 41, 146, 149, 241, 247
Hoff, Jacobus Henricus van't (1852–1911; NDB), 1878 Prof für Chemie an der Uni Amsterdam, 1896 in Berlin, 1901 Nobelpreis für Chemie 126
Hoffmann, Friedrich *Albin* (1843–1924; PUL), 1886–1921 Prof für Spezielle Pathologie und Therapie an der UL 121, 175, 176, 236
Hoffmann, Johann *Georg* Ernst (1845–1933; WBIS), 1872–1911 Prof für orientalische Sprachen an der Uni Kiel 149, 166, 183
Hoffmann, Otto (1865–1940; NDB), 1883–1888 Studium der Sprachwissenschaft in Göttingen, Prof in Königsberg, Breslau und Münster als Nachfolger Wilhelm Streitbergs, 1918–1933 Mitglied des Preußischen Landtages für die Deutschnationale Volkspartei 120, 131, 284
Hofmann, Emil (geb. 1865), Student der Staatswissenschaften an der UL 99
Hofmann, Georg Theodor (Lebensdaten unbekannt; LAB 1897), Landgerichtsdirektor, Mitglied in der Kommission der »Hochschulvorträge für Jedermann« 100
Hölder, *Otto* Ludwig (1859–1937; PUL), 1899–1927 Prof für Mathematik an der UL 148, 153, 308
Hölderlin, Friedrich (1770–1843; NDB), Schriftsteller 303
Holz, Georg (1863–1921; PUL), 1896–1921 Prof für Deutsche Sprache und Literatur an der UL, 1891 verh. mit Susanne Holz 56, 75, 95, 138, 141, 224
Holz, Gisela (geb. 1892; WBIS im Art. Georg Holz), Tochter von Georg Holz 138
Holz, Susanne, geb. Schubert (Lebensdaten unbekannt; WBIS im Art. Holz, Georg), 1891 verh. mit Georg Holz 56

Homer (um 700 v. Chr.), griechischer Dichter 83
Horn, Heinrich (1838–1899; LESKIEN, Meine Jugendzeit), Sohn eines Wirtes, Milch- und Mehlhändlers in Kiel, lebte später in Schleswig, seit etwa 1845 mit August Leskien befreundet 48, 172
Hübschmann, Heinrich (1848–1908; PUL), 1876–1877 Prof für Arische Sprachen an der UL, 1878–1908 Prof für Vergleichende Sprachwissenschaften an der Uni Straßburg 280
Hügel, Albert Max *Richard* (geb. 1845; MUL III, LAB 1898), Redakteur bei Brockhaus 135
Huizinga, Johan (1872–1945; BBKL), hielt sich 1895–1896 zu Studien in Leipzig auf, 1905 Prof für allgemeine und niederländische Geschichte an der Uni Groningen, 1915–1942 in Leiden 94
Hultsch, Friedrich (1833–1906; WBIS), 1868–1889 Rektor der Kreuzschule in Dresden 240
Ibsen, *Henrik* Johan (1828–1906; WBIS), norwegischer Dramatiker 139
Ihamuotila, N.N. (Lebensdaten unbekannt), finnischer Besucher August Leskiens 263
Ilberg, Johanna, geb. Devrient (1863–1929; WBIS im Art. Ilberg, Johannes), 1891 verh. mit Johannes Ilberg 126
Ilberg, Johannes (1860–1930; WBIS), klassischer Philologe, 1883 Promotion in Leipzig, 1887–1910 Lehrer am König-Albert-Gymnasium in Leipzig, seit 1910 Rektor verschiedener Gymnasien in Wurzen, Chemnitz und Leipzig, 1891 verh. mit Johanna Ilberg 126
Immisch, Otto (1862–1936; PUL), 1895 Prof für Klassische Philologie an der UL, 1907 in Gießen, 1913 in Königsberg, 1914–1931 in Freiburg 136, 261
Jackson, Abraham Valentine Williams (1862–1937; WBIS), 1887–1889 Studium an der Uni Halle, 1895–1935 Prof für Indoiranische Sprachen an der Columbia University in New York 308
Jagić, Vatroslav (1838–1923; NDB), 1872 Prof für vergleichende Sprachforschung an der Uni Odessa, 1874 Prof für slawische Sprachen an der Uni Berlin, 1880 in Sankt Petersburg, 1886 in Wien 32, 33, 42, 72, 84, 104, 122, 128, 137, 140, 141, 147, 148, 152, 153, 157, 159-161, 169, 174, 181, 189, 190, 201, 203, 205, 213, 227, 228, 234, 237, 241, 242, 245-248, 251, 253, 254, 260, 262, 267, 272, 277, 279, 280, 281, 313
Jakubec, Jan (1862–1936; WBIS), 1891 Mittelschullehrer, 1898–1899 Studien in Wien, Berlin und Leipzig, 1919–1932 Prof für tschechische Literaturgeschichte an der Karls-Uni Prag 174
Janitschek, Hubert (1846–1893; WBIS), 1878 Habilitation in Kunstgeschichte an der Uni Wien, 1879 Prof an der Uni Prag, 1881 in Straßburg und Kustos der Gemäldegalerie, 1891 Prof in Leipzig, 1882 verh. mit Maria Janitschek 56
Janko, Josef (1869–1947; ÖBL), ab 1899 Studium in Prag und Stipendiat zur Weiterbildung im Ausland an der UL bei Karl Brugmann, Eduard Sievers und August Leskien, 1904 Habilitation in Germanistik an der Prager tschechischen Uni, 1908 Prof an der Uni Prag und Leiter des Germanistischen Seminars 259
Jefferys, Henry Charles Emil (geb. 1868/69; www.geni.com), in den 1890er-Jahren Sprachstudien in Leipzig 118, 155, 165, 167
Jensen, Alfred (1859–1921; WBIS), schwedischer Schriftsteller und Slawist, seit 1884 Mitarbeiter an verschiedenen schwedischen Zeitungen 199
Jensen, Wilhelm (1837–1911; NDB), Schriftsteller 110
Jhering, Rudolf von (1818–1892; NDB), 1872 Prof für Rechtswissenschaften an der Uni Göttingen 93

Johannes <Damascenus> (um 650-754), Kirchenvater 213
Johannes <Exarch> (um 860-um 920), bulgarischer Theologe 213
Johannes <Chrysostomos> (349 oder 344-407), Kirchenvater 194
Jolly, Julius (1849–1932; NDB), 1872–1920 Prof für vergleichende Sprachwissenschaften und Sanskrit an der Uni Würzburg 89, 157
Judeich, Charlotte, geb. Portius (1838–1913; JUDEICH, Familie Judeich 1937), 1858 verh. mit Friedrich Judeich 318
Judeich, Elisabeth (geb. 1904; JUDEICH, Familie Judeich), Tochter von Walther und Mathilde »Tilli« Judeich, 1930 verh. mit Alex Kemner 246, 261, 276, 329
Judeich, Ewald (1863–1901; JUDEICH, Familie Judeich), Arzt in Tharandt, Sohn von Charlotte und Friedrich Judeich 202
Judeich, Friedrich (1828–1894; JUDEICH, Familie Judeich), Direktor der Forstakademie in Tharandt, Halbbruder von Albert Judeich, 1858 verh. mit Charlotte Judeich 64, 65
Judeich, Friedrich Hellmut (geb. 1911; JUDEICH, Familie Judeich), kaufmännischer Angestellter, Sohn von Mathilde »Tilli« und Walther Judeich 302
Judeich, Hans (1869–1936; JUDEICH, Familie Judeich), Offizier, Sohn von Charlotte und Friedrich Judeich 96, 303, 310, 318, 320
Judeich, Johanna Luise Helene (geb. 1863; JUDEICH, Familie Judeich), Tochter von Edmund Judeich (1826–1876) 310
Judeich, Konrad (1853–1912; JUDEICH, Familie Judeich), Privatier, Bruder von Elisabeth Leskien 55, 124, 126, 131, 160, 177, 178, 180, 185, 188, 192, 194, 198, 208, 219, 244, 249, 256, 298, 301, 302, 303-305, 309, 314, 315
Judeich, Marianne Charlotte »Elsa« (geb. 1869; JUDEICH, Familie Judeich), Lehrerin in Dresden, Tochter des Dresdner Rechtsanwalts und Notars Johann Edmund Judeich (1826–1876), Halbbruder von Elisabeth »Lisbeth« Leskiens Vater Albert Judeich und der aus Dresden stammenden Marianne Schroter (1837–1908) 71, 94, 310
Judeich, Marie Mathilde »Tilli« Elisabeth, geb. Bunsen (1876–1959; JUDEICH, Familie Judeich), 1900 verh. mit Walther Judeich 188, 189, 190, 194, 209, 214, 219, 228, 230, 252, 253, 261, 273, 275, 276, 280, 284, 290, 292, 293, 299, 302, 314, 320, 326, 329
Judeich, Marie Pauline, geb. Brockhaus (1828–1899; GEBHARDT, Geschichte), Schwester von Heinrich *Eduard* Brockhaus, Helene Vieweg und Heinrich *Rudolf* Brockhaus, 1850 verh. mit Johann *Albert* Judeich, Mutter von Walther, Konrad und Elisabeth »Lisbeth« Leskien, Schwiegermutter von August Leskien 11, 13, 14, 17, 21, 30, 32, 36, 38, 41, 44, 49, 50, 61, 63, 69, 74, 75, 76, 79, 80, 86, 94, 97, 112, 122, 124, 125, 137, 142, 143, 144, 146, 150, 162, 168-174, 177, 178, 241, 322
Judeich, Philipp Albert Walter (geb. 1907; JUDEICH, Familie Judeich), Assessor bei einer Versicherung 274-276
Judeich, Therese (1831–1914; JUDEICH, Familie Judeich), Landschaftsmalerin, Halbschwester von Elisabeth »Lisbeth« Leskiens Vater Albert Judeich 63, 184, 205, 243, 252, 318, 328
Judeich, Walther (1859–1942; Wikipedia), 1889 Habilitation in alter Geschichte an der Uni Marburg, 1899 Prof in Czernowitz, 1901 in Erlangen, 1907 in Jena, Bruder von Elisabeth »Lisbeth« Leskien, 1900 verh. mit Mathilde »Tilli« Judeich 55, 66, 75, 86, 88, 92, 103, 107, 120, 124, 126, 142, 143, 160, 169, 177, 178, 180, 185, 188-190, 192, 194, 196, 201, 209, 210, 214, 219, 225, 228, 230, 243, 246, 261, 262, 268, 273-276, 280, 284, 287, 290-293, 296, 299-305, 307, 309, 313-315, 317, 320, 322, 326, 329
Junck, Johannes (1861–1940; BIOPARL), 1899–1939 Anwalt am Reichsgericht

in Leipzig, 1896–1907 Stadtverordneter in Leipzig, 1907–1918 Mitglied des Deutschen Reichstags für die Nationalliberale Partei 271

Jung, N.N., geb. Weber (Lebensdaten unbekannt), Tochter von Albrecht Weber 180

Jurkschat, Christoph (1852–1915; WBIS), preußisch-litauischer evangelischer Geistlicher und Sprachforscher 134, 135, 166

Justi, Ferdinand (1837–1907; NDB), 1865 Prof für vergleichende Grammatik und germanistische Philologie an der Uni Marburg 197

Kaegi, Adolf (1849–1923; NDB), 1893–1914 Prof für Sanskrit, Indogermanische und Klassische Philologie an der Uni Zürich 298

Kaemmel, Otto (1843–1917; WBIS), 1869 Promotion in Geschichte an der Uni Göttingen, 1890–1909 Rektor des Nikolaigymnasiums in Leipzig 129

Kaerst, Julius (1857–1930; WBIS), 1877 Promotion in Geschichte an der Uni Tübingen, 1880–1897 Gymnasiallehrer, 1898 Habilitation in Geschichte an der UL, 1902–1929 Prof für Geschichte an der Uni Würzburg 224

Keil, Bruno (1859–1916; PUL), 1913–1916 Prof für klassische Philologie an der UL 316, 317

Keller, Gottfried (1819–1890; NDB), Schriftsteller 107

Kemner, Elisabeth, geb. Judeich (geb. 1904; JUDEICH, Familie Judeich), Tochter von Mathilde »Tilli« und Walther Judeich 273

Kern, Johan Hendrik (1867–1933; WBIS), 1889–1890 Studium in Leipzig, u.a. bei August Leskien, Redakteur des Nieuwe Rotterdamse Courant, Prof an den Uni Groningen und Leiden 120

Kettembeil, *Johannes* »Hans« Theodor Clemens Hermann (1865–1902; GEBHARDT, Geschichte), Sohn von Anna Luise, geb. Brockhaus (1840–1902), und Carl Kettembeil (1828–1867), Teilhaber der Firma Theodor Kettembeil & Co. in Leipzig, Anna Luise Brockhaus-Kettembeil war eine Cousine von Marie Pauline Judeich, der Mutter von Elisabeth »Lisbeth« Leskien 214

Kielhorn, Franz (1840–1908; NDB), 1866–1881 Prof für orientalische Sprachen am Deccan College in Poona, 1881 Prof für Indologie an der Uni Göttingen 202

Kiepert, Johann Samuel *Heinrich* (1818–1899; NDB), 1859 Prof der Geographie an der Uni Berlin, 1864 Direktor der Topographischen Abteilung des königlich-preußischen statistischen Büros 175

Kipling, Rudyard (1865–1936; WBIS), englischer Schriftsteller 114

Kirchner, Marie, geb. Bock von Wulsingen (Lebensdaten unbekannt; WBIS), 1879 verh. mit Wilhelm Kirchner 50

Kirchner, N.N. (gest. 1915; siehe den Eintrag vom 30. September 1915), Sohn von Wilhelm Kirchner 330

Kirchner, *Wilhelm* Julius Leopold (1848–1921; PUL), 1890–1921 Prof für Landwirtschaft an der UL, 1879 verh. mit Marie Kirchner 50, 308

Kirn, Otto (1857–1911; PUL), 1895–1911 Prof für Systematische Theologie an der UL 120

Kirschner, Lola (1854–1934; ÖBL), Schriftstellerin 96

Kistner, Otto (1841–1903; HÜBSCHER, Hundertfünfzig Jahre F. A. Brockhaus), trat 1856 in den Brockhaus-Verlag ein, 1876 Geschäftsführer des Sortiment & Antiquariums, 1891 Prokurist 230

Kluge, Amalia Karolina, geb. Westermann (1869–1893; NDB), 1890 verh. mit Friedrich Kluge 46

Kluge, Friedrich (1856–1926; NDB), 1884 Prof für deutsche Sprache und Literatur an der Uni Jena, 1893 in Freiburg 38

Knapp, *Georg* Friedrich (1842–1926; PUL), 1869–1874 Leiter des statisti-

schen Büros der Stadt Leipzig und Prof für Statistik an der UL, 1874 Prof für Nationalökonomie an der Uni Straßburg 178
Knauer, Bernhard (Lebensdaten unbekannt; Kalliope), Angestellter in Friedrich Ehrlich's Buch- und Kunsthandlung in Prag 232
Knauer, Friedrich (1849–1917; WBIS), 1884 Promotion an der Uni Dorpat, 1886 Prof für vergleichende Sprachwissenschaft an der Uni Kiew, 1914 Deportation nach Sibirien 116
Koch, Richard Eduard (1834–1910; NDB), 1890–1908 Reichsbankpräsident 136
Koehler, Else, siehe: Brugmann, Else
Koehler, N.N. (geb. 1908; siehe den Eintrag vom 10. April 1908), Sohn von Else Brugmann und Wolfgang Koehler, Enkelsohn von Karl Brugmann 281
Koehler, Wolfgang (1882–1914; NDB im Art. Koehler, Karl Franz), Teilhaber der Firma K. F. Koehler (Verlag, Sortiment und Kommissionsgeschäft), verh. mit Else Brugmann 235, 327
Kohl, Eva, verh. Planitz (1888–1947; GEBHARDT, Geschichte), Tochter von Georg Kohl 305, 314, 317
Kohl, Friedrich *Georg* (1855–1910; GEBHARDT, Geschichte), 1891 Prof der Botanik an der Uni Marburg, 1887 verh. mit Reinholde Kohl 55, 181, 231, 245, 266, 287, 291, 292
Kohl, Pauline *Reinholde* Henriette, geb. Taube (1854–1922; GEBHARDT, Geschichte), 1872 verh. mit Clemens Brockhaus, 1887 verh. mit Georg Kohl 181, 231, 245, 266, 287, 305
Koht, Halvdan (1873–1965; WBIS), 1910 Prof für Geschichte an der Uni Oslo, 1935 Außenminister, 1941–1945 Exil in Kanada und den USA, Außenminister der norwegischen Exilregierung 130, 135
Kolessa, Oleksandr Michajlowitsch (1867–1945; WBIS), 1898 Prof für Ukrainistik an der Uni Lemberg, 1921 in Prag, 1935 an der Tschechischen Uni in Prag 265
Körte, Alfred (1866–1946; PUL), 1899 Prof für Klassische Philologie an der Uni Greifswald, 1903 in Basel, 1906 in Gießen, 1914 in Freiburg, 1917–1934 in Leipzig 316, 317
Koser, Reinhold (1852–1914; NDB), Direktor der Preußischen Staatsarchive 43, 58-60
Köster, *Albert* Johannes (1862–1924; PUL), 1899–1924 Prof für Neuere Deutsche Sprache und Literatur an der UL, 1894 verh. mit Laura Köster 150, 152, 153, 256, 266, 291, 308, 310, 316, 318, 319, 327
Köster, Laura, geb. Jebens (1876–1940; KÖNIG, Germanistenlexikon), 1894 verh. mit Albert Köster 266
Köster, N.N. (gest. 1915), Sohn von Albert und Laura Köster 330
Köster, Ottfried (1897–1980; König 2003), Sohn von Albert und Laura Köster 330
Kraus, Carl von (1868–1952; NDB), 1902 Prof für Germanistik an der Uni Wien, 1904 an die Deutschen Uni Prag, 1911 in Bonn, um 1913 in Wien, 1917 in München 138
Kraus, Nora von, geb. Sievers (Lebensdaten unbekannt; NDB), Tochter von Eduard Sievers, verh. mit Carl von Kraus 138
Krček, Franz (1869–1916; ÖBL), 1893 Promotion an der Uni Lemberg, 1894–1896 philologische Studien in Berlin und Leipzig, 1896 Gymnasiallehrer, 1908 PD für slawische Philologie an der Uni Lemberg 84
Krehl, Albrecht *Ludolf von* (1861–1937; NDB), 1899 Direktor der Poliklinik in Marburg, 1900 Prof für spezielle Pathologie und Therapie innerer Krankheiten in Greifswald, 1902 in Tübingen, 1904 in Straßburg, 1907 Direktor der Universitätsklinik Heidelberg, 1888 verh. mit Maria Krehl, Schwiegersohn von Stephan Franz *Carl* und Leonore Geibel, 1910 verh. mit Elisa-

beth Krehl 102, 112, 121, 123, 128, 130, 131, 132, 133, 137, 154, 169, 202

Krehl, Christoph *Ludolf* Ehrenfried (1825–1901; PUL), 1861–1901 Prof für Orientalische Philologie an der UL, 1861 Universitätsbibliothekar, 1869 Oberbibliothekar, 1860 verh. mit Julie Krehl 28, 30, 58, 63, 175, 202

Krehl, Elisabeth, geb. Frohne (1868–1942; NDB), 1910 verh. mit Ludolf von Krehl 128

Krehl, Eva (Lebensdaten unbekannt; Feldpostbriefe von Ludolf von Krehl, Bd. 2, S. 144), Tochter von Ludolf von Krehl und Maria Krehl 121, 128, 137, 138

Krehl, Julie, geb. Wiesand (gest. 1898; Saebi), 1860 verh. mit Ludolf Krehl 63, 138

Krehl, Lorle (Lebensdaten unbekannt; Feldpostbriefe von Ludolf von Krehl, Bd. 2, S. 518), Tochter von Ludolf von Krehl und Maria Krehl 121, 128, 137, 138

Krehl, Maria, geb. Geibel (gest. 1918; BadBiog), Tochter von Carl und Leonore Geibel, 1888 verh. mit Ludolf von Krehl, 1899 verh. mit Richard Semon 102, 112, 119-121, 123, 124, 128, 130, 133, 137, 141, 154, 155, 157, 169, 177, 254, 290, 297, 323

Krek, Gregor (1840–1905; ÖBL), 1871–1902 Prof für Slawische Philologie an der Uni Graz 205

Kretschmer, Paul (1866–1956; NDB), 1899–1936 Prof für vergleichende Linguistik an der Uni Wien 166, 308

Kromayer, Johannes (1859–1934; PUL), 1913–1927 Prof für Alte Geschichte an der UL 303

Krumbacher, Karl (1856–1909; NDB), 1897 Prof für mittelalterliche und moderne griechische Sprache und Literatur an der Uni München 33, 65

Kuhn, Clara (1877 oder 1878–1892; NDB), Tochter von Ernst Kuhn 39

Kuhn, *Ernst* Wilhelm Adalbert (1846–1920; NDB), 1877 Prof für arische Philologie und vergleichende indogermanische Sprachwissenschaft und 1909 für vergleichende indogermanische Sprachwissenschaften an der Uni München 39, 89, 167, 208, 290, 294

Kühnel, N.N. (Lebensdaten unbekannt), Patientin in der Heilanstalt für Nerven- und Gemütskranke in Hartheck 74

Kulbakin, Stepan Michajlowitsch (1873–1941; WBIS), 1908–1919 Prof für Slawistik an der Uni Charkow, 1920 Emigration, 1924 Prof in Belgrad 294

Külpe, Oswald (1862–1915; NDB), 1887–1894 Assistent von Wilhelm Wundt, 1888 Habilitation an der UL, 1894 Prof für Psychologie an der Uni Würzburg, 1909 in Bonn, 1912 in München 48, 55

Kuttner, N.N. (Lebensdaten unbekannt), Besucher der Leskiens 26

Lagercrantz, Carl *Otto* (1868–1938; WBIS), 1898 Promotion in klassischer Philologie an der Uni Uppsala, 1907–1913 Prof in Göteborg, 1919 in Uppsala 108

Lambertz, Maximilian (1882–1963; NDB), 1946–1957 Professor für vergleichende Sprachwissenschaft an der UL 17

Lampe-Vischer, Carl Victor (1836–1907; Leipzig-Lex), 1862 Besitzer des Verlags F. C. W. Vogel in Leipzig 147

Lamprecht, *Karl* Gotthard (1856–1915; PUL), 1891–1915 Prof für Mittlere und Neuere Geschichte an der UL 25, 29, 43, 45, 58, 100, 126, 138, 153, 170, 175, 235, 236, 260, 271, 297, 300, 301, 302, 306, 319

Langsdorff, Eduard (gest. 1925; GEBHARDT, Geschichte), Bankier, 1897 verh. mit Margot Langsdorff 317

Langsdorff, Margot, geb. von Ardenne (1873–1938; GEBHARDT, Geschichte), Enkelin von Johanne Wilhelmine Brockhaus (1817–1897), 1897 verh. mit Eduard Langsdorff 317

Lanman, Charles Rockwell (1850–1941; WBIS), 1873–1876 Studien in Deutschland, u.a. bei August Leskien,

1876 Prof für Sanskrit an der Johns Hopkins University in Baltimore, 1880 an der Harvard University, 1888 verh. mit Mary Billings Hinckley 118, 139

Le Blanc, Max (1965–1943; PUL), 1895–1933 Prof für Physikalische Chemie an der UL 293

Lehmann, Max (1845–1929; NDB), Prof für Geschichte des Mittelalters und Neuzeitliche Geschichte an der Uni Göttingen 43, 45, 52

Leitzmann, Albert (1867–1950; NDB), 1898–1950 Prof für deutsche Sprache und Literatur an der Uni Jena 243

Lenz, *Max* Albert Wilhelm (1850–1932; NDB), Prof für Geschichte an der Uni Hamburg 43, 45, 58, 59

Leo, Friedrich (1851–1914; NDB), 1881 Prof für klassische Philologie an der Uni Kiel, 1883 in Rostock, 1888 in Straßburg, 1889–1914 in Göttingen 267

Lepsius, Reinhold (1857–1922; Wikipedia), Maler 56

Leskien, *Albert* Heinrich Wilhelm (1875–1927; NDB), Maler, Sohn von August Leskien 14, 27, 30, 33-42, 45, 48-50, 52-60, 63-65, 67, 69-75, 79, 81, 82, 86, 87, 92, 94-106, 109-119, 121-125, 129-131, 133, 134, 137-141, 144-156, 158-160, 163, 169-173, 177-179, 184, 185, 188, 192-204, 206, 211-214, 218-220, 223, 225, 226, 228-233, 236-238, 240, 242, 243, 245-247, 249, 251-254, 261-271, 273, 275-277, 279, 281, 284, 285, 287, 290-292, 294-296, 301, 303-305, 309, 310, 312, 313, 315, 320, 322, 326, 330

Leskien, Anna *Elfriede* (1892–1981; WBIS), Bibliothekarin an der Stadtbibliothek Leipzig, Tochter von August Leskien 14, 42, 53, 67, 71, 79, 80, 85, 87, 101, 103, 107, 108, 116-118, 126, 138, 140-142, 146, 148, 150, 152, 157, 163, 164, 170, 172, 175, 177, 184, 185, 193, 195, 196, 198, 200, 203, 204, 214, 215, 219, 220, 225, 226, 230, 236, 238-242, 245, 249, 258-262, 275, 276, 278, 281, 283, 288, 290, 292-294, 298-303, 306, 309, 310, 312, 315, 317, 318, 320, 324-326

Leskien, August Wilhelm (1800–1876; NDB), Tischlermeister, 1839 verh. mit Magdalena Leskien, Vater von August Leskien 10, 14, 71

Leskien, *Ernst* August (1882–1942; GND), Direktor des Henkel-Waschmittelwerkes in Genthin, Sohn von August Leskien 14, 27, 30, 35, 36, 38, 42, 49, 53, 54, 57, 64, 71, 76, 79, 80, 85, 89, 101, 105, 108, 112-114, 116-120, 122, 127, 129, 130, 139-141, 143, 146, 147, 152, 153, 164, 175, 176, 182, 184-188, 190-202, 204, 211, 212, 214-217, 219, 220, 221, 226, 228, 230-233, 236, 237, 240-242, 244, 245, 249, 258, 262, 264-266, 270, 271, 276, 282-292, 294, 303, 308, 309, 312, 316, 318, 320, 326, 327, 330-332

Leskien, *Friedrich* Walter (1877–1949; UBL, NL 348/2), Augenarzt, Sohn von August Leskien, verh. mit Marie Leskien 14, 17, 32, 34, 38, 41, 42, 49, 53, 54, 62, 63, 71, 78, 79, 83-87, 90, 92-96, 98, 106, 107, 110, 112-114, 119, 134, 136, 143, 147, 154, 159, 164, 167, 172, 176, 184, 185, 189, 194, 196, 197, 200, 204, 206, 209, 210, 214, 217, 218, 220, 223, 225, 226, 230, 233, 235, 237, 240, 242, 244-249, 253, 255, 258-263, 265, 266, 268-270, 272, 273, 275-278, 280-284, 288, 290, 293, 294, 302, 304, 305, 308, 309, 314, 318, 326, 327, 330

Leskien, *Gertrud* Magdalena, verh. Streitberg (1874–1942; NDB), Tochter von August Leskien, verh. mit Wilhelm Streitberg 14, 18, 28, 33, 36-38, 45, 46, 49, 53, 57, 66, 67, 69-81, 83-89, 92, 97, 99-102, 112, 114, 116, 118, 119, 127, 135, 142, 144-147, 154, 156, 159, 160, 167, 172, 175, 184, 185, 187, 192, 193, 195, 196-198, 200-204, 206, 208-238, 240-243, 247, 249, 251-253, 258-260, 267, 269-271, 276, 283, 285, 287, 288, 290, 292, 294, 299, 301, 306, 309, 314, 317, 325, 330, 331

Leskien, Hans Peter (1912–1985; UBL, NL 348/2), Sohn von Friedrich und Marie Leskien, 1937–1951 Arzt in Palästina/Israel, 1954 Promotion in München, arbeitete als Arzt in England und seit den 1960er Jahren in München 14, 308, 318

Leskien, *Ilse* Maria (1879–1934; UBL, NL 348/2), Schriftstellerin, Tochter von August Leskien 14, 17, 30, 36, 38, 42, 49, 52, 53, 57, 63, 64, 67, 71, 74, 76, 79-81, 83, 86, 87, 90, 92, 94, 99-104, 106-109, 114, 116-118, 120, 124, 127, 130, 131, 133, 134, 146-149, 152, 156, 159, 164, 165, 167, 169-172, 175, 177, 181, 184-186, 194, 196, 197, 200, 203-207, 214-217, 219-223, 225, 226, 228, 230, 232-234, 235-238, 240-245, 247-249, 250, 252, 256-259, 261, 262, 264, 269, 270-272, 275-277, 279-285, 288, 290-294, 300-302, 305, 308, 309, 312-314, 317, 318, 320, 324, 326, 328, 330, 332

Leskien, Lisbeth, siehe: Leskien, Marie *Elisabeth* »Lisbeth«

Leskien, Magdalena Margaretha Elisabeth, geb. Schmidt (1801–1878; NDB), 1839 verh. mit August Wilhelm Leskien, Mutter von August Leskien 150

Leskien, Marie »May«, geb. Lie (1877–1957; UBL, NL 348/2), Lehrerin, Tochter von Anna und Sophus Lie, verh. mit Friedrich Leskien 14, 185, 195, 202, 205, 206, 214, 222, 223, 225, 229, 230, 232, 242, 245, 246, 252, 257-263, 265, 266, 268-270, 272, 273, 275, 281, 284, 288, 293, 294, 302, 308, 309, 318

Leskien, Marie *Elisabeth* »Lisbeth«, geb. Judeich (1851–1908; NDB), Tochter von Johann Albert Judeich und Marie Pauline Judeich, 1871 verh. mit August Leskien 13-15, 17, 27, 33, 36, 42, 50, 55, 57, 60, 65, 67, 71, 74-77, 79-81, 85-88, 92, 94, 96, 97, 100, 101, 113, 114, 116, 118, 120, 121, 124, 128, 132, 135, 137-146, 148, 150-152, 154, 157, 168, 170, 174, 175, 177, 178, 181, 186, 190-192, 196, 197, 202-204, 206, 210-212, 214-217, 219-222, 227-229, 236-238, 240, 241, 244, 245, 258, 260, 261, 265, 267, 272, 280, 282-286, 288, 294, 323

Leskien, *Ragna* Elisabeth (1908–2007; UBL, NL 348/2), seit 1927 Studium der Germanistik, Anglistik und Geschichte u.a. an der UL, 1933 Staatsexamen, Tochter von Friedrich und Marie Leskien, 1936 verh. mit dem Leipziger Prof für Mathematik Ernst Hölder (1901–2030), seit 1958 Prof an der Uni Mainz 14, 283, 288, 290, 318

Leskow, Nikolaj Semjonowitsch (1831–1895; BBKL), russischer Schriftsteller 256

Leuckart, Karl Georg Friedrich *Rudolf* (1822–1898; PUL), 1869–1898 Prof für Zoologie und Zootomie an der UL 30, 133, 158

Leumann, Ernst (1859–1931; NDB), 1884 Gymnasiallehrer in Frauenfeld und Prof für Indologie an der Uni Straßburg, 1919 in Freiburg 158

Leyen, Friedrich von der (1873–1966; NDB), 1920–1937 Prof für Deutsche Philologie an der Uni Köln, 1946–1953 Honorarprof in Köln und München 305, 306

Liagre, *Albert* Heinrich de (1833–1908; LIAGRE, Geschichte), Besitzer der Firma Charles de Liagre in Leipzig (Leinen- und französische Batist-Engroshandlung), niederländischer Konsul, Bruder von Gustav de Liagre 59

Liagre, Charles *Gustav* Oscar de (1842–1904; LIAGRE, Geschichte), Teilhaber der Firma Hermann Samson (Manufakturwaren en gros) in Leipzig, Bruder von Albert de Liagre 59

Lie, *Anna* Sophie, geb. Birch (1854–1920; NDB), 1874 verh. mit Sophus Lie, Mutter von Marie Leskien 230, 288, 293

Lie, Herman (1884–1960; Wikipedia im Art. Lie, Sophus), Bankier, Sohn von Sophus und Anna Lie, Bruder von Marie Leskien 229

Lie, Marius *Sophus* (1842–1899; PUL), 1872 Prof für Mathematik an der Uni Christiania, 1886 Prof für Geometrie an der UL, 1898–1899 Prof für Theorie der Transformationsgruppen an der Uni Christiania, 1874 verh. mit Anna Lie, Vater von Marie Leskien 47, 153, 166

Liebenam, Wilhelm »Willy« (1859–1918; WBIS), 1892 Promotion in alter Geschichte an der Uni Jena, Gymnasiallehrer und unbesoldeter Prof für alte Geschichte an der Uni Jena 112

Liebeskind, Felix (1837–1898; HOHLFELD, Leipziger Geschlechter 1, S. 224), Verlagsbuchhändler in Leipzig 43, 44

Liebeskind, Franz Ludwig (1838–1915; HOHLFELD, Leipziger Geschlechter 1, S. 225), Kaufmann in der Firma Joern & Liebeskind für sächsische Manufakturwaren 329

Liliencron, Rochus von (1820–1912; WBIS), 1851 Prof für nordische Sprachen und Altertümer an der Uni Kiel, 1852 in Jena, 1855 Kammerherr und Gesellschaftsrat beim Herzog von Sachsen-Meiningen 147

Lipsius, Justus Hermann (1834–1920; PUL), 1869–1914 Prof für Klassische Philologie an der UL 30, 41, 43, 45, 52, 58, 145, 154, 316

Löbbecke, Otto Emil *Rudolf* (1884–1946; Lebenslauf in: LÖBBECKE, Über das Verhältnis von Brāhmanas), Studium der Rechtswissenschaften in Marburg und Leipzig, seit 1904 Studium der Orientalistik, 1908 Promotion in Indologie an der UL, später Inhaber des Bankhauses Löbbecke 272

Lochner, Julius (1828–1914; RIEDEL, Zur Geschichte der privaten Heilanstalt), Direktor der Heilanstalt Thonberg 78, 80

Loeschcke, Georg (1852–1915; NDB), 1879 Prof für Klassische Philologie und Archäologie an der Uni Dorpat, 1889 in Bonn, 1912 in Berlin 91

Lorentz, Friedrich (1870–1937; WBIS), 1892–1894 Studium an der UL u.a. bei August Leskien, 1894 Promotion in Indogermanistik an der UL, Privatgelehrter 190, 198

Lorenz, Max (1871–1907; WBIS), Redakteur der »Leipziger Volkszeitung« 98

Lossow, Margarethe von, geb. Hesse (1849–1934; KREUTZMANN, Die höheren Beamten), 1875 verh. mit Gustav von Lossow 96, 197, 269

Löwe, Richard (1863-nach 1931; NDB), seit 1884 Studium in Leipzig u.a. bei August Leskien, 1889 Promotion in Germanistik an der UL, Privatgelehrter in Berlin 100

Lüders, Heinrich (1869–1943; NDB), 1903 Prof in Rostock, 1908 in Kiel, 1909 Prof für altindische Sprache und Literatur in Berlin 228

Luick, Karl (1865–1935; NDB), 1898 Prof für Anglistik an der Uni Graz, 1908 in Wien, 1925 in Berlin 159, 205

Luise, geb. Großherzogin von Österreich-Toskana (1870–1947; Wikipedia), 1891 verh. mit König Friedrich August III. von Sachsen, 1903 geschieden 27, 220

Lukian (um 120-vor 180), griechischer Dichter 81

Lukrez (zwischen 99 und 94-um 55 oder 53 v. Chr.), römischer Dichter 87

Magnette, Paul (1888–1918; JORIS/MARCHESANI, Sur les traces), 1909–1912 Studium in Leipzig, gab ab 1914 Kurse an der Musikakademie in Lüttich, auch Komponist, seit etwa 1917 in Paris, wo er die »Nouvelle Revue wallonne« begründete, die bis 1918 erschien 308, 309

Mähl, Joachim (1827–1909; WBIS), plattdeutscher Dichter, 1854–1889 Lehrer im holsteinischen Reinfeld 186

Mahlow, Georg (geb. 1857; KÖSSLER, Personenlexikon), 1874 Studium der klassischen Philologie und der vergleichenden Sprachwissenschaft, 1879 Promotion in Göttingen, ab 1883 Gymnasiallehrer in Berlin, Oberstudiendirektor 132

Malinowski, Lucjan (1839–1898; WBIS),

1872 Promotion an der UL bei August Leskien und Georg Curtius, 1877 Prof für slawische Philologie an der Uni Krakau 139
Manteuffel, Otto von (1844–1913; BIOPARL), Rittergutsbesitzer, 1877–1898 Mitglied des Reichstags 115
Marc Aurel (121–180), römischer Kaiser 312
Marchand, *Felix* Jacob (1846–1928; PUL), 1900–1922 Prof für Allgemeine Pathologie und Pathologische Anatomie an der UL 247, 307, 328
Marcks, Erich (1861–1938; PUL), 1892 Prof für Geschichte an der Uni Freiburg, 1894 in Leipzig, 1901 in Heidelberg, 1907 in Hamburg, 1913 in München, 1922 in Berlin, 1889 verh. mit Friederike Marcks 58-60, 62, 66, 75, 94, 96, 118, 136, 164, 202-204
Marcks, Friederike, geb. von Sellin (1865–1951; Kalliope), 1889 verh. mit Erich Marcks 164
Marx, Friedrich (1859–1941; CPR), 1888 Prof für Klassische Philologie an der Uni Rostock, 1889 in Greifswald, 1893 in Breslau, 1896 in Wien, 1899 in Leipzig, 1906–1927 in Bonn 158, 169, 172, 236, 267
Marx, N.N. (Lebensdaten unbekannt), verh. mit Friedrich Marx 236
Matow, Dimitar (1864–1896; WBIS), bulgarischer Sprachwissenschaftler, 1891–1892 Studienaufenthalt in Leipzig, Gymnasiallehrer 40
Matthes, N.N. (gest. 1916), leitender Arzt und Inhaber des Sanatoriums Eyselein für Nervenkranke in Blankenburg im Harz 192, 194
Mau, Heinrich (1842–1916; Kalliope), 1879–1911 Pastor an der Heiligengeistgemeinde in Kiel, Bruder von Sophie Wundt 151, 176
Mau, Heinrich August (1806–1850; ADB), Prof für Theologie an der Uni Kiel, Vater von Heinrich Mau und Sophie Wundt, Bruder von Ida Tönnies 136
Maurenbrecher, Karl Peter *Wilhelm* (1838–1892; PUL), 1867 Prof für Geschichte an der Uni Dorpat, 1869 in Königsberg, 1877 in Bonn, 1884 an der UL 29, 42, 43
Maximilian (1870–1951; NDB), Prinz von Sachsen, 1900–1911 Prof für Kirchenrecht und Liturgik in Fribourg, 1910 päpstliche Verurteilung 296
Mayer, Adolph (1839–1908; PUL), 1871–1900 Prof für Mathematik an der UL, Mayer stammte aus einer wohlhabenden Leipziger Kaufmannsfamilie und besaß ein Landhaus in Abtnaundorf, 1872 verh. mit Margarete Mayer 28, 54, 70, 83, 129, 153, 164, 165, 167, 169, 177, 281
Mayer, Friedrich »Fritz« Alexander (1844–1918; HOHLFELD, Leipziger Geschlechter 1, S. 106), Bankier, 1886–1901 Stadtverordneter in Leipzig, Mitglied des Aufsichtsrats der 1901 zusammengebrochenenen Leipziger Bank 177
Mayer, Margarete, geb. Weigel (1845–1922; NDB), 1872 verh. mit Adolph Mayer 165
Mayer, Otto (1846–1924; PUL), 1903–1918 Prof für Öffentliches Recht an der UL 319
Mayr, Georg von (1841–1925; NDB), Volkswirt, seit 1868 Prof in München, seit 1869 Vorstand des königlich Bayerischen Statistischen Bureaus, 1879–1887 kaiserlicher Unterstaatssekretär im Ministerium für Elsaß-Lothringen, 1895 Prof in Straßburg, 1898 in München 133
Mazegger, Bernhard (1837–1921; ÖBL), Kurarzt in Obermais und Meran 152
Mc Kenzie, Roderick (1887–1937; GND), klassischer Philologe 309
Mehlhorn, Paul (1851–1919; WBIS), 1875–1881 Lehrer an der Nikolaischule in Leipzig, 1881–1893 Gymnasialprofessor in Heidelberg, 1893 Pastor der evangelisch-reformierten Gemeinde in Leipzig 54, 174, 218
Meister, Eckard (1885–1914; WBIS), Prof für deutsche Rechtsgeschichte und deutsches Privatrecht an der Uni Ba-

sel, Sohn von Klothilde und Richard Meister 179, 327
Meister, Edwin (1884–1978; WBIS), Ingenieur, Textil- und Papiertechniker, Prof an der TH Dresden, Sohn von Klothilde und Richard Meister 179
Meister, Karl (1880–1963; NDB), 1905 Promotion in klassischer Philologie an der UL, zwischenzeitlich im Schuldienst, 1909 Habilitation in klassischer Philologie und indogermanischer Sprachwissenschaft, 1909 Prof an der Uni Berlin, 1914 in Königsberg, 1921 in Heidelberg, Sohn von Klothilde und Richard Meister 179
Meister, Klothilde, geb. Eckardt (1859–1945; WBIS), verh. mit Richard Meister 28, 36, 38, 52, 54, 58, 59, 63, 69, 70, 72, 76, 83, 104, 108, 116, 126, 127, 128, 132, 140, 142, 147, 152, 160, 164, 168, 172, 174, 178, 181, 183, 184, 186, 195, 203, 206, 214, 215, 230, 238, 248, 264, 308
Meister, Ludwig (1889–1914; NDB im Art. Meister, Karl), 1912 Promotion in klassischer Philologie an der UL, PD, Sohn von Klothilde und Richard Meister, Patenkind von August Leskien 179, 238, 239, 327
Meister, Richard (1882–1915; MEISTER/MEISTER, Zur Erinnerung), 1902–1907 Studium in Leipzig, promovierter Jurist, Sohn von Klothilde und Richard Meister 179, 307, 308, 312
Meister, *Richard* Karl (1848–1912; WBIS), Konrektor des Nikolaigymnasiums in Leipzig 28, 29, 36, 38, 39, 41, 52, 54, 58, 59, 63, 69, 70, 72, 75, 76, 83, 90, 104, 108, 116, 126, 127, 128, 132, 134, 138, 140, 142, 147, 152, 155, 160, 164, 168, 172, 174, 181, 183, 184, 186, 188, 195, 203, 206, 214, 215, 230, 238, 248, 264, 307, 308, 312
Meredith, George (1828–1909; WBIS), englischer Schriftsteller 304
Meringer, Rudolf (1859–1931; NDB), 1899–1930 Prof für Sanskrit und Vergleichende Sprachwissenschaft an der Uni Graz 112, 166, 180
Metzler-Loewy, Pauline (1853–1921; ÖBL), Sängerin am Hoftheater in Altenburg sowie 1875–1887 am Leipziger Stadttheater 78
Meulen, Reinder van der (1882–1972; WBIS), 1905–1906 Studium an der UL, 1907 Promotion in Slawischer Philologie an der Uni Leiden, 1946 Prof für baltische und slawische Sprachen an der Uni Leiden 264
Meumann, *Ernst* Friedrich Wilhelm (1862–1915; PUL), 1910–1911 Prof für Pädagogik an der UL 300
Meyer, Conrad Ferdinand (1825–1898; NDB), schweizerischer Dichter 107
Meyer, Eduard (1855–1930; NDB), Prof für Alte Geschichte an der Uni Berlin 149
Meyer, Gustav (1850–1900; ÖBL), 1875–1897 Prof für Sanskrit und Vergleichende Sprachwissenschaft an der Uni Graz 112
Meyer, Karl Heinrich »Karl-Heinz« (1890–1945; WBIS), 1913 Promotion in Slawistik an der Uni Münster, 1927 Prof in Münster, 1935 in Königsberg 319, 324
Meyer-Lübke, Wilhelm (1861–1936; NDB), 1887 Prof für vergleichende Sprachwissenschaft an der Uni Jena, 1890 Prof der romanischen Philologie an der Uni Wien, 1915 in Bonn 159
Miaskowski, August (1838–1899; PUL), 1891 Prof für Nationalökonomie an der UL 96, 133, 184
Michaelis, Adolf (1835–1910; NDB), 1862 Prof für Archäologie an der Uni Greifswald, 1865 Prof für Klassische Philologie und Archäologie und Direktor des Archäologischen Museums an der Uni Tübingen, 1872 Prof für Archäologie an der Uni Straßburg 206
Michaelis, Marie (Lebensdaten unbekannt), nicht näher bekannte Besucherin bei Marie »Mony« Brockhaus 169

Michel, Hermann (1877–1946; WBIS), 1903 Promotion in Germanistik an der Uni Berlin, ab 1911 Chefredakteur des Brockhaus-Konversations-lexikons, 1933 Emigration nach Großbritannien 300, 304
Michels, Victor (1866–1929; NDB), Prof für Deutsche Philologie an der Uni Jena 35, 325
Michelson, N.N. (Lebensdaten unbekannt), verh. mit Truman Michelson 247
Michelson, Truman (1879–1938; WBIS), 1904–1905 Studium in Leipzig, arbeitete ab 1910 für das Bureau of American Ethnology an der Smithsonian Institution in Washington, 1917–1932 auch als Ethnologe an der George Washington University 247
Mickiewicz, Adam (1798–1855; WBIS), polnischer Dichter 319
Mikkola, Jooseppi Julius (1866–1946; WBIS), 1900 Prof für Slawistik an der Uni Helsinki, 1893 verh. mit Maria Mikkola 102, 103, 108-111, 114-117, 119, 122, 153, 172, 174, 195, 244, 245, 247, 262, 263, 285, 288, 290, 305, 326
Mikkola, Maria, geb. Winter (1871–1951; WBIS), Schriftstellerin, 1893 verh. mit Jooseppi Julius Mikkola 103, 108, 109, 114, 115, 153, 172, 174, 195, 202, 244, 245, 247, 254, 262, 263, 288, 290
Miklosich, Franz von (1813–1891; NDB), 1849–1886 Prof für slawische Philologie an der Uni Wien 32, 198, 253
Milan, Emil (1859–1917; WBIS), Schauspieler, 1903 Lektor für Vortragskunst an der Uni Berlin 43
Miletitsch, Ljubomir (1863–1937; WBIS), 1889 Promotion in Slawischer Philologie an der Uni Zagreb, 1892 Lehrer an der Hochschule in Sofia und Prof für slawische Philologie 265
Mitteis, Ludwig (1859–1921; PUL), 1899 Prof für Römisches und Deutsches Bürgerliches Recht an der UL 182
Möbius, Paul Julius (1853–1907; WBIS), 1883 Habilitation in Medizin an der UL, 1893 praktischer Arzt für Nervenkranke in Leipzig 74, 94
Möckel, Heinrich August (Lebensdaten unbekannt; LAB 1908), Dr. med., praktischer Arzt, Geburtshelfer in Leipzig 183, 236
Mogk, Eugen (1854–1939; PUL), Prof für Nordische Philologie an der UL 19, 40, 60, 70, 141
Mogk, Walther (1887–1914; Kalliope), Sohn von Eugen Mogk 327
Mommsen, Christian Matthias *Theodor* (1817–1903; PUL), 1848 Prof für Rechtswissenschaft an der UL, 1852 Prof für Römisches Recht an der Uni Zürich, 1854 in Breslau, 1858–1895 Prof für Alte Geschichte an der Uni Berlin, 1902 Nobelpreis 47, 128, 173, 204
Morus, Thomas (1478–1535), englischer Staatsmann 94
Motteler, Julius (1838–1907; BIOPARL), 1874–1878 und 1903–1907 Mitglied des Deutschen Reichstags 228
Muche, N.N. (Lebensdaten unbekannt), Pastor in Blankenburg (Harz) 193, 198
Mucke, Ernst (1854–1932; EICHLER, Slawistik in Deutschland), 1874–1878 Studium der Theologie, Philologie u.a. bei August Leskien und Promotion an der UL, seit 1879 Gymnasiallehrer in Zittau, Bautzen, Chemnitz und Freiberg 124, 158, 160
Mühll, Karl von der (1841–1912; PUL), 1872 Prof für Physik an der UL, 1889–1912 in Basel 307
Muka, Arnošt, siehe: Mucke, Ernst
Müller, Friedrich (1834–1898; NDB), 1866 Prof des Sanskrit und der vergleichenden Sprachwissenschaft an der Uni Wien 147, 162
Müller, Friedrich *David* Theodor (1828–1877; Wikipedia), 1871 Prof für Geschichte an der Polytechnischen Schule Karlsruhe 204
Müller, Friedrich *Max* (1823–1900; NDB), 1854–1875 Prof für neue Sprachen

und Literaturen an der Uni Oxford 50
Müller, N.N. (Lebensdaten unbekannt), verh. mit David Müller 204
Münsterberg, Hugo (1863–1916; WBIS), 1892 Prof für Philosophie an der Uni Freiburg, 1892–1894 Gastprof an der Harvard University in Boston 235
Murko, Mathias (1861–1952; PUL), 1902 Prof für Slawische Philologie an der Uni Graz, 1917 in Leipzig, 1920 Prof für Südslawische Sprachen und Literaturen an der Uni Prag 205, 254, 265, 281
N.N., Amalie (Lebensdaten unbekannt), Bedienstete der Familie Leskien 32
N.N., Anna (Lebensdaten unbekannt), Bedienstete der Familie Leskien 260, 275
N.N., Christiane (Lebensdaten unbekannt), wahrscheinlich eine Bedienstete der Leskiens 229, 238, 241
N.N., Emmy (Lebensdaten unbekannt), Bekannte der Leskiens 181
N.N., Minna (Lebensdaten unbekannt), Köchin bei Leskiens 186, 188
N.N., Rosalie (Lebensdaten unbekannt), Angestellte der Leskiens 301
N.N. (Lebensdaten unbekannt), Pflegerin von Gertrud Leskien 215, 217
N.N. (Lebensdaten unbekannt), Stubenmädchen bei den Leskiens 186
Nansen, Fridtjof (1861–1930; Wikipedia), norwegischer Polarforscher 102, 134
Napoleon I. (1769 -1821), Kaiser der Franzosen 32
Nathansohn, Alexander (1878–1940; PUL), 1909 Prof für Botanik an der UL 213
Naumann, Constantin Georg (1842–1911; Kalliope), Druckereibesitzer, Miteigentümer des Hauses Stephanstr. 12 in Leipzig 83, 297
Naumann, Ernst Theodor (1838–1910; www.bildindex.de), Druckereibesitzer, Miteigentümer des Hauses Stephanstr. 12 in Leipzig 83
Naumann, Käthe (Lebensdaten unbekannt), Tochter von Ernst Theodor oder Constantin Georg Naumann 83
Nebel, Wilhelm Heinrich (Lebensdaten unbekannt; LAB 1898), Kaufmann in Leipzig 129
Negri, Ada (1870–1945; Wikipedia), italienische Schriftstellerin 105
Nehring, Wladislaus (1830–1909; NDB), 1868–1907 Prof für slawische Sprachen und Literaturen an der Uni Breslau 274, 276, 277, 284
Neisser, *Albert* Ludwig Sigesmund (1855–1916; NDB), 1882 Prof und Leiter der Hautklinik der Uni Breslau 244
Nernst, *Walther* Hermann (1864–1941; NDB), 1891 Prof für physikalische Chemie an der Uni Göttingen, 1905 in Berlin, 1920 Nobelpreis, 1922–1924 Präsident der Physikalisch-Technischen Reichsanstalt 267
Nestor von Kiew (1050–1113), Mönch im Kiewer Höhlenkloster, Verfasser der »Nestorchronik« 117
Neubert, Adolph (1848–1899; REIMER, Adolph Neubert, S. 35-61), geboren in Schleswig-Holstein, stammte aus der Familie der Textilfabrikanten Neubert (August Neuberts Fabrikker, gegründet 1846 in Neumünster, seit 1867 in Kopenhagen), erwarb 1885/91 Schloss Labers in Meran, das er zu einer Pension umbaute 171
Newman, John Henry (1801–1890; BBKL), Kardinal 64
Nezabitauskis-Zabitis, Kajetonas Rokas (1800–1876; Wikipedia), litauischer Gelehrter, u.a. Verfasser einer litauischen Grammatik in polnischer Sprache 94
Nezabitauskis-Zabitis, Kiprijonas Juozapas (1779–1837; Wikipedia), litauischer katholischer Priester, Dichter, Übersetzer 94
Niese, Bertha, geb. Zimmermann (1859–1937; NDB), 1881 verh. mit Benedikt Niese 193
Niese, Jürgen Anton *Benedikt* (1849–1910; NDB), 1880 Prof für Alte Geschichte und Klassische Philologie an der Uni Marburg, 1881 Prof für Klassische

Philologie an der Uni Breslau, 1885 in Marburg, 1906 Prof für Alte Geschichte an der Uni Halle, 1881 verh. mit Bertha Niese 197

Nietzsche, Friedrich (1844–1900; NDB), Philosoph 72, 85

Nikolaus II. (1868–1918), Kaiser von Russland 172

Nohl, Herman (1879–1960; NDB), 1919 Prof für Philosophie an der Uni Göttingen 273

Nöldeke, Theodor (1836–1930; BBKL), 1864 Prof für orientalische Sprachen an der Uni Kiel, 1872 in Straßburg 173

Oberg, Emil (1844–1900; AGSTNER, Von Kaisern, S. 249), Diplomat, 1890 Konsul in Nisch, 1893 in Belgrad, 1899 in Tiflis 99, 196

Obser, *Karl* Joseph (1860–1944; BadBiog), 1906–1924 Direktor des Generallandesarchivs Karlsruhe 80

Oertel, Hanns (1868–1952; NDB), 1896 Prof of Linguistics and Comparative Philology an der Yale University, 1920 PD in Basel, 1922 Prof in Marburg, 1925–1935 Prof für arische Philologie an der Uni München 308

Oettingen, *Arthur* Joachim (1836–1920; PUL), 1894–1919 Honorarprof für Physik und Meteorologie an der UL 134, 152

Oettingen, Wolfgang von (1859–1943; DBE), 1892 Prof für Kunst- und Literaturgeschichte an der Kunstakademie Düsseldorf, 1897 erster ständiger Sekretär der königlichen Akademie der Künste in Berlin, 1908 Direktor des Goethe-Nationalmuseums in Weimar, 1911 Direktor des Goethe- und Schiller-Archivs 65, 180

Okazaki, Tōmitsu (1868–1914; GND), 1896–1897 Studium an der UL, 1898 Promotion an der UL 136, 143

Oppeln-Bronikowski, Carl Hermann August (1859–1913; BRÜCKNER, Briefe), Offizier 227, 240, 247

Oppeln-Bronikowski, Elsie Marie von, verh. Halpaus (geb. 1879; BRÜCKNER, Briefe), Tochter von Helene von Oppeln-Bronikowski 137

Oppeln-Bronikowski, Helene von, geb. Böhtlingk (1853–1917; BRÜCKNER, Briefe), Tochter von Otto von Böhtlingk aus 1. Ehe mit Ottilie Pauline Böhtlingk, 1877 verh. mit Carl Hermann August von Oppeln-Bronikowski (1859–1913) 227, 240, 241

Oppeln-Bronikowski, Pauline Marie von (geb. 1882; www.gschneidinger.com), Tochter von Helene von Oppeln-Bronikowski 137, 227

Origenes (185-um 258), Kirchenvater 112

Orzeszkowa, Eliza (1842–1910; WBIS), polnische Schriftstellerin 319

Osten-Sacken, Wedig von der (1878–1937; WBIS), 1902–1908 Studium der Philologie in Leipzig, Arbeiten zur indogermanischen, slawischen und baltischen Sprachwissenschaft 216, 264, 298

Ostermeyer, N.N. (Lebensdaten unbekannt), Besucher bei den Leskiens 26

Osthoff, Hermann (1847–1909; NDB), 1877 Prof der Vergleichenden Sprachwissenschaft und des Sanskrit an der Uni Heidelberg 162, 166, 220, 286, 287

Ostwald, Helene, geb. von Reyher (1854–1946; NDB), Lehrerin, 1880 verh. mit Wilhelm Ostwald 63

Ostwald, *Wilhelm* Friedrich (1853–1932; PUL), 1887–1906 Prof für Physikalische Chemie an der UL, 1908 Nobelpreis, 1880 verh. mit Helene Ostwald 37, 52, 63, 76, 107, 119, 126, 157, 218, 252, 253, 257, 267, 279

Overbeck, *Johannes* Adolf (1826–1895; PUL), 1853–1895 Prof für Klassische Archäologie an der UL 30, 56, 90

Palander, Hugo, nach 1906 Hugo Suolahti (1874–1944; Wikipedia), finnischer Politiker, studierte 1897 in Leipzig Germanistik, 1911 Prof in Helsinki 116, 117, 259

Pansa, Otto (geb. 1844; UAL, Rektor B 55), Jurist und Stadtrat 231

Pantenius, Walther (1876–1909; GND),

Sohn des Schriftstellers Theodor Hermann Pantenius (1843–1915), 1899–1904 Studium der Germanistik und Promotion an der UL, Teilhaber des Leipziger Verlags Robert Voigtländer 206

Partsch, Else, verh. Hauck (Lebensdaten unbekannt; Findbuch Joseph Partsch), Tochter von Helene und Joseph Partsch 269

Partsch, *Helene* Ottilie Elisabeth, geb. Doepke (gest. 1925; Saebi), verh. mit Joseph Partsch 269

Partsch, Joseph (1851–1925; PUL), 1905–1922 Prof für Geographie an der UL 248, 264, 269, 279

Pastrnek, František (1853–1940; ÖBL), 1895 Prof der slawischen Philologie und der kirchenslawischen Sprache an der Uni Prag 205

Paulsen, Friedrich (1846–1908; PUL), Prof für Philosophie und Pädagogik an der Uni Berlin 54

Payr, Erwin (1871–1946; PUL), 1911–1937 Prof für Chirurgie und Direktor der chirurgischen Klinik an der UL 307, 308

Pech, Johann Traugott (1838–1913; WBIS), sorbischer Schriftsteller, 1863 Verlagsbuchhändler in Bautzen, seit etwa 1890 Mitarbeiter des Brockhaus-Verlags 148, 149, 313

Pedersen, Holger (1867–1953; Wikipedia), 1903–1937 Prof für Vergleichende Sprachwissenschaft an der Uni Kopenhagen, 1903 Reisebegleiter Karl Brugmanns nach Griechenland 48

Penck, Albrecht (1858–1945; NDB), 1885 Prof für Geographie an der Uni Wien, 1906 in Berlin 248

Perthes, *Georg* Clemens (1869–1927; PUL), 1903–1910 Prof für Chirurgie an der UL, 1910–1927 in Tübingen 225, 282

Peschel, Oscar Ferdinand (1826–1875; PUL), 1871 Prof für Geographie an der UL 28

Peter I. (1844–1921), 1903–1918 König von Serbien, 1918 König der Serben, Kroaten und Slowenen 232

Petersen, Paul (1857–1898; WBIS), seit 1891 Mitarbeiter in der Redaktion des Brockhaus-Verlags 148, 153, 154

Pfeffer, Henriette, geb. Volk (Lebensdaten unbekannt; PUL), verh. mit Wilhelm Pfeffer 49, 94, 159

Pfeffer, *Wilhelm* Friedrich (1845–1920; PUL), Prof für Botanik an der UL, verh. mit Henriette Pfeffer 28, 35, 49, 82, 94, 128, 168, 176, 212, 224, 329

Pinkau, Karl (1859–1922; Wikipedia), sozialdemokratischer Politiker, Mitglied des Reichstages 53

Pinkert, Ernst (1844–1909; Wikipedia), Gastwirt, gründete 1878 den Leipziger Zoo 146

Pischel, Richard (1849–1908; NDB), 1885 Prof für Vergleichende Sprachwissenschaft und Indologie an der Uni Halle, 1902 in Berlin 69, 76, 82, 85

Pissemskij, Aleksej Feofilaktowitsch (1821–1881; WBIS), russischer Schriftsteller 253

Pius X. (1835–1914), Papst 296

Pjech, Jan Bohuwer, siehe: Pech, Johann Traugott

Planitz, Hans (1882–1954; NDB), 1912 Prof für Urheber- und Patentrecht an der UL, 1913 Prof für Deutsches und Schweizerisches Zivilrecht in Basel, 1914 Prof für Deutsches, Bürgerliches und Handelsrecht in Frankfurt a.M., 1920 in Köln, 1941 in Wien 314

Platen, Camilla von, geb. von Ardenne (1843–1899; GEBHARDT, Geschichte), 1863 verh. mit Carl Hermann von Platen, 1870 geschieden, Tochter von Johanne Wilhelmine und Louis Célestin Prosper von Ardenne 155

Platzmann, Julius (1832–1902; Wikipedia), Botaniker 227

Pogodin, Michail Petrowitsch (1800–1875; WBIS), 1826–1844 Prof für Russische Geschichte an der Uni Moskau 280

Poirot, *Jean* Marie Joseph (1873–1924; WBIS), 1896 Studium an der UL,

1898 Französischlektor, seit 1903 Dozent für Phonetik in Helsinki 223
Polonskij, Jakow Petrowitsch (1819–1898; WBIS), russischer Schriftsteller 253
Porschesinskij, Wiktor Karlowitsch (1870–1929; DOROSZEWSKI, Wiktor Porzeziński, S. 371-374), 1901 Magister, 1903 Promotion in Indogermanistik an der Uni Moskau, lehrte 1901–1921 an der Uni Moskau, danach an den Uni Warschau und Lublin 195, 196, 203
Porzeziński, Wiktor Jan, siehe: Porschesinskij, Wiktor Karlowitsch
Potapenko, Ignatij Nikolajewitsch (1856–1929; WBIS), russischer Schriftsteller 258
Praetorius, Georg Friedrich *Franz* (1847–1927; CPH), 1880 Prof für semitische Philologie an der Uni Breslau, 1892 in Halle, 1909 in Breslau 82, 149, 174, 175, 182, 183
Prellwitz, Walther (1864–1945; WBIS), 1895 Promotion in klassischer Philologie an der Uni Göttingen, Oberlehrer am Königlichen Gymnasium in Tilsit 120
Procksch, Otto (1874–1947; WBIS), 1901 PD für Altes Testament an der Uni Königsberg, 1906 Prof an der Uni Greifswald, 1925 in Erlangen 84
Prym, Eugen (1843–1913; WBIS), 1875 Prof für semitische Sprachen an der Uni Bonn 174, 175, 182, 183
Puşcariu, Sextil (1877–1948; WBIS), 1900 Promotion in Leipzig, 1905 Leiter des Rumänischen Seminars an der Uni Wien, 1906 Prof für rumänische Philologie an der Uni Czernowitz, 1919 in Klausenburg, 1940–1944 Präsident des Rumänischen Instituts an der Uni Berlin 176
Puschkin, Aleksandr Sergejewitsch (1799–1837; WBIS), russischer Dichter 184
Putlitz, Gustav Gans zu (1821–1890; ADB), Schriftsteller, Besitzer des Gutes Retzin 108
Raabe, *Wilhelm* Karl (1831–1910; NDB), Schriftsteller 285
Räde, Oscar (Lebensdaten unbekannt; DAB 1911), Tischler in der Dresdner Schnorrstraße, in der auch Konrad Judeich lebte 302
Ramdohr, Hermann August (1850-um 1920; Wikipedia), königlich sächsischer Stabsarzt, Inhaber und Leiter einer Anstalt für Heilgymnastik und Massage (Medico-mechanisches Zander-Institut) in Leipzig 99, 137
Ratzel, Friedrich (1844–1904; PUL), 1886 Prof für Geographie an der UL 31, 37, 39, 40, 53, 63, 82, 98-101, 107, 115, 121, 125, 129, 130, 134, 135, 143, 145, 149, 171-173, 175, 185, 204, 226, 227, 244, 245, 248
Ratzel, Hedwig (1869–1965; NDB), Tochter von Friedrich Ratzel 130
Ratzel, Lila, verh. Riezler (1881–1964; NDB), Tochter von Friedrich Ratzel 130
Raupeter, Heinrich (Lebensdaten unbekannt), Vetter von August Leskien, Vater von Richard Raupeter 196, 199
Raupeter, Richard (gest. 1900), Sohn von Heinrich Raupeter 195
Rauscher, Adolf (geb. 1873; Lebenslauf in: RAUSCHER, Über einen Fall von gummöser Myokarditis), Mediziner, 1902 Promotion an der UL 147, 158, 159, 165, 174, 194, 264, 271, 282
Rauscher, Gustav (geb. 1875; Lebenslauf in: RAUSCHER, Über Haematosalpinx bei Gynatresien), Mediziner, 1903 Promotion an der UL 147, 158, 159, 163, 165, 174, 194, 264, 271, 282, 288, 290, 305
Reinisch, Reinhold (1867–1950; PUL), 1897 Promotion zum Dr. phil. an der UL, danach Assistent von Ferdinand Zirkel, 1941 nichtplanmäßiger außerordentlicher Prof für Mineralogie und Petrographie an der UL 224
Remelé, Adolf (geb. 1887; UAL, Studentenkartei der Quästurbehörde), 1914–1919 Studium der Naturwissenschaften u. a. an der UL, 1919 Promotion an der UL, Sohn von Ernst Remelé 247, 262, 305

Remelé, Caroline, siehe: Steche, Caroline
Remelé, *Ernst* Hubert (1842–1914; Wikipedia), Reichsgerichtsrat 288, 316, 327
Remelé, Franz (geb. 1881; UAL, Studentenkartei der Quästurbehörde), 1902–1907 Studium der Rechtswissenschaften an der UL, Sohn von Ernst Remelé 247, 258, 262, 264, 305
Remelé, Joseph (geb. 1885; Lebenslauf in: REMELÉ, Über traumatische Orbitalsarkome), 1911 Promotion in Medizin an der UL, Sohn von Ernst Remeé 247, 262, 264, 305
Remelé, N.N. (Lebensdaten unbekannt), verh. mit Ernst Remelé 316
Remelé, M. (Lebensdaten unbekannt), wahrscheinlich eine Tochter von Ernst Remelé 266, 273, 288
Rešetar, Milan (1860–1942; ÖBL), 1904–1918 Prof für slawische Philologie an der Uni Wien, danach in Zagreb, Schwiegersohn von Vatroslav Jagić 201, 205, 277
Reusch, Eduard (geb. 1880; UAL, Studentenkartei der Quästurbehörde), Sohn des Buchhändlers Eduard Reusch, Redakteur im Verlag Karl Baedeker, 1902–1904 Studium der Philologie an der UL 214, 247, 262, 305
Rhode, Ferdinand (1802–1872; Wikipedia), Leipziger Kaufmann 135
Ribbeck, Emma, geb. Baeyer (1831–1902; ADB), 1854 verh. mit Otto Ribbeck 132
Ribbeck, Johann Karl *Otto* (1827–1898; PUL), 1877–1898 Prof für Klassische Philologie an der UL, 1854 verh. mit Emma Ribbeck 45, 46, 52, 69, 74, 130, 132, 147, 154, 158
Richter, Richard Immanuel (1839–1901; PUL), 1880 Rektor des Königlichen Gymnasiums in Leipzig, 1894 Honorarprof für Pädagogik an der UL, Direktor des Pädagogischen Seminars der Philosophischen Fakultät der UL 54, 202
Rieker, *Karl* Eugen (1857–1927; PUL), 1893–1903 Prof für Öffentliches Recht und Rechtsgeschichte an der UL, 1885 verh. mit Maria Rieker 163
Rieker, Maria, geb. Lust (Lebensdaten unbekannt; PUE), 1885 verh. mit Karl Rieker 163
Rietschel, *Ernst* Johannes (1872–1960; NDB im Art. Rietschel, Ernst Friedrich August), 1897/98 Promotion, 1912 Pfarrer an der Peterskirche Leipzig, 1928–1938 Superintendent und Oberkirchenrat in Oschatz, Sohn von Georg Rietschel 116
Rietschel, *Georg* Christian (1842–1914; PUL), 1889–1913 Prof für Praktische Theologie an der UL, Universitätsprediger und Direktor des Predigerkollegiums St. Pauli, verh. mit Karoline Rietschel 52, 130, 174, 195, 245, 257, 259
Rietschel, Karoline, geb. Müllensiefen (Lebensdaten unbekannt; WBIS im Art. Rietschel, Georg), verh. mit Georg Reitschel 130
Rietschel, Lotte (Lebensdaten unbekannt), Freundin von Gertrud Leskien aus Nauheim 195
Roethe, Gustav (1859–1926; NDB), 1888 Prof für Germanistik an der Uni Göttingen, 1902 in Berlin 151
Rohde, Erwin (1845–1898; NDB), 1872 Prof für Klassische Philologie an der Uni Kiel, 1876 in Jena, 1878 in Tübingen, 1886 in Leipzig, 1886 in Heidelberg 128
Rohn, Karl Friedrich Wilhelm (1855–1920; PUL), 1884 –1920 Prof für Mathematik an der UL 308
Rolly, Friedrich (1874–1930; PUL), 1908 Prof für Innere Medizin an der UL, 1919 Prof für Heilmethoden an der UL, 1921–1926 Prof für Spezielle Pathologie an der UL 315
Rommel, Sophie Marie Helene »Ella«, siehe: Brockhaus, Sophie Marie Helene »Ella«
Röntgen, Wilhelm Conrad (1845–1923; NDB), 1875 Prof für Physik in Hohenheim, 1876 in Straßburg, 1879 in

Gießen, 1888 in Würzburg, 1900 in München, lehnte 1898 einen Ruf nach Leipzig ab, 1901 Nobelpreis 159
Ropp, Goswin von der (1850–1919; WBIS), 1878 Prof für Geschichte an der UL, 1879 am Polytechnikum in Dresden, 1882 in Gießen, 1890 in Breslau, 1891 in Marburg 197
Roscher, *Wilhelm* Georg Friedrich (1817–1894; PUL), 1848–1889 Prof für Staats- und Cameralwissenschaften an der UL 69
Rosegger, Peter (1843–1918; NDB), österreichischer Schriftsteller 77
Rosenthal, Eduard (1853–1926; NDB), 1896 Prof für Deutsche Rechtsgeschichte und Öffentliches Recht an der Uni Jena, 1909 Vertreter der Uni Jena als Landtagsabgeordneter im Großherzogtum Sachsen, 1919–1920 Mitglied des Landtages des Freistaates Sachsen-Weimar-Eisenach, 1921–1925 Mitglied des Thüringer Landtages 215
Rost, Paul (1869–1938; WBIS), 1896 Lektor und seit 1915 Prof für Russisch an der Uni Königsberg 198
Roth, Walther *Rudolf* von (1821–1895; NDB), 1848 Prof für Indologie an der Uni Tübingen 81, 82, 85
Röthe, Gustav (1859–1926; NDB), 1888 Prof für Germanistik an der Uni Göttingen, 1902 in Berlin 151
Rozwadowski, Jan Michał (1867–1935; GND), polnischer Philologe, Prof in Krakau 79, 139
Rudtschenko, Iwan Jakowlewitsch/[ukrain.:] Jakowytsch, Pseudonym: Iwan Bilyk (1845–1905; Wikipedia), ukrainischer Volkskundler und Schriftsteller 182
Rugenstein, Hugo (1871–1927; WBIS), Historiker, 1895 Promotion an der Uni Rostock, Bibliothekar an der UBL 269, 305
Ryder, Arthur W. (1877–1938; WBIS), 1901 Promotion an der UL, seit 1908 Prof für Sanskrit an der University of California in Berkeley 160
Saltykow-Schtschedrin, Michail Jewgrafowitsch (1826–1889; WBIS), russischer Schriftsteller 118
Sandfeld, Kristian, bis 1918 Jens Kristian Sandfeld Jensen (1873–1942; WBIS), 1914–1942 Prof für romanische Philologie an der Uni Kopenhagen 149, 253
Saran, *Franz* Ludwig (1866–1931; WBIS), Lehrer an den Franckeschen Stiftungen, 1907 Prof für Germanistik an der Uni Halle, 1913 in Erlangen 243
Sattler, Hubert (1844–1928; PUL), 1891–1920 Prof für Augenheilkunde und Direktor der Augenklinik an der UL 67, 149, 247
Sauerhering, Friedrich (geb. 1865; Lebenslauf in: SAUERHERING, Die Entstehung), 1891–1895 und seit 1898 in der Redaktion des Brockhaus-Konversationslexikons 154
Saussure, Ferdinand de (1857–1913; WBIS), 1891–1913 Prof für Geschichte und indo-europäischen Sprachvergleich an der Uni Genf 315
Schachmatow, Aleksej Aleksandrowitsch (1864–1920; Wikipedia), 1890 PD für Slawistik an der Uni Moskau, 1894 Mitarbeiter der Petersburger Akademie der Wissenschaften, 1910 Prof an der Uni St. Petersburg 203
Schalfejew, Peter (1858–1916; WBIS), 1885 Lehrer an der Realschule und am Nicolaigymnasium in Libau, 1893 Lehrer an der Artillerie- und Ingenieurschule in Charlottenburg, 1894 Dozent der russischen Sprache am Orientalischen Seminar der Uni Berlin, 1897 Prof an der Kriegsakademie, seit 1903 auch an der Uni Berlin 175
Schanz, Georg von (1853–1931; NDB), 1882–1931 Prof für Wirtschaftsgeschichte und Finanzwissenschaft an der Uni Würzburg 133
Schaumkell, Ernst (1857–1942; GND), 1893 Promotion in evangelischer Theologie an der Uni Gießen, Oberlehrer in Güstrow und Ludwigslust 272

Scheibner, Wilhelm (1826–1908; PUL), 1856–1898 Prof für Mathematik an der UL 136, 137, 150, 281
Schell, Hermann (1850–1906; NDB), 1884 Prof für Apologetik, Christliche Kunstgeschichte und Archäologie an der Uni Würzburg 168
Schiller, Friedrich (1759–1805), Schriftsteller 256
Schleicher, August (1821–1868; NDB), Honorarprof für vergleichende Sprachkunde und deutsche Philologie an der Uni Jena 16, 18, 25, 98, 109, 239
Schleyer, Johann Martin (1831–1912; WBIS) katholischen Priester, erfand um 1880 die Plansprache Volapük 51
Schlichting, Elisabeth Clementine, geb. Hübel (Lebensdaten unbekannt; KIRCHHOFF, Schlichting), 1889 verh. mit Friedrich *Hermann* Nicolaus Schlichting (1861–1913) 118
Schmalz, Cäcilie (Lebensdaten unbekannt; Kalliope), Briefschreiberin 138
Schmidt, Al. (Lebensdaten unbekannt; KREUTER, Deutschsprachige Neurologen, S. 94), Inhaber des Krankenhauses Asyl Karlsfeld bei Brehna 211
Schmidt, Emil Ludwig (1837–1906; PUL), Honorarprof für Anthropologie und Ethnographie an der UL 31, 98
Schmidt. Johannes (1843–1901; Wikipedia), 1865 Promotion in Indogermanistik an der Uni Jena, 1866 Lehrer am Luisenstädtischen Gymnasium in Berlin, 1868 Prof für Deutsch und Slawistik an der Uni Bonn, 1873 in Graz, 1876 in Berlin 15, 103, 128, 130, 134, 135, 159, 160, 166, 167, 186, 203, 208, 210
Schmitt, John (1856–1906; PUL), 1898 Habilitation und PD für Mittel- und Neugriechische Sprache und Literatur an der UL, 1903–1906 Prof für Mittel- und Neugriechische Sprache und Literatur an der UL 132, 136, 149, 164, 206, 208, 240, 251, 265, 266
Schmitt, Rudolf (1830–1898; NDB), 1870 Prof für Organische Chemie am Polytechnikum in Dresden, seit 1884 auch wissenschaftlicher Leiter der Salicylsäure-Fabrik Dr. F. v. Heyden in Radebeul 158
Schneegans, Heinrich (1863–1914; NDB), 1890 Lektor für italienische Sprache an der Uni Straßburg, 1897 Prof für Romanische Philologie an der Uni Straßburg, 1898 in Erlangen, 1900 in Würzburg, 1909 in Bonn 120
Schoenbeck, *Friedrich* Wilhelm (1878–1948; WBIS), Studium der Chemie in Leipzig, 1919 Prof am zahnmedizinischen Institut in Berlin 209
Scholander, Sven (1860–1936; WBIS), schwedischer Musiker und Komponist 254
Scholvin, Robert (1850–1929; PUL), 1889–1922 Prof für Slawische Philologie an der UL 41, 129, 130, 136, 205, 305
Schopenhauer, Arthur (1788–1860; NDB), Philosoph 25
Schrader, Otto (1855–1919; WBIS), 1890 Prof der vergleichenden Sprachwissenschaft an der Uni Jena, 1909 in Breslau 112, 287
Schreiber, Pauline, verw. Oppermann, geb. Wiesemann (Lebensdaten unbekannt; WBIS), 1887 verh. mit Theodor Schreiber 163
Schreiber, Theodor (1848–1912; PUL), 1885–1911 Prof für Archäologie an der UL, 1887 verh. mit Pauline Schreiber 35, 91, 163, 305
Schroeder, Adolf (1818–1876; NDB), gründete 1860/62 die Schroedersche Papierfabrik in Golzern bei Grimma 309
Schröder, Edward (1858–1942; NDB), 1887 Prof der deutschen Sprache und Literatur in Berlin, 1889 in Marburg, 1902 in Göttingen 197
Schroeder, *Leopold* Alexander von (1851–1920; NDB), 1896 Prof für Indologie an der Uni Innsbruck, 1899 in Wien 158, 164, 202
Schtscherba, Lew Wladimirowitsch (1880–1944; Wikipedia), 1915 Promo-

tion in Slawistik, gründete 1909 an der Uni Petersburg ein Laboratorium für experimentelle Phonetik, 1916 Prof in Petrograd/Leningrad 317

Schubart, Friedrich Martin (1840–1899; JANTSCH, Der Briefwechsel), 1868 Lehrer an der Thomasschule in Leipzig, 1875 verh. mit Sophie Czermak-Schubart 168

Schubin, Ossip, Pseudonym der Schriftstellerin Lola Kirschner

Schuchardt, *Hugo* Ernst Mario (1842–1927; NDB), Prof für Romanische Philologie an der Uni Graz 11, 84, 89, 102, 108, 112, 113, 147, 148, 156, 173, 177, 178, 180, 278, 304

Schuchardt, Malvina, geb. von Bridel-Brideri (1815–1899; NDB), Mutter von Hugo Schuchardt 173

Schulz, Karl (1844–1929; WBIS), 1879–1917 Direktor der Bibliothek am Reichsgericht 53, 125

Schulze, Karl (Lebensdaten unbekannt; AVERBECK, Kaltwasserkur), Leiter des Thüringer Waldsanatoriums Schwarzeck 330

Schulze, Wilhelm (1863–1935; NDB), 1892 Prof für Klassische Philologie an der Uni Marburg, 1895 Prof für Indogermanische Sprachwissenschaft an der Uni Göttingen, 1902 in Berlin 166, 210

Schütz, Hugo (1859–1923; KREUTER, Deutschsprachige Neurologen), Psychiater, 1885 Promotion in Jena, 1889 Habilitation in Leipzig, 1892 Gründung der Anstalt Hartheck, an der er bis 1918 leitend tätig war 74, 217-221, 236, 237, 252, 257, 303, 304

Schwartz, Eduard (1858–1940; NDB), 1887 Prof der klassischen Philologie an der Uni Rostock, 1893 in Gießen, 1897 in Straßburg, 1902 in Göttingen, 1909 in Freiburg, 1914 in Straßburg, 1919 in München 316, 317

Schweizer, Eduard, seit 1899 Schwyzer (1874–1943; NDB), 1909 Prof für Vergleichende indogermanische Sprachwissenschaft und Sanskrit an der Uni Zürich, 1927 in Bonn, 1932 Prof für indogermanische Sprachvergleichung an der Uni Berlin 84

Seeliger, *Gerhard* Wolfgang (1860–1921; PUL), 1895–1921 Prof für Historische Hilfswissenschaften sowie Mittlere und Neuere Geschichte an der UL, 1887 verh. mit Luise Seeliger 136, 137, 170, 210, 228, 235, 262, 268, 307, 319

Seeliger, Luise, geb. Stölzel (1866–1960; WBIS im Art. Seeliger, Gerhard), 1887 verh. mit Gerhard Seeliger 136, 137, 228

Seeligmüller, Adolph (1837–1912; CPH), 1876–1904 Leiter der Universitäts-Poliklinik für Erkrankungen der Nerven in Halle, 1882 Prof für Medizin an der Uni Halle 76

Seidel, Heinrich (1842–1906; Wikipedia), Schriftsteller 44

Semon, *Richard* Wolfgang (1859–1918; NDB), 1891–1897 Prof für Zoologie an der Uni Jena, 1899 verh. mit Maria Krehl 120, 125

Seneca d. J. (um 4 v.Chr.-65 n.Chr.), römischer Dichter und Philosoph 94, 119

Seydewitz, Paul von (1843–1910; Wikipedia), 1892–1906 sächsischer Kultusminister 85, 115, 159

Sieglin, Gertrud, geb. Berner (Lebensdaten unbekannt; WBIS im Art. Sieglin, Wilhelm), 1880 verh. mit Wilhelm Sieglin 158

Sieglin, Wilhelm (1855–1935; PUL), 1898 Prof für Historische Geographie an der UL, 1899–1914 in Berlin, 1880 verh. mit Gertrud Sieglin 129, 133, 158, 163, 175

Sieland, Alfred Hermann (Lebensdaten unbekannt; DAB 1898), Privatier in Dresden 132, 133

Sieland, N.N. (Lebensdaten unbekannt), verh. mit Alfred Hermann Sieland 132

Sievers, Alice, geb. Towell (gest. 1918; NDB), 1881 verh. mit Eduard Sievers 49, 104, 164

Sievers, *Eduard* Georg (1850–1932; PUL), 1892 Prof für Germanische Philologie an der UL, 1881 verh. mit Alice Sievers 28, 29, 38, 39, 49, 70, 104, 117, 130, 138, 141, 150-153, 160, 164, 171, 195, 204, 226, 229, 286, 311

Sievers, Heidi (Lebensdaten unbekannt; UBL, NL 207/4/4/104), Tochter von Eduard Sievers 138

Simon, Siegfried Veit (1877–1934; WBIS), 1902–1903 Assistent bei Wilhelm Pfeffer und Promotion an der UL, 1920 Prof für Botanik an der Uni Göttingen, 1922 in Bonn 224

Singer, Hermann (1867–1915; WBIS), Redakteur, Verfasser geographischer Schriften über Afrika und das Polargebiet 298

Smal-Stocki, Stephan (1859–1938; ÖBL), 1885 Prof für ruthenische Sprache und Literatur an der Uni Czernowitz, 1921 Prof für ukrainische Sprache und Literatur an der Freien Ukrainischen Uni in Wien und Prag 304-306

Smiljanić, Manojlo (1869–1906; Lebenslauf in: SMILJANIĆ, Beiträge zur Siedelungskunde), 1892 Gymnasiallehrer in Belgrad, 1896 Studium in Leipzig, 1900 Promotion 134, 150, 160

Smiljanić, N.N. (Lebensdaten unbekannt), verh. mit Manojlo Smiljanić 134, 150, 160

Socin, Albert (1844–1899; PUL), Prof für Orientalische Sprachen an der UL 28, 43, 48, 82, 89, 156, 173, 174

Sohm, Gotthold Julius *Rudolph* (1841–1917; PUL), Prof für Kirchenrecht und Deutsches Recht an der UL 38, 98, 205, 223

Solmsen, Felix (1865–1911; FRAENKEL, Felix Solmsen), 1897 Prof für vergleichende Sprachwissenschaft in Bonn 39, 65, 66, 77, 87, 116, 125, 128, 202, 300, 301, 308

Solowjow, Wladimir Sergejewitsch (1853–1900; Wikipedia), Religionsphilosoph und Dichter 280

Soltmann, Hans (1876–1955; WBIS), 1912 Lehrer für Zeichnen an der Akademie für graphische Künste und Buchgewerbe in Leipzig, Sohn von Otto Soltmann 220

Soltmann, Hermann Julius *Otto* (1844–1913; PUL), 1894–1912 Direktor des Leipziger Kinderkrankenhauses in der Goethestraße 220

Sommer, *Ferdinand* Johann (1875–1962; NDB), 1899 Assistent bei Karl Brugmann und Habilitation an der UL, 1902 Prof für allgemeine und indogermanische Sprachwissenschaften an der Uni Basel, 1909 in Rostock, 1913 in Jena, 1924 in Bonn, 1926 in München 149, 160, 174, 175, 198, 203, 206, 210, 211, 214, 245, 286, 317, 318, 325

Sommerlatte, Louis (gest. 1892; siehe den Eintrag vom 24. Juni 1892), Oberfaktor im Brockhaus-Verlag 39

Sönksen, Andreas Peter (1819–1896; Nachruf in der Schleswig-Holsteinischen Schulzeitung, 47. Jg., 30. November 1899, Nr. 48), Lehrer in Kiel, Schriftleiter der »Schleswig-Holsteinischen Schulzeitung« bis 1874, 1874/75 aus politischen Gründen als Lehrer entlassen, dann Betrieb einer Buchdruckerei in Kiel, 1875–1881 Redakteur der schleswig-holsteinischen Landeszeitung, Herausgeber des »Kieler Anzeigers« 165

Sophokles (497/496-406/405 v. Chr.), griechischer Dichter 224

Sörensen, Agnes Karoline Wilhelmine (Lebensdaten unbekannt; LAB 1913), verh. mit Asmus Sörensen 186, 225, 296, 302, 310, 312

Sörensen, Asmus (1854–1912; WBIS), 1896 Prof für Slawistik an der UL 31, 73, 96, 141, 164, 169, 178, 186, 189, 197, 205, 211, 216, 225, 285, 296, 302, 310, 312

Spahn, Martin (1875–1945; NDB), Historiker und Reichstagsabgeordneter 204, 206

Specht, Franz (1888–1949; CPH), 1909–1911 Studium der Philologie in Leipzig, Famulus von August Leskien,

1918 Promotion an der UL, 1923 Prof für vergleichende Sprachwissenschaft an der Uni Halle, 1937 in Breslau, 1943–1945 in Berlin, 1946 in Mainz 293
Spranger, Eduard (1882–1963; PUL), 1911–1919 Prof für Philosophie und Pädagogik an der UL, 1919–1946 in Berlin, 1946–1952 in Tübingen 300
Spyri, Johanna (1827–1901; NDB), schweizerische Schriftstellerin 114
Stackelberg, *Reinhold* Otto Georg von (1860–1907; WBIS), 1891/92 PD in Leipzig, 1894 Prof für Persisch am Lasarew-Institut in Moskau 32, 33, 40, 159
Stahl, N.N. von (Lebensdaten unbekannt), wohnhaft in München 317
Stanojević, Stanoje (1874–1937; WBIS), 1896 Promotion an der Uni Wien, 1903 Prof für Geschichte an der Uni Belgrad, 1917 in London und Paris, 1919–1937 in Belgrad 84
Steche, Caroline, geb. Remelé (geb. 1893; Wikipedia), 1920 verh. mit dem Mediziner und Zoologen Otto Hermann Steche (1879–1945) 260, 273
Steffen, Ernst Eugen *Curt* (1847–1910; MEISTER, Ernst Eugen Curt Steffen), 1872 Promotion in klassischer Philologie an der UL, 1873–1901 Oberlehrer an der Leipziger Nikolaischule 126, 132
Stein, Otto Th. W. (1877–1958; WBIS), sudetendeutscher Maler, 1900–1903 Studium in Karlsruhe 268
Steindorff, Georg (1861–1951; PUL), 1893–1932 Prof für Ägyptologie an der UL 34, 45, 46, 163, 165, 177
Stelzner, Ottomar (geb. 1854; WBIS), 1884 Redakteur am Konversationslexikon des Verlages F. A. Brockhaus 148
Stieda, Caroline Emilie *Auguste*, geb. Koch (1857–1931; BLG), 1880 verh. mit Wilhelm Stieda 146, 158, 159
Stieda, Karl *Wilhelm* (1852–1933; PUL), 1898–1924 Prof für Nationalökonomie an der UL, 1880 verh. mit Auguste Stieda 133, 144, 146, 158, 159, 233, 269
Stifter, Adalbert (1805–1868; ADB), Schriftsteller 247
Stojanow, Wassil D. (1839–1910; GND), bulgarischer Philologe 89
Stolley, August (1833–1912; WBIS), schleswig-holsteinischer Lehrer, seit 1860 in Kiel, zuletzt Rektor einer Mädchenschule, seit 1874 Leiter der Schleswig-holsteinischen Schulzeitung, Mitgründer des Deutschen Lehrervereins 38
Stoltenberg Lerche, Axel (1872–1905; Wikipedia im Art. Stoltenberg Lerche, Vincent), 1896 Promotion in Medizin an der Uni Marburg 176
Stolz, Friedrich (1850–1915; ÖBL), 1887–1912 Prof für vergleichende Sprachwissenschaft an der Uni Innsbruck 167
Storm, Theodor (1817–1888; Wikipedia), Schriftsteller 247
Sträter, Karl (1865–1905; GEBHARDT, Geschichte), Kaufmann, 1895 verh. mit Marie Brockhaus 259
Straub, Dagny, geb. Lie (1880–1945; NDB), 1904 verh. mit Walther Straub 230, 245
Straub, Walther (1874–1944; NDB), 1904 Prof für Pharmakologie an der Uni Marburg, 1906 in Würzburg, 1907 in Freiburg, 1923 in München, 1904 verh. mit Dagny Straub, Tochter von Sophus Lie, Schwester von Marie Leskien 214, 230, 245
Streitberg, Gertrud, siehe: Leskien, Gertrud
Streitberg, Gustav (1820–1902; STREITBERG, Familiengeschichte), Jurist, 1846 verh. mit Wilhelmine »Mina« Pauli (1823–1891), Vater von Wilhelm Streitberg, seit 1874 Oberamtsrichter, seit 1877 am Königlichen Amtsgericht in Wiesbaden 206, 208, 209
Streitberg, Gustav August Otto *Gerhart* (1905–2001; STREITBERG, Familiengeschichte), Germanist, Sohn von Wilhelm und Gertrud Streitberg, verh.

mit Ellen *Jutta* Jahrmarkt (1904–1992), 1935 Promotion an der UL, Gymnasiallehrer 14, 15, 259, 276, 287, 288, 325

Streitberg, *Helga* Elisabeth (1908–2007; STREITBERG, Familiengeschichte), Ärztin, Tochter von Wilhelm und Gertrud Streitberg, 1936 verh. mit Dr. Wolfgang Vogel (geb. 1908), seit 1936 in den USA 14, 287, 288

Streitberg, *Hildegard* »Hilde« Elisabeth Wilhelmine, verh. Oberseider (1906–2004; STREITBERG, Familiengeschichte), Tochter von Wilhelm und Gertrud Streitberg 14, 267, 269, 276, 287, 288

Streitberg, *Wilhelm* August (1864–1925; PUL), 1889 Prof für indogermanische Sprachwissenschaft an der Uni Fribourg, 1899 in Münster, 1909 in München, 1920–1925 in Leipzig, 1904 verh. mit Gertrud Leskien, Schwiegersohn von August Leskien 14-18, 30, 35, 39, 40, 48, 49, 63, 65, 66, 70, 72, 75, 78-82, 84, 87, 88, 93, 98, 102, 109, 111-113, 116, 120, 121, 123, 124, 135, 139, 143, 146-148, 150-154, 159, 160, 162, 164, 166, 170, 177, 180, 185, 192, 198, 204-212, 214, 216-221, 225-230, 233, 234, 237, 238, 241, 259, 263, 272, 276, 280, 281, 283-285, 289, 292, 294, 299-301, 308-310, 315, 317, 322, 325, 331, 332

Štrekelj, Karel (1859–1912; ÖBL), 1896 Prof für Slawische Philologie an der Uni Graz 265

Strohal, Emil (1844–1914; PUL), 1894–1914 Prof für Deutsches Bürgerliches und Sächsisches Recht an der UL 92, 326

Strohal, Emil Ernst (1874–1902; GND), 1900 Promotion in Sanskrit an der Uni Göttingen, Sohn von Emil Strohal 210

Strümpell, Adolf von (1853–1925; PUL), 1883 Prof für Innere Medizin an der UL, 1886 in Erlangen, 1903 in Breslau, 1910 in Leipzig, Sohn von Ludwig von Strümpell 306

Strümpell, *Ludwig* Adolf von (1812–1899; WBIS), 1872 Prof für Philosophie an der UL 170

Studniczka, Franz (1860–1929; PUL), 1896–1929 Prof für Klassische Archäologie an der UL 91, 154, 258, 308

Stumme, Hans (1864–1936; PUL), 1900 Prof für Orientalische Philologie an der UL, 1909–1930 Honorarprof für Neu-Arabisch und Hamitische Sprachen Afrikas an der UL 174, 183, 184

Stumm-Halberg, Carl Ferdinand von (1836–1901; DBE), preußischer Unternehmer und Politiker, Mitglied des Reichstags 115

Suchier, Hermann (1848–1914; CPH), 1875 Prof für romanische Sprachen an der Uni Zürich, 1876 an der Akademie in Münster, 1876 in Halle 309

Sybel, Heinrich von (1817–1895; NDB), 1844 Prof für Geschichte an der Uni Bonn, 1845 in Marburg, 1856 in München, 1861 in Bonn, 1862–1864 und 1874–1880 Mitglied des preußischen Abgeordnetenhauses 87

Syrku, Polichronij Agapijewitsch (1855–1905; GND), in Russland geborener Historiker und Philologe aus rumänischer Familie, seit 1883 Dozent in Petersburg, 1898/99 Promotion 105

Taube, Pauline, geb. Loose (gest. 1902; GEBHARDT, Geschichte), verh. mit dem Leipziger Rechtsanwalt und Notar Heinrich Emil Taube (1825-um 1862), Mutter von Reinholde Taube, verh. Brockhaus (1854–1922) 213

Tepelmann, Bernhard (1862–1919; GEBHARDT, Geschichte), 1891 Teilhaber der Firma Friedrich Vieweg & Sohn in Braunschweig, 1909 Verlagsleiter, 1891 verh. mit Helene Tepelmann 144

Tepelmann, Elise *Helene* Pauline Ellida, geb. Vieweg (1868–1939; GEBHARDT, Geschichte), Tochter von Heinrich (1826–1890) und Helene Vieweg, 1891 verh. mit dem Bernhard Tepelmann 144

Teschendorf, N.N. (Lebensdaten unbe-

kannt), Begleiterin Ilse Leskiens 169
Teuscher, Heinrich (1862–1916; KREUTER, Deutschsprachige Neurologen), mit seinem Bruder Paul Teuscher Leiter von »Dr. Teuschers Sanatorium« auf dem Weißen Hirsch bei Dresden 214, 216, 217
Teuscher, Paul (1864–1927; SCHOLZ, Ärzte), mit seinem Bruder Heinrich Teuscher Leiter von »Dr. Teuschers Sanatorium« auf dem Weißen Hirsch bei Dresden 214, 216, 217
Thomson, Aleksandr Iwanowitsch (1860–1935; WBIS), estnisch-russischer Sprachwissenschaftler, 1897 Prof in Odessa 196
Thumb, Albert (1865–1915; WBIS), 1886–1887 Studium in Leipzig bei Karl Brugmann, 1895 Prof für Sprachwissenschaft und Neugriechisch an der Uni Freiburg, 1901 in Marburg, 1909 in Straßburg 47, 147
Tischer, *Ernst* Theodor Fürchtegott (1855–1932; WBIS), 1877–1881 Mathematik-, Physik- und Philosophiestudium in Leipzig, 1882 Promotion, 1883 Lehrer am Nikolaigymnasium, 1885 Oberlehrer, 1904 Prof, verh. mit Marie Tischer 249
Tischer, Marie (Lebensdaten unbekannt; LAB 1933), verh. mit Ernst Tischer 249
Tkalac, Imbro Ignjatijević (1824–1912; GND), kroatischer Schriftsteller und Diplomat 160, 170
Tolstoj, Lew Nikolajewitsch (1828–1910; WBIS), russischer Schriftsteller 67, 274
Tomson, Aleksandr Iwanowitsch, siehe: Thomson, Aleksandr Iwanowitsch
Tonnelat, Ernest (1877–1948; WBIS), 1913 Prof für deutsche Sprache und Literatur an der Uni Genf, 1933–1940 am Collège de France in Paris 216, 217, 223
Tönnies, Ferdinand (1855–1937; KGV), Prof für Staatswissenschaften an der Uni Kiel 136
Tönnies, Ida, geb. Mau (1926–1915; KGV), Mutter von Ferdinand Tönnies, Schwester von Heinrich August Mau, Tante von Sophie Wundt 136
Töpfer, Katharina »Käthe« (geb. 1890; Lebenslauf in: TÖPFER, Polymerisation), 1911–1917 Studium der Naturwissenschaften an den Uni Leipzig und München, 1917 Promotion in Chemie an der UL 301
Torbiörnsson, Tore (1864–1948; WBIS), Dozent und Prof für Slawistik an der Uni Uppsala 259
Trautmann, Reinhold (1883–1951; PUL), 1910 Prof für Sprachwissenschaft und Slawische Philologie an der Deutschen Uni Prag, 1921 Prof für Indogermanische und Slawische Philologie an der Uni Königsberg, 1926–1945/47 in Leipzig, 1948–1951 Prof für Slawische Philologie an der Uni Jena 278, 287
Treitschke, Heinrich von (1834–1896; WBIS), Historiker 76
Trendelenburg, Friedrich (1844–1924; PUL), 1875 Prof für Chirurgie an der Uni Rostock, 1882 in Bonn, 1895 in Leipzig 234
Trubetzkoy (Trubezkoj), Nikolaj Sergejewitsch (1890–1938; Wikipedia), 1916 Habilitation in vergleichender Sprachwissenschaft und Sanskrit, 1918 Prof in Rostow, 1920 Emigration nach Bulgarien, Dozent für slawische Philologie an der Uni Sofia, 1922 Prof an der Uni Wien 319
Uchtomskij, Esper Esperowitsch (1861–1921; WBIS), russischer Diplomat, Journalist und Reiseschriftsteller 257
Uhle, Hans (geb. 1886; UHLE, Die Weiterveräußerung), 1905–1910 Studium und Promotion in Rechtswissenschaften an der UL, Sohn von Heinrich Uhle 264
Uhle, Heinrich (geb. 1842; WBIS), 1862–1866 Studium der Philologie und Promotion an der UL, Lehrer an der Leipziger Thomasschule, 1868 Oberlehrer an der Kreuzschule in Dresden, Vater von Hans Uhle 264

Ułaszyn, Henryk/Heinrich von (1874–1956; WBIS), 1905 Promotion in Slawistik an der UL, 1919 Prof in Lwów (Lemberg), 1922–1939 in Poznań (Posen), 1945 in Łódź 265
Ule, N.N. (Lebensdaten unbekannt), Arzt in der Nervenheilanstalt Hartheck 220, 230
Valli, Luigi (1878–1931; WBIS), um 1901/03 in Leipzig, Prof für Philosophie an der Uni Rom 226
Varrentrapp, Conrad (1844–1911; WBIS), 1874 Prof für Geschichte an der Uni Marburg, 1890 in Straßburg, 1901 in Marburg 60
Vetter, *Beate* Emilie Lucie, geb. Schiele (1853–1941; www.gschneidinger.com), Nichte von Otto von Böhtlingk (Tochter seiner Schwester Amalie Böhtlingk [1811–1869]), 1876 verh. mit dem Prof für Zoologie an der TH Dresden Benjamin Vetter (1848–1893) 240
Vetter, Ferdinand Arthur (1877–1915; www.gschneidinger.com), Sohn von Beate Vetter 240
Vetter, Hellmut Constantin (1892–1915; www.gschneidinger.com), Sohn von Beate Vetter 240
Vetter, Rudolf Benjamin (1883–1956; www.gschneidinger.com), Sohn von Beate Vetter 240
Vieweg, *Helene* Luise Sophie, geb. Brockhaus (1835–1909; GEBHARDT, Geschichte), Tante von Elisabeth »Lisbeth« Leskien, 1855 verh. mit dem Verleger Heinrich Vieweg 44, 204-206, 290, 322
Virchow, Rudolf (1821–1905; Wikipedia), Mediziner 173
Viskovski (Wiskowski), Nikolaus (geb. 1864; UAL, Rektor B 61), Bulgare, 1889 Studium der Philologie an der UL 27
Voerster, Carl (1826–1899; Koehler & Volckmar, S. 69-70), seit 1854 Teilhaber der Firma F. Volckmar 172
Voigt, Fanny, geb. Oehler (Lebensdaten unbekannt; Degener 1905 im Art. Voigt, Moritz), 1859 verh. mit Moritz Voigt 224
Voigt, Friedrich Wilhelm (1849–1922; Wikipedia), Schuhmacher, Hauptmann von Köpenick 268
Voigt, *Georg* Ludwig (1827–1891; PUL), 1866–1890 Prof für Geschichte an der UL 29
Voigt, Moritz (1826–1905; PUL), 1862–1894 Prof für Römisches Recht an der UL, 1859 verh. mit Fanny Voigt 77, 94, 128, 137, 138, 145, 164, 172, 188, 224
Volkelt, *Johannes* Immanuel (1848–1930; PUL), 1894 Prof für Philosophie an der UL, verh. mit Meta Volkelt 60, 100, 112, 137, 150, 153, 253
Volkelt, Meta, geb. Seeliger (Lebensdaten unbekannt; GND), verh. mit Johannes Volkelt 104, 112
Volkmann, N.N. (Lebensdaten unbekannt), Besucherin bei den Leskien 165
Vondrák, Václav (1859–1925; WBIS), 1903 Prof für Slawistik an der Uni Wien, 1919 in Brünn 170, 201, 205, 246, 254, 279, 280
Wach, Adolf (1843–1926; PUL), 1875–1920 Prof für Zivilprozess und Strafrecht in Leipzig 25, 94, 98, 101, 184, 214, 224, 233
Wachsmuth, Curt (1837–1905; PUL), 1885 Prof für Klassische Philologie und Alte Geschichte an der UL, 1865 verh. mit Marie Wachsmuth 54, 56, 82, 84, 117, 150, 154, 174, 258, 261, 262
Wachsmuth, Marie, geb. Ritschl (1842–1903; PUL), 1865 verh. mit Curt Wachsmuth 227
Wackernagel, Jacob (1853–1938; HSL), 1879 Prof für griechische Sprache und Literatur an der Uni Basel, 1902 Prof für Indogermanische Sprachwissenschaft an der Uni Göttingen, 1915–1936 in Basel 210, 211, 307, 325
Wadstein, Elis (1861–1942; Wikipedia), 1883–1884 Studium der Germanistik an der UL, 1893 Prof für Skandina-

vistik an der Uni Göteborg, 1894 Prof für Schwedisch an der Uni Uppsala, 1900 Prof für moderne europäische Linguistik an der Uni Göteborg 108

Wagner, Heinrich (1846–1921; Wikipedia), als Kartograph bei F. A. Brockhaus tätig, 1872/73 mit Ernst Debes Übernahme der Darmstädter Firma seines Vaters, die seitdem den Namen »H. Wagner & E. Debes« führte, 1875 Umzug nach Leipzig, Vater von Carl und Eduard Wagner, die Familie Wagner wohnte wie die Leskiens in der Stephanstraße 167

Walde, Alois (1869–1924; DBE), 1896 Habilitation in Sprachwissenschaft an der Uni Innsbruck, 1904–1909 und 1912–1922 Prof an der Uni Innsbruck, 1909–1912 in Gießen, 1922 in Königsberg 167

Walter, Julius (1841–1922; DBE), 1875–1907 Prof für Philosophie an der Uni Königsberg 142

Wartig, Franz (gest. 1905; Nachruf in: Entomologisches Jahrbuch 5 [1908], S. 189), seit 1887 im Brockhaus-Verlag, 1891 Hauptkassierer, beschäftigte sich mit Insektenkunde 253

Weber, Albrecht (1825–1901; WBIS), seit 1856 Prof für altindische Sprachen und Literatur an der Uni Berlin 180

Weber, Hugo Ernst Barthold (1832–1904; WBIS), 1855 Promotion in klassischer Philologie an der Uni Halle, 1881–1898 Direktor des Gymnasiums in Eisenach 274, 276

Weddige, *Anton* Johann Julius (1843–1932; PUL), 1878–1902 Prof für Chemie an der UL 28, 242

Weech, Friedrich von (1837–1905; BadBiog), 1885 Direktor des Generallandesarchivs Karlsruhe 87

Weichardt, Pauline, geb. Foerster (Lebensdaten unbekannt; www.muenchferber.de), verh. mit Karl Weichardt 163

Weicher, Theodor (1867–1935; WBIS), Verleger 18

Weigand, Gustav (1860–1930; PUL), 1896–1928 Prof für Romanische Philologie an der UL, verh. mit Helene Weigand 72, 261

Weigand, Helene (1875–1943; Saebi), verh. mit Gustav Weigand 72

Weissenfels, Richard (1857–1944; WBIS), 1894 Prof für neuere deutsche Literatur an der Uni Freiburg, 1906 in Göttingen 150-153

Weisz, Johann (gest. 1900; UJVÁRI, Literaturvermittlung, S. 125–134), Onkel von Leonore Geibel und ihren Schwestern Luise Bräuer, Milly Brockhaus und Fanny von Daniel, Redakteur des »Pester Lloyd« 12, 13, 27, 31, 36, 49, 53, 67, 198, 199

Wellhausen, Julius (1844–1918; BBKL), Prof für orientalische Sprachen an der Uni Göttingen 174, 175, 182, 183

Weltzien, *Elisabeth* Luise Jeanette von (1850–1881; GEBHARDT, Geschichte), Tochter von Marianne von Weltzien, 1872 verh. mit Rudolf Marschall von Bieberstein (1840–1915) 108

Weltzien, Marianne Luise, geb. Brockhaus (1829–1919; GEBHARDT, Geschichte) Mutter von Helene Frege und Elisabeth Weltzien 108

Weltzien, Peter Friedrich August von (1852–1870; BiogHB), oldenburgischer, dann preußischer Offizier, Sohn von Marianne Luise von Weltzien 108

Wenck, Ingeborg Marie, geb. Kjær (1849–1909; ANDERSEN, »Ja, ich bin ein seltsames Wesen ...«, S. 543), Schwester von Helga Feddersen 55, 89, 162, 286

Wenck, Woldemar Bernhard (1819–1905; PUL), 1855–1902 Prof für Geschichte an der UL 262

Wendland, Johann Theodor *Paul* (1864–1915; BBKL), 1889 Gymnasiallehrer in Berlin, 1902 Prof für Klassische Philologie an der Uni Kiel, 1906 in Breslau, 1909 in Göttingen 316, 317

Wendsche, Auguste Christiane (Lebensdaten unbekannt; DAB 1911), verwitwete Händlerin in Dresden 300

Wenker, Georg (1852–1911; WBIS), 1876

Promotion in Germanistik an der Uni Tübingen, Oberbibliothekar an der UB Marburg, begründete den Sprachatlas des Deutschen Reichs 90
Wichmann, Yrjö (1868–1932; WBIS), 1897 Promotion an der Uni Helsinki, 1909 Prof für finnisch-ugrische Sprachforschung an der Uni Helsinki 172
Wiedeburg, Dorothea, geb. Heinrici (geb. 1874; WBIS im Art. Heinrici, Georg), Tochter von Georg Heinrici, 1896 verh. mit Otto Wiedeburg 90, 95, 100, 203
Wiedeburg, Otto (1866–1901; PUL), 1898 Prof für Physik an der UL, 1901 an der TH Hannover, 1896 verh. mit Dorothea Wiedeburg 90, 95, 100, 203
Wiedeburg, Paul (1872–1935; AVERBECK, Kaltwasserkur), Leiter des Thüringer Waldsanatoriums Schwarzeck 330
Wiedemann, Emilie, geb. Zahrens (Lebensdaten unbekannt; EAD), Mutter von Oskar Wiedemann 65, 66, 70
Wiedemann, *Gustav* Heinrich (1826–1899; PUL), 1871 Prof für Physikalische Chemie an der UL, 1887–1899 Prof für Physik an der UL 28, 41, 52, 123
Wiedemann, Karl *Alfred* (1856–1936; WBIS), 1891 Prof für Ägyptologie an der Uni Bonn, Sohn von Gustav Wiedemann 46
Wiedemann, Oskar (1860–1917; WBIS), Slawist, 1889 Promotion in Dorpat, bis 1892 Mitarbeiter am Brockhaus-Konversationslexikon 31, 32, 40, 48, 65, 66, 70, 125, 145, 165
Wiener, *Otto* Heinrich (1862–1927; PUL), 1895 Prof für Physik an der Uni Gießen, 1899–1926 an der UL 209, 258, 293
Wijk, Nicolaas van (1880–1941; WBIS), 1902/03 zu Studien in Leipzig, 1913 Prof für Baltische und Slawische Sprachen an der Uni Leiden 216
Wilcken, Ulrich (1862–1944; BBKL), 1889 Prof für Alte Geschichte an der Uni Breslau, 1900 in Würzburg, 1903 in Halle, 1906 in Leipzig, 1912 in Bonn, 1915 in München, 1917 in Berlin 262, 302, 303
Wilhelm (1882–1951; Wikipedia), Kronprinz von Preußen und des Deutschen Reichs, Sohn Kaiser Wilhelms II., 1905 verh. mit Cecilie zu Mecklenburg 257
Wilhelm II. (1859–1941; NDB), Kaiser des Deutschen Reichs 41, 63, 122, 130, 204, 222, 261, 318
Wilhelmi, Franz (1883–1914; Lebenslauf in: WILHELMI, Über den Einfluß), Chemiker, Besitzer der Chemischen Fabrik Dr. F. Wilhelmi, Prokurist in der Fabrik seines Vaters Franz Wilhelmi (1842–1919) 327
Windisch, Bertha, geb. Roscher (1850–1873; NDB im Art. Roscher, Wilhelm), 1873 verh. mit Ernst Windisch, Tochter von Wilhelm Roscher 165
Windisch, *Ernst* Wilhelm Oskar (1844–1918; PUL), 1877 Prof des Sanskrit an der UL, 1873 verh. mit Bertha Windisch 33, 35, 41, 74, 81, 82, 84, 85, 89, 117, 137, 144, 157, 158, 165, 174, 182, 198, 240, 247
Windisch, Hermann Bruno (gest. 1916; DAB 1915), Dresdner Rechtsanwalt beim Königlichen Oberlandesgericht und Notar 185, 188, 190, 283, 300, 318, 332
Windisch, Karl (1885–1914; WBIS im Art. Windisch, Ernst), Jurist, Sohn von Bertha und Ernst Windisch 327
Windscheid, Franz (1862–1910; WBIS), 1897 Arzt in eigener Poliklinik für Nervenleiden in Leipzig, 1900 Leiter einer Unfallnervenklinik in Stötteritz, 1901 Prof an der UL 168, 190, 191, 197, 209, 210
Windscheid, Lotte, geb. Pochhammer (gest. 1918; NDB im Art. Oertmann, Paul), Malerin, 1858 verh. mit dem Leipziger Prof für Römisches Recht Bernhard Windscheid (1817–1892), 1902 verh. mit dem Prof für Zivilrecht Paul Oertmann (1865–1938) 224
Winter, Otto (1874–1941; WÜRFFEL,

Lexikon), seit 1899 Inhaber des Carl Winter Verlags in Heidelberg 267, 282, 316

Wirth, Wilhelm (1876–1952; PUL), 1906–1944 Prof für Philosophie und Psychophysik an der UL 264

Wislicenus, Johannes (1835–1902; PUL), 1885–1902 Prof für Chemie an der UL 28, 30, 46, 52, 57, 85, 100, 105, 113, 116, 146, 154, 169, 172, 174, 217, 218

Wissowa, Felix (1866–1917; WBIS), 1900–1902 Redakteur im Verlag F. A. Brockhaus, 1903 Bibliothekar der Berliner Handelskammer, Bruder von Georg Wissowa 180, 195

Wissowa, *Georg* Otto August (1859–1931; CPH), 1886 Prof für klassische Philologie an der Uni Marburg, 1895 in Halle, Bruder von Felix Wissowa 195

Witkowski, Georg (1863–1939; Saebi), 1896–1931 Prof für Deutsche Sprache und Literatur an der UL 195

Witt, Anna M. (Lebensdaten unbekannt; GEBHARDT, Geschichte), Schwester von Marie »Mony« Brockhaus 92

Witt, Georgine, geb. Delaval (1835–1900; GEBHARDT, Geschichte), verh. mit Johannes Theodor Witt, Mutter von Marie »Mony« Brockhaus 155, 169, 174, 176, 196

Woermann, Adolph (1847–1911; WBIS), Inhaber der »Reederei Afrikanische Dampfschiffs-Actiengesellschaft Woermann-Linie« in Hamburg 95

Wolf, N.N. (gest. 1899), lebte auf Schloss Labers bei Meran, vielleicht eine Angestellte 171

Wollner, Marie (Lebensdaten unbekannt; LAB 1903), verh. mit Wilhelm Wollner 76, 91, 100, 135, 195, 205, 218, 225

Wollner, N.N. (Lebensdaten unbekannt), Sohn Wilhelm Wollners 218

Wollner, *Wilhelm* Anton (1851–1902; Saebi), 1879 Promotion und 1886 Habilitation bei August Leskien, 1890 Prof für Slawische Philologie an der UL 76, 91, 100, 135, 134, 145, 155, 156, 158, 162, 180, 195, 205, 218, 219

Wolter, Eduard Aleksandrowitsch (1856–1941; WBIS), Sprachwissenschaftler, Ethnograph, Archäologe, 1875-1877 Studium in Leipzig, lehrte 1885–1918 an der Uni Petersburg, 1904–1917 Zensor für litauische Bücher, lebte ab 1918 in Litauen, Bibliotheksdirektor in Wilna und Kaunas, 1922–1933 Prof in Kaunas und Museumsdirektor 204

Wülker, Gertrud, geb. Lange (Lebensdaten unbekannt; HAENICKE/FINKENSTAEDT, Anglistenlexikon), 1880 verh. mit Richard Wülker, Tochter des klassischen Philologen Ludwig Lange (1825–1885) 134

Wülker, Richard (1845–1910; PUL), 1875–1910 Prof für Englische Sprache und Literatur an der UL, 1880 verh. mit Gertrud Wülker 115, 119, 134, 145, 153, 172, 260

Wundt, Eleonore (1876–1957; Wikipedia), Tochter von Wilhelm Wundt 174, 272

Wundt, Sophie, geb. Mau (1844–1912; Wikipedia), 1867 verh. mit Wilhelm Wundt 49, 55, 136, 137, 146, 151, 162, 173, 176

Wundt, *Wilhelm* Maximilian (1832–1920; PUL), 1875–1917 Prof für Philosophie an der UL, 1867 verh. mit Sophie Wundt 28, 30, 38, 49, 55, 81, 136, 137, 143, 146-149, 151, 153, 162, 173-176, 272

Wychgram, Jakob (1858–1927; WBIS), 1879 Promotion, 1881 Staatsexamen für das höhere Lehramt, lehrte an höheren Mädchenschulen, seit 1908 oberster Schulaufsichtsbeamter in Lübeck 100, 125

Wyss, Bernhard (1866–1918; Lebenslauf in: WYSS, Heinrich Keller), 1886–1887 Studium der Germanistik an der UL, 1891 Promotion in Germanistik an der Uni Zürich, Gymnasiallehrer 316

Wyss, N.N. (Lebensdaten unbekannt), verh. mit Bernhard Wyss 316

Xenophon (zwischen 430 und 425-nach

355 v. Chr.), griechischer Schriftsteller 131

Zahn, Joseph von (1831–1916; WBIS), Direktor des Steiermärkischen Landesarchivs in Graz, 1876 verh. mit Maria Franziska von Zahn 99

Zahn, *Maria* Franziska, geb. von Ardenne (1840–1913; GEBHARDT, Geschichte), Tochter von Louis von Ardenne und Wilhelmine von Ardenne, 1876 verh. mit Joseph von Zahn 100

Zarncke, Eduard (1857–1936; PUL), 1888 Prof für Klassische Philologie an der UL, 1902 Oberbibliothekar an der UBL 29, 59

Zarncke, *Friedrich* Carl Theodor (1825–1891; PUL), 1854–1891 Prof für Deutsche Sprache und Literatur an der UL 29

Zertelew, Dmitrij Nikolajewitsch (1852–1911; AZADOVSKIJ, Aus der Literatenwelt), russischer Philosoph, Publizist und Dichter 209

Ziegenbalg, Hermann (gest. 1902; Gebhardt 1955), Prokurist beim Verlag F. A. Brockhaus 209

Ziegler, Theobald (1846–1918; Wikipedia), 1886 Prof für Philosophie an der Uni Straßburg 187

Zimmer, *Heinrich* Friedrich (1851–1910; Wikipedia), 1881 Prof für Sanskrit und vergleichende Sprachkunde an der Uni Greifswald, 1901 Prof für keltische Sprachen an der Uni Berlin 79

Zimmern, Heinrich (1862–1931; PUL) 1900–1929 Prof für Orientalische Sprachen an der UL, verh. mit Hilda Zimmern 57, 59, 175, 194, 236, 307

Zimmern, Hilda, geb. Kühnen (Lebensdaten unbekannt; Degener 1905), verh. mit Heinrich Zimmern 236, 307

Zirkel, Ferdinand (1838–1912; PUL), 1870–1909 Prof für Mineralogie und Geognosie an der UL 28, 37, 66, 84, 85, 137, 147, 150, 215, 224, 243, 307

Zweifel, Paul (1848–1927; PUL), 1887–1921 Prof für Frauenheilkunde und Direktor der Frauenklinik an der UL 9, 227

Zweiniger, Gustav (Lebensdaten unbekannt; MATZERATH, Aspekte), Inhaber des Garn- und Kommissionsgeschäfts F. C. Gottlieb, 1897–1910 Vorsitzender der Leipziger Handelskammer, 1907–1912 Mitglied des Sächsischen Landtags 136